SA SAINTETÉ

CARL BERNSTEIN MARCO POLITI

SA SAINTETÉ

Jean-Paul II
et l'histoire cachée de notre époque

Traduit de l'anglais (États-Unis)
par Frank Straschitz, Ania Ciechanowska,
Fabienne Vimeren et Martine Leroy-Battistelli

PLON

Titre original

His Holiness
John Paul II and the Hidden History
of our Time

ISBN Plon : 2-259-18101-5
ISBN édition originale, Doubleday, New York : 0-385-47237-4.

PROLOGUE

Le professeur Henryk Jablonski, président du Conseil d'État polonais, suivait d'un regard inquiet le jet blanc d'Alitalia qui venait d'amorcer sa descente sur l'aéroport de Varsovie. Près de lui se tenait, dans un impeccable garde-à-vous, un détachement de l'Armée du Peuple, en uniforme de cérémonie. Autour de lui, le corps diplomatique au grand complet ainsi qu'un large contingent de dignitaires civils et militaires. Des expressions nées du style pompeux des communiqués officiels se bousculaient à son esprit : « Fils chéri de la nation », « prestige de la patrie », « union du peuple de Pologne »... Le dernier de ces communiqués avait été rédigé quelques jours auparavant, le 29 mai 1979, à la suite d'une rencontre entre Edward Gierek, premier secrétaire du Parti communiste, et le cardinal Stefan Wyszynski, primat de l'Église catholique polonaise.

L'avion descendait maintenant sur Varsovie comme une météorite, et nul ne pouvait prévoir ce que serait son impact. A son bord, le pape Jean-Paul II parcourait sans relâche les thèmes de ses premiers discours. Après être entré dans l'espace aérien, son pilote, Giulio Macchi, avait fait un détour – « en votre honneur, Saint-Père » – pour survoler la ville de Cracovie : le 1er octobre 1978, à l'âge de cinquante-huit ans, Karol Wojtyla avait quitté cette ville en même temps que sa fonction de cardinal. Il se pencha pour regarder au-dessous de lui ces paysages si familiers : l'imposante colline du château de Wawel avec sa cathédrale ; la courbe majestueuse de la Vistule le long de laquelle son père l'emmenait jadis en promenade, la vaste place du Marché avec sa Sukiennice, la loge médiévale des commerçants ; et l'envahissante banlieue industrielle de Nowa Huta, la nouvelle « cité des travailleurs » d'où les communistes avaient vainement cherché à bannir toute église et toute trace de religion. De cette hauteur, il pouvait même apercevoir la route conduisant à la ville de Zakopane et l'ancienne usine chimique Solvay, un bâtiment délabré construit en brique rouge où il avait travaillé, durement, comme simple ouvrier pendant l'occupation nazie. L'usine tombait en ruine d'année en année, comme le régime qui l'avait expropriée.

« Je retourne chez moi, je retourne vers l'Église dont je suis issu », avait-il dit à Giulio Andreotti, le Premier ministre italien, à son départ de Rome. Hormis cela, et tout comme Henryk Jablonski, il ne savait absolument pas ce que lui réservait ce voyage, premier déplacement d'un pape dans un pays communiste de l'Est. S'exprimant, contrairement à son habitude, dans un italien approximatif qui trahissait son anxiété, il avait répété aux journalistes présents à bord de l'appareil que, quoi qu'il arrive, ce serait « profond ». « Pour cela, avait-il ajouté avec emphase, il fallait qu'il y ait une Pologne. »

« Je crois que tous ces différends entre communistes et capitalistes, avait-il dit encore pendant le vol, ... ne manifestent d'une certaine façon que des différences superficielles. Dessous, il y a les peuples. C'est une réalité humaine, la réalité de la mission première de l'Église. »

Puis, pressé de questions par un journaliste allemand, il revint à la situation des autres nations européennes assujetties au régime communiste et aux contraintes que, selon lui, les Partis communistes ne manqueraient pas de faire peser sur leurs populations au cours des semaines à venir : « Il se peut que seul un petit nombre de gens ait la possibilité de venir en Pologne ces jours-ci, mais d'un point de vue spirituel, l'effet sera le même. »

Au cours du vol, il parcourut également les télégrammes traditionnellement adressés aux autorités des pays survolés par l'avion papal. Ils contenaient quelques allusions à leurs situations respectives : pour la Yougoslavie du maréchal Tito, où l'Église exerçait sa mission sans trop de restrictions, le souverain pontife invoquait « l'assistance divine ». Pour la Tchécoslovaquie de Gustav Husak, où la répression s'exerçait durement à l'encontre des catholiques, il se contentait de formuler des vœux de prospérité.

De son cockpit, le pilote apercevait déjà les files interminables de piétons s'acheminant vers le centre de Varsovie, et les foules qui se massaient tout au long de la route que devait emprunter le pape pour quitter l'aéroport. « Pour moi, ceci est un retour au pays », expliqua, avec un sourire, le pape à un journaliste. Puis, après un long silence : « Je fais tout mon possible pour ne pas laisser éclater mes sentiments. »

A 17 h 7, ce matin du 2 juin 1979, l'avion du pape atterrit dans la capitale polonaise. Aussitôt toutes les cloches de toutes les églises de Pologne se mirent à sonner. De la mer Baltique aux monts Tatras, de la Silésie aux confins de l'Union soviétique, le pays résonna de leurs carillons.

En 1966, les autorités communistes de Varsovie, sous la pression des faucons du Kremlin, de Prague et de Berlin-Est, avaient refusé au pape Paul VI l'autorisation de se rendre en Pologne. Voici que l'histoire prenait sa revanche. Telle une Némésis souriante, Jean-Paul II venait frapper à la porte de la Pologne. Il revenait en conquérant dans son propre pays et – même si les leaders communistes ne s'en doutaient pas encore – il y reviendrait désormais aussi souvent qu'il lui plairait.

Tandis que le pape se prosternait pour baiser la terre de l'aéroport et serrait contre sa poitrine les deux fillettes venues lui offrir deux gros bouquets, l'un rouge et blanc aux couleurs de la Pologne et l'autre jaune et blanc aux couleurs du Vatican, les sonneries de cloches s'envolaient vers l'Allemagne de l'Est, passaient par-dessus les frontières de la Tchécoslovaquie, de l'Ukraine, de la Biélorussie et de la Lituanie catholique. Pendant les jours qui suivirent, la signification de ces sonneries de cloches insistantes allait devenir parfaitement claire pour des millions de gens.

Le déroulement du protocole au cours des premiers instants de la visite papale confirma que l'Église de Pologne jouissait désormais d'un statut à part, sans précédent dans l'histoire des républiques socialistes. Depuis plus de mille ans, l'Église n'avait cessé d'incarner le sentiment national polonais à travers les guerres, les massacres, les partitions, les persécutions, les conquêtes et les occupations. A Moscou, les chefs du Politburo, exaspérés, ne parvenaient pas à comprendre que l'Église catholique de Pologne n'était pas un simple rouage de l'appareil d'État, comme l'était l'Église orthodoxe en Russie. Dans ce pays, l'Église était tolérée, de mauvaise grâce, par le gouvernement, mais totalement soumise au pouvoir du Parti. En Pologne, l'Église *était* un pouvoir. Le président Jablonski commença par citer les prédécesseurs de Jean-Paul II, Jean XXIII et Paul VI, en souhaitant que le nouveau pontife poursuive leur politique de « coexistence entre les peuples ». En sa qualité de chef de l'Église polonaise, le vieux primat Wyszynski, qui était resté trois ans assigné à résidence vers la fin de l'ère stalinienne, lui répondit. Il ne manqua pas de mentionner, mais en l'enveloppant d'une rhétorique tout ecclésiastique, le subtil glissement de pouvoir qui était en train de s'opérer : « Très Saint-Père, vous avez entre vos mains nos cœurs pleins d'allégresse, et à vos pieds la noble âme de la Pologne à jamais fidèle. »

A travers toute la Pologne, le drapeau rouge du communisme avait disparu comme par miracle, et ne restaient plus que les bannières de la nation et celles du Saint-Siège. A l'aéroport, un chœur d'étudiants catholiques entonna à pleine voix l'hymne médiévale *Gaude, Mater Polonia* (Réjouis-toi, Mère Pologne).

Les commentaires et les analyses émis au cours des premières heures de la visite papale en Pologne par les journalistes, les diplomates, les politiciens ou les agents des services de renseignement montrent que personne, et peut-être pas même le pape, ne fut capable, alors, de comprendre l'énormité de l'événement. C'était sans doute impossible : qui aurait pu, dans ces circonstances, dire ce qui se passait vraiment dans les cœurs de tout un peuple ? Les hommes, les femmes, et plus particulièrement les jeunes allaient vivre les neuf journées qui suivirent dans une sorte de transe collective, comme s'ils n'assistaient pas simplement à la visite d'un compatriote élevé à la fonction suprême de l'une des plus puissantes religions du monde, mais à la venue d'un empereur, d'un véritable messie. Un phénomène bouleversant et irrésistible, à l'échelle d'une nation.

Zbigniew Bujak, qui avait pris part au cours de l'année précédente à la création d'un syndicat non autorisé, se trouvait parmi les milliers de Polonais massés le long de la route de l'aéroport pour apercevoir le pape. Il ne savait pas très bien pourquoi il était venu. Il était le chef de l'opposition, et étiqueté comme tel. La police ne le lâchait pas d'une semelle. Peu de temps auparavant, des hommes de la milice étaient venus le chercher pour l'interroger. La police secrète avait un dossier sur lui. Sa femme, ses compagnons avaient également été soumis à des interrogatoires. « Nous sommes désormais l'opposition, songeait-il au milieu de la bousculade, mais sur qui pouvons-nous compter ? » Il ne savait pas encore sur quelles voies engager cette opposition. Soudain, le pape passa devant lui dans une Jeep blanche de l'armée et les acclamations se firent assourdissantes. Bujak fut frappé par la façon dont Wojtyla souriait en saluant et en bénissant cette foule qui répondait par une sorte de délire à l'émotion profonde qui se lisait sur le visage du souverain pontife. Comprenant que « c'était là, aussi, une manifestation anticommuniste », il se sentit soulagé du poids d'un immense fardeau. « Les craintes que nous ressentions en nous lançant dans notre combat contre le système totalitaire et nos inquiétudes quant aux suites à donner à notre action s'évanouirent à cet instant », se rappelait-il quelques années plus tard. Il en fut de même pour ses compagnons. « Nous vîmes à quel point nous étions nombreux. C'était important, et suffisant pour nous délivrer de nos doutes. »

En arrivant sur la place du Château, à l'entrée de la vieille ville de Varsovie, Jean-Paul II parut sur le point de céder à la tension, à l'émotion, à la force de l'espérance qu'exprimaient les cris de la foule, les visages bouleversés, les mains qui se tendaient vers lui. Les pavés sur lesquels roulait sa voiture étaient jonchés de fleurs : des bouquets de trois ou quatre couleurs au plus, liés par des rubans rouges et blancs, alignés de part et d'autre de la route qui l'emmenait vers la cathédrale Saint-Jean à travers la vieille ville. Ces minces guirlandes de fleurs disaient la pauvreté, l'amour et l'espérance.

Quand il aperçut la cathédrale, le visage de Wojtyla changea, trahissant son émotion, et des larmes roulèrent sur ses joues. A l'exception d'un court instant lors du conclave qui l'avait élu pape, personne ne l'avait vu pleurer depuis la mort de son père trente-huit ans auparavant. Il essuya ses larmes d'un revers de main.

Autour de lui, certains lançaient des acclamations frénétiques, mais beaucoup se contentaient de le regarder en silence et, comme lui, exprimaient leurs sentiments par des larmes. Même les traits austères du cardinal Wyszynski, qui se tenait à ses côtés, semblaient s'être adoucis sous le coup de l'émotion.

Pour la première messe que Karol Wojtyla devait célébrer en Pologne, les évêques avaient fait ériger une plate-forme monumentale au centre de la place de la Victoire, à l'endroit même où était enterré le Soldat inconnu de la Pologne. Seuls les communistes utilisaient habituellement cette place, pour y organiser des revues militaires, rassemblements et autres démonstrations de force. A présent, trois volées de marches conduisaient à l'autel, au-dessus duquel se dressait une croix de bois haute de douze mètres. Au soir de l'arrivée du pape, cette croix gigantesque, drapée d'une simple étole rouge, était déjà devenue un lieu de pèlerinage pour les habitants de Varsovie. Ils seraient des dizaines de milliers à venir, par petits groupes, contempler la croix et constater la métamorphose de cette grande place, symbole du pouvoir communiste, en un sanctuaire religieux. Pour éviter une trop grande affluence à la messe, les autorités polonaises avaient exigé que seuls les détenteurs de billets soient autorisés à y assister. Le nombre de billets à distribuer avait donné lieu à d'interminables négociations entre l'Église et le gouvernement.

Quand Jean-Paul II arriva sur la place à 4 heures de l'après-midi, trois cent mille personnes l'y attendaient déjà, et des milliers d'autres, qui s'étaient vu refuser l'entrée, étaient massées tout autour, occupant le centre de la ville. Il n'y avait pas le moindre haut dignitaire de l'État ou du Parti communiste. Le premier secrétaire Gierek et les membres du Politburo étaient restés dans leurs bureaux, à l'état-major du Comité central, l'œil rivé à l'écran de la télévision. Des ordres avaient été donnés pour que les caméras restent braquées sur le pape et son entourage, et se gardent de montrer la foule venue participer au plus grand rassemblement religieux qu'ait connu l'Europe de l'Est depuis la Deuxième Guerre mondiale.

Un tonnerre d'applaudissements salua l'arrivée du pape, puis le silence se fit sur l'immense place. Jean-Paul II, suivi de très près par le cardinal Wyszynski, s'arrêta d'abord pour contempler l'arche à demi détruite sur laquelle étaient gravés dans le bronze les noms des principales batailles de l'histoire de la Pologne. Derrière lui se dressait l'immense croix. Devant lui, une garde d'honneur veillait sur le tombeau du Soldat inconnu et sur sa flamme éternelle. Les deux Pologne s étaient là, celle de la Croix et celle de l'Épée, la Foi et la Nation.

Le souverain pontife, à pas lents, s'approcha du tombeau. La foule était immobile et silencieuse. Une brise légère faisait flotter les drapeaux de la Pologne et du Vatican. Jean-Paul II esquissa une génuflexion, mais Wyszynski se laissa si brutalement tomber à genoux que ses os craquèrent. Le pape et le primat, ensemble, se réappropriaient l'histoire de la Pologne.

Jean-Paul II fit une pause pour méditer, puis se pencha pour baiser la pierre du tombeau. Quelques minutes plus tard, après qu'on eut joué la *Marche de Daborovski*, hymne éternel de la Pologne en quête de son indépendance, la messe commença. Trois cent mille personnes la suivirent dans un intense recueillement et, dans son homélie, le pape rappela le désir de Paul VI de venir en Pologne et le refus qu'il avait essuyé, et souligna l'importance de sa propre accession, en tant que Polonais, au trône de saint Pierre. « Ne sommes-nous pas autorisés, s'interrogea-t-il, à penser qu'aujourd'hui notre Pologne est particulièrement appelée à témoigner ? »

Il était debout devant une image de Notre-Dame de Czestochowa, icône révérée symbolisant la foi de la nation. Puis, en un crescendo vibrant, il lança sa proclamation, prononçant exactement les mots que les chefs du Parti à Varsovie et à Moscou redoutaient le plus d'entendre : « A la Pologne, l'Église a apporté le Christ, la clé de la compréhension de cette grande et fondamentale réalité qu'est l'homme... Le Christ ne peut être exclu de l'histoire des hommes, nulle part sur la terre, quelles que soient la longitude ou la latitude. Exclure le Christ de l'histoire des hommes est un crime contre l'humanité. »

L'archevêque Agostino Casaroli, nommé par Jean-Paul II secrétaire d'État du Vatican peu avant son départ pour la Pologne, et qui se tenait assis près de l'autel, écoutait avec beaucoup d'attention le discours du pape, attentif à la moindre nuance. En prononçant ces mots, se dit-il, Wojtyla venait de rompre brutalement avec la « politique de l'Est » – l'*Ostpolitik* – promue par le Vatican au cours des vingt dernières années. Jean XXIII et Paul VI s'étaient efforcés d'apaiser les tensions entre l'Église et les régimes communistes, de rendre plus difficiles de nouvelles persécutions, d'obtenir la construction d'un plus grand nombre d'églises, l'ordination d'un plus grand nombre de prêtres, l'accréditation d'un plus grand nombre d'évêques. En bref, d'accéder à la coexistence pacifique.

Ce qui se passait à Varsovie sur la place de la Victoire n'était ni plus ni moins qu'une rupture avec le passé et un départ vers des horizons inconnus. Jean-Paul II n'avait pas prononcé un seul mot susceptible de provoquer un affrontement direct entre l'Église et l'État, entre le Parti et les catholiques, mais tout ce qu'il venait de dire annonçait un virage décisif de la politique de l'Église – en Pologne, en Europe de l'Est, en Union soviétique, en matière de politique internationale. L'Église ne se contentait plus de réclamer sa place, elle entendait désormais jouer un rôle dans les affaires du monde. Par la voix de son chef suprême, elle en appelait au respect des droits de l'homme autant qu'à celui des valeurs chrétiennes, et réclamait l'autonomie pour chaque individu. De telles demandes constituaient une attaque directe des prétentions universelles de l'idéologie marxiste, qui n'était plus désormais qu'une coquille vide dans les pays soumis à l'influence soviétique.

Sur la place, la foule ne cessait de grossir au fur et à mesure que ceux qui ne possédaient pas de billet parvenaient à pénétrer dans l'enceinte réservée. Ils étaient peut-être quatre cent mille à présent, brandissant au-dessus de leurs têtes des images géantes du pape et de la Vierge Marie. Jean-Paul II éleva la voix d'un ton : « Jésus-Christ est à jamais un livre ouvert sur l'homme, sur sa dignité, sur ses droits, et en même temps un livre de connaissance de la dignité et des droits de la nation. En ce jour, sur cette place de la Victoire, dans cette capitale de la Pologne, je demande, avec vous tous, à travers la grande prière de l'Eucharistie, que le Christ ne cesse jamais d'être un livre de vie ouvert pour le futur. Pour notre Pologne de demain. » Tandis qu'il parlait, tous sentirent la tension électrique qui s'établit entre les grands acteurs et leur public. Des applaudissements ininterrompus déferlèrent pendant dix longues minutes sur la frêle silhouette du souverain pontife debout au pied de l'immense croix.

Sur la place, des chants de triomphe s'élevèrent : « *Christus vincit,*

Christus regnat, Christus imperat » (Le Christ conquiert, le Christ règne, le Christ commande). Puis le chant, inlassablement repris, « Nous voulons Dieu ».

Aux États-Unis, parmi ceux qui suivaient l'événement à la télévision, se trouvait Ronald Reagan, qui menait alors campagne pour l'investiture républicaine. Reagan était sur la véranda de son ranch californien près de Santa Barbara, en compagnie de Richard Allen, un catholique appelé à devenir son premier conseiller en matière de sécurité. Assis face à un petit récepteur de télévision portatif, ils regardèrent la foule des Polonais qui commençait à se disperser, encore sous le coup de l'émotion, et les yeux de Reagan s'emplirent de larmes. Ils tombèrent d'accord pour dire que ce qu'ils venaient de voir confirmait la présence d'une métastase dans le grand corps du communisme.

Le lendemain matin, le pape assista à une messe célébrée pour des dizaines de milliers d'étudiants devant l'église Sainte-Anne. En fait, on attendait trente mille personnes et il en vint près de deux cent mille. Cette fois encore, l'ambiance était électrique. Si les étudiants attendaient de son message un mot de passe pour l'action, un symbole de la résistance au régime communiste, ils le trouvèrent dans le crucifix. Ils étaient presque tous venus avec de petites croix, longues d'une quarantaine de centimètres, souvent faites de deux morceaux de bois grossièrement assemblés. Ils les brandissaient devant le pape à la manière dont les communistes révolutionnaires brandissaient le poing. Assis sur son trône, Jean-Paul II regarda cette forêt de croix et leva la main pour les bénir.

Le sermon achevé, deux jeunes garçons et deux jeunes filles s'approchèrent du pape pour dire à haute voix : « Nous sommes venus à vous en levant haut la croix. En son nom, nous vaincrons, et vous l'aurez pour symbole. »

A Moscou, les dirigeants communistes recevaient déjà des rapports alarmants du KGB sur ces premiers moments de la visite papale. Les dangers qu'elle comportait avaient été gravement sous-estimés dans un rapport du Conseil pour les Affaires religieuses remis au Politburo peu de temps auparavant : « Les camarades polonais considèrent Jean-Paul II comme plus réactionnaire et plus conservateur en matière de religion, et plus dangereux sur le plan idéologique que ses prédécesseurs. » Comme cardinal, faisait observer le rapport, « il s'est distingué par ses vues anticommunistes. Il s'est fait le champion des droits de l'homme dans le même esprit que le président Jimmy Carter, et a collaboré avec les dissidents religieux ».

En Lituanie, disait le rapport du KGB, des centaines de milliers de croyants écoutaient la radio de Varsovie, et des foules se pressaient aux portes des églises pour rendre hommage au pape. De très nombreux Lituaniens avaient fait le voyage jusqu'aux villes proches de la frontière polonaise dans lesquelles ils avaient de la famille afin de suivre la visite du pape à la télévision polonaise. Même chose en Lettonie et en Estonie, où les citoyens de l'URSS regardaient... la télévision finnoise.

Tout cela survenait à un moment où les Soviétiques commençaient à s'inquiéter gravement du renouveau du fondamentalisme dans les républiques musulmanes de l'Asie centrale. Quatre mois plus tôt, l'ayatollah Khomeyni, chef chiite en exil, avait fait un retour triomphal dans la capitale iranienne après la chute du régime du shah. Pour les responsables du Kremlin, la victoire de l'ayatollah et l'élection d'un pape polonais, survenant presque en même temps, constituaient un double signal d'alarme. Le scénario qui risquait de se dérouler à partir de ces deux événements avait tout d'un cauchemar : l'URSS assiégée à l'Est comme à l'Ouest, prise dans la tenaille gigantesque d'un double mouvement de croyants. Andreï Gromyko, le ministre des Affaires étrangères, ne cessait de mettre en garde ses collègues contre Karol Wojtyla, qu'il croyait capable de soulever les masses polonaises comme Khomeyni avait soulevé la population iranienne.

De Moscou, hanté par ces sombres pressentiments, on suivait de très près les agissements des communistes polonais. Au soir du 2 juin, quand les responsables du Parti polonais firent le bilan de ce premier jour de la visite papale, ils constatèrent avec soulagement que tout s'était déroulé dans le calme. Ce gigantesque rassemblement d'un million de Polonais, voire plus, dans la capitale et tout autour, n'avait pas donné lieu au moindre incident. Les autorités de l'État avaient la situation en main, mais sur un plan technique uniquement. Varsovie la catholique se comportait comme si le régime communiste n'avait pas existé. Les seuls emblèmes visibles dans ses rues étaient religieux ou historiques, tous antérieurs au communisme polonais. Le maintien de l'ordre dans ces foules énormes avait été assuré par les prêtres et par des milliers de volontaires paroissiaux identifiables à leurs bérets de boy-scouts aux couleurs vives. La Milice était restée en retrait, comme convenu entre Gierek et le cardinal Wyszynski.

Aux oreilles d'Edward Gierek, les invocations répétées de Jean-Paul II à Jésus-Christ, sa façon d'exhorter la multitude des Polonais à faire de Jésus son guide dans « la Pologne de demain » résonnaient comme autant d'appels à la révolution, déguisés en prières. (« Puisse l'esprit descendre sur vous », avait dit le pape en conclusion de son homélie. « Puisse-t-il changer la face de la terre. ») De quelles armes le Parti unifié des travailleurs polonais disposait-il, dans son arsenal idéologique, pour contrer tout cela ? Quelles réponses pouvait-il apporter aux questions que lui posaient déjà le Kremlin et, en son sein même, les tenants de la ligne dure ? Il n'avait à offrir qu'un compte rendu des discussions courtoises mais pour le moins dérangeantes qu'il avait menées avec le pape au palais du Belvédère, au cours desquelles le souverain pontife avait surpris ses interlocuteurs en réclamant des autorités communistes une série de concessions unilatérales concernant les droits de l'homme et parfaitement inconcevables dans n'importe quel pays du bloc de l'Est.

Jean-Paul II, qui n'avait nullement comme objectif, en 1979, le renversement du système communiste, n'en souhaitait pas moins mettre en œuvre une politique nouvelle consistant à faire pression sur le régime pour obtenir des changements radicaux dans la nature du pouvoir et l'exercice du gouvernement. Son programme était en grande partie fondé sur les principes mêmes d'égalité et de justice dont le Parti s'était toujours glorifié en théorie, sinon inspiré dans sa pratique, et sur l'idée que l'Église avait un rôle social à jouer dans la poursuite de ces objectifs universels. La suite devait prouver qu'un tel programme était bel et bien déstabilisant pour les régimes concernés.

Ce soir-là, Jean-Paul II récita son rosaire à la fenêtre de la chapelle du primat, dans la résidence de celui-ci, partageant son triomphe avec quelques centaines de ses compatriotes rassemblés dans la cour du bâtiment. Place de la Victoire, sur ordre du Parti, les équipes de la voirie démantelaient en toute hâte la plate-forme et la croix monumentale, sous prétexte que l'hélicoptère du pape devait, le lendemain, décoller de cet endroit. Le Parti pouvait, d'un ordre, faire enlever la croix de la place de la Victoire, mais il ne pouvait pas faire grand-chose pour chasser le pape polonais du cœur de son peuple.

La visite du pape en Pologne fut une démonstration spectaculaire de son pouvoir potentiel et de sa clairvoyance politique. Mais presque aussi spectaculaire – par ses conséquences, en tout cas – devait être la rencontre qui eut lieu à Rome peu après l'accession de Ronald Reagan à la présidence des États-Unis. A l'heure convenue, un personnage à l'aspect rustique, une sorte d'ours en complet gris, sur lequel peu de gens se seraient retournés, fut introduit dans le modeste bureau du pape au Vatican. Ce catholique fervent qui assistait presque quotidiennement à la messe et dont la maison était pleine de statues de la Vierge Marie, ce croyant qui ne tarderait pas à communier dans la prière avec le pape lui-même, n'était autre que William Casey, directeur de la CIA, envoyé en mission discrète auprès de Jean-Paul II. Il commença par montrer à celui-ci une simple mais remarquable photographie, prise par l'un des satellites espions américains qui survolaient la terre à plusieurs milliers de mètres d'altitude.

Le pape, penché sur son bureau, examina avec beaucoup d'attention l'image dont les détails lui apparaissaient peu à peu – d'abord, une multitude d'êtres humains comme des points indifférenciés ; puis, au centre, une unique tache blanche qui, comme il le comprit aussitôt, n'était autre que lui-même dans sa soutane blanche, face à ses compatriotes rassemblés sur la place de la Victoire, à Varsovie, le 2 juin 1979. C'était la première fois qu'il voyait une photo prise par les satellites de la CIA. Il en examinerait des dizaines d'autres au cours des années à venir.

Lors de cette rencontre secrète, qui ne serait révélée au monde qu'une décennie plus tard, Casey se servit de cette photographie pour sceller entre le Saint-Siège et l'administration Reagan une alliance destinée à hâter le bouleversement politique le plus profond de notre époque. Ces deux hommes, dont l'un était salué par des millions de gens comme le prince de la lumière et l'autre souvent décrié comme le prince des ténèbres, se rencontreraient environ une demi-douzaine de fois avant que le communisme ne s'effondre. Mais aucune de ces rencontres ne serait aussi importante que la première.

Bien que le Vatican s'efforçât, au cours des années qui suivirent, de dissiper l'impression que ces représentants de deux pouvoirs temporels si différents l'un de l'autre avaient formé une nouvelle Sainte Alliance, le pape recevrait désormais toutes les informations dont disposerait la CIA non seulement sur la Pologne, mais dans d'autres domaines jugés importants pour Wojtyla et pour le Saint-Siège.

Tout aussi surprenant fut le caractère religieux de certaines des discussions entre Casey et le pape. Le patron de la CIA et le souverain pontife ne se contentaient pas de débattre des événements qui secouaient la planète en Pologne et en Amérique centrale (où les États-Unis et l'Église luttaient de concert contre les prêtres et les mouvements politiques qu'ils considéraient comme pro-marxistes) ; ils abordaient ensuite des sujets d'ordre plus intime et spirituel. Comme devait le révéler bien des années plus tard Sophia, la veuve de Casey, « ils se demandaient mutuellement de prier pour ceci ou pour cela », principalement à propos de la Pologne, d'après un collaborateur du pape. Il ne fait pas de doute que le pape offrit sa bénédiction à Casey. Et que Casey lui répondit avec ce que la CIA pouvait offrir d'équivalent – un trésor d'informations auxquelles un très petit nombre de gens avaient accès à travers le monde.

Depuis que le satellite américain avait photographié le pape en Pologne, Ronald Reagan avait acquis la conviction qu'une troisième superpuissance – l'État souverain du Vatican – était à l'œuvre dans le monde et que son monarque, le pape Jean-Paul II, disposait d'un extraordinaire arsenal d'armes non conventionnelles susceptibles de faire pencher de son côté la balance de la guerre froide, surtout avec l'aide ouvertement ou secrètement apportée par les États-Unis d'Amérique. Le fait que le pape n'en fût pas, alors, à rêver de la chute du communisme, et que ses intérêts ne fussent pas en bien des domaines concomitants avec ceux des États-Unis n'avait guère d'importance aux yeux de Reagan et de Casey. Ils pressentaient, intuitivement, ce que le pape était capable de faire et la façon dont ses initiatives pouvaient les aider à réaliser leurs propres objectifs politiques à l'échelle de la planète.

« Le pape, combien de divisions ? » avait demandé avec mépris Staline au cours de la Deuxième Guerre mondiale. Cette question ne tarderait pas à recevoir sa réponse, une réponse qui laisserait le Politburo de l'Union des Républiques soviétiques profondément surpris et mortifié. Karol Wojtyla était l'inspirateur et le protecteur suprême du mouvement Solidarité – un rassemblement des travailleurs non communistes polonais à l'intérieur de l'Empire soviétique. Solidarité recevait des fonds de l'Occident, et Casey avait déjà fait le nécessaire pour que ces subsides ne s'interrompent pas. La politique extérieure américaine, comme il en informa le pape, avait désormais la Pologne comme priorité. A Washington, Reagan et Casey avaient discuté de la possibilité « d'arracher la Pologne à son orbite soviétique », avec l'aide du Saint-

Père. Solidarité et le pape, ils en étaient convaincus, constituaient des leviers grâce auxquels il serait possible de desserrer l'étau du communisme sur ce pays.

L'accession de Wojtyla à la papauté et les événements qui avaient suivi en Pologne étaient en train de redessiner la carte stratégique de la guerre froide. On avait admis pendant des décennies que Moscou et Washington en étaient les coordonnées essentielles, et, entre elles deux, Berlin le point critique. Mais voici que, comme sur une photographie en cours de développement, deux autres points cruciaux apparaissaient : le Vatican et Varsovie.

Au Kremlin, Mikhaïl Gorbatchev, tout dernier membre promu au Politburo et secrétaire à l'Agriculture du Comité central, avait déjà pris note du danger qui se profilait pour le socialisme, à la fois à Rome et en Pologne. Une dizaine d'années plus tard, se référant publiquement et pour la première fois à une Sainte Alliance entre les États-Unis et le Vatican, Gorbatchev écrirait : « On peut dire que tout ce qui est advenu en Europe de l'Est depuis quelques années n'aurait pas été possible sans les efforts du pape et le rôle considérable qu'il a joué, y compris dans le domaine politique, au niveau international. » Gorbatchev et Reagan, alors, avaient tous deux abandonné la scène politique, et le pape vieillissant restait seul pour faire avancer le monde sur la voie qu'il avait contribué à tracer.

Au moment où Jean-Paul II prit la direction de l'Église, l'influence de celle-ci et son pouvoir temporel étaient, de l'avis général, sur le déclin. Mais Wojtyla se considérait lui-même comme un être prédestiné, chargé par Dieu de donner un nouveau visage à son Église et de changer la face du monde. Il avait été acteur, poète, dramaturge et philosophe, et ces divers aspects de sa personnalité se rejoignaient dans le rôle suprême de son existence – celui de souverain pontife. Le plus surprenant fut le talent de politicien dont il sut faire preuve dans l'ordre du temporel. En tant que pape, il allait devenir l'une des figures de proue de la seconde moitié du XXe siècle.

Mystique et solitaire par nature, il puisa peut-être son énergie dans les foules parmi les plus importantes qui se soient jamais rassemblées à l'appel d'un dirigeant au cours de l'histoire. Son message moral et doctrinaire à l'adresse des croyants était des plus exigeants, et fut souvent mal accueilli, dans l'Église et hors de l'Église. Les études d'opinion, les modes, les idées professées par ses détracteurs ne l'intéressaient guère. Animé d'une fureur au moins égale à celle qu'il avait dirigée contre les Soviétiques, il ne cessa de pourfendre au fil des années (mais avec moins de succès) la liberté de mœurs, l'hédonisme et le matérialisme de son époque. L'avortement, la contraception et l'éthique sexuelle moderne méritaient tous l'anathème à ses yeux.

Ses convictions et son action en tant que pape, qu'il s'agisse du dogme catholique ou de la doctrine géostratégique, étaient profondément enracinées dans la terre de sa Pologne natale. Jeune homme, il s'était, comme nombre de ses compatriotes, laissé séduire par la tradition du messianisme polonais, l'idée que la Pologne était le Christ des nations qui, un jour, se lèverait pour indiquer le chemin à l'humanité tout entière.

Pendant une décennie, sa Pologne allait être le creuset de la guerre froide, et il serait lui-même le point charnière autour duquel basculerait l'histoire. Ceci, donc, est son histoire.

PREMIÈRE PARTIE

LOLEK

LA MÈRE

L'histoire dit qu'il n'y eut pas de douleurs. Au moment de la naissance, la mère demanda à la sage-femme d'ouvrir la fenêtre afin que les premiers cris de son nouveau-né s'envolent comme un chant en l'honneur de la Vierge Marie, Mère de Dieu.

La sage-femme, qui se tenait au pied du lit, courut donc repousser les volets. La petite chambre fut d'un seul coup inondée de lumière tandis que s'élevaient les cantiques des Vêpres à Marie qu'on célébrait justement pendant ce mois de mai en l'église Notre-Dame. Ainsi les premiers sons qu'entendit le futur pape Jean-Paul II furent-ils les hymnes à la Vierge chantées à l'église qui se trouvait juste en face de la chambre où il venait de voir le jour, dans un modeste appartement loué à une famille juive de la ville de Wadowice, en Galicie.

C'est ce que racontait le pape lui-même alors que, dans sa soixante-dixième année, il arpentait les jardins du Vatican en contemplant l'extraordinaire trajectoire de sa destinée et en évoquant le sacrifice de cette mère qui lui avait fait don de la vie.

Karol Josef Wojtyla fut conçu pendant la guerre entre la Pologne, qui venait d'accéder à l'indépendance, et la République soviétique de Lénine. Le 7 mai 1920, alors qu'Emilia Wojtyla était dans le dernier mois de sa grossesse, les troupes polonaises commandées par le maréchal Josef Pilsudski remportèrent leur plus grande victoire sur l'Armée rouge : la prise de la ville ukrainienne de Kiev. Tandis que la nation tout entière bruissait des nouvelles du front, Emilia fit venir une sage-femme et prépara la chambre minuscule qu'elle destinait au bébé. Agée de trente-six ans, Emilia était une femme fragile, physiquement et psychologiquement. Six ans auparavant elle avait perdu une fille, Olga, encore bébé, ou peut-être mort-née. A quarante ans, son mari, lieutenant dans l'armée de Pilsudski, était trop vieux pour aller au front, et put ainsi veiller sur leur fils Edmund, alors âgé de treize ans, pendant cette grossesse difficile.

Le 18 mai, pendant qu'Emilia accouchait, Pilsudski fit une entrée triomphale dans Varsovie, au retour de sa campagne d'Ukraine. Des milliers de Polonais s'étaient rassemblés pour attendre le vainqueur de Kiev qui arriva dans un train spécial, décoré de fleurs, en gare de Varsovie. De là, une garde d'honneur et un détachement de cavalerie escortèrent l'attelage du maréchal jusqu'à l'église Saint-Alexandre, où une messe fut célébrée en l'honneur de la victoire, suivie d'un Te Deum grandiose chanté par les chœurs. Puis la voiture du maréchal, tirée par des étudiants en liesse, se dirigea vers le palais du Belvédère, en passant sous la grande arche ornée de l'inscription « Honneur au Vainqueur ». Car la nation polonaise proclamait ce jour-là à la face du monde qu'elle avait retrouvé sa grandeur.

Cinquante-neuf ans passeraient avant que la Pologne connaisse un jour d'espoir et d'allégresse semblable à celui-ci : cinquante-neuf ans jusqu'à l'arrivée triomphale à Varsovie, sous les traits du pape Jean-Paul II, de l'enfant né dans la petite ville provinciale de Wadowice.

L'accouchement d'Emilia fut difficile, poussant son organisme fatigué aux limites extrêmes de la résistance, mais, d'après le témoignage de la sage-femme, il n'y eut pas de complications. L'enfant, qui présentait tous les signes d'une robuste santé, fut appelé Karol Josef : Karol comme son père et Josef en hommage au maréchal Josef Pilsudski, à Joseph de Nazareth, et à son oncle. On lit sur le registre des naissances de l'église Notre-Dame-de-l'éternel-Espoir, voisine de la maison où il naquit : « Natus – 18, V, 1920 – Carolus Josephus Wojtyla, catholique, mâle, enfant légitime. Parents : Wojtyla, Carolus – père, fonctionnaire de l'armée ; mère, Kaczorovska, Emilia, fille de Feliks et Marie Szolc. »

Emilia était une jeune fille délicate et sensible, avec de grands yeux noirs irrésistibles – une nature sensuelle, tendre et féminine. Elle fit la connaissance de Karol Wojtyla dans une église de Cracovie où, d'après la légende familiale, ils étaient venus l'un et l'autre brûler des cierges à la Vierge. Karol était alors sous-officier dans l'armée du kaiser François-Joseph. Elle fut séduite par les qualités que lui reconnaissaient ses supérieurs : « honnête, de bonne moralité, de bonne conduite, modeste, honorable, ordonné, doté d'un grand sens des responsabilités, bon cœur, et infatigable ». Le jeune Karol était aussi un garçon ordonné et plein de gentillesse, deux qualités qui ne pouvaient que plaire à Emilia. Elle avait besoin de calme.

La mort n'avait cessé d'être présente dans la vie d'Emilia qui, à trente ans, avait déjà vu disparaître quatre de ses huit frères et sœurs. La sœur aînée qu'elle adorait, Olga, était morte à l'âge de vingt-deux ans. Sa mère l'avait quittée à trente-neuf ou trente-trois ans (les registres ne sont pas clairs sur ces dates), alors qu'elle n'était encore qu'une fillette ou une jeune adolescente. La famille était d'origine lituanienne, mais Emilia était née en 1884 en Silésie, province germanophone de l'Empire austro-hongrois, à l'est de la Galicie. Elle était la cinquième fille d'un sellier marié à la fille d'un cordonnier. Ses parents étaient partis s'installer à Cracovie, centre culturel et catholique de la Pologne et son ancienne capitale, alors qu'elle n'était encore qu'un nourrisson. D'après le pape, c'est sa mère « qui fut à l'origine de la merveilleuse vie religieuse de la famille Wojtyla ». Emilia avait été pendant huit ans, jusqu'à la mort de sa mère, élève d'un couvent des Sœurs de la Miséricorde. Sa piété était sereine et profonde.

En 1904, Karol et Emilia, mariés depuis peu, déménagent pour Wadowice, petite localité située à une cinquantaine de kilomètres au sud-ouest de Cracovie sur l'ancienne voie impériale. Centre administratif de la région, Wadowice est aussi une ville de garnison pour le prestigieux régiment d'infanterie dans lequel va servir Karol.

Leur premier enfant, Edmund, naît en 1906. C'est une vraie bénédiction : exceptionnellement intelligent, beau, athlétique, d'un caractère égal, et toujours prêt à se rendre utile. Après la mort de sa fille, vers 1914, Emilia voit sa santé décliner. Mais la naissance de Karol – un gamin plein d'entrain, espiègle et charmeur, dont la ressemblance avec sa mère saute aux yeux – va lui remonter le moral, malgré sa santé de plus en plus fragile. Elle ne se plaindra jamais de ces grossesses qui ont affaibli son organisme. Elle est, à l'évidence, heureuse et fière de ces fils dans lesquels elle place tous ses espoirs.

Sa mère avait toujours souhaité que Karol soit prêtre. « Mon Lolek deviendra quelqu'un de bien », disait-elle à ses voisins. Elle était folle de lui, l'appelant « Lolus » (diminutif de Karol) quand il était encore au berceau avant de lui donner le surnom de « Lolek ». Pendant qu'Edmund était à l'école et que son mari, connu dans la ville comme « le lieutenant », s'acquittait de ses tâches au sein de sa compagnie, elle baignait son plus jeune fils dans une bassine, lui faisait la lecture et, pendant les mois d'été, cousait à ses côtés dans la cour de la maison. Elle avait exercé le métier de couturière à Cracovie et à présent, pour aider la famille à joindre les deux bouts, elle retaillait et raccommodait les robes, les châles, les manteaux que lui confiaient les femmes de la ville.

La vie, à Wadowice – il en était ainsi depuis des siècles –, se concentrait autour de la place du Marché, face à l'église Notre-Dame. Chaque jeudi, les paysans des environs venaient y vendre leur production : betteraves, pommes de terre et maïs, sur des étals en plein vent. Emilia emmenait Karol avec elle lorsqu'elle y allait faire ses courses. Elle s'habillait avec modestie, mais aimait les couleurs pastel, et coiffait ses longs cheveux en un chignon qu'elle portait haut, à la mode de l'époque. Elle était jolie à n'en pas douter, et tous ceux qui la connaissaient tombaient invariablement sous son charme.

Mais elle souffrait du dos, et les douleurs étaient parfois si terribles qu'elle ne pouvait plus se rendre au marché ou même s'occuper de Lolek. Elle se mettait alors au lit et fermait la porte de sa chambre. Ces jours-là, après qu'Edmund était rentré de l'école, le lieutenant se chargeait du ménage et de la préparation des repas, et prenait soin de sa femme. Emilia souffrait aussi de vertiges et de pertes de conscience, dont Karol fut parfois le témoin. Elle passait des journées, parfois des semaines, à consulter des médecins de Cracovie, où elle avait encore des parents, et emmenait quelquefois Karol avec elle.

Emilia affrontait tous ces maux avec stoïcisme et endurance. « Même ceux qui ne la connaissaient pas beaucoup étaient frappés par son calme et sa dévotion », dira plus tard un voisin. Ce mot de *calme* revient sans cesse dans les souvenirs de ceux qui connurent Emilia et son mari, mais il lui arrivait aussi de sombrer dans la mélancolie, et même de faire allusion, de façon détournée, à la douleur dans laquelle l'avait plongée la mort prématurée de sa fille. C'est ainsi qu'elle dit un jour, tristement, à Maria Janina Kaczorowa, une adolescente de sa rue : « Tu es encore bien jeune, mais il vient toujours un moment où chacun doit accepter ses malheurs. » Mais elle ne devait jamais dire à quiconque comment, ou à quel moment, était morte la petite Olga. Et l'on n'a pas retrouvé de certificat de naissance ou de baptême à son nom. Elle n'est pas enterrée dans le tombeau de la famille ; et lorsque, bien plus tard, la maison natale de Karol Wojtyla fut transformée en musée, on n'inscrivit pas non plus son nom avec ceux des parents et du frère du pape *. Emilia avait appris très tôt au petit Karol à faire le signe de croix, et lui lisait souvent des passages de la Bible. Dans l'entrée de leur appartement se trouvait une urne emplie d'eau bénite dans laquelle Lolek, Edmund, Emilia et le lieutenant plongeaient les doigts avant de se signer chaque fois qu'ils entraient ou sortaient. Il y avait un prie-Dieu dans le salon. L'appartement était petit, mais confortable et chaleureux, avec une profusion de livres, d'images pieuses, et de photographies des membres de la famille. Un portrait du lieutenant Wojtyla revêtu de l'uniforme des troupes de Pilsudski trônait en bonne place, pour rappeler qu'il avait pris part à la libération de la Pologne. Un tel logement, situé au premier étage, n'était en rien extraordinaire, mais finalement assez convenable. Les pièces – une petite cuisine, une chambre minuscule et une vaste salle commune – étaient disposées en enfilade et communiquaient toutes entre elles. Il n'y avait pas de salle de bains, car Wadowice ne disposait pas encore de l'eau courante. Il fallait, pour prendre un bain, aller chercher l'eau à l'un des deux puits de la place du Marché. Toutes les pièces donnaient sur le mur de l'église Notre-Dame, où on pouvait lire, gravée sur un cadran solaire, la devise *Tempus fugit*, *aeternitas manet* (Le temps passe, l'éternité reste). Le jeune Karol, tout en jouant et en lisant, levait de temps en temps les yeux pour observer la progression de l'ombre sur les chiffres.

La vie devint plus facile pour Emilia quand Karol, à six ans, commença d'aller à l'école, mais sa santé continua à décliner. Chaque fois que son fils contractait quelque maladie infantile, elle prenait peur et suppliait son mari : « Je t'en prie, ne me laisse pas seule ! » Il lui arrivait maintenant de sombrer dans de longues périodes de silence, et elle passait le plus clair de son temps au lit, à demi paralysée. Mais elle fai-

* Le registre de la paroisse où Emilia et Karol se marièrent à Cracovie a disparu pendant la Deuxième Guerre mondiale.

sait preuve d'une grande résignation et ne se départit jamais de son aura de piété sereine et profonde.

Les succès remportés par ses fils étaient pour elle une grande source de joie. Edmund – qu'on appelait Mundek – était entré à l'université pour suivre des études de médecine, et on avait inscrit Lolek dans une école primaire toute proche de la maison. Il obtint sur son premier carnet de notes les appréciations « très bien », (en instruction religieuse, conduite, dessin, chant, jeux et exercices) et « bien » dans toutes les autres matières. Il adorait jouer au football, lisait beaucoup, et assistait chaque matin à la messe avant de partir pour l'école. Après la classe, Emilia et Lolek lisaient souvent les Écritures ensemble, quand la santé de la jeune femme le lui permettait.

Karol avait huit ans, le 13 avril 1929, et se trouvait à l'école quand on emmena sa mère à l'hôpital. Son institutrice Zofia Bernhardt, qui était aussi leur voisine, l'attendait dans la cour lorsqu'il revint chez lui. « Ta mère est morte », lui annonça-t-elle sans ménagements. Emilia était âgée de quarante-cinq ans. Son certificat de décès mentionne une affection du myocarde et une néphrite.

Séminariste, Karol Wojtyla dit un jour à l'un de ses camarades que sa mère avait été « l'âme de la maison. » Il se la rappelait lui donnant son bain avec des gestes tendres, le préparant avant la messe, et s'inquiétant lorsqu'il risquait d'être en retard à l'école.

Pourtant, alors qu'il était déjà engagé sur la voie de la prêtrise, il ouvrit son cœur à un prêtre de Wadowice auquel il tint des propos sensiblement différents : « Ma mère était malade, elle travaillait dur, mais n'avait guère de temps à me consacrer. » La souffrance et la frustration affleurent dans ces paroles. Sa vie durant, Wojtyla ne parla pratiquement jamais de sa mère, mais il lui arriva, lorsqu'il était jeune homme, d'avouer à quel point il enviait ceux de ses camarades qui avaient encore leur mère et, grâce à elle, une vie de famille chaleureuse.

L'un des plus proches collaborateurs du pape a décrit Emilia comme une femme « brûlée », physiquement et psychologiquement, par les circonstances de sa vie, par l'affreuse déception éprouvée lors de la mort de sa fille et par la dureté de cette époque de guerre et de privations. Il est certain que la mère de Karol Wojtyla fut sérieusement malade pendant la plus grande partie de son enfance, mais le silence relatif du pape à son sujet, et le peu de témoignages dont nous disposons ne permettent que de spéculations. On dira seulement que, avec ou sans elle, la vie du jeune Wojtyla ne fut pas des plus faciles.

Le rôle des femmes, et plus particulièrement la grandeur du dévouement maternel, allait devenir l'un des principaux thèmes pastoraux du prêtre Wojtyla, inspirer ses écrits et, plus tard, son action en tant que pape. Son refus de l'avortement, son désir constant de protéger l'enfant à naître, sa croyance en un « génie spécifiquement féminin » et en un rôle (limité) des femmes au sein de l'Église ont été au cœur même de sa pensée – et de sa carrière pontificale ; et il se peut que tout cela reflète les sentiments complexes nés de sa relation avec sa propre mère, de la mort prématurée de celle-ci et des circonstances qui l'entourèrent.

Chaque fois que le pape Jean-Paul II exalte le sacrifice des mères qui meurent en donnant le jour à un fils ou à une fille, on peut entendre dans ses paroles un écho lointain de ce qui fut la tragédie de sa propre vie. Le 4 avril 1995, dans la dix-septième année de son règne, Jean-Paul II éleva deux Italiennes au rang des béatifiées (première étape vers la canonisation d'un saint), en les décrivant comme des « modèles de perfection chrétienne ». L'une, Gianna Beretta Molla, était une pédiatre qui, enceinte de son quatrième enfant et atteinte du cancer, avait choisi de mener sa grossesse à son terme plutôt que de recourir à un avortement qui lui aurait peut-être sauvé la vie. L'autre était Elisabetta Mora, choisie par le pape parce qu'elle était restée fidèle à un époux indigne qui avait fini par l'abandonner avec ses enfants. Il fit son éloge pour avoir « montré une absolue fidélité au sacrement du mariage au milieu de nombreuses difficultés conjugales ».

Ils furent quelques-uns ce jour-là, au Vatican (et parmi eux le cardinal Andrzej Maria Deskur, grand ami du pape auquel celui-ci avait raconté l'histoire de sa naissance), à se dire que la vie, les grossesses et la mort d'Emilia Wojtyla constituaient une source d'inspiration et un modèle puissants pour la mission pontificale de son fils et, à travers lui, pour des millions de femmes – comme semblait l'indiquer ce choix de béatification pour le moins inhabituel.

LE FRÈRE

Les grands thèmes de la vie et du règne de Jean-Paul II prennent racine dans la naissance, l'enfance et la jeunesse de Karol Wojtyla : la dévotion, la discipline, le goût du théâtre, l'intellectualisme, l'isolement, la souffrance, le mystère, l'adoration de la Vierge, la fascination du martyre ; le rapport difficile à la femme, les liens familiaux avec le judaïsme ; l'accent mis sur la mort et sur la transfiguration. Et toujours, au-dessus de tout, l'amour passionné de la Pologne : la Pologne triomphante, la Pologne écartelée, la Pologne, Christ des nations.

Le service funèbre de la mère de Karol fut célébré trois jours après sa mort, en l'église Notre-Dame. Le lendemain, le lieutenant Wojtyla emmena ses enfants en pèlerinage au sanctuaire de la Vierge, à Kalwaria Zebrzydowska. Par la suite, dans les moments importants ou difficiles de sa vie et de son Église, Karol Wojtyla devait toujours revenir à Kalwaria, ce Jérusalem de la Pologne où la Sainte Mère, la Vierge Marie, Madone des Anges et Reine de la Pologne, meurt et entre au paradis année après année. Là, sur les premiers contreforts des monts Beskides entre Wadowice et Cracovie, le soir de l'Ascension, des dizaines de milliers de pèlerins accompagnent la Vierge au tombeau dans une atmosphère de pieuse exaltation. Ils veillent toute la nuit sur elle en chantant des cantiques et en récitant des prières, pour célébrer le lendemain son triomphe sur la mort et son entrée au royaume des cieux. Des générations de Wojtyla avaient conduit des groupes de pèlerins à Kalwaria pour les fêtes de l'Ascension, et entonné les cantiques avec des voix qui avaient valu à leur famille une certaine renommée dans les campagnes alentour.

Kalwaria, lieu de repentir et de rédemption, est le site le plus sacré de la Pologne après le tombeau de la Vierge Noire de Czestochowa. Au printemps, c'est un théâtre vivant où se jouent les mystères de la passion de Jésus, tout comme en août, pour la mort et le passage de la Madone, quand les pénitents se chargent de lourdes pierres et se flagellent, en quête de pureté, pour revivre les souffrances du Christ.

Immergé dans le flot des fidèles, qui avançait lentement d'oratoire en oratoire (il y en a quarante, dispersés dans les champs et dans la forêt), Karol avait déjà pris part, encore enfant, au grand cortège funèbre en l'honneur de la Madone. Il avait vu la Vierge Marie étendue sur son catafalque : une statue de bois aux traits fins, les yeux fermés dans son dernier sommeil, que des montagnards en costume traditionnel portaient fièrement sur leurs épaules. Il avait vu les Apôtres en pleurs joués par des citadins polonais. Il s'était joint aux prières et aux cantiques chantés avec ferveur par lesquels la foule se donne à l'événement, confie ceux qu'elle aime, son propre destin et celui de la nation à l'étreinte maternelle de la Sainte Vierge. Pour la veillée funèbre, il s'était joint aux pénitents qui brandissaient des cierges et des torches, faisant naître sur les sentiers qui s'élèvent dans la montagne un fleuve de foi incandescente. Et le lendemain, il s'était plongé dans le joyeux vacarme des cantiques, des orchestres, des salves de canon, il avait admiré le défilé des pèlerins revêtus des costumes traditionnels de leurs régions respectives, les croix ornées de fleurs, les fillettes habillées de blanc comme de petites mariées. Il s'était mêlé aux dizaines de milliers de fidèles qui accompagnaient la procession de la Vierge Marie portée en triomphe sur son trône céleste.

A Kalwaria cette fois, le père et les deux fils Wojtyla s'agenouillèrent devant le grand autel de la basilique édifiée en 1658 au sommet du mont Calvary par les moines bernardins, et implorèrent la Sainte Mère pour qu'elle prenne Emilia près d'elle au paradis. Pleurant sa propre mère, Karol Wojtyla pria sous le grand tableau accroché au-dessus de l'autel, où l'on voit le visage de la Madone penché sur le Christ et le nez du Christ tendrement appuyé contre la joue de sa mère. Elle l'entoure de ses bras. *Totus Tuus* (Je suis tout à Toi), inscrirait Wojtyla, un demi-siècle plus tard, sur son blason pontifical.

Sur ta tombe blanche
éclosent les fleurs blanches de la vie.
Oh! combien d'années se sont enfuies déjà
sans toi – combien d'années?
Sur ta tombe blanche

depuis des années close
quelque chose semble s'élever :
aussi inexplicable que la mort.
Sur ta tombe blanche,
Mère, mon amour sans vie...

Le jeune Karol Wojtyla, alors âgé de dix-neuf ans, écrivit ces mots dans l'un de ses premiers poèmes, exprimant secrètement la souffrance de ses années d'enfance et le poids de cette perte comme il ne les avait jamais confiés à ses proches ni à ses amis. Même plus tard, une fois prêtre, puis évêque, et enfin pape, l'adulte Karol Wojtyla continuera à garder en lui-même ses propres pensées, ses sentiments et le souvenir des blessures infligées par la vie, ne se confiant pratiquement jamais à un autre mortel.

La mort de sa mère priva à jamais Karol de son insouciance. Zofia Bernhardt, son institutrice, remarqua combien son caractère avait changé. Le jeune garçon qu'elle avait connu plein d'entrain, heureux de vivre et sûr de lui, un « chef-né », se renferma sur lui-même, cherchant un refuge dans les livres et dans la prière. L'un de ses camarades de classe, Jean Kus, voyait souvent Karol déprimé, et d'autres étaient frappés par son air mélancolique. Quand on lui parlait de sa mère, il répondait simplement qu'elle avait été rappelée à Dieu. Son institutrice, toutefois, constata également que son exceptionnelle gentillesse, sa propension à aider les autres et ses capacités remarquables pour les études restaient les mêmes.

Le lieutenant Wojtyla avait pris sa retraite au moment où la santé d'Emilia déclinait rapidement et n'avait plus pour vivre qu'une maigre pension. Il s'efforçait d'être à la fois un père et une mère pour ses deux fils. Edmund étant désormais à l'université, il consacrait l'essentiel de son temps à tenir la maison et à s'occuper du jeune Karol.

A l'âge de onze ans, Lolek entra à l'école publique, le lycée de Wadowice. C'est aussi cette année-là qu'il commença à servir la messe, et le père Edward Zacher, le curé de la paroisse, très vite, le chargea de former les autres enfants de chœur. Il lui arrivait de servir deux ou trois fois la messe dans la même journée. Karol se lia aussi d'amitié avec le père Kazimierz Figlewicz, chargé de son instruction religieuse, qui discerna dans le comportement du jeune garçon « l'ombre d'un chagrin précoce » en même temps que des capacités intellectuelles quasiment illimitées.

L'unique source de joie et d'enthousiasme dans la vie de Karol était son frère Edmund – Mundek – qu'il idolâtrait. De quatorze ans son aîné, étudiant en médecine à l'université de Cracovie, Edmund était un robuste jeune homme aux yeux bleus, aux cheveux blonds et à la carrure d'athlète. D'un caractère extraverti mais néanmoins raisonnable sous ses dehors de séducteur, c'était aussi un sportif émérite, excellent au football, et un brillant joueur de bridge et d'échecs. Quand il revenait chez lui pour des vacances, il entraînait les gamins de Wadowice. Il semblait avoir pour son jeune frère une affection sans bornes. On les voyait, l'été, dribbler avec un ballon de foot dans les rues de la ville, ou bien il chargeait Karol sur ses épaules pour l'emmener, à travers champs, se baigner dans la Skawa. Il accompagna aussi Karol dans ses premières randonnées dans les montagnes, lui faisant partager sa passion pour la nature et la vie au grand air ; il lui apprit à skier. Pour Lolek, Mundek était un rempart contre la dépression.

En 1930, son père emmena Karol assister à la cérémonie de remise de diplôme de son frère. Ce fut une journée enivrante pour Karol, qui traversa, avec une admiration mêlée de crainte, la vaste cour gothique de l'ancien collège Majus fondé au XIVe siècle par les rois Jagellons. Il vit avec orgueil son frère recevoir un prix spécial des mains de ses professeurs drapés dans leurs magnifiques robes académiques : l'annonce de la mention *Magna cum laude* décernée à Edmund fut saluée par les applaudissements enthousiastes de ses camarades d'études. Pour le lieutenant Wojtyla, l'obtention de ce diplôme par son fils aîné signifiait aussi que la famille allait voir sa situation financière s'améliorer. Le diplôme de médecin décroché par Edmund annonçait un avenir meilleur, et la fin des privations qu'il avait fallu endurer pour vivre sur la maigre pension de retraite de Wojtyla.

Edmund débuta dans sa carrière de médecin à la Clinique pour enfants de Cracovie, avant de travailler dans un hôpital de Bielsko, en Silésie, région dont la famille de sa mère était originaire. Karol prit l'habitude de lui rendre visite aussi souvent que possible, et à l'occasion de ces visites, de faire la lecture aux patients pour lesquels il donnait ainsi de véritables petits récitals.

Lolek semblait retrouver son optimisme et sa confiance en lui-même à l'occasion de ces moments passés auprès de son frère. Il redevenait un enfant heureux de vivre.

Il ne pouvait recevoir de coup plus cruel que celui qui le frappa, au moment où il s'y attendait le moins, le 5 décembre 1932 : on vint le prévenir que son frère était mort à l'hôpital, d'une scarlatine contractée auprès d'une patiente qu'il tentait désespérément de sauver. Tout comme sa mère, son frère était mort seul, sans un baiser ni une caresse de ceux qui lui étaient chers. Cet après-midi-là, une voisine, Helena Szczepanska, qui venait de temps à autre seconder son père dans ses tâches ménagères, trouva Lolek seul et hagard devant le portail de la cour. « Submergée par l'émotion, je le pris dans mes bras et le serrai contre moi, se souvient-elle. “ Mon pauvre Lolek, te voici seul sans ton frère. ” » Le garçon, levant les yeux vers elle, la regarda gravement et dit, d'un ton ferme et déterminé qui la laissa stupéfaite : « C'est la volonté de Dieu. » Puis il se renferma dans son silence. Une fois de plus.

Contrairement à ce qui s'était passé pour la mort de sa mère, c'est avec une pleine conscience que Karol, jeune adolescent, vécut cette nouvelle perte. Le pape Jean-Paul II, si avare de confidences, devait plus tard déclarer à André Frossard : « La mort de mon frère m'a sans doute plus affecté que celle de ma mère, en raison des circonstances tragiques dans lesquelles elle est survenue, et parce que j'étais plus âgé. »

Les circonstances de cette mort avaient été, en effet, particulièrement douloureuses. En pleine épidémie de scarlatine, Edmund avait décidé de passer la nuit au chevet d'une jeune patiente à laquelle il était particulièrement attaché. Non seulement il n'était pas parvenu à la sauver, mais il ne tarda pas à s'apercevoir qu'il était contaminé à son tour. Couvert de plaques rouges, la respiration bloquée par l'angine, souffrant d'atroces maux de tête et en proie à une fièvre violente, il était secoué par des vomissements. Son agonie dura quatre jours. Désespéré, il ne cessait de répéter au docteur Brücken, qui s'efforçait de le réconforter : « Pourquoi moi ? Pourquoi *maintenant* ? »

L'idée de la main de Dieu, l'idée qu'il peut à tout instant, dans son insondable sagesse, reprendre ce qu'il a donné, l'idée du Jugement qui attend chacun d'entre nous était maintenant et à jamais présente à l'esprit de Karol Wojtyla. A partir de ce moment, les passages de la Bible sur lesquels il se pencherait le plus souvent seraient les récits de l'Apocalypse : mort, jugement, paradis et enfer.

Debout aux côtés de son père devant le cercueil de Mundek dans le cimetière de Bielsko, il écouta l'éloge funèbre prononcé par le docteur Brücken : « Les regards que tu nous jetais tandis que tes forces t'abandonnaient cherchaient en nous un secours, une échappatoire. Je revois ton visage, déformé par la douleur. J'entends encore tes plaintes amères. » Karol garderait toujours à sa mémoire les questions angoissées de son frère sur son lit de douleur, et, tout aussi vif, le souvenir des moments de bonheur qu'il avait partagés avec Mundek.

Plusieurs dizaines d'années s'étaient écoulées lorsqu'un journaliste italien vint présenter au pape Jean-Paul II un petit livre consacré à son frère. Le pape approcha lentement ses lèvres de la photographie de Mundek reproduite sur la couverture et l'embrassa. Dans un tiroir de son bureau du Vatican, le souverain pontife conserve un objet vénéré qui lui fut remis par l'équipe médicale de l'hôpital de Bielsko : le stéthoscope de son frère.

LE PÈRE

Quand il atteignit cinquante ans, l'année de la mort de sa femme, le lieutenant Wojtyla avait les cheveux blancs. Désormais veuf, ayant perdu son fils aîné et son unique fille, il était résolu à faire bénéficier son fils Karol de toute l'éducation, de tout l'amour qu'il serait capable de lui offrir tout en lui inculquant le sens des valeurs familiales.

Il préparait le petit déjeuner et le repas du soir. A midi, le père et le fils déjeunaient ensemble dans un restaurant tenu par Mme Banas, non loin de chez eux. Les journées du jeune Karol étaient rigoureusement programmées : réveil à 6 heures, petit déjeuner, messe à l'église paroissiale, école de 8 à 14 heures, deux heures de récréation, retour à l'église en fin d'après-midi, devoirs et leçons, dîner, et promenade en compagnie de son père. Karol se pliait sans difficulté à cette routine rigide. « Le père qui exigeait tant de lui-même, dira-t-il, une fois devenu pape, n'avait rien à exiger de son fils. »

Ils priaient ensemble. Ils jouaient ensemble.

Zbigniew Silkowski, le camarade d'école, venait souvent voir Karol dans le petit appartement du 2, rue Rynek. Il y trouvait parfois le lieutenant occupé à laver du linge ou à cirer des chaussures. Un jour, en arrivant, il fut surpris d'entendre tout un remue-ménage derrière la porte – des cris, des bruits de pas précipités et, soudain, une voix triomphante : « But ! » Ouvrant la porte, il découvrit, dans une pièce presque vide dont on avait repoussé les meubles contre les murs, le père et le fils, en nage et rouges d'excitation, en train de jouer au football avec une balle de chiffons.

Le lieutenant était toujours présent à l'église les jours où Karol servait la messe. Il apprenait à son fils à vivre intensément sa foi sans en faire étalage pour autant. Les camarades de classe de Karol qui venaient à l'église implorer l'assistance divine pour réussir à leurs examens voyaient souvent les Wojtyla père et fils à genoux devant l'autel du Sacré-Cœur, abîmés dans la prière.

Antoni Bohdanowicz, qui venait fréquemment travailler avec Karol dans la cuisine de l'appartement, s'étonnait de le voir s'excuser et disparaître un court instant dans la pièce voisine chaque fois qu'il avait terminé un devoir ou appris une leçon. N'y tenant plus, il glissa un œil à une fente de la cloison et aperçut Karol, agenouillé sur un prie-Dieu.

On voit, sur une carte postale de cette époque, Wadowice nichée comme un petit village au pied des monts Beskides à l'endroit où la Skawa, après avoir dévalé les pentes montagneuses, prend un cours plus lent à l'entrée d'une large vallée, et on aperçoit, dominant les toits, la flèche, la coupole et l'horloge de l'église Notre-Dame. L'image ne manque pas de pittoresque ; on y voit aussi un cheval dans un champ de blé et, de l'autre côté de la rivière, une femme et un enfant en train de contempler le paysage. La réalité, à Wadowice – celle de la ville et celle des Wojtyla –, était moins idyllique.

Avec ses quatre mille habitants, Wadowice avait le statut d'une capitale pour les villages de la campagne environnante. C'était un petit centre industriel avec une fabrique de pièces détachées, une scierie actionnée par une machine à vapeur, et une usine assez primitive où l'on fabriquait de l'engrais en traitant les carcasses animales à l'acide dans des cuves à ciel ouvert. Il y avait aussi deux biscuiteries, dont l'une produisait des *oplatki*, ces hosties non consacrées que l'on consomme dans les foyers polonais le soir de Noël.

La ville avait aussi une activité culturelle. Son dynamisme provincial tranchait sur la monotonie et la tristesse de la campagne de Galicie où régnait une grande pauvreté. A Wadowice, se côtoyaient des artisans et des ouvriers, des paysans et des membres de professions libérales, des prêtres et des intellectuels, des hommes de troupe et des officiers de la garnison. Il y avait trois bibliothèques publiques, un cinéma, un théâtre, et une société de gymnastique (Sokol, le Faucon), où les patriotes polonais étaient venus entretenir leur forme et se soutenir le moral pendant les années de l'occupation autrichienne ; après l'indépendance, le local avait continué à fonctionner comme lieu de rencontres et centre culturel. Le lycée d'État réservé aux garçons, fondé en 1866, était un établissement réputé qui envoyait de nombreux étudiants à l'ancienne université Jagellon de Cracovie. On y perpétuait une noble tradition d'humanités mêlant classicisme et militantisme polonais. La ville possédait également deux lycées privés, l'un administré par les pères pallotins, l'autre par les carmes. De nombreux élèves des deux écoles paroissiales se destinaient à la prêtrise. En tant qu'ancien fonctionnaire, le lieutenant Wojtyla bénéficiait d'une réduction de cinquante pour cent sur le prix des études au lycée ; cette facilité, ajoutée à la conviction qu'il ne fallait pas faire pression sur son fils pour qu'il entre dans la prêtrise, fut sans doute déterminante dans le choix de ce lycée pour Karol.

Karol avait trente-deux camarades de classe – fils d'ouvriers, de paysans, d'officiers et de parents exerçant des professions libérales – entre lesquels les amitiés se nouaient facilement en dehors des clivages sociaux ou religieux. Plusieurs de ces camarades étaient juifs. Il avait parmi ses plus proches voisins, et amis, Jerzy (« Jurek ») Kluger, le fils du président de la communauté juive de Wadowice. Et Regina (« Ginka ») Beer, une jeune fille juive pour laquelle il éprouvait une profonde affection. Les Juifs installés à Wadowice étaient au nombre d'environ cinq cents, ce qui représentait plus d'un cinquième de la population ; ils étaient pour la plupart artisans ou commerçants, mais nombre d'entre eux exerçaient des professions libérales. La Galicie, comme la Lituanie au nord, était l'un des principaux centres de culture et d'enseignement juifs de l'Europe de l'Est, et la communauté de Wadowice, très bien organisée, s'était rapidement développée à partir de 1819, après l'abolition par l'empereur François Ier d'Autriche des lois interdisant l'installation des Juifs dans les zones urbaines.

Depuis 1830, il y avait toujours eu un rabbin et une synagogue à Wadowice. Puis un cimetière juif et un autre lieu de prière pour la communauté. Karol grandit ainsi dans un environnement où les Juifs et les catholiques cohabitaient dans une relative harmonie. S'il avait l'habitude de voir des orthodoxes, reconnaissables à leurs petites nattes et à leurs gabardines noires, il ne fréquentait réellement que des Juifs « libéraux », qui n'étaient pas forcément hostiles à l'idée d'une assimilation dans la société polonaise.

Le propriétaire de l'appartement des Wojtyla était un Juif du nom de Chaim Malamuth qui tenait, au rez-de-chaussée, une boutique de verrerie et de cristallerie. C'était un homme d'affaires des plus convenables, et d'esprit moderne, l'un des tout premiers à vendre des motocyclettes à Wadowice. Depuis l'apôtre Pierre, aucun souverain pontife n'a vécu sa jeunesse en contact aussi étroit avec des Juifs, la vie et la culture juives. Devenu archevêque, Wojtyla serait plus tard appelé à présider le diocèse dans lequel se trouve Oswiecim – Auschwitz. A Wadowice, déjà, il connaissait les grandes fêtes du calendrier juif, auxquelles il assistait depuis le balcon de sa maison. Il voyait dans la cour les sukotts dressés par les parents de Ginka Beer, et la menorah à leur fenêtre pendant Hanuka. Son père leur avait lui-même offert son balcon pour qu'ils en fassent un sukott.

Le samedi, Karol voyait passer les soldats juifs qui se rendaient en formation à la synagogue pour la prière. Ils avaient l'autorisation de s'absenter de leur caserne à l'occasion du shabbat : pour compenser, ils restaient de service le dimanche. Karol était adolescent quand arriva au douzième régiment d'infanterie de Wadowice un jeune homme de vingt et un ans doté d'une voix magnifique, Moishe Savitski. L'avoué Kluger, président de la communauté juive, le recruta aussitôt pour chanter à la synagogue ; et pour le Yom Kippour, son père emmena Karol entendre le Kol Nidre chanté par Savitski. Beaucoup de non-Juifs étaient venus ce jour-là à la synagogue pour la même raison. Karol, apercevant déjà avec effroi l'ombre terrible du Dieu d'Abraham, écouta, à la fois ému et intimidé, ces chants solennels par lesquels Israël confesse ses péchés et s'en remet à Dieu.

Karol et Jurek Kluger étaient des amis très proches, élèves de la même classe au lycée depuis l'âge de onze ans. La grand-mère de Jurek aimait bien Karol, qui venait parfois chez les Kluger pour jouer et prendre une tasse de thé accompagnée d'un fruit ou d'une tranche de gâteau. Et elle taquinait volontiers Jurek en lui donnant Karol en exemple : « Karol est tellement poli, et bon élève, et travailleur ! Si tu essayais un peu de lui ressembler ? »

Maître Kluger possédait à l'angle de la rue Zatorska, sur la place du Marché, une grande maison de trois étages, avec un bureau dans lequel il recevait sa nombreuse clientèle. Il jouissait d'une haute estime aussi bien parmi ses coreligionnaires que chez les *gentils* de Wadowice. Bien qu'il n'eût pas de relations personnelles avec le lieutenant Wojtyla, Kluger était assez content de voir son fils fréquenter assidûment la maison de Karol, qu'il connaissait comme l'un des meilleurs élèves du lycée.

Karol et Jurek étaient aussi d'excellents joueurs de football. Ils disputaient des parties avec leurs camarades sur l'herbe d'un terrain vague s'étendant entre la voie du chemin de fer et le pont enjambant la route départementale. Jurek, un jour, courut jusqu'à l'église paroissiale pour y chercher Karol. Et, à une femme qui s'étonnait de voir près de l'autel le fils du président de la communauté juive, le jeune Wojtyla rétorqua sans se démonter : « Ne sommes-nous pas tous des enfants de Dieu ? »

Ses talents de gardien de but valurent à Karol le surnom de « Martyna », du nom d'un célèbre champion de l'époque. Mais le meilleur gardien de but du lycée était sans conteste son camarade juif Poldek Goldberger. Il arrivait que les chrétiens jouent en équipe contre les Juifs, mais sans la moindre animosité raciale ou religieuse ; et si Goldberger était empêché de tenir sa place entre les buts, Wojtyla n'hésitait pas à le remplacer dans l'équipe juive.

Pourtant, ces relations pacifiques entre Wojtyla et les Juifs ne reflétaient pas la situation générale en Pologne. Dans ce pays où la population juive atteignit les trois millions avant l'Holocauste pour tomber à trois cent mille après l'occupation nazie, l'antisémitisme était profondément enraciné et largement répandu, même si Wadowice semble en avoir été relativement exempte quand on la compare avec de nombreuses villes de la région. En 1936, au moment où Karol jouait les gardiens de but dans l'équipe juive, le primat catholique de Pologne, le cardinal August Hlond, écrivait dans une lettre pastorale :

« Il y aura un problème juif aussi longtemps qu'il y aura des Juifs. Le fait est que les Juifs combattent l'Église catholique, s'obstinent à pratiquer la libre pensée, et sont à l'avant-garde de l'impiété, du bolchevisme et de la subversion... Le fait est que les Juifs mentent et dissimulent, pratiquent l'usure et le proxénétisme. Le fait est que les jeunes Juifs exercent sur les jeunes Polonais une influence négative. »

Même après la guerre, en 1945-1946, des centaines de Juifs polonais qui revenaient chez eux après avoir séjourné dans des camps de concentration furent massacrés dans des pogroms, comme ce fut le cas pour quarante-cinq d'entre eux dans la ville de Kielce.

La mort de son frère avait jeté Karol dans la tristesse et la dépression. Pourtant, au fil des années, il redevint peu à peu, du moins pour ce qu'il en laissait paraître, un garçon affable, liant et relativement sûr de lui. Mais les livres restaient son refuge, et le bouclier derrière lequel se cachait une personnalité plus secrète, plus contemplative, voire tourmentée. Il avait une passion pour la langue et pour la littérature de sa terre natale, et dévorait *Par le feu et par l'épée, Le Déluge* et *Quo vadis?* de Sienkiewicz, dont il pouvait réciter de longs passages par cœur. Et la poésie occupait une place importante dans ce panthéon. Surtout les œuvres d'Adam Mickiewicz, apôtre romantique et chantre de l'indépendance polonaise – un idéal qui avait nourri pendant tout le XIXe siècle les rêves des fils et des filles de cette terre déchirée.

La seule activité que le jeune Karol refusât de pratiquer était la bagarre. Personne ne le vit jamais en venir aux mains avec l'un de ses camarades. « Ce n'est pas qu'il soit lâche, c'est seulement qu'il évite de se laisser entraîner dans des querelles », disait Jerzy Kluger. Et il enviait un peu la façon dont Karol parvenait à se faire aimer de tous, y compris de ceux qu'il connaissait à peine. Mais Karol ne se contentait pas d'être un bon gardien de but ; le fait de parler le latin, de citer Homère, d'aimer la plaisanterie et d'être capable de raconter des histoires passionnantes autour d'un feu de camp faisait de lui un compagnon très agréable. La seule ombre à ce tableau était son refus obstiné de laisser quiconque copier sur lui en classe ; son désir de rendre service semblait inhibé par l'impératif moral de ne pas tromper le professeur. Il céda une seule fois, laissant son voisin copier un exercice d'algèbre. Mais il rougit aussitôt jusqu'aux oreilles et en conçut une telle honte qu'il ne recommença pas.

Karol faisait aussi de longues randonnées dans les monts Beskides avec ses camarades d'école, surtout à l'automne, quand les journées étaient encore belles. Il adorait ces montagnes, que Mundek lui avait fait connaître et dans lesquelles il trouvait et trouverait toujours une solitude apaisante.

A la fin de sa première année de lycée, il était devenu évident pour ses professeurs comme pour ses camarades que Karol Wojtyla était un être à part, caractérisé, selon les paroles de l'un de ses maîtres, par « sa grande maîtrise de lui-même, ses capacités, et l'universalité de ses dons ». Il était l'élève parfait, chaleureux, fidèle à ses amitiés et à ses principes, à la fois extraverti et profondément contemplatif – toutes qualités dans lesquelles se reconnaissait l'influence de son père.

On pourrait, à première vue, résumer la vie du lieutenant Wojtyla comme celle d'un homme aux ambitions modestes, ayant pris sa retraite après une carrière sans gloire de bureaucrate militaire, satisfait de toucher la maigre pension qui suffisait tout juste à faire vivre sa famille. Mais les témoignages de ceux qui l'ont connu – à commencer par son fils – tracent un portrait autrement plus attachant, celui d'un père sévère mais affectionné, pieux et cultivé, passionné par les livres, le sport, l'histoire, le destin de son pays, son Église, et la vie du catholicisme.

Il était lui-même fils d'un tailleur – et ce qu'il en avait retenu devait lui être bien utile par la suite, lorsqu'il se mit à tailler des vêtements pour Karol dans ses anciens uniformes. C'était « un homme d'origine modeste, mais un véritable gentleman dans ses façons de s'exprimer et de se comporter », dira Jerzy Kluger. Plus important, peut-être, il était profondément pieux mais sans la moindre bigoterie.

Sa famille avait ses racines en Galicie, où les Wojtyla avaient toujours été paysans, et où il avait été élevé. Pour un fils de tailleur, l'engagement dans l'armée était un moyen d'échapper à l'étroitesse de la vie dans un village, et un poste dans la bureaucratie militaire ne pouvait que tenter ce jeune homme épris d'ordre et de dignité. A Cracovie et à Wadowice, où se déroula toute sa carrière, il put étancher sa soif de livres et de culture. Il n'aimait pas la vie militaire en soi, mais son salaire lui permit d'épouser Emilia et de fonder une famille. A la naissance d'Edmund, il demanda à passer dans le service civil, mais la guerre éclata, rendant la chose impossible.

Plus d'un, à Wadowice, et en particulier les enfants du voisinage, voyait le lieutenant Wojtyla comme un retraité excentrique, malchanceux et de santé fragile. Mais il alliait une volonté de fer à un sens aigu de ses devoirs envers Dieu, surtout pour tout ce qui concernait l'éducation de Lolek. Il se mêlait si peu à la vie sociale de Wadowice que certains de ses concitoyens le considéraient non seulement comme un individu taciturne, mais carrément comme une personnalité antisociale. Depuis la mort d'Emilia, les seuls plaisirs qu'il s'accordait étaient ses promenades au bord de la Skawa, une baignade de temps à autre, pendant les mois d'été, et la lecture de son journal quotidien.

Une fois seul avec son fils, il sortait de sa réserve naturelle. Le soir, ils se lançaient dans d'interminables discussions, souvent à propos de l'histoire de la Pologne. Il enseigna l'allemand à son fils, piochant dans les dictionnaires pour l'aider. Karol put ainsi lire la *Critique de la raison pure*, de Kant, dans sa langue originale – une prouesse qui laissa pantois ses camarades de classe. Tout au long de ses années de lycée, le lieutenant fut pour son fils un véritable précepteur, au sens académique et au sens éthique du terme. Leur foyer, devait dire Zbigniew Silkowski, l'ami de Karol, était « une communauté de deux personnes ».

Mais la solitude était là, et on n'en faisait pas mystère. Parfois, pour Noël et pour Pâques, le père et le fils se rendaient à Biala Leszczyny, à une heure de marche de Wadowice, en suivant la route qui contournait les champs, chez la demi-sœur aînée du lieutenant, Stefania. Et Stefania venait passer des vacances à Wadowice, amenant avec elle un semblant de vie de famille.

Le lieutenant n'était pas l'ennemi du divertissement, et Lolek et lui allaient souvent ensemble au cinéma, un plaisir dont le jeune garçon était particulièrement friand. Un soir, alors qu'ils rentraient chez eux après avoir vu une comédie légère produite par le cinéma polonais, on entendit Karol entonner de sa voix puissante : « Barbara, tu le sais bien, / tu es la seule qui compte pour moi. / Barbara, tu le sais bien, / tous les garçons te font de l'œil / car il n'y en a pas deux comme toi ! »

TANGO

A l'âge de quatorze ans, Karol Wojtyla découvrit le théâtre. Ce fut pour lui un véritable coup de foudre. Comme s'il se trouvait soudain face à son destin. « Son existence prit un tour nouveau », se souvient son ancien condisciple Antoni Bohdanowicz. « A partir de ce moment, Lolek consacra chaque minute de son temps libre au théâtre. »

Il venait d'entrer dans la puberté et son physique changeait. Le garçon que l'un de ses professeurs d'instruction religieuse avait décrit comme « plutôt grassouillet » perdait du poids et s'affinait. Il avait des pommettes saillantes, et déjà, dans ses yeux bleus, un regard perçant. C'était un jeune homme des plus séduisants, et cela n'échappa pas aux élèves du lycée de filles.

Petit garçon, il était déjà fasciné par la scène. Il se mit à lire des pièces et, encouragé par ses professeurs, s'essaya à quelques premiers rôles dans des spectacles montés par les élèves de son lycée. Cette rencontre avec l'art, cet élargissement de son univers parurent enfin dissiper en lui les derniers restes de mélancolie. Dans le salon de Zbigniew

Silkowski, le fils du chef de gare, il prenait part à des lectures de pièces, à des concerts de musique de chambre et à des récitals de poésie. En déclamant les œuvres de grands poètes du XIXe siècle comme Mickiewicz et Slowacki, il voyait s'ouvrir devant lui les portes du royaume des mots.

Le barde romantique Adam Mickiewicz, plus que tout autre, faisait vibrer en lui des cordes dont on entend encore l'écho dans la prose cadencée des discours pontificaux. Mickiewicz était un Slave cosmopolite dont l'œuvre frémit et déborde de son amour pour la beauté naturelle du pays où il vit le jour. Culturellement, il était écartelé entre la Lituanie polonaise, sa terre natale, et la Russie où il fut assigné à résidence sur ordre du tsar, la France (où il vécut par la suite) et la Turquie (où il mourut en exil) ; entre la Pologne et l'univers plus ensoleillé de l'Italie (où il tenta vainement d'obtenir une intervention du pape Pie IX en faveur des révolutionnaires polonais qui luttaient contre les Russes). Mickiewicz était un poète qui s'interrogeait sur l'indifférence de Dieu aux souffrances des hommes, et dont la pensée annonçait le socialisme chrétien. C'était un prophète qui ne voulait pas conduire seulement la Pologne, mais l'humanité tout entière, vers un nouveau destin, et une voix qui exprimait puissamment le messianisme polonais *. Ces thèmes resteraient présents à l'esprit de Karol Wojtyla.

Mickiewicz était engagé dans le combat universel pour les droits de l'homme, et déclara en 1848, dans son *Manifeste pour la constitution d'un futur État slave*, que « tous les citoyens sont égaux, y compris les Israélites ». C'était également un théoricien du théâtre. Il croyait en une nouvelle forme dramatique slave, née de la fusion entre la tragédie grecque et le mystère du Moyen Age, entre le naturel et le surnaturel. Respirant cette atmosphère enivrante du XIXe siècle romantique, Karol et ses partenaires de scène s'immergeaient complètement dans sa vision du monde.

Au lycée, un professeur de littérature polonaise avait formé une troupe de jeunes acteurs. Ils donnèrent leur premier spectacle, un collage de poésie romantique et de chansons populaires, dans le jardin public de Wadowice. Karol en devint rapidement la vedette. Les élèves du lycée de filles participaient à ces spectacles. C'est là que l'adolescent Karol noua ses premières amitiés avec des jeunes filles. Deux d'entre elles allaient occuper dans son cœur une place particulière : Halina Krolikiewicz, la fille du directeur du lycée de garçons, et Ginka Beer, de deux ans son aînée.

Ginka, très douée pour la scène, devint pour lui une sorte de mentor et peut-être une grande sœur de substitution. Jerzy Kluger se la rappelle comme une très belle jeune fille : « Une jeune Juive aux magnifiques yeux noirs et aux cheveux d'un noir de jais, mince, remarquable comédienne. » Karol l'accompagnait régulièrement aux répétitions et,

* Le prix Nobel de littérature Czeslaw Milosz, ami du pape, a écrit : « La Pologne devait, par ses souffrances, apporter la Rédemption aux nations, et les pèlerins polonais avaient pour mission d'annoncer aux nations matérialistes de l'Occident l'avènement d'un monde nouveau, spirituellement transformé. »

pour rester avec elle, trouvait mille services à lui rendre (farter ses skis, par exemple).

Halina Krolikiewicz était elle aussi très belle, et excellente comédienne (elle le resterait toute sa vie). Attirés l'un vers l'autre et en même temps concurrents, ils étaient les meilleurs acteurs de Wadowice, et devinrent les stars de leur petite troupe de théâtre. L'attachement de Karol pour Halina ne faisait de doute pour personne. De son côté, elle trouvait que ce garçon à l'épaisse tignasse blonde (toujours en bataille) était « différent des autres... un grand et beau garçon, avec une très belle voix, une diction excellente ».

L'amitié qui les unissait se fit de plus en plus intense, si intense, en vérité, qu'ils étaient bien proches, inconsciemment, semble-t-il, d'une attirance érotique, mais ils ne passèrent jamais à l'acte, si l'on en croit Halina. Dans la société hypersexualisée qui est aujourd'hui la nôtre, une telle relation peut paraître difficile à comprendre : dans la Pologne des années trente, il s'agissait d'un lien sentimental subtil, retenu, pudiquement tu entre deux adolescents élevés dans le plus sincère et le plus rigoriste des catholicismes.

Après l'élection de Karol Wojtyla au trône papal, un rideau de fer tomba sur tous les aspects de sa vie privée. Face à la curiosité parfois grossière des médias, parents et amis firent bloc. Certains parlèrent, néanmoins, des relations entre Halina et Karol, et parmi eux Jerzy Bober, qui devait les connaître par la suite à l'université. Il ne faisait aucun doute, pour lui, qu'elles n'étaient pas fondées sur le seul amour de l'art : « Un si grand nombre de fils se rejoignaient mystérieusement pour tisser un écheveau de sympathie, de sentiments, de flirt juvénile, et même de grande tendresse... »

Karol fut bientôt connu comme le metteur en scène et le décorateur de la troupe. Sa mémoire devint légendaire. Deux jours avant la première de *Balladyna*, de Juliusz Slowacki, le comédien qui tenait le rôle de Kostryn déclara forfait. Dans l'affolement qui suivit cette annonce, on entendit s'élever la voix calme de Karol proposant de jouer à la fois Kostryn et le personnage principal, Kirkor (ce qui était possible puisque Kostryn n'apparaît qu'après la mort de Kirkor).

Comment ferait-il pour apprendre son texte en aussi peu de temps ? lui demanda-t-on. « Je l'ai déjà appris pendant les répétitions », répondit tranquillement Karol.

Moins de quarante-huit heures plus tard, on joua *Balladyna* et Karol interpréta magnifiquement les deux rôles. Il avait aussi une passion pour la poésie de Slowacki, et avait appris, entre autres, *Le Pape slave* :

Alors que la discorde fait rage Dieu fait sonner
Une gigantesque cloche
Pour le pape slave
Le trône est vacant.
Celui-là ne fuira pas le glaive
Comme cet Italien.
Tel Dieu, il affrontera le glaive avec bravoure,

Pour lui, le monde est poussière...
Voyez venir le Pape slave,
frère du peuple.

De nombreux spectacles présentés dans l'auditorium du lycée furent mis en scène par Karol Wojtyla, le futur pape slave. Ils étaient largement basés sur des thèmes patriotiques, et la petite troupe était fréquemment sollicitée pour se produire dans les diverses salles de la ville, comme le Club du Faucon ou la salle paroissiale Notre-Dame. Puis, sa notoriété grandissant en même temps que son répertoire, on organisa une tournée dans les villages des environs : Kety, Andrychow, Kalwaria Zebrzydowska.

La distribution restait la même ; mais le choix des pièces variait. Karol tenait presque toujours les premiers rôles ; il était le roi dans *Sigismund Augustus* de Wyspaiansi, Hémon dans l'*Antigone* de Sophocle, Jean l'Évangéliste dans une adaptation du livre de la Révélation... Et il avait invariablement Halina Krolikiewicz comme partenaire dans le premier rôle féminin. On la voit sur une photographie, ravissante sous son maquillage pâle et dans sa longue robe blanche, aux côtés d'un élégant Karol-Gucio au visage orné d'une fine (et fausse) moustache.

Quand la célèbre actrice polonaise Kazimiera Rychter vint à Wadowice, nos jeunes passionnés de théâtre organisèrent un concours entre eux et lui demandèrent d'en être l'arbitre. L'événement se transforma en un duel entre Karol et Halina, qui l'emporta. Karol reçut le deuxième prix, mais fit une grande impression sur les spectateurs. Ce garçon de quinze ans, vêtu de son uniforme bleu de lycéen et qui se tenait légèrement penché en avant pour réciter, avait choisi de présenter *Promethidion*, un poème de Cyprian Norwid, poète-philosophe du XIXe siècle, caractérisé par un style obscur et une syntaxe particulièrement difficile.

Promethidion traite du travail comme moyen de Rédemption, lorsqu'il est accepté avec amour, et exalte la fonction suprême de l'art en tant que « bannière sur le donjon du labeur humain ». C'était un long poème, difficile à dire, et les spectateurs furent frappés par « le ton moderne, assuré et vigoureux » de l'interprétation de Karol. Il sut se garder de tout excès de lyrisme ou de sentimentalisme, d'après Halina Krolikiewicz, qui se souvient qu'elle fut frappée et enchantée par l'élégance de Karol, par sa capacité à pénétrer le texte. Karol possédait « la force d'expression sans la moindre exaltation ni la moindre exagération. » Norwid a profondément influencé la carrière d'évêque, puis de pape, de Wojtyla. (On retrouvera dans l'encyclique *Laborem Exercens* certaines des idées contenues dans *Promethidion*.) Parmi les poèmes de Norwid que Wojtyla connaissait, il y avait *Juifs polonais*, écrit dans les années 1860, après que les cavaliers cosaques eurent réprimé une manifestation anti-russe à Varsovie, en traitant avec une exceptionnelle brutalité les Juifs qui se trouvaient dans la foule. Norwid y dit que deux grandes et anciennes cultures, la culture juive et la culture polonaise, ont légué à la Pologne un héritage « qui n'a pas de prix ».

Ce furent des années heureuses pour Karol. Les voisins l'entendaient souvent chanter lorsqu'il dévalait l'escalier pour se rendre à ses répétitions. Il passait des heures et des heures à discuter de poésie avec ses camarades, et à cimenter des amitiés appelées à durer toute une vie. A quinze ans, il devient président d'une association qui se consacre à la vénération de la Vierge Marie, et il est réélu l'année suivante. C'est encore lui qu'on choisit pour prendre la tête de la Société d'abstinence, qui milite contre l'usage de l'alcool et du tabac chez les jeunes. Il prend son engagement au sérieux, mais sans fanatisme. Un jour d'hiver, alors que sa classe revient en train d'une journée de plein air, une bouteille de cognac passe de main en main. Le professeur qui emmène le groupe a eu droit à la première gorgée, puis les autres boivent chacun à leur tour. Jean Kus, qui était présent ce jour-là, nota avec satisfaction que son camarade Karol n'avait pas refusé l'aubaine.

Wojtyla aimait aussi danser. Des cours avaient lieu deux fois par mois dans une salle réservée par le lycée. C'était un reste de l'époque raffinée de l'Empire austro-hongrois, marquée par le goût pour la culture classique et les manières polies, et où l'éducation visait avant tout à promouvoir un esprit sain dans un corps gracieux. Les garçons avaient pour cavalières les élèves du lycée de filles. Le professeur était une femme, qui enseignait patiemment les divers pas aux apprentis danseurs, tandis que l'un de leurs professeurs, au piano, répétait inlassablement quelques mesures. L'atmosphère était des plus compassées : les garçons alignés sur des bancs disposés le long des murs d'un côté de la vaste salle, et les filles en face d'eux. Le tout sous l'œil d'un groupe de mères faisant office de chaperons.

Wojtyla participait à ces séances avec entrain. Au son du gramophone, il apprenait comment inviter une cavalière, comment la tenir sans trop la serrer, la raccompagner à sa place et s'incliner profondément pour remercier et prendre congé. Karol ne fut jamais timide avec les filles. Devenu pape, il ne montra jamais, vis-à-vis des femmes, cet embarras dont bien des ecclésiastiques, marqués par l'atmosphère répressive d'avant Vatican II, ont eu du mal à se défaire.

Avec aisance, donc, Wojtyla dansait polonaises, mazurkas, valses et tangos (le port altier et calmement, dans le style de d'Europe centrale, mais sans y mettre la fougue argentine). A l'ouverture de la « saison » (entre le Jour de l'An et le Carême), les jeunes gens et les jeunes filles se rendaient au Club du Faucon pour danser au son du piano et du violon. Avec Poldek Goldberger, le pianiste le plus talentueux de la classe, Karol s'amusait parfois, et amusait la galerie, en composant des chants populaires et patriotiques, et même quelques tangos romantiques.

On ne le voyait pas, toutefois, à ces soirées appelées « pryvatkas », au cours desquelles garçons et filles se réunissaient tantôt chez l'un, tantôt chez l'autre, pour boire un peu, écouter de la musique, et flirter. Il n'y voyait qu'une perte de temps, dit-il à Halina Krolikiewicz, et ses amis, lassés, finirent par ne plus l'inviter.

Vers la fin de ses années de lycée, il fit la connaissance d'un intellectuel qui devait exercer une grande influence sur sa vie. Mieczyslaw Kotlarczyk, qui enseignait la littérature polonaise, ne vivait que pour le théâtre, toujours occupé par quelque mise en scène ou quelque création de décor. Il avait fondé en 1901 le Théâtre amateur universitaire de Wadowice. Il collaborait également à des revues culturelles comme *La Voix de la nation* ou *L'Élan*, parlait à la radio, était en contact avec le grand directeur du Théâtre national de Cracovie, Juliusz Osterwa ; et il se tenait au courant des dernières nouveautés de la scène allemande.

Kotlarczyk était un étudiant passionné de la langue, de ses pulsations mystiques et magiques. Il parlait de la Parole Vivante : à travers la langue, disait-il à ses étudiants, le rythme et la rime d'une œuvre théâtrale doivent devenir les héros de toute interprétation, et les costumes et les décors doivent être réduits au strict minimum.

Dans l'appartement de Kotlarczyk, Karol passait des heures à discuter du rôle du théâtre et de la signification de la langue dans la vie polonaise. Plus tard, le cardinal Wojtyla ferait l'éloge de Kotlarczyk en le décrivant comme le pionnier d'une forme dramatique extrêmement originale, « expression des traditions artistiques polonaises et chrétiennes profondément enracinées qui nous ont été transmises par toute notre littérature ». Pour Karol, Kotlarczyk était, plus qu'un simple professeur, quelqu'un – la seule personne peut-être – avec qui il pouvait avoir des échanges approfondis et intimes, à qui il confiait ses réflexions sur sa propre existence et sur le destin de la Pologne. De dix-neuf ans son aîné, Kotlarczyk était presque un frère aîné, un écho d'Edmund.

Pendant toutes ces années, il ne faisait pas de doute pour ses amis que Karol serait plus tard comédien ou homme de lettres, marié et père de famille. Rien, dans sa vie, ne semblait annoncer un autre destin.

Le 6 mai 1938, Mgr Adam Sapieha, archevêque de Cracovie, vint à Wadowice administrer le sacrement de confirmation avant la remise des diplômes. Cette visite était pour la ville un événement de première grandeur. Aux accents de la musique jouée par l'orchestre de la garnison, le maire et les autorités civiles accueillirent l'automobile noire du prélat sur la place du Marché. Issu d'une famille d'aristocrates de Galicie, le prince métropolite Adam Stefan Sapieha était un personnage important dans la nouvelle Pologne – et au-delà. Le pape Pie X l'avait même gardé plusieurs années auprès de lui, à Rome, comme membre de la maison papale. C'était un prélat d'une intense piété, un administrateur hautement compétent et, dans le domaine spirituel, une sorte de chasseur de têtes.

Sapieha n'était pas très grand, mais son profil aquilin, ses traits aristocratiques et l'extraordinaire énergie qui se dégageait de sa personne avaient de quoi intimider. Karol avait été chargé de représenter les étudiants, et lui souhaita la bienvenue dans un discours en latin. Sapieha regarda avec beaucoup d'attention ce garçon au visage si expressif sous une masse de cheveux indisciplinés. Il y avait dans ses manières quelque chose de déterminé et de réfléchi. Son regard exprimait à la fois la sensibilité et la sincérité. « Que fera-t-il, une fois son diplôme obtenu ? » demanda l'archevêque en se tournant vers Edward Zacher, le professeur d'instruction religieuse de Karol. « Entrera-t-il au séminaire ? »

Karol demanda la permission de répondre lui-même. « Je vais étudier la littérature polonaise et la philologie. »

« Quel dommage », dit l'archevêque.

Chaque premier vendredi du mois – jour de dévotion toute particulière dans l'Église catholique –, Karol Wojtyla allait se confesser et communier. Il en était ainsi depuis son entrée au lycée. Il ne manqua jamais ce rendez-vous avec le Corps Sacré du Christ. De même, il se rendait chaque matin à l'église paroissiale avant d'aller suivre ses cours ; les jours où il ne servait pas la messe, il venait tout de même prier. A la sortie des cours, il retournait à l'église. Il priait après chaque repas et en faisant ses devoirs. Il priait avant de se mettre au lit et à l'occasion des célébrations spéciales organisées en hommage à la Vierge Marie.

Ses amis ne s'étonnaient plus de ce rythme de prière proprement monacal. Ils comprenaient qu'il n'y avait rien d'ostentatoire dans sa piété. « Tout le monde voyait bien qu'il était différent et agissait différemment des autres », se souvient Jan Kus. Pour Karol, cette pratique n'avait rien d'un perpétuel ressassement de prières, c'était une lente élévation au-delà des tâches et des préoccupations du quotidien, vers un état dans lequel sa propre pensée s'annihilait – une plongée en Dieu.

Ceux de ses amis qui le voyaient à l'église, abîmé dans la prière, en retiraient des impressions parfois contradictoires. Certains voyaient transparaître sur son visage « quelque chose de beau, de merveilleux ». D'autres racontaient qu'ils avaient vu les traits de Wojtyla blêmir, prendre un teint terreux, comme si la chair s'en était brusquement retirée. L'une de ses jeunes partenaires de théâtre l'avait trouvé, un instant, laid et effrayant. Tout cela était vrai. Prier, pour Wojtyla, signifiait passer par toutes sortes d'états allant de la souffrance à la sérénité, de la concentration à l'abandon. Devenu pape, il expliquerait que la prière commençait comme un dialogue pour atteindre un point où il n'y avait plus que Dieu. « Nous commençons avec l'impression d'agir par nous-mêmes, mais c'est toujours Dieu qui agit en nous. »

Pour ses amis, ce goût de la méditation et de la contemplation faisait de lui quelqu'un d'un peu mystérieux. Au lycée, ils en parlaient comme d'une sorte de « sainteté ». Nul ne se risquait à jurer, et moins encore à blasphémer en sa présence. Ses camarades de classe se jetèrent un jour sur un élève qui s'était approché de Wojtyla par-derrière en lui criant des insanités à l'oreille, et le traînèrent dans les toilettes pour lui infliger une correction. Même lorsqu'il était, l'été, appelé à de rudes exercices d'instruction militaire, ses compagnons d'armes s'abstenaient d'entonner les traditionnelles chansons paillardes. De telles anecdotes semblent quelque peu hagiographiques, mais il est certain que le calme et la réserve du jeune Karol, sa haute tenue morale, en imposaient pratiquement à tous ceux qui l'entouraient.

Le père Josef Prus, recteur du lycée religieux des carmes, le trouvait souvent dans la chapelle du couvent, un édifice de briques rouges construit dans le style néo-romantique sur une éminence boisée derrière la place du Marché. On y voit, au-dessus de l'autel, saint Joseph et l'enfant Jésus tenant à la main un lys, symbole de pureté ; à gauche, un portrait de la Madone dans la manière des peintres italiens. Wojtyla venait là prier pendant des heures, face à l'autel de la Vierge Marie. L'endroit était plus calme, avec moins d'allées et venues que dans l'église proche de chez lui.

Le père Prus observait attentivement ce garçon plongé pendant de longues heures dans une méditation silencieuse. En discutant avec lui, il eut l'impression que cet étrange jeune homme, qui parvenait à concilier une ambition théâtrale avec la pratique de la contemplation, qui déclamait des poèmes néo-romantiques et, à l'âge de dix-sept ans – comme il l'apprit à Prus –, avait déjà lu *Le Capital* de Karl Marx dans la langue originale, était en quête d'un guide spirituel. Le père carme devint effectivement son père spirituel et lui donna ses premiers livres de saint Jean de la Croix, qui allaient enrichir sa vie d'une forte dimension théologique.

Wojtyla était puissamment attiré par la vie des moines de l'ordre des Carmes déchaux, dont les journées se passaient dans le silence, la contemplation et la pénitence. Il tentera à deux reprises d'entrer dans cet ordre au cours des années quarante. Et s'il finit par comprendre que sa place était au sein du clergé séculier, il garda toujours en lui ce désir d'une vie monacale. Alors qu'il était archevêque de Cracovie, il fit de fréquentes retraites dans un refuge d'ermite, une cabane en bois construite dans le jardin des Sœurs Albertines. Plus tard, devenu pape, il invita un groupe de carmélites à établir un petit couvent au Vatican.

Sous l'influence du mysticisme carme, son engagement chrétien se fit encore plus rigoureux, au moment où ses camarades d'études connaissaient leurs premières aventures amoureuses. Halina Krolikiewicz se souvient qu'elle ne le vit jamais avec une fille à son bras, malgré les nombreuses occasions qui s'offraient à lui, car il était fort joli garçon.

Pendant la plus grande partie de ses années d'adolescence, ses relations avec Ginka Beer furent pour Karol une source d'émotion profonde. Il fut donc particulièrement troublé ce jour de l'été 1938 où Ginka se présenta à l'improviste à la porte de l'appartement. Bien qu'ils fussent très proches, et se rencontrassent pratiquement tous les jours dans l'entrée, dans l'escalier ou au-dehors, elle n'était encore jamais venue le voir chez lui. Il la regarda tandis que son père l'invitait à entrer, comprit aussitôt que quelque chose n'allait pas et il en oublia de se lever pour l'accueillir.

Ginka lui apprit que son père, directeur de banque à Wadowice, avait décidé d'émigrer en Palestine avec sa famille. Les Juifs, estimait-il, n'étaient plus en sécurité en Pologne. A Wadowice, des jeunes exigeaient le boycott des commerces tenus par des Juifs et n'hésitaient pas à briser leurs vitrines. Son père avait tenté de convaincre d'autres Juifs de s'en aller aussi, mais aucun ne l'avait suivi.

Le lieutenant Wojtyla essaya d'argumenter : « Tous les Polonais ne sont pas antisémites. Tu sais bien que je ne le suis pas ! » répéta-t-il à plusieurs reprises. « Je lui ai dit, en toute franchise, qu'il n'y avait pas beaucoup de Polonais comme lui », se rappelle Ginka quelque quarante ans plus tard. « Il était très ému. Mais Lolek l'était encore plus que son père. Il ne disait rien, mais il avait rougi. Je lui fis mes adieux aussi gentiment que possible, mais il était si bouleversé qu'il fut incapable de prononcer un mot. Je serrai la main de son père, et partis. »

Karol, ensuite, voulut discuter avec Ginka pour la convaincre de rester, mais ce fut en vain. Il perdait une fois encore un être cher. Plusieurs dizaines d'années plus tard, lors d'une visite au Vatican d'anciens voisins et condisciples de Wojtyla, Jerzy Kluger dit au pape : « Ginka est ici. »

« Où est-elle ? » répondit le pape, abandonnant aussitôt le groupe avec lequel il était en train de discuter. « Il m'a posé toutes sortes de questions », se souvient Ginka Beer Reisenfeld, aujourd'hui âgée. « Il s'est montré vraiment très gentil. » Elle apprit au pape que sa mère était morte à Auschwitz, et que son père avait été tué en Union soviétique. « Il m'a regardée sans rien dire, et il y avait dans ses yeux une profonde compassion, dit-elle. Il a pris mes mains dans les siennes, m'a bénie et a prié devant moi pendant deux longues minutes, sans me lâcher les mains. »

Au lycée, déjà, Karol Wojtyla avait opté pour la chasteté ; et il resta ferme sur ses principes, tandis que ses amis les plus proches connaissaient leurs premières expériences sexuelles. Les occasions étaient rares pour les élèves du lycée, à cause des coutumes de l'époque et de la stricte surveillance exercée par le directeur comme par les professeurs. Celui qui se faisait surprendre en compagnie d'une fille dans le petit chemin discret appelé Aleja Milosci (le Chemin de l'Amour), derrière le couvent des carmes, risquait une sévère punition. Mais les jeunes gens mettaient à profit les sorties en plein air et les excursions vers les villages des environs pour faire ce qu'on leur interdisait ailleurs.

Comment savons-nous que Karol Wojtyla ne céda jamais à la tentation ? Il l'a lui-même affirmé, et avec l'autorité pontificale. Dans les années quatre-vingt-dix, apprenant que l'un de ses biographes, un carme du nom de Wladyslaw Kluz, parlait de la confession comme du moyen par lequel le jeune Wojtyla avait *recouvré* la grâce divine, le pape Jean-Paul II, très contrarié, prit lui-même la plume pour lui écrire : « Le terme recouvrer implique que j'aurais perdu, en raison d'un péché grave, la grâce de Dieu. Qui vous a dit que j'avais commis des péchés graves dans ma jeunesse ? Cela ne s'est jamais produit. Ne pouvez-vous croire, mon Père, qu'un jeune homme soit capable de vivre sans commettre de péché mortel ? »

MYSTIQUES ET NAZIS

Après que Karol eut reçu son diplôme d'études secondaires, son père et lui emballèrent le modeste contenu de leur appartement. Rien ne retenait le lieutenant Wojtyla à Wadowice. En août 1938, il partit s'installer à Cracovie avec Karol, qui s'était inscrit, tout comme son frère jadis, à l'université Jagellon. Ils louèrent un minuscule appartement en rez-de-chaussée, rue Tyniecka, dans le quartier Debniki qui s'étend le long de la Vistule. C'était si petit et si mal éclairé que le vieil appartement de Wadowice, avec vue sur la voie du chemin de fer, semblait maintenant luxueux par comparaison.

A l'université, Karol, confronté à un programme de cours extrêmement chargé – étymologie et phonétique polonaises, littérature médiévale polonaise, théâtre polonais du XVIIIe siècle, poésie lyrique contemporaine –, ne fut pas long à s'y adapter, se lançant dans ses nouvelles études avec sa confiance en lui-même et sa capacité de concentration coutumières. Sur un plan relationnel, il aura tout de même, au début, un peu de mal à se faire à la vie dans cette grande université située au cœur d'une cité cosmopolite. C'est un jeune homme à la fois calme et intense, portant encore les vêtements élimés de sa tenue de lycéen – un pantalon coupé dans une étoffe grossière et une paire de chaussures mille fois réparées. Mais on n'était plus à Wadowice, et il semblait quelque peu déplacé dans l'ambiance élégante de Cracovie.

Le soir, Karol étudiait, priait, et passait du temps à discuter avec ses amis. Il n'était pas tenté par les mondanités, les beuveries ou les sorties dans des lieux de plaisir fréquentés par les étudiants, comme Le Ballon vert ou le cabaret de la rue Florianska. Malgré ses vêtements rapiécés et son attitude réservée, il se lia bientôt d'amitié avec quelques poètes et dramaturges en herbe, vivant en bande et sûrs de leur talent. Recommandé par son nouvel ami Juliusz Kydrynski, il eut bientôt ses entrées dans la maison d'une famille de la haute société, les Szkocki. Il y passait des soirées à parler de littérature romantique et à écouter les sonates qu'interprétait au piano, magnifiquement, M. Szkocki, son hôte, par ailleurs musicologue de grande réputation. On s'était habitué à ses visites, et il appelait Mme Szkocka « Grand-Maman ».

Mais ce bonheur fut de courte durée.

L'Allemagne avait envahi la Tchécoslovaquie, et les Polonais de l'université étaient, tous, intimement persuadés que la guerre était proche. Les manifestations antigermaniques se multipliaient sur le campus (tout comme les rassemblements antisémites). Certains étudiants placardaient des portraits de Hitler. Wojtyla était hostile aux nazis, mais s'abstenait généralement de discuter de la façon de les combattre. Krystyna Zbijewska, une étudiante de ses amis, percevait un certain radicalisme dans ses idées, un mélange de socialisme chrétien et d'humanisme. Il parlait souvent de la différence de condition entre les riches et les pauvres, qu'il jugeait immorale, mais rares étaient les étudiants, à cette époque et parmi ses fréquentations, qui se sentaient concernés par un tel sujet. Il parlait surtout de ses cours, et du théâtre. « C'est peut-être pour cela que nous nous entendions si bien... parce que, l'un comme l'autre, nous nous concentrions sur nos études. »

Wojtyla se trouvait dans l'ancienne cathédrale des rois de Pologne quand les premières bombes tombèrent sur Cracovie. C'était le 1er septembre 1939. Comme chaque premier vendredi du mois, il était venu à l'église pour se confesser et recevoir la communion. L'attaque-surprise des pilotes de la Luftwaffe visait la caserne de la rue Warzawska. Dans le vacarme des déflagrations et des hurlements de sirènes, les civils affolés fuyaient leurs maisons pour se réfugier dans les caves.

En haut de cette colline dominant la ville et où se dressait aussi le palais royal, Wojtyla se retrouva seul dans une cathédrale déserte, avec un prêtre qu'il aimait et en lequel il avait toute confiance : le père Kazmiriez Figlewicz, son ancien professeur d'instruction civique à Wadowice, qui avait entendu ses premières confessions. C'était auprès de lui, aussi, que Karol avait fait ses débuts comme enfant de chœur. A cet instant, au plus fort du bombardement par les nazis, le père Figlewicz lui demanda de servir la messe : « Il faut célébrer l'office, malgré tout. Prier Dieu pour qu'il épargne la Pologne. »

Wojtyla s'exécuta. Le maître-autel, sur lequel repose le lourd sarcophage en argent de saint Stanislas, évêque martyr de l'ancienne Cracovie et saint patron de la Pologne, est comme un roc. Le sarcophage lui-même est surmonté d'un dais doré soutenu par des colonnes dorées. La cathédrale constitue un magnifique abri, et les tombes de Stanislas et de plusieurs rois attestent la ténacité de la Pologne et sa grande capacité à survivre à toutes les agressions. « *Kyrie Eleison, Christe Eleison*, Seigneur aie pitié de nous, Christ aie pitié de nous », psalmodia le jeune étudiant, agenouillé devant l'autel du Christ en croix, tandis que les déflagrations secouaient les vitraux.

L'Histoire, que Wojtyla avait le plus souvent ignorée, faisait irruption dans son existence. Lui qui avait naguère abandonné le club d'histoire de son lycée pour se consacrer aux poètes et aux écrivains, lui qui évitait les discussions politiques et gardait une position délibérément ambiguë sur la guerre civile espagnole, cette répétition en costume de la Deuxième Guerre mondiale (il soutenait les évêques franquistes contre les républicains, mais l'impitoyable démonstration de force de Hitler à Guernica l'avait bouleversé), était maintenant pris entre deux feux.

Les Allemands avaient décidé de s'emparer de la Pologne, et la vie de cet étudiant modèle allait en être transformée, tous ses projets remis en question. Il écrivit à son ami Kotlarczyk : « La vie, c'était pour nous, jusqu'ici, les soirées de la rue Dluga, les conversations raffinées qui se poursuivaient jusqu'à minuit et au-delà... » Des questions graves, profondes, se posaient maintenant à eux.

Sitôt la messe terminée, Wojtyla courut à la maison de son père, puis aida son ami Juliusz à tirer une charrette chargée des effets de la famille Kydrynski jusqu'aux faubourgs de Cracovie. En chemin, ils furent pris sous le feu d'une nouvelle attaque aérienne. Ils s'abritèrent sous une porte cochère, où Wojtyla pria en silence, pendant que passaient les bombardiers.

Les troupes allemandes marchaient sur la ville. Wojtyla, estimant que mieux valait, pour son père et lui, quitter Cracovie sans plus attendre, retourna en toute hâte à leur appartement. Le père et le fils partirent à pied, portant à deux une unique valise. Le vieux lieutenant Wojtyla, boitillant et à bout de forces, se retrouva au milieu du flot de réfugiés en route vers l'est. Les rues étaient régulièrement mitraillées par les appareils allemands, mais il n'y avait pas d'autre issue pour s'échapper. Un chauffeur de camion les emmena sur une courte distance, puis il leur fallut marcher à nouveau. Sur les hauteurs de Tarnobzeg, à environ deux cents kilomètres de Cracovie, le lieutenant annonça qu'il n'irait pas plus loin. Dans l'intervalle, la rumeur d'une entrée des troupes russes en Pologne orientale s'était répandue. Les Wojtyla décidèrent de retourner à Cracovie.

La déroute de la Pologne fut brutale et terrifiante. Dès le 6 septembre, les Allemands occupaient Cracovie. Le 17, les troupes soviétiques franchirent la frontière de l'est, et le gouvernement polonais se réfugia en Roumanie. Le 23 septembre, Varsovie capitula. Le 29, l'archevêque Sapieha célébra la dernière messe pontificale dans la cathédrale. Le 1er novembre, l'Allemagne annexa Gdansk et de vastes territoires à l'ouest et au sud (Varsovie comprise). Le reste du pays, à l'exception d'une zone soviétique à l'est, devint, sous le nom de Gouvernement général, une colonie nazie avec Cracovie pour capitale. Le svastika flottait désormais sur le château de Wawel.

Pour Karol Wojtyla, une nouvelle vie avait commencé dans la Pologne occupée : les files d'attente pour le pain, la quête épuisante du sucre, les interminables marchandages pour se procurer un peu de charbon à l'entrée de l'hiver... Hormis ces privations, une apparence de normalité se maintint pendant les premières semaines. Le 2 novembre, Karol s'inscrivit pour sa deuxième année d'université. Dans ses moments de liberté, il assistait aux derniers spectacles autorisés par l'occupant allemand. On continuait à se réunir chez son ami Julius Kydrynski pour des lectures de littérature polonaise.

Mieczyslaw Kotlarczyk, son professeur d'art dramatique, qu'il appelait « frère », avait été forcé de rester à Wadowice à la suite de la partition du pays. Ils entretinrent une correspondance suivie. Wojtyla cherchait toujours à s'expliquer les raisons imprévues et incompréhensibles de l'effondrement de la Pologne : « Je ne la voyais pas sous son véritable jour, avouait-il dans l'une de ses lettres. L'idée de la Pologne était vivante en nous, comme elle l'avait été pour la génération des romantiques. Mais cette Pologne n'avait pas de réalité, car ses paysans étaient battus et jetés en prison lorsqu'ils réclamaient à juste titre leurs droits politiques, parce qu'ils sentaient venir le moment fatidique de leur destinée, parce qu'ils étaient dans leur bon droit. Mais on a trompé la nation, et on lui a menti ; et ses enfants, tout comme au temps de la Partition, se sont dispersés aux quatre coins du monde. Pourquoi ? Pour ne pas moisir dans les prisons de leur propre pays. »

Wojtyla comprenait que l'effondrement de la Pologne n'avait pas seulement pour cause l'invasion allemande, mais aussi l'égoïsme et l'autoritarisme des classes dirigeantes polonaises. La Pologne libre n'avait vécu que vingt ans. « Avons-nous vraiment réussi notre libération ? » s'interroge-t-il le 2 novembre 1939, au lendemain de l'officialisation de la nouvelle partition de son pays. (Un demi-siècle plus tard, presque jour pour jour, il posera la même question après l'effondrement du communisme en Pologne.)

En attendant, Karol Wojtyla trouvait la réponse à ces interrogations dans un idéal christiano-romantique assez flou : « Je crois que notre libération nous attend à la porte du Christ. Je vois une Pologne athénienne – mais plus parfaite qu'Athènes, grâce à l'immensité de la chrétienté », écrivait-il à Kotlarczyk. La société idéale était celle qu'avaient entrevue les bardes et les prophètes. En dernière analyse, la Pologne était tombée parce que, comme Israël lors de sa conquête par les rois de Babylone, « elle n'avait pas su reconnaître l'idéal messianique, son propre idéal, qu'on avait brandi comme une braise incandescente, mais qu'on n'avait jamais réalisé ».

Le 26 octobre, les nazis décrétèrent le travail obligatoire pour tous les Polonais adultes (et pour tous les Juifs de douze ans et plus). Le 6 novembre, on tendit un piège aux professeurs de l'université Jagellon. Comme l'apprit Wojtyla de la bouche de ses camarades étudiants, les membres du corps enseignant furent convoqués par les autorités allemandes à une discussion sur le contenu de leurs programmes académiques. Cent quatre-vingt-six professeurs se présentèrent et furent immédiatement déportés au camp de Sachsenhausen-Oranienburg. A la suite des protestations qui s'élevèrent à travers le monde, et sur l'intervention des dictateurs au pouvoir dans trois pays catholiques – l'Italie de Mussolini, l'Espagne de Franco et la Hongrie de Horthy – environ cent vingt d'entre eux furent libérés. Parmi ceux qui ne revinrent jamais se trouvait un professeur qu'on avait aspergé d'eau glacée avant de le laisser agoniser par une température inférieure à zéro.

Pendant ce premier hiver de l'occupation nazie, la Pologne fut confrontée à une question cruciale : comment résister ? Le Troisième Reich dressait déjà des plans pour une annihilation culturelle du pays. Les lycées, les universités et les théâtres furent fermés. On interdit à l'Église de célébrer les fêtes et les saints polonais. Pour les nazis, les Polonais étaient des *Untermenschen*, des sous-hommes, et il fallait le leur faire sentir.

Ce fut aussi pendant ces premiers mois de l'humiliation nationale de

1940 que Wojtyla fit la connaissance d'un étrange personnage – une sorte de magicien des âmes.

A première vue, Jan Tyranowski n'était pas quelqu'un qui vous en imposait. Il semblait un peu gauche : maigre, légèrement voûté, les cheveux grisonnants rabattus en arrière. Il avait une voix haut perchée, presque féminine. Karol et lui habitaient le même quartier. Mais ses voisins ne savaient pas grand-chose de lui. Il exerçait le métier de tailleur, et vivait seul. Nul ne savait s'il avait été marié. On disait qu'il avait été interné dans un hôpital psychiatrique.

Son appartement du 11, rue Rozana, ne comportait en fait qu'une seule pièce, dans laquelle il avait installé l'atelier où il confectionnait et retouchait des manteaux et des costumes pour sa clientèle masculine. Mais il passait le plus clair de son temps à recruter des jeunes gens pour une société religieuse secrète.

Tyranowski soumit Wojtyla à cet examen silencieux, l'observant au cours d'une retraite organisée par les pères salésiens, l'écoutant lors des après-midi de lecture de la Bible, animés par un professeur de l'université. Puis un jour, à voix basse, il lui dit : « Puis-je vous parler un instant, monsieur ? »

Cet hiver-là, Mieczyslaw Malinski, alors âgé de dix-sept ans et qui allait devenir un ami intime de Wojtyla, fut approché de la même manière à la fois discrète et insistante à la sortie de l'église. « Je vous observe depuis un certain temps, lui dit Tyranowski. Vous venez presque chaque jour à la messe. Je vous propose de rejoindre le Rosaire Vivant. »

Le Rosaire Vivant s'était constitué dans une clandestinité totale, car les nazis – qui avaient déjà interdit les séminaires et faisaient peser toutes sortes de contraintes sur les activités de l'Église – n'auraient pas toléré l'existence d'une association d'activistes religieux. Le Rosaire Vivant commençait où s'achevait la récitation normale du rosaire : les quinze mystères qui le composent étaient incarnés par quinze jeunes gens qui s'engageaient à suivre le commandement du Christ d' « aimer Dieu et son prochain » jour après jour et dans tous les aspects de leur existence. Tyranowski veillait personnellement sur chacun d'eux, les rencontrant séparément pour ne pas attirer l'attention des Allemands.

Comme les autres, Wojtyla retrouvait chaque semaine Tyranowski dans son atelier de tailleur, une pièce mal éclairée située au deuxième étage de la maison au fond d'un étroit corridor, et où trois machines à coudre disparaissaient presque complètement sous des monceaux de livres. Le Maître, comme on l'appelait, recommandait certains ouvrages religieux et encourageait ses protégés à lire les derniers livres de théologie parus. Il les guidait à travers la pensée de grands mystiques comme saint Jean de la Croix et sainte Thérèse d'Avila, qui n'étaient pas des inconnus pour Karol. Mais désormais, sous la conduite de Tyranowski, il approfondissait la pratique mystique.

Pour Wojtyla, les visites à l'atelier de la rue Rozana devinrent un pèlerinage à une source spirituelle. On le vit de plus en plus fréquemment marcher à pas lents, en compagnie de Tyranowski, le long des berges de la Vistule, face au château de Wawel. Tyranowski était un modeleur de personnalités. Wojtyla avait trouvé en lui un guide patient, doux mais tenace. Il apprit à suivre pas à pas, au fil de ses journées, les instructions données par le Maître, qui avait pour devise : « Chaque instant doit servir à quelque chose. » Tyranowski établissait minutieusement son emploi du temps, qu'il s'agisse du travail de serveur qu'il lui avait procuré dans un restaurant appartenant à son oncle, ou de ses activités religieuses : exercices spirituels, lectures de la Bible, étude de textes religieux, prière, méditation, et messe. Tout cela constituait un prolongement – et une intensification – du régime précédemment imposé à Wojtyla par son père. L'idée que « chaque instant doit servir à quelque chose » allait devenir l'une des caractéristiques les plus marquantes de la vie et de l'œuvre de Karol Wojtyla.

Tyranowski exigeait de ses disciples qu'ils tiennent soigneusement leur journal afin de savoir s'ils avaient bien rempli leurs obligations quotidiennes. Toutes les activités y figuraient avec, chaque fois, un blanc dans lequel inscrire une croix indiquant que l'obligation avait été remplie – lecture des textes sacrés, sieste de l'après-midi, prière du soir... Chaque semaine Wojtyla se rendait chez le Maître et devait relire ses notes et lui rendre compte de tout ce qu'il avait fait.

Nombre des qualités dont fera preuve Wojtyla par la suite en tant que professeur, évêque, puis pape, semblent découler de son expérience auprès de Tyranowski. (Même diminué par l'âge, il continuera à montrer une indéfectible volonté, une capacité de résistance face aux ennuis de santé et une ardeur au travail qui épuisera les plus dévoués de ses collaborateurs.)

Tyranowski, dira plus tard un témoin, « savait convaincre les gens et se les attacher ». Il s'exprimait avec un grand calme, ne se montrait jamais sévère ou autoritaire. « Quand il voulait gagner quelqu'un à ses idées, Tyranowski n'utilisait jamais la force, mais la persuasion », se souvient Franciszek Konieczny. Il prenait à cœur les problèmes personnels de ses protégés. Plus tard, en tant qu'évêque, Wojtyla fera de même avec ses prêtres, persuadé que les évêques et les prêtres devaient former une communauté vivante – une extension de la « communauté de deux personnes » qui avait réuni jadis le jeune Karol et son père.

Devenu pape, Wojtyla parlera de Tyranowski comme de « l'un de ces saints inconnus, cachés comme une lumière merveilleuse au bas de la vie, à une profondeur où règnent habituellement les ténèbres ». Tyranowski lui apporta « la révélation d'un univers, dira Jean-Paul II. Par ses paroles, par sa spiritualité et par l'exemple d'une vie entièrement consacrée à Dieu et à lui seul, il représentait un monde nouveau que je ne connaissais pas encore. Je vis la beauté d'une âme révélée par la grâce. »

Une partie de ce monde nouveau se trouvait dans l'œuvre de saint Jean de la Croix, un moine espagnol passionné dont l'œuvre semblait rayonner à travers les siècles pour le jeune Wojtyla. Dans ses poèmes et dans ses commentaires, ce poète mystique lui enseignait comment aller à Dieu par la contemplation et en se défaisant presque brutalement de tout attachement terrestre et de tout bien matériel. Il expliquait comment abolir impitoyablement le moi, créer en son centre un vide que Dieu, aussitôt, viendrait combler de sa splendeur.

Il fallait pour se former à cette pratique, décrite par saint Jean de la Croix comme « la loi de la négation », passer par des périodes de désespoir et de cécité – « la nuit des sens » et « la sombre nuit de l'âme ». Mais elle promettait aussi, au terme du voyage, une perception directe et durable de Dieu.

« Lutte pour te plier non au plus facile, mais au plus difficile », professait saint Jean de la Croix. « Non pas à ce qui te paraît le plus agréable, mais au plus désagréable... non pas à ce qui te console, mais à ce qui te laisse inconsolé. » Ou encore : « Ceux qui passent pour des amis de Jésus-Christ savent fort peu de chose de lui car nous les voyons chercher (en Lui) une consolation plutôt que de plus amères souffrances. Dieu se réjouit de te voir prêt à affronter la souffrance et la privation par amour de Lui plutôt que toutes les consolations, les visions spirituelles et les méditations. »

S'il était une chose avec laquelle le jeune Wojtyla pouvait entretenir des relations, c'était bien la souffrance. Une veine mystique passionnée éclatait à présent dans ses poèmes :

Se noyer ! Plier et puis
lentement se relever sans rien sentir dans ce flot
où n'est tombée, pressée et tremblante,
que l'âme, l'âme de l'homme immergé,
l'âme emportée par le courant !

L'année où il fit connaissance de Tyranowski, Wojtyla entreprit, fiévreusement, l'écriture de trois pièces à la fois : *David, Job* et *Jérémie*. Elles exprimaient toutes les pensées à l'œuvre dans l'esprit d'un jeune homme qui pressentait toujours que le théâtre était, dans les ténèbres où se trouvait plongée la Pologne, « comme une église dans laquelle l'esprit de la nation s'épanouira ». Ces drames fourmillent de références à la situation de la Pologne. La mystique du sacrifice et la reconnaissance de la décadence morale de l'entité mythique Pologne-Israël y affleurent à travers des monologues sur la valeur de la souffrance et l'aspiration à une nouvelle libération. La Pologne-Israël, prévenait Wojtyla, ne devait pas être défendue uniquement par l'épée, mais aussi et surtout par un renouveau spirituel.

Le théâtre serait donc une arme brandie pour défendre la culture et la patrie polonaises face à l'agression impitoyable du nazisme. Et, dans cet esprit de résistance inspiré par la religion, Wojtyla se mit à donner des représentations clandestines de ses pièces avec un groupe d'amis qui s'étaient baptisés collectivement le Studio 39.

Pendant ce temps, la pression exercée par les nazis ne faisait que s'intensifier. Celui qui ne pouvait pas se prévaloir d'un travail officiel, certifié par les autorités allemandes, risquait d'être déporté en Allemagne. En octobre 1940, Wojtyla parvint à se faire embaucher comme travailleur manuel chez Solvay, une usine de produits chimiques dirigée par les Allemands dans la banlieue de Cracovie. Il disposa ainsi d'un certificat qui l'exemptait du travail obligatoire en Allemagne, grâce auquel il pouvait circuler librement de nuit comme de jour, touchait un salaire et avait droit à des rations alimentaires plus importantes (parce que Solvay travaillait pour l'industrie de guerre). Ce travail, en fait, lui procurait l'indispensable protection contre l'arbitraire et les caprices de l'occupant.

On a vu se développer toute une légende d'après laquelle Karol Wojtyla aurait été casseur de pierres dans les carrières de Zabrzowek, propriété de Solvay, et ouvrier dans une usine du même groupe à Borek Falecki. Après l'élection de Jean-Paul II, le culte de la personnalité toujours vivace au sein de l'Église catholique romaine a donné naissance à la légende d'un pape-ouvrier. « *Papa obrero !* » criaient les travailleurs sud-américains depuis le Mexique jusqu'au Brésil chaque fois que Jean-Paul II, à l'appel des syndicats, rencontrait des foules de gens frappés par la pauvreté. Et en Italie, quand il se rendit pour la première fois à Terni, les ouvriers travaillant dans les hauts fourneaux lui mirent un casque sur la tête, puisqu'il était « l'un des leurs ».

En réalité, Wojtyla ne fut soumis à un travail manuel que pendant quelques mois, avant d'être chargé de tâches moins pénibles. Contrairement à ce que dit la légende, on ne le fit jamais travailler comme un esclave, et il n'y avait pas dans cette usine de contremaîtres allemands armés de fouets (comme certains l'ont écrit au lendemain de son élection). En 1940, de nombreux étudiants de l'université Jagellon furent heureux de trouver refuge chez Solvay. Edward Görlich, un camarade de travail de Wojtyla, confirme que le directeur allemand de Solvay, un certain Herr Pöhl, « payait les agents de la Gestapo pour qu'ils ferment les yeux sur la présence d'un aussi grand nombre de jeunes intellectuels dans l'usine ». Wojtyla aurait pu se faire employer dans un bureau, mais il préférait, par prudence, rester un ouvrier anonyme.

Il n'en reste pas moins que cette expérience à la carrière et à l'usine tout comme sa fréquentation des Juifs de Wadowice (dont beaucoup mourraient bientôt, non loin de là, au camp d'Auschwitz) donnèrent à Jean-Paul II une éducation dont aucun souverain pontife n'avait bénéficié avant lui. Les années passées chez Solvay furent l'occasion d'une prise de conscience de la condition des travailleurs qui devait lui servir par la suite dans son combat contre le régime communiste polonais, et l'amenèrent à poser sur l'aliénation et l'exploitation des masses laborieuses un regard que l'on n'attendait pas de la part d'un pape. Jean-Paul II n'hésiterait pas à employer, à l'occasion, le langage marxiste, persuadé comme il l'était que l'Église devait nécessairement proposer une solution chrétienne à un problème bien réel : les rapports entre les travailleurs et le produit de leur travail.

En 1982, lors de l'un de ses voyages en Afrique, Jean-Paul II évoqua comme « une grâce dans sa vie » le fait d'avoir travaillé en usine et dans une carrière, ajoutant : « Cette expérience de la vie ouvrière, avec tous ses aspects positifs et ses misères, aussi bien que, à un autre niveau, les horreurs de la déportation de mes compatriotes polonais dans les camps de la mort, ont profondément marqué mon existence. »

La carrière de Zabrzowek, où Wojtyla commença à travailler au cours de l'automne 1940, était un canyon aux parois hautes d'une soixantaine de mètres. Au-delà des masses de granit s'élevaient des collines boisées d'où l'on apercevait les clochers de Cracovie. Mais pour ceux qui trimaient dans la carrière, l'univers se réduisait à ces murailles rocheuses couronnées d'une palissade. Wojtyla voyait des hommes affaiblis par la maladie, abrutis de fatigue, poser des charges de dynamite, faire éclater la roche, et traîner les gravats jusqu'à un petit « chemin de fer ». Pendant les premiers jours, il s'occupa de ce chemin de fer ; puis on lui donna un pic avec lequel il devait casser les gros blocs de pierre qu'on chargeait sur les wagonnets pour les emmener vers le four. Ce passage à un labeur purement physique fut un choc pour le jeune intellectuel qu'il était. Il devait travailler huit heures d'affilée par des températures qui pouvaient descendre à moins vingt-deux degrés. Les autres ouvriers l'appelaient « l'étudiant » et le regardaient tandis qu'il apprenait à s'aguerrir contre le froid, vêtu d'une veste et d'un pantalon bleu sans forme, et coiffé d'une casquette trempée de sueur et au galon effrangé. Il portait des sabots de bois aux pieds, et son « uniforme » était maculé de taches de poussière et d'huile de moteur.

Wojtyla, qui n'avait connu que le monde des employés, des paysans et des intellectuels, découvrait les mœurs brutales de ces ouvriers sans qualification, soumis à des tâches pénibles et dégradantes. Il partageait avec eux le plaisir misérable de voler quelques minutes pour boire un ersatz de café dans une baraque chauffée. Les équipes de jour travaillaient de 6 heures du matin à 2 heures de l'après-midi, les équipes de nuit, de 10 heures du soir à 6 heures du matin. Chaque semaine, elles permutaient.

Tyranowski lui avait expliqué que chacun devait se forger le caractère en prenant le Christ pour modèle, et Wojtyla acceptait ce travail comme une épreuve pour sa foi. Les témoignages concordent là-dessus : il ne se plaignit qu'en de rares occasions, par exemple lorsque ses mains, qui n'étaient pas accoutumées à manier le pic, le faisaient horriblement souffrir. Il travaillait en silence, consciencieusement, méthodiquement. Il écoutait beaucoup et n'avait pas grand-chose à dire dans cette situation si nouvelle pour lui. Il vit un jour mourir l'un de ses compagnons, la tempe perforée par un éclat de roche alors qu'il actionnait une scie. Il vit la douleur et la colère des autres ouvriers, le désespoir de la veuve, et la stupeur sur le visage de l'enfant. « Ils levèrent le corps », écrivit-il dans un calepin sur lequel il prenait des notes pour ses poèmes. « Ils défilèrent devant lui en silence. L'épuisement et un sentiment d'injustice émanaient encore de lui. »

Sous l'effet de son travail à la carrière et des privations infligées par la guerre, Wojtyla changea physiquement. Son visage était amaigri. Il avançait légèrement voûté, comme si son corps tout entier avait souffert du poids de la pauvreté. Les rations alimentaires étaient des plus maigres et il se nourrissait presque exclusivement de gruau et de soupe de pomme de terre. Quand, par chance, la cantine de Solvay parvenait à se procurer de la viande de cheval, on en faisait une sorte de goulasch, et c'était un festin pour les ouvriers. Chacun recevait quotidiennement, en supplément du repas, une tranche de pain. Wojtyla était privilégié : les femmes qui travaillaient aux cuisines lui en donnaient de temps en temps une grosse tranche supplémentaire, parce qu'il avait la réputation d'un jeune homme bien élevé, intellectuel, et pieux.

Chez Solvay, Wojtyla échangeait chaque mois ses tickets de vodka contre de la viande de contrebande, du lard et d'autres denrées; ou bien il se servait des tickets pour acheter de quoi se vêtir. Il était chargé de famille. Dans le petit appartement de la rue Tyniecka, son père, déprimé, l'attendait et semblait perdre goût à la vie.

La façon de se conduire du jeune Wojtyla fut bientôt remarquée. On le vit un jour arriver au travail, blême et frigorifié, parce qu'il avait donné sa veste à un pauvre hère croisé en chemin. Josef Dudek, l'un de ses compagnons de travail, se souvient que Wojtyla dissuada les autres ouvriers de punir trop sévèrement l'un des leurs qui s'était fait embaucher par les nazis en tant que *Wolksdeutscher* (citoyen d'origine germanique) pour bénéficier d'un meilleur traitement pendant l'occupation. Même au travail, Wojtyla ne renonça jamais à dire ses prières et à se signer avant chaque repas.

A la cantine, il était l'objet d'attentions toutes particulières de la part d'Irka Dabrowska, âgée de dix-huit ans et fille de l'un des directeurs de Solvay, qui travaillait comme aide-cuisinière. « Monsieur Josef », demanda-t-elle un jour à Josef Krasuski, un autre compagnon de travail de Wojtyla, « je vous en prie, dites quelque chose pour moi à Lolek, il est si beau garçon, et si gentil ! » Irka tenait absolument à ce que Karol assiste à sa soirée d'anniversaire, et Krasuski le pressa d'accepter l'invitation : « Lolek, ne sois pas stupide. Nous avons tous faim. Vas-y, tu feras un bon repas. »

Wojtyla accepta finalement, par politesse, mais se présenta en tenue de travail, ses sabots aux pieds. « Ce sont mes meilleurs bleus, expliqua-t-il, ceux que je réserve pour les grandes occasions. » Comme Irka, qui était très grande et très maigre, le harcelait pour savoir ce que Wojtyla pensait d'elle, Krasuski la fit se cacher dans un placard et appela le jeune homme dans la pièce sous prétexte de lui offrir une tasse de thé.

« Est-ce qu'elle te plaît ? demanda Krasuski.

– Elle est très sympathique, elle n'a qu'un défaut, répondit Wojtyla.

– Lequel ?

– Il faudrait lui couper les pieds, pour qu'elle soit moins grande ; et qu'elle se remplume un peu. »

Le 18 février 1941, il fit un froid glacial. Son père, qui était tombé gravement malade quelques semaines après Noël, restait chez lui, alité, et incapable de prendre soin de lui-même. En quittant son travail, Wojtyla passa au dispensaire pour y prendre des médicaments, puis se rendit chez les Kydrynski, où la mère de son ami Juliusz lui avait préparé un repas pour son père. Mme Kydrynska l'attendait avec le repas prêt à emporter ; Maria, la sœur de Juliusz, décida de l'accompagner pour l'aider.

En arrivant à l'appartement, Maria se hâta d'allumer le poêle pour réchauffer la nourriture. Karol entra dans la chambre, et en ressortit aussitôt en sanglotant. Son père était mort.

Ses défenses cédèrent. Il étreignit Maria, le visage baigné de larmes, en s'écriant : « Je n'étais pas là quand ma mère est morte. Je n'étais pas là quand mon frère est mort. Je n'étais pas là quand mon père est mort ! » A trois reprises, Dieu avait frappé sans lui laisser une chance de partager les derniers instants de ceux qu'il aimait le plus. Quelques mois auparavant, il avait écrit dans son poème dramatique *Job* :

Je sais que je suis petit –
Mais d'autres sont encore plus petits que moi,
Il m'a choisi, il me précipite dans les cendres.
Il peut le faire – mais pourquoi ?
Pourquoi à moi ? Il est le Dispensateur.

Après qu'on lui eut administré les derniers sacrements, Wojtyla veilla son père toute la nuit, en compagnie de son ami Juliusz. « Karol pria un peu, puis il discuta un peu avec moi de la vie et de la mort, se souvient Kydrynski. Je n'oublierai jamais cette nuit. Je crois qu'elle a énormément compté dans la vie de Wojtyla. »

Au cours de cette veillée, Wojtyla médita sur son destin et sur sa vocation. Tous les témoins s'accordent pour reconnaître que le choc qu'il venait d'encaisser provoqua une crise. « Le calme et la sérénité extraordinaires » de cet homme, en apparence si insignifiant, avaient illuminé l'existence de Karol. Il était désormais privé de sa principale source de chaleur humaine et de son principal soutien. De sa famille, il ne restait plus rien. « Ces jours-ci, je pense souvent à mes parents et à Mundek », écrirait Jean-Paul II à son cousin au onzième jour de son pontificat. Et plus tard, il dira à André Frossard : « A vingt ans, j'avais déjà perdu tous ceux que j'aimais, et même ceux que j'aurais pu aimer, comme ma sœur aînée qui, paraît-il, mourut six ans avant ma naissance. »

La mort de son père le précipita encore plus profondément dans ses réflexions mystiques et philosophiques. Chez les Kydrynski, où il s'installa pour six mois et où il appelait Mme Kydrynski « Mama », on devait voir souvent Wojtyla abîmé en prière, étalé à même le sol et les bras en croix.

On avait aussi recueilli dans cette maison Maria Irmina Woltersdorf, la fiancée de son ami Wojciech Zukrowski. Pour obtenir son certificat de travail, la jeune fille s'était adressée à l'Institut médical de recherche sur le typhus, dirigé par des Allemands. Zukrowski dit à Wojtyla que les Allemands « embauchaient des jeunes filles pour nourrir des poux. Ils posent de petites cages sur leurs cuisses, expliqua-t-il, et les poux leur sucent le sang ». On poursuivait ainsi des recherches pour fabriquer des vaccins, et, comme le dit encore Zukrowski, « les jeunes Polonaises donnaient leur sang aux poux ». En échange, elles touchaient une triple ration alimentaire. Pouvait-on faire autrement que de combattre un tel régime ? Pour Zukrowski, la chose ne faisait pas le moindre doute.

Un après-midi où il était venu s'asseoir avec Karol sur un banc au bord de la Vistule, ils virent passer une péniche chargée de charbon qui descendait le fleuve. « Cette nuit, nous allons voler du charbon », lui dit Zukrowski. Il faisait partie d'un groupe de résistance, et son appartement servait de refuge aux prisonniers alliés fuyant les nazis.

« Comment peux-tu espérer te débarrasser d'eux ? demanda Wojtyla.

– J'ai un revolver.

– Mais ils ont de telles quantités d'armes eux-mêmes, de chars, d'avions...

– Peu importe.

– La prière est la seule arme qui compte », rétorqua Wojtyla.

Telle était sa position, et il n'en changea pas tout au long de ces années d'occupation. La prière et la confiance en Dieu étaient la seule façon de combattre le mal et la violence.

Début 1941, sur recommandation de son ancien professeur de français, la direction de l'usine Solvay l'affecta à un autre poste. Il ne casserait plus les pierres ; il l'avait fait trois mois, c'était suffisant. Wojtyla travaillerait désormais à la carrière comme aide-artificier, et veillerait sur le stock d'explosifs qu'on utilisait pour fracasser la roche.

Zukrowski, qui était chargé de placer les charges, en profitait pour voler de la dynamite au profit de la résistance, mais il n'en parla jamais à Karol. Les amis de Wojtyla savaient qu'il n'était pas décidé à s'engager dans la lutte clandestine. Son attitude non violente ne fut pas modifiée quand, le 23 mai 1941, les nazis vinrent arrêter les pères salésiens de son église paroissiale, Saint-Stanislas-Kotska, pour les envoyer dans un camp de concentration. Neuf novices et douze pères salésiens, dont le supérieur, le père Jan Swierc, devaient y mourir. Mais lorsque les partisans contactèrent les jeunes membres du Rosaire Vivant pour les enrôler dans la résistance armée, Wojtyla parvint à convaincre la plupart d'entre eux de ne pas rejoindre la lutte clandestine.

Le Rosaire Vivant s'était développé. Tyranowski avait fait des quinze premiers disciples des chefs de groupe, et chacun de ces groupes comptait une quinzaine de membres. Il leur conseillait de se tenir prêt et de se préserver pour l'avenir, quand la Pologne serait à nouveau libre et prête à s'engager sur la voie d'un idéal inspiré par les valeurs chrétiennes.

Quand les nazis arrêtèrent son ami très cher Juliusz Kydrynski pour l'envoyer à Auschwitz (d'où il fut libéré après deux mois), Wojtyla accourut pour consoler et aider sa mère, mais sa réaction fut la même : prier était la seule chose à faire. De même, quand les Allemands jetèrent en prison son ami Tadeusz Kwiatkowski, directeur de la revue clandestine *Le Mensuel littéraire*, Wojtyla répéta à Zukrowski : « N'oublie pas que nous avons le devoir de prier Dieu pour qu'Il leur donne la force d'endurer tout cela. » Wojtyla croyait en la force de la prière. La prière pouvait changer le cours des choses.

L'arrestation du séminariste Szczesny Zachuta fut particulièrement douloureuse pour le cercle de ses proches. Zachuta, avec lequel il avait participé à des réunions du Rosaire Vivant, appartenait à un mouvement de résistance et avait aidé des Juifs à se procurer des certificats de baptême pour échapper à la déportation. Les nazis, ayant découvert ses activités, le fusillèrent. Mais Wojtyla continua à soutenir que le meilleur moyen de résister était de s'en remettre à Dieu.

Wojtyla, toutefois, offrait son obole chaque fois qu'une collecte avait lieu pour secourir la famille d'une victime ou pour réunir la rançon qui permettrait d'arracher quelqu'un aux mains des nazis. Mais, bien qu'il entretînt des rapports étroits avec Zofia Kossak-Szczucka, membre de l'organisation secrète d'aide aux Juifs Zegota, il ne s'engagea jamais dans la résistance directe ou dans les actions de sauvetage en faveur des Juifs. Au Juif polonais Marek Halter, qui lui demandait plusieurs dizaines d'années plus tard s'il avait aidé à sauver des Juifs, le pape Jean-Paul II répondit : « Je ne peux pas me prévaloir de choses que je n'ai pas faites. »

Quand il se rendait chez des amis, Wojtyla suivait sur une carte la progression des hostilités, mais ne participait guère aux discussions politiques. Quand, en juin 1941, les Allemands lancèrent leur invasion-éclair de l'Union soviétique, sa première réaction fut de dire : « Le communisme n'a aucune chance, aucune possibilité de se répandre en pareilles circonstances. » Et de rappeler, avec son ami Zukrowski, le vieil adage polonais : « Quand l'Aigle Noir [de Prusse] s'en va à l'est, il en revient avec les ailes brisées. » De fait, Wojtyla s'intéressait plus à la situation religieuse en Russie qu'à la guerre qui y faisait rage. Il était déjà habité par cette idée que le peuple russe devait retrouver la voie du christianisme. Ainsi qu'il le dit à Zukrowski : « La Russie rejette Dieu. Mais le combat contre Dieu crée aussi un besoin de Dieu. »

En cette tragique année 1941, les activités théâtrales de Wojtyla se poursuivirent sans la moindre pause. Au mois d'août, son idole, Mieczslaw Kotlarczyk, le directeur dont la théorie du Monde Vivant l'avait naguère inspiré, parvint à ramener sa femme et ses enfants de Wadowice à Cracovie et s'installa avec eux dans le deux-pièces de Wojtyla. Les deux amis purent reprendre leur exploration de la réalité théâtrale, et c'est ainsi que naquit le Théâtre rhapsodique, spécialement conçu pour préserver l'esprit polonais de la volonté d'anéantissement des nazis.

Le Monde Vivant, le Rosaire Vivant. Lancée sur ces deux voies parallèles, la quête intérieure de Wojtyla se fit encore plus intense. Les deux concepts s'accordaient avec sa tendance au mysticisme, et la nourrissaient. Le Rosaire Vivant redéfinissait l'âme pour la rapprocher de Dieu ; le Monde Vivant redéfinissait la fonction de l'acteur pour parvenir à une expression plus claire des grandes questions de la vie.

Kotlarczyk voulait créer un « théâtre des profondeurs intérieures », dans lequel, « non content d'assister à une représentation, on l'écoute ». L'acteur, apprenait Wojtyla, devait suivre le texte sans l'affadir dans son pathos. Il devait avoir pour objectif de dessiner son personnage dans l'esprit des spectateurs.

Un jour, de telles idées, conçues dans l'horreur de la Pologne en guerre, s'épanouiraient dans l'extraordinaire dramaturgie religieuse de Jean-Paul II, lorsque – seul en scène, un gigantesque crucifix derrière lui – il tiendrait en haleine des centaines de milliers, voire des millions de spectateurs subjugués par la qualité de sa « prestation ».

A Cracovie, on considéra le travail du Théâtre rhapsodique comme l'un des moteurs essentiels de la résistance au nazisme ; Kotlarczyk maintenait également des liens avec Unia, mouvement de résistance catholique. Des répétitions avaient lieu, le mercredi et le samedi, dans « les catacombes » – l'appartement qu'habitaient Wojtyla et Kotlarczyk. En s'y rendant, les jeunes comédiens voyaient des listes de personnes recherchées ou des listes de fusillés placardées sur les murs et sur les lampadaires. « Des noms amis figuraient sur ces listes », se souvient un membre du groupe. La crainte d'une descente des nazis pesait sur ces réunions. Outre Karol Wojtyla, le groupe comprenait Krystyna Debowska, Halina Krolikiewicz, Danuta Michalowska, et le décorateur Devi Tuszynski, un Juif. « Ces mercredis et ces samedis devaient nous laisser un souvenir inoubliable, malgré la terreur et les arrestations, dira Kotlarczyk après la guerre. Nous répétions les œuvres des plus grands auteurs polonais, souvent dans l'obscurité de la cuisine où régnait une température glaciale, parfois à la lueur d'une ou deux bougies. Mais nous avions une confiance résolue en l'avenir ; nous étions certains de parvenir aux frontières de la liberté. » Les représentations avaient lieu chez des particuliers devant des publics n'excédant pas dix ou quinze personnes. Un jour, en pleine représentation, les haut-parleurs placés dans la rue se mirent à diffuser à plein volume un bulletin de guerre du commandement de la Wehrmacht. Wojtyla continua à dire son texte, luttant avec calme et détermination contre la voix métallique de l'occupant nazi. Les comédiens et les spectateurs sentirent à cet instant qu'ils étaient engagés dans une forme périlleuse d'opposition culturelle, qui pouvait leur valoir la déportation. Ce qui n'empêcha pas le Théâtre rhapsodique de donner vingt-deux représentations entre 1941 et 1945. Une remarque d'Halina Krolikiewicz nous donne une idée de l'ambiance qui régnait sur ces séances : « Cela peut paraître paradoxal. Pour moi, ce furent des années merveilleuses. Je n'avais pas peur, j'étais contente de ce que je faisais. Nous avions le sentiment que pendant que d'autres luttaient dans la Résistance, nous combattions, nous, avec des mots. »

La première production du Théâtre Vivant fut, en novembre 1941, un drame du poète romantique Slowacki. Wojtyla se distingua dans le rôle de Boleslaw, le roi qui ordonne le meurtre de l'évêque Stanislas, sanctifié par la suite – le héros de l'histoire de la Pologne auquel le pape Jean-Paul II pourrait le plus facilement s'identifier. L'interprétation de Wojtyla reflétait l'angoisse de son cheminement intérieur au cours de ces années. Halina Krolikiewicz eut l'impression « qu'au fil des représentations le jeu de Wojtyla se faisait plus ascétique, plus profond ». Danuta Michalowska se souvient d'une interprétation « tendue, dans laquelle Wojtyla ne manqua pas un accent, pas une pause susceptibles d'accroître l'émotion du spectateur ». Juliusz Osterwa déclara : « Un grand acteur est né. » Kotlarczyk, comme tous les autres, n'imaginait pas pour Wojtyla d'autre carrière que celle du théâtre.

A l'automne 1942, pourtant, après une longue discussion avec le père Figlewicz, son confesseur, Karol se rendit à la résidence de l'archevêque Sapieha et lui dit : « Je veux être prêtre. » Cette décision prit ses amis par surprise. Il était déjà allé à l'ermitage des carmes de Czerna, pour tenter d'entrer dans cet ordre. Mais le noviciat avait été fermé sur ordre des nazis et le supérieur, le père Alfons, n'avait pu que lui conseiller d'en attendre la réouverture.

Wojtyla demanda à Kotlarczyk, le directeur du Théâtre rhapsodique, de ne plus lui confier aucun rôle. Il se consacrerait désormais exclusivement au Dieu Vivant, et le seul drame qu'il rejouerait serait celui du sacrifice du Christ. « M. Mieczyslaw Kotlarczyk, dit-il plus tard, pensait que j'avais pour vocation les mots et le théâtre, mais le Seigneur pensait que c'était plutôt la prêtrise, et nous étions d'accord là-dessus. » Tadeusz Kudlinski, qui accueillait chez lui les réunions de la troupe du Studio 39, passa une nuit entière à essayer de le convaincre de ne pas renoncer à sa carrière de comédien. Kotlarczyk voulut aussi le faire revenir sur sa décision, citant la parabole de Matthieu, 25, à propos de l'homme qui cache son talent dans la terre. Il lui rappela les mots de Norwid, le poète, paraphrasant les Évangiles : « La lumière n'est pas faite pour rester sous le boisseau. » Tous ces efforts furent vains.

Bien que stupéfait lui aussi, Juliusz Kydrynski parut mieux comprendre Karol. Plus tard, il devait résumer en quelques mots la personnalité de son ami : « Karol Wojtyla était comme nous tous. Mais en même temps, il était différent, parce qu'il avait été choisi. »

MENTOR

Adam Sapieha, le prince métropolite de Cracovie, était un patricien, un patriote, et un politique *. Il était fier de ses origines, et aimait à se rappeler son enfance passée à s'exercer au maniement des armes et à apprendre à monter à cheval avec aisance et désinvolture. Son père et son grand-père avaient pris part à la révolte contre les tsars, et, âgé de soixante-douze ans, il se maintint fermement à son poste lorsque les troupes de Hitler entrèrent dans la ville, contrairement au primat de Pologne, le cardinal August Hlond, qui avait fui à l'étranger avec le gouvernement polonais en exil. Il prit la direction du Comité d'assistance civile et devint un exemple, un phare dans les ténèbres où se débattait le peuple de Pologne.

Ses rapports avec les forces d'occupation étaient froids et distants; il ne rencontra qu'une seule fois le gouverneur général Hans Frank. Et comme celui-ci lui proposait de faire cause commune contre le bolchevisme, il lui répondit par un refus clair et net. Sapieha n'avait nulle intention de mener quelque croisade que ce fût aux côtés de porteurs de svastika.

Dès le début de l'occupation, l'archevêque mit sur pied un séminaire clandestin afin de maintenir un bon niveau de recrutement de prêtres pour l'Église polonaise; les nazis avaient décrété que seuls les séminaristes inscrits avant 1939 seraient autorisés à poursuivre leur formation. Cette stratégie était le fruit d'une appréciation lucide de la situation : Sapieha avait déjà compris que lorsque cette guerre prendrait fin, la liste des victimes religieuses risquait d'être longue. Et de fait, 1 932 prêtres et ecclésiastiques, 850 moines et 290 religieuses allaient mourir pendant la durée du conflit.

Sapieha était en contact avec diverses organisations de résistants et avec le gouvernement polonais en exil à Londres. Il aidait personnellement des Juifs en distribuant des certificats de baptême qui leur permettaient d'échapper aux persécutions des nazis, soutenait l'action culturelle clandestine d'Unia, s'occupait de trouver des cachettes aux rares prisonniers qui parvenaient à s'évader des camps de concentration et, à partir de 1944, aux combattants de l'insurrection de Varsovie.

En rejoignant les rangs des séminaristes clandestins de Sapieha, Wojtyla entra dans un système bien organisé. Chaque étudiant était suivi par un professeur. Les cours avaient lieu dans des couvents, dans des églises, chez des particuliers. Les étudiants avaient pour instruction de garder un secret absolu sur leurs études, et de ne rien changer à

* Son titre remonte au Moyen Age, quand les évêques métropolites possédaient aussi des titres féodaux.

leurs activités séculières. Sapieha lui témoignait une attention particulière, l'invitait à servir la messe à la chapelle de l'archevêché, et ils prenaient souvent leur petit déjeuner ensemble après l'office matinal. Sapieha avait de l'affection pour ce jeune homme maigre, méditatif, et Wojtyla considérait l'archevêque comme son troisième maître, après Kotlarczyk et Tyranowski.

Wojtyla continuait à travailler à l'usine Solvay et habitait toujours chez lui. A l'usine, il devait parfois transporter des quantités de « lait de citron », utilisé pour adoucir l'eau des fours. Il chargeait le liquide sur ses épaules, dans deux baquets en bois pesant chacun trente-six kilos, fixés par un harnais.

« Pourquoi êtes-vous venu ici, monsieur ? lui demanda un jour Franciszek Pokuta, qui travaillait avec lui.

– Pour ne pas être déporté en Allemagne », répondit Wojtyla, en toute franchise.

Ses camarades de travail le trouvaient souvent assis dans un coin derrière la tuyauterie ou juché sur le toit de la chaufferie, en train d'étudier ou de prier. Il préférait travailler en équipe de nuit, car il pouvait alors profiter du calme qui régnait dans l'usine et s'isoler plus facilement. Wladislaw Cieluch le voyait souvent s'agenouiller aux alentours de minuit. Si un collègue arrivait, se souvient Cieluch, « Wojtyla lâchait son livre et faisait semblant d'être occupé à quelque chose ».

Certains se moquaient de lui, l'appelaient « le petit prêtre » et le bombardaient de lambeaux d'étoupe ou d'autres rebuts pendant qu'il était en prière. Il ne s'en offusquait pas. Il continuait à lire son bréviaire et un autre livre, qui devait avoir une profonde influence sur lui : *Le Traité de la parfaite dévotion à la Très Sainte Vierge Marie*, de saint Louis Grignion de Montfort. Il eut plus de difficultés avec le volumineux manuel de philosophie que son directeur d'études, le père Kazimierz Klosaka, lui donna à étudier : *Théologie naturelle*, par le père Kazimierz. Le livre était pour lui comme un bloc de granit. « Je m'asseyais près de la chaudière et j'essayais d'y comprendre quelque chose, raconta-t-il à son ami Malinski. J'en ai pleuré. » Après deux mois d'efforts, il put déclarer : « Il [ce livre] m'a finalement ouvert un monde entièrement nouveau. Il m'a montré une nouvelle approche de la réalité, et m'a fait découvrir des problèmes que je n'avais qu'entrevus jusque-là. »

Un pape-philosophe était né, parmi les tuyaux et les chaudières de Solvay.

Il faisait chaque jour une longue marche pour se rendre sur la tombe de son père et, le soir, se jetait souvent sur le sol humide de sa chambre pour prier pendant des heures.

Le 29 février, Wojtyla frôla la mort – ce ne serait pas la dernière fois. Comme il rentrait chez lui après avoir effectué un double service, en équipe de nuit puis en équipe de jour, un camion allemand le heurta dans un virage.

Sa tête frappa violemment contre la carrosserie et il perdit connaissance. Le chauffeur ne s'arrêta pas, ne ralentit même pas. Une femme du nom de Josefa Florek se précipita pour le secourir, mais ce jeune homme en sabots et en bleu de travail paraissait mort. Un Allemand s'arrêta et constata que Wojtyla, malgré son crâne ensanglanté, vivait encore. Pris de pitié, l'homme intercepta un camion qui passait et ordonna au chauffeur d'emmener le blessé à l'hôpital, où les médecins diagnostiquèrent un traumatisme crânien et de sévères blessures à la tête.

L'un de ses camarades du séminaire, Franciszek Konieczny, vint le voir à l'hôpital où il reposait face à une fenêtre donnant sur le couvent des carmes. « Ne voulais-tu pas entrer chez les carmes ?, plaisanta Konieczny. Regarde, t'y voici presque. » Il sortit de l'hôpital au bout de treize jours et passa le reste de sa convalescence chez les Szkocki avant de reprendre son travail à l'usine.

Le 6 août 1944 fut celui du « Dimanche Noir » qui vit les troupes de Hitler réprimer dans le sang la grande révolte de Varsovie. Simultanément, les forces nazies déclenchaient sur Cracovie une vaste opération de ratissage. La révolte de la capitale avait éclaté le 1er août, prenant les Allemands par surprise. Les ordres donnés par Hitler étaient d'anéantir toute résistance organisée en Pologne. Les troupes russes avaient lancé leur offensive et approchaient de la Vistule, non loin de Cracovie. Les SS et la Gestapo passèrent les rues de la ville au peigne fin. Personne n'oubliera jamais ce jour de terreur. « Les Allemands étaient persuadés qu'un soulèvement se préparait, pour soutenir l'offensive russe. Ils raflèrent donc tous les hommes, maison après maison », se souvient Malinski, qui faisait partie lui aussi du séminaire clandestin. Plus de huit mille hommes et jeunes garçons furent pris, nombre d'entre eux jetés en prison et déportés en camps de concentration. Malinski ne dut son salut qu'au fait qu'il était parti jouer au football hors de la ville avec une quinzaine d'élèves du séminaire. « Nous attendions Wojtyla et son groupe, mais ils ne vinrent pas... »

Wojtyla se trouvait chez lui, rue Tyniecka, lorsqu'il entendit les bruits de bottes et les cris des soldats allemands. Il se mit à prier dans sa chambre minuscule, d'abord à genoux, puis étendu sur le sol. Les Kotlarczyk étaient eux aussi dans l'appartement du rez-de-chaussée, paralysés par la peur. Ils entendirent les Allemands monter l'escalier, mais ceux-ci, dans leur précipitation, passèrent devant la porte de l'appartement sans les voir. Wojtyla et ses amis restèrent sans bouger pendant un moment qui leur parut durer une éternité – longtemps après le départ des Allemands.

Le prince métropolite Sapieha décida de réunir les séminaristes qui restaient au palais de l'archevêché. Le lendemain, un lundi, il envoya des prêtres les prévenir, l'un après l'autre. « Au-dehors, la ville était déserte », se souvient l'un des témoins. Les habitants étaient terrés chez eux. Wojtyla se rendit au palais, avançant prudemment dans les rues désertes. Mme Szkocka le précédait, s'assurant à chaque carrefour qu'il n'y avait pas de patrouille allemande en vue. Le père Mikolaj Kuczowski, un natif de Wadowice, les suivait.

Ils parvinrent enfin à la rue Franciszkanska, où Wojtyla constata qu'il lui fallait franchir la distance qui le séparait encore du palais sous l'œil d'une sentinelle postée devant la caserne des policiers. La sentinelle ne parut pas le remarquer lorsqu'il franchit le portail du XVIIIe siècle. Il n'avait sur lui que deux calepins couverts de notes.

Sapieha vint retrouver dans la chapelle les sept jeunes hommes et trois autres séminaristes qui avaient commencé leur formation avant la guerre. « Je suis votre pasteur, dit le prince métropolite. Nous devons nous en remettre à la divine providence. Il ne nous arrivera rien de mal. » On leur distribua de vieilles soutanes, le plus souvent trop grandes pour eux, ou trop longues, ou trop étroites ; tous s'en arrangèrent, y compris Malinski, dont la tenue empestait le tabac. Par la suite, Sapieha leur fournit également de faux papiers et fit rayer le nom de Wojtyla de la liste des employés de l'usine Solvay, pour le cas où la Gestapo viendrait l'y rechercher.

L'archevêque comptait sur une avance rapide des troupes russes et sur la libération de la ville. D'ici quelques semaines, dit-il à ses protégés, l'armée russe entrerait dans Cracovie. Il se trompait. Sur ordre de Staline, l'armée russe s'arrêta sur la rive orientale de la Vistule, laissant délibérément les Allemands achever la destruction des forces de la résistance polonaise alliées au gouvernement en exil à Londres, et permettant ainsi l'annexion ultérieure de la Pologne par la Russie. Wojtyla et ses camarades du séminaire durent attendre de longs mois, cachés dans le palais de l'archevêque. En cas de descente de la Gestapo, ils devaient dire qu'ils étaient prêtres. Les fenêtres étaient fermées, avec interdiction absolue d'écarter les rideaux. Ils ne pouvaient prendre l'air que dans la cour intérieure du palais, et les parties de volley-ball étaient leur seule distraction.

Sapieha venait chaque jour prendre part à leurs discussions, qui portaient sur des questions pratiques lorsqu'elles ne prenaient pas un tour plus académique. Il n'y avait pas de tensions entre eux, pas d'envie, pas de clivages entre groupes ou chapelles comme cela se serait peut-être produit en d'autres circonstances. Wojtyla en gardera toujours le souvenir d'une petite communauté fraternelle, exemplaire, et Sapieha restera pour lui le modèle de ce que doit être un évêque. Kazimierz Suder, qui faisait partie de ce séminaire, nota : « Sapieha était informé de tout ce qui se passait dans le pays. Il connaissait nos problèmes, et les résolvait... Il se montrait très amical avec les prêtres, très amical avec les novices, s'intéressant à leur vie, à leurs études, tenant beaucoup à ce que les prêtres bénéficient de la meilleure formation possible... » Wojtyla portait désormais la tenue dont sa mère avait rêvé pour lui dès les premiers moments où elle l'avait tenu dans ses bras. Il vivait auprès d'un homme d'action et de piété, un homme qui connaissait le monde et savait puiser dans les longues heures consacrées à la prière des trésors d'énergie insoupçonnés. « Il m'a éveillé à la prêtrise », dira Karol Wojtyla vingt ans plus tard, lorsqu'il pénétrera dans la cathédrale de Wawel revêtu des insignes de l'archevêque de Cracovie.

Wojtyla s'était ouvert à Sapieha de son désir d'intégrer l'ordre des

Carmes, mais celui-ci y était opposé ; et il allait montrer à Wojtyla, par son seul exemple, qu'une relation intense, mystique, avec Dieu n'était pas l'apanage de ceux qui se retirent derrière les murs d'un monastère.

Le 13 novembre 1944, Wojtyla reçut la tonsure, selon le rite médiéval symbolisant la soumission au seigneur.

A l'arrivée de la nouvelle année, la résistance allemande céda sous la pression des troupes alliées. Sur le front de l'est, l'Armée rouge lança le 13 janvier une puissante offensive. On redoutait que les Allemands ne fassent de Cracovie leur dernière ligne de défense, une « forteresse », condamnant ainsi la ville à une destruction presque certaine. Le 17 juillet, des avions soviétiques apparurent pour la première fois dans le ciel de Cracovie. Les habitants, réfugiés dans leurs maisons, craignaient que les nazis ne transforment leur ville en un champ de ruines. Ils virent à travers leurs volets d'interminables convois de camions en route pour l'Allemagne, emportant les derniers biens de la Pologne mise à sac, dont une grande quantité d'œuvres d'art.

Sapieha expédia ses séminaristes à la cave et attendit l'Armée rouge en priant dans la chapelle, tandis que les tirs de mitrailleuses crépitaient autour du château de Wawel. Cracovie fut sauvée. Des bombes russes tombèrent, détruisant quelques ponts, mais la Florence polonaise, comme on l'avait surnommée, demeura pratiquement intacte. Les libérateurs arrivèrent au cours de la nuit, ratissèrent la ville pour en débusquer les Allemands, et se présentèrent aux portes du palais de l'archevêque. Le récit de cette rencontre fait penser à une page de Gogol. « Qui habite ici ? » demandèrent les deux officiers supérieurs de l'armée soviétique en arrivant devant le portail. « Le métropolite », répondit le chauffeur de l'archevêque. Les deux officiers inspectèrent la cave, y trouvèrent les séminaristes et les religieuses attendant le verdict de l'Histoire et les saluèrent avec grandiloquence. « Vous avez été libérés, annoncèrent-ils. Le gouvernement polonais nous suit. » Et de poser, aussitôt après, la question cruciale : « Avez-vous de la vodka ? » Le chauffeur de l'archevêque sortit une bouteille. Le premier officier but une gorgée, puis le suivant. La bouteille était déjà à moitié vide quand un troisième officier intervint. « Arrêtez, ordonna-t-il. C'est à moi de boire, maintenant, et à vous de parler. »

Ils ne semblaient pas si terribles, ces libérateurs soviétiques tant redoutés. Ils étaient en haillons, épuisés, parfois grossiers mais ne manifestaient pas une agressivité particulière. Les séminaristes se souviendraient plus tard de ce jeune soldat transporté de joie parce qu'il avait trouvé une bicyclette, et qui faisait des tours dans la rue en pédalant à toute vitesse ; de ceux qui tiraient en l'air pour manifester leur allégresse, ou cherchaient partout des montres et de l'alcool comme des gamins incapables de refréner leur gourmandise.

Pour Wojtyla, le souvenir de cette journée resterait associé à celui de ce soldat russe venu lui poser des questions sur Dieu et sur la religion. « Le soldat frappa à la porte du séminaire, qui avait été détruit en partie. Je lui demandai ce qu'il voulait, il me répondit qu'il désirait entrer au séminaire, et je passai plusieurs heures avec lui. »

Ce soldat se souvenait qu'on l'emmenait à l'église lorsqu'il était enfant. Ensuite, à l'école puis au travail, il n'avait cessé d'entendre dire que Dieu n'existait pas. « Mais j'ai toujours su, ne cessait-il de répéter, qu'il y *avait* un Dieu. Et maintenant, je veux en savoir plus à son sujet. » Wojtyla consigna cet échange peu ordinaire dans un calepin avec ce commentaire : « Pendant cette longue discussion, j'ai beaucoup appris sur la façon dont Dieu imprime sa marque dans l'esprit humain même dans des conditions de négation systématique. »

La guerre était finie, et Wojtyla retourna à l'université Jagellon qui venait de rouvrir ses portes. Élu vice-président du corps des étudiants, il se consacra à ses études de théologie, achevant sa troisième puis sa quatrième année. D'avril 1945 à août 1946, il travailla également comme professeur adjoint. Ses notes, comme toujours, le classèrent parmi les tout premiers de sa promotion. Le bilan des vingt-six examens qu'il avait présentés se solda par dix-neuf mentions « excellent », six « très bien » et un seul « bien », en psychologie. On continua à le taquiner gentiment à propos de son indéfectible piété. Un soir, en rentrant chez lui, il trouva épinglé sur sa porte un petit écriteau annonçant : « Wojtyla, futur saint. »

Parmi ses amis et ses collègues, comme partout en Pologne, les discussions se concentraient sur l'avenir du pays. Il était clair, après Yalta, que le fait d'être inclus dans la zone d'influence soviétique se solderait tôt ou tard par une perte d'indépendance. Mais Wojtyla ne prenait pas une part active à ces discussions. Il n'éprouvait, certes, aucune sympathie pour les Polonais pro-russes, surtout lorsqu'il s'agissait d'ecclésiastiques. Mais l'essentiel, disait-il au cours de ses promenades en compagnie de Malinski, était qu'ils n'oublient jamais qu'ils étaient « des Polonais, des chrétiens, des êtres humains. »

Lorsqu'il apprit que le noviciat des carmes de Czerna avait rouvert, il sollicita son admission. Le père Alfons, le supérieur, avait été tué par les Allemands et le père Leonard Kowalowka, un ami de Wojtyla, dirigeait désormais le noviciat. Il lui expliqua qu'une autorisation de l'archevêque était indispensable, mais Sapieha se montra violemment opposé à cette idée. Wojtyla revint timidement à la charge en 1948, après deux années d'études à Rome, et Sapieha refusa de nouveau. « J'ai accordé cette autorisation des centaines de fois, à toutes sortes de candidats désireux d'entrer au monastère, expliqua le prince métropolite. Et j'ai dit non aussi. D'abord, au père Koslowski, de Wadowice. Ce sera donc la deuxième fois que je dis non. » Comme le supérieur insistait, Sapieha lui laissa entrevoir les projets qu'il nourrissait pour Wojtyla. « La guerre est finie, nous manquons de prêtres, et on a terriblement besoin de Wojtyla au diocèse. » Puis il ajouta : « Et plus tard, c'est l'Église tout entière qui aura besoin de lui. »

Le 1er novembre 1946, jour de la Fête de tous les saints, et avec six mois d'avance sur ses camarades du séminaire, Sapieha en personne ordonna Wojtyla prêtre dans la chapelle de l'archevêché. Le lendemain, jour des morts, le père Karol Wojtyla célébrait sa première messe dans la cathédrale de Wawel. Son ancien maître, le père Kazimierz Figlewicz, était son *manuductor*, un confrère chargé de guider le nouveau prêtre pendant la célébration et de le soutenir alors qu'il est confronté pour la première fois à la formidable puissance qui s'exprime dans la transformation du pain et du vin en le Corps et le Sang du Christ.

Ainsi, la boucle était bouclée. Lolek était devenu enfant de chœur sous la tutelle du père Figlewicz. Il avait servi la messe auprès de lui le jour où les nazis envahissaient la Pologne et bombardaient Cracovie. Dans cette même cathédrale, entouré par les tombeaux des rois et des héros de la Pologne, Karol Wojtyla devenait prêtre dans la Pologne libérée. Pendant le service, il pria pour les âmes de tous les membres de sa famille à présent disparus.

Le 3 novembre, il célébra la messe dans l'église salésienne de son ancien quartier sous le regard de Tyranowski, et le 4, une messe inaugurale solennelle en la cathédrale de Wawel. Ses anciens camarades de travail de l'usine Solvay lui offrirent une soutane ; et ses compagnons du Théâtre rhapsodique étaient tous présents pour l'occasion. Ils écoutèrent Wojtyla, désormais acteur d'un plus grand mystère, déclamer la Parole du Dieu Vivant.

« *Fecit mihi magna* » (« Il a fait pour moi de grandes choses », Luc, 149), inscrivit Wojtyla sur la carte qu'il distribua à ses amis au cours d'une courte réception. Puis il partit pour Wadowice, célébrer une messe dans l'église paroissiale de son enfance. Le 11 novembre, il administra le baptême pour la première fois, à la fille qui venait de naître chez son ami Tadeusz Kwiatowski et son ex-partenaire de théâtre Halina Krolikiewicz.

DEUXIÈME PARTIE

LE PÈRE KAROL

AMOUR

La normalisation stalinienne de l'Europe centrale fut brutale. En juin 1948, Karol Wojtyla revint de Rome après deux années d'études (sur les philosophies de saint Thomas d'Aquin et des mystiques espagnols) pour retrouver une Pologne en pleine transformation. Mais cette transformation était d'une autre nature que celle qui s'opérait au même moment chez ses voisins socialistes. Appliquer le communisme à la Pologne, avait dit Staline, revenait à mettre un tablier à une vache. Telle était la réalité de la Pologne de l'après-guerre.

Les partis communistes arrivant au pouvoir en Europe avaient pour instruction prioritaire la mise au pas de l'Église catholique. En Yougoslavie, l'évêque de Zagreb fut condamné dès 1946 à seize ans de travaux forcés pour collaboration avec les fascistes pendant la guerre. En 1948, le lendemain de Noël, le cardinal Josef Mindszenty, primat de Hongrie, fut arrêté et condamné pour trahison à la prison à vie sur des preuves forgées de toutes pièces. Au cours du même hiver, en Tchécoslovaquie, l'archevêque Josef Beran était condamné à quatorze ans de prison. En Hongrie et en Tchécoslovaquie, des prêtres et des religieuses étaient arrêtés par centaines.

Avec sa population catholique à 95 %, la Pologne représentait un cas à part. Si bien que, dans le domaine religieux comme dans celui de l'économie, le processus de normalisation fut conduit de façon moins impitoyable – et avec un moindre succès. Depuis des siècles, à travers guerres et partitions, la culture polonaise et sa paysannerie avaient tissé un écheveau de liens inextricable : l'Église représentait une force que les communistes étaient obligés de traiter avec un minimum de respect. Elle avait toujours tenu bon face aux envahisseurs et aux mécréants locaux.

Les activités de l'Église polonaise furent circonscrites. On lui permit d'exister et de continuer à pratiquer sa foi, et elle ne tarda pas à devenir la voix par laquelle s'exprimait sourdement ce qu'il restait d'opposition dans le pays. Le nombre de prêtres et de religieuses polonais emprisonnés ne représenta qu'une fraction de ceux qui subissaient le même sort dans les pays voisins. Un semblant de dialogue, aussi contraint et fragile fût-il, se poursuivit entre l'État et les croyants. La terreur stalinienne, qu'on la mesure au nombre des procès ou à l'éradication massive de toutes les formes d'opposition, ne fut jamais en Pologne, et de loin, ce qu'elle fut partout ailleurs derrière le rideau de fer. Le nouveau régime lança assez mollement la collectivisation agricole, et de nombreux paysans reçurent un lopin de terre. Wojtyla ne paraissait pas spécialement préoccupé par la situation religieuse dans le pays où il avait commencé sa vie pastorale. Il semble, au contraire, n'avoir pris conscience que très lentement, et d'une façon typiquement « wojtylienne », de la suppression des droits civiques en Pologne et ailleurs.

L'archevêque Sapieha avait choisi la paroisse rurale de Niegowici pour y envoyer le jeune prêtre, qu'il aimait bien, s'exercer à la vie pastorale en administrant des baptêmes, en entendant des confessions, en célébrant des mariages et des funérailles, en visitant les malades et les infirmes et en veillant sur les vies de ces modestes paroissiens qui constituaient, depuis des siècles, la principale clientèle du clergé polonais.

Niegowici, où Wojtyla, alors âgé de vingt-huit ans, fut affecté en juin 1948, était un village isolé de la campagne galicienne, à une cinquantaine de kilomètres de Cracovie : deux cents habitants, une église en bois et quelques maisons sans électricité ni eau courante ni tout-à-l'égout. Wojtyla y arriva dans sa soutane usée jusqu'à la corde et chaussé de souliers éculés – un jeune prêtre à lunettes, maigre comme un coucou, légèrement voûté, portant ses quelques effets dans une vieille valise cabossée. Ainsi le vit-on approcher à pas lents, venant de la gare distante de huit kilomètres.

Le logement mis à sa disposition et à celle du jeune curé qui assistait le prêtre de Niegowici était relativement convenable, délabré mais plus spacieux que ceux qu'il avait occupés à Cracovie. La *wikariowka* (presbytère) comprenait deux pièces pour chaque locataire et un petit potager à l'arrière. Les repas étaient substantiels et bons. Jusqu'à la réforme agraire décrétée par les communistes, le curé de Niegowici disposait de soixante hectares de terre, de cent vingt vaches, de deux attelages de chevaux et d'un poulailler bien fourni. Il employait une cuisinière, une aide-cuisinière, un berger et une servante pour faire les courses.

Un emploi du temps austère gouvernait les journées de Wojtyla. Levé chaque matin vers 5 heures, il disait la messe, puis partait en tournée à travers la campagne dans une voiture à cheval, lisant souvent un livre en chemin, pour enseigner la religion, célébrer des offices dans les hameaux des environs, et assister ses paroissiens. Maria Trzaska, qui vit toujours à Niegowici, se souvient de ce jeune prêtre qui venait aider son frère à creuser des canaux et à battre le grain. Cette dernière opération se faisait comme à l'époque biblique, à l'aide d'un fléau de deux bâtons liés ensemble.

C'était une vie saine. Les paroissiens le voyaient souvent se promener après le déjeuner dans le verger planté derrière l'église. Parfois, il priait en marchant. Puis il s'arrêtait pour méditer dans un endroit tranquille. Le père Wojtyla employait en échange d'un modeste salaire le jeune Stanislas Wyporek, fils d'un paysan du village, pour dactylographier avec deux doigts la thèse sur la foi dans les écrits de saint Jean de la Croix qui devait clore ses deux années d'études romaines. Stanislas n'y comprenait goutte, car le manuscrit était rédigé en latin. Et il essayait, sans trop de succès, d'apprendre au futur pape à monter à bicyclette. « Il nous disait toujours qu'il avait un problème d'équilibre. »

Au cours des sept mois qu'il passa à Niegowici, Wojtyla se distingua par son dévouement aux jeunes de sa paroisse. Il leur faisait monter des spectacles, les aidait dans leurs études ou dans leurs travaux, organisait des sorties à Cracovie ou des randonnées en forêt, jouait au volley-ball et au football avec eux dans les prés. Au coucher du soleil, on allumait un feu, et le prêtre et ses jeunes ouailles se prenaient par la main et entonnaient des chants populaires, puis communiaient dans la prière. Ce n'était pas une pratique courante pour un prêtre dans les années quarante, et il n'en fallait pas plus pour attirer sur lui l'attention des autorités.

Là, dans ce minuscule village agricole, Wojtyla vit pour la première fois le stalinisme à l'œuvre. La police secrète voulait démanteler l'Association des jeunes catholiques et la remplacer par une section des Jeunesses socialistes. On convainquit l'un des jeunes garçons dont s'occupait Wojtyla de donner des informations sur ses activités, et on tenta, par le chantage, d'en amener d'autres à faire de même. Stanislas Wyporek, son jeune dactylographe, fut ainsi approché mais refusa de collaborer. Un soir, les policiers enlevèrent Wyporek en voiture, l'emmenèrent dans un village voisin et lui infligèrent une correction en l'accusant de faire partie d'un groupe clandestin. Le garçon reparut à Niegowici le lendemain matin à 9 heures, tremblant et en état de choc.

Wojtyla, qui le rencontra en chemin, le réconforta. « Ne t'en fais pas, Stanislas, ils se lasseront d'eux-mêmes », dit-il, en parlant des communistes. Et par la suite, il dit aux autres : « Le socialisme n'est pas contraire aux enseignements de l'Église, mais les méthodes des communistes sont contre l'Église. Le communisme prétend imposer aux gens des conceptions matérialistes, il torture la nation. » Des années plus tard, alors qu'il rendait visite à Wojtyla dans son appartement de Cracovie, Wyporek remarqua dans la bibliothèque les œuvres de Marx, Lénine et Staline. « Vous vous convertissez à une autre idéologie ? » demanda-t-il en plaisantant. « Si on veut comprendre l'ennemi, il faut savoir ce qu'il écrit », répondit Wojtyla. De telles réflexions, de nature ouvertement politique, étaient extrêmement rares dans la bouche du jeune père Wojtyla.

Il conseilla au jeune dactylographe de dire la vérité à la police sur ce que faisaient les garçons de la paroisse. Il n'y avait rien à cacher. La pédagogie particulière à Wojtyla était en train de prendre forme. « Il ne nous conseilla jamais de résister », dit Wyporek. « Les choses mauvaises, disait-il, doivent être vaincues par la bonté. Nous devons donner le bon exemple, faire preuve d'humilité. »

En mars 1949, l'archevêque Sapieha rappela Wojtyla à Cracovie et le transféra à la paroisse universitaire de Saint-Florian. Quelque cinquante ans plus tard, Jean-Paul II devait reconnaître que l'expérience la plus mémorable de ses débuts avait été la découverte de *l'importance fondamentale de la jeunesse*. « C'est une période de la vie donnée à chacun par la Providence, et donnée comme une responsabilité », dit-il dans son recueil d'entretiens (*Entrer dans l'espérance*). « Pendant cette période il cherche, comme le jeune homme des Évangiles, des réponses aux questions fondamentales ; il ne cherche pas seulement le sens de la vie, mais aussi une façon concrète de vivre cette vie... Il veut exister par lui-même. » Tout pasteur doit reconnaître cette caractéristique en chaque jeune garçon et chaque jeune fille. « Il doit aimer cet aspect fondamental de la jeunesse. »

Ce que faisait Wojtyla.

Karol Tarnowski, alors étudiant, se souvient de la façon dont Wojtyla recevait ses confessions. Il arrivait qu'elles durent plus d'une heure. « Il savait écouter, et il était prêt à le faire et à répondre à d'innombrables questions. Le temps n'existait pas pour lui. » Même si d'autres attendaient pour entrer dans le confessionnal, ce garçon de dix-sept ans sentait qu'il était en sécurité et pouvait prendre son temps en compagnie du prêtre dont il apercevait le profil pensif derrière la grille. La voix de Wojtyla avait son timbre habituel ; il ne chuchotait pas, s'exprimant plutôt comme quelqu'un qui réfléchit à voix haute. Il avait expliqué un jour à son camarade de séminaire Malinski : « A propos de la confession... on ne peut pas jouer aux piverts, l'un tapant du bec de son côté, l'autre répondant du sien. On ne règle pas les problèmes à voix basse. Il faut établir un dialogue et les traiter avec sérieux, avec son cœur. L'instant de la confession est le couronnement de notre activité apostolique... Il s'agit donc de savoir si on peut préserver les valeurs apostoliques. Faute d'une vie intérieure profonde, un prêtre se transformera peu à peu en un bureaucrate, et son apostolat en une routine paroissiale, uniquement consacrée aux problèmes du quotidien. »

Le vieil archevêque Sapieha avait compris, intuitivement, que Saint-Florian conviendrait à merveille à Wojtyla. Là, il pouvait cultiver sa relation si particulière avec les jeunes et développer de nouvelles méthodes pastorales tout en restant en contact avec la vie intellectuelle vibrante de Cracovie. Là, aussi, il pouvait poursuivre ses propres travaux littéraires et philosophiques.

Lorsque Wojtyla commença à partir pour des randonnées dans la montagne ou sur les lacs avec des jeunes gens et des jeunes filles de l'université, son but était de tester une nouvelle forme d'éducation. Ces excursions n'étaient pas qu'une occasion de se divertir sainement. La nature offrait un moyen de se rapprocher de Dieu, d'élever l'âme par la méditation, d'atteindre à l'essence de l'être humain, et de Dieu.

Ces « garçons et filles », comme il les appelait quand il s'adressait à eux, l'aimaient bien, lui et ses manières peu conventionnelles, et l'ambiance chaleureuse qu'il créait autour de lui. Plus tard, ils baptiseraient leur groupe d'un nom quelque peu ronflant, le *Srodowisko* (milieu) *Wojtyla,* mais il préférait, lui, un autre terme, *paczka* (la bande).

La « bande » commençait sa journée en édifiant un autel sur un canoë renversé ou sur un tas de pierres, où le sacrifice était célébré. Puis une longue file de randonneurs se dirigeait vers la montagne ou vers le lac qu'on traverserait en kayak, Wojtyla en tête, souvent vêtu d'une simple chemise polo et d'un short, ce qui lui évitait d'être repéré comme un prêtre par la police. (Les prêtres n'étaient pas autorisés à s'occuper de groupes de jeunes en dehors des églises.) Ses jeunes compagnons l'appelaient *wujek* (Oncle), à la fois par affection et pour ne pas éveiller les soupçons des étrangers. Les hommes de la milice vinrent plusieurs fois inspecter le camp peu de temps après le départ du groupe, mais ne virent jamais, de loin, le prêtre parmi les randonneurs. Wojtyla choisissait généralement un garçon ou une fille pour l'accompagner tout au long de la journée, consacrant ainsi à chacun tour à tour des heures de discussion en tête à tête. Il dînait chaque soir avec les occupants d'une tente différente. Les jeunes se confiaient à lui, et parfois discutaient ouvertement des problèmes de leur vie amoureuse. Nombre d'entre eux étaient fiancés, mais les garçons et les filles dormaient dans des tentes séparées. L'attention portée à la sexualité, à l'amour, au mariage prit une place prépondérante dans l'action pastorale de Wojtyla auprès des jeunes. Bien des années avant la réévaluation des liens du mariage par le concile Vatican II, il élaborait déjà une conception basée sur l'idée que le mariage est une authentique *vocation*, exactement comme le choix de la prêtrise. Sa façon de ne pas simplement mettre en avant les règles fixées par le dogme de l'Église plaisait aux jeunes. Son attitude n'avait absolument rien de conventionnel. Le jeune chapelain ne manifestait aucune gêne à discuter des relations sexuelles. La sexualité, estimait-il, prenait une plus grande intensité et une plus grande valeur *d'amour* – au-delà de la procréation – au sein d'un couple monogame uni pour la vie par les liens du mariage. Ce qui préfigurait, à très peu de chose près, la révision du dogme adoptée par le concile Vatican II.

Aux adultes, il donnait d'autres conseils. « Le problème moral des relations avec les femmes », se souvient Karol Tarnowski, qui, comme d'autres membres de « la bande » s'était confié à Wojtyla pour lui demander conseil, « était pour lui une sorte de priorité. Il voulait nous aider à comprendre que le fait de donner naissance à un enfant participe de la Création ».

Wojtyla, comme le dit l'un des membres du groupe, était « moins intellectuel avec les filles ». Il leur disait qu'elles avaient reçu en don une capacité à éduquer les hommes. « Aimerais-tu faire son éducation ? » demanda-t-il à Maria Bozek, une jeune étudiante qui lui confiait son penchant pour un certain garçon. Comme Wojtyla trouvait qu'elle avait fait un bon choix, il insista : « Aimerais-tu faire de lui un homme ? »

« Oui », répondit Maria, pas très sûre d'elle. Elle finit d'ailleurs par épouser Karol Tarnowski, un jeune homme dont Wojtyla pensait qu'il n'était pas fait pour elle.

Wojtyla est « paternel et extrêmement bon », observa-t-elle plusieurs années plus tard. « Il est extrêmement patient. » Même après qu'il fut devenu évêque auxiliaire, elle continua à lui demander conseil, et lui à l'accueillir dans sa résidence pour l'écouter lui exposer ses problèmes familiaux ou simplement rester auprès de lui, sans rien dire, les jours où la souffrance la submergeait.

Aux yeux de Wojtyla, le temps et la patience étaient des éléments fondamentaux dans toute relation durable entre un homme et une femme. Tout en pagayant avec fermeté sur son kayak avec son « matelot » ou sa « matelote » (comme il appelait ses compagnons de la journée), il expliquait qu'un homme et une femme « devraient longuement apprendre à être ensemble avant de s'engager dans une relation plus intime. Ils devraient apprendre à se comporter l'un vis-à-vis de l'autre, à être patients, à s'entendre, à se comprendre mutuellement ». Dans la mesure où la sexualité n'avait de sens que dans le contexte d'une union scellée par les liens indissolubles du mariage, il était essentiel de faire durer le mariage afin d'apprendre à composer avec les traits négatifs de la personnalité du partenaire.

« Sous la surface de l'amour, poursuivait-il, un courant tourbillonne, rapide, impulsif, changeant. Ce courant est parfois si puissant qu'il emporte les hommes et les femmes. L'amour n'est pas une aventure, ce peut être un moment unique. Il a le goût de l'homme dans son entier. » L'éternité de l'être humain, disait Wojtyla à ses étudiants, passe par l'amour.

Le problème était de ne pas réprimer le désir sexuel et les sentiments, mais de les orienter vers une union qui garantisse la dignité des deux partenaires. « Les relations sexuelles en dehors du mariage, écrirait-il plus tard, font toujours objectivement du mal à la femme, même si elle y consent ou les désire pour de bon. » Il pensait qu'il en était de même pour les hommes, mais il voyait plus souvent des femmes victimes du manque de respect des hommes. Il sermonnait les hommes sur la valeur positive de la tendresse, sans laquelle, disait-il, « un homme sera seulement tenté de soumettre une femme aux exigences de son corps et de son esprit ».

Pour donner plus de force à cette idée d'autodiscipline, Wojtyla poussait certains couples de fiancés à ne pas se voir continuellement, à espacer leurs rencontres de deux ou trois jours. Mais ces conseils n'étaient guère suivis, généralement parce que les femmes – et non les hommes – se rebellaient à cette perspective.

Ainsi, les randonnées et les sorties en canoë se transformaient-elles en école du mariage et en réunions-conseils. Les discussions et les réflexions auxquelles elles donnaient lieu se retrouveraient plus tard dans *La Bijouterie*, pièce de Karol Wojtyla sur les problèmes des couples mariés, ainsi que dans son remarquable traité *Amour et Responsabilité,* deux ouvrages publiés en 1960, alors que Wojtyla était évêque auxiliaire.

Amour et Responsabilité devait faire sensation dans les milieux religieux, car on n'avait jamais vu un évêque traiter de sujets comme l'excitation sexuelle, les épouses insatisfaites qui feignent l'orgasme, ou l'importance fondamentale que l'homme devait attacher à la jouissance de sa partenaire. Il n'était pas jusqu'à son plaidoyer pour « l'égalité de l'homme et de la femme au sein du mariage » qui ne parût choquant à cette époque. Quand il enseignait à l'université, ses étudiants étaient tellement séduits par ce prêtre hors du commun que, à en croire son ancienne élève Zofia Zdybicka, ils étaient nombreux à se demander si le père Karol n'avait pas eu une fiancée, voire une épouse. En réalité, l'essentiel de ce qu'il savait venait du confessionnal.

Bien qu'il cite dans ses notes d'*Amour et Responsabilité* diverses sources autres que ses propres écrits philosophiques, le texte semble indiquer que Wojtyla s'était livré à des recherches sur la sexualité humaine, surtout en matière d'anatomie et de physiologie. Les vues des « sexologues » y sont souvent mentionnées, tout comme les « enseignements de la sexologie ». S'il y avait quelque audace à élaborer une théorie des relations sexuelles en l'absence de toute expérience directe, il faut se souvenir que Karol Wojtyla a été, sa vie durant, confronté à des questions concernant l'amour, dans lequel la sexualité occupe une place si importante : le miracle de l'amour entre un homme et une femme, l'amour de l'être humain pour son semblable ou celui des parents pour leur enfant, l'amour comme fondement des valeurs de la société ; l'amour en tant que don du Christ à ses disciples. Son audace – une qualité qui, en tout état de cause, ne lui fit jamais défaut – résidait surtout dans sa volonté de parler crûment et de manière sensible de ce qu'il avait en tête à une époque où un tel langage était considéré comme osé dans la bouche d'un prêtre.

Citons un passage représentatif du langage de ce futur pape :

« Il faut tenir compte du fait qu'il existe pour la femme une difficulté naturelle à s'adapter à l'homme dans la relation sexuelle, une inadéquation naturelle des rythmes physiques et psychologiques, et, partant, une nécessité d'harmonisation qui ne pourra s'obtenir sans bonne volonté, surtout de la part de l'homme, qui doit observer attentivement les réactions de la femme.

« Si une femme ne retire pas de l'acte sexuel une gratification naturelle, il risque de s'avérer pour elle d'une qualité inférieure, de ne pas la concerner pleinement en tant que personne. Ce type d'expérience n'est que trop susceptible d'entraîner des réactions nerveuses, et peut par exemple aboutir à la frigidité. La frigidité est parfois le résultat d'une inhibition de la part de la femme elle-même, ou d'une absence de participation qui peut même, à l'occasion, être de sa faute. Mais elle est généralement le résultat de l'égoïsme de l'homme, qui, incapable de reconnaître les désirs de la femme lors de l'acte sexuel, et les lois objectives du processus sexuel qui se déroule en elle, ne recherche que sa propre satisfaction, parfois avec brutalité. »

Voilà de quoi entendaient parler les jeunes garçons et les jeunes filles pendant ces sorties en plein air avec Wojtyla. Même devenu pape, il devait maintenir des liens avec ce groupe d'une soixantaine d'hommes et de femmes. Aucun d'entre eux n'a jamais divorcé. Par la suite, l'un de ces jeunes amis de Wojtyla – Tarnowski, qui avait épousé Maria Bozek – fit reproche à Jean-Paul II de l'interdiction des moyens contraceptifs maintenue par le Vatican ; il ne comprenait pas que l'Église en refuse l'usage à des couples qui avaient accompli honnêtement leur devoir de procréation. Après avoir conseillé à Tarnowski de chercher un autre confesseur, le vieux pape, qui avait passé une si grande partie de sa jeunesse à élaborer ce qu'il pensait être une théorie humaine du mariage catholique, lui dit : « Je ne peux pas changer ce que j'ai enseigné toute ma vie. »

LUBLIN

En octobre 1954, le gouvernement polonais ferma l'université Jagellon où Karol Wojtyla donnait des cours sur l'éthique chrétienne. L'université catholique de Lublin, où il arriva un peu plus tard ce même mois pour enseigner l'éthique et la philosophie, était la seule université dirigée par l'Église catholique sur l'immense territoire dominé désormais à travers le monde par les successeurs de Staline et par Mao Zedong. Le chef suprême de l'Église polonaise, le cardinal primat Stefan Wyszynski, y avait obtenu son diplôme de droit canon, et de 1946 à 1948, alors que les communistes renforçaient leur pouvoir, il avait servi comme archevêque de Lublin, se consacrant à la réorganisation de l'université, un ancien monastère transformé en caserne par les nazis.

A l'université de Lublin, Wojtyla se donnait des airs de poète, portant avec désinvolture un béret violet, des lunettes à monture d'écaille et une soutane noire toujours propre mais souvent effrangée à cause des longues heures qu'il passait à genoux. Mais, tout comme au temps où il était étudiant lui-même, il n'y avait guère de place dans sa vie pour l'insouciance. Le climat politique en Pologne s'était beaucoup assombri. Les autorités venaient d'arrêter le recteur de l'université et neuf prêtres enseignants. L'archevêque Eugeniusz Baziak, qui avait succédé à Sapieha après la mort de celui-ci, était en prison lui aussi, tout comme le curé de Saint-Florian, ami de Wojtyla. Un prêtre qui s'occupait à Cracovie de l'association féminine du Rosaire Vivant et de l'Association des jeunes catholiques avait été condamné à mort ainsi que deux militants laïques de la même association (leur sentence fut ensuite commuée en emprisonnement à vie). En septembre 1953, le cardinal Wyszynski lui-même fut arrêté : il s'était violemment opposé à la nouvelle Constitution polonaise, qui renforçait l'emprise communiste sur l'État et supprimait une grande partie des droits depuis longtemps reconnus à l'Église. Et même *Tygodnik Powszechny,* l'hebdomadaire catholique qui publiait depuis 1949 les poèmes de Wojtyla, avait été interdit après avoir refusé d'insérer dans ses colonnes une nécrologie de Staline, décédé le 5 mars 1953.

Wojtyla rejoignit bientôt un petit groupe de professeurs qui se réunissaient secrètement autour du doyen des professeurs de philosophie, le père Jerzy Kalinowski, pour discuter de leur situation et de celle de l'université, de la nation, de l'Église. Ils étaient devenus des conspirateurs intellectuels, cherchant par quels subtils moyens saper le communisme de l'intérieur, spirituellement et philosophiquement.

« La hiérarchie catholique estimait que le rôle de l'université catholique était de défendre le catholicisme dans un univers communiste hostile », a écrit l'un des membres de ce groupe, l'historien Stefan Swiezawski. « Et nous estimions, par contraste, que notre rôle fondamental était de fournir un bon travail d'enseignants... Le deuxième objectif était de renforcer le rôle de la philosophie dans le système communiste, d'affûter la dialectique entre la philosophie chrétienne et le système communiste. »

Karol Tarnowski se souvient de Wojtyla soutenant que ce qui faisait la réalité de l'homme en tant que tel échappait à l'éthique marxiste. Les marxistes, disait le jeune prêtre-philosophe, « considèrent l'homme comme quelque chose qui peut être créé dans le communisme – mais il n'y a pas de place pour l'individu, pour l'essence de l'homme. Parce que l'essence de l'homme s'incarne en chaque individu ».

Pour Wojtyla, l'approche chrétienne de la vie et de la société était extrêmement réaliste, alors que l'approche marxiste finissait par être « purement idéaliste, faute d'être concrète ». On ne trouvait pas dans le marxisme l'homme, mais « l'idée de l'homme ». Bien des années plus tard, revenant pour la première fois en Pologne en tant que pape, Wojtyla reprendra ce thème. La confrontation avec le communisme ne consistait pas à « combattre le communisme, déclara Wojtyla, mais à progresser dans l'entreprise positive d'un approfondissement de la vie chrétienne ».

« Wojtyla estimait, dit Swieczawski, que nous devions utiliser chaque moment pour conforter nos orientations, élargir notre connaissance, nous consacrer à un travail positif – et ne pas gaspiller notre temps à des problèmes politiques et à des conflits. »

Cette position resta celle de Wojtyla lors des événements historiques de 1956, quand les travailleurs de la ville industrielle de Poznan déclenchèrent une révolte qui allait s'étendre à toute la Hongrie voisine et secouer le monde communiste. En ce mois de juin, à Poznan, des dizaines de milliers de Polonais qui manifestaient pour réclamer une hausse de salaires se heurtèrent au barrage des forces de sécurité qui leur interdisaient l'entrée du parc de la Liberté. Les forces de sécurité chargèrent. Cinquante personnes furent tuées et plus de deux cents blessées. Dans la vague de colère et d'indignation qui suivit le massacre de Poznan, une fraction réformiste du Parti communiste, conduite par Wadyslaw Gomulka (un antistalinien qui venait de passer huit ans en détention), parvint au pouvoir. De nombreux prisonniers politiques polonais, dont le cardinal Wyszynski, furent libérés ; et un Gomulka triomphant annonça que les communistes polonais « prenaient la tête du processus de démocratisation ». Mais à Moscou, Nikita Khrouchtchev, premier secrétaire du Parti, annonçait aussitôt que les initiatives du nouveau gouvernement polonais « menaçaient l'ensemble du camp socialiste », et les troupes russes du pacte de Varsovie marchaient sur la capitale. Gomulka prévint Khrouchtchev que les Polonais se battraient, tandis que les troupes gouvernementales arrêtaient une colonne de blindés soviétiques à une centaine de kilomètres de Varsovie. A 2 heures du matin, le 20 octobre, Khrouchtchev céda. (Il n'existe aucune trace d'un commentaire public ou privé de Wojtyla sur ces événements.)

En Hongrie, pourtant, Khrouchtchev ne recula pas, et les chars écrasèrent la révolution hongroise, au prix d'innombrables vies humaines. Le cardinal Mindszenty, libéré de prison par les habitants de Budapest, courut se réfugier à l'ambassade des États-Unis tandis que les troupes russes réinvestissaient la ville. Il allait y rester – « libre » et prisonnier – quinze ans. Wojtyla a souvent dit que le cardinal n'aurait pas dû chercher refuge à l'ambassade, mais demeurer parmi ses ouailles. Il avait, lui, pour modèles, les cardinaux Sapieha et Wyszynski, qui étaient restés à leur poste dans les moments de danger, au risque de devenir des martyrs.

UNE LETTRE DE ROME

Le cardinal Stefan Wyszynski, primat de Pologne, jeta un regard distrait au jeune prêtre bronzé dont on devinait, sous la soutane, la vigueur et la carrure d'athlète. Il connaissait l'âge du prêtre – trente-huit ans – mais ne savait pas grand-chose de lui, sinon qu'il venait d'interrompre ses vacances dans la région des lacs de Mazurie, où il s'était rendu pour une retraite avec un groupe de jeunes gens. Là-bas, il avait reçu un télégramme le convoquant de toute urgence à la résidence du primat, rue Miodowa, à Varsovie.

Wyszynski était depuis dix ans un haut responsable et un véritable symbole de l'Église catholique polonaise : il en défendait, avec entêtement, avec ruse et avec diplomatie, la tradition d'indépendance face aux autorités. En 1948, il était devenu, à quarante-sept ans, le plus jeune primat de l'histoire de la Pologne.

En 1950, Wyszynski avait rendu furieux le pape de l'époque, Pie XII, en signant avec le gouvernement communiste un accord qui reconnaissait à celui-ci une autorité absolue dans le domaine temporel, tout en accordant à l'Église des droits limités dans le domaine spirituel. « L'épiscopat sera guidé [dans son action] par la raison d'État polonaise », stipulait l'accord, tandis que le pape était « l'autorité religieuse compétente et supérieure en matière de foi et de moralité et pour ce qui concernait la juridiction de l'Église ». Le gouvernement avait interprété ce texte comme lui donnant un droit de veto sur la nomination des évêques.

Après avoir signé cet accord avec les autorités, le primat en expliqua la logique : « Le martyre est toujours une grâce et un honneur, mais quand je mesure les immenses besoins et les aspirations de la Pologne catholique, je n'envisage le martyre qu'en tout dernier ressort. Je veux voir mes prêtres à l'autel, au pupitre, et dans le confessionnal – pas en prison. »

Il n'en était pas moins resté lui-même, de 1953 à 1956, incarcéré pendant trois ans, dans un monastère en raison de son obstination à revendiquer des droits pour l'Église et de ses protestations contre les entraves mises par le pouvoir stalinien à l'activité cléricale.

« Êtes-vous un prélat ou un chanoine ? » demanda-t-il à Wojtyla, du ton d'impérieuse courtoisie qui était toujours le sien.

« Ni l'un ni l'autre, Votre Éminence. Je suis prêtre, et également professeur adjoint à l'Université catholique de Lublin. »

Le cardinal, de sa main osseuse, prit un papier sur son bureau et regarda à nouveau le prêtre, qui attendait en silence, sans donner le moindre signe d'inquiétude. « Voici une lettre fort intéressante que nous adresse le Saint-Père. Lisez donc : “ A la demande de Mgr Baziak, archevêque, je nomme le père Karol Wojtyla évêque auxiliaire de Cracovie, ayez l'amabilité de me notifier votre accord. ” »

Le primat se tut un instant pour observer la réaction de Wojtyla. Un peu plus tard, au soir de ce même jour, Wyszynski ferait une brève description de cette scène dans le journal intime qu'il tenait ponctuellement depuis une dizaine d'années. Il arrivait que, dans des circonstances analogues, un candidat à la fonction apostolique bredouille : « Je dois prendre conseil de mon directeur de conscience pour une telle décision. » Et le primat rétorquait, « Vous êtes assez grand pour savoir ce que vous voulez faire. » D'autres prêtres essayaient de gagner du temps en disant, « Je dois d'abord en parler à Jésus dans mes prières », et le primat leur désignait la porte : « Il y a une chapelle derrière cette porte. Allez donc faire vos prières. Mais s'il vous plaît, ne prenez pas plus d'un quart d'heure, car nous n'avons pas beaucoup de temps, et Jésus non plus. »

« Acceptez-vous cette nomination ? » demanda Wyszynski à Wojtyla.

« Où dois-je signer ? » répondit le jeune prêtre, sans l'ombre d'une hésitation.

Cette journée du 8 juillet resterait gravée à jamais dans la mémoire du primat. C'était la première fois qu'il se voyait court-circuité pour la nomination d'un évêque polonais. Les autorités faisaient peser de telles contraintes sur la conduite des affaires de l'Église que Pie XII avait accordé à Wyszynski l'extraordinaire privilège d'établir et de garder sous la main une liste de futurs évêques dont le Saint-Siège acceptait par avance la nomination. Quand Wyszynski souhaitait nommer quelqu'un, il envoyait un message secret à Rome, et dès qu'il recevait un signal codé du souverain pontife, il procédait à la nomination. Le nom de Karol Wojtyla ne figurait pas sur la liste du cardinal Wyszynski.

Il s'était toujours trouvé dans la vie de Wojtyla un ange gardien pour le guider et le pousser en avant au bon moment : d'abord l'archevêque Sapieha ; à présent, son successeur, Eugeniusz Baziak. Plus tard, ce serait le pape Paul VI et enfin – lors du conclave qui devait l'élire pape – le cardinal Franz König.

Une heure après cette « conversation » au palais du primat, un prêtre se présenta au couvent des Ursulines grises (qui doivent leur nom à la couleur de leur costume) sur les rives de la Vistule. Il demanda à la religieuse qui vint lui ouvrir où se trouvait la chapelle et y entra sans un mot de plus. S'approchant vivement de l'autel, il tomba à genoux sur un banc.

Une heure passa, puis une autre. Une religieuse, puis plusieurs, entrèrent et ressortirent en silence. L'heure du dîner approchant, une rumeur commença à circuler : ce prêtre était le père Wojtyla. Les religieuses décidèrent de l'inviter à partager leur repas. Mais le prêtre ne voulait pas bouger. La mère supérieure, à son tour, se rendit à la chapelle, et trouva Wojtyla toujours plongé dans sa méditation, tenant sa tête entre ses mains. Il ne mangea rien ce soir-là. Quand les religieuses allèrent se coucher, il était toujours dans la chapelle. Il y pria huit heures durant.

Le 28 septembre 1958, Karol Wojtyla fut consacré évêque en la cathédrale de Wawel à Cracovie. Le 9 octobre, le pape Pie XII mourait, à l'âge de quatre-vingt-deux ans, et le 28 octobre les cardinaux réunis en conclave élurent Angelo Giuseppe Roncalli, soixante-dix-sept ans, qui prit le nom de Jean XXIII. Moins de trois mois plus tard, le nouveau pape convoqua un concile œcuménique. L'une des 2 594 invitations qui furent envoyées aux évêques aux quatre coins de la planète portait le nom du jeune Karol Wojtyla.

LE CONCILE

Le deuxième concile du Vatican – Vatican II – fut une révolution. L'Église catholique, en tant qu'institution, a toujours tendance à mettre l'accent sur les facteurs de continuité, comme si un schéma d'évolution était inscrit dans son destin depuis l'avènement du Christ. On ne s'étonnera pas, en lisant de près les documents de Vatican II, d'y trouver les signes manifestes des compromis passés entre les traditionalistes et les partisans de l'innovation. L'Église catholique romaine a toujours su assimiler les tendances nouvelles et originales en les mêlant à ses plus anciennes traditions.

Mais aux yeux de millions de contemporains, catholiques comme non catholiques, le Concile apparut à juste titre comme une rupture radicale, révolutionnaire, avec le passé. L'absolutisme de la Curie – la bureaucratie pontificale de congrégations, tribunaux et autres offices à Rome et au-delà – fut battu en brèche. Le concile de Jean XXIII donna l'impression d'ouvrir la communauté catholique sur le monde.

Un certain nombre de conséquences ne tardèrent pas à apparaître, confirmant, pour les catholiques, qu'une rupture avec le modèle d'Église hérité du concile antiprotestant de Trente (1545-1563) était en train de s'opérer : Vatican II amena une réforme liturgique, l'utilisation de la langue vernaculaire dans la célébration de la messe, une affirmation de la liberté des consciences, des rapprochements avec les communautés protestantes et orthodoxes de l'Est, l'ouverture du dialogue avec les non-croyants, le désaveu de l'antisémitisme, et, surtout, une image de l'Église présentée non plus comme une institution statique mais comme le Peuple de Dieu traçant sa voie à travers l'histoire, un nouvel Israël en pèlerinage.

Presque quatre années de préparation précédèrent la convocation à Rome de 2 381 évêques, supérieurs d'ordres religieux et cardinaux – les « pères du concile » – en octobre 1962. La lecture du mémoire de sept pages adressé à Rome par Wojtyla en réponse au questionnaire qu'avaient reçu les évêques avant le concile est pleine d'enseignements. Ses attentes, à la veille de Vatican II, étaient en fait des plus modestes, et la principale préoccupation sur laquelle il appelait l'attention des responsables de l'Église, ses collègues, n'avait guère de rapport avec celles qui habitaient la plupart des autres participants. Pour lui, le concile devait se prononcer clairement sur l'importance de la transcendance de la personne humaine * face au matérialisme croissant de l'époque moderne. Il faudrait attendre son propre avènement au trône pontifical pour qu'un tel concept – élément central de la philosophie de saint Thomas d'Aquin – guide à nouveau l'Église.

Respectueux de l'unité essentielle de tous les chrétiens au sein de l'Église, un idéal cher au cœur de Jean XXIII, Wojtyla se prononçait pour une réaffirmation de la doctrine traditionnelle (énoncée par Pie XII) de l'Église en tant que Corps Mystique du Christ. Il ne pouvait y avoir qu'un Corps, une seule Église du Christ, ce qui faisait dépendre de Rome l'unité avec les autres Églises chrétiennes. Le jeune évêque, en réponse à d'autres questions, soutenait qu'il était nécessaire de donner aux laïcs un rôle plus important dans l'Église. Parmi les

* Dans la théologie catholique, le terme de « personne humaine » désigne l'être dans sa totalité : corps, raison et âme.

sujets dont il souhaitait qu'on débatte figuraient l'importance du célibat des prêtres, l'utilité pastorale des activités sportives et théâtrales, le dialogue œcuménique, et la réforme du bréviaire et de la liturgie.

A l'occasion du concile, Wojtyla sortit de Pologne pour la première fois depuis quatorze ans. Quelques mois auparavant, son supérieur, l'archevêque Baziak, était mort ; et le 15 juin 1962, Wojtyla, à l'âge de quarante-deux ans, était devenu vicaire capitulaire, en d'autres termes chef temporaire, du diocèse de Cracovie. Il avait également été nommé aumônier national chargé de « l'intelligence créatrice » au sein de la conférence des évêques polonais, en raison de ses liens avec le monde de la culture.

Mais au sein de l'Église, la grande, il n'était qu'une quantité négligeable – un évêque parmi d'autres – lorsque, en octobre, il pénétra dans la basilique Saint-Pierre pour la séance inaugurale du concile. On avait construit de chaque côté de l'immense nef des plates-formes inclinées supportant chacune une dizaine de rangées de sièges. Tout autour de Wojtyla bruissait une forêt de mitres blanches, avec çà et là les hautes coiffes des patriarches des Églises orthodoxes orientales. Une zone était réservée, nouveauté absolue, aux cent un « observateurs » appartenant à d'autres confessions chrétiennes et aux plusieurs centaines de théologiens et autres « experts » invités à assister le concile dans ses délibérations.

Wojtyla, coiffé de sa mitre d'évêque flambant neuve, n'eut pas beaucoup de chemin à faire pour rejoindre son siège : conformément au protocole, les derniers promus étaient placés à l'entrée de la basilique. De là, il voyait les pères du concile se préparer à plonger dans l'inconnu. « Dans ce concile, avait dit le pape Jean XXIII à la veille de l'ouverture, nous sommes tous des novices. Le Saint-Esprit sera certainement présent quand les évêques se réuniront, et nous verrons ce qui se passe. »

En convoquant le concile, le vieux pape avait appelé à un *aggiornamento* – un changement, un renouveau, un effort pour mettre l'Église en accord avec son temps. Wojtyla était ému par la grandeur de cet instant. Être un évêque catholique à Rome à ce moment de l'histoire, c'était comme être un Américain au deuxième Congrès continental de 1776, ou un Français à l'ouverture des États Généraux de 1789. « Je me mets en route avec la plus profonde émotion, le cœur battant à grands coups », avait-il dit en quittant les fidèles de Cracovie.

Les accents du *Veni Creator* s'élevèrent dans la basilique Saint-Pierre et Wojtyla regarda le pape Jean XXIII s'avancer lentement, porté au-dessus de la foule dans son fauteuil papal, accompagné par ses assistants tenant les *flabella*, ou éventails de cérémonie. Contrairement à ceux qu'il avait appelés les « prophètes de malheur » de la hiérarchie de l'Église – et qui se recrutaient pour une bonne part dans sa propre Curie – le pape Jean abordait avec une grande confiance ce concile du renouveau. Il avait convoqué le plus grand rassemblement de dignitaires de toute l'histoire de l'Église catholique. Il avait fait venir à Rome des évêques de cent quarante et un pays, plus de trois fois plus que n'en avait réuni le premier concile du Vatican, quatre-vingt-dix ans auparavant. Il n'y avait pas, alors, un seul Africain parmi eux. Cette fois, on comptait plus d'une centaine d'évêques noirs. Les Européens représentaient à peine un tiers des pères du concile ; et les Italiens se voyaient talonnés, en nombre, par les Français, les Allemands et les évêques des pays anglophones. Il y avait pour la première fois un évêque japonais, ainsi qu'un Chinois, un Indien et un Sud-Africain.

Puissamment ému, Wojtyla composa un poème, dans lequel la sensibilité l'emporte peut-être sur la qualité de la forme – ce qui est rarement le cas dans sa poésie :

Nous serons pauvres et nus
transparents comme le verre
qui ne reflète que les blessures
Et le monde puisse-t-il se fendre et s'ouvrir
et se recomposer sous le fouet
des consciences qui ont choisi la toile de fond de ce temple.

Compte tenu de ses habitudes de pensée et de son expérience de la vie de l'Église, le concile fut aussi pour Wojtyla une révolution personnelle. Il avait été formé, en tant qu'évêque, à une culture dominée par le secret et la solidarité épiscopale. La Conférence des évêques polonais se réunissait tous les deux mois à huis clos. Il n'en filtrait jamais la moindre rumeur de dispute ou de divergence d'opinion. Soumis à la pression incessante du pouvoir athée, les évêques faisaient front dans une unité sans faille. Et le primat Wyszynski exerçait sur eux l'autorité d'un monarque absolu.

L'évêque polonais de base qu'était Wojtyla n'avait jamais connu autre chose. Or voici que, de sa place dans la basilique Saint-Pierre, il voyait éclater de violentes disputes, des blocs antagonistes se partager les votes... affrontements verbaux, applaudissements triomphants, murmures de protestation, remarques sarcastiques, cris de colère... – l'Église soumise au régime de la démocratie parlementaire, avec pétitions, lobbying, et jusqu'aux intrigues de coulisses ourdies par les « partis » conciliaires, les membres de la Curie, voire le pape lui-même...

Wojtyla fut choqué dans sa sensibilité par la révolte mémorable des pères du concile, qui, d'entrée, avaient décidé de rejeter en bloc les soixante-douze points de l'ordre du jour établi par les conservateurs de la Curie – ce qui réduisait virtuellement à néant quatre années de travail préparatoire – afin d'ouvrir les débats sur les projets de changement de plus grande portée. Wojtyla, subjugué, écouta Joseph Frings, le cardinal de Cologne, s'en prendre avec violence au comportement inquisitorial du Saint-Office (la congrégation chargée, au sein de la Curie, de lutter contre les hérésies et par conséquent contre les doctrines modernistes et pernicieuses), puis la réplique outragée du préfet du Saint-Siège – et son grand inquisiteur –, le cardinal Alfredo Ottaviani. Il vit comment les traditionalistes, invoquant l'article 222 du droit canon, faisaient valoir la prérogative du pape de fixer lui-même l'ordre du jour du concile, tandis que les réformateurs – d'ailleurs soutenus par le pape – réclamaient, au nom de la liberté du concile, le droit de rejeter tout ordre du jour qui leur serait imposé.

L'ordre du jour fut finalement rejeté parce qu'il reflétait une vision périmée de l'Église, conçue comme une monarchie au sein de laquelle tous les pouvoirs se trouvaient concentrés entre les mains du pape, et où la transmission de la foi était tracée par le dogme et le raisonnement. L'Église détenait la vérité, et toutes les décisions d'ordre pratique relevaient donc de l'application du principe d'infaillibilité déjà énoncé par la hiérarchie. Le pape Jean poussait le concile à reprendre les choses à la base, à reconnaître que l'ère des « États chrétiens » ou « chrétienté » – une société d'inspiration exclusivement chrétienne – était révolue.

En Pologne, Wojtyla avait été le témoin d'attaques menées contre la hiérarchie par les autorités athées, autrement dit par des « ennemis ». Mais cette fois, à Rome, les critiques les plus vigoureuses venaient de l'intérieur de l'Église. Il n'était pas habitué à ce type de débats. « Il n'a jamais été homme à critiquer l'Église », rappelle Karol Tarnowski. Comme l'heure du concile approchait, quelques-uns des jeunes gens dont Wojtyla était le plus proche en Pologne s'étaient ralliés à ce jugement sévère lancé contre la hiérarchie. Ils trouvaient une vertu libératrice à ces critiques portées sur l'Église et son passé, mais Wojtyla n'était pas prêt à les suivre. Il avait ainsi connu quelques moments difficiles, y compris avec certains rédacteurs de *Tygodnik Powszechny,* qui penchaient pour une interprétation réformiste de l'*aggiornamento* réclamé par le pape Jean.

C'était – c'est – l'un des traits les plus marquants de la personnalité de Wojtyla. Il s'est toujours montré prêt à écouter, mais l'écoute est une chose et la vraie tolérance, une autre. En dernière analyse, sa méthode philosophique ne laisse pas la moindre place à un conflit ouvert entre deux vérités opposées. Pour lui, la chose est simple : les autres doivent se laisser guider par sa main bienveillante, comme des enfants, sur le chemin de la « vérité », qu'ils découvriront alors par eux-mêmes. Même dans la « bande », dira Tarnowski, « il ne suscitait jamais au sein de notre groupe le moindre débat d'idées au sens critique du terme ». On ne s'étonnera pas, dès lors, que le climat de démocratie parlementaire régnant sur le concile ait pris Wojtyla à contre-pied. Plus tard, en tant que pape, Jean-Paul II veillera à ce que les réunions triennales des évêques à Rome (les synodes) n'adoptent pas l'attitude indépendante qui avait été celle des pères du concile.

Les sessions conciliaires n'en furent pas moins riches d'enseignements pour Wojtyla. Il regardait, il écoutait, il s'instruisait, et souvent approuvait les résultats, quelques surprenantes que lui parussent ces façons de faire.

Le jeune vicaire capitulaire de Cracovie n'était absolument pas habitué à voir la presse et l'opinion publique intervenir dans les affaires de l'Église. A Rome, tôt ou tard, tout se retrouvait dans les journaux – séances à huis clos, communications secrètes, accords prétendument confidentiels. Pour un évêque de Pologne, c'était là quelque chose de proprement inimaginable. Wojtyla se méfiait de la façon dont les médias influençaient les débats au sein de l'Église (et, quand il sera devenu pape, sa secrétairerie d'État interdira aux responsables de la Curie de donner des interviews sans autorisation).

Wojtyla n'approuvait pas, non plus, le rôle prépondérant joué par les théologiens dans les débats conciliaires. La révolution de Vatican II fut, d'une certaine manière, leur œuvre – grâce au travail de quelques hommes de l'« école française » comme Yves Congar, Henri de Lubac, Jean Daniélou, et de l'« école allemande » comme Karl Rahner, Hans Küng, Bernhard Häring, Hans Urs von Balthasar. Ce furent les théologiens, et non les évêques, qui préparèrent le terrain au renouvellement de la liturgie, à l'œcuménisme, à des études bibliques sans parti pris, et à une nouvelle ère pour l'ecclésiologie. La Pologne catholique, enfermée derrière le rideau de fer, ne serait pas pour grand-chose, voire pour rien du tout, dans cette évolution.

Sous le règne de Jean-Paul II, certains de ces grands théologiens seraient marginalisés ou se verraient, même, interdits d'enseignement, tandis que d'autres, plus proches des idées du pape, seraient nommés cardinaux. Mais, en tout état de cause, l'autorité des évêques serait jalousement préservée car Wojtyla, devenu Jean-Paul II, se méfiait beaucoup de l'intervention des théologiens dans les affaires de l'Église. A ses yeux, ces hommes ne pouvaient être que des collaborateurs subalternes, voire de simples instruments, pour les évêques et pour les papes.

A l'avènement de Jean-Paul II, certains auteurs n'ont pas su résister à la tentation d'exagérer son influence sur le concile. Il n'existe pourtant aucune preuve permettant d'affirmer qu'il joua un rôle déterminant lors de Vatican II, même si, au fil des sessions, il se révéla peu à peu un participant actif, et si le sérieux de ses interventions lui valut l'estime et le respect de ses pairs. Il ne pénétra qu'à une seule occasion (et du côté des perdants) dans le cercle des décisionnaires : lors de la difficile élaboration de *Gaudium Spes* (Joie et Espérance), la Constitution pastorale de l'Église dans le monde moderne.

La venue à Rome du cardinal Wyszynski et des onze évêques polonais avait été précédée par un reportage dans un journal français assez influent, *Informations catholiques internationales*, décrivant l'Église polonaise comme une institution sérieusement dépassée, et, d'une manière générale, les évêques polonais comme n'étant pas porteurs de vastes projets de réforme. L'opinion exprimée dans cet article était si largement répandue que Wyszynski se sentit obligé de dénoncer le manque de compréhension dont était victime sa délégation : « On a accusé nos évêques d'être réactionnaires, comme s'ils voulaient préserver des droits datant du Moyen Age. Le problème qui se pose, pourtant, n'est pas un problème de privilèges ou de féodalisme, mais celui du droit à l'existence de l'Église. »

Les courants d'énergie réformatrice prenaient naissance à l'Ouest –

en France et en Allemagne occidentale, avec des contributions de Belgique, de Hollande, de Suisse, d'Italie et des États-Unis. A la veille du concile, sentant qu'il aurait besoin d'aide pour élaborer un projet global de renouveau, Jean XXIII s'était tourné vers le cardinal belge Leo Suenens ; et les premiers discours d'orientation sur la manière de donner un nouvel élan à la mission de l'Église dans le monde contemporain furent prononcés par Suenens lui-même et par le cardinal de Milan, Giovanni Batista Montini, le futur pape Paul VI.

Si la Pologne n'était pas considérée comme un élément moteur au sein du concile, Wyszynski n'en jouissait pas moins d'un immense prestige en raison de son combat contre le communisme. Le primat, en outre, défendit avec vigueur les positions réformistes sur un certain nombre de questions comme la liberté de religion et la prise en compte des avis formulés par les conférences épiscopales. Ses vues sur les questions sociales étaient, de même, unanimement considérées comme assez avancées par la façon dont il critiquait à la fois le marxisme *et* le matérialisme capitaliste – prouvant (une fois encore) que dans l'Église, les distinctions sommaires entre « conservateurs » et « libéraux », ou entre minorités et majorités idéologiques aboutissent le plus souvent à déformer la réalité. Les frontières sont mouvantes et floues, selon la question en jeu.

Toute une série de votes démontra l'existence, chez les évêques, d'une énorme majorité favorable à un véritable renouveau et à la fin du pouvoir asphyxiant de la Curie. Wojtyla se rangea aux côtés de ceux qui voulaient réformer l'Église. Des années plus tard, il raconterait comment il avait perçu l'événement : « Le deuxième concile du Vatican ne fut pas moins qu'une *Magna Carta*, une grande charte destinée à rendre l'Église capable de prêcher l'Évangile dans le monde d'aujourd'hui. »

D'octobre à décembre, entre 1962 et 1965, le concile fut en session. Jean XXIII mourut le 3 juin 1963, et Paul VI, qui lui succéda, assuma l'héritage conciliaire après avoir supprimé deux points de l'ordre du jour : le contrôle des naissances et le mariage des prêtres. Le concile produisit au total quatre constitutions, neuf décrets et trois déclarations.

De tous ces documents, l'un de ceux qui firent le plus de bruit fut *Lumen Gentium* (Lumière des Nations), la Constitution dogmatique de l'Église, consacrée à la nature, à la structure et à la mission de l'Église. Dans *Lumen Gentium*, le principal objectif des réformateurs était de mettre l'accent sur le rôle de l'Église en tant que communauté plutôt que comme société monarchique et judiciaire.

Dans cette esprit,Wojtyla prit la parole pour soutenir que la communauté était effectivement le fondement de toute structure au sein de l'Église, puisque « chaque chrétien participe d'une façon particulière, unique et irremplaçable à la mission que l'Église a reçue du Christ ». Selon Wojtyla, cette dimension horizontale et essentielle de l'Église recoupe mais n'entame en rien sa dimension verticale – les prêtres et les évêques –, laquelle reste profondément enracinée dans le mystère du Christ.

Lumen Gentium fut l'occasion d'intenses débats, les réformateurs parvenant à réévaluer le rôle des évêques, dont le pouvoir sur la politique de l'Église avait diminué jusqu'à disparaître presque complètement après Vatican II : le premier concile du Vatican, en 1869-1870, avait mis en avant le dogme de l'infaillibilité pontificale tout en ramenant les évêques à un rang à peine supérieur à celui de fonctionnaires de la papauté, comparables aux préfets sous Napoléon. Vatican II les rétablit dans leur autorité de successeurs des Apôtres, de « vicaires du Christ ».

En s'appuyant sur l'exemple des Apôtres réunis autour de Pierre, les réformateurs cherchaient à promouvoir une conception collégiale de l'exercice du pouvoir au sein de l'Église, et ils proposèrent qu'une assemblée internationale d'évêques aide le pape à gouverner l'Église universelle. Personne n'a pu dire si Wojtyla avait pris position dans les rudes affrontements provoqués par cette proposition. Dans les comptes rendus qu'il adressait aux évêques et aux fidèles de Cracovie, ou remettait aux jeunes prêtres de l'Institut polonais de Rome, il minimisait systématiquement les manifestations de colère ou les graves conflits qui secouaient l'assemblée.

Paul VI régla finalement le problème en le fractionnant : il proposa d'abord au président de séance que cette question soit soumise à l'étude d'une commission spéciale. Puis, sans même laisser le temps à ladite commission de se constituer, il créa une nouvelle entité, le Synode des évêques, dotée d'un pouvoir uniquement consultatif, qui se réunirait à Rome tous les trois ans. Simultanément, il réformait partiellement la Curie en nommant à la tête de ses différents offices des évêques en résidence (ceux qui dirigeaient un diocèse) pour qu'ils s'occupent des questions relevant de la Curie tout en continuant à superviser leurs diocèses respectifs. On était loin de ce qu'auraient souhaité les réformateurs, qui voulaient, eux, un corps d'évêques chargé de *diriger* la Curie et de gouverner avec le pape.

Pour Wojtyla, cet épisode fut du début à la fin une leçon dans l'art de gouverner. Nonobstant leurs différences de tempéraments, Paul VI devint à son tour un père spirituel pour Wojtyla, auquel il offrit un modèle vivant de la façon dont un pape pouvait tracer sa voie entre les différents groupes de pression de l'Église et, au moment opportun, affirmer sa suprématie.

Manœuvrant entre une minorité traditionaliste et une majorité réformatrice, Paul VI faisait habilement alterner les mesures propres à apaiser la première et à encourager la seconde. Mais sur les questions de pouvoir ou de doctrine, qu'il considérait comme essentielles, le pape décidait lui-même. Il lui arriva une seule fois, pour rassurer les évêques polonais, d'imposer une définition de Marie en tant que Mère de l'Église alors que la Commission doctrinale avait explicitement rejeté cette proposition, dans la crainte qu'une « surestimation » du rôle de Marie n'approfondisse le fossé entre catholiques et protestants.

Après le débat sur *Lumen Gentium*, Paul VI adjoignit au texte une « Note explicative d'introduction » soulignant l'autorité suprême et sans partage du pape et le caractère non opérationnel de l'assemblée des évêques pour le cas où celle-ci serait tentée d'agir sans le souverain pontife.

Wojtyla prenait des notes pendant les débats, inscrivant en haut et à droite de chaque page (comme il le fait toujours) une croix suivie des initiales *AMDG* – pour *Ad majorem Dei gloriam*, Pour la plus grande gloire de Dieu. Il était habité par l'idée d'un troupeau universel rassemblé pour cette occasion extraordinaire, et composait çà et là des poèmes sur des pages blanches. Au fil des sessions, il se lia d'amitié avec des évêques africains, hommes dont la culture était souvent étrangère à la sienne, mais vers lesquels il était irrésistiblement attiré. Ces évêques africains, qui lui semblaient animés d'une foi jeune, vivante, physique, lui inspirèrent l'un de ses poèmes. Devenu pape, il devait garder une affection particulière pour l'Afrique, dans laquelle il voit le continent le plus riche d'espoir pour le catholicisme.

A Rome, l'un de ses vieux amis, Mgr Andrzej Maria Deskur *, avec lequel il s'était trouvé au séminaire de l'archevêque Sapieha, le présenta aux personnages clés de la Curie. C'est autour d'une grande table ronde dans la salle à manger de Deskur, d'où l'on apercevait l'abside de la basilique Saint-Pierre, que Wojtyla noua ses plus importantes relations à l'extérieur de la Pologne. Deskur entretenait des liens aussi bien avec les monsignors et les cardinaux de la Curie qu'avec de nombreux évêques de l'étranger.

« Chaque lundi je lui demandais qui il souhaitait rencontrer, et Karol me remettait une liste », se souvient Deskur. Il y avait autour de la table l'évêque américano-polonais John Krol et le recteur du Collège polonais, l'évêque Wadyslaw Rubin, l'un des secrétaires de la commission préparatoire du concile, tous deux appelés à devenir cardinaux et à jouer un rôle dans son avenir.

Au concile, les Polonais formaient la plus importante délégation du monde communiste, et jouissaient ainsi d'une certaine autorité sur les questions concernant la vie de l'Église de l'autre côté du rideau de fer. Les évêques se réunissaient une fois par semaine sous l'autorité du cardinal Wyszynski pour s'assurer d'une parfaite coordination entre eux sur toute question les concernant. Comme toujours, les membres de la délégation avaient, sur les problèmes débattus par le concile, le point de vue de croyants dont les traditions religieuses sont menacées par un régime communiste. Les évêques polonais s'irritaient donc, inévitablement, des critiques et des attaques lancées contre la tradition de l'Église, craignant qu'elles ne deviennent des armes aux mains des communistes. Wyszynski se préoccupait constamment de savoir si ce qui était en train de se passer au concile pouvait être utile à la préparation et à la tenue des cérémonies du Millième anniversaire de la chré-

* Le titre de « monseigneur » est réservé aux évêques chargés de hautes responsabilités dans l'Église – en particulier au Vatican –, par exemple la direction d'un office.

tienté en Pologne, programmé pour 1966. Un retour de la nation polonaise à ses racines catholiques ne pouvait que redonner des forces à l'Église toujours aux prises avec les autorités.

Wojtyla ne tarda pas à devenir le porte-parole de la délégation polonaise, et à mener en son nom de nombreuses négociations avec les évêques français et allemands ; il était, après Wyszynski, l'évêque polonais le plus en vue. Sept discours de Wojtyla figurent dans le compte rendu des débats, et il présenta treize déclarations écrites. L'évêque Wojtyla commençait à se faire un nom.

Une seule personne se refusa d'abord à reconnaître la stature de Wojtyla : le primat de Pologne. Le cardinal Wyszynski avait un problème à résoudre : la nomination de son successeur en tant qu'évêque métropolite de Cracovie. Conformément à la procédure, il devait soumettre au gouvernement polonais une liste de trois candidats (préalablement approuvée par le pape) et attendre un feu vert des autorités de Varsovie. Le nom de Wojtyla ne figurait pas sur la liste établie par Wyszynski, qui fut rejetée en bloc par les autorités. Et Wyszynski ne l'inscrivit pas, non plus, sur la deuxième liste qu'il présenta et qui fut tout aussi sèchement récusée par le régime.

Il y avait toujours eu une sorte de barrière, une gêne persistante entre ces deux prêtres aux fortes personnalités. Dans les premières années de leur relation, les sentiments de Wyszynski à l'égard de Wojtyla confinaient à la méfiance. Leur différence de sensibilité, de tempérament, faisait d'eux des étrangers. Wyszynski était un sociologue, Wojtyla un philosophe. Wyszynski avait des origines paysannes, Wojtyla était un enfant de la petite-bourgeoisie. Wyszynski avait mené une résistance active en tant qu'aumônier des partisans ; Wojtyla s'était tenu, au mieux, en marge de ce mouvement. Le primat était plus à son aise avec les masses ; l'évêque de Cracovie était plus en phase avec les intellectuels.

Les deux hommes habitaient des univers différents. Il n'était pas jusqu'à la façon dont l'un et l'autre réagissaient et agissaient vis-à-vis de la réalité politique de la Pologne qui ne fût différente. Le primat était un authentique politicien ; l'évêque apparaissait comme un homme aux principes abstraits, très éloigné de la politique.

Wyszynski estima, en tout cas, qu'il y avait six candidats plus qualifiés que Wojtyla pour diriger l'archevêché de Cracovie, alors même que Wojtyla y servait déjà comme archevêque. Mais les réticences de Wyszynski allaient tourner à l'avantage de Wojtyla. Les communistes cherchaient un candidat qu'ils puissent utiliser pour miner la suprématie du vieux primat. Ils se dirent que Wojtyla, qui avait toujours gardé ses distances avec la politique et semblait plus intéressé par des questions d'ordre purement intellectuel, était l'homme qu'il leur fallait.

Le père Andrzej Bardecki, rédacteur en chef religieux de *Tygodnik Powszechny*, se souvient que Zenon Kliszko, le très influent numéro deux du régime communiste, fit savoir qu'il espérait voir Wojtyla nommé archevêque. « Wyszynski a déjà proposé six candidats pour succéder à Baziak à Cracovie, et je n'en ai accepté aucun », se vantait

Kliszko. Le responsable communiste pensait que Wojtyla ferait preuve d'un esprit plus ouvert et serait plus disposé à engager le dialogue avec les autorités que les prélats figurant sur les listes de Wyszynski. Comme l'observera par la suite Bardecki, « Le primat et Kliszko se trompaient tous les deux. Wyszynski voyait comme un inconvénient ce que Kliszko prenait pour un avantage. Les communistes pensaient qu'ils pourraient plus facilement faire de Wojtyla ce qu'ils voulaient, et Wyszynski le craignait ».

Le primat finit par céder, sous la pression d'une délégation d'ecclésiastiques de l'archevêché, connus comme le chapitre de la cathédrale de Cracovie. Bardecki n'a pas oublié la satisfaction des autorités communistes à l'annonce de la nomination de Wojtyla *.

Wojtyla devint archevêque de Cracovie le 30 décembre 1963 ; le 8 mars 1964, il faisait une entrée triomphale dans la cathédrale de Wawel. Il avait choisi pour cette occasion une tenue dont le symbolisme frappa d'admiration la foule qui se pressait dans la cathédrale : il portait une chasuble offerte, au Moyen Age, par la reine Anna Jagellon aux archevêques de Cracovie, et par-dessus un pallium offert au XVIe siècle par la reine Jadwiga. Sa mitre avait été portée au XVIIe siècle par l'évêque Andrzej Lipski, et la crosse datait du règne de Jean Sobieski, vainqueur des Turcs à la bataille de Vienne en 1683. Son anneau était celui du quatrième successeur de saint Stanislas, l'évêque Mauritius, mort en 1118.

Cette tenue somptueuse représentait presque mille ans d'histoire de la Pologne. Et elle ne manifestait pas simplement un respect de la tradition ; elle était une façon de rappeler aux fidèles, et aux « infidèles » au pouvoir, que l'Église de Pologne était la nation, et que sans l'Église l'histoire de la Pologne n'existait pas.

Et voici qu'il devenait, dans cette cathédrale où il avait entendu exploser les premières bombes nazies, le successeur de saint Stanislas, évêque du Moyen Age assassiné par son roi, à l'instar de Thomas Becket en Angleterre. En célébrant le sacrifice devant le tombeau de l'évêque martyr, Wojtyla s'affirmait prêt à verser son sang, comme Stanislas, pour la cause de la foi.

* Un dissident religieux, le père supérieur bénédictin Piotr Rostworowski, était alors emprisonné à Gdansk. Un soir, le commandant de la prison entre dans sa cellule après l'appel et annonce : « Nous venons de recevoir d'excellentes nouvelles. Wojtyla est nommé métropolite de Cracovie. » Trois mois plus tard, le même commandant revient dans la cellule et se plaint : « Ce Wojtyla nous a trompés ! »

ARCHEVÊQUE

Sa nomination comme archevêque de Cracovie conférait à Wojtyla une nouvelle stature, et quand le concile Vatican II aborda le débat sur la liberté de conscience et de religion, ses discours prirent de l'autorité. *Dignitatis Humanae* (De la dignité de la personne humaine), la déclaration sur la liberté religieuse, fut violemment combattue par les traditionalistes, toujours attachés au *Syllabus* (1864) du pape Pie IX, qui vouait à la damnation sous prétexte de « modernisme pernicieux » de nombreuses tendances de la recherche théologique moderne. Pour eux, le concept de liberté religieuse était totalement inacceptable. Le cardinal Ottaviani, préfet du Saint-Office, maintenait qu'il était impossible de reconnaître le moindre « droit » à l'erreur, qu'une doctrine erronée ne pouvait en aucun cas être élevée au sublime niveau de la vérité éternelle détenue par l'Église. (Les membres de la Curie connaissaient presque tous cette histoire du cardinal Ottaviani demandant à un chauffeur de taxi de le conduire « au concile » et s'entendant répondre par celui-ci : « De Trente ? ») Pour le cardinal, bien entendu, tout enseignement non catholique était virtuellement « erroné ».

L'aile réformiste du concile réagit en insistant sur la distinction à faire entre *erreur* et *personne dans l'erreur*. Jean XXIII avait adopté cette approche en référence au marxisme et à ses adeptes, justifiant ainsi le dialogue avec les représentants des régimes communistes. L'erreur restait toujours l'erreur, mais il n'en fallait pas moins respecter les personnes dans l'erreur...

Pour les évêques catholiques des pays de l'Ouest, une proclamation de la liberté de conscience était le préalable indispensable à l'ouverture d'un vrai dialogue avec d'autres Églises chrétiennes. A l'Ouest, la liberté religieuse garantissait la neutralité de l'État et le respect de toutes les confessions. Pour les évêques de l'Est, au contraire, la liberté religieuse était un principe qu'il fallait arracher aux États athées – et relevait des droits de l'homme.

A travers les discours de Wojtyla, une passerelle s'établit entre ces deux écoles de pensée. Il évita soigneusement le concept d'« indifférentisme », porteur de cette idée que toutes les religions se valent, tout en défendant le texte de *Dignitatis Humanae* contre les accusations des traditionalistes. Il insista pour qu'y soient incluses à la fois une concession et une affirmation : si l'Église catholique était prête à admettre la liberté de religion là où elle était forte, l'Église était en position d'exiger cette liberté des gouvernements qui portaient atteinte aux droits des croyants.

Wojtyla était intimement persuadé que la morale individualiste qui met l'accent sur l'unicité et l'inviolabilité de la personnalité humaine ne permettrait jamais d'imposer des idées à qui que ce soit. Il adopta la même ligne quand le concile débattit des problèmes de l'athéisme – un sujet qui irrita les pères du concile du début à la fin de Vatican II. « Le rôle de l'Église n'est pas de donner des leçons aux incroyants », déclara Wojtyla à la tribune le 21 octobre 1964. « Nous poursuivons une quête en même temps que nos frères humains... Évitons de faire la morale ou de dire que nous détenons le monopole de la vérité. » Wojtyla ne voulait pas que l'Église soit perçue comme une institution autoritaire. Et d'expliquer que, plutôt que dicter la vérité, mieux valait employer la méthode heuristique, exactement « comme on aide l'élève à découvrir la vérité par lui-même ».

Lorsqu'on débattait, au concile, des « relations avec l'athéisme », on entendait « dialogue avec les marxistes ». En 1963, dans son encyclique *Pacem in Terris* (Paix sur la Terre), Jean XXIII avait posé un nouveau principe : les idéologies, avait-il dit, sont immuables, mais les mouvements historiques qu'elles inspirent sont sujets à transformation, et il faut s'efforcer de faire la distinction entre l'erreur idéologique et ceux qui y adhèrent. Il faut chercher ce qu'il y a de bon dans *tous* les hommes de bonne volonté. Pour les évêques polonais, le dialogue (contrairement à la négociation) avec les marxistes ne signifiait pas grand-chose. Wojtyla s'en tint à cette position. Les longues soirées de discussion avec ses collègues de l'université de Lublin l'avaient bien préparé à aborder cette question devant le concile. Comme le dit le professeur Swiezawski : « Nous nous efforcions d'éviter le dialogue avec le marxisme, parce que à nos yeux il ne pouvait conduire qu'à une impasse. Il n'existait pour nous aucun moyen de mener une discussion honnête et sincère avec un partenaire détenant tout le pouvoir. Cela nous mettait dans une position différente de celle des intellectuels catholiques des pays de l'Ouest. »

Wojtyla et ses amis trouvaient ces intellectuels occidentaux naïfs et ignorants, voire carrément stupides quand il s'agissait de juger de ce qu'était réellement le communisme. L'attitude de Wojtyla ne changea jamais, pas plus qu'il ne chercha, en tant que pape, à savoir ce que signifiait le marxisme dans le monde occidental.

Au concile, il concentra ses efforts, une fois de plus, sur les êtres humains et non sur les mouvements. L'athéisme, dit-il dans une intervention le 28 septembre 1965, doit être considéré d'abord comme un état intérieur de la personne humaine, et il faut l'étudier en faisant appel à des critères sociologiques et philosophiques. « L'athée croit fermement à son "ultime solitude », parce qu'il croit que Dieu n'existe pas. D'où son désir de se rendre d'une certaine manière immortel, à travers la vie de la collectivité. Nous devons donc nous demander pourquoi le collectivisme favorise l'athéisme et vice versa. » On voit pourquoi le dialogue avec les communistes était si difficile.

Wojtyla pensait, toutefois, que la rhétorique anticommuniste maniée par nombre d'évêques et de cardinaux ne servait à rien. Comme le disait Swiezawski : « Nous n'attaquions jamais le marxisme, le problème n'était pas là. Nous ne voulions pas nous empêtrer dans ces débats. » Lorsqu'un groupe d'évêques demanda au concile qu'une condamnation explicite du communisme soit incluse dans la Constitution de l'Église dans le monde moderne (*Gaudium et Spes*), Wojtyla s'y opposa, jugeant qu'une telle initiative irait à l'encontre du but recherché.

Gaudium et Spes constitue un des piliers de Vatican II et de la « révolution conciliaire ». Elle proclame que l'Église catholique vit et agit *à l'intérieur* de l'histoire du monde, et que dans ses relations avec la société elle ne fait pas que donner, mais reçoit également. Le document fait aussi état de son respect pour la société civile. Autant d'éléments manifestant le désir de l'Église de s'ouvrir au monde plus largement qu'elle ne l'avait fait jusque-là.

Les premiers mots du document, qui lui donnent son titre, expriment bien l'élan réformiste qui caractérisait alors l'atmosphère. « Les joies et les espérances, les chagrins et les peines des hommes aujourd'hui, et plus particulièrement des pauvres et des malades, sont aussi les joies et les espérances, les souffrances et les peines des disciples du Christ. Et il n'est ici-bas rien d'humain qui ne trouve un écho en leurs cœurs. Leur communauté, en fait, est constituée par des hommes qui, rassemblés dans le Christ, sont guidés par le Saint-Esprit sur le chemin du Royaume de Dieu, et ils ont reçu un message de salut à annoncer à tous et à chacun. La communauté des chrétiens se conçoit ainsi comme dans une solidarité réelle et intime avec la race humaine et avec son histoire. »

On notera que le mot « Église » ne figure pas une seule fois dans ce paragraphe. « La vocation de l'homme » occupe la place d'honneur. C'est seulement après que l'Église a prêté l'oreille à la société et tenté de déchiffrer les « signes du temps » dans l'histoire que le problème est posé – au quatrième paragraphe – de la mission de l'Église dans le monde d'aujourd'hui.

Wojtyla et les évêques polonais avaient d'entrée désapprouvé cette position, et participèrent activement au débat sur le document. Dès le mois de mai 1964, Wojtyla avait soumis aux présidents de sessions un texte, rédigé au nom des évêques polonais, proclamant que les relations de l'Église avec le monde moderne étaient fondées sur l'idée (datant de la Contre-Réforme) d'une Église conçue comme une société parfaite, fondée par le Christ et au-dessus de l'histoire. Un simple coup d'œil à la version finale de *Gaudium et Spes* suffit à mesurer l'abîme existant entre la pensée des évêques polonais et celle de l'aile réformiste, conduite en l'occurrence par les évêques et les théologiens français.

Pour Wojtyla, aujourd'hui comme alors, l'Église est seule gardienne de la vérité divine ; et même si la philosophie du pape exalte la dignité de la personne humaine ou sa liberté de conscience, chacun doit suivre les préceptes de l'Église pour atteindre la vérité. Wojtyla s'était déjà adressé au concile en 1964, toujours au nom des évêques polonais, pour attaquer le concept de base de ce qui devait devenir *Gaudium et*

Spes : le dialogue avec le monde. « Les situations dans lesquelles se trouve l'Église dans différents pays du monde, disait-il, sont diverses et contrastées. Dans certains pays, l'Église est libre d'enseigner la vérité. Dans d'autres, par contre, elle est contrainte et persécutée. On ne saurait s'adresser en même temps à tous, catholiques et non catholiques, croyants et non croyants. Il n'est pas possible de parler à ceux qui se trouvent en dehors de l'Église, à ceux qui la combattent, et à ceux qui ne croient pas en Dieu, comme on parle aux fidèles. »

Aucun dialogue réel ne saurait s'établir, ajoutait-il, « si nous ne montrons pas que l'Église, tout en faisant partie du monde, est au-dessus du monde ». Et Wojtyla n'avait pu s'empêcher de glisser au passage une remarque cinglante : ceux qui s'embarquent dans le dialogue, disait-il, finissent souvent par des monologues.

Wojtyla s'inquiétait particulièrement de voir affirmer que l'Église ne pouvait se contenter d'enseigner au monde, mais qu'elle avait aussi à apprendre du monde. Ne risquait-on pas ainsi de jeter le trouble dans les esprits quant à la mission spécifique de l'Église ?

Wojtyla et les évêques polonais n'étaient pas les seuls à formuler des critiques. Les évêques allemands, habituellement très actifs au sein de l'aile réformiste, prirent également position contre le projet de texte, le jugeant trop optimiste, trop inspiré par la confiance dans le progrès technologique, ne faisant pas une part suffisante au péché et à l'importance de la croix.

Le 14 novembre 1964, pourtant, le texte final fut présenté, et approuvé le 6 décembre par 2 333 voix contre 251. Ce dernier chiffre reflétait la plus forte opposition qui se soit manifestée sur un texte conciliaire depuis l'ouverture des débats, loin de l'unanimité qui caractérisait habituellement ces votes. Paul VI se rangea résolument du côté des optimistes. En clôturant le concile, le 8 décembre 1965, il déclara, plein d'enthousiasme : « Nul en ce monde n'est un étranger, nul n'est exclu, nul n'est loin de nous. »

Le débat sur *Gaudium et Spes* fut pour Wojtyla l'occasion de tisser des liens solides avec les évêques allemands. En novembre, les évêques de Pologne adressèrent aux évêques d'Allemagne une lettre appelant au pardon réciproque et à la réconciliation entre les deux nations. La dernière phrase, « *Nous pardonnons et implorons le pardon* », provoqua une vive réaction du gouvernement communiste et se heurta à l'incompréhension d'un grand nombre de Polonais, même parmi les anticommunistes. Après les atrocités de l'occupation nazie et les fours crématoires d'Auschwitz, que signifiait cette demande de pardon ? Le Parti communiste appela à une riposte publique. Et parmi les signataires de la lettre de protestation qui fut publiée dans les journaux du Parti figuraient les ouvriers de l'usine Solvay.

Aux yeux de Wojtyla, la démarche de réconciliation procédait, sur un plan pratique, d'une politique à long terme. Elle préparait l'épiscopat allemand à reconnaître les frontières polonaises de l'après-guerre sur la ligne Oder-Neisse, et elle rapprocha Wojtyla de ses homologues allemands dans leur refus commun du nationalisme et leur volonté d'assurer la défense des valeurs de l'Europe contre le communisme *. A quelques années de là, les cardinaux allemands devaient faire partie de l'alliance qui l'élirait pape.

Karol Wojtyla était, au sortir du concile, estimé pour sa culture philosophique, son engagement pastoral et sa capacité d'écoute. Il s'était distingué au cours des débats par sa personnalité et ses principes, qui échappaient à toutes les étiquettes : un prélat attaché à la tradition, mais ardent défenseur du renouveau de l'Église, un homme d'action à l'esprit positif qui n'en était pas moins convaincu de l'importance du péché dans l'histoire et la société humaine. Il n'avait jamais remis en question l'autorité de l'Église, en se gardant néanmoins de toute étroitesse d'esprit. La personne humaine, au sens concret du terme, et son salut étaient au centre de ses préoccupations.

Le 30 novembre 1964, il avait eu sa première audience privée avec le pape, qui avait suivi avec beaucoup d'attention les interventions du nouvel archevêque métropolite. Aux yeux de Paul VI, Wojtyla apparaissait comme la personnalité la plus marquante parmi les évêques de Pologne, et il le croyait capable, contrairement au cardinal Wyszynski, d'apporter le renouveau conciliaire à l'Église de Pologne. Le 13 décembre 1965, reçu en audience par le pape, auquel les évêques polonais étaient venus faire leurs adieux, Wyszynski a l'audace de poser des conditions à l'introduction des réformes conciliaires dans son pays : « Nous savons qu'il sera difficile, mais pas impossible, de mettre en œuvre les décisions du concile, compte tenu de notre situation. C'est pourquoi je sollicite du Saint-Père une faveur : qu'il fasse entièrement confiance aux évêques et à l'Église de notre pays. »

De tempérament timide, Paul VI était aussi un être hypersensible. Devant un tel manque de tact et de respect, il écouta, stupéfait et glacial, Wyszynski poursuivre : « Notre requête peut paraître hautement présomptueuse mais il est difficile de juger de loin notre situation. »

A partir de ce moment, Wojtyla fut l'homme de confiance du Vatican en Pologne. Le pape se borna à répondre à Wyszynski qu'il espérait voir les réformes du concile appliquées en Pologne, comme ailleurs, « résolument et énergiquement ». Mais c'est à l'archevêque Wojtyla qu'il remit une pierre de la première basilique du Vatican, construite par l'empereur Constantin, pour qu'elle soit incluse dans l'église que le jeune prélat souhaitait édifier à Nowa Huta, non loin de Cracovie.

L'archevêque Wojtyla revint à Cracovie, sa position renforcée et plein d'une énergie nouvelle. Il considérait le concile comme un événement fondamental pour l'Église comme pour lui-même, générateur d'un élan nouveau pour prêcher l'Évangile et inciter l'Église à faire de l'homme un être plus humain.

Pourtant, dans ses écrits sur le concile, Wojtyla se concentra presque exclusivement sur les textes de Vatican II et les effets du concile sur les

* Au lendemain de la Deuxième Guerre mondiale, les frontières de la Pologne furent déplacées vers l'ouest en territoire allemand, en compensation de la cession par la Pologne d'une partie de son territoire à l'Union soviétique.

évêques qui y avaient participé, « comme si l'événement n'avait pas suscité des espoirs presque unanimes au sein de l'Église », remarque Peter Hebblethwaite, biographe de Jean XXIII et de Paul VI – souvent critique à l'égard de Wojtyla.

Halina Bortnowska, théologienne polonaise et amie de Wojtyla, et qui édita une version de son livre *Sources du Renouveau* (1972), sentit la nécessité d'écrire dans son introduction qu' « il n'y a rien de bien excitant dans les débats postconciliaires. Tout cela semble très abstrait, très éloigné des gens qui cherchent une ligne de conduite pour leur vie ».

Concernant les évolutions postconciliaires, l'archevêque Wojtyla ne douta jamais que, dans son long voyage à travers le temps, l'Église dût encore opérer quelques corrections de trajectoire.

UN CARDINAL PAS COMME LES AUTRES

Le cardinal Wyszynski dut reconsidérer sa position vis-à-vis de Wojtyla. En 1966, alors que les cérémonies du millième anniversaire de l'Église polonaise battaient leur plein, le primat finit par s'apercevoir qu'il avait en l'archevêque de Cracovie un allié loyal et sûr dans son combat contre le communisme.

La Pologne était décidément une province à part dans la chrétienté. Après le concile Vatican II, tandis que partout dans le monde les évêques regardaient vers l'avenir et s'efforçaient de lancer les réformes, l'épiscopat polonais se tourna vers le passé. Il y avait quelques raison à cela, en dehors des réticences du cardinal Wyszynski à réformer. (« On ne restructure pas son armée en pleine bataille », tel était son credo.) L'évocation d'un passé glorieux permettait de rappeler aux autorités communistes que, à travers les siècles et même dans les périodes où l'État polonais était rayé de la carte, l'Église n'avait cessé d'incarner l'unité de la nation. En se consacrant à son millième anniversaire plutôt qu'au chantier ouvert par le concile, l'Église polonaise sanctifiait la tradition. Les « racines » contre le « changement »... Il s'agissait de mobiliser des dizaines de millions de catholiques autour de la « Reine de Pologne », la Vierge noire de Czestochowa. Des reproductions de l'image vénérée, bénies par Pie XII, furent envoyées en pèlerinage dans chacune des onze mille paroisses et des vingt-sept diocèses de Pologne. Un véritable plébiscite de la foi, sans précédent derrière le rideau de fer. Le tableau allait d'une église à l'autre, accueilli en grande pompe par d'innombrables délégations de paroissiens. D'autres, par millions, se dirigeaient vers le sanctuaire de Czestochowa, qui abritait l'original.

Ce tumulte autour d'une icône qui symbolisait depuis des siècles le triomphe de l'Église sur l'État souverain avait de quoi inquiéter le régime communiste. Le chef du Parti, Wladyslaw Gomulka, n'était plus qu'un fossile parmi d'autres fossiles au pouvoir dans les pays de l'Est, et son désir de s'y maintenir avait depuis longtemps fait taire en lui toute volonté réformatrice. Des incidents désagréables, voire ridicules, se multiplièrent tandis que le gouvernement s'efforçait de contrecarrer l'action de l'Église. On programmait en toute hâte des événements censés faire de l'ombre au déroulement des cérémonies organisées autour de l'image de la Vierge noire – des matches de football, par exemple. On tentait d'empêcher le passage de l'icône d'une ville ou d'une paroisse à une autre. Finalement, en Silésie, le préfet ordonna qu'on ramène la reproduction au couvent des pères pallotins à Czestochowa.

Mais il aurait fallu bien plus que le bannissement d'un tableau pour lutter contre une telle vague d'émotion populaire. Les Polonais, à travers le pèlerinage de la Vierge noire, criaient leur désir d'indépendance. En signe de protestation, on continua à célébrer des milliers de messes d'anniversaire face à des cadres vides placés sur les autels des églises, partout dans le pays. L'archevêque Wojtyla présida cinquante-trois de ces messes du millénaire et, le 3 mai 1966, célébra une messe pontificale à Czestochowa, au nom du pape Paul VI auquel les autorités avaient refusé l'entrée en Pologne.

Le gouvernement avait fini par comprendre, au fil des années, que l'archevêque de Cracovie n'était pas un instrument entre ses mains. En juillet 1965, Zenon Kliszko, le bras droit de Gomulka, avait organisé un entretien en tête à tête avec l'archevêque au château de Wawel, sous prétexte de faire le point sur les rapports entre l'Église et l'État. Enhardi par le souvenir d'un épisode antérieur, au cours duquel Wojtyla avait agi sans en référer préalablement à Wyszynski, Kliszko avait bon espoir d'établir avec Wojtyla une relation particulière. Peu après la mort de l'archevêque Baziak, les autorités de Cracovie avaient réquisitionné l'immeuble diocésain abritant le séminaire pour en faire une école normale. Le jeune évêque auxiliaire s'était alors rendu en personne auprès du secrétaire du Parti unifié des travailleurs polonais, Lucjan Motyka, pour protester contre cette réquisition.

C'était là une initiative sans précédent. Aucun évêque polonais n'avait jamais mis les pieds dans un bureau du Parti communiste. Motyka s'était montré désireux d'aboutir à un compromis. L'École normale de Cracovie serait installée au quatrième étage de l'immeuble, et les autres étages laissés au séminaire.

Mais les espoirs de Kliszko étaient vains. Après une heure de discussion dans le bureau de l'archevêque, il repartit fort désappointé. On fit savoir à Gomulka que Wojtyla s'en était tenu, sans lâcher d'un pouce, à la position rigide défendue par le primat. Wyszynski, qui avait ses propres informateurs, apprit ce qui s'était passé, et ne devait jamais l'oublier.

Les autorités, malgré tout, persistaient à croire que Wojtyla était plus enclin au compromis que Wyszynski, dans lequel elles voyaient « un porte-drapeau de l'anticommunisme. » On trouve ce portrait dans un rapport de la police secrète polonaise daté de 1967 :

« Je peux dire sans me tromper qu'il [Wojtyla] est l'un des rares intellectuels de l'épiscopat polonais. Contrairement à Wyszynski, il concilie habilement la piété populaire et le catholicisme intellectuel, et sait apprécier l'un et l'autre... Il ne s'est pas, jusqu'ici, engagé ouvertement dans une activité d'opposition à l'État. La politique ne semble pas être à son goût ; l'intellect, chez lui, domine tout... Il manque de qualités d'organisation et de commandement, ce qui fait sa faiblesse dans sa rivalité avec Wyszynski. »

Le rapport de police suggérait ensuite une stratégie visant à diviser les deux cardinaux :

« Le modèle de catholicisme et de coexistence pacifique proposé par Wojtyla... correspond à la ligne future du Vatican...

« Nous devons observer et étudier sous tous leurs aspects les relations entre les deux cardinaux, et mener une politique souple, pour nous adapter aux circonstances changeantes... Nous devons utiliser le canal diplomatique pour savoir lequel est le plus susceptible d'être soutenu par le Vatican, et si Wojtyla a la moindre chance de devenir le chef de l'épiscopat polonais. Nous ne devons pas attaquer trop durement l'archevêché – même s'il est bon d'appliquer de temps à autre des " mesures administratives " pour désamorcer les soupçons que nourrissent vis-à-vis de Wojtyla des groupes qui, ici comme à l'étranger, n'ont pas de sympathie pour lui... nous devons encourager l'intérêt de Wojtyla pour les problèmes généraux de l'Église polonaise, et l'aider à gérer les problèmes qui se posent dans son diocèse. Il nous faut pour cela provoquer des rencontres au niveau élevé entre Wojtyla et, par exemple, le premier secrétaire Cyrankiewicz et avec Kliszko, pour discuter de questions d'ordre général. »

SEXE ET *PAPABILI*

Dans l'histoire de l'Église catholique, il est rarement possible de savoir avec certitude pourquoi tel cardinal a été élu pape, plutôt que tel autre. Les rares exceptions ne font que confirmer la règle. Un observateur attentif pourra cependant discerner les raisons qui avaient mis le postulant au premier rang des *papabili* (candidats ayant une chance d'être élus).

Le cardinal Andrzej Deskur, qui possède une connaissance approfondie de la Curie romaine, est convaincu que, de quelque façon plus ou moins mystérieuse, chaque pape choisit son propre successeur.

Pie XII, affirme-t-il, avait, sinon désigné, du moins recommandé Jean XXIII en le faisant patriarche de Venise, l'un des postes les plus prestigieux de l'Église d'Occident. Vers la fin de sa vie (il se savait malade), Jean XXIII estimait manifestement que l'archevêque de Milan, le cardinal Giovanni Battista Montini, était l'homme apte à mener à bien le travail qu'il avait commencé avec Vatican II.

A son tour, Paul VI avait indiqué sa préférence pour deux hommes : Albino Luciani, patriarche de Venise, et Karol Wojtyla, archevêque de Cracovie. Au premier, il avait offert son étole pontificale à l'occasion d'une visite à Venise, sous les clameurs enthousiastes de la foule. Au second, il accordait une attention particulière, ce qui devint évident aussitôt après le concile, du moins pour les initiés.

En 1967, Paul VI avait fait Wojtyla cardinal. La lettre de nomination est conservée à Wadowice, lieu de naissance de Wojtyla, dans une des petites pièces d'où l'on aperçoit l'église paroissiale et le cadran solaire portant l'inscription « Le temps s'envole, l'éternité demeure », qui avait rythmé les heures de son adolescence. Agé de quarante-sept ans, Karol Wojtyla devint le plus jeune de tous les cardinaux vivants, à l'exception d'un seul, lorsque le pape le coiffa du chapeau pourpre à la basilique Saint-Pierre. « Je suis conscient que je devrai faire mes preuves en suivant le chemin de ma nouvelle dignité, et que je devrai témoigner de nouveau de mon mérite », déclara-t-il à cette occasion, avec un mélange caractéristique d'humilité et d'orgueil caché.

Par la suite, la collaboration entre Paul VI et l'archevêque de Cracovie ne fit que s'intensifer, de même que l'affection qui liait les deux hommes. Wojtyla devint membre de quatre congrégations du Vatican : pour le clergé, pour l'éducation catholique, pour le culte divin, et pour les Églises orientales. Le pape le nomma également consulteur du Conseil des laïques.

Il y eut ensuite une coopération spécifique concernant la très remarquable encyclique *Humanae Vitae* (De la vie humaine). Jamais l'Église catholique ne fut plus près d'adopter une nouvelle attitude à l'égard de la contraception et du contrôle des naissances, spécifiquement proscrits par la doctrine de l'Église. Le 18 juin 1966, au terme de sept années de travaux, la commission chargée par Paul VI d'étudier la question lui soumit un rapport adopté à la majorité, selon lequel l'opposition de l'Église à la contraception « ne pouvait être étayée par des arguments raisonnés » – et la pratique du contrôle des naissances « artificiel » n'était pas « intrinsèquement mauvaise ou condamnable ». Neuf évêques avaient voté en faveur de ces conclusions, trois avaient voté contre, et trois s'étaient abstenus. Wotjyla était membre de cette commission ; bien que n'étant pas présent le jour du vote, il s'était auparavant vivement opposé à tout changement de la doctrine de l'Église concernant cette question.

Wojtyla avait déjà exprimé son point de vue dans *Amour et Responsabilité*, à savoir que l'usage de contraceptifs était contraire à la dignité de l'acte conjugal, et à celle de la femme (impliquant que celle-ci est simplement un objet servant au plaisir de l'homme). Un an avant le vote de la commission du Vatican, Wojtyla avait commencé à rédiger une communication sur la contraception, fondée sur ses convictions de toujours, et sur les conclusions d'une commission d'étude qu'il avait lui-même constituée à Cracovie, commision composée de laïcs et de membres du clergé. Ce texte, dont la préparation avait pris quatre mois, avait été envoyé directement au pape.

Paul VI considérait avec une bienveillante compréhension la situation des catholiques favorables à la régulation des naissances. Pourtant, les recommandations de sa commission le mettaient extrêmement mal à l'aise. Le pape ne voulait pas porter la responsabilité d'avoir fait adopter à l'Église une nouvelle conception de la sexualité, dont les conséquences seraient difficilement prévisibles. Paul VI était soumis à de très fortes pressions – de la part de laïcs (en majorité favorables à un assouplissement de la position de l'Église), de la part des cardinaux Ottaviani et Wojtyla, qui avaient tous deux réuni une importante documentation théologique en faveur du maintien de l'interdit, et enfin de la part de sa propre commission (dirigée notamment par le cardinal Julius Döpfner, de Munich), laquelle avait constitué un groupe de travail chargé de présenter des matériaux favorables à une libéralisation des prescriptions de l'Église.

Les arguments et documents soumis par Wojtyla jouèrent un rôle déterminant, en aidant le pape à prendre la décision que son cœur lui dictait depuis le début : l'interdit relatif à la contraception artificielle devait être maintenu. Le rapport présenté par Wojtyla mit fin à l'indécision du pape, qui publia *Humanae Vitae* vers le 15 juillet 1968. Après avoir lu l'encyclique, le cardinal Wojtyla, visiblement satisfait, commenta : « Nous avons aidé le pape. » Selon le père Bardecki, collègue de Wojtyla au *Tygodnik Powszechny*, soixante pour cent du texte de *Humanae Vitae* provenaient du rapport de Wojtyla et des travaux de sa commission. La philosophie sexuelle de Wojtyla et de ses ouailles polonaises devint ainsi la règle de l'Église catholique tout entière.

Humanae Vitae souleva une tempête de protestations au sein du monde catholique. Pourtant, Wojtyla, au comble de la satisfaction, s'employa activement à défendre l'encyclique en public. Pour la promouvoir parmi les familles catholiques de son diocèse, il constitua des « groupes de mariage » qui s'engageaient à respecter les préceptes de l'encyclique et de ce qu'il appelait l'« expression de la vérité invariable, de tout temps proclamée par l'Église ».

Cet épisode resserra encore davantage les liens entre Paul VI et le cardinal Wojtyla, auquel le Saint-Père accordait régulièrement des audiences privées. Entre 1973 et 1975, le cardinal-archevêque fut reçu à onze reprises dans le cabinet du pape. Ensuite, en 1976, Paul VI honora Wojtyla en lui confiant une mission exceptionnelle : il lui demanda de diriger au Vatican les exercices spirituels de Carême pour les membres de la Curie et la maison du pape. La même année, le *New York Times* inclut le cardinal sur une liste des dix candidats à la successsion du pape Paul VI les plus souvent mentionnés.

Vêtu d'une *cappa* noire à boutons vermillon, le prédicateur fit son entrée par la petite porte de la sacristie, et effectua une profonde génuflexion. Se relevant lentement, il salua d'un geste une présence invisible sur la droite de l'autel. Puis, tournant le dos au grand autel de marbre, il s'inclina pour saluer son public, coiffé de chapeaux rouges et pourpres. Près de l'autel, se trouvait une petite table équipée d'un microphone. Le cardinal prit place, et commença son sermon par cette citation : « Que Dieu me donne d'en parler à son gré et de concevoir des pensées dignes des dons reçus, parce qu'il est lui-même et le guide de la Sagesse et le directeur des sages. » (*Livre de la Sagesse*, 7, 15.)

Face à lui, étaient assis les plus hauts dignitaires de l'Église catholique – l'essence même du pouvoir de la Curie romaine, aurait pu dire un observateur laïque. Pour le prélat installé devant le microphone, ces quelque cent hommes étaient simplement les plus proches et les plus dévoués collaborateurs du pape. Étaient présents notamment le cardinal-secrétaire d'État Jean Villot, un Français aristocratique et distant ; Mgr Giovanni Benelli, puissant numéro deux de la Secrétairerie d'État ; le Yougoslave Franjo Seper, préfet de la Congrégation pour la doctrine de la foi (l'ancien Saint-Office) ; l'Américain John Joseph Wright, préfet de la Congrégation pour le clergé ; l'opiniâtre Sebastiano Baggio, préfet de la Congrégation pour les évêques ; le cardinal Bernardin Gantin, du Bénin, président de la commission pontificale « Justice et Paix » ; et Sergio Pignedoli, président du Secrétariat pour les non-chrétiens.

Le regard du prédicateur s'attarda un instant sur le petit et vif « ministre des Affaires étrangères » du pape, Mgr Agostino Casaroli, secrétaire du Conseil pour les affaires publiques. Casaroli était l'initiateur du dialogue entre le Vatican et les pays communistes. Cet infatigable diplomate s'efforçait d'obtenir, pour les Églises d'Europe de l'Est, moins un *modus vivendi* que, comme il le disait avec ironie, un *modus non moriendi* (un moyen de ne pas mourir). Les Italiens l'avaient surnommé « Lagostina », du nom d'un autocuiseur résistant aux plus hautes pressions.

Comme chaque année pendant la première semaine du Carême, la chapelle Sainte-Mathilde du Vatican était pleine. Dans la salle carrée donnant sur la seconde loggia, partie du palais apostolique habituellement consacrée aux audiences officielles du souverain pontife, s'étaient réunis les préfets, secrétaires et sous-secrétaires des congrégations venus faire leurs exercices spirituels.

« Au cours des jours à venir, nous serons accompagnés tout particulièrement par les prières de l'Église polonaise, dont je vous transmets l'expression d'une profonde communion dans la foi, l'espoir et l'amour, poursuivit Wojtyla. Pareille à une fondation invisible, elle nous lie à jamais au successeur de saint Pierre. »

Il parlait d'une voix ferme et claire, s'efforçant de prononcer l'italien avec des inflexions authentiques. S'il éprouvait une certaine tension, cela ne se voyait pas. Wojtyla n'avait pas eu beaucoup de temps pour se préparer. Il avait été complètement pris au dépourvu par la proposition du pape, qui désignait habituellement un théologien réputé. Wojtyla s'était aussitôt retiré dans une maison de repos, tenue par des sœurs catholiques dans le massif des Tatras, où, en des périodes plus calmes, il aimait faire de longues promenades solitaires. Cette fois, il s'enferma dans sa chambre pour écrire, en demandant à n'être dérangé sous aucun prétexte. Il s'y faisait porter ses repas, et ne la quittait que pour aller à la chapelle ou à la salle de bains.

Les membres de la Curie observaient Wojtyla avec une attention soutenue. Il était rare que le souverain pontife désigne un membre du Collège des cardinaux pour prononcer les sermons de Carême. Sa personnalité, du moins le peu que l'on en connaissait, était appréciée par de nombreuses personnes au Vatican, mais aucune de celles qui étaient présentes – à l'exception, peut-être, de l'archevêque Deskur – n'était un intime du cardinal polonais. Bien que toujours prêt à engager la conversation, Karol Wojtyla ne se livrait guère. En dépit de sa vaste expérience d'intellectuel, d'auteur dramatique et de témoin de trop nombreuses horreurs de l'histoire, il parlait rarement de lui-même. Certains membres de l'assistance réunie dans la chapelle savaient que Wojtyla avait perdu très tôt sa mère, son frère et son père, mais il ne le mentionnait jamais, même pas à la Toussaint, jour où les catholiques ont coutume de se rendre sur les tombes de leurs proches. Il établissait facilement des contacts avec les gens et savait intéresser ses interlocuteurs, mais il n'avait rien du prélat expansif et débonnaire que l'on rencontre parfois. Il était chaleureux dans ses relations personnelles, mais rarement jovial ; bien que toujours prêt à écouter ce que les gens avaient à dire, c'était au fond un solitaire. Il avait de nombreuses connaissances et de rares amis, mais – à l'exception peut-être de son secrétaire personnel – aucun véritable confident.

Wojtyla était connu pour son ascendant quasi charismatique sur les jeunes. Il savait toucher les cœurs des humbles et ceux des gens cultivés. Certains de ceux qui le rencontraient étaient transportés d'enthousiasme ; ils parlaient de sa façon très particulière de vous regarder dans les yeux. Fait assez rare chez un homme d'Église, Wojtyla était parfaitement à l'aise avec les femmes ; il adoptait avec elles un comportement amical, sans la moindre trace de gêne ou de familiarité déplacée. D'autres avaient remarqué toutefois qu'il était en quelque sorte sur la défensive lorsqu'on le contredisait ou le défiait ; il avait alors tendance à coincer son interlocuteur sur quelque argument d'ordre théologique ou idéologique, comme s'il n'avait plus en face de lui un individu défendant des convictions personnelles, mais un représentant d'une certaine catégorie de pensée – en lui mettant une étiquette. D'autres encore avaient l'impression qu'il choisissait parfois dans un groupe ceux dont il sentait qu'ils seraient sensibles à son charme, en négligeant arbitrairement les autres.

Ceux qui le rencontraient étaient souvent frappés par sa grande simplicité et par sa modestie. Il ne possédait pratiquement rien, à l'exception de ses livres et de ses vêtements ecclésiastiques, de quelques souvenirs de famille, d'une paire de skis (qu'il entreposait au palais épiscopal) et de vêtements de randonnée. On aurait pu le croire humble, s'il n'avait manifesté à l'occasion un orgueil intense, et, semble-t-il, une très forte conscience de soi.

Au Vatican, Wojtyla était apprécié non seulement pour ses connaissances philosophiques, mais aussi pour son don des langues. En dépit d'un accent qui laissait parfois à désirer, l'archevêque de Cracovie s'exprimait facilement dans diverses langues européennes : allemand, russe, français, anglais, italien, espagnol – ce qui allait de pair avec un goût croissant des voyages. Il était déjà allé en Terre sainte, en Amérique du Nord, en Australie et en Nouvelle-Guinée, sans compter de nombreux pays d'Europe, participant à des congrès, rendant visite à des communautés polonaises établies à l'étranger, mais toujours en obéissant à une impulsion intérieure que lui-même ne s'expliquait pas entièrement.

Sa capacité de méditation était infinie. Il avait écrit un livre sur l'amour conjugal et sur la signification de l'acte sexuel ; il en avait écrit un autre sur les principes fondamentaux de Vatican II ; il avait, enfin, publié un long essai intitulé *The Acting Person*.

Ces ouvrages n'étaient pas d'une lecture facile ; surtout le dernier, que les prêtres de Cracovie qualifiaient, avec humour, de pénitence pour les âmes du purgatoire. Un aspect de la pensée de Wojtyla que les évêques et cardinaux de la Curie appréciaient particulièrement était son apparente capacité à voir au-delà des mouvements culturels et idéologiques qui ébranlaient la société et l'Église d'un bout à l'autre du monde occidental. L'archevêque de Cracovie n'était pas un défenseur timoré de l'*establishment* ; il ne donnait jamais l'impression de s'accrocher au passé, dans un esprit réactionnaire. Il ne se laissait pas davantage séduire par les tendances progressistes, voire gauchistes qui gagnaient certains cercles religieux, et dans lesquelles nombre de cardinaux de la Curie discernaient le redoutable courant de fond de la sécularisation et du marxisme.

C'était une voix qui sonnait juste aux oreilles des princes de la Curie romaine, qui considéraient avec inquiétude un monde où des forces étrangères, incompatibles avec l'Église, semblaient triompher. Loin de rapprocher les hommes du printemps spirituel, pour l'avènement duquel Jean XXIII avait prié, les années soixante-dix n'avaient apporté que le chaos. En Italie même, le Vatican avait été consterné par l'adoption d'une loi sur le divorce, approuvée par référendum en 1974. Cette défaite majeure subie par le traditionalisme catholique avait été une surprise totale pour la Curie, ce qui révélait à quel point la hiérarchie de l'Église était coupée d'une réalité sans cesse changeante.

L'année suivante, 1975, avait paru encore plus alarmante. En Italie, le Parti communiste avait obtenu plus de voix que jamais aux élections locales. Au Portugal, un putsch avait porté au pouvoir une junte de gauche. En Grèce aussi, un parti socialiste de gauche avait remporté les élections. Les États-Unis avaient perdu la guerre du Viêt-nam, vaincus par le régime marxiste de Hanoi, que soutenaient l'Union soviétique et la Chine communiste. En Afrique, l'Angola et le Mozambique, anciennes colonies portugaises, semblaient s'engager sur la voie du marxisme. En Amérique latine, enfin, une nouvelle théologie de la libération, s'inspirant de la lutte des classes, se détournait de l'Église traditionnelle.

Wojtyla proposait à ces princes de l'Église un moyen apparemment original de sortir de la crise qui secouait la société et l'Église. Les systèmes sociaux et politiques, prêchait-il en ce jour de Carême, doivent laisser l'individu libre de se déterminer soi-même ; pourtant, toute communauté a nécessairement des intérêts et des critères supérieurs, auxquels la volonté individuelle doit se soumettre.

A la chapelle Sainte-Mathilde, l'italien du cardinal Wojtyla s'améliorait au fur et à mesure qu'il poursuivait son sermon. Il sentait, non loin de lui, la présence de Paul VI, bien que le pape eût pris place dans une petite antichambre située sur la droite de l'autel. Atteint d'un cancer de la prostate, Paul VI châtiait encore davantage son corps en portant sous ses robes une chemise de crin garnie de pointes de fer, qui torturait sa chair. Wojtyla lui aussi portait quelque chose à même la peau : un scapulaire lui rappelant sa vocation mystique au service de Dieu.

« Durant ces semaines, l'Église polonaise organise de nombreux exercices spirituels, poursuivit-il. Non seulement des retraites de Carême dans les paroisses, mais aussi des exercices conçus spécifiquement pour les jeunes, hommes et femmes, qui ont clairement fait savoir qu'ils le voulaient et en ressentaient le besoin. Il n'est pas rare que le nombre de ceux qui souhaitent participer à ces retraites dépasse nos modestes capacités d'organisation. Cette année, par exemple, c'est ce qui s'est produit dans mon diocèse, avec les élèves de terminale des lycées : il n'y avait que deux mille places, alors que le nombre des demandes était bien supérieur. »

Cette bonne nouvelle rasséréna quelque peu les prélats vêtus de pourpre et de violet. En Occident, les jeunes s'éloignaient de plus en plus de l'Église. Même parmi les étudiants restés fervents catholiques, certains émettaient d'impitoyables critiques contre le système ecclésiastique. Aux yeux d'une partie (mais certes pas de tous) des évêques et cardinaux de la Curie, l'Église polonaise semblait être une île bienheureuse au sein d'une mer agitée, bien qu'elle fût menacée par un État athée. En Pologne, les églises étaient pleines à craquer, les séminaires débordaient d'aspirants à la prêtrise. Les diocèses exportaient des missionnaires dans le monde entier, et les jeunes étaient fiers de se dire catholiques, même quand ce n'était pour eux qu'une façon de contester l'idéologie marxiste-léniniste, et de proclamer l'identité polonaise face à l'hégémonie de Moscou.

Depuis de longs siècles, la Pologne était un bastion défendant la chrétienté catholique contre les schismatiques orthodoxes et le démon turc. Ne pourrait-elle devenir aussi une forteresse se dressant face au nouveau Satan, le communisme moscovite et ses ramifications internationales ?

La majorité des membres de la Curie romaine professaient une grande admiration pour les cardinaux Wyszynski et Wojtyla, non sans être conscients des différences fondamentales séparant les deux hommes. Wojtyla ne représentait pas l'anticommunisme traditionnel de l'Église ; au contraire de Wyszynski, il ne s'identifiait pas davantage avec un anticommunisme perpétuellement contraint de trouver de difficiles compromis avec un État hostile. L'archevêque de Cracovie semblait vivre dans une dimension transcendantale. Son opposition résolue au communisme se situait, non dans le contexte d'une confession religieuse spécifique ou d'une position idéologique, mais dans celui des droits de l'homme, tout simplement. Jerzy Turowicz, rédacteur en chef de l'hebdomadaire catholique de Cracovie, avait trouvé une excellente formule pour décrire l'attitude de Wojtyla : « Il n'est pas de gauche, il n'est pas de droite, et ce n'est pas davantage un nationaliste. »

Le cardinal polonais savait aussi mettre à profit le pouvoir des symboles. Pour prendre un exemple particulièrement frappant, depuis qu'il avait été nommé évêque, il essayait en vain d'obtenir un permis de construire (promis depuis longtemps par les autorités) en vue d'édifier une église à Nowa Huta, grande agglomération industrielle créée dans la banlieue de Cracovie par les communistes, qui voulaient en faire une cité socialiste modèle. Année après année, il célébrait la messe de Noël en plein air, par un froid glacial, sur le site où le régime refusait l'autorisation de construire l'église. A une autre occasion, alors qu'il célébrait la messe de Pâques au milieu des énormes blocs de béton de Nowa Huta, il avait proclamé : « Depuis les temps anciens, d'aucuns ont à maintes reprises annoncé la mort du Christ... Maintes fois, ils ont proclamé que Dieu était mort, ils ont dit " Dieu n'existe pas ". Mais ils ne se rendaient pas compte que, si c'était vrai, l'homme et son intelligence perdraient toute signification. »

Dans l'antichambre, le pape, pâle et souffrant, entendait le prédicateur aborder sa péroraison d'une voix haute et claire. Paul VI était reconnaissant au jeune cardinal polonais d'avoir utilisé avec énergie ses dons d'organisateur pour mieux faire comprendre les leçons du deuxième concile du Vatican à de nombreux prêtres et laïques. Il appréciait tout particulièrement sa décision de convoquer à Cracovie un synode diocésain destiné à concrétiser les enseignements du concile, avec des résultats remarquables : à partir de 1971, trois cents groupes de travail, réunissant près de onze mille personnes, avaient étudié lesdits enseignements avec un enthousiasme égalé dans peu de pays de l'Occident chrétien.

Paul VI se sentait attiré par Wojtyla pour de nombreuses raisons, d'ordre fort différent. La résolution du cardinal faisait contrepoids au caractère hésitant du pape ; sa chaleureuse loyauté l'aidait à oublier les dures critiques de maints fidèles et théologiens dissidents, en particulier au sujet du contrôle des naissances et d'autres questions relatives à la vie sexuelle. Les méditations de Wojtyla – dont la voix emplissait maintenant la chapelle Sainte-Mathilde – sur la toute-puissance de l'amour rejoignaient les réflexions d'un pape qui rêvait d'une civilisation de l'amour.

Lorsque Wojtyla affirmait que plus une personne veut donner d'amour à autrui, plus elle doit renoncer à l'amour personnel et égoïste, et oublier ses préoccupations personnelles, il faisait vibrer une corde sensible chez Paul VI. Le pape, que les membres de la Curie considéraient comme un homme renfermé et réservé, ressentait en fait un immense besoin de joie et d'amour. Un artiste allemand qui avait peint son portrait avait dit que Paul VI pouvait être comparé à une huître perlière, dont le trésor reste caché.

« Nous devons encore et toujours nous efforcer de donner plus d'amour que nous n'en recevons », disait le prédicateur. Pour l'homme assis sur la chaire pontificale, ces mots étaient indubitablement précieux.

Les exercices spirituels du Vatican duraient une semaine. Chaque jour, trois sermons étaient prononcés. Pour Karol Wojtyla, c'était une occasion unique d'exposer aux cardinaux de la Curie sa conception de l'Église. Paul VI lui avait suggéré de s'exprimer en italien, et non en latin ; pour des raisons psychologiques, ce conseil se révéla très utile. En s'adressant aux cardinaux dans leur langue natale, l'archevêque de Cracovie pouvait mieux les guider et leur faire comprendre ses idées. Dans le monde moderne, disait-il, le Christ, les Évangiles, l'Église étaient des signes de contradiction. Trop souvent, la société moderne cherchait à interpréter les Évangiles de façon à justifier les égarements de la société de consommation ; en d'autres lieux, l'Église était tout simplement persécutée. Sa conclusion pouvait paraître surprenante : selon lui, rien n'était plus dangereux que les systèmes sociopolitiques en apparence libres et tolérants, mais dont le matérialisme et l'hédonisme sapaient constamment les valeurs chrétiennes. Cela aussi constituait une sorte de persécution systématique, insistait-il, en l'occurrence engendrée par le libéralisme et l'individualisme.

Le matin du 13 mars, alors que le cardinal Wojtyla prononçait son dernier sermon à la chapelle Sainte-Mathilde, Mgr Andrzej Deskur pouvait être fier de l'enfant-miracle de Cracovie, dont il soutenait avec opiniâtreté l'ascension. Graduellement mais sûrement, en rencontrant étonnamment peu d'obstacles, Wojtyla avait gravi les degrés de la hiérarchie du Vatican. Son ascension avait été considérablement facilitée par le fait qu'il était membre du synode des évêques, organisme chargé de préparer les assemblées triennales. Lorsqu'il avait été élu pour la première fois, en 1971, il venait au troisième rang des candidats européens ; en 1974, il était au deuxième rang. Trois ans plus tard, il avait été réélu une fois de plus, mais avec moins de voix – signe, peut-être, que de nombreux évêques souhaitaient freiner son ascension au sein de la hiérarchie de l'Église catholique.

Le cardinal-secrétaire d'État Jean Villot avait suivi les sermons de Carême de Wojtyla avec une attention particulièrement soutenue. Observateur perspicace de la nature humaine, Villot n'avait pas manqué de remarquer que même des hommes aussi avisés que les officiels de la Curie n'étaient pas insensibles à l'ascendant de l'archevêque de

Cracovie. Une certaine facette de sa personnalité n'apparaissait pas immédiatement, le noyau indestructible et caché qui faisait sa force : une volonté d'acier et une foi absolue dans le pouvoir de cette volonté. « C'est grâce à la volonté que l'homme est maître de ses actes », avait écrit Wojtyla dans un de ses essais, ajoutant que le contrôle de soi est la pierre de touche de la valeur d'une personne.

Quiconque, ignorant son sourire avenant, le regardait droit dans les yeux, s'en rendait compte.

L'HÉRITAGE POLONAIS

Au fond de son cœur, le cardinal Wyszynski avait déjà décidé que Wojtyla serait le futur primat de Pologne. En 1974, il avait abordé ce sujet avec l'assistant et confident du cardinal, Romuald Kukolowicz. « Avant mon départ, je voudrais renforcer dans toute la mesure du possible l'Église polonaise », lui avait-il confié.

Wojtyla savait certes se faire entendre de Wyszynski, mais bien plus encore de la nouvelle génération de fidèles, qui représentait l'avenir de la Pologne d'après Yalta. Une bataille en règle s'était engagée avec le Parti communiste polonais pour gagner le cœur et l'esprit des jeunes. Wojtyla comprenait leurs problèmes : un niveau de vie très bas, un travail pénible et lassant dans les usines ou les bureaux, le morne environnement des grands ensembles, leur idéalisme, leur soif de liberté et de réalisation personnelle – et, point au moins aussi important, leur attirance pour des valeurs matérialistes et hédonistes en majeure partie réjetées par le régime communiste, et tout autant réprouvées par l'Église.

Depuis le concile, Wyszynski avait vu Wojtyla devenir, à son corps défendant, une personnalité politique. « De toute évidence, il ne voulait pas se mêler de politique », se souvient Jacek Wozniakowski, l'un des principaux porte-parole du groupe catholique « Znak * » de Cracovie. « Il estimait devoir s'en tenir aux problèmes de l'Église ; selon lui, les questions politiques devaient rester du ressort de laïcs, ou du cardinal Wyszynski. » Le refrain de Wojtyla était toujours : « La politiquc

* Znak (« Le Signe ») était le nom donné à un cercle d'intellectuels catholiques regroupés autour des éditions Znak et des périodiques que celles-ci publiaient : une revue mensuelle, également nommée *Znak*, et l'hebdomadaire catholique *Tygodnik Powszechny*. Au lendemain de la guerre, Wojtyla avait commencé à écrire des articles et des poèmes que *Tygodnik* publiait sous son nom de plume, Andrzej Jawien (par la suite, il devait souvent utiliser son vrai nom). Entre 1956 et 1976, un certain nombre d'intellectuels affiliés à Znak décidèrent de se présenter aux élections législatives sous la bannière de Znak, après avoir obtenu l'autorisation des autorités ecclésiastiques. Certains furent élus, et constituèrent une fraction minoritaire qui devint la voix du catholicisme au parlement. Plusieurs membres de Znak fondèrent également le KIK (*Klub Inteligencji Katolickiej*, Club des intellectuels catholiques).

ne m'intéresse vraiment pas beaucoup. » Au bord du désespoir, ses amis devaient à maintes reprises l'exhorter à se montrer plus souple : comment l'évêque de Cracovie pourrait-il éviter de se mêler de politique ?

A partir de 1968, cependant, la Pologne traversa une succession de crises – à la fois internes et dans ses relations avec ses voisins soviétiques – qui ne pouvaient laisser personne indifférent, pas même Wojtyla. La mainmise du Parti sur la société polonaise, de tout temps fragile, commençait à s'effriter. Au printemps 1968, les étudiants descendirent dans la rue en scandant des slogans antisoviétiques. Ils manifestaient contre l'interdiction – suite à une intervention de l'ambassadeur soviétique – de la représentation dans un théâtre de Varsovie de la pièce patriotique (et antirusse) d'Adam Mickiewicz, *Les Aïeux* ou *La Fête des morts*, œuvre que Wojtyla admirait énormément depuis qu'il avait fait du théâtre dans ses jeunes années. Des étudiants furent arrêtés et tabassés, des universités furent fermées, et – comme pour faire porter aux Juifs la responsabilité de ces troubles (alors qu'il n'en restait plus que trente mille dans le pays entier, contre trois millions avant la guerre) – le ministère de l'Intérieur déclencha une violente campagne antisémite. La quasi-totalité des Juifs travaillant pour le gouvernement et le Parti, ou dans l'enseignement, fut licenciée ; la plupart d'entre eux prirent le chemin de l'exil.

La réaction de Wojtyla fut de prendre publiquement la défense des étudiants, et, geste éloquent, d'inviter le philosophe juif Roman Ingarden, qui avait été son professeur à l'université Jagellon, à donner une conférence dans l'archidiocèse de Cracovie.

En août de la même année, les sentiments antisoviétiques s'exacerbèrent dans le pays, car des troupes polonaises s'étaient jointes aux forces du pacte de Varsovie pour envahir la Tchécoslovaquie et réprimer le mouvement réformiste du Printemps de Prague. Un an et demi plus tard, la situation prit un tour irrévocable lorsque, pendant les fêtes de fin d'année, le gouvernement décréta une hausse des prix alimentaires. Ce « décembre sanglant » de 1970 vit les ouvriers polonais manifester pour exiger de meilleures conditions de travail, des augmentations de salaires et l'annulation de la hausse des prix. A Gdansk et dans d'autres ports de la Baltique, ainsi qu'à Lódz, les chars ouvrirent le feu sur les ouvriers, faisant plusieurs centaines de morts.

Profondément ébranlé par l'épouvantable spectacle de Polonais tuant d'autres Polonais, Wojtyla continuait néanmoins à suivre la ligne tracée par Wyszynski : soutenir fermement le peuple, tout en restant d'une grande prudence sur le plan politique. « Lorsque des hommes sont blessés et souffrent, déclara-t-il lors de son sermon de Noël à Cracovie, l'Église vient à leur aide sans la moindre motivation politique, uniquement dans un esprit d'amour chrétien et de solidarité chrétienne. » La veille du jour de l'an, toutefois, il franchit apparemment un Rubicon politique, en défendant ouvertement le « droit de manger à sa faim, le droit à la liberté... une atmosphère d'authentique liberté, sans contraintes..., que rien ne menace ; une atmosphère de liberté intérieure, libre de toute peur, sans craindre toujours ce qui adviendra si je fais telle ou telle chose, ou si je me rends en tel lieu ».

Onze jours auparavant, en réaction à la crise, le Parti communiste polonais avait remplacé Gomulka par Edward Gierek, premier secrétaire du Parti à Katowice (Silésie). Gierek avait travaillé comme mineur en France, puis en Belgique pendant l'occupation allemande. S'appuyant sur sa connaissance personnelle de l'Occident, cet ancien ingénieur devint le représentant d'un nouveau type de dirigeant économique : un technocrate pragmatique, non plus un simple *apparatchik* communiste. Il établit un programme destiné à améliorer les relations avec l'Occident et à obtenir des prêts des États-Unis et des pays d'Europe de l'Ouest afin de moderniser l'économie polonaise, doublé d'une politique d'apaisement à l'égard du Vatican, laquelle se manifesta notamment par une frénétique construction d'églises.

Paradoxalement, l'intérêt de Gierek pour les capitaux occidentaux et son libéralisme relatif contribuèrent à aggraver la crise économique ; en effet, ses emprunts excessifs endettèrent irrémédiablement la Pologne. Tandis qu'il devenait de plus en plus évident que le Parti communiste ne pourrait maintenir longtemps son hégémonie sur la société polonaise, Wojtyla apprit à exploiter cette situation au bénéfice de l'Église. Il submergeait les autorités de pétitions, demandant l'autorisation de créer de nouveaux séminaires et églises, ou d'organiser des processions sur la voie publique. Wojtyla s'éleva avec force contre le projet du gouvernement d'interdire l'enseignement du catéchisme dans les écoles. Il lui demanda de respecter les clauses de l'accord conclu en 1950 entre l'Église et l'État, qui exemptait les séminaristes du service militaire. Il lutta pour que les chrétiens aient le droit de manifester leur foi sans souffrir d'aucune discrimination. Lorsque l'État diminua la fourniture de papier journal aux diocèses et à *Znak*, le mensuel catholique de Cracovie, afin de museler la presse catholique, il éleva une véhémente protestation. Du haut de sa chaire, et grâce à ses publications dans *Tygodnik Powszechny* – articles, allocutions, homélies, poèmes et essais –, il exposait clairement ses positions, qui étaient toujours soigneusement élaborées, d'une grande élévation morale, dénuées de vaine rhétorique – fait assez rare pour être signalé –, et toujours fondées sur sa philosophie chrétienne personnaliste.

Wojtyla commença également à travailler aux côtés des militants de l'unique groupe catholique clandestin directement parrainé par le cardinal Wyszynski : *Odrodzenie* (Renaissance), association fondée dans les années vingt pour promouvoir un renouveau catholique en Pologne. Après des activités au sein de la Résistance pendant les années de guerre, *Odrodzenie* était devenu sous le régime communiste un centre de formation d'élites catholiques laïques. Wyszynski estimait que les membres de cette organisation pouvaient poursuivre le travail de l'Église dans des circonstances où le clergé jugeait préférable de rester dans l'ombre. Dans tous les diocèses de Pologne, il existait de petits groupes dépendant d'*Odrodzenie*.

Wojtyla était régulièrement invité à prendre la parole lors de réunions d'*Odrodzenie*, déguisées en pèlerinages au sanctuaire de la Vierge noire de Czestochowa ; à ces occasions, il traitait de problèmes tant religieux que sociaux.

« Il décida donc qu'en fin de compte, il devrait s'occuper de politique, se souvient Wozniakowski. J'ai été frappé aussitôt par la rapidité avec laquelle il assimilait les informations et les intégrait à son système de pensée. En particulier, après avoir suivi en silence une longue discussion de nature politique, il avait une façon très personnelle, très intéressante de résumer les arguments qu'il avait entendus. »

Durant ses entrevues avec ses amis de *Znak* au palais archiépiscopal de Cracovie, Wojtyla semblait souvent perdu dans ses pensées. Tandis que les autres parlaient de l'Église et du régime politique, de la religion et de la vie civique, il restait assis à son bureau, à lire des documents ou à écrire des lettres. Et soudain, tout naturellement, il faisait une déclaration qui mettait le doigt sur les points essentiels des sujets abordés.

Voyant avec quelle aisance Wojtyla assumait ses nouvelles responsabilités politiques, Wozniakowski eut une soudaine intuition : « Compte tenu de ce talent imprévu dont il témoignait, je me suis dit – c'était la première fois que cette idée me venait à l'esprit – qu'il deviendrait peut-être pape un jour, encore que dans un lointain avenir. »

Les rencontres de Wojtyla avec des intellectuels devinrent pour lui un moyen de gouverner son diocèse. Dans sa résidence de Cracovie, il s'entretenait non seulement avec les journalistes de *Tygodnik Powszechny*, mais aussi avec des historiens, des mathématiciens, des philosophes et des scientifiques, des écrivains, des acteurs et des musiciens. Il les faisait parler de la Pologne et du vaste monde. Contrairement aux coutumes de la bureaucratie ecclésiastique, la porte de son bureau était toujours ouverte – littéralement – aux prêtres de son diocèse, et il préparait avec soin ses visites pastorales aux paroisses du diocèse.

Jozef Mucha, qui fut son chauffeur durant ces années, se souvient encore avec stupéfaction de l'exténuant emploi du temps de l'archevêque : « A 5 h 30 du matin, il était déjà à la chapelle de la résidence. Vers 7 heures, il traversait la rue pour aller à l'église des Franciscains, où il priait un long moment. Aux environs de 8 heures, il revenait pour prendre le petit déjeuner. Ensuite, il retournait à la chapelle, fermait la porte, et travaillait, priait ou lisait jusqu'à 11 heures. »

Sur le côté gauche de la chapelle, non loin de l'autel, l'archevêque Wojtyla s'était installé un siège faisant corps avec un prie-Dieu et une petite table en bois de couleur foncée, ce qui lui permettait d'écrire et de prier en même temps. Il pouvait chercher l'inspiration dans le tabernacle, ou bien, par une fenêtre, regarder le jardin où, jeune séminariste, il allait faire quelques pas.

« A partir de 11 heures, poursuit Mucha, l'archevêque recevait dans son bureau quiconque souhaitait lui parler. » Le déjeuner, principal repas de la journée, était servi à 13 h 30 ; ensuite, Wojtyla allait se reposer pendant dix minutes dans le fauteuil de sa chambre. « Si jamais sa sieste durait un quart d'heure, il se levait d'un bond et s'exclamait : " Ça alors, j'ai dormi cinq minutes de trop ! " »

Au palais épiscopal, Wojtyla était resté fidèle au mode de vie spartiate qui lui convenait. Bien que relativement spacieux, son bureau et sa chambre étaient meublés très simplement. Le vernis de sa table de travail s'écaillait, et son lit parfaitement ordinaire était couvert d'un tissu élimé. Au mur, il y avait deux tableaux : une Madone Renaissance et un paysage polonais hivernal. Son rosaire était posé sur la table de chevet. Il possédait sept soutanes (quatre rouges et trois noires), et trois paires de chaussures, toutes de couleur noire.

L'après-midi, il allait souvent visiter une ou plusieurs des 329 paroisses que comptait son diocèse. Dans la soirée, il s'entretenait des problèmes de l'Église polonaise avec ses amis de *Znak* et de *Tygodnik Powszechny*. Parfois, il buvait un doigt de vin ou un verre de bière en leur compagnie.

Même lorsqu'il se déplaçait en voiture, l'archevêque Wojtyla continuait à travailler inlassablement. Mucha lui avait fabriqué une sorte de lutrin en bois, muni d'une lampe lui permettant de continuer à lire après la tombée du jour. « Lorsqu'il voyageait en automobile, dit son chauffeur, il emportait toujours quatre lourdes serviettes, dont deux étaient pleines de livres. »

Une chose que Karol Wojtyla se permettait rarement (et qu'il ne s'autorise pas davantage aujourd'hui), c'était de lire les journaux ; les informations à la radio ou le journal télévisé ne l'intéressaient guère plus. Tous les quinze jours, le père Bardecki, qui dirigeait la rubrique religieuse de *Tygodnik*, venait le voir dans son bureau du palais archiépiscopal pour lui résumer les informations données par les journaux polonais et par la télévision d'État, soumis à une censure rigoureuse. A l'ère des mass media, Wojtyla se refusait à tout contact personnel avec cette institution apparemment incontournable de la vie contemporaine – tout en s'en servant à ses fins, comme toute autre personnalité historique.

Juin 1976 connut une nouvelle explosion de colère et de haine contre le régime communiste polonais. Des affrontements sanglants entre les travailleurs et la police se produisirent à Random, à Ursus et dans d'autres villes, après une nouvelle hausse des prix alimentaires décrétée par le gouvernement. C'était une répétition de la situation qui avait entraîné la chute de Gomulka.

Le conflit entre l'Église et les autorités polonaises atteignit un niveau sans précédent lorsqu'une grève générale éclata dans le pays. Tout en soutenant les revendications des ouvriers, le primat de Pologne et Wojtyla leur conseillèrent vivement de reprendre le travail ; ils réussirent par ailleurs à convaincre le gouvernement de ne pas poursuivre les grévistes en justice ou de prendre d'autres mesures punitives.

« Nous ne pouvons nous permettre d'agir de façon irresponsable, car nous nous trouvons dans une situation géographique très difficile », déclara le cardinal Wojtyla dans son sermon du nouvel an en 1976. L'archevêque de Cracovie estimait que le fait de reconnaître les conséquences des accords de Yalta – à savoir la domination russe sur l'Europe de l'Est – n'impliquait en aucune façon que les Polonais dussent renoncer à leur identité nationale. « L'année qui vient de s'écouler nous a démontré que nous devions engager le combat pour défendre les réalités fondamentales de notre existence en tant que nation et qu'État. Il nous a fallu répéter à maintes reprises que l'État doit être au service de la nation, et non l'inverse. Après tant de conflits, tant de guerres sur divers fronts, après tant de souffrances, cette nation mérite la liberté et l'indépendance. »

En novembre 1976, profitant de l'élan donné par la grève, un groupe d'intellectuels, dont faisaient partie les ex-marxistes dissidents Jacek Kurón et Adam Michnik, constitua un Comité pour la défense des travailleurs, connu sous ses initiales, KOR. Nombre des dirigeants du KOR, jadis hommes de gauche, se rapprochaient maintenant de l'Église. Le Club des intellectuels catholiques (KIK), dont Wojtyla était l'aumônier, commença à défendre plus ouvertement les droits des citoyens. Les « universités volantes » – séminaires clandestins destinés à contrer la propagande officielle – étaient soutenus par l'archevêque de Cracovie, qui mettait à leur disposition les églises et monastères de la ville.

A partir de juin 1976, Wojtyla se rendit compte que le système était devenu vulnérable, ce qui permettait à l'Église et au peuple d'exiger – et d'obtenir – des droits et des libertés fondamentaux que les communistes s'étaient jusqu'alors catégoriquement refusés à accorder. De 1976 à 1978, Wojtyla prononça toute une série d'homélies qui favorisèrent un mouvement de résistance spirituelle. A certains égards, leur teneur n'est pas sans évoquer celle des grands sermons prononcés par Martin Luther King Jr. pendant la grande crise morale et politique qui avait ébranlé les États-Unis quelque dix ans auparavant.

De plus en plus souvent, il critiquait ouvertement le gouvernement, lui reprochant d'abuser de son autorité morale pour brimer les ouvriers, les contestataires, les intellectuels, les étudiants et les croyants. Inévitablement, il invoquait saint Stanislas :

« Saint Stanislas est devenu le saint patron de l'ordre moral et social dans notre pays... Il avait osé dire au roi en personne que celui-ci était tenu de respecter la loi de Dieu. Le culte séculaire de saint Stanislas témoigne de la reconnaissance d'une grande vérité, à savoir que la loi morale est la fondation de l'ordre social. Il s'était fait aussi le défenseur de la liberté, qui est le droit inaliénable de tout être humain, de sorte que toute atteinte à cette liberté de la part de l'État constitue une violation de l'ordre moral et social. »

Il critiquait avec opiniâtreté la censure de la presse (ses propres sermons, publiés par les périodiques catholiques, étaient souvent censurés, voire interdits de publication par le régime), et proclamait le droit de tout citoyen à exprimer ses opinions. Dans un autre sermon prononcé en 1977, il disait notamment : « La vérité doit être le cœur de notre vie sociale... Nous voulons retrouver dans les journaux, à la radio et à la télévision une image fidèle de ce que nous sommes. Nous ne voulons pas d'une vérité artificielle, fabriquée de toutes pièces, ni d'une opinion publique manipulée... Nous ne voulons pas d'une autorité qui s'appuie sur les matraques de la police. »

« L'on entend parfois parler de l'émergence d'une autre Pologne, d'une deuxième Pologne, " en référence aux réformes économiques de Gierek ", fit observer Wojtyla dans son sermon de Noël en 1977, mais il n'y a qu'une seule Pologne, et cette autre, pour qu'elle soit encore la Pologne, doit être issue de la première. Elle ne peut rejeter aucun élément de notre héritage culturel et national. »

Wojtyla fit ses déclarations les plus passionnées, les plus complètes et les plus approfondies sur les droits de l'homme devant des milliers de jeunes, assemblés en 1977 et 1978 à l'occasion des processions du Corpus Christi aux alentours de la colline de Wawel, lieu choisi en partie pour honorer la mémoire d'un dirigeant de l'opposition estudiantine, qui avait été selon eux assassiné par les autorités (la version officielle faisait état d'une mort accidentelle). En 1977, le cardinal leur dit par exemple :

« Les droits de l'homme ne peuvent être accordés sous la forme de concessions. Ce sont ses droits innés, qu'il s'efforce de concrétiser au cours de sa vie. Et s'il ne peut pas les réaliser, les vivre pleinement, l'homme se révolte. Et il ne peut en être autrement, car il est homme. Son sens de l'honneur l'exige. »

Tandis que Wojtyla parlait, un avion à réaction militaire passait en rugissant pour l'empêcher de se faire entendre. Des rires moqueurs s'élevèrent de la foule, suivis d'une tempête d'applaudissements et de vivats lorsque le cardinal leva les yeux et salua de la main cet hôte inattendu. Lorsque l'avion se fut éloigné, il reprit : « Et l'oppression est impuissante à régler ces problèmes. La police et les prisons ne résolvent rien ; ces méthodes ne font qu'augmenter le prix qui devra être payé un jour... Une seule voie mène à la paix et à l'unité nationale : le respect absolu, sans conditions, des droits de l'homme, des droits des citoyens polonais. »

Il félicita les étudiants – « jeunesse responsable et indépendante » – pour le caractère pacifique de leurs manifestations de protestation tout au long de ce printemps : « Ils sont capables de réfléchir aux questions fondamentales telles que la justice et la paix, les droits de la personne humaine, les droits de la nation. » Pour conclure, il s'adressa au Crucifié : « Je demande pardon à Notre Seigneur Jésus-Christ, parce que, du moins en apparence, je n'ai pas parlé de Lui. Mais en apparence seulement. En réalité, j'ai parlé de sorte à nous faire comprendre à tous que Lui, Qui est vivant dans ce sacrement, partage notre existence humaine. »

Le cardinal Wyszynski avait donc l'assurance qu'avec cet homme, sa dignité serait en de bonnes mains. Wojtyla serait primat de Pologne, comme Wyszynski l'avait clairement laissé entendre à son fidèle assistant Kukolowicz.

Le 26 août 1978, le Collège des cardinaux, dont Wojtyla faisait bien entendu partie, se réunit en conclave au Vatican pour désigner le successeur du pape Paul VI. Leur choix se porta sur Albino Luciani, patriarche de Venise, âgé de soixante-six ans. Son sourire et sa profonde humanité le faisaient aimer de tous. En hommage à ses deux prédécesseurs immédiats, il prit le nom de Jean-Paul Ier. Les cardinaux non italiens étaient satisfaits de l'élection d'un prélat qui n'avait jamais fait partie de l'appareil de la Curie romaine. Tout paraissait réglé pour de longues années, peut-être même jusqu'à la fin du siècle.

MADAME TYMIENIECKA

En 1974, une dynamique aristocrate polonaise à l'existence fort cosmopolite arriva dans le bureau du cardinal. Elle était certaine d'avoir découvert en ce dernier un esprit ayant de profondes affinités avec le sien. Quatre années durant, Anna-Teresa Tymieniecka – tel était son nom – devait poursuivre avec le pape un dialogue philosophique hors du commun, qui aboutit notamment à la version anglaise définitive du plus important ouvrage de Wojtyla, *The Acting Person*.

Plus tard, lorsqu'il fut élu pape, les journalistes écumèrent la planète dans l'espoir de découvrir une femme qui aurait été la maîtresse, la compagne, voire l'épouse de Karol Wojtyla. En vain, car il n'y en avait pas. Ils négligèrent toutefois le rôle crucial que le Dr Anna-Teresa Tymieniecka avait joué dans la vie de Wojtyla, son influence sur sa pensée, et en conséquence sur ses actes en tant que pape. Ils ne réalisèrent pas qu'elle avait contribué à faire de lui un homme éminent – et *papabile*.

Jusqu'à l'arrivée de Mme Tymieniecka, les membres les plus influents de l'entourage de Karol Wojtyla avaient toujours été des hommes. Sa coopération – longues semaines passées à écrire, à discuter, à faire de longues promenades, à mettre péniblement au point le texte définitif de l'ouvrage, sans oublier qu'elle le fit connaître à la communauté philosophique européenne et au public américain – fut extrêmement fructueuse pour le jeune cardinal.

L'histoire de cette remarquable collaboration est connue par leur correspondance (plus de quatre-vingt-dix pièces conservées sous clé à la bibliothèque de l'université Harvard) ; par le récit incontesté que Mme Tymieniecka en a fait par écrit, et par les interviews qu'elle a accordées aux auteurs du présent livre ; enfin, par le témoignage personnel du Dr George Hunston Williams, professeur à la Harvard Divinity School, ami de Mme Tymieniecka et auteur de *The Mind of John Paul II : Origins of His Thought and Action* (L'esprit de Jean-Paul II : Origines de sa pensée et de son action, 1981).

Le Dr Williams, pasteur protestant, avait assisté en qualité d'observateur officiel à Vatican II; à cette occasion, il s'était lié d'amitié avec l'évêque Wojtyla. Dans son livre, il signale brièvement la contribution de Mme Tymieniecka à la version anglaise de *The Acting Person*, dont elle était en fait le coauteur, sans faire la moindre allusion à la relation personnelle qui s'établit entre celle-ci et Wojtyla, ni à l'étendue de leur collaboration. A l'en croire (et d'autres le confirment), son livre déplut énormément au Vatican, pour l'unique raison qu'il faisait état de la collaboration de Mme Tymieniecka avec le cardinal. En conséquence, le livre du Dr Williams fut vivement critiqué dans les milieux catholiques; partout ailleurs, il fut très bien accueilli.

Le Dr Williams et Mme Tymieniecka s'accordent pour dire que la réaction du Saint-Siège s'explique en majeure partie par les deux raisons suivantes : 1) Le Vatican craignait que la presse ne dise qu'une femme personnellement connue de Wojtyla avait influencé la pensée et les écrits du futur pape. 2) Le projet sur lequel ils avaient collaboré, une refonte totale de la version polonaise d'*Osoba i Czyn* (littéralement, « Personne et action »), reflétait les conceptions d'une école philosophique contemporaine, la phénoménologie, aux dépens du thomisme, l'enseignement de saint Thomas d'Aquin sur lequel la pensée catholique reposait depuis des siècles.

En 1977, le cardinal Wojtyla reconnut sa dette envers Mme Tymieniecka dans une introduction manuscrite, reproduite dans le livre. L'année précédente, il avait cédé à celle-ci les droits mondiaux de cette version anglaise totalement nouvelle, dont il fit l'unique version définitive et « autorisée ». Il demanda que toutes les éditions futures de son livre fussent traduites de cette version anglaise, et non de l'original polonais.

Cependant, lorsque Wojtyla fut élu pape, une commission pontificale chargée de s'occuper de la production littéraire de Karol Wojtyla, laquelle prenait soudain une importance nouvelle, recommanda vivement au nouveau pape de désavouer le texte produit en collaboration avec Mme Tymieniecka, de récupérer les droits d'*Osoba i Czyn*, et de refaire de cette version polonaise l'unique texte authentique et autorisé. Des représentants du Vatican tentèrent – en vain, d'ailleurs – de s'opposer à la publication et à la diffusion de la « version Tymieniecka » du livre.

Jean-Paul II accepta sans mot dire les recommandations et autres initiatives de la commission, ce qui entraîna une période de mésentente entre celui-ci et Mme Tymieniecka – bien que le nouveau pape continuât à lui écrire régulièrement (presque tous les mois, selon celle-ci), et, encore que moins souvent, aux proches de son ex-collaboratrice. Sur ces entrefaites, Mme Tymieniecka consulta des avocats; elle envisageait en effet d'intenter un procès au chef suprême de l'Église catholique romaine, ou à ses représentants, pour infraction au copyright. Elle commença à réunir méticuleusement des documents témoignant de leur coopération et de leur correspondance, et les confia à diverses personnes et institutions, en vue de les rendre publics après sa mort. Ignorant les souhaits du Vatican, elle publia et diffusa en 1979 le livre issu de leur collaboration; il est toujours disponible en librairie, et constitue l'édition anglaise standard. Lors de sa publication, le Vatican déclencha dans la presse catholique une campagne contre le travail effectué par Mme Tymieniecka sur cet ouvrage, insinuant que celle-ci avait déformé la pensée du pape, en en donnant une interprétation par trop phénoménologique.

Mme Tymieniecka a qualifié le silence du pape concernant cette controverse de « trahison » à son égard, bien que Wojtyla et elle se soient réconciliés depuis. Dans l'entourage du pape, toutefois, nul ne conteste la réalité de leur coopération ni la teneur philosophique du livre qui en est issu *.

« C'était un incomparable partenaire philosophique », dit Mme Tymieniecka, qui est maintenant une dame d'un certain âge (elle est née à la fin des années vingt). « Notre association était de nature philosophique. Il l'a dit lui-même, très clairement – quant à savoir s'il le pensait réellement... »

Dans une de ses lettres à Mme Tymieniecka, datée du 8 février 1979, le pape Jean-Paul II revient sur leur relation passée : « A cet égard, et dans une mesure considérable, je me suis fié à votre compétence, à votre expérience ou – comme je persiste néanmoins à le croire – à votre intuition. Ne vous en défendez pas, car c'est l'intuition (et non seulement une certaine " érudition ") qui fait votre énorme force, précisément en tant que philosophe. »

Selon Mme Tymieniecka – et à cet égard, le Dr Wiliams lui donne raison, ainsi que d'autres spécialistes du pontificat de Wojtyla –, il existe une relation directe entre *The Acting Person* (plus précisément, la version en langue anglaise de cet ouvrage) et les encycliques et déclarations diverses du pape Jean-Paul II (ainsi, bien sûr, qu'avec sa philosophie.) « Leur travail en commun a été extrêmement important, estime le Dr Williams. Mais par la suite, le Vatican et le pape se sont

* Le Dr Joaquín Navarro-Valls, porte-parole du pape, reconnaît que la commission avait agi de façon « exagérément protectrice » au sujet de l'affaire Tymieniecka. Il fait également l'éloge du travail de cette dernière : « Le livre est certes davantage phénoménologique que thomiste, mais c'est ce qui... en fait la beauté. Du point de vue philosophique et littéraire, c'est une analyse absolument remarquable... J'estime que c'est le dernier ouvrage de premier plan écrit sur la phénoménologie. » Il explique l'attitude par trop protectrice de la commission comme suit : « Imaginez la situation d'un nouveau pape qui a écrit un certain nombre d'ouvrages littéraires et philosophiques; de surcroît, ce pape n'est pas italien, et la plupart des gens ne connaissent pas l'œuvre de Wojtyla; ils [la commission] se sont sentis tenus de protéger l'image du pape... De telles circonstances peuvent susciter une énorme confusion, et la situation était à ce point sans précédent... [qu'ils se sont dit], prenons en main l'interprétation de cette affaire. »

La commisssion était par ailleurs soumise aux pressions de certains universitaires polonais, qui soutenaient que la traduction anglaise utilisée par Tymieniecka et Wojtyla pour établir leur version commune était fautive.

Quoi qu'il en soit, le Dr Rocco Buttiglione, protégé de Wojtyla et auteur d'un livre sur la philosophie du pape, faisait lui aussi l'éloge du travail effectué par Mme Tymieniecka « partenaire [de Wojtyla] d'un dialogue philosophique » sur *The Acting Person* : « Je pense qu'il s'était établi entre Tymieniecka et le Saint-Père un dialogue très fructueux... le dialogue avec Tymieniecka a aidé le Saint-Père à préciser certains aspects de [sa propre] pensée... Je dirais que Tymieniecka a incité Wojtyla à considérer la possibilité de refondre sa pensée en des termes plus phénoménologiques, et à donner une forme phénoménologique à certains concepts qu'il devait à la métaphysique thomiste. Il est donc possible qu'elle ait aidé Wojtyla à formuler la notion d'un pacte plus étroit entre phénoménologie et thomisme. »

fort mal comportés, en tentant de censurer ce que l'on savait de cette collaboration. »

Au sujet de l'encyclique *Veritatis Splendor* (Splendeur de la Vérité), qui constitue sans doute l'œuvre maîtresse du pape, le Dr Williams fait ce commentaire : « Elle est inséparable de cette relation. [Wojtyla] ne peut être compris, même en tant que souverain pontife, sans cette encyclique ; il n'aurait pu réaliser ce qu'il a fait sans cette relation [avec Mme Tymieniecka]. Celle-ci ne peut être effacée de sa biographie, du récit de son évolution intellectuelle. »

Le texte polonais original, *Osoba i Czyn*, qui n'a jamais été relu ni revu que par le cardinal Wojtyla en personne, était un ouvrage bien moins abouti, imprécis et (au dire de nombreux lecteurs) d'une complexité quasi impénétrable, comparé à la version due à leur collaboration.

Le philosophe Tadeusz Sticzen, ami et protégé du pape, a écrit dans *Tygodnik Powszechny* (décembre 1978) : « ... grâce au travail du professeur Teresa Tymieniecka, directrice de l'Institut mondial de recherches et d'études de phénoménologie, cet ouvrage... n'est pas une traduction au sens coutumier du terme. Il a été enrichi de nouvelles réflexions de l'auteur, de toute une série d'analyses nouvelles et de précisions..., au point qu'il pourrait être considéré comme un nouveau livre, méritant d'être traduit en polonais. »

Le Dr Tymieniecka ne prétend pas que la philosophie exprimée dans la version anglaise de *The Acting Person* soit la sienne plutôt que celle de Wojtyla ; elle ajoute cependant qu'elle a exercé une « influence » non négligeable sur sa pensée. Elle soutient également (et c'est aussi l'avis d'autres spécialistes) que son travail a permis à Wojtyla de préciser et de mieux exprimer ses idées ; elle parle à cet égard d'une évolution du « style philosophique » du cardinal. Dans sa préface à l'édition en langue anglaise, le cardinal Wojtyla en personne devait préciser que le Dr Tymieniecka était responsable de sa « maturation » et de sa « forme définitive ».

Elle faisait essentiellement office de collaboratrice et d'éditrice du texte. Jusqu'à son apparition dans la vie du cardinal, celui-ci était ignoré, voire rejeté, par la communauté philosophique.

Selon Mme Tymieniecka, le futur pape lui aurait dit lors de leur première entrevue : « " Vous savez, les philosophes catholiques polonais n'ont pas une très haute opinion de ce livre. " Il était très découragé à ce sujet. D'une façon générale, il était déçu par l'accueil fait à son livre – et à sa philosophie. »

L'histoire de leur collaboration en soi n'est peut-être pas moins importante que le contenu de la version anglaise du livre de Wojtyla. Le cardinal et son interlocutrice philosophique passaient de longues heures ensemble, ce qui a permis à Mme Tymieniecka (épouse d'un éminent professeur à Harvard, qui faisait partie du comité des conseillers économiques du président Nixon) de devenir l'un des rares témoins de son caractère, en dehors de l'étroit cercle ecclésiastique qui constituait son milieu polonais.

Quatre années durant, ils travaillèrent en commun sur le manuscrit, tant à Cracovie qu'à Rome, dans le Vermont, en Suisse et à Naples, poursuivant, de vive voix ou par correspondance, un dialogue qui était principalement, selon Mme Tymieniecka, consacré à des questions de philosophie. Pendant leur collaboration, ils se sont sérieusement querellés à au moins deux occasions, dit-elle, bien qu'elle se refuse à préciser à quel sujet. Il s'agissait d'« un dialogue philosophique entre deux esprits indépendants », fait observer le Dr Williams.

Mme Tymieniecka s'employait à faire connaître Wojtyla. Elle l'aida en particulier à planifier son premier grand voyage aux États-Unis ; ce fut grâce à son entremise que l'université Harvard invita le cardinal à donner sa première conférence en Amérique. Unissant ses efforts à ceux du représentant du Saint-Siège aux Nations unies, elle lui permit également de prononcer des conférences à Washington. Elle lui obtint même une invitation à prendre le thé avec le président Gerald Ford à la Maison Blanche (le cardinal dut refuser à cause d'un emploi du temps trop chargé), et inonda les médias de communiqués de presse annonçant la venue aux États-Unis de l'éminent cardinal polonais, que certains Européens considéraient comme un candidat bien placé dans la course à la papauté.

En cet été 1976, Wojtyla et son secrétaire personnel, le père Stanislas Dziwisz, passèrent quelque temps chez Mme Tymieniecka, dans sa maison de campagne du Vermont. Chaque matin, le cardinal célébrait la messe dans le jardin, sur une table de pique-nique ; il emprunta un short au mari de celle-ci pour aller se baigner dans l'étang des voisins. Ils faisaient ensemble de longues promenades (habituellement en compagnie de Dziwisz), discutant philosophie ou parlant du travail qui les absorbait tous deux.

Pendant ces quatre années, elle se consacra entièrement à ce projet. Six fois par an, elle allait le voir à Cracovie ou à Rome, travaillant avec le cardinal lui-même et avec son secrétaire, avant de regagner la Nouvelle-Angleterre pour se replonger dans le manuscrit.

Au cours de cette période, de nombreuses réflexions et des exposés philosophiques du cardinal Wojtyla – jusqu'alors publiés uniquement en Pologne – furent traduits en anglais et parurent dans les pages des *Analecta Husserliana*, publication de la Société internationale de recherches sur Husserl et la phénoménologie, que dirigeait le Dr Tymieniecka. Grâce à cette dernière, il put présenter également des communications à de nombreux congrès de philosophie, réunis dans divers pays européens.

Lorsqu'on lui demande si elle n'a pas fini par éprouver des sentiments plus qu'affectueux envers le cardinal-archevêque – pour unilatéraux qu'ils aient pu être –, Mme Tymieniecka, qui est catholique, répond : « Non, je ne suis jamais tombée amoureuse du cardinal. Comment aurais-je pu tomber amoureuse d'un prélat plus très jeune ? Et puis, n'oubliez pas que je suis mariée. »

Pourtant, le Dr Williams, qui a passé littéralement des centaines d'heures à s'entretenir avec elle, est persuadé qu'il existait un tel attachement sentimental : « Il y avait aussi cela, bien sûr. Éros est la base de la philosophie, dans un sens. Il faut aimer, c'est inévitable. [Mme Tymieniecka] est un être humain passionné. Sa passion à l'égard de Wojtyla était une passion de catholique, qui était refrénée par le statut ecclésiastique de celui-ci ; elle était consciente de ses limites intrinsèques. Mais dans le cadre de ces limites, il y avait certainement une très vive émotion de sa part. »

Ayant eu l'occasion d'observer Wojtyla en la présence de Mme Tymieniecka, ainsi que d'évoquer la question avec celle-ci, le Dr Williams conclut : « Je ne pense pas qu'il se rende compte de ce qu'elle éprouve lorsqu'elle est en sa présence... Un aimant attire la limaille de fer. Il ne comprend pas cela. »

Le Dr Tymieniecka, une petite femme blonde, vive comme un lutin, a dit qu'en ce qui concernait la sexualité, Wojtyla était naïf, comme en témoignent à la fois son comportement et ce qu'il a écrit dans *Amour et Responsabilité*. Dans ses relations avec elle, « le cardinal était un modèle de modestie. C'est un homme qui se contrôle à la perfection, qui s'est forgé une personnalité belle et harmonieuse. » Mme Tymieniecka ajoute :

« Pour écrire [ce qu'il a écrit] sur l'amour et le sexe, il faut connaître bien peu de chose à ce sujet. En lisant *Amour et Responsabilité*, je suis tombée des nues. Je me suis dit qu'il ignorait manifestement tout de ce dont il parlait. Comment peut-il écrire sur de tels sujets ? La réponse est qu'il n'a pas d'expériences de cette nature. *Amour et Responsabilité* ne traite pas seulement de la sexualité. Sa philosophie est indissociable de celle qui est exposée dans *The Acting Person.*

« Sexuellement, c'est un innocent, mais pas dans les autres domaines. Pour être cardinal sous un régime communiste, il faut être extrêmement avisé. Il n'y a aucune naïveté chez lui. C'est un homme très intelligent et très habile, qui sait ce qu'il fait. »

Interrogée sur la place de l'élément sexuel ou d'une attirance sexuelle dans ses relations avec le pape, Mme Tymieniecka a déclaré : « Je vais vous donner une réponse très franche et personnelle : la sexualité ne m'intéresse pas. En aucune façon. Je suis une dame polonaise à l'ancienne mode, qui estime que cela ne constitue en aucune façon un sujet de conversation. »

Anna-Teresa Tymieniecka a vu le jour dans une grande propriété de Masovie, région de la Pologne centrale. Elle fit ses études à l'université Jagellon de Cracovie. En 1945-1946, elle y suivit l'enseignement de Roman Ingarden – le phénoménologue qui influença également Karol Wojtyla vers la même époque.

Après avoir passé sa licence, elle quitte Cracovie en 1946, alors que le gouvernement communiste commence à démanteler les grands domaines de l'aristocratie polonaise. Elle partage dorénavant son temps entre Paris et Fribourg. En 1951, elle obtient sa maîtrise à la Sorbonne ; l'année suivante, elle soutient à Fribourg sa thèse de doctorat, qu'elle préparait depuis six ans sous la direction du professeur

Ignacy Bochenski. (Bochenski, prêtre polonais faisant autorité en matière de philosophie marxiste, avait été chargé par l'archevêque Sapieha de remettre au pape Pie XII une lettre demandant au Vatican son aide pour lutter contre l'occupation de la Pologne par les nazis. Ce fut en vain ; le Vatican ne réagit pas.) En 1954, Mme Tymieniecka s'établit aux États-Unis, où elle devait par la suite enseigner la philosophie en tant que chargée de cours à l'université de Californie, à Berkeley, et les mathématiques à l'université de l'Oregon. Elle fit également de la recherche à Yale, devint maître-assistant de philosophie à l'université de Pennsylvanie, et donna des conférences au Bryan Mawr College.

L'histoire des relations entre Karol Wojtyla et Anna-Teresa Tymieniecka débute en 1972, lorsque cette dernière, alors âgée de quarante et quelques années, se procure un exemplaire de *Osoba i Czyn*, publié en 1967 par Karol Wojtyla.

« A l'époque, l'auteur m'était totalement inconnu, écrit Mme Tymieniecka. Un bref coup d'œil me convainquit que cet ouvrage présentait certaines affinités avec ma propre démarche phénoménologique, dont témoigne *Eros and Logos* [livre de Tymieniecka publié en 1962]. La thèse de mon livre, exposée avec force, était que l'action est plus importante que la connaissance *pour la compréhension de l'être humain* – en opposition à la priorité habituellement accordée par la phénoménologie au processus cognitif.

« J'étais très surprise, et plus qu'un peu excitée, à l'idée qu'un autre philosophe était parvenu à des conclusions à ce point compatibles avec les miennes. L'intérêt que je portais à ce livre était donc fort compréhensible... J'avais enfin trouvé un esprit s'apparentant au mien. »

En 1972 et 1973, elle ne cessait de parler à ses élèves d'un « livre génial » écrit par le cardinal Wojtyla. Au printemps 1973, lorsqu'elle fut invitée par le septième Congrès international saint Thomas d'Aquin à représenter les chercheurs américains au sein de son Comité scientifique, elle se rendit en Pologne pour proposer au cardinal de présenter un mémoire dans le cadre de la section « phénoménologie », qu'elle présidait.

« Le cardinal, auquel j'avais écrit, répondit à ma proposition en m'accordant une audience le 29 juillet à [sa résidence de] Cracovie, écrit-elle. Il était étonné que sa pensée philosophique ait pu susciter une telle admiration ; en effet, son livre avait été sévèrement critiqué, à tous les égards, par divers philosophes catholiques lors d'un colloque consacré à sa pensée, qui s'était tenu à Lublin. A l'occasion d'une nouvelle audience, je réussis cependant à vaincre ses réticences. Cédant à mes instances, il accepta de participer à une assemblée internationale de philosophes, et promit de présenter une communication. »

Leur premier entretien prit place dans un des salons du palais archiépiscopal, et dura environ une heure. Wojtyla, rapporte-t-elle, lui confia qu'il « était très surpris par ma visite. Il était absolument stupéfait que je sois venue exprès de l'étranger pour lui dire que, selon moi, *Osoba i Czyn* était un grand livre ».

La secrétaire du cardinal, sœur Eufrozja, était ravie que quelqu'un s'intéressât réellement à la pensée philosophique de Wojtyla. Lorsque les deux femmes prirent le thé ensemble au réfectoire des religieuses, elle conseilla vivement à Mme Tymieniecka de revenir le lendemain. « C'est alors que j'y suis allée de mon grand discours, poursuit Mme Tymieniecka. Je voulais *le* convaincre par son intermédiaire à elle. Je lui ai expliqué que j'invitais [Wojtyla] à prendre la parole à la conférence saint Thomas d'Aquin qui devait se tenir à Naples. Je voulais qu'il représente le catholicisme – j'avais déjà un juif et un protestant. Il me semblait que ses idées avaient de grandes affinités avec les miennes... Je lui fis un incroyable discours, dont le thème central était que la chrétienté avait besoin d'un dirigeant, dans un monde où tout s'effondrait. J'ai précisé que j'étais venue le voir parce que j'avais lu son livre. Je lui ai dit que j'avais besoin de lui parce que j'étais une laïque, libre-penseur, et qu'il me fallait quelqu'un pour représenter le christianisme [à cette conférence]. »

Dans les lettres qu'ils échangèrent par la suite, le cardinal et Mme Tymieniecka convinrent que celui-ci se rendrait à Naples et à Rome pour assister au Congrès saint Thomas d'Aquin, et qu'il ferait une communication sur le thème « L'Auto-détermination en tant que structure constitutive de la personne » lors de la séance plénière, avant de participer au colloque sur la phénoménologie qu'elle animait. Le congrès dura du 17 au 24 avril 1974 ; à cette occasion, le cardinal Wojtyla accepta en outre de publier d'autres textes dans les *Analecta Husserliana*.

Selon Mme Tymieniecka, le cardinal et elle avaient déjà discuté d'une éventuelle version anglaise d'*Osoba i Czyn*, sur laquelle ils travailleraient tous deux, et qu'elle ferait publier par la Société de phénoménologie.

« C'était de ma part une œuvre d'amour : le faire connaître, le faire reconnaître à sa juste valeur en tant que philosophe... Ma condition était que nous fassions [ce travail] ensemble. Il aurait préféré que je m'en charge seule [de relire et préparer le texte], mais j'ai refusé. J'ai dit : " Seulement si nous le faisons ensemble ". »

En novembre, après avoir reçu du cardinal une lettre où celui-ci réagissait positivement à sa proposition de faire d'autres interventions du type de celle du Congrès saint Thomas d'Aquin, Mme Tymieniecka alla voir Wojtyla à Cracovie à ce sujet.

Durant cette visite, qui se prolongea plus d'un mois, ils convinrent qu'elle publierait une traduction en anglais d'*Osoba i Czyn* dans le volume 10 des *Analecta Husserliana*. Un contrat fut établi, donnant à Mme Tymieniecka l'exclusivité des droits de publication dans le monde entier. Sur ce, le cardinal chargea un traducteur professionnel établi en Pologne, de préparer une version anglaise du manuscrit, sur laquelle il travaillerait avec Mme Tymieniecka. Cette dernière se souvient :

« Un premier entretien avec le traducteur en question, le 13 juillet 1975, suffit à révéler les immenses problèmes que soulevait la traduction de l'ouvrage en anglais. A bien des égards, les critiques émises par les intellectuels polonais paraissaient justifiées. Interrogé à ce sujet, l'auteur reconnut qu'il n'avait jamais revu son livre avant la publication... Le manuscrit dactylographié avait simplement été imprimé tel quel. »

Telle avait toujours été la méthode de travail de Wojtyla ; cela explique sans doute en partie pourquoi nombre de ses écrits sont souvent jugés imprécis, difficiles, voire incompréhensibles. Outre de « très nombreuses insuffisances », le texte présentait « des phrases incomplètes, une grammaire fautive, des expressions vagues, d'innombrables répétitions, et des analyses incomplètes », a dit Mme Tymieniecka.

Selon Mme Tymieniecka elle-même et d'autres observateurs, c'est à ce stade que leur collaboration commença vraiment. Cette entreprise de longue haleine dura les trois années suivantes. Tout au long de cette période, elle fit en sorte que le cardinal participe à d'autres congrès philosophiques en Europe (par exemple à Rome, en mars et en septembre 1976), qui duraient en moyenne une semaine, parfois plus. En 1975, elle commença à préparer à son intention une tournée de conférences aux États-Unis l'été suivant, époque où il devait de toute façon participer au Congrès eucharistique de Philadelphie. Son objectif était « de faire connaître ce grand penseur à la communauté internationale ».

Durant cette période, ils prirent aussi l'habitude de travailler régulièrement à la nouvelle version du livre – à l'occasion de congrès ou de conférences dans diverses villes d'Europe, dans les bureaux du Collège des cardinaux lorsque Wojtyla était en mission au Vatican, ou encore lorsque Mme Tymieniecka se rendait en Pologne :

« J'allais en Pologne trois fois par an, et à Rome, également trois fois par an. Chaque fois, je séjournais cinq semaines en Pologne, et deux à trois semaines à Rome, le tout pendant quatre ans. En Pologne, je restais au moins trois semaines à Cracovie, où nous travaillions chaque fois qu'il avait le temps... Il m'envoyait un mot, ou bien sœur Eufrozja me téléphonait.

« Je descendais chez des amis, généralement des universitaires, ou parfois dans un hôtel... Il m'envoyait un message la veille [du jour où il pouvait la recevoir]. Pendant cinq semaines durant, j'étais à son entière disposition : deux semaines à Varsovie et trois à Cracovie. Je lui étais totalement dévouée. Nous avions d'incroyables discussions, de passionnantes discussions philosophiques, au sujet de son livre et de ses autres écrits. Et de mes textes, aussi – pas tous, seulement ceux que je lui communiquais. »

Une photo prise à cette époque montre Mme Tymieniecka assise au piano dans sa maison du Vermont : petite, séduisante, vêtue d'une minijupe, ses cheveux blonds pas très longs ramenés en une queue de cheval.

Pendant chacune de ces périodes de travail en commun, en divers points d'Europe, ils se voyaient habituellement entre six et huit fois, se souvient-elle :

« Parfois une heure, parfois pour déjeuner ou pour dîner, ou encore au petit déjeuner, dès qu'il pouvait me consacrer un moment... A une occasion, nous sommes allés ensemble en voiture à Bologne et retour, rien que pour parler du livre. Il avait très peu de temps. Il était sans cesse en déplacement d'un bout à l'autre de son diocèse. Une ou deux fois [à chacun des séjours de Mme Tymienicka à Cracovie], nous faisions une excursion durant la journée, nous parlions de philosophie pendant six heures d'affilée. Des marches en forêt – il adorait marcher. Je tenais le coup tant bien que mal. Je n'étais pas très robuste. A ces occasions, Dziwisz nous accompagnait. Nous étions tous les trois... Souvent, nous allions dans une région montagneuse; les services secrets [communistes] prenaient alors le cardinal en filature. Mucha [le chauffeur du cardinal] essayait de les semer. »

Ce dernier point eut une retombée intéressante : lorsque Wojtyla fut élu pape, des sources communistes polonaises et des documents réunis par la police servirent de base à des hypothèses et rumeurs non fondées selon lesquelles Wojtyla aurait eu une relation – de nature sexuelle, c'était sous-entendu – avec une femme polonaise alors qu'il était prélat. En fait, la femme que des agents secrets *avaient*, semble-t-il, vue en sa compagnie à plusieurs reprises était selon toute probabilité Mme Tymieniecka.

Ils s'entretenaient des sujets les plus divers : nature, poésie, anthropologie... :

« Pendant tout ce temps, nous poursuivions un dialogue entre deux philosophes, dont le cadre dépassait de loin le livre : c'était là le grand attrait de ce travail. S'il en avait été autrement, je ne me serais sans doute pas consacrée à ce point à ce projet. C'était un partenaire philosophique sans égal. »

Pour en revenir à *The Acting Person*, les principaux thèmes philosophiques étaient « déjà présents dans la version polonaise du livre. Nous nous concentrions sur des points de moindre importance; il fallait rectifier des formulations par trop obscures, terminer des phrases... Mais les grands thèmes étaient clairement visibles ».

Ces mêmes grands thèmes deviendraient la base de la philosophie de Wojtyla en tant que pape :

« Dans *The Acting Person*, l'on trouve déjà les principaux éléments de sa politique... à la tête de l'Église. Pour ces raisons, il était capable de diriger la chrétienté, et c'est pour ces mêmes raisons que j'étais allée à Cracovie la première fois. Elles allaient à l'encontre de la pensée ecclésiastique de l'époque. Il mettait l'accent sur l'autodétermination de l'être humain : il appartient à l'individu de donner forme à sa vie, de décider ce qu'il veut en faire. Il s'ensuit qu'une société et un système politique doivent permettre à l'individu de se déterminer soi-même.

« Si, d'une part, un système sociopolitique ne donne pas à l'individu... ce droit légitime – c'est le cas des régimes totalitaires et communistes, qui abolissent l'autodétermination de l'être humain –, l'État est pernicieux. D'autre part, si les sociétés et les cultures autorisent l'individu à devenir strictement individualiste et à négliger les liens avec la communauté que cette autodétermination exige et établit à la fois, la cohésion sociale s'effrite. »

La visite de Wojtyla aux États-Unis en 1976 fut un triomphe. C'était la première fois qu'il s'adressait à de nombreux et influents auditeurs américains. « Je voulais le présenter comme une importante personnalité, un grand homme d'État, mais au début, personne n'était prêt à le considérer ainsi, explique Mme Tymieniecka. Il venait d'un pays dénué d'importance, et personne ne le connaissait. J'ai convaincu le président de Harvard de donner un dîner en son honneur. Il y avait deux cent cinquante invités, l'université avait mis à sa disposition une voiture avec chauffeur, et tous les professeurs polonais devaient être présents pour accueillir le cardinal. » L'invitation officielle à prononcer une conférence à Harvard venait du Dr Williams.

A Harvard, sa conférence fut extrêmement bien accueillie, tant par les universitaires que par les dignitaires religieux ; elle bénéficia d'une excellente couverture médiatique, y compris un article dans le *New York Times*. Qui plus est, à l'occasion d'un lunch donné à Harvard, auquel assistaient des universitaires et des journalistes, le mari de Mme Tymieniecka, le professeur (il enseignait à Harvard) Hendrik Houthakker, un Juif d'origine néerlandaise qui avait connu les camps nazis, présenta Wojtyla en le qualifiant de prochain pape.

Pendant les trois semaines qui s'écoulèrent entre la fin du Congrès eucharistique et la tournée de conférences de Wojtyla, qui lui permit de rencontrer des dirigeants catholiques américains à Washington et dans d'autres villes, il séjourna à deux reprises dans la maison de Mme Tymieniecka, située dans une région boisée du Vermont – six ou sept jours au total. De surcroît, lorsqu'un dîner et une réception furent donnés à Washington en l'honneur du cardinal, elle fit office d'hôtesse.

Selon Mme Tymieniecka, cette période fut la plus intense de leur collaboration, impression que partagent les professeurs Williams et Houthakker. « C'était merveilleux, dit-elle ; nous faisions des choses fantastiques, un incomparable dialogue philosophique. Il avait coutume de travailler à la cuisine. Lorsqu'il s'installe à une table, il se concentre avec une extrême intensité, et ne se lève que lorsqu'il a terminé... Ensuite, il se livre à des réflexions sur ce qu'il a fait. »

Elle avait décidé de recevoir le cardinal « d'une manière aussi typiquement américaine que possible ». Au petit déjeuner, il y avait du Quaker Oats. « Tout le monde allait se baigner dans l'étang du voisin. La messe était célébrée sous un arbre, sur une table pliante – à 7 h 30 pour que mon fils puisse y assister [avant d'aller au travail]. Le père Dziwisz servait la messe. Nous avions des animaux – un cheval, une chèvre, un âne –, qui s'approchaient pendant la messe pour voir ce qui se passait. »

Parfois, ajoute-t-elle, Wojtyla et elle travaillaient seize heures par jour. Souvent, ils faisaient de longues promenades, parlant « de philosophie, de la société, de littérature, de poésie. Nous avions des discussions incroyables... Pour suivre *The Acting Person*, il projetait d'écrire un autre livre : un traité d'éthique, qui deviendrait la base de *Veritatis Splendor*. »

Elle le considérait comme un « homme d'une suprême élégance... un acteur d'une suprême élégance. Dans son attitude, il témoigne d'une aisance parfaite ; un parfait contrôle de soi, tout de calme et de douceur – c'est cela la clé de sa personnalité. Il ne faut jamais oublier qu'il a eu une formation d'acteur ». Mme Tymieniecka poursuit :

« Il avait élaboré une attitude faite de modestie, une manière pleine de sollicitude dans ses relations avec autrui. Il donne l'impression à son interlocuteur qu'il n'a aucun autre souci au monde, qu'il est prêt à tout faire pour cette personne... Son charme personnel inné est l'une de ses principales armes ; il possède en outre une nature poétique, et une manière incroyablement séduisante d'aborder les gens. Tout cela témoigne de son charisme, qui était visible même dans ses mouvements, dans sa manière de marcher – bien que cela ait disparu, maintenant qu'il est un vieux monsieur. Il avait une façon de se déplacer, une façon de sourire, de regarder autour de lui, qui étaient très belles, et qui n'appartenaient qu'à lui. »

Au fil des années, à force d'écouter le cardinal exprimer ses idées et de travailler avec lui pendant cette longue période d'intimité intellectuelle, Mme Tymieniecka est parvenue à certaines conclusions concernant sa personnalité :

« Le principal pouvoir du pape, cet ascendant qui constitue sa vocation particulière, n'est pas sans évoquer le Christ. En quoi consiste-t-il ? Il voit une personne pour la première fois de sa vie, et il est capable de révéler en cet homme un trésor caché de fraternité humaine. Le Christ lui-même n'aurait pu faire mieux. C'est pourquoi les gens sont à ce point subjugués, presque hypnotisés par lui... Il a une façon de sourire, une attitude chaleureuse, emplie d'émotion et de sollicitude, comme si [l'autre personne] était son frère, son plus proche parent, auquel le pape se donne entièrement. Cela dépasse de loin le problème de l'artifice ou de l'authenticité. C'est du domaine de l'essence.

« Ceux qui l'approchent voient la personne la plus adorable et modeste qui soit. Ils ne voient jamais la volonté d'acier qui se cache derrière. C'est *cela*, le pape. Son attitude est au plus haut point calme et détendue. L'inimaginable travail qui se poursuit dans son esprit, on ne le devine pas... Son attitude coutumière [avec les autres] est faite de suavité. Sa volonté de fer s'exerce avec suavité et avec une immense réserve, jamais elle ne se manifeste directement. Dans une certaine mesure, c'est une pose, une affectation. Mais c'est une seconde nature, pas vraiment une pose. Sans doute a-t-il toujours été ainsi. Regardez sa photo [quant il était adolescent] : un genre de garçon absolumment adorable – songeur, et même un peu sentimental.

« S'il est un trait de caractère que j'ai pu observer chez lui, c'est l'amour de la contradiction... La persévérance est une autre caractéristique essentielle. Il ne voit jamais d'obstacles. Rien ne constitue un obstacle [à ses yeux]. »

Elle s'est rendu compte aussi qu'il était « extrêmement orgueilleux, terriblement fier et vulnérable à cet égard. Voilà un être humain qui a d'innombrables facettes... Il n'est en aucune façon aussi humble qu'il le paraît. Et pas davantage modeste. Il a une très haute opinion de lui-même, ce qui est parfaitement justifié ».

Lui arrive-t-il de changer d'avis ? a-t-on demandé à Mme Tymieniecka.

« J'ai l'impression que ce n'est pas le cas. Il s'intéresse beaucoup aux idée neuves. Il est ouvert aux nouvelles idées lorsqu'elle lui paraissent pertinentes. C'est un homme très systématique. Il ne fait pas d'expériences, pas d'essais successifs. Lorsqu'il est devenu pape, c'était déjà un homme mûr, en possession d'un système. Le reste de sa vie a été consacré à l'appliquer. »

Mme Tymieniecka trouvait Wojtyla très sage et avisé, sauf lorsque la conversation portait sur l'Occident et les États-Unis. A cet égard, elle estimait que nombre d'impressions du cardinal étaient erronées, et son ignorance la tracassait.

Elle avait également l'impression que selon lui, la domination communiste sur les pays de l'Est était sans remède. Elle a discuté de ces sujets avec son mari – mais guère des autres détails des longues heures passées en compagnie de Wojtyla. Le Dr Houthakker se souvient :

« Il lui semblait que Wojtyla jugeait les communistes plus puissants qu'ils ne l'étaient en réalité. Ma femme avait l'impression que Wojtyla pensait qu'à longue échéance, les communistes auraient le dessus, et qu'il menait en quelque sorte un combat perdu d'avance. Il était vivement conscient de la puissance du système soviétique. Il ne se rendait pas compte de la puissance du système occidental.

« ... Indubitablement, son manque d'indulgence à l'égard de l'Occident inquiétait ma femme. Elle lui avait parlé de la nature de cette société, si différente de celle dans laquelle il avait grandi... Il avait tendance à croire que les pays occidentaux, et en particulier les États-Unis, étaient immoraux, voire dénués de tout sens moral : il n'appréciait pas à leur juste valeur les vertus de la démocratie. A deux occasions au moins, elle joua un rôle important en lui faisant remarquer qu'il ferait figure de Savonarole aux États-Unis. Elle lui assura que c'était un pays fantastique ; certes, certains aspects risquaient de lui déplaire, mais il devait s'abstenir de dire certaines choses. Elle le convainquit de ne pas exprimer le mépris ou la consternation que suscitait en lui la décadence de l'Occident, et en particulier des États-Unis. C'était de la plus haute importance, car l'accueil que lui feraient les États-Unis dépendrait de ce qu'il dirait. »

Par la suite, lorsque Wojtyla fut devenu pape, cette impression ne fit que se renforcer. A l'occasion d'un entretien avec Houthakker au Vatican, celui-ci déclara : « J'ai tenté de le convaincre des mérites du capitalisme et de la démocratie, mais il m'a semblé que c'était en vain. »

Depuis le début du pontificat de Wojtyla, plus d'un évêque américain a eu le même sentiment.

Ayant pu observer les relations entre son épouse et Karol Wojtyla au fil des années, le Dr Houthakker conclut :

« Il faut que vous compreniez que ma femme et moi n'avons pas vraiment les mêmes sphères d'intérêt. Nous ne nous voyons que les week-ends, quand il y a toujours beaucoup à faire.

« Mon épouse est très féminine ; je suis certain qu'elle considérait Wojtyla comme un homme, et non seulement comme un prêtre. Cela ne fait aucun doute. Ma femme ne cesse de classer les gens, selon qu'ils sont séduisants, ou non. Elle a dû porter le même genre de jugement sur lui. En fait, je ne crois pas qu'elle était particulièrement attirée par lui. Simplement, elle était consciente du fait qu'il était un homme, elle n'aurait pu faire autrement... Je pense que ma femme trouvait – et trouve toujours – le pape fort sympathique, dans l'ensemble. Parce qu'il est polonais, elle peut discuter avec lui de sujets qu'elle ne peut aborder qu'avec peu d'autres personnes, d'autant plus qu'en général elle ne s'entend pas bien avec les Polonais. »

Et le cardinal, que lui donnait cette relation ?

« Peut-être une sorte de fenêtre sur le monde extérieur, avance Houthakker. Je pense en effet qu'il ne se rendait pas vraiment compte qu'il avait passé sa vie entière dans un environnement très limité. »

Qualifiant sa femme de « personne très franche et directe » (pour décrire Mme Tymieniecka, le Dr Williams utilise pratiquement les mêmes termes), Houthakker ajoute : « Elle ne l'a pas traité avec une déférence excessive, avec davantage de respect que ce qui est dû au pape. Elle lui parle très librement. » Selon lui, cela constitue peut-être une autre raison de l'intérêt qu'il lui portait.

« Elle m'en a dit davantage au sujet de ses relations avec lui que je ne l'estimais approprié, fait observer le Dr Williams. Certainement en ce qui le concernait, et plus que je n'aurais dû en entendre. » Pourtant, durant toute la période où elle écrivait *The Mind of John Paul II* (L'Esprit de Jean-Paul II), elle se montra extrêmement circonspecte – et pratiquement d'aucune aide, dit-il.

Par la suite, après l'avoir longuement écoutée, il parvint à la conclusion (c'était d'ailleurs ce qu'il avait toujours pensé) que Mme Tymieniecka ressentait une forte attirance sexuelle pour le cardinal, mais que celle-ci, « sublimée » par la réalité du ministère de Wojtyla, s'était transformée en « une passion intellectuelle... dans laquelle elle était excitée par des idées. Je suis convaincu que dans le cadre de leur collaboration, le sentiment de son identité catholique était renforcé par ce séduisant et mystérieux penseur, qui n'était pas un produit standard du séminaire théologique, mais un phénoménologue plutôt qu'un thomiste. Je crois aussi qu'elle se rendait compte que dans l'histoire intellectuelle de l'Église, une importante frontière avait été franchie.

« Oh ! je ne doute pas qu'ils riaient et plaisantaient, allaient nager et faisaient tout ensemble – en compagnie, cela va sans dire », ajoute-t-il.

Williams est certain que, à sa façon, Mme Tymieniecka était tombée amoureuse du cardinal Wojtyla, mais que cet amour n'était pas réciproque. « La question qui se pose, c'est de savoir si lui aussi ressentait une certaine émotion. Je constate un très fort déséquilibre, même quand ils sont ensemble et regardent le même paysage, cueillent les mêmes raisins, et ainsi de suite. » Wotjyla, suppose-t-il, était attiré par elle au niveau intellectuel :

« Le cœur a ses raisons, et l'esprit a un cœur. Son esprit est certainement habité par une passion, qui a peut-être été vécue uniquement dans le partage de *The Acting Person*. Ce qui signifie " La Personne et l'Action. " Prenez simplement le titre de ce livre, le concept qui est à son origine, et vous constaterez qu'ils témoignent d'une dualité – la personne et l'acte. Je suis certain que c'est là un paradigme de cette relation... Et l'on pourrait dire sans doute, en inversant la proposition originale, qu'il est *Czyn* (l'acte), et qu'elle est *Osoba* (la personne). »

TROISIÈME PARTIE

LE CONCLAVE

UN PAPE EN PYJAMA

Peu après 5 heures du matin, sœur Vincenzina entra dans la chambre du pape. Après avoir tiré les rideaux du lit, elle découvrit le corps sans vie du souverain pontife. Recroquevillé sur le côté droit, les traits figés en un semblant de sourire, Jean-Paul Ier tenait encore à la main une liasse de documents. Chaque matin à 4 heures et demie, la religieuse avait coutume de déposer une tasse de café devant la porte de la chambre du pape. Voyant qu'elle n'avait pas été touchée, elle avait pris peur et avait décidé d'entrer pour voir ce qui se passait. C'était le 29 septembre 1978. Le palais pontifical était plongé dans la consternation.

A 7 h 42, Radio-Vatican annonça le décès du pape, en déformant quelque peu les faits. Il eût été impensable de révéler à l'opinion que sœur Vincenzina avait vu un pape mort en pyjama. Selon la version officielle, Mgr John Magee, prélat irlandais devenu le secrétaire du pape, avait découvert le corps. Le cardinal Jean Villot, secrétaire d'État du Vatican, avait donné des instructions formelles : « Il n'est pas question d'annoncer au monde entier que la première personne qui a pénétré dans la chambre du souverain pontife était une femme. »

Un autre mensonge largement diffusé était qu'au moment de sa mort, le pape était plongé dans la lecture de *L'Imitation de Jésus-Christ* de Thomas a Kempis, mystique du XVe siècle. Par la suite, les autorités du Vatican firent savoir que Jean-Paul Ier tenait à la main le brouillon d'une homélie qu'il préparait. Mais l'on ne devait pas tarder à apprendre que le pape avait eu avec son secrétaire d'État une vive discussion concernant de prochains changements d'effectifs au sein de la Curie romaine et de l'Église italienne, et que, le soir de sa mort, il avait téléphoné au cardinal Giovanni Colombo, archevêque de Milan, pour lui demander conseil.

Ces révélations conduisirent certains membres de la Curie à murmurer qu'en réalité, les papiers que Luciani tenait à la main avaient trait à des nominations et à des transferts – mesures destinées à déplacer l'équilibre du pouvoir au sein de l'Église. Toujours est-il que les notes de Jean-Paul Ier ne furent jamais rendues publiques. Conformément à sa pratique habituelle, le secrétaire d'État Villot ordonna de mettre en lieu sûr tous les objets personnels appartenant au défunt pape, y compris ses lunettes, ses mules, et, surtout, les médicaments posés sur sa table de chevet. Certains jugèrent trop sommaire l'examen pratiqué par le médecin personnel du pape, le Dr Renato Buzzonetti ; en tout état de cause, cet examen servit à rédiger un bulletin selon lequel Jean-Paul Ier était mort le soir du 28 septembre d'une crise cardiaque (infarctus du myocarde). Les personnes les plus proches du pape, en particulier celles qui étaient informées de son état mental et physique, estiment que la cause de sa mort était probablement une embolie pulmonaire.

Quelques heures après l'annonce du décès du pape, des rumeurs commencèrent à circuler à Rome concernant les « mystères » qui entouraient la mort d'Albino Luciani. La décision des autorités du Vatican de ne pas faire pratiquer d'autopsie ne fit qu'alimenter ces conjectures, et donna naissance à la légende voulant que le pape aurait été empoisonné, hypothèse invraisemblable même aux yeux des observateurs du Vatican les plus paranoïaques. Un prêtre qui le connaissait de très près, car il avait été pendant sept ans son secrétaire personnel à Venise, trouvait cette théorie particulièrement absurde : « Il s'est effondré, dit le prêtre en question, sous un fardeau trop lourd pour ses frêles épaules, et sous le poids de son immense solitude. » Le soir précédant sa mort, alors qu'il finissait de dîner, Jean-Paul Ier avait dit à Mgr Magee : « J'ai pris toutes les dispositions relatives aux exercices spirituels du Carême à venir. » Après une pause, il avait ajouté : « La retraite que j'aimerais faire, c'est une retraite pour une bonne mort. »

C'est sans doute dans cette prémonition qu'il faut chercher la clé de la fin de Jean-Paul Ier. Son âme avait été mortellement blessée par la tension, par son isolement, et par son profond désir de ne pas être pape. Quelques jours avant sa mort, il avait confié à son secrétaire : « Un autre, meilleur que moi, aurait pu être choisi. Paul VI avait déjà désigné son successeur. A la chapelle Sixtine, il était assis juste devant moi... » Il s'agissait bien entendu de Wojtyla. « Son tour viendra, car je partirai. »

A Cracovie, le décès du pape Jean-Paul Ier fut annoncé au journal radiodiffusé du matin. Le père Mieczyslaw Malinski écoutait les informations dans le presbytère de l'église paroissiale Sainte-Anne. Sa première pensée fut d'alerter le cardinal. Il se hâta de gagner le palais archiépiscopal. Dans la cour, il rencontra le chauffeur de Wojtyla, Jozef Mucha, qui se précipitait chez le cardinal pour la même raison. Tous deux entrèrent dans la cuisine du rez-de-chaussée ; il y régnait une agréable douceur, qui contrastait avec les premiers froids automnaux. Une plaisante odeur de pain frais, d'omelette et de café flottait dans l'air. Le cardinal Wojtyla se trouvait dans une pièce adjacente. Assis à une table longue et étroite, il examinait avec ses assistants son emploi du temps pour la journée.

Après avoir célébré la messe à la chapelle, il s'accordait un moment de détente, comme tous les matins. Il avait coutume de prendre le petit déjeuner, non dans les appartements historiques du palais, au premier étage, mais ici, près des cuisines.

Mucha tenta de convaincre une des religieuses travaillant à la cuisine d'annoncer la nouvelle au cardinal :

« Il faut que vous alliez lui dire que le pape est mort à Rome.

– Mais il est mort il y a un mois, répondit la religieuse, stupéfaite.

– Non, le nouveau.

– Je ne peux pas lui annoncer cela. Si vous voulez qu'il le sache, allez le lui dire vous-même. »

Irrité, Mucha passa la tête par le passe-plats, et demanda à Stanislas Dziwisz, secrétaire du cardinal : « Avez-vous appris que Jean-Paul Ier est mort, mon père ? »

Wojtyla était en train de sucrer son thé. Il pâlit et s'immobilisa, la main droite levée. Un silence total se fit, soudain brisé par le bruit de la petite cuiller tombant sur la table.

« Non... », murmura Wojtyla.

Mucha se souvient qu'en réaction à cette nouvelle, le cardinal Wojtyla fut pris d'une soudaine et violente migraine. Après s'être enfermé dans la chapelle pendant plusieurs heures, il reprit son programme habituel, et alla comme prévu visiter une paroisse.

Toute la journée durant, le cardinal resta très tendu. Il savait qu'il n'assisterait pas au prochain conclave en simple spectateur. En août, lors du scrutin qui avait abouti à l'élection de Luciani, lui-même avait déjà obtenu quelques voix – neuf au total, selon Romuald Kukolowicz, l'assistant personnel du primat Wyszynski.

Ces voix données à Wojtyla constituaient un signal qu'il ne pouvait ignorer. En fait, l'archevêque de Cracovie avait ressenti un intense soulagement lorsque Jean-Paul Ier avait été élu. « Il était très heureux », se souvient sœur Andrea Gorska, l'ancienne mère supérieure des Ursulines de Varsovie, dans le couvent desquelles le cardinal résidait habituellement lorsqu'il se rendait dans la capitale. « Vous semblez avoir rajeuni, cardinal », lui avait dit la religieuse à son retour du conclave d'août. Wojtyla avait répondu : « C'est parce que nous avons élu un pape magnifique. C'est un homme profondément croyant, très simple, mais croyant. »

Mais pas très robuste. Un dessin paru dans *Le Monde* montrait Jean-Paul Ier écrasé sous le poids énorme de la coupole de Saint-Pierre après un pontificat qui n'avait duré que trente-trois jours. C'était pour les cardinaux un signe indiquant qu'un homme simple, animé d'une foi sincère, ne suffisait plus pour gouverner la barque de saint Pierre.

Le 1er octobre, Wojtyla célébra en l'église Sainte-Marie de Cracovie une messe pour le défunt pape. Le lendemain, il partit pour Varsovie. Mucha, qui le conduisit à l'aéroport, le trouva triste et déprimé : « Tout le monde disait qu'il ne reviendrait pas ici. »

Une fois de plus, le cardinal descendit au couvent des Ursulines de Varsovie. Dans le bâtiment d'un gris foncé construit dans les années trente, Wojtyla disposait d'un petit logement de deux pièces qu'il utilisait lors de ses fréquents séjours dans la capitale. Il passa la journée à essayer de s'occuper l'esprit en vaquant à ses tâches habituelles. Il assista à une réunion de la Conférence des évêques polonais, et consacra les dernières heures de la soirée à lire la thèse de doctorat d'un de ses élèves de Lublin, Andrzej Szostek.

Le lendemain matin, au moment de prendre congé de sœur Andrea, il paraissait pâle et distrait. « Je ne sais trop ce que je dois vous souhaiter, Éminence : revenir ou ne pas revenir », lui dit la religieuse. « Ma sœur, répondit gravement Wojtyla, il existe tant de choses que nous ignorons. Notre vie est ainsi faite que seul Dieu sait tout. »

CAMPAGNE ÉLECTORALE

Certes, seul Dieu sait tout ; l'évêque polonais Andrzej Deskur n'en était pas moins l'un des membres les mieux informés de la Curie romaine. Deskur était également un ami intime de Karol Wojtyla depuis les jours où ils avaient étudié ensemble la théologie. Le 4 octobre, après le service funèbre célébré au Vatican, l'archevêque de Cracovie alla dîner chez Deskur. En sa qualité de président du Conseil pour les communications sociales, c'était l'homme le mieux placé pour l'informer de la situation après la mort de Jean-Paul Ier.

Les cardinaux les plus influents étaient très divisés, et se faisaient énormément de souci au sujet de l'élection à venir. Une fois de plus, il leur faudrait compter les amis et les ennemis, échafauder des alliances, transformer des minorités en majorités. C'était une tâche exténuante, d'autant plus que tout se passait dans les coulisses. En principe, le Saint-Esprit veillait à tout ; le processus de l'élection d'un souverain pontife n'en exigeait pas moins toute la persévérance, la ruse et même l'animosité dont les êtres humains sont capables. Le cardinal Bernardin Gantin, du Bénin, avait fort bien résumé la perplexité générale par cette formule : « Nous tâtonnons dans l'obscurité. »

Le 26 août, l'élection presque immédiate du pape Jean-Paul Ier avait fait l'effet d'un véritable miracle, bien qu'elle eût bénéficié de l'appui discret des puissants cardinaux Sebastiano Baggio et Pericle Felici. Il avait suffi de quatre tours de scrutin pour trouver un compromis entre les cardinaux partisans d'une réforme, qui voulaient un pape « pastoral », libéré du pouvoir de la Curie, et ceux, plus traditionalistes, qui exigeaient une garantie absolue d'orthodoxie. Albino Luciani, patriarche de Venise, s'était révélé l'homme idéal pour sortir de ce dilemme : un homme nouveau aux yeux du monde, humain et compatissant, inflexible en matière de doctrine.

Maintenant, il fallait trouver un autre nom. Une fois de plus, les Italiens allaient sans doute favoriser un des leurs. Mais en premier lieu, les cardinaux devaient dégager la signification du deuxième concile du Vatican, et décider s'il fallait ou non poursuivre les réformes au sein de l'Église.

Les cardinaux qualifiés de « conservateurs » par la presse séculaire italienne et internationale se mobilisèrent autour du cardinal Pericle Felici, préfet du tribunal suprême de la Signature apostolique (la Haute Cour de l'Église romaine). Cette coalition présentait une longue liste de doléances : la crise du clergé, la diminution des vocations, les séminaires à la dérive, les théologiens rebelles, l'abandon de l'éthique sexuelle catholique, le principe d'autorité remis en question, l'offensive du communisme en Europe et en Amérique latine.

Comme de nombreux membres de la Curie ne l'ignoraient pas, Karol Wojtyla partageait leurs préoccupations. Il était cependant moins pessimiste qu'eux. Il ne pensait pas que l'Église dût revenir sur les enseignements de Vatican II. Wojtyla n'était pas d'accord avec la piètre opinion que nombre de cardinaux « de droite » avaient du pape Paul VI : le conducteur d'une locomotive qui ne savait pas où allait son train.

Bien au contraire, l'archevêque de Cracovie appréciait la foi lucide de Paul, sa patience, sa façon de procéder par petites étapes, sa capacité d'arbitrage, son désir d'engager le dialogue avec le monde moderne. Nombre de cardinaux de l'aile modérée ou dite « progressiste » du conclave étaient conscients de cette attitude mesurée de Wojtyla à l'égard de Paul et de son pontificat.

Karol Wojtyla quitta l'appartement de l'évêque Deskur avec la certitude qu'il figurait sur la liste des candidats. Cette fois, il ne s'était pas fait accompagner du père Mieczyslaw Malinski, son ami de Cracovie qui avait coutume de dire sans détours ce qu'il pensait. Avant le conclave du mois d'août, alors qu'il conduisait Wojtyla au Vatican, où celui-ci devait participer à une réunion de cardinaux, Malinski lui avait fait observer : « Le prochain pape est censé être un homme pauvre – et vous, vous achetez un billet aller-retour alors que vous savez parfaitement que vous resterez ici, car vous serez élu. »

Wojtyla avait eu un regard lointain, comme toujours lorsqu'il écoutait attentivement et réfléchissait. Malinski avait insisté : « Vous serez pape, parce que vous êtes un pasteur, non un bureaucrate. Vous n'êtes ni un cardinal de droite comme Siri, ni un homme de gauche, comme le cardinal Suenens. Vous êtes du centre. Les gens veulent un homme du centre. » Toutefois, avait ajouté Malinski, tout dépendait d'*une* condition : que les Italiens ne trouvent pas un cardinal auquel ils puissent s'identifier. Mais il n'y en a pas. Mis à part Bertoli, Baggio et Benelli, ils n'ont aucun candidat respecté. Ils devront donc choisir un étranger.

– Pourquoi pas un Américain ? Un Français ? Un Allemand ? avait rétorqué Wojtyla.

– Non, ni un Français ni un Allemand, parce que tout le monde au Vatican serait obligé d'apprendre l'allemand ou le français... Ces *monsignors* de la Curie donneraient tous leur démission », avait répondu le père Malinski d'un ton moqueur.

Une règle tacite du conclave voulait qu'aucun cardinal originaire d'une grande puissance ne pût être élu pape. « Le pape doit venir d'un petit pays », avait poursuivi Malinski.

« Le cardinal König vient lui aussi d'un petit pays », avait objecté Wojtyla. (König était autrichien.)

« Pourquoi vous et pas König ? Depuis le concile, plusieurs synodes se sont réunis, et chaque fois vous avez été nommé au conseil synodal. Personne, absolument personne n'y a siégé aussi souvent que vous. »

Wojtyla n'avait pas répondu.

Depuis le mois d'août, aucun événement n'avait modifié le bien-fondé de l'analyse de Malinski.

Le 5 octobre, le lendemain du dîner chez Deskur, Wojtyla alla déjeuner chez un autre important prélat polonais en poste à Rome, l'évêque Wladislaw Rubin, membre de la Congrégation pour l'éducation catholique. Rubin était en outre consulteur auprès du Conseil pour la pastorale des migrants, que présidait l'influent cardinal Sebastiano Baggio. Un autre Polonais, le père Ryszard Karpinski, était également un modeste collaborateur de ce conseil. Vers le 15 septembre (alors que le pape Jean-Paul Ier était bien vivant et apparemment en bonne santé), Karpinski avait eu une indication des dispositions de la Curie. Il faisait un trajet en voiture avec son « patron », l'archevêque Emanuele Clarizio, vice-président du Conseil ; au cours de la conversation, ce dernier avait soudain glissé cette remarque apparemment innocente : « Le cardinal Wyszynski est trop vieux pour le pontificat, mais le cardinal Wojtyla ferait un bon pape. » Cette remarque était parvenue aux oreilles de Rubin, lequel en fit part à un Wojtyla plus gêné que jamais.

Dans l'Église romaine, la veille d'un conclave offre aux cardinaux une occasion unique de s'exercer à une véritable démocratie. En cette brève période, ce sont des adultes ; non plus des fils du Saint-Père, mais des citoyens jouissant d'un droit fondamental : un homme, une voix. Ils ont le droit de conférer le pouvoir à l'homme de leur choix. Ce faisant, ils décident de la façon dont ce pouvoir sera utilisé au sein de leur Église. Cette fois, l'enjeu était d'importance, car il fallait désigner l'homme qui conduirait la chrétienté vers le troisième millénaire. Aussi, nombre de cardinaux étaient-ils déterminés à lutter jusqu'au bout pour imposer leur conception de l'Église.

Être candidat à l'élection papale est sans doute ce qui peut arriver de plus déroutant à un dignitaire ecclésiastique. Cela exige une grande humilité, beaucoup de maîtrise – et aussi une dose de schizophrénie. Le candidat sait qu'il est *papabile*, mais il lui est interdit de le dire. Il ne peut pas faire connaître son programme ; il ne peut même pas reconnaître qu'il se présente. Il doit se fier entièrement au Saint-Esprit, tout en participant, ou du moins en assistant, aux manœuvres habituelles destinées à faire le plein de voix et à tenter de bloquer ses adversaires.

La règle numéro un, c'est d'éviter les feux de la rampe. Il faut tout dire par allusions, dans un langage feutré, poli par des siècles de diplomatie. Les participants se sondent mutuellement en de mystérieux pas de deux, sans jamais aborder de front les véritables problèmes. Le cardinal Hyacinthe Thiandoum, de Dakar, a décrit son entretien avec le patriarche de Venise, Albino Luciani, peu avant le début du conclave du mois d'août :

« Mon patriarche... », commença Thiandoum au moment où les religieuses servaient le café à la fin du dîner.

« Je suis le patriarche de Venise, répondit Luciani.

– Nous vous attendons, insista le cardinal africain.

– Cela ne me concerne en rien », dit pour conclure le futur pape.

Tout avait été dit avant même qu'ils ne remuent le sucre dans leur tasse d'*espresso*.

Le candidat qui vise le succès laisse d'autres s'occuper de tout, et s'efforce de paraître calme et impassible, en adoptant un profil bas. En octobre, tandis que ses partisans commençaient à compter les voix, telle fut donc l'attitude que cultiva Wojtyla. Ce ne lui fut pas très difficile, car elle correspondait à son tempérament.

Il ne pouvait pas pour autant se boucher les oreilles. Son ami l'archevêque Deskur, expert en la matière, organisait à son intention des entrevues utiles. Un soir, il arrangea un dîner avec le cardinal Mario Nasalli Rocca, qui était à soixante-quinze ans un vétéran de la Curie, passé maître dans l'art de tirer les ficelles. Tandis qu'ils dînaient au couvent des sœurs de la via Casaletto, Nasalli Rocca enfreignit le tabou en déclarant sans détours : « En ce qui me concerne, il existe un seul candidat : le cardinal Wojtyla. »

Embarrassé, Wojtyla répondit : « La table du souper n'est pas un lieu approprié pour discuter de ce genre de sujet. Laissons à la providence le soin d'en décider. » Deskur l'approuva chaleureusement du regard.

Le soutien de ce vieux renard de la Curie romaine était crucial pour Wojtyla à un moment où les manœuvres s'intensifiaient. Les occasions les plus diverses étaient mises à profit : dîners chez des prélats, entretiens dans des restaurants, promenades autour de la place Saint-Pierre, rencontres de cardinaux au palais apostolique – tandis que dans les bars proches du Vatican, les rumeurs les plus saugrenues et les insinuations les plus calomnieuses allaient bon train.

La semaine précédant l'ouverture du conclave, Wojtyla fut témoin de l'ultime tentative du cardinal de Gênes, Giuseppe Siri, dont c'était la dernière chance de devenir pape. Après la disparition de Pie XII, Siri semblait être son héritier désigné, mais, à la surprise générale, le conclave avait élu Jean XXIII. Ensuite, il y avait eu Paul VI, puis Jean-Paul Ier...

Giuseppe Siri était un anticommuniste acharné ; pendant les années soixante, Nikita Khrouchtchev avait fait appel à lui pour servir d'intermédiaire secret entre Moscou et le Saint-Siège. Il était également de notoriété publique que, depuis Vatican II, le cardinal faisait tout pour freiner les réformes. Ce qui était en jeu maintenant, c'était la mise en œuvre des réformes décidées par le concile. Tout en honorant du bout des lèvres la mémoire de Jean-Paul Ier, Siri s'autorisait des remarques lourdement ironiques du genre : « Les sourires et les protestations d'humilité et de simplicité ne suffisent pas pour gouverner. » Le gouvernail de la barque de saint Pierre exigeait selon lui une main ferme.

Les cardinaux qui considéraient les réformes de Vatican II comme un prélude au chaos étaient prêts à soutenir Siri, en lequel ils voyaient un homme capable de rétablir l'ordre – ou du moins de dissuader les cardinaux « réformateurs » de soutenir un candidat par trop adepte du changement. Les grandes manœuvres précédant le conclave approchaient du moment de vérité.

Wojtyla n'ignorait pas que la candidature de Siri frappait de terreur les cardinaux plus progressistes. Il leur semblait que c'était un rejet de l'essence et des principes fondamentaux de Vatican II : ouverture sur le monde moderne, réforme de la liturgie, liberté de la recherche théologique, rapprochement avec d'autres Églises chrétiennes, dialogue avec les autres religions, y compris la « religion » marxiste.

Le mercredi 11 octobre, plus d'une douzaine d'éminents cardinaux se réunirent au Séminaire français, dans le but de constituer un front anti-Siri et de désigner un autre candidat en vue du samedi 14, jour de l'ouverture du conclave. Participaient notamment à cette « conférence au sommet » les Français Paul Guyon et François Marty ; les Canadiens George Flahiff et Maurice Roy ; les Brésiliens Evaristo Arns et Aloisio Lorscheiter ; le Britannique Basil Hume ; le Béninois Bernardin Gantin ; le Sud-Coréen Stefan Kim ; le Belge Leo Suenens ; et les Italiens Giovanni Colombo, de Milan, et Salvatore Pappalardo, de Palerme.

Les participants préconisèrent la formation d'un front uni pour défendre les conquêtes de Vatican II. Ils n'avancèrent aucun nom précis, mais sur la liste des *papabili*, les actions du cardinal Giovanni Benelli étaient en hausse. Archevêque de Florence, Benelli était depuis dix ans *Monsignore Sostituto*, autrement dit le puissant vice-secrétaire d'État du Vatican. Il avait été aussi l'un des plus loyaux collaborateurs de Paul VI, et, avant l'élection de Montini, son secrétaire. Ce *papabile* était manifestement résolu à poursuivre l'ouverture de l'Église sur le monde moderne.

Pourtant, les observateurs qui pensaient que seules deux factions s'opposaient au sein de l'Église catholique se trompaient. Les fronts de cette bataille étaient bien plus sinueux. Les cardinaux Joseph Höffner, de Cologne, et Joseph Ratzinger, de Munich, n'appréciaient guère l'excessif dogmatisme d'un homme tel que Siri, mais ils ne voulaient pas que les cardinaux étiquetés « libéraux » par l'opinion prennent une trop grande influence. Le cardinal Ratzinger profita d'une interview accordée à la *Frankfurter Allgemeine Zeitung* pour mettre en garde contre le risque d'une influence communiste sur le conclave. Dénonçant le danger que représentaient des « pressions » exercées par les « forces de gauche », Ratzinger rappelait aux électeurs les critiques émises par Jean-Paul Ier à l'encontre de la « théologie de la libération » – mouvement théologique d'Amérique latine qui s'opposait au capitalisme et s'identifiait souvent au combat révolutionnaire contre les dictatures retranchées sur leurs positions.

Wojtyla partageait les craintes de Ratzinger. Depuis quelques années, l'archevêque de Cracovie avait appris à apprécier son jeune et combatif collègue munichois. Agé de cinquante et un ans, Ratzinger était un brillant théologien ; au début de sa carrière, il n'avait pas ménagé ses critiques contre la Curie romaine, et avait apporté son soutien à un autre théologien fermement opposé à l'autoritarisme du Vatican, Hans Küng. Pendant le deuxième concile du Vatican, Ratzinger avait combattu les traditionalistes et embrassé la cause d'un renouveau de l'Église. Au cours des années soixante-dix, toutefois, le véritable séisme qui avait suivi le conclave avait fini par lui faire peur. Il ne voulait pas d'une Église trop proche de la gauche, trop préoccupée par des problèmes sociopolitiques, trop sensible aux forces séculaires qui s'étaient déchaînées sur l'Europe, en 1968.

Lors des réunions officielles de cardinaux précédant le conclave, Ratzinger fit valoir que l'Église catholique devait éviter tout « compromis historique » semblable à l'alliance conclue entre les eurocommunistes et les chrétiens-démocrates au Parlement italien. Ratzinger avait utilisé l'expression « pas de compromis historique » à dessein ; ses auditeurs se souvenaient certainement que c'étaient les termes exacts dont s'était servi Jean-Paul Ier. Wojtyla comprit aussitôt ce que cela signifiait, à savoir qu'un groupe de cardinaux allemands – et d'autres nationalités – s'opposerait à la tentative réactionnaire du cardinal Siri et de ses amis de la Curie romaine, mais qu'il ne voulait pas d'un pape « gauchiste ». Aux yeux de nombreux cardinaux modérés, la description du candidat idéal était : « Fidèle aux idéaux du concile, mais ferme contre la gauche. »

Wojtyla savait qu'un cardinal très influent, qu'il voyait régulièrement, faisait campagne pour lui : Franz König, de Vienne, un prélat aux idées particulièrement larges, et qui était encore plus que l'archevêque de Cracovie féru d'alpinisme. Un sommet de quatre mille mètres ne lui faisait pas peur.

Cet homme grand et imposant, qui avait une ressemblance frappante avec Konrad Adenauer, parlait couramment l'anglais, le français, le russe, l'italien, et bien sûr sa langue natale, l'allemand. Au début des années soixante, Jean XXIII l'avait chargé de faire des incursions dans les pays communistes d'Europe de l'Est. König fut le premier cardinal catholique d'un pays occidental qui réussit à se rendre dans la Yougoslavie de Tito, puis à Budapest, où il rencontra le cardinal Mindszenty, qui avait dû se réfugier à l'ambassade des États-Unis. Paul VI l'avait ensuite placé à la tête du Secrétariat pour les non-croyants, car König savait s'y prendre avec les marxistes, dont il connaissait la culture et les idées politiques.

En 1978, Franz König était membre du Collège des cardinaux depuis vingt ans. Il connaissait très bien l'archevêque de Cracovie, qui faisait régulièrement une halte au palais épiscopal de Vienne quand il allait à Rome. Ils s'entretenaient longuement de la situation de l'Europe de l'Est, en particulier dans les pays où l'Église était contrainte de mener une existence en grande partie clandestine. « Le rideau de fer était une préoccupation constante de Wojtyla, se souvient König. Il était persuadé qu'il ne tomberait pas de sitôt. »

A Rome, König fit partager à de nombreux cardinaux sa conviction que le prochain pape devrait être jeune et en bonne santé, et originaire d'un autre pays que l'Italie. Après le décès de Paul VI, il avait déclaré que les cardinaux d'Europe de l'Est avaient eux aussi le droit de présenter un candidat. Et si quelqu'un lui demandait un nom, son choix se porterait sur Karol Wojtyla. Lors de ses entretiens avec ce dernier, il ne parlait jamais de stratégie – c'eût été superflu. Il ne cachait pas davantage son objectif ; en fait, il en faisait un sujet de plaisanterie. Un soir, alors qu'il emmenait son ami Wojtyla au très chic restaurant Eau Vive, tenu par des religieuses africaines et asiatiques en costumes locaux, König lança au chauffeur du taxi : « Conduisez prudemment : vous avez le prochain pape à bord. »

A l'exception de telles rencontres personnelles, entre amis, Wojtyla évitait les réunions non officielles – surtout celles qui avaient un parfum de conspiration, comme la « conférence au sommet » du séminaire français. König n'avait pas davantage assisté à celle-ci ; bien qu'ami personnel de nombre des participants, dont il partageait entièrement les positions réformistes, il préférait agir encore plus discrètement. Le quartier général de sa campagne en faveur d'un pape polonais était la clinique Salvator Mundi, sur la colline du Janicule, sa résidence romaine. Lorsqu'il recevait des cardinaux, il leur expliquait pour quelles raisons Karol Wojtyla serait un candidat acceptable pour un large éventail d'électeurs : « Le cardinal Wojtyla n'est pas italien, et il vient d'un pays communiste – deux points en sa faveur. De surcroît, ses déclarations publiques lors de Vatican II et des synodes ont fait excellente impression. Lorsqu'il parle, les auditeurs apprécient à la fois ses arguments et sa personnalité attachante. »

Il n'existait pratiquement aucun argument solide à son encontre. De temps à autre, König glissait dans la conversation les mots utilisés par Paul VI pour décrire l'évêque de Cracovie : « C'est un homme courageux, magnifique. » Et comment oublier que le même Paul VI avait désigné Wojtyla pour prononcer les sermons de Carême en 1976 ?

Pourtant, en sondant ses frères, König ne trouva pas aussitôt un consensus. Les Allemands étaient hésitants, les Italiens partisans des réformes conciliaires étaient divisés. Il était également question de quelques autres candidats étrangers, en particulier du cardinal Marty, archevêque de Paris.

König était de plus en plus conscient qu'il serait extrêmement difficile de briser le stéréotype qui, depuis cinq siècles, exigeait que le pape fût italien. Le cardinal Raul Silva Henríquez, de Santiago du Chili, connu pour sa courageuse opposition au régime du général Pinochet (et lui-même parfois mentionné comme un candidat éventuel), n'était pas opposé au principe d'un *papabile* non italien ; pourtant, il hésitait : « Nous restons disposés à élire un autre Italien, confia-t-il au père Virgilio Levi, directeur adjoint de *l'Osservatore romano*, mais ils devraient nous dire qui est leur candidat. »

L'un des plus fervents partisans de la candidature de Wojtyla était le cardinal brésilien Aloisio Lorscheiter, évêque de Fortaleza. Lorscheiter était entré depuis peu au Sacré Collège : deux ans seulement s'étaient écoulés depuis que Paul VI l'avait coiffé du chapeau pourpre. Pourtant, il exerçait déjà une influence non négligeable, car il était à la tête de la Conférence des évêques brésiliens et présidait la Conférence épiscopale d'Amérique latine, voix autorisée de l'Église catholique dans cette partie du monde. Ennemi de toutes les dictatures, Lorscheiter soutenait la fraction la plus libérale du clergé, ainsi que les « communes de base » inspirées par la nouvelle théologie de la libération, teintée de marxisme.

Il espérait que 1978 marquerait un tournant décisif dans la gestion de l'Église. Il souhaitait « un bon pasteur, attentif aux problèmes sociaux, patient, prêt à engager le dialogue et à chercher des points communs ». Il voulait un homme favorisant une plus grande collégialité, une meilleure communication entre les conférences épiscopales et le pape, une participation accrue des Églises nationales aux décisions prises à Rome. Il estimait également que « de fréquents voyages du souverain pontife sur divers continents seraient utiles ».

Lorscheiter avait soutenu l'élection de Jean-Paul Ier ; maintenant, il défendait la candidature de Karol Wojtyla. Il avait apprécié les interventions de Wojtyla lors des synodes, sa ferme volonté de prêcher l'Évangile, sa capacité d'être à l'écoute d'autres cultures, ses positions mesurées lors des débats, sa sensibilité à l'injustice sociale, son attention aux hommes et femmes de tous les pays et continents. Loin de réaliser combien peu de ses propres positions étaient réellement partagées par Wojtyla, le cardinal brésilien ne tarda pas à faire campagne pour l'archevêque de Cracovie auprès des cardinaux du tiers-monde. Le mieux connu des candidats peut décevoir ses plus fervents partisans lorsqu'il accède à la dignité pontificale.

Tandis que Wojtyla restait discrètement loin des projecteurs de l'actualité, son infatigable concitoyen, l'évêque Deskur, prenait à cœur son rôle de directeur de campagne. En premier lieu, il fallait obtenir le soutien de la faction américaine. A cette fin, il donna un petit dîner chez lui, le 11 octobre. Outre Wojtyla lui-même, il avait invité le cardinal John Patrick Cody, de Chicago, et l'évêque Rubin. Cody était membre de deux organismes clés de la Curie : la Congrégation pour l'évangélisation des peuples (qui exerçait un contrôle économique sur les Églises de nombreux pays du tiers-monde), et la Congrégation pour le clergé, que dirigeait un autre Américain, le cardinal John Joseph Wright, de Pittsburgh.

Autour de la table, la bonne humeur régnait. Comme de coutume, Deskur – intellectuel à l'esprit vif, qui adorait la compagnie – animait la conversation. Cody (qui devait être accusé peu après d'irrégularités financières) lui aussi parlait presque sans répit, avec une verve enthousiaste. Les invités n'abordaient le sujet du conclave qu'avec circonspection, glissant cependant de temps à autre une allusion à Paul VI ou à Jean-Paul Ier. Songeur, Wojtyla ne participait guère à la conversation.

Mgr Virgilio Levi était lui aussi au nombre des invités ; en observant Wojtyla, il songea : « Quel étrange convive : il ne dit que quelques mots, alors que tous les autres sont radieux. »

Le même jour, le cardinal König décida que le moment était venu de prendre contact avec le primat de Pologne. A l'issue d'une réunion de routine, König proposa au cardinal polonais de le reconduire. C'était une belle journée, douce et ensoleillée.

« Votre Éminence, commença avec tact l'archevêque de Vienne, voyez-vous quelque candidat valable à l'horizon ?

– Aucun qui sorte réellement de l'ordinaire, dans mon opinion.

– La Pologne aurait-elle un candidat ?

– Comment ? Vous voulez dire que je devrais aller à Rome ? rétorqua Wyszynski vivement. Si je quittais mon pays, ce serait un triomphe pour les communistes.

– Il y a aussi quelqu'un d'autre, avança le cardinal viennois.

– Non, c'est hors de question. Il n'est pas assez connu. »

König déposa Wyszynski devant sa résidence, avec le sentiment très net que le primat ne considérait pas que la candidature de Wojtyla pût être sérieusement envisagée. Jusqu'au dernier moment, les deux grandes figures de l'Église polonaise continuèrent à garder leurs distances. A Rome, ils habitaient séparément : Wyszynski, à l'Institut polonais de la via Cavallini, non loin du Vatican ; Wojtyla, dans le cadre verdoyant du Collège polonais, sur l'Aventin, l'une des sept collines de la Ville éternelle, qui dominait les toits de Rome, les rives du Tibre et la coupole de Michel-Ange. Les visiteurs de Wojtyla ne risquaient pas de tomber inopinément sur Wyszynski.

Le primat restait persuadé que les Italiens voulaient un pape transalpin, pour la simple raison qu'ils ne pouvaient se faire à l'idée de voir un étranger sur la chaire de saint Pierre – et il le répétait à quiconque lui prêtait une oreille attentive.

Wyszynski n'en avait pas moins été frappé par la hardiesse de König. Le lendemain, il convoqua soudain ses compatriotes Deskur et Rubin à l'Institut polonais. « Nous n'avions pas la moindre idée de ce qu'il nous voulait, se souvient Deskur. Dès notre arrivée, il nous demanda qui serait le prochain pape. L'évêque Rubin et moi lui avons tous deux donné la même réponse : Wojtyla.

– Comment le savez-vous ? avait demandé Wyszynski, au comble de la stupeur.

– Votre Éminence, avait répondu Deskur, je vis à Rome depuis trente ans. »

A ce stade, Deskur était déja certain que Wojtyla bénéficiait d'un soutien électoral de plus en plus important. Le cardinal américain, d'origine polonaise, John Krol avait commencé à faire activement campagne en sa faveur, tandis qu'une autre personnalité de premier plan pensait elle aussi à Wojtyla : le Français Jean Villot, secrétaire d'État du Vatican.

Wojtyla ne l'ignorait pas. Cinq mois auparavant, le 18 mai, il avait fêté son cinquante-huitième anniversaire chez Deskur, qui disposait d'un appartement au Vatican. L'invité d'honneur était le cardinal Villot. En cette belle journée de printemps, étaient également présents l'évêque Rubin et Luigi Poggi, nonce apostolique pour l'Europe de l'Est. Pendant le déjeuner, alors que la conversation portait sur l'avenir de l'Église, le secrétaire d'État avait fait observer que Wojtyla était le seul homme susceptible de réunir la majorité des deux tiers prescrite pour l'élection d'un pape. « Je me souviens du regard que le pauvre Poggi a lancé à Rubin, se souvient Deskur. Il se demandait manifestement si le cardinal-secrétaire d'État avait perdu la tête. Parler du prochain pape dans la propre maison du pape, alors que ce dernier était apparemment en assez bonne santé... cela nous avait paru stupéfiant. »

Peu après, le cardinal Villot, jugeant apparemment que la surprise de Deskur et l'incompréhension de Poggi exigeaient une mise au point, envoya à Deskur un billet avec ces quelques mots : « Je maintiens ce que j'ai dit au déjeuner. Ce n'était pas un lapsus. » Deskur l'a précieusement conservé.

Quelques jours avant l'ouverture du conclave, Deskur, que son rôle, librement choisi, d'organisateur de la campagne de Wojtyla avait soumis à une tension excessive, eut une grave attaque, dont il ne se remit jamais complètement. Empli de tendresse et de sollicitude, Karol Wojtyla alla le voir à la clinique Gemelli. Ensuite, pour lutter contre son propre stress, il passa sur une plage des environs de Rome les deux derniers après-midi précédant le début du conclave. Bien que fraîche en cette saison, l'eau était assez chaude pour cet homme du Nord, d'ailleurs très bon nageur.

Avant que les portes du conclave ne se referment sur les cardinaux, un autre drame allait se jouer – un drame d'orgueil, d'intrigue et de traîtrise, digne de la Renaissance, dont la vedette, dans son dernier grand rôle, était Giuseppe Siri, prétendant à la chaire pontificale et champion de la droite.

La veille même du conclave, le journaliste italien Gianni Licheri, qui connaissait de longue date l'archevêque de Gênes, demanda à celui-ci de lui accorder une interview. Sachant que ce n'était pas le moment d'indisposer les hommes qui allaient sous peu élire le pape, Siri exigea que l'interview ne fût publiée que le 15 octobre, lorsque les cardinaux, enfermés dans le conclave, ne pourraient pas le lire.

Le journaliste ayant apparemment accepté cette condition, Siri s'exprima en toute franchise. Il ne cacha pas son hostilité à une démocratisation de l'Église et tourna en dérision la collégialité, l'une des principales doctrines de Vatican II, qui préconisait un partage du pouvoir entre Rome et ses évêques. « Je ne sais même pas ce que c'est que la collégialité épiscopale, déclara-t-il. Le synode ne pourra jamais devenir une assemblée délibérative. »

Le 14 octobre, quelques heures seulement avant que les cardinaux ne prennent le chemin de la chapelle Sixtine, un exemplaire de l'interview fut porté à la résidence romaine de chaque membre du Sacré Collège.

Apparemment, le piège avait fonctionné, et Siri était mortellement atteint. Pourtant, ses partisans décidèrent de lutter jusqu'au bout. Au sein de la Curie romaine, où les tigres ont coutume de se déguiser en colombes, la rumeur voulait que l'homme qui avait tendu ce piège n'était autre que Giovanni Benelli, cardinal de Florence, la ville natale de Nicolas Machiavel. Vérité ou mensonge (Benelli lui-même l'a catégoriquement démenti), beaucoup le croyaient, dans l'atmosphère empoisonnée des manœuvres précédant le conclave.

Le 14 octobre à 16 h 30, après avoir suivi la messe du Saint-Esprit célébrée à la basilique Saint-Pierre, 111 cardinaux-électeurs gagnèrent le conclave en procession solennelle. Prenant le risque d'arriver en retard, Wojtyla avait décidé de rendre une visite de dernière minute à Deskur. Quelques heures auparavant, l'évêque Bronislaw Dobrowski, arrivé le jour même de Varsovie, l'avait informé d'une prophétie le concernant : après avoir appris que Wojtyla avait obtenu une poignée de voix au conclave d'août, le ministre communiste des Affaires religieuses, Kazimierz Kakol, avait rêvé que l'archevêque de Cracovie était élu pape.

Mais l'heure des pronostics et des manœuvres profanes était passée. S'avançant en procession derrière le crucifix porté par le maître de cérémonies, les cardinaux en robes pourpres étaient plongés dans une atmosphère de contemplation et de méditation. L'image du Crucifié rappelait aux électeurs l'immense responsabilité qu'ils portaient, tandis que le chœur chantait *Veni Sancte Spiritus* (« Viens, Esprit Saint »).

Arrivés à la chapelle Sixtine, les cardinaux prirent place sous une autre image du Christ, la majestueuse figure centrale du *Jugement dernier* de Michel-Ange. Ils suivirent en silence la lecture des règles leur enjoignant le secret absolu et interdisant toute communication avec le monde extérieur. Une nouvelle procédure, datant du pontificat de Paul VI, prévoyait l'utilisation des techniques les plus modernes pour empêcher d'éventuelles fuites ou tentatives d'espionnage. Les services de sécurité du Vatican s'étaient servis de détecteurs électroniques pour s'assurer qu'il n'y avait pas de micros cachés. Les talkies-walkies étaient interdits, de même que les récepteurs de radio ordinaires, les magnétophones et les téléphones portables.

Les cardinaux quittèrent ensuite la chapelle Sixtine pour gagner les cellules qui leur avaient été attribuées par tirage au sort. Ayant trouvé la sienne, qui portait le numéro 91, Wojtyla y porta sa valise. Les appartements Borgia avaient été divisés en cellules, à l'aide de simples cloisons amovibles. L'archevêque de Cracovie observa l'austère lit de camp, la table de chevet et le petit bureau. Il n'y avait pas de lavabo ; pour gagner les salles d'eau communes, il fallait passer devant les cellules des autres cardinaux. Le confort lui importait peu. Toute sa vie durant, il avait vécu dans des conditions spartiates ; même au palais archiépiscopal, sa chambre était d'une simplicité monastique. Quand elle faisait ses bagages, sa gouvernante Mariska n'y mettait guère que des chaussettes et des sous-vêtements, quelques chemises et deux paires de chaussures. Lorsqu'il allait à la campagne pour séjourner chez son ami le père Franciszek Konieczny, il lui empruntait parfois une chemise de nuit à l'ancienne mode.

Selon plusieurs témoins, Wojtyla semblait parfaitement serein à la veille du scrutin. Certains le virent lire un article sur le marxisme dans sa cellule. Au cours de la soirée, un jeune prêtre américain, Donald Wuerl, qui accompagnait le cardinal John Joseph Wright, devenu presque aveugle, alla faire un tour dans l'unique lieu découvert de l'enceinte du conclave, la cour Saint-Damase. Soudain, Wuerl sentit une poigne solide le prendre par le bras. Se retournant, il reconnut Karol Wojtyla.

« Puisque vous faites quelques pas, marchons ensemble », lui dit l'archevêque de Cracovie. Comme le prêtre paraissait surpris, Wojtyla ajouta : « Je parlerai en anglais, cela me fera un bon exercice, et vous parlerez italien; ainsi, nous nous comprendrons. »

Allant et venant dans la vaste cour, les deux hommes engagèrent une conversation bilingue, le Polonais dans son anglais à l'accent rugueux, l'Américain dans son italien irrémédiablement monocorde. Wojtyla paraissait parfaitement détendu. Wuerl repensa à une mystérieuse remarque du cardinal Wright : « Ce conclave va élire le successeur de Jean-Paul Ier, non celui de Paul VI. » Qu'est-ce que cela pouvait bien signifier? Paul VI avait été élu pour mener à son terme le concile œcuménique du pape Jean XXIII. Jean-Paul Ier l'avait été pour maintenir la ligne doctrinale de l'Église tout en présentant au monde le visage humain du catholicisme. Son successeur devrait poursuivre et concrétiser ce programme.

Le lendemain, dimanche 15 octobre, la bataille s'engagea. La matinée commença par deux rounds mettant aux prises Siri et Benelli. Les événements ont pu être reconstitués comme suit : au premier tour de scrutin, chacun d'eux obtint une trentaine de voix. Au second tour, le nombre de leurs partisans augmenta. L'après-midi, par contre, les deux rivaux perdirent du terrain; le cardinal Ugo Poletti, président de la Conférence des évêques italiens, obtint quelque trente voix. Au quatrième tour, un nouveau candidat de la Curie romaine entra en scène : le cardinal Pericle Felici. Wojtyla obtint cinq voix, ce qui constituait une sorte de signal d'alarme. Aussitôt, ses traits s'assombrirent.

L'âpreté de cette joute électorale contrastait vivement avec le calme irréel qui régnait dans le conclave. « Les gens s'imaginent que nous avons des discussions véhémentes dans le conclave, se souvient le cardinal König. Rien n'est plus faux. Tout se passe dans le plus grand calme. Deux ou trois personnes s'entretiennent un moment, puis chacun regagne sa cellule. »

Le silence, tel était le véritable héros du conclave, le silence qui dominait tout. Wuerl, devenu évêque depuis, se souvient : « Il n'était pas rare de voir la chapelle [la chapelle Pauline] à moitié pleine de gens venus prier pendant une heure avant de se rendre à la chapelle Sixtine. » Seuls quelques bruits de pas dans le couloir troublaient la quiétude. Les cardinaux priaient en silence, se relevaient en silence, puis regagnaient leurs cellules sans échanger un mot. A table, les conversations étaient réduites au minimum. Dans la chapelle Sixtine, l'on n'entendait guère que le froissement des bulletins de vote, qui devaient être pliés à deux reprises avant d'être déposés dans le calice servant d'urne.

Pourtant, la bataille dont dépendait l'avenir de l'Église était rude. De toute évidence, les candidats italiens se bloquaient mutuellement. Rien n'indiquait que la candidature de Siri cédait du terrain, ses adversaires n'étaient pas davantage prêts à reconnaître leur défaite, et aucun des nouveaux candidats entrant en lice n'avait une chance de faire le plein de voix.

L'heure de Franz König avait sonné. Le soir du 15 octobre, il était prêt à lancer sa grande offensive. Il s'entretint avec les cardinaux allemands, avec les Français, les Espagnols, les Américains, toujours sur un ton calme et détaché, comme si rien d'important n'était en jeu : quelques mots échangés dans un couloir, une conversation en sortant de la salle à manger, une brève visite dans une cellule... Et le conclave retombait dans son grand silence.

A un moment donné, toutefois, König jugea nécessaire de s'entretenir avec tout le groupe germanophone, qui incluait les Néerlandais et quelques cardinaux originaires d'Europe centrale. A cette occasion, le cardinal de Vienne plaida une dernière fois la cause de Karol Wojtyla. Il se montra aussi prudent que convaincant. Une certaine tension commençait à se manifester au sein du conclave, dont les membres réalisaient que c'était un moment historique : en effet, les électeurs commençaient à envisager sérieusement la possibilité de voter pour un non-Italien.

Le matin du lundi 16 octobre, il y eut deux nouveaux tours de scrutin. Siri perdait du terrain, tandis qu'un nombre conséquent de suffrages allait aux cardinaux italiens Giovanni Colombo et Ugo Poletti, ainsi qu'au Néerlandais Johannes Willebrands. Il ressortait de ces résultats que les candidats italiens n'avaient plus aucune chance. Au sixième tour, le dernier avant le repas de midi, les votes en faveur de l'archevêque de Cracovie commencèrent brusquement à augmenter.

Pendant le déjeuner, Karol Wojtyla paraissait tellement sur les nerfs que certains de ses partisans craignaient qu'il ne refusât d'être élu.

L'après-midi, dans le silence pesant entrecoupé de murmures feutrés, l'on aperçut Wojtyla dans la cellule du cardinal Wyszynski ; il était en larmes et semblait très agité. L'archevêque de Cracovie s'était effondré dans les bras du primat de Pologne. La suite était prévisible.

« Si vous êtes élu, lui dit Wyszynski, il faut accepter. Pour la Pologne. »

Wojtyla se reprit en main. Il y eut encore un tour de scrutin incertain ; au suivant, il entendit annoncer son nom. Sur les cent huit cardinaux-électeurs, quatre-vingt-dix-neuf lui avaient donné leurs voix. Contrairement à toute attente, ils avaient désigné un pape originaire d'un pays assujetti à l'Union soviétique, dirigé par un gouvernement marxiste et athée. C'était le premier pape non italien depuis quatre cent cinquante ans, et de surcroît un pape jeune, puisqu'il n'avait que cinquante-huit ans. En dehors des milieux polonais et du Collège des cardinaux, peu de gens savaient qui était ce Slave devenu soudain le berger d'un troupeau de neuf cents millions de catholiques, et qui avait dans son jeune âge dit au prince-archevêque Sapieha qu'il ne voulait pas devenir prêtre.

Rompant le silence, la voix du cardinal qui présidait le scrutin s'éleva : « Acceptez-vous ? Quel nom prendrez-vous ? »

Wojtyla accepta. La tension disparut de son visage, qui prit une expression solennelle. Non seulement, il répondit « Oui », comme l'exigeait la tradition, mais il ajouta : « Fidèle à ma foi en notre Seigneur Jésus-Christ, et me reposant sur Marie, Mère du Christ, et sur l'Église, j'accepte, en dépit de grandes difficultés. » Il avait préparé cette déclaration juste après avoir quitté la cellule de Wyszynski.

En témoignage de fidélité au legs des trois derniers papes et de ses affinités avec Albino Luciani, il prit le nom de Jean-Paul II.

Tandis qu'il parlait, un frisson de joie parcourut le conclave. L'un après l'autre, les cardinaux allèrent lui rendre hommage à genoux. Lorsque vint le tour de Wyszynski, Jean-Paul II se leva lentement de son siège ; alors que le primat de Pologne s'apprêtait à s'agenouiller, il le prit par les épaules et le releva. Le rude et autoritaire cardinal de Varsovie se cramponnait au pape comme un enfant à sa mère, tandis que Jean-Paul II le tenait fermement. Jamais encore dans l'histoire, la Pologne n'avait été honorée comme elle l'était maintenant en la personne du loyal second de Wyszynski, que le vieil homme avait toujours traité avec une certaine froideur.

Lorsque la cérémonie de la chapelle Sixtine fut terminée, seule une veine battant sur le front de Wojtyla trahissait la tempête qui se déchaînait dans son cœur. Calmement, il se laissa escorter vers l'antichambre aux murs écarlates connue sous le nom de *camera lacrimatoria* (« la salle des pleurs »), où le nouveau pape reste seul un moment, en attendant le tailleur pontifical qui le vêtira d'une des trois soutanes de tailles différentes, disposées à l'avance sur un fauteuil. Il n'existe aucun témoignage confirmant la légende selon laquelle le nouveau pape verse alors des larmes – de joie ou de désespoir. Ce qui est attesté, c'est que le pape Jean-Paul II revêtit la plus grande des soutanes et se dirigea d'un pas décidé vers le grand balcon de la basilique Saint-Pierre pour donner sa bénédiction *urbi et orbi* – pour saluer le peuple de Rome et le monde entier.

Aux dernières lueurs du crépuscule, la foule attendait avec impatience. Lorsqu'elle entendit le pape polonais (« C'est un nègre ! » s'était écrié quelqu'un en entendant annoncer son nom exotique) s'exprimer avec aisance en italien, la surprise céda la place à un enthousiasme sans bornes. « Si je fais des erreurs en parlant votre langue – je veux dire, notre langue, dit le nouveau Souverain Pontife aux Romains, n'hésitez pas à me corriger. »

La nuit était tombée. Suivant l'exemple de son prédécesseur, Albino Luciani, le pape avait demandé aux cardinaux de rester dans le conclave pour partager le dîner. Très détendu, Wojtyla discuta avec ses collègues sur le même ton amical que toujours, et badina avec les religieuses qui servaient à table. Lorsque son secrétaire polonais, Stanislas Dziwisz, se mit à pleurer en silence, le pape le prit dans ses bras pour le réconforter.

PEUR ET FIERTE À VARSOVIE

L'officier ouvrit brusquement la porte. Faisant fi du protocole et de la discipline, il s'écria : « Une nouvelle sensationnelle, camarade général ! Wojtyla a été élu pape ! »

L'homme installé derrière le bureau était d'une pâleur mortelle. Cachés par d'épaisses lunettes, ses yeux étaient invisibles. Le corset qu'il portait l'obligeait à se tenir très droit ; dans son uniforme vert olive, il était raide comme un mannequin. Il remercia l'aide de camp pour son message, et prit sur-le-champ les mesures qui s'imposaient : dans deux heures, les membres du Politburo et d'autres hauts fonctionnaires se réuniraient en session extraordinaire.

Agé de cinquante-sept ans, Wojciech Jaruzelski, ministre de la Défense de la République populaire de Pologne, n'avait pas été ménagé par la vie. Il avait survécu à l'effondrement de la Pologne indépendante, envahie d'abord par les nazis, puis par les Soviétiques. Durant l'éphémère alliance conclue entre Hitler et Staline, il avait été déporté en Sibérie (ses paupières y avaient été grièvement brûlées par le soleil, et il s'était abîmé la colonne vertébrale en fendant du bois), avant de regagner son pays aux côtés des forces soviétiques, dans les rangs de l'Armée populaire polonaise, constituée sur ordre de Staline. Après les accords de paix de Yalta, il avait de nouveau survécu, miraculeusement indemne, à l'ère stalinienne. Ensuite, il avait méthodiquement gravi les échelons sous le régime réformiste de Wladislaw Gomulka et pendant l'éphémère « printemps polonais », lorsque le pays, tout en restant lié au pacte de Varsovie, s'était ouvert à l'Occident et à ses marchés. Maintenant, l'économie de la Pologne socialiste était exsangue ; dans un certain nombre d'usines, les ouvriers esayaient de constituer des syndicats semi-indépendants.

Jaruzelski était indécis et divisé. Comment réagir à cette nouvelle venue de Rome, que faire ? Wotjyla pape, cela n'annonçait rien de bon. Les relations entre le cardinal-archevêque de Cracovie et les autorités communistes avaient toujours été difficiles. Pourtant, le général était submergé par une vague de fierté patriotique. C'était la première fois dans l'histoire millénaire de la Pologne catholique qu'un de ses fils montait sur le trône le plus prestigieux du monde. Ce 16 octobre 1978 était un jour de gloire pour la nation entière. Un peu de cette gloire rejaillirait peut-être aussi sur le gouvernement, contribuant à faire oublier le sentiment de défaite et d'indignité qui pesait sur le pays. La Pologne avait été jadis une puissance européenne, mais il y avait si longtemps...

Les rues de Varsovie s'emplissaient d'hommes et de femmes qui gagnaient les églises pour prier et allumer des cierges. Leur joie était immense, proche de l'extase – comme si ce jour était à la fois Pâques, Noël, et la fête de l'Indépendance. De façon aussi typique que choquante, la radio et la télévision contrôlées par l'État avaient annoncé cette nouvelle de portée historique sous la forme d'un simple flash d'informations. Le parti n'ayant pas encore réagi ni donné de directives officielles, personne n'avait même osé accompagner le bulletin d'une biographie succincte.

Pourtant, le ciel de la capitale s'emplissait du son de toutes les cloches de ses églises, qui célébraient la grande nouvelle. Sur ces entrefaites, Jaruzelski était parvenu à la conclusion que le choix d'un pape venu de Cracovie était un coup de maître. Que ce fût dans ses sermons prononcés à la grande cathédrale de la colline de Wawel, ou dans les déclarations faites au palais épiscopal, Wojtyla avait systématiquement et ostensiblement ignoré la hiérarchie du Parti. Avec un mépris non déguisé, il avait nié toute légitimité philosophique à l'idéologie marxiste-léniniste. Et, grâce à la considérable influence qu'il exerçait sur l'intelligentsia catholique, il avait constitué un front de résistance spirituelle contre la direction politique du pays. L'élection de Wojtyla était sans conteste dangereuse. Jaruzelski craignait que l'Église polonaise ne devînt un modèle pour toute l'Europe de l'Est, et que son influence, jusqu'alors limitée à la Pologne, ne s'étendît tôt ou tard aux chrétiens d'Union soviétique.

Jaruzelski était en pleine confusion. Dans l'espoir d'obtenir quelques conseils – et peut-être un peu de commisération –, il décrocha le téléphone et appela Stanislas Kania, directeur des services administratifs du Parti communiste, et principal « contrôleur » de l'Église catholique polonaise.

« Vous êtes au courant de ce qui est arrivé. Quelle est votre évaluation politique ? » Refoulant ses émotions, Jaruzelski parlait comme de coutume d'un ton sec et officiel. Il pressentait que cet événement, pour glorieux qu'il fût, projetterait une ombre indésirable sur la République populaire. Cela annonçait des lendemains difficiles dans les relations avec Moscou.

« Du Vatican, on embrasse un panorama plus étendu que de la colline de Wawel », répondit Kania. Il ne plaisantait qu'à moitié : le pontificat ne pourrait que modérer les positions de Wojtyla.

La mission la plus difficile de Kania consistait à maintenir la suprématie du Parti sur l'épiscopat polonais. Lui aussi était profondément partagé. Il avait en mémoire bien des détails provenant des dossiers sur les évêques polonais et sur les activités du clergé, constitués par son Bureau des affaires religieuses, et fruit d'années d'espionnage. Les rapports décrivaient Wojtyla comme un homme très doué intellectuellement, mais de plus en plus distant et hostile à l'égard de l'appareil communiste. Il y était souvent question d'un « front de Cracovie », qu'il serait difficile de contrôler : le cardinal était trop cosmopolite, il avait de trop nombreux contacts avec le monde extérieur, et s'était rendu à maintes reprises en Occident.

Comme ses fonctions l'exigeaient, Kania devait maintenant rédiger un télégramme de félicitations à l'intention du nouveau pape : quelques phrases chaleureuses et amicales, pour saluer le triomphe d'un « fils de la nation polonaise ».

Peu après la tombée du jour, les principaux dirigeants du gouvernement et du Parti – constituant le Politburo polonais – commencèrent à arriver à la forteresse du Comité central, avenue Jerozolimiskie. De leurs limousines noires, ils avaient vu les églises brillamment illuminées, bondées de fidèles. De Cracovie à Gdansk, de Wroclaw à Lublin, la nation entière était au comble de l'exaltation. D'un bout à l'autre du pays, les lignes téléphoniques étaient encombrées : des milliers de gens voulaient raconter à leurs amis, parents ou collègues comment Karol Wojtyla était devenu pape. Aux yeux des fervents catholiques, c'était pour la Pologne un don de Dieu et de la Vierge Marie.

Les hommes réunis avenue Jerozolimiskie avaient un autre point de vue. Beaucoup d'entre eux étaient persuadés que l'élection de Wojtyla était le fruit d'une machination américaine. Selon eux, les États-Unis et l'Allemagne de l'Ouest avaient conspiré pour truquer le scrutin de la chapelle Sixtine. Et l'homme qui avait tiré les ficelles dans les coulisses, qui avait manigancé tout cela, n'était autre que Zbigniew Brzezinski, le conseiller pour les questions de sécurité du président Jimmy Carter. Férocement anticommuniste, Brzezinski était bien entendu d'origine polonaise.

« Wojtyla va nous tirer les oreilles », gémit Stefan Olszowski, secrétaire du conseil économique du Parti, tandis que ses camarades gagnaient leurs places, mais sa remarque fut ignorée.

Le premier secrétaire Edward Gierek ouvrit la session, puis, apparemment encore sous l'effet du choc, céda la place à Stanislas Kania.

Kania était un homme grand, large d'épaules et ventru, au visage rude et buriné de paysan. Pour la Pologne, déclara-t-il pour commencer, le principal était de poursuivre la politique de rapprochement déjà amorcée avec le Vatican. Le gouvernement autorisait la construction de nouvelles églises ; les évêques polonais pouvaient se rendre librement en Occident. Cette politique devait se poursuivre. Le premier secrétaire en personne était allé s'entretenir avec feu le pape Paul VI afin de préparer un concordat avec le Saint-Siège, ainsi qu'une normalisation des relations diplomatiques. L'État négociait d'ores et déjà avec le cardinal Wyszynski un accord destiné à définir les droits de l'Église polonaise. Aux yeux du gouvernement, il était essentiel que l'Église – et son nouveau chef – considère avec respect le communisme polonais.

« Sur quelles bases pouvons-nous construire ? » se demanda ensuite Kania. Il reconnaissait, certes, que les relations antérieures avec l'archevêque de Cracovie n'incitaient guère à l'optimisme. Mais la rhétorique communiste exigeait que toute proposition négative fût suivie d'une affirmation. L'Église romaine, affirma-t-il, avait fini par reconnaître les avantages d'une coopération avec les autorités communistes. « Nous pouvons escompter que le Saint-Siège se maintiendra sur la voie de la réconciliation, de l'*Ostpolitik.* »

Cela ne suffisait pas à apaiser les craintes des dirigeants communistes assemblés au comité central. Ils étaient hantés par la vision d'une gigantesque conspiration. Un pape polonais constituait-il une menace pour le système socialiste polonais ? Telle était la question cruciale.

« Que faire si le nouveau pape décidait de venir en Pologne ? » demanda un ministre à Kania. La question était d'importance ; elle rendit plus étouffante encore l'atmosphère de la réunion.

Le ministre de l'Intérieur ajouta que le gouvernement devait sans tarder prévoir des mesures pour faire face à une éventuelle vague de pèlerinages de fidèles polonais à Rome : « Ce seul facteur risque de mettre en danger la stabilité de la Pologne. »

Dès les toutes premières heures de son pontificat, l'élection du premier pape originaire d'un pays communiste avait fait surgir le spectre de la déstabilisation. Soudain, le Vatican était devenu pour le monde communiste une inconnue lourde de menaces.

Le lendemain, 17 octobre, l'ambassadeur d'URSS à Varsovie se rendit au siège du Comité central. Durant le trajet, l'homme de Moscou avait parcouru avec alarme et irritation les rapports qui lui avaient été communiqués. Arrivé au siège central, il n'en écouta pas moins avec patience les explications rassurantes du camarade Kania, avant de prendre la parole.

« Puisque vous n'étiez pas en bons termes avec Wojtyla jusqu'à présent, lui fit-il observer avec brusquerie, vous pouvez escompter que les relations avec le Vatican ne feront qu'empirer. »

A bout d'optimisme officiel et d'arguments orthodoxes, Kania ne sut que répondre.

« ... et de beaucoup », ajouta le Russe.

Kania se souvint alors de la réaction de Gierek lorsqu'il lui avait téléphoné pour lui annoncer la nouvelle.

« Sainte Mère de Dieu ! » s'était exclamé le premier secrétaire du Parti communiste polonais.

QUATRIÈME PARTIE

IL PAPA

LE GÉNÉRAL PREND LE COMMANDEMENT

Pauvre Albino Luciani... Tant qu'il restait, pour une nuit encore, dans sa cellule du conclave, il avait pu prétendre qu'il était un cardinal comme les autres, qu'il n'avait pas encore accepté de devenir le chef spirituel de neuf cents millions d'hommes et de femmes du monde entier. Karol Wojtyla n'entretenait pas de telles pensées. Ses quelque quatre-vingts kilos lui donnaient un aspect d'une solidité rassurante, que tempérait une agilité d'athlète. Depuis le moment où le cardinal-président avait annoncé son élection au conclave, il avait témoigné d'une présence d'esprit surprenante. Ses collègues vêtus de pourpre, venus lui présenter leurs félicitations, l'avaient trouvé parfaitement maître de soi. Calme et détendu, du moins en apparence, il avait bu le verre de champagne servi dans les appartements Borgia après sa bénédiction publique des Romains. Calme et détendu, il le paraissait aussi en bavardant avec les cardinaux, en plaisantant avec les religieuses qui le servaient (il les invita même à prendre un verre). De toute évidence, il était à la hauteur de sa tâche.

Pour le pape Wojtyla, passer cette nuit en compagnie des cardinaux, cela signifiait les unir fraternellement à lui, sceller avec eux un pacte qui dépassait la simple obédience, pouvoir compter sur leur solidarité face aux tâches ardues qui l'attendaient. Ces cent et quelques hommes venus de tous les continents devaient constituer un groupe de collaborateurs aussi compact, aussi homogène que celui qui l'entourait à Cracovie, une petite armée dont tous les membres étaient conscients de partager un destin commun, comme les amis qui l'avaient accompagnés lors de longues randonnées dans les montagnes des Tatras.

Avant de s'endormir, il rédigea le sermon qu'il prononcerait le lendemain matin, lors de la messe qu'il devait célébrer pour les cardinaux-électeurs. Son prédécesseur avait chargé Mgr Giovanni Coppa, excellent latiniste de la secrétairerie d'État, d'écrire pour lui la majeure partie de son sermon ; le contenu de ce dernier reflétait sans doute les idées du souverain pontife, mais plus encore celles du secrétaire d'État Jean Villot, qui souhaitait une collégialité accrue dans l'administration de l'Église universelle. Karol Wojtyla rédigea lui-même son sermon. Le secrétaire d'État et les *apparatchiks* de la Curie devraient se faire à l'idée que, dorénavant, bien des choses viendraient de la propre main du pape.

Le matin du 17 octobre, de nouveau sous l'imposante figure du *Christ* de Michel-Ange, le pape venu de Cracovie, et s'exprimant en latin, exposa sa stratégie : en tout premier lieu, fidélité aux principes du concile, et surtout collégialité, questions qui tenaient le plus à cœur à ceux qui ne voulaient pas renoncer au renouveau de l'Église. Ensuite, comme le souhaitaient la plupart des cardinaux, effrayés par les changements trop rapides de la période post-conciliaire, Jean-Paul II insista sur la soumission à l'enseignement du pape, sur le respect des règles liturgiques, et sur la discipline. Pour finir, il souligna la nécessité de poursuivre le dialogue œcuménique et l'action de l'Église en faveur de la paix et de la justice dans le monde. C'était très exactement le programme qui l'avait fait élire.

Le 22 octobre, lorsqu'il arriva place Saint-Pierre pour célébrer la messe inaugurale de son pontificat, il semblait pleinement investi de la mission que Dieu lui avait confiée. Il témoignait de la sérénité d'un acteur qui a parfaitement mémorisé son rôle. Parmi les deux cent mille personnes qui se pressaient sur l'immense place, il y avait quatre mille pèlerins venus de sa Pologne natale ainsi que sept cents membres de la diaspora polonaise. Le président de la République populaire de Pologne était présent, aux côtés du roi d'Espagne, Juan-Carlos. Les présidents du Liban, d'Autriche et d'Irlande étaient venus, de même que des dizaines de délégations, dont celle d' Union soviétique, dirigée par l'ambassadeur Nikolai Ryzhov. Il y avait des patriarches, des dirigeants d'autres Églises chrétiennes. Mais surtout, il y avait la foule, et au-delà de cette foule, les hommes et femmes du monde entier. En s'avançant vers l'autel, Jean-Paul II était pleinement conscient que le monde entier avait les yeux fixés sur cette fantastique esplanade, dont les colonnades s'écartaient comme pour une immense accolade.

En regardant ces images transmises par satellite, les croyants et non-croyants de cent pays différents assistaient au rituel solennel par lequel l'Église catholique romaine élève un homme à la dignité suprême, faisant de lui un monarque dont la splendeur égale celle des empereurs de Byzance. Pour la première fois, Karol Wojtyla prit place sur son trône pontifical.

Tandis que les accents de l'antique litanie des saints s'éteignaient dans les nuages d'encens enveloppant l'autel, le cardinal-diacre Pericle Felici s'avança vers le pape et plaça sur les épaules de celui-ci le pallium sacré, ornement en laine blanche brodée de petites croix noires qui est l'emblème du pouvoir pontifical.

Felici était un traditionaliste à l'esprit vif, féru de latin mais tout autant des plus récents systèmes vidéo, et de surcroît romain jusqu'au fond du cœur. Il se tourna vers Wojtyla, et, d'une voix sonore s'appuyant sur une tradition séculaire, prononça en latin la formule d'investiture : « Béni soit Dieu, qui t'a fait pasteur de l'Église entière en te confiant la mission apostolique. Que ta gloire resplendisse pendant de longues années de vie terrestre, jusqu'au jour où, appelé par ton Seigneur, tu seras vêtu d'immortalité en entrant au royaume des cieux. Amen. »

« Amen », répétèrent les 117 cardinaux de la Sainte Église catholique, apostolique et romaine *. Se levant de leurs sièges, ils s'avancèrent en file pour embrasser l'anneau du pape en témoignage d'obédience. Jean-Paul II donna à chacun l'accolade fraternelle. Mais lorsque Stefan Wyszynski s'agenouilla pour lui rendre hommage, le pape se baissa et serra le vieux primat dans ses bras en une étreinte passionnée. Wyszynski incarnait l'histoire héroïque de l'Église polonaise, sa résistance aux envahisseurs, son farouche combat contre l'athéisme. C'était la seconde fois que Jean-Paul II honorait publiquement Wyszynski – signe, pour quiconque savait ou voulait le lire, de ce qui s'ensuivrait. Jean-Paul II allait se révéler un grand maître dans l'art de manier les symboles.

L'unique thème central du sermon de Karol Wojtyla était le Christ.

« Frères et sœurs ! s'exclama le nouveau pape, n'ayez pas peur d'accueillir le Christ et de vous soumettre à son pouvoir. Aidez le pape et tous ceux qui aspirent à servir le Christ, et, grâce au pouvoir du Christ, à servir l'homme et le genre humain tout entier. » Le discours hardi et direct de Jean-Paul II était on ne peut plus différent de la réserve torturée de Paul VI ou de la timidité souriante de Jean-Paul Ier. Voilà un homme qui parlait comme un véritable héraut de Dieu, un homme décidé à tirer l'Église de son sentiment d'infériorité vis-à-vis du monde, prêt à ébranler ses fondations.

Jean-Paul II parlait avec les intonations rythmées d'un habitué de la chaire, calculant ses pauses, s'interrompant pour permettre à la foule d'applaudir. Cela aussi contrastait avec le débit monotone de Paul VI et le discours timoré de Jean-Paul Ier.

« N'ayez aucune crainte ! disait-il avec fougue. Ouvrez, ouvrez grandes les portes pour accueillir le Christ. Ouvrez à sa puissance salvatrice les confins de l'État, ouvrez les systèmes politiques et économiques, les immenses empires de la culture, de la civilisation et du développement. » Dans les tribunes réservées aux personnalités, comme au sein de l'immense foule qui emplissait la place et les rues adjacentes, les mots du souverain pontife éclataient comme des décharges électriques. Voilà, pensait le public, un pape déterminé à reconquérir le monde.

Toute la Pologne avait les yeux rivés aux écrans des téléviseurs. Le pays entier était paralysé. Varsovie était une ville fantôme, où les autobus ne circulaient plus. Les curés et les évêques avaient même repoussé la messe jusqu'au soir, pour permettre à leurs ouailles de regarder « leur » pape.

Sur la place Saint-Pierre, la voix de Wojtyla s'élevait, de plus en plus véhémente. « N'ayez aucune crainte ! Le Christ sait ce que nous por-

* Les cardinaux âgés de plus de quatre-vingts ans ne participant pas au conclave, seuls 111 étaient présents à la chapelle Sixtine.

tons en nous. Lui seul le sait. » C'était moins une messe qu'un appel aux armes. Jean-Paul II parla en italien et en polonais, en français, en anglais et en allemand, en espagnol, en portugais, puis en différentes langues d'Europe de l'Est : russe, slovaque, ukrainien et lituanien. Dans sa bouche, ces quelques phrases prononcées dans des langues étrangères n'étaient pas de vaines politesses, mais des flèches visant tous les recoins du globe, et qui allaient droit au but.

Lorsque les dernières notes du *Te Deum* se turent, le souverain pontife ne tenait plus en place. Sous les regards stupéfaits des cardinaux assemblés, il s'avança vers la colonnade, tenant sa crosse comme un bâton de pèlerin, sa soutane verte flottant au vent. Ce n'était pas la démarche prudente d'un clerc accoutumé à parcourir les couloirs des séminaires, mais le pas décidé d'un montagnard. Karol Wojtyla ne se soumettait pas à la foule, il la dominait. Il donna l'accolade à un groupe de personnes handicapées venues dans leurs fauteuils roulants. Il échangea quelques mots avec des pèlerins polonais, serra des mains, embrassa des bébés, toucha des bouquets de fleurs que l'on tendait vers lui. Ensuite, regagnant le centre du parvis, il fixa du regard la foule en délire, et, levant la crosse des deux mains, comme un glaive, il la bénit en traçant un puissant signe de croix.

Dès les cent premiers jours de son pontificat, Jean-Paul II indiqua clairement la voie dans laquelle il comptait s'engager. Lors de ses audiences et autres réunions, il présentait son programme concernant l'Église. Il exhorta les prélats romains à ne pas diluer leur charisme sacerdotal en manifestant un intérêt excessif pour les problèmes sociaux. Il se fit le champion du célibat. Il invita les évêques américains à veiller avec soin au respect de la doctrine chrétienne et de la discipline ecclésiastique. A l'occasion d'une rencontre avec des religieuses, il insista sur la nécessité de porter le voile : c'était un important signe extérieur, souligna-t-il, « pour vous rappeler votre vocation, si différente de l'esprit de ce monde ». Aux évêques canadiens, il parla de la nécessité de la confession individuelle. Il rappela à des membres du Secrétariat pour l'union des chrétiens que le mouvement œcuménique ne progresserait pas en faisant des compromis avec la vérité.

Il cita en exemple les mères qui refusaient l'avortement alors que leur propre vie était en danger. Il réaffirma le caractère indissoluble du mariage et critiqua le gouvernement italien, qui avait récemment légalisé l'avortement. Lorsqu'une journaliste lui demanda ce qu'il pensait de l'ordination des femmes, il rétorqua : « La Vierge a préféré se tenir au pied de la croix. »

A l'occasion d'une rencontre avec un groupe de jeunes, il brossa le portrait de ce qu'était selon lui le catholique idéal : « Il importe en premier lieu d'avoir une claire certitude des vérités qu'il faut croire et mettre en pratique. Si vous êtes pris dans l'incertitude, la confusion et la contradiction, il sera impossible de construire quoi que ce soit. »

Pour les journalistes accrédités auprès du Saint-Siège, il organisa une réception qui défiait toutes les règles du protocole. Il les reçut au palais apostolique le 21 octobre, peu avant la messe inaugurale. Se levant de la chaire pontificale, il se mêla à eux, donnant des interviews dans diverses langues et abordant toute sorte de sujets : le marxisme, l'œcuménisme, la Pologne, le Liban, sa vie quotidienne au Vatican, et même le ski. « Cinq jours ont déjà passé, dit-il en plaisantant. Si cela continue ainsi, je crois que je tiendrai le coup. » Peu avant la fin, quelqu'un lui demanda s'il donnerait de nouveau une conférence de presse de ce genre. « Cela dépendra de la façon dont vous me traiterez, » répondit-il. C'était un premier aperçu de la façon dont *il* traiterait la presse pendant la durée de son pontificat : la presse était une corporation qu'il comptait hypnotiser grâce à son charme personnel, un instrument dont il comptait se servir à ses propres fins. A de rares exceptions près, les journalistes ne l'intéressaient pas en tant qu'individus.

Le 5 novembre 1978, il effectua son premier déplacement officiel en dehors du Vatican en se rendant à Assise, la ville de saint François, patron de l'Italie. Pour le pape polonais, ce voyage serait un test de l'attitude du peuple italien à son égard. Le résultat dépassa toutes ses attentes. L'enthousiasme de la foule était indescriptible. Les Italiens accueillirent Wojtyla comme *leur* pape. Les places et les rues de la cité médiévale étaient noires de monde. Pour mieux le voir et l'acclamer, certains, dont des religieuses, étaient montés sur les toits, risquant une chute à cause du souffle puissant de l'hélicoptère pontifical.

Jean-Paul II plut à la foule parce qu'il était un homme de chair et de sang, pieux mais viril. Il n'avait pas un pâle visage de prélat. Il s'exprimait avec spontanéité. Il n'hésitait pas à dire que rien au monde n'était plus important que le Christ. Il présentait les Évangiles comme un moyen de faire face aux problèmes de l'existence contemporaine – du terrorisme aux crises économiques et à l'instabilité politique. En Italie, cette année 1978 avait vu l'assassinat par les Brigades rouges du leader chrétien-démocrate Aldo Moro, acte qui mettait en danger la stabilité de l'État. Les observateurs occidentaux craignaient que le pays ne sombre dans un conflit armé déclenché par des groupes extrémistes. Dans ce contexte chaotique, Karol Wojtyla apparaissait comme un pape prêt à quitter le palais pontifical pour proclamer hardiment sa foi en public, avec des mots simples et directs. Fait symptomatique, les Italiens ne tardèrent pas à prendre l'habitude d'appeler le pape par son nom de famille, Wojtyla, comme s'il s'agissait d'une des grandes figures de l'histoire universelle – Washington ou Garibaldi, Churchill, de Gaulle, Gandhi ou Lénine.

A Assise, les fidèles entendirent Jean-Paul II parler à saint François presque d'égal à égal. Le pape pria pour la résolution de tous les problèmes sociaux et politiques grâce aux Évangiles – toutes les souffrances de l'homme d'aujourd'hui, ses doutes, ses négations, ses confusions, ses tensions, ses complexes, ses angoisses. Se tournant vers le saint, le pape poursuivit : « Aide-nous afin que le Christ devienne la Voie, la Vérité et la Vie pour les hommes et femmes de notre temps. Saint fils de l'Italie, le pape Jean-Paul II, un fils de la Pologne, te demande cette grâce. J'espère que tu ne la lui refuseras pas. » Tandis que les clameurs enthousiastes de la foule emplissaient ses oreilles, le pape entendit soudain une voix s'écrier : « N'oubliez pas l'Église du silence ! » Avec son habituelle présence d'esprit, Jean-Paul II répondit : « Ce n'est plus l'Église du silence, car elle parle par ma voix. »

LE PAPE POLONAIS

Dans la bouche du pape, les mots « Église du silence » – l'Église réprimée derrière le rideau de fer – reprenaient tout leur sens. Pendant le long pontificat de Paul VI, on ne parlait plus de l'Église du silence. Ce terme n'était plus guère utilisé que par de petits groupes de conservateurs, de nostalgiques de la période pré-conciliaire. Lorsqu'il se référait à la situation des pays du bloc socialiste, le Saint-Siège préférait parler de « progrès en vue de la normalisation des relations », tout au plus d'« obstacles ».

Maintenant, un pape riche de son expérience polonaise n'hésitait pas à rappeler aux régimes communistes que certains chrétiens n'étaient toujours pas libres de s'exprimer et de pratiquer leur culte. S'il était resté cardinal-archevêque de Cracovie, il aurait peu auparavant rencontré Adam Michnik, l'un des dissidents les plus actifs de Pologne, cofondateur du KOR (Comité de défense des travailleurs). Déjà programmée pour le mois d'octobre, cette entrevue semblait annoncer un tournant majeur dans la carrière pastorale et politique de l'archevêque de Cracovie. Entre-temps, l'élection du pape était intervenue, mais Karol Wojtyla n'avait fait que porter le débat sur un plan supérieur. Dorénavant, ses foudres contre l'idéologie communiste seraient lancées du haut de la chaire de saint Pierre.

Le nouveau pape n'avait pas l'intention de laisser à la seule bureaucratie vaticane le soin d'améliorer la situation de l'Église dans les pays communistes. Le changement devait venir *à la fois* de la base et du sommet. Jean-Paul II s'employa sans tarder à réveiller la hiérarchie catholique des pays d'Europe de l'Est. Le cardinal-archevêque de Prague, Frantisek Tomasek, fut le premier prélat de l'Est à être reçu en audience par le pape, le jour même de la messe inaugurale. Comme le cardinal tchécoslovaque s'efforçait, tant bien que mal, de survivre dans l'atmosphère morne et répressive du régime communiste dirigé par Gustav Husak, le pape voulait le réconforter de vive voix et l'assurer de son soutien. Jean-Paul II promit également son aide aux évêques de Lettonie et de Lituanie, venus à Rome pour assister à la cérémonie. Aux évêques hongrois, qui devaient se contenter de quelques maigres concessions de la part du régime de Janos Kadar, le pape envoya une lettre les encourageant à prendre des initiatives plus hardies : « Que l'Église catholique soit une lumière spirituelle pour la Hongrie ! » L'illumination spirituelle de la Hongrie exigerait inévitablement des modifications notables du *statu quo*.

Ces déclarations visaient également à attirer l'attention du Kremlin et de l'ensemble du bloc communiste sur la nouvelle *Ostpolitik* de Karol Wojtyla – et à leur rappeler que le pape était polonais, et continuait à se considérer comme tel. Dès le tout premier jour de son pontificat, Jean-Paul II manifesta publiquement son attachement à son identité nationale. Il demanda en effet au président polonais, Henryk Jablonsky, l'autorisation de conserver son passeport. Pour leur part, les autorités polonaises ne rayèrent jamais le nom de Karol Wojtyla des listes électorales de Cracovie. Le pape voyait dans ses origines un signe de la providence.

Le 21 octobre, en guise de remerciements pour les félicitations des autorités de Varsovie, le pape adressa au dirigeant communiste polonais Edward Gierek un télégramme dans lequel il soulignait que l'histoire de la Pologne « est liée depuis mille ans à la mission et au service de l'Église catholique ». Le 23, dans un message à ses compatriotes, il exalta le rôle particulier que l'Église polonaise avait joué au sein de l'Église universelle et dans l'histoire de la chrétienté. L'Église polonaise, ajoutait-il, était devenue un témoin privilégié « sur lequel sont fixés les regards du monde entier ». Sans attendre l'ouverture de négociations avec le gouvernement polonais, le pape ajoutait : « Je souhaite de tout cœur venir vous voir pour le neuf centième anniversaire de la mort de saint Stanislas » – qui devait être célébré le 8 mai 1979.

Le même jour, il reçut les quatre mille pèlerins polonais qui s'étaient rendus à Rome. Dans son allocution, il mentionna son prédécesseur à Cracovie, Eugeniusz Baziak, en le qualifiant de « grand évêque exilé » ; le pape n'avait pas oublié qu'en 1944, Baziak était à la tête du diocèse de Leopoli, dans son pays natal, l'Ukraine occidentale, qui faisait alors partie de la Pologne. Maintenant, le siège de Leopoli était vacant, le gouvernement soviétique refusant qu'un titulaire y fût nommé. A cette occasion, les pèlerins polonais, partagés entre la joie et les larmes, virent une fois de plus Jean-Paul II et le primat Wyszynski échanger une étreinte affectueuse. « Si ce pape polonais occupe la chaire de saint Pierre, dit Jean-Paul II au primat, c'est grâce à votre foi, qui a résisté à la prison et aux souffrances, grâce à votre espoir héroïque et à votre confiance sans bornes en notre Mère l'Église. » L'émotion contraignit le souverain pontife à s'interrompre. Au souvenir de son pays natal, sa voix se brisa. « Il n'est pas facile de renoncer à y retourner, reprit-il, mais si telle est la volonté du Christ, il faut l'accepter, et je m'y soumets. Ma seule prière est que l'éloignement nous unisse plus que jamais. Ne m'oubliez pas dans vos prières. »

Même submergé par l'émotion, le pape n'oublia pas d'envoyer quelques signaux politiques : « L'amour de la patrie nous unit, et il doit nous unir en dépit et au-delà de toutes les différences », prêcha-t-il, ce qui signifiait que toutes les croyances et convictions devaient être respectées. Il ajouta ensuite ces quelques mots, encouragement discret à la résistance : « Opposez-vous à tout ce qui va à l'encontre de la dignité humaine, et qui dégrade les coutumes d'une société saine. »

Dès le début de son pontificat, Jean-Paul II fit de son identité polonaise un des pivots de sa politique – à la surprise et à l'irritation de certains membres de la Curie. Stupéfait et consterné, le secrétaire d'État Jean Villot constata que, le lendemain de la messe inaugurale, au lieu de se mettre au travail sur les dossiers de la Curie, le nouveau pape consacra la majeure partie de son temps à ses compatriotes.

L'attention particulière que le pape accordait à la Pologne, attitude que certains monsignors considéraient comme une sorte de folklore sentimental, se révéla bientôt une stratégie poursuivie avec la plus grande ténacité. Le 4 novembre, recevant une délégation de l'Université catholique de Lublin, le pape en profita pour réaffirmer que son élection était une grâce accordée par le Seigneur à la Pologne. Le 6 décembre, il chanta en chœur avec un groupe de prêtres polonais les chants traditionnels de la Saint-Nicolas. Le 7 janvier 1979, en célébrant une messe à l'intention de ses compatriotes établis à Rome, il exalta le sacrifice et le martyre de saint Stanislas, source, dit-il, de l'unité spirituelle de la Pologne.

Les membres de la Curie et les observateurs du Vatican dressaient l'oreille chaque fois que le pape répétait avec insistance : La Pologne... La Pologne... La Pologne. Ils ne tardèrent pas à se rendre compte que, lorsque le souverain pontife parlait de sa patrie, il pensait à *tous* les pays de l'Est. En recevant, peu après son élection, les membres du corps diplomatique, Jean-Paul II se fit le défenseur du droit des fidèles à la liberté religieuse et à l'égalité de traitement. Pensant aux hommes et femmes de tous les continents, il parla du respect des droits de l'homme et de l'ouverture aux valeurs spirituelles. Quelques semaines plus tard, le pape accorda une audience au ministre des Affaires étrangères de Bulgarie, Petar Mladenov, auquel il déclara : « Vous savez que l'Église catholique ne demande pas un traitement de faveur. Mais en Bulgarie, comme partout ailleurs, il lui faut un espace vital pour remplir sa mission religieuse. »

Il ne manquait pas une occasion de souligner que la liberté de pratiquer sa religion était le fondement de toutes les autres libertés. Le 11 décembre 1978, pour le trentième anniversaire de la Déclaration universelle des droits de l'homme, votée par les Nations unies, il proclama que « la liberté de religion pour tous les hommes et tous les peuples doit être respectée partout et par tous ». A la fin de l'année, lors d'une audience générale, il dénonça l'athéisme, qui « s'oppose avec brutalité à la quête de Dieu dans la vie sociale, publique et culturelle ». Cette formule s'appliquait tout particulièrement à l'Europe de l'Est, où la religion était soumise à de rigoureuses contraintes idéologiques ; même quand elle était tolérée, elle était bannie des circuits de la carrière et du pouvoir. « Une telle attitude est contraire aux droits de l'homme », déclara le pape à Kurt Waldheim, secrétaire général de l'ONU.

L'attitude de Jean-Paul II ébranlait les certitudes de la Curie romaine, habituée à une politique qui semblait devoir se poursuivre indéfiniment. Un jeune monsignor en début de carrière eut cette réflexion : « Ce pape ne se contente pas de dire, comme nous l'avons toujours fait : " Essayons de tenir tête à ces communistes, en progressant pas à pas. " Non, ce pape est venu abattre le communisme du haut de l'autel. » Il semblait de plus en plus évident que le pape s'apprêtait à livrer une bataille idéologique – et le Vatican ne pourrait que lui emboîter le pas.

Mgr Achille Silvestrini, membre du Conseil pour les affaires publiques de l'Église (le ministère des Affaires étrangères du Vatican), se souvient que la « priorité [du pape] était d'affirmer les droits de la conscience religieuse. La diplomatie c'était fort bien, mais ce n'était qu'un outil, dont l'objectif était d'ouvrir les portes au Christ ».

Lorsque Paul VI était mort, le ministre polonais des Affaires religieuses, Kasimierz Kankol, avait assisté aux funérailles, avant d'être reçu par l'archevêque Agostino Casaroli, ministre des Affaires étrangères du Vatican.

Selon le rapport soumis par Kankol au gouvernement polonais, Casaroli lui avait assuré : « Notre politique à l'égard des pays socialistes ne changera pas. » Il lui en avait expliqué la raison : les papes ne gouvernent pas directement l'Église, ils ne font que fixer une ligne politique. « Les décisions sont le fruit du travail collectif des divers organismes du Vatican. Elles résultent d'une analyse, d'une étude approfondie des problèmes. C'est ainsi qu'est déterminée la politique que nous suivons. Le pape ne fait qu'y mettre la touche finale. »

Pendant le pontificat de Wojtyla, ces principes devaient rester lettre morte. Jean-Paul II donna des instructions précises à ses représentants. Dorénavant, dans leurs relations avec les États communistes, ils ne devaient pas minimiser le caractère irréconciliable du marxisme avec la vérité, mais au contraire le souligner. Silvestrini réalisait que cette approche était davantage éthique et religieuse que froidement politique. Aux yeux du souverain pontife, il existait un fossé infranchissable entre *nous* et *eux*. Selon Silvestrini, les actes et les paroles de Jean-Paul II semblaient signifier que pour *eux*, la vérité n'existait pas. La seule chose qui comptait pour *eux*, c'était de servir les intérêts du pouvoir en place ou du Parti. A cela, l'Église devait répliquer : « Non, la vérité existe dans les consciences des hommes et des femmes, elle existe au sein de la société, qui doit bénéficier de cette liberté de la vérité. » Il s'ensuivait que les rigoureuses distinctions philosophiques du pape auraient des effets concrets dans le monde de la politique.

A Moscou, pendant ce temps, *ils* prenaient la mesure de Jean-Paul II, et leurs analyses étaient fort pertinentes. Aussitôt après l'élection de Wojtyla, le Politburo avait demandé un portrait détaillé du nouveau pape. Cette tâche fut confiée à l'Institut pour le système socialiste mondial, organisme rattaché à l'Académie des sciences de l'URSS.

Dès le 4 novembre 1978, à peine plus de deux semaines après l'élection de Karol Wojtyla, Oleg Bogomolov, directeur dudit institut, remit au secrétaire du Comité central un rapport qui prévoyait avec une exactitude frappante nombre des actions de Jean-Paul II. « Selon certains hauts dignitaires catholiques, écrivait Bogomolov, l'élection d'un cardinal polonais aura pour conséquence de favoriser l'*universalisation* de l'Église – en d'autres termes, son activité au sein de tous les systèmes sociopolitiques, et en particulier du système socialiste... Il est probable que le dialogue [avec les pays socialistes] aura, de la part du Vatican, un caractère plus agressif et plus systématique que sous Paul VI. Wojtyla sera sans doute moins enclin à accepter des compromis avec les autorités des États socialistes, notamment en ce qui concerne les nominations [d'évêques] dans les Églises locales. »

Le rapport estimait que Jean-Paul II compenserait son insistance sur le respect des droits de l'homme en Europe de l'Est en dénonçant la répression dans le monde occidental, particulièrement dans des pays d'Amérique latine tels que le Nicaragua et le Chili. Bogomolov soulignait à plusieurs reprises que l'Union soviétique devait s'attendre à une « nouvelle agressivité » de la politique du Vatican à l'égard des pays socialistes, politique qui situerait les problèmes de la coexistence avec l'Église dans le cadre plus global des droits de l'homme. En Amérique latine, faisait par ailleurs observer Bogomolov, le Vatican devait faire face à un problème difficile : comment stopper le radicalisation des Églises nationales et la tendance de certains membres du clergé catholique de ces pays à coopérer avec les forces de gauche, en particulier avec les communistes ? Comme Jean-Paul II avait lui-même travaillé de ses mains pendant une brève période, et que les problèmes de l'ouvrier lui tenaient à cœur, le rapport précisait qu'il s'efforcerait d'« accroître l'influence de l'Église, non seulement dans les pays socialistes, mais aussi au sein de la classe ouvrière du monde capitaliste ».

Karol Wojtyla lui-même était décrit comme un cardinal qui avait toujours épousé des positions de droite, tout en recommandant à l'Église d'éviter les attaques frontales contre le socialisme. Il préconisait plutôt un passage graduel des sociétés socialistes à un système pluraliste et libéral. Au début, poursuivait le rapport, « le nouveau pape sera dépendant de la Curie, qui tentera certainement de le soumettre à son influence. Mais le tempérament indépendant et énergique de Jean-Paul II laisse à croire qu'il réalisera très vite la situation, et se libérera des gardiens de l'orthodoxie au sein de la Curie ».

Le rapport recommandait à l'Union soviétique de soutenir les initiatives de paix de Jean-Paul II, ainsi que la position du Vatican sur l'« internationalisation » de Jérusalem. Il suggérait en outre de faire des efforts en vue d'améliorer les relations entre le gouvernement soviétique et le clergé catholique, en Lituanie et dans les régions occidentales d'Ukraine et de Biélorussie.

Les membres du Politburo y trouvèrent pour finir une recommandation qui les concernait tout particulièrement : ne pas oublier d'être plus attentifs aux besoins moraux et spirituels des individus. « Il n'est pas rare, soulignait le rapport, qu'une attitude simpliste et rigide à l'égard des valeurs spirituelles... crée les conditions d'un renforcement de la position de l'Église. » Cette analyse prophétique était trop subtile pour les dirigeants de l'ère Brejnev. Le Politburo de l'époque estimait plus logique d'envisager (comme Bogomolov le fit ensuite docilement) un renforcement de la propagande en faveur de l'athéisme, et de mieux coordonner les politiques religieuses des divers pays socialistes.

Ce que Bogomolov n'avait pas prévu, c'était la rapidité avec laquelle Jean-Paul II lancerait son défi aux autorités communistes, en décidant de se rendre en Pologne. Lorsque Leonid Brejnev apprit que le gouvernement polonais négociait les conditions du voyage pontifical, le leader soviétique, très en colère, téléphona aussitôt au secrétaire général Gierek, à Varsovie. Dans ses Mémoires, Edward Gierek rapporte leur conversation :

« Après m'avoir informé qu'il avait appris que l'Église avait invité le pape à se rendre en Pologne, Brejnev m'a demandé : " Quelle est votre réaction ? " J'ai répondu : " Nous le recevrons comme il le mérite. "

– Suivez mon conseil, a dit Brejnev, ne le recevez pas. Cela ne fera que causer des ennuis.

– Comment pourrais-je ne pas recevoir un pape polonais, ai-je objecté, alors que la majorité de mes compatriotes sont catholiques ? Ils considèrent son élection comme un grand événement. Et puis, que dirais-je aux gens pour expliquer que nous lui fermons la frontière ?

– Conseillez au pape – c'est un homme avisé – de déclarer publiquement que des raisons de santé l'empêchent de venir.

– Désolé, camarade Leonid, ai-je dit, mais cela m'est impossible. Je dois accueillir Jean-Paul II.

Brejnev m'a alors dit : " Gomulka était un meilleur communiste [que vous], il n'a pas reçu Paul VI en Pologne, et il ne s'est rien produit de catastrophique. Les Polonais ont déjà survécu une fois au refus d'accueillir le pape ; ils y survivront une deuxième fois. "

– Il se peut, mais des raisons politiques dictent que je le reçoive, ai-je déclaré.

– Soit, agissez à votre guise, a dit Brejnev. Mais prenez garde de ne pas le regretter par la suite.

Sur ce, il mit fin à l'entretien. »

Alors que Karol Wojtyla faisait en quelque sorte ses premiers pas au Vatican, le cardinal-secrétaire d'État Jean Villot fit observer à un ami : « Le pape a un style très personnel. » Villot ajouta prophétiquement : « Ce sera indubitablement un grand pontificat. Le nouveau pape est un homme qui n'a pas peur d'affronter les problèmes et les hommes. Nous finirons par sentir la fumée des bombes. »

Français jusqu'au bout des ongles, en particulier dans sa façon subtile, calme et lucide de gérer les affaires de l'Église, le cardinal Jean Villot avait été l'un des confidents de Paul VI ; son bon sens et sa modération compensaient l'intelligence tourmentée de Montini. Il avait l'avantage de ne pas se sentir concerné par les querelles politiques, spécifiquement italiennes, dans lesquelles tous les papes du XXe siècle avaient été personnellement impliqués.

Jean Villot ne tarda pas à réaliser qu'un abîme séparait sa conception de l'administration de l'Église catholique de celle de Jean-Paul II. De même que Wojtyla, il avait participé au deuxième concile du Vatican. Mais, au contraire de son collègue polonais, Villot était un produit de la culture catholique française, laquelle, aux côtés de son équivalent allemand, avait fourni l'élite théologique du concile, et avait profondément influencé ses résultats.

L'un des principaux concepts issus du concile était celui de *collégialité.* « L'Église a été confiée à Pierre et aux Apôtres, non à la Curie ! » avait affirmé aux Pères du concile le patriarche de l'Église d'Orient, Maxime IV.

Paul VI avait fait un petit pas dans cette voie en instituant le synode des évêques. Ce dernier avait cependant un rôle uniquement consultatif ; en règle générale, il ne se réunissait qu'une fois tous les trois ans, pour délibérer d'une seule question, tout au plus de deux, choisies à l'avance par le pape. En réalité, en donnant cette structure au synode, Paul VI n'avait fait que renforcer sa suprématie, tout en faisant un geste symbolique en direction de la collégialité. Pour cette raison, les cardinaux-électeurs avaient de nouveau abordé le thème de la collégialité lors des premières réunions du conclave.

Voulant connaître les intentions du pape à cet égard, le cardinal Villot lui avait demandé : « Votre Sainteté envisage-t-elle de donner une représentation permanente au synode ? » Dans le jargon ecclésiastique, parler de « représentation permanente », c'était envisager qu'un groupe d'évêques, élus par les conférences épiscopales du monde entier, serait chargé de collaborer avec le pape pour gouverner l'Église, comme une sorte de cabinet ou de Conseil de la couronne.

Jean-Paul II avait fermement rejeté cette idée : « Non, ce serait un synode dans le style des Églises orientales. » En d'autres termes, ce serait un organisme démocratique comme il en existe dans les Églises orthodoxes, où le synode est un véritable parlement composé d'évêques, qui adopte des lois et prend des décisions. « Le pape restera le législateur unique et suprême, avec le concile œcuménique » – assemblée réunissant tous les évêques, qui ne peut être convoquée que sur ordre du pape. Jean-Paul II donna l'assurance qu'il consulterait plus souvent le synode sur des problèmes spécifiques. Mais, ajouta-t-il, « il n'est pas nécessaire de rendre cette consultation obligatoire ».

La partie mettant en jeu la démocratisation de l'Église était donc perdue d'avance. Nombre des plus fervents partisans de Wojtyla au conclave, notamment les cardinaux Lorscheiter et König, voyaient leurs espoirs anéantis. Le nouveau pape était-il conscient de la cruelle déception qu'il leur infligeait ? Ce n'est pas certain. Il n'avait jamais vécu dans une démocratie ; pour lui, le terme *collégialité* ne signifiait guère plus qu'un sentiment de solidarité ecclésiastique : un lien entre frères, qui n'en restent pas moins subordonnés au même père, à un homme exerçant l'autorité absolue d'un monarque.

En ce qui concernait l'*Ostpolitik*, Jean Villot ne pensait pas que le projet du pape de se rendre en Pologne pour la commémoration de la mort de saint Stanislas fût réellement indispensable, mais Jean-Paul II ne prêta pas la moindre attention aux réserves qu'il émettait. Il ne faisait aucun doute que le pape agissait d'une manière au plus haut point. « personnelle ». Comme le fit remarquer Villot à son ami Antoine Wenger, un prêtre français : « Le nouveau pape a une très forte volonté et une grande détermination. Durant la première semaine de son pontificat, il a pris des décisions qui auraient pu bénéficier de quelques sages conseils. »

Même physiquement, Karol Wojtyla ne se laissait pas emprisonner. Dès le lendemain du conclave, il prit l'habitude de sortir de l'enceinte du Vatican, en se faisant conduire à la clinique Gemelli pour rendre visite à son vieil ami Andrzej Deskur. Une semaine plus tard, il se rendit en hélicoptère au sanctuaire de La Mentorella, à une cinquantaine de kilomètres de Rome, où il était allé prier les jours précédant son élection.

Les monsignors de la Curie durent se rendre à l'évidence : en toutes circonstances, le nouveau pape agissait comme bon lui semblait, selon son style personnel. Sur le chemin de la basilique Saint-Jean-de-Latran, possession de l'État du Vatican, le souverain pontife avait sans se décontenancer donné l'accolade au maire de Rome, Giulio Argan, qui était historien de l'art – et communiste. Il reçut l'évêque français Mgr Lefebvre, qui avait été suspendu de toutes ses fonctions religieuses par Paul VI pour s'être rebellé contre le concile, et avait reçu l'ordre de ne plus ordonner de prêtres formés selon les principes préconciliaires. Il accorda également une audience à l'évêque mexicain Mendez Arceo, connu pour ses opinions de gauche. « Très Saint Père, avait murmuré le cardinal Villot avec consternation, il est membre de l'Association des chrétiens pour le socialisme. Je sais ce qu'est le socialisme, avait répondu Jean-Paul II en souriant. Je le connais de près. »

Personne n'en avait informé le secrétaire d'État, qui l'apprit en lisant *l'Osservatore romano* du 5 novembre : le pape avait l'intention de se rendre à Puebla, au Mexique, pour assister à la Conférence des évêques d'Amérique latine à l'invitation du cardinal Salazar Lopez, archevêque de Guadalajara. Le Mexique avait une constitution fortement anticléricale. Les prêtres n'étaient même pas autorisés à porter la soutane dans la rue, et le pays n'avait pas de relations diplomatiques avec le Vatican. Le gouvernement mexicain ne manifesta officiellement aucun intérêt pour la visite pontificale.

Le cardinal Villot fit part de ses doutes au pape. Il craignait que le souverain pontife ne fût pas reçu avec les honneurs qui lui étaient dus. Il espérait qu'au moins un représentant du chef de l'État mexicain viendrait l'accueillir à l'aéroport. Mais Jean-Paul II n'avait que faire des craintes de son secrétaire d'État, ni des subtilités du protocole. Il poursuivait un objectif dont aucun *curiale* n'avait jamais rêvé, un dessein aussi révolutionnaire que le concile lui-même : donner un nouveau visage à la papauté dans la perspective du troisième millénaire.

SUR LES ROUTES DU MONDE

L'avant-veille de son départ pour Mexico, Karol Wojtyla reçut pendant deux heures le ministre des Affaires étrangères d'URSS, Andrei Gromyko. Gromyko était un habitué du Vatican, où il s'était rendu en 1967, en 1974 et en 1975, mais c'était la première fois que Jean-Paul II se trouvait face à face avec l'un des doyens du Kremlin, membre chevronné du Politburo.

Gromyko était un homme raide et glacial, intelligent certes, mais habitué à dissimuler ses pensées derrière un jargon bureaucratique sans âme. Toute observation ou objection rebondissait sur lui sans susciter la moindre réaction, sauf peut-être quelques clichés de la propagande soviétique.

Réalisant qu'en l'occurrence son charme serait inopérant, Wojtyla adopta une attitude très officielle, tout en observant soigneusement l'homme de Moscou – et en sachant qu'il était lui-même observé. Gromyko fut tout d'abord frappé par la robustesse du pape. « Voilà, se dit-il, un homme qui fait du sport. »

Jean-Paul II commença par une déclaration de politique générale, en soulignant l'importance des contacts avec l'Union soviétique afin de consolider la paix. Il s'exprima d'abord en russe, puis passa à l'anglais. Gromyko répondit qu'il fallait tout faire pour épargner au monde l'horreur de la guerre, en particulier d'une guerre nucléaire. Il mentionna quelques initiatives prises par l'Union soviétique, et loua les efforts de l'Église en faveur de la paix, du désarmement, et de la destruction de certaines armes. « Nous apprécions beaucoup cette action. »

Gromyko énuméra ensuite les régions du monde où les conflits ou risques de conflits étaient les plus alarmants. « En ce qui concerne l'idéologie, ajouta-t-il, les convictions religieuses et le problème global des conceptions différentes du monde ne doivent pas faire obstacle à une coopération » entre l'URSS et le Vatican.

« Je partage le point de vue selon lequel le problème de politique mondiale le plus pressant en ce moment est de supprimer la menace de guerre, répondit Wojtyla. L'Église catholique agit pour la cause de la paix dans le monde. »

Avec une extrême prudence, Jean-Paul II aborda ensuite le sujet qui lui tenait le plus à cœur. « Il est possible, avança-t-il, que les facteurs qui limitent la liberté de pratiquer sa religion n'aient pas été éliminés partout. Selon certaines sources », ajouta le pape, pesant le moindre mot, « des situations analogues existeraient même, parfois, en Union soviétique. »

La réaction de Gromyko fut glaciale : « Des rapports mensongers de cette sorte sont fréquemment propagés en Occident... transformant en martyrs des criminels de droit commun. Il n'y a pas le moindre grain de vérité dans les rumeurs relatives aux restrictions à la liberté religieuse. Depuis les tout débuts de l'État soviétique, la liberté religieuse a été, et est toujours, garantie. » Gromyko répétait, de façon éhontée, les anciennes formules de la propagande soviétique, depuis longtemps discréditées. Il n'était pas surprenant qu'à Washington, il eût été baptisé « M. Niet ». Pourtant, même pour un Gromyko, il n'était pas aisé d'assurer au souverain pontife de l'Église catholique que la religion se portait bien en Union soviétique. « Durant les dures années de la Deuxième Guerre mondiale, poursuivit-il, l'Église orthodoxe russe, debout aux côtés de l'État soviétique, a mené son propre combat contre le fascisme. Cela aurait-il été possible si dans notre pays l'Église s'était trouvée dans une situation anormale ? »

Le visage du pape resta impassible.

« Nous avons chez nous des personnes qui sont croyantes, reprit Gromyko, mais cela ne pose aucun problème, ni pour elles, ni pour notre gouvernement, ni pour la vie de la société soviétique. »

Comme l'avait toujours affirmé Wojtyla, *ils* mentaient, *ils* n'avaient aucun respect pour la vérité : en URSS, quiconque reconnaissait ouvertement être croyant ne pouvait ni entrer dans l'enseignement, ni faire carrière dans l'armée, ni devenir fonctionnaire du Parti communiste ; mais, pour le moment du moins, le pape garda ces pensées pour lui.

Le 25 janvier à 7 h 20 du matin, le pape quitta le Vatican pour l'aéroport de Fiumicino, avec l'expresssion radieuse d'un homme qui part pour un long voyage.

Au cours de ces cent premiers jours, l'atmosphère de crise qui pesait sur l'Église depuis les dernières années du pontificat de Paul VI s'était dissipée. La papauté était redevenue une entité significative, un facteur dynamique sur la scène mondiale. La figure de Jean-Paul II avait captivé l'imaginaire collectif. Les hommes et femmes du monde entier avaient adopté le nouveau pape. La forte présence physique de Karol Wojtyla ne faisait qu'augmenter son charisme et sa valeur de symbole. Les gens feuilletaient avidement des magazines montrant de vieilles photos de Wojtyla faisant du canoë, des randonnées en montagne, ou simplement en train de se raser. Ils disaient que c'était le premier pape dont on voyait les chaussures – et elles ressemblaient à de lourdes chaussures de paysan ou de pêcheur, pas à des chaussures de curé.

Lors des audiences collectives, les religieuses entraient presque en transe. Elles s'écriaient qu'il était plus beau que Jésus, elles se précipitaient vers lui dans l'espoir de le toucher. Même des gens idéologiquement très éloignés de lui étaient captivés malgré eux. Carlo De Benedetti, journaliste accrédité auprès du Vatican, travaillant pour le journal pro-communiste *Paese Sera*, fit un curieux rêve, qui aurait intéressé le docteur Freud : il traversait un grand appartement ; en entrant dans la dernière pièce, il aperçut une femme : « Elle me tournait le dos, et se tenait face à un miroir en peignant ses longs cheveux, un peu comme Rita Hayworth. Soudain, elle se retourna et je vis son visage : c'était celui de Wojtyla. Ça alors ! me suis-je dit, il peut être n'importe quoi, y compris une femme ! »

Le nouveau pape donnait une impression d'omnipotence.

A bord de son avion spécial, le *Dante Alighieri*, cent quarante journalistes, techniciens et employés d'Alitalia attendaient le pape et sa suite, qui comprenait vingt-cinq cardinaux, monsignors, et gardes suisses en civil. Jean-Paul II emportait dans ses bagages le texte des allocutions qu'il avait préparées, déjà imprimé et traduit en plusieurs langues. A l'exception de quelques modifications de dernière minute, la moindre remarque, le moindre point d'exclamation avaient été minutieusement élaborés au Vatican, la version définitive n'étant établie qu'après de nombreuses consultations entre le bureau papal et les services de la Curie. Une seule allocution n'était pas prête, la plus importante de toutes : celle qu'il devait prononcer devant les évêques latino-américains réunis pour la conférence de Puebla.

La veille de son départ, Jean-Paul II avait été avisé que le Chili et l'Argentine acceptaient officiellement sa médiation pour régler le différend qui les opposait au sujet du détroit du Beagle. Les deux gouvernements, l'un comme l'autre dirigés par un dictateur militaire, avaient demandé au Vatican d'intervenir « afin de les guider et de les assister en vue de trouver une solution pacifique à cette controverse ». De nombreux catholiques italiens et latino-américains n'en furent pas moins consternés lorsque *L'Osservatore romano* publia une grande photographie du général Pinochet, chef de l'État chilien. A leurs yeux, Pinochet était un dictateur brutal et sans scrupules, qui avait pris le pouvoir à la suite d'un sanglant coup d'État, et qui était responsable de la torture, de la mort ou de la disparition de milliers d'opposants. L'archevêque de Santiago, le cardinal Raul Henriquez Silva, était un adversaire résolu de Pinochet ; il avait encouragé la fondation, près du palais archiépiscopal, du Vicariat de la Solidarité, organisme chargé de venir en aide aux victimes du régime et de défendre les droits de l'homme.

Tout en soutenant l'action humanitaire du cardinal, Jean-Paul II estimait que, lorsque le Saint-Siège participait à des initiatives en faveur de la paix et de la justice, il devait négocier avec tous les régimes politiques, y compris les plus haïssables. Le Vatican accordait une grande importance à l'affaire du détroit du Beagle, qui avait failli quelques semaines auparavant entraîner un conflit armé entre le Chili et l'Argentine. En effet, au terme d'un siècle d'insignifiance diplomatique, le Saint-Siège allait de nouveau jouer un rôle dans des négociations internationales. Certes, c'était une bagatelle en comparaison du traité de Tordesillas (1494), arbitré par le pape Alexandre VI Borgia, qui divisait le monde entre l'Espagne et le Portugal ; une « ligne de démarcation » traversait dorénavant l'Atlantique : tous les territoires situés à l'ouest de cette ligne (à l'exception du Brésil) allaient à Ferdinand et Isabelle d'Espagne ; ceux situés à l'est, des Açores à Ceylan et au-delà, allaient au roi du Portugal. La dispute du détroit du Beagle ne concernait qu'un territoire minuscule, mais elle avait pour Jean-Paul II une valeur d'avertissement : l'Église devait faire entendre sa voix sur la scène internationale.

En préparant ce voyage, le pape était vivement conscient que, de Washington à Moscou et de Londres à Rio de Janeiro, toutes les capitales observeraient attentivement le moindre de ses faits et gestes. L'Amérique latine était une pomme de discorde entre les États-Unis et l'Union soviétique, mais elle revêtait aussi – et revêt toujours – une immense importance pour l'Église. En l'an 2000, pratiquement la moitié des catholiques du monde seraient des Latino-Américains. Cette immense région était de surcroît le terrain d'un affrontement majeur entre les dictatures militaires et la démocratie, et aussi entre marxisme et capitalisme. De Cuba, Fidel Castro apportait une aide accrue aux mouvements de guérilla d'Amérique centrale. L'Église devait choisir entre deux options : continuer à soutenir des régimes brutaux, antidémocratiques, ou accepter l'aventure de la révolution. Jean-Paul II aurait préféré que se constituent des alliances politiques réformistes, mais cela aurait exigé un consensus social qui n'existait pas dans les pays fortement polarisés d'Amérique latine.

Le Nicaragua était un exemple typique de cette situation. Les guérilleros sandinistes, dont certains appartenaient à des mouvements catholiques, combattaient le régime dictatorial de la famille Somoza, soutenu depuis des décennies par les États-Unis. Il n'existait apparemment aucun autre moyen de faire sortir ce pays de l'oligarchie. La hiérarchie catholique du Nicaragua, dirigée par l'archevêque de Managua, Obando y Bravo, qui depuis de longues années louvoyait prudemment entre le régime et l'opposition, était maintenant plus encline à soutenir les sandinistes. Même le vieil ami de Jean-Paul II, le père Mieczyslaw Malinski, de Cracovie, ne pouvait s'empêcher de se demander : « Quel parti le pape va-t-il prendre, celui des régimes militaires, ou celui de leurs opposants ? » Les fronts se constituaient, à l'extérieur de l'Église comme en son sein. Les progressistes espéraient que le pape prendrait clairement position contre les dictatures, et engagerait l'Église dans la lutte contre « les injustices structurelles perpétrées par les classes dirigeantes ». Dix ans auparavant, la Conférence des évêques d'Amérique latine (CELAM) réunie à Medellin (Colombie), avait déclaré qu'une des principales tâches qui incombaient à l'Église était de soutenir la « libération » des peuples opprimés. Le terme lui-même était lourd d'ambiguïté.

A son arrivée en Amérique latine, Jean-Paul II devrait affronter une « Église du Peuple », organisée autour de « communes de base » – une Église novatrice, politiquement engagée en faveur du changement social (si nécessaire par la force des armes), dont l'ardeur était attisée par les vents de la théologie de la libération. Les groupes de laïques catholiques réunis au sein de ces communes constituaient une Église, mais une Église dans une grande mesure indépendante des structures ecclésiastiques établies : ils priaient ensemble, s'administraient mutuellement les sacrements, et luttaient activement contre l'oppression et les conditions de vie misérables des pauvres. Le pape-poète se trouverait face à d'autres prêtres-poètes, qui puisaient leur inspiration plutôt chez le Christ Ouvrier que chez saint Jean de la Croix. Les communes de base du Nicaragua célébraient une messe paysanne due à Mejia Godoy, dont le Credo disait :

« Je crois fermement, Seigneur, que toute cette création est née de ton prodigieux esprit, que ta main d'artiste a fait s'épanouir ta beauté : les étoiles et la lune, les petites maisons, les lacs, les petits bateaux naviguant sur les fleuves qui se jettent dans la mer, les immenses plantations de café, les vastes étendues blanches des champs de coton, et les forêts massacrées par la cognée criminelle...

« Je crois en toi, Christ Ouvrier, unique fils engendré par Dieu, je crois en toi, compagnon, Christ humain, vainqueur de la mort... Tu te lèves d'entre les morts dans chaque main qui se lève pour défendre le peuple contre la domination et l'exploitation. »

En dernière analyse, les croyants progressistes attendaient du nouveau pape qu'il encourage les catholiques à s'engager sur « la route de Medellin », en les invitant à cesser toute complicité avec les classes dirigeantes. Ceux qui étaient qualifiés de « conservateurs », tant en Amérique latine qu'à Rome, espéraient exactement le contraire. Tout en étant conscients que l'Église devait prendre ses distances à l'égard des régimes militaires, ils étaient partisans de l'ordre. Favorables aux réformes quand c'était possible, ils rejetaient l'idée de renverser l'ordre établi. Ils étaient fermement convaincus que l'Église devait se défendre contre l'« infiltration marxiste », et que sa fonction essentielle était d'administrer les sacrements et de préserver la doctrine traditionnelle.

Au sein de la hiérarchie de l'Église, une véritable lutte politique s'était engagée ; pour une fois, les étiquettes de « conservateur » et de « progressiste » étaient justifiées. L'achevêque colombien Alfonso Lopez Trujillo, secrétaire de la CELAM, était un adversaire acharné de la théologie de la libération. Après l'élection du nouveau pape, il s'était rendu au Vatican pour inciter Jean-Paul II à s'opposer à l'hégémonie des évêques brésiliens, proches des communes de base et des théologiens progressistes. Mais le cardinal brésilien Aloisio Lorscheiter, qui avait été l'un des principaux défenseurs de la candidature de Karol Wojtyla, présidait la CELAM, ce qui compliquait encore davantage la situation.

Avant même le début du voyage pontifical, l'archevêque Trujillo commença les manœuvres en vue de l'élection des dirigeants de la CELAM, au mois de mars. Trujillo avait une mentalité de militaire : « Préparez vos avions et vos bombardiers », avait-il écrit à un évêque qui partageait ses vues. « Aujourd'hui plus que jamais, nous avons besoin de vous, et il importe que vous soyez en parfaite forme. Il faudra vous entraîner comme le font les boxeurs avant de monter sur le ring pour disputer le championnat du monde. Que vos punchs soient évangéliques et aillent droit au but ! »

En 1976, Trujillo avait présidé à Rome un congrès réunissant cinquante théologiens, dont le but était d'analyser et de combattre « l'expansion mondiale de la théologie de la libération latino-américaine ». Trujillo avait accusé des catholiques de gauche français, allemands et américains de fournir un « soutien logistique » au mouvement Chrétiens pour le socialisme. « Le danger dépasse de loin les frontières de l'Amérique du Sud ! s'était-il exclamé. Il s'étend maintenant à l'univers catholique tout entier. »

De telles analyses, ainsi que d'autres, plus mesurées, étaient aussitôt communiquées au Vatican. La pape savait également que certains évêques allemands avaient été mobilisés pour venir en aide à la hiérarchie latino-américaine opposée à la théologie de la libération. De nombreux catholiques de tous les continents étaient entraînés dans cette bataille, et choisissaient leur camp. Tous attendaient que Jean-Paul II prenne position.

En France, l'écrivain Michel de Saint Pierre, dirigeant du groupe traditionaliste Credo et ami personnel de Mgr Lefebvre, l'évêque rebelle qui avait rejeté les enseignements de Vatican II, proclamait que ce nouveau pape, avec ses yeux de saint, était le bûcheron de Dieu. Qu'il s'apprêtait à couper le bois mort dans l'Église d'aujourd'hui. Qu'il ne permettrait pas que la vérité dogmatique et doctrinale soit une fois de plus piétinée. L'Église du nouveau pape serait une Église de discipline. Nous allions assister à la renaissance d'une milice du Christ.

Telle était l'ambiance lorsque Jean-Paul II partit pour le Mexique. « Je n'ai pas peur de faire face à la situation en Amérique latine », confia-t-il à un journaliste. Avant de monter dans l'avion, il se plaça sous la protection de la Vierge de Guadalupe – *Totus tuus sum ego* (Je suis entièrement à toi), dit-il en présence des représentants du gouvernement italien et du Vatican venus lui souhaiter un bon voyage.

Dès que l'avion pontifical eut atteint son altitude de croisière, le Saint-Père se dirigea vers la cabine réservée à la presse. Son arrivée causa une grande surprise : l'idée d'une conférence de presse « en vol » était sans précédent. Pour mieux le voir, les journalistes montèrent sur leurs sièges ou se précipitèrent vers les premières rangées. C'était superflu : patient et courtois, Jean-Paul II remonta lentement l'allée jusqu'au bout de la cabine, puis redescendit de l'autre côté, acceptant des questions en chemin.

Le pape aborda d'emblée son thème central : foi et révolution. Était-il légitime pour les catholiques d'Amérique latine de choisir le socialisme ? lui demanda-t-on. Il répondit : « Il faut commencer par étudier ce qu'est le socialisme, et les différentes versions qui en existent. Par exemple, un socialisme athée, incompatible avec les principes chrétiens, avec la vision chrétienne du monde, avec les droits de l'homme, avec la morale, ne constituerait pas une solution acceptable. »

Un autre journaliste demanda ce qu'il en était d'un socialisme reconnaissant la dimension religieuse et la garantissant dans la vie de la nation. Jean-Paul II inclina légèrement la tête de côté, comme il avait coutume de le faire lorsqu'il était songeur. « Il est beaucoup question de garanties, mais on ne voit les résultats que par la suite. » Son ton était calme, avec une pointe d'ironie. « Oui, oui... on ne voit ce que valent les garanties qu'après coup. »

En ce qui concernait la théologie de la libération, ses commentaires étaient caustiques : « Ce n'est pas une véritable théologie. Elle déforme la vraie signification des Évangiles. Elle éloigne ceux qui se sont voués à Dieu du rôle que l'Église leur a assigné. Dès qu'ils commencent à utiliser des moyens politiques, ils cessent d'être des théologiens. S'il s'agit d'un programme social, c'est du ressort de la sociologie. Si ce qui est en question, c'est le salut de l'homme, il s'agit de la théologie pérenne, qui est vieille de deux mille ans. »

En parlant aux journalistes, le pape se référa à maintes reprises à son pays natal. « Les Polonais et les Mexicains ont tous deux le même amour pour la Vierge, parce qu'ils ont souffert », dit-il notamment. Quel était le rôle de l'Église ? « Elle veille au bien de tous. L'Église est une réalité, qui vit dans le monde réel. Pour être fidèle à elle-même, elle doit servir tous les hommes, en Italie comme en Pologne et au Mexique. »

Qu'apporterait-il à l'Amérique latine ? « J'apporte la foi. Cela ne suffit-il pas ? » répliqua-t-il avec son assurance coutumière. Giusi Serena, une hôtesse qui, neuf ans auparavant, avait accompagné Paul VI lors de son voyage en Australie, était fascinée : « Il est vraiment sympathique. Il s'entend avec tout le monde. Il n'est pas comme l'autre pape, qui ne descendait jamais de son piédestal. »

Karol Wojtyla était apparemment un homme satisfait de sa situation. De ce point de vue aussi, il se distinguait des autres successeurs de saint Pierre. « Je suis content de travailler, confia-t-il aux journalistes. Je suis heureux de faire ce travail. Je suis heureux d'accomplir ma mission. »

Le 26 janvier, après un arrêt pour la nuit à Saint-Domingue, Jean-Paul II arriva à Mexico. Lorsqu'il sortit de l'avion à 13 h 5, tout souriant, il découvrit une foule de quelque dix mille personnes. Contrairement à la coutume, il n'y avait pas de drapeaux nationaux couplés à ceux du Vatican. Et pas davantage de garde d'honneur, aucun représentant du corps diplomatique, pas de salves d'artillerie. Dans un coin de l'aéroport, un seul panneau, presque irréel, disait « Bienvenue ». Bienvenue à qui ? Ce n'était pas précisé.

Le Mexique officiel et anticlérical se refusait à prendre acte de la visite du souverain pontife. La veille, les journaux avaient mentionné avec dédain « la visite du pape catholique ». La presse mexicaine épiloguait sur les intentions politiques du clergé, et confirmait qu'il était approprié que le pape fût reçu à la résidence présidentielle sans égards particuliers, comme un homme ordinaire. Le gouvernement avait décidé que les édifices publics ne seraient pas pavoisés. L'archevêque de Mexico, Ernesto Corripio Ahumada, s'était senti tenu de préciser que la visite du pape ne constituait pas une nouvelle attaque contre la constitution mexicaine, qui n'accordait aucun statut officiel à l'Église. « Le Saint-Père ne vient pas ici pour soulever des questions qui appartiennent à une ère révolue », avait-il déclaré. Les évêques avaient également donné l'assurance que le pape ne demanderait pas le rétablissement des relations diplomatiques entre le Mexique et le Saint-Siège.

Les médias mexicains n'en accusaient pas moins la hiérarchie ecclésiastique de vouloir remettre en question la séparation de l'Église et de l'État, effective depuis la seconde moitié du XIXe siècle. Quelques journaux parlaient du pape avec condescendance, le décrivant comme un « Polonais âgé de cinquante-huit ans ».

Si ce contexte l'inquiétait, Jean-Paul II le cachait parfaitement. Il descendit de l'avion, et se prosterna sur la piste pour embrasser avec ferveur le sol mexicain. En se relevant, il se trouva face au président de la République, José Lopez Portillo, et à sa femme Carmela, déguisés en simples citoyens. « Bienvenue au Mexique, señor, dit le président en serrant la main du pape. J'espère que votre mission de paix et d'harmonie, et votre action en faveur de la justice, seront couronnées de succès. Je vous laisse aux mains des dignitaires et des fidèles de votre Église. Que tout ceci contribue au bien-être du genre humain ! » « Telle est ma mission et mon ministère, répondit le pape. Je suis très heureux d'être au Mexique. » Le président Lopez Portillo tourna le dos au pape et s'éloigna. On se serait cru dans un film de Buñuel.

Le peuple mexicain, à l'âme profondément catholique, ignora ces barrières politiques et balaya la question de la non-reconnaissance du Vatican par son pays. Tandis que les cloches de toutes les églises de la capitale se mettaient à sonner, et qu'à l'aéroport, un petit orphéon jouait *Cielito lindo*, la foule déborda les cordons de policiers et se précipita vers l'avion pour entourer le pape et sa suite. Un enfant alla se jeter dans ses bras, un homme gigantesque ouvrit son poncho, d'où s'échappa une cascade de roses. Des dizaines de mains tendirent au pape un sombrero à larges bords, dont il se coiffa ; par ce simple geste, Jean-Paul II conquit le Mexique – et une bonne partie du monde.

Il fallut à sa voiture deux heures pour gagner le Zocalo, place du centre de Mexico, à une quinzaine de kilomètres de l'aéroport. La foule était en délire. Des millions de Mexicains se pressaient le long de l'itinéraire, agitant des centaines de milliers de petits drapeaux blancs et jaune et blanc. Au passage du pape, les bureaux se vidaient et les employées se précipitaient aux fenêtres en criant : « Viva el papa ! Viva Mexico ! » Un vacarme assourdissant accompagnait le cortège. Ivre de bruit et de stupéfaction, le pape voyait de toutes parts des dizaines de milliers d'affiches avec sa photo. Les façades des immeubles étaient littéralement couvertes de drapeaux aux couleurs du Vatican. Ailleurs, le drapeau national tricolore était orné de photos de Wojtyla. Chaque fois que le pape levait la main pour bénir la foule, les clameurs enthousiastes devenaient encore plus assourdissantes.

Six jours durant, ce fut une atmosphère d'exaltation totale. Les journaux, tellement critiques et réservés avant la visite du pape, arboraient maintenant des manchettes triomphales : IL EST VENU, IL A CONQUIS, proclamait un quotidien de Mexico. Sur des pages et des pages d'encarts spéciaux, les dirigeants et employés des grandes sociétés criaient « Hosanna ! » au pape.

La télévision diffusait presque non-stop des reportages sur la visite pontificale. Les présentateurs et autres personnalités populaires chargés de faire patienter les fidèles entre deux émissions consacrées au pape étaient dithyrambiques : Jean-Paul II était « l'un des grands dirigeants du genre humain », l'« incarnation du Christ parmi nous », personne d'autre au monde n'exercerait un « pouvoir aussi énorme que lui ».

Entouré de témoignages d'adoration dépassant tout ce qu'il aurait pu imaginer, Jean-Paul II ne négligea pas le sujet qui rendait son voyage tellement controversé. Au moment de pénétrer dans la cathédrale de Mexico, le pape précisa sans ménagements les limites de son Église : « Les fidèles de l'Église ne sont pas ceux qui s'attachent à des aspects accessoires qui étaient valables dans le passé, mais qui sont dépassés de nos jours. Les fidèles ne sont pas davantage ceux qui se sont engagés dans la construction hasardeuse et utopique d'une soi-disant Église de l'avenir. » La visite du pape au Mexique allait devenir le modèle de tous les autres voyages pontificaux. En l'espace de six jours, Jean-Paul II prononça vingt-six allocutions et sermons. Il rencontra successivement des prêtres et des diplomates, des évêques et des religieuses, des séminaristes, des paysans, des ouvriers et des Indiens, des familles, des médecins et leurs patients, des militants d'organisations catholiques, des moines et des étudiants, des habitants des bidonvilles, des religieuses cloîtrées, des porte-parole du gouvernement et des journalistes. Cette succession apparemment sans fin de réunions était impressionnante, incroyable. Le secrétaire du pape, Mgr Stanislas Dziwisz, ne cessait d'ouvrir et de refermer la serviette de cuir rouge contenant les allocutions du pape. Jean-Paul II visita d'innombrables édifices, se déplaça en voiture et en hélicoptère. Il célébra des messes, il assista aux audacieuses acrobaties des *charros* (les cow-boys mexicains). Souvent, il se reprenait et priait un moment avant de replonger dans le tourbillon de la foule en délire.

C'était exactement le programme qu'il avait souhaité. Il devait donner au souverain pontife la possibilité de rencontrer des représentants de tous les milieux sociaux et ecclésiastiques. Le but de ce voyage était de permettre à des groupes représentatifs d'entendre directement les mots du pape et de sentir son autorité dans diverses situations – de sorte que chacun, en regagnant sa maison, son couvent ou son lieu de travail, pût dire qu'il ou elle avait eu un contact personnel avec le chef de l'Église catholique, lequel l'avait guidé et conseillé sur la meilleure façon de vivre et d'agir en société.

Maintenant que les partis communistes de style soviétique ont disparu, il n'existe au monde aucune autre institution qui accorde une importance aussi cruciale à la parole du chef que l'Église catholique. Depuis son élection, Jean-Paul II était conscient de la nécessité d'apporter « les mots du pape » à un maximum de personnes, de leur indiquer le droit chemin, et de raffermir le pouvoir spirituel de Rome, centre de l'Église catholique.

Vers la fin de son pontificat, le pape Paul VI avait exprimé son inquiétude en voyant les épiscopats nationaux s'éloigner progressivement du Vatican. Faisant écho à la vieille épithète insultante *banana republics*, il avait gémi : « Nous finirons par avoir des *banana churches.* » La réaction de Karol Wojtyla à cette situation était d'amener la papauté sur place, dans tous les coins du monde, pour réaffirmer l'autorité de Rome et lier plus fermement les évêques à la chaire de saint Pierre.

A l'occasion de ce premier voyage à l'étranger, Jean-Paul II inaugura une autre attitude qui allait devenir une habitude : rencontrer des représentants de la communauté polonaise locale. Lorsqu'il avait visité l'Ouganda, en 1964, Paul VI avait refusé d'accorder une audience à un groupe d'Italiens travaillant dans ce pays, en déclarant sèchement : « Je suis venu ici pour les Africains. »

L'attitude de Jean-Paul II était totalement différente. Partout où il allait, il soulignait la présence de ses compatriotes ; c'était pour lui une façon de réaffirmer publiquement ses liens avec son pays natal et le destin de celui-ci. Un jour, en Équateur, au milieu d'une foule de cent mille Indiens, il devait prendre dans ses bras et embrasser un petit Polonais rose et blond. Pendant tous ses déplacements à l'étranger, des voix polonaises et des drapeaux polonais faisaient partie du décor. Souvent, ces drapeaux étaient frappés de l'aigle couronnée, comme avant le régime communiste.

Le lendemain même de son arrivée à Mexico, à 9 heures du matin, Jean-Paul II accorda sa première audience à des membres d'une communauté polonaise de l'étranger. Il leur rappela que tous les Polonais, éparpillés de par le monde, maintenaient leurs liens avec la mère-patrie grâce à l'Église et à la Vierge noire de Czestochowa. Jean-Paul II leur demanda ensuite de prier pour que le « pape polonais » se révèle à la hauteur de sa tâche, en devenant un véritable pape catholique (autrement dit, universel).

Le 25 janvier 1979, jour où la conférence épiscopale d'Amérique latine devait s'ouvrir à la basilique Notre-Dame de Guadalupe de Puebla, le pape fut réveillé par une *mañanita*, une brève aubade donnée en son honneur. Un tiers des treize millions d'habitants de Mexico étaient dans les rues, se pressant pour acclamer le pape à son passage. Peut-être étaient-ils quatre millions, peut-être cinq. Une armée de cent mille policiers s'efforçait de protéger l'hôte illustre, tâche titanesque. Tandis que les cloches de la capitale sonnaient sans relâche, la voiture blanc et jaune du pape roulait au pas. Souvent, Jean-Paul II demandait au chauffeur de s'arrêter pour lui permettre de serrer des mains ou de dire quelques mots. Le culte de la personnalité dont se nourrirait le pontificat de Jean-Paul II vit triomphalement le jour dans des rues de Mexico.

Notre-Dame de Guadalupe est une Vierge noire. Les Mexicains l'appellent la Morenita. Ce nom vient d'un tableau représentant l'apparition de la Vierge Marie à un berger indien du nom de Juan

Diego, en 1531. La Vierge lui était apparue entourée d'un resplendissant halo lumineux, mais son teint était foncé et elle était vêtue comme une noble dame indienne. Juan Diego en fit part à son évêque, qui refusa de le croire. La Vierge fit alors fleurir un rosier sur un terrain aride et pierreux. Le berger cueillit les roses et les cacha sous sa cape pour les montrer à l'évêque sceptique. Lorsqu'il ouvrit son vêtement, l'on vit apparaître, non des roses, mais une empreinte de l'image de la Vierge sur le tissu. Cette mystérieuse icône est le plus précieux trésor de la basilique.

Le pape aimait beaucoup cette histoire, car elle montrait que des gens du peuple peuvent avoir un sens des réalités spirituelles qui manque à certains évêques par trop intellectuels. Bien des années plus tard, lorsque toute une série d'apparitions de Marie se produisit à Medjugorie, en Yougoslavie, divisant l'Église locale – les franciscains croyaient en leur authenticité, mais non l'évêque –, Jean-Paul II prit tacitement le parti de ceux qui croyaient aux apparitions miraculeuses. Sa foi en la Mère de Dieu était aussi inébranlable que son soutien à la foi des gens simples. Après le Mexique, le pape essaya presque toujours d'inclure dans le programme de ses voyages à l'étranger la visite d'un sanctuaire marial. C'était sa façon de mettre en valeur la fraîcheur et la vitalité de la piété populaire, par contraste avec le scepticisme des sociétés industrialisées et des catholiques influencés par le protestantisme.

En l'honneur de la Vierge de Guadalupe, Jean-Paul II écrivit une prière qui était presque un poème : « Je vous salue, Marie ! Avec un immense amour et un profond respect, je prononce ces mots à la fois si simples et si merveilleux ! *Ave Maria, gratia plena, Dominus tecum.* (Je vous salue Marie, pleine de grâce, le Seigneur est avec vous.) Je répète ces mots que tant de gens portent en leur cœur, que tant de lèvres prononcent de par le monde. Je vous salue, Mère de Dieu ! »

Dans la nouvelle basilique en béton armé, avec son dallage de marbre, ses fauteuils de velours rouge entourant l'autel, et ses lustres luisant de cent lumières, Jean-Paul II émit une série de mises en garde, en guise de prologue à la conférence épiscopale d'Amérique latine. Durant les dix années qui s'étaient écoulées depuis la conférence de Medellin, fit-il observer, « on a entendu des interprétations parfois contradictoires, pas toujours exactes, et pas toujours bien intentionnées à l'égard de l'Église ». Le pape mentionna l'un des concepts fondamentaux exprimés par la conférence de Medellin, « l'amour préférentiel pour les pauvres », mais en se hâtant d'ajouter que cet amour ne devait exclure aucune classe sociale. Cette maxime pontificale, répétée à satiété pendant la décennie suivante, servirait à s'opposer à toute interprétation marxiste de l'engagement de l'Église en faveur « de la libération totale des personnes et des peuples ».

L'après-midi du même jour, lors d'une réception qui réunissait à la basilique quelque dix mille prêtres et membres d'ordres religieux du Mexique et d'autres pays d'Amérique latine, Jean-Paul II répéta avec insistance à ses auditeurs qu'il ne fallait pas se laisser entraîner par les séduisants appels à l'action politique. « Vous êtes des guides spirituels, les exhorta-t-il, pas des dirigeants sociaux ni des cadres politiques ou des fonctionnaires d'un ordre séculier. » Les prêtres et ceux qui avaient prononcé des vœux monastiques devaient obéir à leurs évêques. Ils ne devaient pas élaborer leurs propres doctrines. Ils devaient observer leurs vœux de célibat et de chasteté. Ils devaient se confesser fréquemment, méditer tous les jours, et pratiquer la dévotion à la Vierge en récitant le rosaire.

C'était, en des termes dénués de toute ambiguïté, un appel à l'ordre, et, dans le contexte latino-américain, un avertissement contre la tentation de se rapprocher des mouvements de gauche. Jean-Paul II portait en lui son propre modèle de l'Église, un modèle polonais, et il profitait de ce voyage au Mexique pour le prêcher au monde entier.

Le lendemain, 28 janvier, les premières sessions de la conférence épiscopale s'ouvrirent à Puebla. La conférence était en théorie un véritable parlement de l'Église latino-américaine. Y participaient 32 cardinaux, 66 archevêques, 131 évêques, 45 prêtres, 51 membres d'ordres religieux, 4 diacres permanents et 33 laïques. Toutefois, les trois présidents de la conférence, les cardinaux Sebastiano Baggio et Ernesto Corripio Ahumada, opposés à la théologie de la libération, et Aloisio Lorscheiter, qui lui était favorable, avaient été choisis par le pape en personne – non par les évêques. Les jeux étaient déjà faits.

Avant d'aller au Mexique, Jean-Paul II avait lu attentivement les livres du jésuite péruvien Gustavo Gutierrez, théoricien et fondateur de la théologie de la libération. La thèse centrale de Gutierrez était que l'enseignement des Évangiles ne doit pas devenir désincarné, abstrait, en négligeant les conditions de vie réelles du peuple. La foi chrétienne devait être une force active, contribuant à libérer des centaines de millions de Latino-Américains de leurs conditions de vie misérables et de l'oppression sociopolitique. Afin d'éliminer les structures perpétuant l'injustice, soutenaient les théologiens de la libération, il était possible d'utiliser l'analyse sociale marxiste, sans pour autant accepter le matérialisme de l'idéologie communiste.

Dans l'optique du Vatican, tout cela n'était qu'hérésie. Les jésuites d'Amérique latine qui témoignaient d'une certaine bienveillance à l'égard de la théologie de la libération, compte tenu du contexte historique, étaient considérés avec suspicion. Jean-Paul II n'avait, lui, aucune sympathie pour une telle contamination de la religion par la politique.

En ce qui concernait le marxisme, il y avait eu de tout temps une incompréhension totale entre les intellectuels d'Europe de l'Est (qui avaient joué un grand rôle dans la formation de Karol Wojtyla) et les intellectuels libéraux des pays occidentaux. L'intelligentsia dissidente des pays du bloc soviétique étaient incapable de comprendre ce que le marxisme représentait pour tant d'hommes et de femmes des pays industrialisés et du tiers-monde : la démocratie sociale de gauche, le réformisme « radical », l'utopie et l'espoir, la révolution nationale, un levier pour se libérer de conditions de vie intolérables. Les intellectuels d'Europe de l'Est ne voyaient généralement dans le marxisme qu'une conspiration soviétique, ou de naïves illusions nourries à l'étranger, qui ne faisaient que profiter au Kremlin.

Pour leur part, pendant de longues décennies, les intellectuels occidentaux pro-marxistes s'étaient refusés à voir la nature fondamentalement répressive des régimes socialistes d'Europe de l'Est. Ils fermaient les yeux sur les violences quotidiennes perpétrées par des systèmes où des bureaucrates bornés et des policiers impitoyables exerçaient un pouvoir absolu, que les intellectuels de gauche n'auraient pas toléré un seul instant dans leurs propres pays. Après l'élection de Karol Wojtyla, ces deux optiques inconciliables s'étendirent jusqu'au plus haut niveau de la hiérarchie vaticane. A son arrivée à Puebla, le pape était animé moins par un réel désir de comprendre que par la détermination de lutter contre un ennemi toujours aux aguets.

Chaque faction de la CELAM avait ses lobbies, qui s'efforçaient d'influencer l'opinion. La Confédération latino-américaine anticommunise avait envoyé au pape un télégramme demandant que soient expulsés de l'Église « les évêques marxistes et les prêtres-guérilleros ». Le télégramme, également publié dans la presse sous forme d'annonce payante, énumérait les évêques jugés particulièrement dangereux : Casaldiga (Brésil) ; Mendez Arceo (Mexique) ; Obando y Bravo (Nicaragua) ; et Proana (Équateur). La liste noire comportait aussi quelques noms de personnalités mondialement connues, en particulier le cardinal Silva Henriquez, du Chili, et Dom Helder Camara, évêque de Recife, Brésil.

Dans le camp opposé, les Chrétiens pour le changement, de Colombie, reprochaient au document préparatoire de la conférence de Puebla « d'être aveugle à l'histoire contemporaine des persécutions et des martyres, à la mort lente de la démocratie en Amérique latine ». De son côté, Amnesty International préparait un rapport sur dix-sept mille prisonniers politiques et trente mille « disparus » d'Amérique latine.

Tous attendaient avec impatience le jugement du pape. Jean-Paul II était venu trancher le nœud gordien.

Son allocution prononcée dans l'ancien séminaire de Palafox, devant un public subjugué de cardinaux, de prêtres, de membres d'ordres religieux et de laïques, marqua un tournant dans l'attitude du Vatican à l'égard de l'Amérique latine. La bonhomie et les sourires dont avaient été témoins des millions de Mexicains disparurent des traits du pape lorsqu'il déclara : « Nous devons veiller à la pureté de la doctrine. » Cela signifiait : éviter les interprétations abusives du message du Christ, et les théories passant sous silence sa nature divine. Avec véhémence, presque avec férocité, le pape dénonça toute « révision » des Évangiles qui s'écarterait de la doctrine de l'Église. « Ils s'efforcent de montrer Jésus comme un homme politiquement engagé, qui s'était battu contre la domination romaine et contre les puissants, en fait comme un partisan de la lutte des classes. » Non, affirmait le pape avec toute l'autorité de son office et son inébranlable détermination. Non, le souverain pontife n'autoriserait pas de tels courants au sein de l'Église. « Cette notion d'un Jésus politique, révolutionnaire, du dissident de Nazareth, proclama-t-il, n'est pas en harmonie avec l'enseignement de l'Église. »

La voix s'élevant fièrement, fixant son auditoire avec détermination, il déclara : « L'Église n'a pas besoin de faire appel à des systèmes ou à des idéologies pour aimer et défendre l'homme, pour contribuer à sa libération. » L'Église puise dans son propre message l'inspiration nécessaire pour œuvrer en faveur de la fraternité, de la justice et de la paix, pour s'opposer « à toutes les formes d'esclavage et de domination, à la violence, aux atteintes à la liberté religieuse, aux actes d'agression contre l'homme et la vie humaine ».

Ce message sans équivoque qu'il adressait à l'auditoire tendu et attentif du séminaire de Palafox constituait un signal parfaitement clair, qui attira aussitôt l'attention du Kremlin et de la Maison Blanche. Le pape venu de Cracovie n'autoriserait jamais des chrétiens à faire cause commune avec des mouvements marxistes dans la lutte pour la justice sociale et la démocratie. Le pape polonais n'approuverait jamais ce que le pape italien Paul VI avait, dans son encyclique, *Populorum Progressio* (Progrès des peuples), déclaré licite dans des cas extrêmes : la révolution contre des dictatures solidement établies. Le jeune Polonais qui, lorsque Cracovie était occupée par les nazis, avait prié pour la délivrance mais n'avait jamais rejoint les rangs de la résistance imposait maintenant sa méthode au clergé d'Amérique latine.

Aloisio Lorscheiter, qui avait joué un rôle clé dans l'élection de Karol Wojtyla en le faisant bénéficier de nombreuses voix du tiers-monde, l'écoutait avec une attention soutenue, jaugeant le moindre mot. Dans la liasse de papiers qu'il tenait à la main, se trouvait le texte de l'allocution qu'il devait prononcer le lendemain pour inaugurer les sessions de la conférence. Il mettait davantage l'accent sur les conditions réelles et sur les sentiments des pauvres. « Prêcher l'Évangile aujourd'hui et demain à nos frères d'Amérique latine, dirait-il, qui sont portés par l'espoir, et en même temps torturés jusqu'au fond de l'âme par l'affront fait à leur dignité, n'est pas seulement une action noble et fraternelle. C'est notre mission et notre devoir, c'est notre vie. »

A la réunion de la conférence épiscopale, le pape parla une heure entière. La première partie de son allocution visait à empêcher l'Église de se rapprocher de la gauche. Dans la seconde partie, il témoignait de sa passion pour la justice. A Puebla, le pape utilisa pas moins de douze fois le mot « libération ». Il n'oublia pas de faire observer que la propriété privée avait une dimension sociale, qu'une distribution plus juste et équitable des richesses était souhaitable, non seulement au sein de chaque pays mais au plan international, afin que les pays les plus puissants n'oppriment pas les plus faibles. « Il est du devoir de l'Église de proclamer la libération de millions d'êtres humains, » déclara-t-il. Pour éviter que ses mots ne fussent mal interprétés, il précisa que « libération » signifiait en premier lieu être libéré du péché et de l'esprit malin. Les partisans de la théologie de la libération, présents à Puebla, s'efforcèrent de donner une interprétation positive aux déclarations du pape – tâche difficile. Le franciscain brésilien Leonardo Boff remarqua que dans la première partie de son allocution, ce qui dominait, c'était « les réserves et la suspicion », tandis que la seconde témoignait d'« une optique explicitement favorable à la libération ». Gustavo Gutierrez, auteur de *Théologie de la libération*, avait suivi toutes les déclarations faites par le pape au Mexique. « Il me semble important, commenta-t-il, que le pape ait proclamé la valeur évangélique de la défense des droits de l'homme, non en tant qu'opération temporaire, mais comme une mission intrinsèque de l'Église. »

Au cours de la décennie suivante, l'Église d'Amérique latine deviendrait un facteur important du passage de cette région du monde à la démocratie. Toutefois, conformément aux directives données par Wojtyla, la hiérarchie ecclésiastique de presque tous les pays serait systématiquement opposée aux mouvements de gauche.

Jean-Paul II s'était adressé aux seigneurs de l'Église qu'étaient les évêques. Maintenant, il devait faire face à un public totalement différent : un peuple très ancien, menant une vie de souffrances, victime des *conquistadores* espagnols. Les organisateurs du voyage pontifical avaient expressément prévu une rencontre avec les premiers habitants du Mexique, les Indiens. L'endroit choisi à cette fin était Cuilapan, dans l'État d'Oaxaca, où les traditions indigènes étaient restées très vivantes.

Le pape arriva en hélicoptère, et prit place sur le petit trône surmonté d'un dais qui avait été installé à son intention. Vingt-cinq mille personnes étaient assemblées dans les étendues arides de Cuilapan, sur fond de montagnes brûlées par le soleil. Les Indiens au teint sombre étaient silencieux, timides et dignes. Arrivés à l'aube, ils attendaient patiemment depuis des heures. Les femmes étaient assises par terre, leurs bébés attachés dans le dos. Les hommes allaient et venaient parmi les éventaires d'un marché improvisé, où, à l'ombre d'un bout de tissu, les vendeurs proposaient des tortillas ou des petits gâteaux.

A midi, l'archevêque Bartolomé Carrasco présenta Jean-Paul II en ces termes : « Sa Sainteté veut rencontrer les pauvres, les malades, les exclus, en lesquels l'Église, dans le cadre de sa mission d'évangélisation, voit se révéler le Christ de douleur. De cette réalité matérielle, qui donne naissance à une grande richesse spirituelle, nous souhaitons joyeusement la bienvenue au Père et Pasteur de l'Église universelle. »

L'homme choisi pour « souhaiter joyeusement la bienvenue » à Jean-Paul II était un paysan zapotèque du nom d'Esteban Fernandez. C'était un homme petit et trapu, dont le visage semblait taillé, par le vent et la pluie, dans un morceau de bois brut. Agé de quarante-huit ans, il avait une femme et sept enfants. « *Datu ganibanu eneuda* », dit-il dans sa langue natale aux accents gutturaux : « Nous vous souhaitons la bienvenue et vous saluons avec joie. » Puis, regardant le pape en face, il s'écria : « Nous souffrons beaucoup. Le bétail est mieux traité que nous. Nous ne pouvons pas nous exprimer, et devons garder nos souffrances enfermées dans nos cœurs. Nous n'avons pas de travail, et personne ne nous aide. Mais nous mettons à votre service le peu de forces que nous avons. Saint-Père, demandez au Saint-Esprit de faire quelque chose pour vos pauvres enfants. »

La foule, séparée du pape par un grillage métallique, écouta en silence la réponse de Jean-Paul II. Les personnes présentes ne comprenaient pas toutes l'espagnol ; certaines se disposaient à partir.

« Mes très chers frères, commença le pape, ma présence parmi vous veut être le signe vivant de la sollicitude universelle de l'Église. Le pape et l'Église sont à vos côtés et vous aiment. Nous aimons vos personnes, votre culture, vos traditions. Nous admirons votre merveilleux passé, nous vous soutenons dans le présent, et nous nourrissons de grands espoirs pour votre avenir. » La foule ne réagissait guère. Elle n'applaudit que lorsqu'elle réalisa que le pape préconisait la restitution de leurs terres. Jean-Paul II parlait avec douceur et émotion. « Le pape veut être votre voix, disait-il, la voix de ceux qui sont incapables de s'exprimer ou qui ont été réduits au silence. Les paysans dont la sueur arrose même leur propre accablement ne peuvent plus attendre. Ils ont le droit d'être respectés. Ils ont le droit de ne pas être dépossédés de leurs maigres biens par suite de machinations qui sont parfois du vol pur et simple, du pillage. Ils ont le droit de voir tomber les barrières de l'exploitation, des barrières souvent érigées par les formes les plus intolérables de l'égoïsme. »

Coiffé d'un sombrero qui le protégeait du brûlant soleil de midi, le pape parlait de réformes hardies, approfondies et urgentes. Il disait qu'il n'était plus possible d'attendre. Il affirmait avec passion : « L'Église défend le droit légitime à la propriété privée. Mais elle enseigne non moins clairement que toute propriété privée est frappée d'une hypothèque sociale. Et, si le bien commun l'exige, il ne faudrait pas hésiter, même s'il faut recourir à l'expropriation, réalisée avec sagesse. » Haussant le ton, le pape poursuivit : « J'en appelle à ceux d'entre vous qui contrôlent la vie des gens, à vous, les classes puissantes qui parfois gardent improductives des terres qui recèlent le pain dont manquent tant de familles. La conscience du genre humain, la conscience des nations, la voix de ceux qui ont été abandonnés, et pardessus tout la voix de Dieu, la voix de l'Église, répètent avec moi : Il est injuste, il n'est pas humain, il n'est pas chrétien de perpétuer des situations manifestement iniques. »

Au fil des années, Jean-Paul II garda toujours un amour particulier pour les Indiens des Amériques, ainsi que pour de nombreux peuples indigènes, qu'il considérait comme des enfants sans défense ayant besoin d'aide et de protection.

Le premier voyage à l'étranger de Jean-Paul II, au Mexique, fut un triomphe. Dans ce pays où l'anticléricalisme est inscrit dans la constitution, on vit des policiers en uniforme à genoux devant le pape, embrassant sa main. Lorsqu'il quitta la ville de Mexico, des millions de personnes assemblées sur le trajet de l'avion agitaient de petits miroirs vers le ciel pour saluer son avion d'innombrables éclats de lumière.

Au sein de sa propre Église, toutefois, beaucoup pensaient que l'appel au changement par la foi lancé par le souverain pontife, excluant tout engagement politique de l'Église, n'aurait jamais en Amérique latine l'efficacité qu'il devait avoir dans le pays natal du pape.

Dès son retour du Mexique, le pape se plongea dans une activité frénétique dont la Curie n'avait jamais vu l'équivalent. Karol Wojtyla se mit à voyager dans le monde entier et à prendre des décisions à un rythme qui aurait mieux convenu au P-DG d'une multinationale qu'au souverain pontife de Rome.

Pendant la seule année 1979, il visita la Pologne, l'Irlande, les États-Unis et la Turquie. Il rédigea sa première encyclique, ainsi que des documents relatifs à la réorganisation des universités catholiques et à la formation des catéchistes. Il transforma les audiences papales du mercredi en une série de conférences sur la destinée humaine, le péché originel, la sexualité, et la théologie du corps. En 1980, il se rendit de nouveau à l'étranger : Afrique, France et Brésil. Il convoqua une réunion du Collège des cardinaux en vue de trouver, au niveau mondial, des moyens de réduire le déficit du Vatican, et deux synodes, consacrés respectivement à l'Église néerlandaise et à l'Église uniate d'Ukraine, réunissant des catholiques qui se soumettaient à l'autorité de Rome, mais qui pratiquaient le rite byzantin, autrement dit la liturgie orthodoxe.

Il mit à profit le premier de ces synodes pour mettre fin à toute nouvelle expérimentation post-conciliaire au sein de l'Église des Pays-Bas, laquelle avait introduit d'importants changements dans la liturgie, et encouragé la participation de laïcs à des fonctions habituellement réservées au clergé. Le synode sur le catholicisme ukrainien, auquel participaient surtout des Ukrainiens exilés aux États-Unis et au Canada, constituait un avertissement solennel à Moscou : le pape n'accepterait jamais la disparition de l'Église uniate, qui avait été brutalement dissoute par Staline à Lvov, en 1946, puis annexée au patriarcat orthodoxe de Moscou, plus souple. Les prêtres uniates qui avaient protesté avaient été jetés en prison.

La pierre angulaire de la première période du pontificat de Jean-Paul II fut l'encyclique *Redemptor Hominis* (Le Rédempteur de l'homme), publiée cinq mois après son élection. Comme l'indiquait déjà le titre, Wojtyla était résolu à replacer au centre de l'histoire mondiale le Christ et son message de libération.

Lorsqu'il commença la rédaction de l'encyclique, la situation mondiale ne semblait guère favorable au catholicisme. Dans les pays d'Europe de l'Est – à l'unique exception de la Pologne –, les régimes communistes avaient réussi à marginaliser les fidèles et à les exclure de la vie publique. En Occident, les responsables de l'Église s'inquiétaient d'une baisse sensible des vocations, et de la diffusion systématique d'attitudes hostiles ou indifférentes à l'égard de l'Église et des pratiques religieuses.

Le profond malaise spirituel qui affectait à la fois les institutions religieuses et la société laïque était ressenti tout autant en Occident que dans les pays communistes – tandis que le tiers-monde était de plus en plus démuni. Dans son encyclique, qu'il adressait expressément à tous les hommes et femmes du monde, et pas seulement aux catholiques pratiquants, Jean-Paul II s'efforçait de répondre aux douleurs et aux angoisses de tous les êtres humains. Le progrès, se demandait-il, rend-il réellement la vie plus humaine ? S'accompagne-t-il d'un développement moral et spirituel d'une vigueur comparable ?

Le pape n'hésitait pas à qualifier la condition humaine dans le monde contemporain de « très éloignée des exigences objectives de l'ordre moral, très éloignée des exigences de la justice, et plus encore de celles de la charité. »

Il accusait tous les systèmes économiques, sans distinction, d'endommager l'environnement et d'augmenter les zones de pauvreté dans le monde.

L'originalité de l'encyclique résidait dans l'accent qu'elle mettait sur l'importance suprême de chaque individu, sur sa dignité et sa grandeur.

Selon le pape, les systèmes politiques nécessitaient une réforme permanente, en Occident comme à l'Est. « Autrement, soulignait-il, et même en temps de paix, la vie humaine est condamnée à la souffrance, tandis qu'apparaissent inévitablement différentes formes de domination, de totalitarisme, de néocolonialisme et d'impérialisme. »

Jean-Paul II écrivait comme un homme venu guérir la planète de ses maux, au nom du Christ. Il se présentait comme le messager du suprême amour divin : « L'homme ne peut vivre sans amour, écrivait-il. Sans amour, il demeure incompréhensible à lui-même. Sa vie est dénuée de signification, si l'amour ne lui est pas révélé, s'il ne rencontre pas l'amour, s'il ne le connaît pas et ne le fait pas sien, s'il n'a pas le sentiment d'y participer activement. »

Sur le plan religieux, *Redemptor Hominis* inaugurait un fait sans précédent dans l'histoire de l'Église catholique. Pour la première fois, un pape se présentait comme le défenseur de toutes les religions. Si, en un point quelconque du globe, des hommes ou des femmes subissaient au nom de Dieu les tourments de la discrimination ou de la persécution, le souverain pontife était prêt à intervenir : « En vertu de ma charge et au nom de tous les croyants du monde entier, je m'adresse à ceux dont dépend, à un titre ou à un autre, l'organisation de la vie sociale et publique. Je leur demande instamment de respecter les droits de la religion et de l'activité de l'Église. »

Après avoir publié ce manifeste sur les droits de l'homme, le pape Karol Wojtyla s'apprêta à franchir le rideau de fer.

YALTA

Le premier jour du triomphal retour de Jean-Paul II dans son pays natal, le 2 juin 1979, avait ébranlé les autorités de Varsovie et de Moscou, qui ne s'étaient toujours pas remises du choc. Dès les premières heures de la visite papale, plus d'un million de Polonais s'étaient assemblés sur la route de l'aéroport, sur la place de la Victoire et dans la vieille ville. Les étudiants avaient fait du crucifix le symbole de la résistance au régime. Les mots échangés en privé entre le pape et le premier secrétaire Edward Gierek n'étaient pas davantage rassurants. Durant leur entrevue, au palais du Belvédère, Jean-Paul II avait exprimé l'espoir de parvenir à un accord entre l'Église et l'État, accord que Gierek lui-même souhaitait vivement. Le pape avait toutefois énoncé toute une série de conditions destinées à convaincre le pouvoir communiste qu'il devrait faire des concessions sans précédent s'il voulait coexister pacifiquement avec l'Église.

Gierek avait parlé de détente internationale. Le pape avait répondu que « la paix et le raprochement entre les peuples doivent reposer sur le principe du respect des droits objectifs de la nation », au nombre desquels il incluait le droit d'« élaborer sa propre culture et sa propre civilisation ».

Gierek avait parlé des obligations de la Pologne en matière de défense et de sa position au sein de la communauté internationale – allusion évidente au Comecon (Conseil d'assistance économique mutuelle) et au pacte de Varsovie, tous deux entièrement dominés par l'Union soviétique. La réponse de Jean-Paul II avait été : « Toutes les formes d'impérialisme politique, économique ou culturel vont à l'encontre des exigences de l'ordre international. » Seuls pouvaient être valides les pactes ou alliances « fondés sur le respect mutuel et sur la reconnaissance de l'intérêt de chaque nation ». Le dirigeant communiste fut pris au dépourvu par l'audace de Wojtyla. Gierek était prêt à négocier un accord généreux quant à la place accordée aux activités religieuses de l'Église dans la société polonaise. Le pape voulait une reconnaissance officielle du fait que l'Église « sert les hommes et les femmes dans la dimension temporelle de leur vie », autrement dit, dans les domaines sociaux et politiques. Cela ne convenait pas du tout aux cadres du Parti communiste polonais – et surtout, ce qui était encore plus important, aux hommes du Kremlin.

Le lendemain, 3 juin, jour de la Pentecôte, Jean-Paul II arriva dans la ville de Gniezno telle une incarnation moderne de l'Esprit, en hélicoptère. Le million de personnes qui s'était déplacé à Varsovie n'était pas une exception, juste un prélude. Une foule immense l'attendait à l'aéroport. « Nous voulons Dieu ! » scandaient-ils, reprenant le mot d'ordre des multitudes de Varsovie.

C'est à Gniezno qu'est inhumé saint Adalbert, martyr comme Stanislas, et comme lui, un des patrons de la Pologne. Toutes ces histoires de martyrs religieux devenaient de plus en plus pénibles pour les communistes dogmatiques du Kremlin et de Varsovie. Au cours des semaines précédant la venue du pape, une exposition historique avait été organisée à Gniezno. Une des pièces présentées était une radiographie du crâne de saint Stanislas, étrange confirmation technologique de la légende chrétienne : au sommet du crâne, la profonde blessure infligée par l'épée de l'assassin était nettement visible.

L'hebdomadaire *Tribuna*, organe idéologique des communistes tchécoslovaques, qui se faisait souvent l'écho des positions du Kremlin – si possible en les exagérant encore plus –, avait accusé Jean-Paul II de venir en Pologne pour rendre hommage à l'évêque saint Stanislas, mort en se battant pour les droits du peuple, qui aurait consacré sa vie entière à « mettre en œuvre les principes... d'une domination totale du pape et de l'Église sur le monde, comme l'avait formulé au Moyen Age le pape Grégoire VII ».

Ce n'était pas un hasard si, durant les négociations préalables à la visite papale, les autorités polonaises avaient réussi à obtenir que celle-ci ne coïncide pas avec l'anniversaire du martyre de saint Stanislas, fêté le 8 mai. Pourtant, Jean-Paul II n'avait aucunement l'intention d'affronter directement le pouvoir établi, comme l'avait fait Stanislas en s'opposant à un chevalier despotique, qui s'était d'ailleurs repenti par la suite. Le pape était venu pour faire renaître l'espoir chez les masses frustrées et malheureuses, pour leur apporter un nouveau message. A Rome, il avait préparé avec le plus grand soin les allocutions qu'il devait prononcer en divers lieux de Pologne, privilégiant un point de vue différent à chaque occasion.

A la cathédrale Saint-Adalbert de Gniezno, il suggéra – en tempérant sa remarque par un prudent « peut-être » – que Dieu avait choisi un pape polonais afin que l'Église, habituée à « des voix romaines, germaniques, anglo-saxonnes et celtes », pût entendre enfin les langues qui s'élevaient dans les temples de ce coin du monde.

« N'est-ce pas la volonté du Christ, n'est-ce pas une disposition du Saint-Esprit, que ce pape polonais, ce pape slave, manifeste en ce moment précis l'unité spirituelle de l'Europe chrétienne ? Bien que l'Europe chrétienne connaisse deux grandes traditions, celle d'Occident et celle d'Orient, elle professe par l'intermédiaire de toutes deux une seule foi, un seul baptême, un seul Dieu qui est notre Père à tous, le Père de Notre-Seigneur Jésus-Christ. »

En tenant ce langage face au pharaon soviétique, le pape cherchait à effacer les frontières séparant l'Église catholique d'Occident et l'Église orthodoxe d'Orient. Au risque que le Kremlin y voie une présomption outrancière, il s'était arrogé le droit de parler au nom des cent millions de fidèles orthodoxes, de Bucarest à Vladivostok, qui n'avaient jamais eu d'avocat aussi puissant pour les défendre contre une dictature étouffante.

Slaves et chrétiens : en réaction à l'unité du camp socialiste, imposée par la force, le souverain pontife proposait implicitement une autre union, fondée sur le sang, la langue, la culture et la religion. Dans son prêche, il évoqua successivement tous les baptêmes des peuples de l'Europe de l'Est : Polonais, Croates, Slovènes, Bulgares, Moraves, Slovaques, Tchèques, Serbes, et les communautés russes de Kiev, sans oublier les Lituaniens. Il conclut sur ces mots : « Le pape Jean-Paul II, un Slave, fils de la nation polonaise, sent combien profondément il est enraciné dans le sol de l'histoire. Il est venu ici pour parler à l'Église entière, à l'Europe et au monde, de ces nations et peuples trop souvent oubliés. Il est venu pour " clamer d'une voix puissante "... Il est venu pour étreindre tous ces peuples, ainsi que sa propre nation, pour les serrer contre le cœur de l'Église. »

Tous les fidèles retenaient leur souffle.

Jean-Paul II se souvint alors que, dans les rues de Gniezno, il avait vu une banderole portant l'inscription : « Saint-Père, n'oubliez pas vos enfants tchécoslovaques. » « Comment aurais-je pu les oublier ? reprit-il. Ce panneau confirme l'immense fraternité historique et culturelle qui lie nos deux peuples. L'on n'oublie pas des frères. » L'Église de Tchécoslovaquie avait été l'une des plus persécutées d'Europe. Le régime Husak soumettait le clergé à des contrôles pesants et à des mesures vexatoires. De nombreux diocèses n'avaient pas d'évêque titulaire. Le gouvernement de Prague craignait les réactions que pourraient déclencher des contacts entre des évêques tchécoslovaques et le pape à l'occasion de son voyage en Pologne. Bien que le cardinal Tomasek eût reçu de l'Église polonaise une invitation pour toute la durée de la visite papale, les autorités tchécoslovaques retardèrent son départ jusqu'au 6 juin. Pour leur part, les citoyens ordinaires eurent beaucoup de mal à franchir la frontière entre la Tchécoslovaquie et la Pologne, en général grande ouverte. Habituellement, la seule condition était d'avoir sur soi une certaine quantité de devises polonaises. Or, pendant la durée de la visite du pape en Pologne, les banques tchécoslovaques annoncèrent qu'elles étaient à court de zlotys.

Il avait suffi d'une seule bannière – « Saint-Père, ne nous oubliez pas ! » – pour que Jean-Paul II improvise une déclaration face au monde entier, avec une présence d'esprit digne d'un grand acteur ou d'un homme politique chevronné. L'effet fut dévastateur.

L'attitude de la foule l'aida énormément. Les fidèles de Gniezno étaient bien plus spontanés et enthousiastes que les citoyens de Varsovie, qui, obéissant aux instructions des autorités ecclésiatiques, avaient témoigné d'une certaine modération. A Gniezno, la foule scandait sans cesse « Vive le pape ! » en brandissant d'innombrables pancartes, tandis que des jeunes gens, torse nu, couraient joyeusement dans les rues pour accompagner le cortège pontifical. L'après-midi, après la messe, des groupes de jeunes criaient avec fougue : « Karol, viens avec nous ! Karol, Dieu t'a chargé de conduire la barque de Pierre. Nous ne t'abandonnerons pas, tu peux compter sur nous ! »

Entouré de cette foule exultante pour laquelle sa présence incarnait des siècles de messianisme polonais, Jean-Paul II répéta qu'il voyait dans son élection un signe de la divine providence, sous-entendant que son accession au pontificat mettait fin à la division de l'Europe, symbolisée par la conférence de Yalta, et réaffirmée à Helsinki en 1975 *. Avec son habileté coutumière, le pape offrait une vision de l'unité de l'Europe chrétienne transcendant les blocs politico-militaires. Témoignant d'un instinct politique hors du commun, il proposait aux peuples d'Europe de l'Est un pacte d'alliance, promesse d'un exode qui les ferait sortir de l'existence grise et terne à laquelle ils étaient condamnés. Les paroles du nouveau Moïse transportaient d'enthousiasme ses auditeurs : « Et maintenant, chers compatriotes, ce pape, chair de votre chair, sang de votre sang, chantera avec vous et avec vous s'exclamera : " Que la gloire du Seigneur soit éternelle. " Il n'y aura pas de retour au passé. Nous nous engageons sur la voie de l'avenir ! »

Au soir du dimanche 3 juin, Jean-Paul II avait déjà réussi, par ses allocutions d'une véhémence prophétique, à remettre en question l'idéologie du régime, le rôle de l'État, la nature de l'alliance liant la Pologne à l'Union soviétique, et la situation géopolitique de l'Europe résultant de la Deuxième Guerre mondiale. Le général Jaruzelski, qui suivait tous les faits et gestes du pape dans son PC du ministère de la Défense, se rendait compte que ses camarades du Politburo polonais étaient extrêmement troublés et inquiets – à cause de l'accueil populaire fait au souverain pontife et parce qu'ils appréhendaient la réaction du Kremlin. Les cadres du Parti n'aimaient pas du tout l'attitude de la foule, proche de l'adoration, qui dépassait selon eux les limites d'un « comportement normal ». Pis encore, de nombreux passages des allocutions du pape allaient dangereusement au-delà des habituelles et inoffensives formules religieuses. Le chef du Parti, Gierek, et le Premier ministre, Piotr Jaroszewicz, parlaient déjà d'un risque de « déstabilisation ».

Stanislas Kania, responsable de l'idéologie au Parti et des relations avec l'Église, envisageait avec alarme les conséquences de l'étape suivante du voyage pontifical. Kazimierz Barcikowski, secrétaire du Parti pour la région de Cracovie, avait lui aussi peur de ce que le pape pourrait dire dans la ville dont il avait été l'archevêque. L'allocution prononcée place de la Victoire à Varsovie était « une sorte de discours-programme », pensait Jaruzelski, un signal d'alarme. « Nous craignions que cela n'annonce une escalade. »

Gierek était le plus inquiet de tous. Pour l'aile réformiste et technocratique de la direction politique polonaise, dont il était le chef de file, cela pouvait remettre en cause toute la politique de coopération avec l'Église catholique, pour limitée qu'elle fût. Il était convaincu que cette politique cimentait l'unité nationale et sauvegardait l'identité polonaise face à l'hégémonie soviétique. D'une part, comme il l'avait

* L'acte d'Helsinki confirmait l'intégrité territoriale des pays d'Europe de l'Est sur la base des frontières existantes ; il engageait également ses signataires, dont l'URSS, à respecter les droits de l'homme, en particulier la liberté d'expression et celle de la presse.

fait observer à ses camarades, son entretien avec Jean-Paul II au palais du Belvédère était l'équivalent d'une bénédiction papale donnée au régime polonais et à la politique de détente entre l'Église et l'État, menée par Gierek lui-même. Par ailleurs, comme tous les cadres du Parti, il se rendait compte que l'Église faisait un fabuleux étalage de sa puissance et de sa capacité d'organisation. « Plus l'Église était puissante, se souvient Jaruzelski, plus les membres du Politburo craignaient que cela ne mine la stabilité des sphères dirigeantes. »

Pour empirer encore la situation, le moindre geste du pape, la moindre allusion qu'il faisait, étaient aussitôt diffusés dans le monde entier par plus de mille journalistes venus en Pologne pour couvrir l'événement. Et ensuite, les échos venus du monde extérieur avaient des répercussions négatives en URSS, en Tchécoslovaquie et en Allemagne de l'Est, dont les dirigeants observaient avec suspicion et scepticisme tout ce qui se passait à Varsovie.

Gierek consulta les membres de son Politburo. Leur conclusion fut unanime : ce week-end avait été catastrophique pour le Parti et le gouvernement polonais. Les problèmes créés par le pape et son message en ces deux premiers jours de son voyage étaient inacceptables. Il fallait faire quelque chose.

Stanislas Kania, qui avait une longue expérience des relations avec l'Église, fut chargé d'attirer l'attention du pape sur le mécontentement du Parti. Il décida de passer par l'intermédiaire du cardinal Macharski, le nouvel archevêque de Cracovie. Macharski jouissait de l'entière confiance du pape; en fait, Wojtyla l'avait choisi pour lui succéder. Atténuant fort diplomatiquement les critiques du Politburo, Kania énuméra quelques raisons du mécontentement de celui-ci : le pape n'avait pas clairement imputé aux nazis la responsabilité de l'occupation et de la ruine de la Pologne. Pas une seule fois, il n'avait mentionné les six cent mille soldats soviétiques tombés au combat pour libérer la Pologne. Il n'avait pas davantage honoré publiquement les réalisations de la Pologne socialiste, à commencer par la reconstruction du pays après la guerre.

Compte tenu de la grave crise que traversait la Pologne, il était essentiel pour le gouvernement polonais et pour la modernisation du pays que la visite du pape ne devînt pas un facteur de déstabilisation et une cause de tension avec Moscou. Voilà ce qu'il importait de faire comprendre au pape. N'avait-il pas dit à Gierek, au palais du Belvédère : « Je continuerai à prendre à cœur tout ce qui est susceptible de menacer la Pologne, tout ce qui pourrait lui nuire ou être à son désavantage, qui pourrait entraîner la stagnation ou une crise... L'homme qui vous parle est un fils de la même patrie que la vôtre » ?

Kania résuma ses arguments dans une lettre. Pour en souligner la nature confidentielle, il l'écrivit à la main et la fit remettre en main propre au cardinal Macharski, certain que le pape la lirait. Une attente angoissée commença.

L'arrivée de Jean-Paul II au sanctuaire national de Czestochowa, où il devait rester trois jours, coïncida avec un changement de ton de ses allocutions. Les sujets politiques cédèrent la place aux thèmes religieux, bien qu'il continuât à faire des allusions critiques au système communiste. L'entourage du pape remarqua que, à la suite des deux grèves déclenchées à Varsovie et à Gniezno, Jean-Paul II avait opté pour des interventions plus paisibles, transformant ses nombreuses rencontres avec les groupes les plus divers en une sorte de « catéchisme vivant ». Seuls quelques rares assistants du pape étaient conscients du rôle qu'avait pu jouer une lettre que le cardinal Macharski lui avait remise, à son arrivée à Czestochowa.

A partir du troisième jour, le voyage du souverain pontife prit davantage l'allure d'un pèlerinage triomphal, auquel répondait une marche enthousiaste de millions de Polonais allant à la rencontre du pape, leur compatriote. Toutes les précautions prises par le régime pour limiter l'impact de la visite se révélèrent futiles. Bien au contraire, la moindre mesure restrictive se retournait contre le régime, devenant une formidable contre-propagande. Les barrages routiers établis par la police à quelque vingt-cinq kilomètres de Czestochowa, pour filtrer les pèlerins, ne servaient qu'à rappeler aux citoyens polonais les humiliations infligées par le système totalitaire. La censure des programmes de télévision – les habitants de Varsovie ou de Poznan n'avaient pas le droit de voir ce que voyait quiconque était présent à Czestochowa – ne faisait qu'accroître l'aspiration à la liberté de l'information. Les caméras de la télévision polonaise ne cadraient que le pape et les quelques personnes les plus proches de lui, sans jamais montrer les immenses foules, ce qui ne faisait que donner encore plus de force à ses mots et aux clameurs enthousiastes des masses invisibles.

Les autorités gouvernementales avaient âprement marchandé avec Wyszynski les lieux où Jean-Paul II pourrait se rendre, espérant ainsi réduire le nombre de ceux qui verraient le pape en personne. Mais l'Église polonaise avait déjoué cette manœuvre du pouvoir en organisant des convois de pèlerins, venus de toutes les régions du pays. Un bon exemple en était la Silésie, ancien fief politique de Gierek. Le gouvernement n'avait pas autorisé Jean-Paul II à s'arrêter à Katowice, important centre minier et industriel de Silésie. En réaction, les évêques firent un énorme effort afin de permettre à des centaines de milliers d'ouvriers et de mineurs silésiens – les troupes de choc de la classe ouvrière polonaise – de voir le pape. De nombreux mineurs de l'équipe de nuit partaient pour Czestochowa aussitôt après avoir fini le travail. Parmi l'océan des bannières et des pancartes, il y en avait une qui proclamait : « Nous sommes avec le Christ, en dépit de tout. »

Devant l'immense foule, le pape parla de justice, il parla des « droits et devoirs de chaque membre de la nation, afin que ne soient pas accordés des privilèges à certains, en imposant une discrimination aux autres ». Lorsque des voix s'élevèrent pour lui crier avec affection : « Dieu vous assiste ! », il se tourna dans leur direction et répondit : « J'aimerais que le peuple de Silésie me crie cette salutation... d'une distance de quinze cents kilomètres... Si vous criez suffisamment fort, le pape vous entendra, et il vous répondra : “ Que Dieu vous récompense. ” » Comme pour faire un serment solennel, la foule reprit en chœur : « Dieu vous assiste ! Dieu vous assiste ! Dieu vous assiste ! »

Du 4 au 6 juin, Czestochowa ressembla à la capitale provisoire d'un empereur médiéval en déplacement. Pour tous les Polonais, le sanctuaire marial était devenu le centre du pays. Grâce à un calendrier soigneusement programmé de rencontres et de célébrations, Jean-Paul II accueillit tous les groupes représentatifs de la population : ouvriers et étudiants, paysans, intellectuels, employés de bureau, religieuses et prêtres, séminaristes, personnes âgées, enfants... Et même quand le pape ne parlait pas ou ne se montrait pas, la célébration incessante de messes à l'intention des pèlerins renforçait le pacte qu'il avait conclu entre l'Église et la nation.

A Jasna Gora, le sanctuaire fortifié de Czestochowa, les évêques polonais avaient prévu pour Jean-Paul II un décor digne d'un empereur. Jasna Gora, où est adorée la Vierge noire, est le cœur de la Pologne catholique, le symbole de sa résistance aux envahisseurs. Lorsque, comme le relate *Le Déluge* de Sienkiewicz, les Suédois avaient envahi la Pologne au milieu du XVIIe siècle, les imposantes murailles de la forteresse avaient tenu bon. A sa façon, la Vierge noire était elle aussi une guerrière. Un soldat ennemi avait entaillé sa joue droite de deux coups de sabre, mais la cicatrice ne faisait que souligner son invincibilité.

La première messe que le pape y célébra ressemblait presque à une messe de couronnement, dans une atmosphère de ferveur religieuse et patriotique. Des centaines de milliers de fidèles s'étaient assemblés dans les champs entourant la forteresse, au sein d'une joyeuse profusion de drapeaux, de pancartes et d'images religieuses aux vives couleurs. Un autel avait été établi en haut des remparts. Un monumental escalier en bois en descendait, tel un pont jeté entre le ciel et la terre, comme dans les légendes médiévales. Le pape célébra la messe sous un dais, petite silhouette blanche visible de loin. La nuit, à la lumière de la lune, de longues colonnes de fidèles s'avançaient vers le sanctuaire. Nombre d'entre eux dormirent au pied des fortifications ; d'autres passèrent la nuit dans les bois avoisinants, improvisant des campements de fortune.

Une énorme affiche, apposée sur l'enceinte par les étudiants catholiques de Lublin, résumait le sentiment général : « Saint-Père, nous voulons être avec toi. Nous voulons une vie meilleure avec toi. Nous voulons prier avec toi. » Au sujet de l'audience accordée par le pape aux mineurs de Silésie, le mensuel clandestin *Glos* publia ce commentaire : « Les millions de travailleurs venus voir le pape semblent démontrer la totale fausseté de la thèse officielle de l'athéisme inné de la classe ouvrière et de sa déchristianisation progressive. » La revue dissidente ajouta cette remarque prophétique : « A présent, les autorités ont peur que le pape, qui a été lui-même ouvrier, et dont la sensibilité à l'exploitation est bien connue, ne devienne le porte-parole de la classe ouvrière polonaise. »

Face à tant d'attente, à tous ces espoirs mis en lui, Jean-Paul II prit soin de rester calme et mesuré, et d'éviter un ton polémique. S'entretenant librement avec un groupe de mille étudiants de l'université de Lublin, lors d'une réunion à huis clos, le pape déclara : « La cause du Christ peut également être favorisée, ou le contraire, par le choix d'une conception du monde diamétralement opposée au christianisme. Quiconque fait ce choix avec une conviction intime mérite notre respect. » Comme certains étudiants semblaient déroutés par cette remarque, il précisa sa pensée : « L'attitude de la personne qui ne fait aucun choix recèle un danger, à la fois pour l'Église et pour les autres. » Conformément à sa vocation philosophique, Jean-Paul II prêchait donc une fois de plus l'engagement personnel et le respect pour ceux qui pensent autrement.

Lors de ses entretiens avec les évêques, le pape était tout aussi calme et réfléchi. A Jasna Gora, Jean-Paul II tint à rendre un hommage public au primat Wyszynski *et* au nouveau secrétaire d'État du Vatican, Agostino Casaroli. C'était un geste politique, destiné à mettre fin à la guérilla ecclésiastque qui, depuis des années, opposait les intransigeants évêques polonais à l'architecte de l'*Ostpolitik* de Paul VI. C'était aussi une façon de faire savoir à tous que, dorénavant, le pape s'occuperait personnellement de ces questions.

Pendant le séjour du souverain pontife à Czestochowa, dans tout le reste du pays, en particulier dans les campagnes, les Polonais cherchaient par tous les moyens à témoigner de leur loyauté envers le pape et l'Église, par des signes visibles de leur piété militante. D'un bout à l'autre du pays, dans des provinces que ne traversait pas le cortège pontifical, les chapelles, les icônes bordant les routes et mêmes les kiosques à journaux étaient ornés de gerbes de fleurs. Des villages entiers disparaissaient littéralement sous des petits drapeaux aux couleurs du Vatican, les fenêtres des maisons étaient couvertes d'images de la Vierge noire, de photos de Karol Wojtyla, ou portaient un grand M (comme « Marie ») surmonté d'une couronne et entouré de lis.

Ce vote silencieux des catholiques polonais, dans une atmosphère de fête rendue plus impressionnante encore par l'absence de tout symbole de l'idéologie communiste, plongea les dirigeants polonais dans la consternation.

Alors qu'il se préparait à gagner Cracovie, Jean-Paul II pouvait se dire avec satisfaction que, jusqu'à présent, il avait réussi à maintenir un difficile équilibre entre deux exigences contradictoires : réveiller la conscience du peuple, sans pour autant pousser les fidèles à des actes irréfléchis. La frontière séparant les deux était fragile ; à tout instant, l'enthousiasme populaire menaçait de déborder. Le soir du 6 juin, l'hélicoptère du pape se posa sur un pré de Cracovie. En dépit de la pluie, une foule énorme était venue l'accueillir. Jean-Paul II fut conduit à la cathédrale du Wawel dans une voiture découverte. Plus tard, lorsqu'il gagna son ancienne résidence, des centaines de torches avaient été allumées sur son itinéraire.

AUSCHWITZ

L'évêque de Rome s'agenouilla et fixa le sol en ciment de la cellule des condamnés à mort. Il tenait à la main un petit bouquet d'œillets rouges et blancs qu'il posa délicatement par terre. Alors il se pencha pour embrasser le ciment rugueux sur lequel le prêtre franciscain Maximilien Kolbe s'était étendu, agonisant.

Ce baiser pouvait être le symbole de bien des choses : la mort du martyr, vocation authentique d'un prêtre catholique ; la foi en l'amour du prochain, plus forte que la cruauté de l'homme ; l'horreur devant l'extermination organisée d'êtres humains ; l'écho sinistre que faisait résonner le mot « Auschwitz » (Oswiecim en polonais) aux oreilles des amis et concitoyens de Wojtyla pendant les années de guerre ; le souvenir de ses amis juifs de Wadowice qui avaient vu leurs familles détruites par l'Holocauste. Ginka Beer, son amie d'enfance, avait pu s'évader à temps, mais sa mère, elle, avait péri à Auschwitz ; et si Jurek Kluger, son camarade de classe, avait réussi à se mettre en sécurité avec son père, la mère de Kluger, sa grand-mère et sa sœur étaient mortes dans les chambres à gaz.

En tant qu'archevêque et en tant que cardinal, Karol Wojtyla était déjà venu plusieurs fois à Auschwitz afin de prier et de méditer dans cette même cellule. Mais il s'appelait aujourd'hui Jean-Paul II et, en tant que pape, il devait s'adresser au monde. Trois ministres étaient venus de Varsovie pour représenter le gouvernement : ceux des Affaires religieuses, des Anciens Combattants et des Affaires étrangères. Pour les dirigeants de l'État polonais, Auschwitz représentait un lieu où réaffirmer l'esprit d'unité nationale qui avait animé les Polonais durant l'occupation et la résistance.

Paul VI avait béatifié Kolbe sur les instances de l'archevêque Wojtyla. Mais Jean-Paul II était convaincu que le franciscain devait être canonisé le plus tôt possible. Ce n'était pas seulement parce que le pape était fasciné par ce personnage, ce « martyr de la charité », ce détenu matricule 16 670 qui, le 30 juillet 1941, avait demandé au commandant du camp de le laisser mourir à la place d'un pauvre père de famille, Franciszek Gajowniczek. Au-delà, le pape croyait fermement qu'un lieu d'horreur comme Auschwitz devait être racheté symboliquement par le sacrifice d'un chrétien. Partout où se manifeste le mal dans l'histoire de l'humanité, il importait que l'Église puisse montrer un ou plusieurs authentiques chrétiens qui se soient battus pour le bien, l'amour et la foi. Kolbe, cependant, était un personnage complexe, dont l'extrême nationalisme était considéré par de nombreux Juifs comme relevant de la tradition antisémite de l'Église polonaise.

Le pape quitta la cellule faiblement éclairée par une petite ouverture grillagée située trop haut pour qu'un prisonnier puisse voir au-dehors. C'est là que, enfermé avec neuf autres pour y mourir de faim, Kolbe avait passé seize jours avant d'être achevé par une injection mortelle. Son destin, sa volonté de propager l'Évangile qui l'avait fait voyager jusqu'au Japon, et sa foi en la Vierge Marie avaient toujours captivé l'imagination du cardinal Wojtyla.

En passant par les chemins qui longent les abris en brique dans lesquels furent entassés des êtres humains, le pape arriva devant le Mur de la mort, un mur en ciment enduit de goudron où les prisonniers étaient battus et fusillés. Une fois encore, Jean-Paul II tomba à genoux. Il sentait manifestement que ce camp, produit d'une idéologie inhumaine, devait être sanctifié par une prière constante. Il souhaitait que le cardinal Macharski érige un petit couvent pour des carmélites sur le terrain d'Auschwitz. Ce devait être un lieu de supplication, de silence et de rédemption. Il n'avait aucune intention de l'annoncer, pas plus ce 7 juin que dans les années à venir. Il ne s'agissait nullement de quelque lubie subite mais au contraire d'un projet qui avait longuement mûri au fil des années où il avait été archevêque de Cracovie. Il espérait que son successeur le mènerait à bien.

A la différence du sanctuaire de la madone noire de Czestochowa, Auschwitz (et Birkenau situé juste à côté, où un hélicoptère emmenait le pape) est un site d'importance mondiale, lieu sacré, pour les croyants comme pour les non-croyants. En ce lieu où furent révérés la torture et l'extermination, deux destins se croisèrent : celui des Juifs, qui dans l'Holocauste, la *shoah,* vécurent l'aboutissement de siècles de persécutions bestiales et de haine antisémite (entre autres de la part de l'Église), et celui de la Pologne. Sous l'occupation nazie, la Pologne souffrit la plus terrible de toutes les invasions. Celle-ci, non contente d'effacer les frontières nationales, s'efforça de gommer jusqu'à l'identité d'un peuple.

Le pape alla passer son vêtement sacerdotal dans un de ces hangars où avaient été enfermés les prisonniers. Deux cents prêtres, anciens détenus du camp, se tenaient prêts à concélébrer avec lui. Ils étaient vêtus de chasubles rouge sang, brodées en blanc de branches d'olivier feuillues, tordues comme le fil de fer barbelé. Le pape se dirigea, en procession avec eux, vers l'autel érigé le long des voies où s'arrêtaient les wagons scellés. Plus d'un million (jusqu'à quatre millions peut-être) d'hommes, de femmes et d'enfants avaient été massacrés dans ce camp. Pour la première fois, un pontife romain allait rendre hommage aux victimes de l'Holocauste, à toutes les victimes de la persécution nazie, en pénétrant dans ce lieu sur lequel le pape de l'époque de la guerre, Pie XII, avait fermé les yeux.

L'après-midi était doux, le soleil brillait, et dans le camp de la mort les champs étaient verts et couverts de fleurs. Le pape lança un regard à l'autel de bois brut, surmonté d'une haute croix, en bois également. Ici, comme au temps des Romains, ce symbole chrétien reprenait son sens d'instrument de torture. La croix était surmontée d'une couronne de fil de fer barbelé, et l'on avait accroché à ses bras une étoffe rayée de blanc et gris, comme l'uniforme d'un détenu. Sur cette étoffe, l'assistance pouvait distinguer le matricule du père Kolbe 16 670.

Mea culpa, mea culpa, mea maxima culpa, récita le pape à voix basse, et la foule reprit le *Confiteor* dans un murmure profond. Au pied de la plate-forme se tenaient d'anciens prisonniers en uniformes rayés. Une délégation de femmes du camp de concentration de Ravensbrück était également présente, les cheveux blancs, les yeux fatigués.

« Je viens ici en pèlerin, annonça Jean-Paul II durant son homélie. Je suis déjà souvent descendu dans la cellule de condamné à mort de Maximilien Kolbe. Je me suis arrêté devant le mur d'extermination et je me suis frayé un chemin parmi les débris des fours crématoires de Brzezinka (Birkenau). En tant que pape, je n'avais d'autre choix que de venir ici. Maintenant que je suis devenu le successeur de Pierre, le Christ veut que je témoigne devant le monde entier de ce qui fait la grandeur (et l'extrême misère) de l'humanité en notre temps. Que je témoigne de la défaite de l'homme et de sa victoire. Alors je suis venu, et je plie le genou sur ce Golgotha du monde contemporain, sur ces tombes dont la plupart sont anonymes, comme la grande tombe du Soldat inconnu. Je m'agenouille devant toutes les tablettes de pierre, alignées les unes à côté des autres. Le message qui y est gravé rappelle les victimes d'Auschwitz dans les langues suivantes : polonais, anglais, bulgare, tzigane, tchèque, danois, français, grec, hébreu, yiddish, espagnol, néerlandais, serbo-croate, allemand, norvégien, roumain, hongrois et italien. »

Le pape évoqua encore le sacrifice du père Maximilien Kolbe. Puis il parla de lui-même et de la façon dont il entendait son rôle de pontife. Il rappela sa première encyclique, *Redemptor Hominis*, dédiée à la « cause de l'humanité, à la dignité de l'homme et, enfin, à ses droits inaliénables qui sont si facilement piétinés et annihilés par d'autres hommes ». A ce moment-là, il éleva légèrement la voix : « Suffit-il d'habiller un homme d'un uniforme différent ? De l'armer avec les instruments de la violence ? Suffit-il de lui imposer une idéologie dans laquelle les droits de l'homme sont assujettis aux exigences d'un système, totalement assujettis, au point de ne plus exister du tout en pratique ? » La foule, restée silencieuse jusqu'alors, se mit à applaudir. Beaucoup sanglotaient et plusieurs traducteurs furent incapables de continuer.

Quand le pape commença à parler des pierres commémorant les victimes, le silence devint à nouveau absolu. « En particulier, je tiens à m'arrêter avec vous devant l'inscription en hébreu. Cette inscription éveille le souvenir du peuple dont les fils et les filles étaient destinés à l'extermination totale. Ce peuple tire ses origines d'Abraham, notre père dans la foi. Ce peuple même qui reçut de Dieu le commandement " Tu ne tueras point " vécut dans sa chair, dans une mesure exceptionnelle, ce que veut dire tuer. Il est inadmissible que quiconque puisse passer, indifférent, devant cette inscription. »

Des applaudissements soutenus parcoururent toute la foule, au sein de laquelle certains étaient douloureusement conscients de la longue histoire antisémite de la Pologne elle-même.

« Une fois encore, poursuivit le pape, je choisis de m'arrêter devant une autre pierre commémorative, en russe. Je n'ajoute aucun commentaire. Nous savons quel pays elle évoque. Nous sommes conscients du rôle joué par ce pays dans la dernière guerre terrible pour la liberté des nations. Personne ne peut passer devant cette pierre sans être touché. » C'était là le geste attendu par le gouvernement de Varsovie, le signe de conciliation adressé à Moscou. Mais le souverain pontife avait mesuré ses mots. Comme de Gaulle, il n'avait pas parlé des « Soviétiques », mais des « Russes », et il avait fait allusion aux mérites et aux souffrances du pays, non de l'État.

Une fois réglées ces dettes avec l'Histoire, Jean-Paul II put se consacrer à la pierre polonaise. Six millions de personnes (dont la moitié de Juifs), soit un cinquième de la nation, avaient perdu la vie pendant la guerre. « C'est une étape du combat vieux de plusieurs siècles que mène ce pays, mon pays, pour ses droits fondamentaux parmi les nations d'Europe, un nouveau cri haut et fort pour le droit à posséder sa propre place sur la carte d'Europe. » Un ancien chant d'indépendance commença lentement à monter dans la foule : « Que Dieu bénisse notre patrie libre. » Passé et présent se donnaient la main. Encore une fois, le pape avait cherché à frapper la note politique juste.

« Le successeur de Jean XXIII et de Paul VI s'exprime au nom de toutes les nations dont les droits ont été bafoués et oubliés », déclara le pape, laissant son regard errer sur les barbelés et au-delà.

Le discours d'Auschwitz fut diffusé dans le monde entier. L'image de Jean-Paul II à genoux dans l'ombre des chambres à gaz fut une puissante incitation à la réflexion catholique sur l'Holocauste et sur la responsabilité partagée de l'Église dans le crime d'antisémitisme (comme allaient le montrer les années qui suivirent).

Certains observateurs restèrent cependant troublés par le fait que Jean-Paul II ne puisse résister à la tentation de baptiser, qu'il s'agisse d'une réalité contemporaine ou d'un événement dramatique, peu importe, en l'incorporant dans sa vision chrétienne et polonaise. « Je suis venu en ce sanctuaire particulier, déclara le pape, en ce lieu de naissance, pourrai-je dire, du saint patron (une référence à Kolbe) de notre siècle difficile ; de même qu'il y a neuf siècles, au fil de l'épée, Skalka (à Cracovie) fut le lieu de naissance de saint Stanislas, saint patron de la Pologne. » Il évoqua aussi Édith Stein, l'étudiante juive du philosophe Edmond Husserl, qui, devenue religieuse, fut ensuite assassinée à Auschwitz, et la béatifia également.

La complexité de l'expérience tragique d'Auschwitz, son rôle indéniablement unique dans l'holocauste juif pouvaient-ils se réduire au fait que ce soit le lieu où naquit la sainteté d'une catholique ? Est-ce que Auschwitz pouvait être ramené à l'expérience d'un Juif converti au catholicisme ? Invoquer le nationalisme religieux suggéré par le nom de saint Stanislas ne revenait-il pas à s'approprier un lieu qui appartenait à la conscience du monde entier ? Cette ambiguïté allait conduire à d'amers malentendus, à un conflit aigu avec la communauté juive internationale, lorsque la hiérarchie polonaise, parachevant le projet dont l'archevêque Karol Wojtyla avait pris l'initiative, installa le couvent des carmélites dans l'enceinte d'Auschwitz. En fin de compte, le pape devait donner aux religieuses l'ordre de déménager.

Le retour au pays de Jean-Paul II, à Cracovie, fut tumultueux, et ses conséquenses historiques. La nuit, des jeunes organisèrent une sérénade continue de chants patriotiques sous les fenêtres du palais archiépiscopal. Sur la place du Marché, la statue d'Adam Mickiewicz, le poète de l'indépendance, fut couverte de fleurs et toute la nuit se succédèrent sans discontinuer célébrations et protestations contre le régime. Un après-midi, lors d'une cérémonie en plein air devant l'église de Skalka, lieu du martyre de saint Stanislas, les jeunes se remirent à agiter ce qui était devenu leur nouveau symbole de résistance, des petites croix en bois.

L'avant-dernier jour de son voyage, le pape saisit l'occasion d'une rencontre avec des ouvriers près du monastère de Mogila, dans le district de Nowa Huta, pour s'approprier un terrain traditionnellement revendiqué par les communistes et porter un coup à l'idéologie communiste : « Le christianisme et l'Église ne craignent absolument pas le monde du travail, proclama-t-il. Ils ne craignent aucun système fondé sur le travail. Le pape n'a pas peur des travailleurs. » Mais, bien entendu, pendant des siècles, l'Église *avait* souvent redouté les mouvements ouvriers. Jean-Paul II évoqua sa propre expérience alors de travailleur dans la carrière de pierres puis à l'usine Solvay, et il exalta la Bible comme guide dans les problèmes de travail du monde contemporain. Parmi une foule extatique, agitant des milliers de drapeaux et de bannières, flanqué par huit cardinaux (Poletti de Rome, Höffner de Cologne, König de Vienne, Tomasek de Prague, Bengsch de Berlin, Juban y Arnau de Barcelone, Gray d'Édimbourg, Macharski de Cracovie) et de Casaroli, le secrétaire d'État, le souverain pontife déclara d'un air de défi qu'on ne saurait ravaler le peuple au simple rang d'outil de production. « Le Christ ne pourra jamais accepter cela, s'exclama-t-il. L'ouvrier comme l'employeur doivent tous deux se le rappeler ; le système du labeur comme le système de rémunération doivent tous deux se le rappeler. L'État, la Nation et l'Église, tous doivent se le rappeler. »

Le public applaudit et l'acclama frénétiquement. Pour les ouvriers, c'était comme s'il versait de l'huile sur le feu. Déjà outrés par les dernières augmentations de prix arrêtées par le gouvernement, et anxieux de recevoir de meilleurs salaires, ils n'avaient pas non plus oublié avec quelle violence le régime avait accueilli les protestations des ouvriers en 1976 à Ursus et Radom. Et voilà qu'à présent, les dirigeants polonais devaient essuyer la rebuffade, impuissants à rendre les coups. A l'évidence, les requêtes faites par le gouvernement au pape n'avaient eu aucun effet : sur Jean-Paul II ni sur le peuple. En suivant les discours du pape jour après jour, le général Jaruzelski ne pouvait que constater à la fois la force de ses paroles et la subtililé de son approche : Jean-Paul II ne se contentait pas de s'attaquer à la situation présente, « il consolidait l'espoir et le courage » pour les conflits futurs, pour le long terme.

La même pensée traversa l'esprit de Wiktor Kulerski, qui, moins d'un an plus tard, devait joindre les rangs des militants de Solidarité. Tandis que le pape parcourait la Pologne, il songea : « Nous vivons dans un pays différent. Le communisme n'importe plus, puisque plus personne ne s'y soumet. » Kulerski avait l'impression que le séjour du pape en Pologne était un moment de soulagement, un moment pendant lequel chacun rassemblait son énergie : « Le pape est ici, et il est hors d'atteinte des communistes. Il peut dire et faire les choses que nous ne pouvons pas. Ils ne peuvent rien contre lui. Les gens répètent les paroles du pape ; ils savent bien qu'il est leur rempart. »

Durant la visite du pape, l'historien Bronislaw Geremek, un intellectuel destiné à devenir l'un des principaux conseillers de Solidarité, en vint à la conclusion que « des gens libres sont capables de s'organiser », que la « société peut se passer du Parti et de l'État ».

Pendant toute la durée de la visite, les membres du Politburo polonais eurent l'impression d'être des brindilles charriées par le courant. Parler du « rôle dominant du Parti » était devenu une absurdité. Kazimierz Barcikowski, le premier secrétaire de l'antenne cracovienne du Parti, s'aperçut que ses principaux devoirs durant la visite papale se résumaient à s'assurer que l'Église puisse maintenir l'ordre et à organiser le transport, l'approvisionnement, les secours et les toilettes...

Le 10 juin, plus d'un million de fidèles se réunirent dans un champ, à Blonie, aux abords de la ville. On a même parlé d'un million et demi de personnes, voire deux millions. Une revue catholique est allée jusqu'à hasarder le chiffre de trois millions (un avant-goût des légendes qui allaient entourer par la suite les visites du pape, en particulier dans le tiers-monde).

Le simple fait d'attirer un million de personnes était déjà incroyable, révolutionnaire même, dans un pays du bloc socialiste. Jean-Paul II passa près de trois quarts d'heure à parcourir à bord de sa papamobile les allées qui quadrillaient les sections de la foule.

Le cardinaux et les évêques, encore plus nombreux qu'à Nowa Huta (deux cardinaux hongrois, un yougoslave et trois autres de l'Ouest s'étaient ajoutés au nombre), furent stupéfaits de voir la foule immense acclamer le pape. Et émus : l'Église n'était donc vraiment pas sur son déclin et le souverain pontife avait encore beaucoup de choses à dire au monde. Ce fut pour eux une révélation.

Ce jour du voyage papal, un 10 juin, avait été choisi pour honorer saint Stanislas mais tourna à la célébration du nouveau pouvoir de Jean-Paul II lorsque, brandissant le Christ comme un étendard, celui-ci annonça que le neuf centième anniversaire de la mort de saint Stanislas allait marquer un tournant pour la nation et l'Église.

Pour la foule, il n'en fallait pas plus. Elle avait parfaitement compris. En repartant, le pape pouvait accorder à son peuple une nouvelle bénédiction et lui confier une nouvelle mission : « Il faut vous montrer forts, mes très chers frères et sœurs ! s'écria-t-il. Il faut vous montrer forts de la force qui découle de la foi ! Il faut vous montrer forts de la force de la foi ! »

Il s'adressa (sans les nommer, mais de manière que ce soit évident pour tous) aux peuples de derrière le rideau de fer : « Il n'y a pas de raison d'avoir peur. Il faut ouvrir les frontières. Dans l'Église, on ne trouve pas d'impérialisme mais seulement un service. » Puis, ayant aperçu un groupe de pèlerins venus de Tchécoslovaquie, il insista : « Oh, comme j'aimerais que nos frères et sœurs, à qui nous sommes unis par la langue et les hasards de l'histoire, puissent aussi avoir été présents pendant le pèlerinage de ce pape slave ! S'ils ne sont pas ici, s'ils ne sont pas dans cette vaste étendue, ils sont en tout cas dans nos cœurs. »

Le pape et les nations slaves contre l'Empire soviétique. Voilà que les forces en présence étaient nommées. Dans son pays natal, pratiquement un citoyen sur trois avait pu le voir en personne. Pas même le maréchal Pilsudski à son époque, héros conquérant, n'avait été à ce point entouré par son peuple. Quand le pape s'approcha de l'autel, deux ballons s'élevèrent dans le ciel, portant le symbole de la résistance polonaise pendant la Deuxième Guerre mondiale : un *P* surmontant deux *W*. Ce qui signife : « La Pologne poursuit le combat. »

CINQUIÈME PARTIE

L'EMPIRE ÉBRANLÉ

Chaque grève importante de l'ère communiste en Pologne s'était toujours achevée dans la violence et l'impasse, en 1956, en 1970 comme en 1976. A chaque fois, après avoir mis fin aux manifestations et aux grèves par la force brutale, les autorités promettaient des réformes sociales et économiques. Mais ces promesses n'étaient jamais tenues et le niveau de vie du pays ne cessait de s'effondrer. La Pologne continuait tant bien que mal et le mécontentement fermentait dans les rangs des travailleurs.

Au début de l'année 1980, alors que la dette extérieure ne cessait d'augmenter et que le pays devait affronter une pénurie qui privait des millions de foyers de charbon pour leur chauffage, le gouvernement eut une fois de plus recours à la formule familière consistant à geler les salaires et à augmenter les prix dans l'espoir de venir à bout de ses problèmes économiques. Nul ne s'étonna donc quand, au mois de juillet, les cheminots de Lublin, à l'est du pays, se mirent en grève, ni lorsque le mouvement s'étendit rapidement à d'autres usines. De son lieu de villégiature, en Crimée, le premier secrétaire Edward Gierek accueillit la nouvelle calmement et décida de ne pas abréger son séjour.

Dès le début, les Soviétiques s'inquiétèrent. Le secrétaire général soviétique, Leonid Brejnev, convoqua Gierek dans sa propre villa de Crimée pour lui exprimer l'inquiétude que lui inspirait, plus particulièrement, la grève des chemins de fer. L'URSS entretenait en effet une armée de cinq cent mille hommes en Allemagne de l'Est, laquelle dépendait entièrement pour son ravitaillement de la voie de chemin de fer traversant la Pologne. Gierek affirma à Brejnev que les grèves n'allaient pas tarder à finir. Cependant, à la différence de ses prédécesseurs, son ministre de la Défense Wojciech Jaruzelski et lui-même ne souhaitaient pas se servir de l'armée pour contraindre les grévistes à reprendre le travail.

Le jeudi 14 août 1980, le pape Jean-Paul II passait la journée dans sa villa de Castel Gandolfo, à une trentaine de kilomètres du Vatican.

Dans les collines albanes, l'air était plus respirable que dans les rues torrides de Rome. Dès la fin du XVIIe siècle, la villa avait servi de refuge aux papes durant les mois les plus chauds de l'année. Ce jeudi à Castel Gandolfo, l'ambiance était encore plus languissante qu'à l'accoutumée : on était à la veille de l'Assomption. Et à *Ferragosto*, jour férié le plus sacré de l'été pour les Italiens, tout s'arrête, même les autobus.

Au moment même où le pape travaillait dans son bureau, un homme rablé à la moustache typique, électricien sans emploi du nom de Lech Walesa, escaladait une pelleteuse à vapeur des chantiers navals Lénine à Gdansk en Pologne. Pendant tout l'été, les ouvriers des chantiers avaient refusé de prendre part aux grèves qui paralysaient le pays. Ce matin-là pourtant, quelques-uns d'entre eux s'étaient mis à défiler en désordre dans l'enceinte des chantiers, réclamant des augmentations et le retour du grutier du chantier naval – il avait été transféré à un poste en dehors de Gdansk pour avoir critiqué et défié la direction.

L'économie de la Pologne était sinistrée. Le mécontentement grondait parmi les millions d'ouvriers des usines, à travers tout le pays. Les grèves spontanées qui avaient débuté au mois de juillet s'étaient étendues à plus de cent cinquante entreprises. Le gouvernement avait réagi par ses habituelles promesses de changement et d'augmentations de salaires, sans avoir encore eu recours à la violence. Mais cette fois, le mouvement de protestation s'était poursuivi. La décennie de Gierek tirait à sa fin. Le pays se retrouvait gravement endetté, avec une productivité en baisse et une pénurie de biens essentiels, notamment de pièces de rechange pour l'industrie. La banqueroute n'était pas loin.

Les ouvriers du plus grand chantier naval du pays, où la police avait tué quarante-cinq employés en grève en 1970, n'étaient pas très enthousiastes à l'idée d'un nouvel affrontement. Le directeur du chantier naval de Gdansk, Klemens Giech, promit une augmentation si les ouvrier reprenaient leur travail, et nombre d'entre eux étaient sur le point d'accepter. Mais Walesa, après avoir escaladé la clôture grillagée haute de quatre mètres le matin même, se tenait à présent hissé sur sa pelleteuse, à côté du directeur des chantiers navals, et refusait cette offre.

Cet homme populaire avait particité aux soulèvements de 1970 qui avaient provoqué la chute de Gomulka. Après la répression sanglante des manifestations de Radom et d'Ursus en 1976, il s'était consacré à la création d'un syndicat de travailleurs indépendant, et avait souvent été arrêté pour ses activités. A présent, il appelait à une occupation d'usine : pour se protéger des forces de l'ordre, les ouvriers devaient s'enfermer à l'intérieur de l'usine. La foule se rendit à son appel.

Le lendemain, 15 août, le pape envoyait son secrétaire, le père Stanislas Dziwisz, en Pologne pour une discrète « période de repos » d'une semaine.

A vrai dire, les mouvements qui secouaient la Pologne en cet été 1980 n'étaient pas de simples grèves mais de véritables insurrections politiques, une « contre-révolution », selon l'expression de Brejnev qui ne s'y était pas trompé. Comme toutes les révolutions sociales de l'Histoire, ce mouvement réunissait plusieurs forces politiques redoutables (les travailleurs, l'intelligentsia et l'Église), jamais réunies auparavant de manière aussi décisive.

Lors des crises économiques précédentes, qui s'étaient toujours achevées dans la violence, les ouvriers ne disposaient d'aucune organisation. Il leur avait manqué une tribune nationale où exprimer leurs doléances. Cependant, en 1980, bien qu'aucune opposition politique centralisée ne soit encore constituée, une alliance de forces existait bel et bien, qui était prête à remettre en cause les décisions arbitraires d'un État autoritaire. Il s'agissait des Comités de défense des travailleurs (connus sous le sigle de KOR), créés par les intellectuels pour aider les ouvriers arrêtés ou renvoyés après la violente répression de 1976 ; du Club des intellectuels catholiques (KIK) ; et des évêques qui, soutenus par le pape polonais, prêchaient timidement un Évangile des droits de l'homme en même temps que celui de la Rédemption.

A l'été 1980, le plus agressif des ces éléments, le KOR, était dirigé par ses fondateurs charismatiques, Jacek Kuron, ancien membre du Parti dont les textes avaient galvanisé l'opposition au début des années soixante-dix, et Adam Michnik, un jeune historien juif, élève de Kuron. Le KOR réclamait un mouvement de travailleurs indépendant et la libération de la tutelle étouffante du système à parti unique. Le comité publiait son propre journal, *Robotnik Wybrzeza* (Le Travailleur de la Côte), lequel avait inspiré l'apparition d'autres publications antigouvernementales dans les cercles intellectuels, dans les universités et même dans le monde paysan. Le KOR avait le potentiel pour devenir un authentique mouvement d'opposition. Ses liens étroits avec l'Église catholique y étaient pour beaucoup.

Ces intellectuels militants du KOR, qui en étaient venus à apprécier l'archevêque Karol Wojtyla à Cracovie, n'étaient que quelques centaines. Mais ils parcouraient tout le pays, de meeting en discours, animés d'un enthousiasme fiévreux. En 1978, un mouvement syndical avait commencé à s'organiser dans les principales villes du pays, issu des graines qu'ils avaient semées. Dès le mois d'avril, des volontaires avaient distribué le premier bulletin d'un mouvement unifié appelé « Syndicats libres de la Côte balte ».

En août 1980, tandis que les grèves dans tout le pays entraient dans leur sixième semaine, Jacek Kuron déclara : « La lutte continuera jusqu'à ce qu'il y ait des syndicats libres et des organisations sociales réellement représentatives. Il n'y a pas d'autre choix. Le gouvernement ne dispose pas du consensus nécessaire pour sortir de la crise. » Kuron était arrivé à Gdansk au début du mois afin de discuter avec les dirigeants des Syndicats libres de la Côte balte de la possibilité de lancer une grève aux Chantiers navals Lénine. Mais en dépit du mécontentement des ouvriers, les militants n'arrivaient pas à mettre au point une plate-forme sur laquelle tout le monde puisse s'entendre.

C'est alors que Walesa prit l'affaire en main. Le samedi 16 août, les ouvriers paraissaient de nouveau enclins à revenir sur leur mot d'ordre de grève contre la promesse d'une augmentation de 1 500 zlotys et l'assurance qu'un monument serait érigé dans les chantiers pour honorer les victimes de décembre 1970.

Mais, enhardi par ces concessions, Walesa émit alors une liste de revendications en seize points dont le plus important était la « reconnaissance par le gouvernement des syndicats libres ». Ce projet ne suscita guère d'enthousiasme et le lendemain, quand la direction proposa une augmentation des salaires plus importante encore, bon nombre des ouvriers les plus âgés quittèrent les chantiers, renonçant à la grève. C'est alors que se situe ce qui fut peut-être l'un des plus grands moments de Walesa : parcourant les lieux à bord d'un petit véhicule motorisé, il rallia les travailleurs à la cause. Et le 18, lorsque la grève reprit en pleine force, Walesa émit une nouvelle liste de revendications, plus radicale encore, en vingt et un points, parmi lesquels l'allègement de la censure et la libération des prisonniers politiques. On y sentait la main des conseillers KOR, qui avaient infiltré le chantier naval.

Comme les négociations étaient diffusées par haut-parleur dans tout le chantier, la nouvelle de la grève et des revendications nouvelles et audacieuses des ouvriers se propagea rapidement le long de la côte balte. Le jour même, dans plus de cent quatre-vingts usines de Gdynia, Gdansk et Sopot sur la côte, jusqu'à Tarnow près de Cracovie et Katowice en Silésie, le travail cessa. L'avalanche était en marche.

A Castel Gandolfo, Jean-Paul II recevait de Dziwisz et de son secrétaire d'État, qui était en liaison avec l'épiscopat polonais, des rapports confidentiels sur les événements de Pologne. Contrairement à son habitude, Wojtyla s'était mis à suivre avec passion les reportages de la télévision sur les événements sensationnels qui se déroulaient dans son pays natal. Sœur Zofia Zdybicka, son ancienne étudiante, invitée à passer l'été dans la résidence estivale, se trouvait avec lui. Comme le pape, elle était philosophe. D'abord en tant qu'étudiante, puis comme professeur et enfin en tant qu'amie, elle avait souvent discuté avec Karol Wojtyla de questions telles que la nature du marxisme et la destinée de l'homme. Devant les actualités télévisées, elle fit ce commentaire : « Ceci est une leçon pour le monde entier. Voyez cette contradiction ! Les ouvriers sont *contre* le communisme. »

Le pape partageait tout à fait son avis, bien qu'au début il semblât moins confiant et moins enthousiaste qu'elle. « Si ce n'est que le monde n'y comprend rien, répondit-il. Le monde n'y est vraiment pas du tout. » Il répéta ceci à trois reprises. Il ne semblait pas surpris par les extraordinaires événements de Pologne. Sœur Zdybicka se souvient d'une autre occasion où elle s'était retrouvée en compagnie du pape et où il avait dit à un professeur de l'Université catholique de Lublin qui était de passage : « Il faut vous tenir prêts. » Le professeur et elle s'étaient demandé : « Prêts à quoi ? » A présent, elle croyait comprendre : c'était donc cela que le pape attendait.

Le pape dit que Walesa était envoyé par Dieu, par la providence. A l'écran, ils voyaient Walesa et les ouvriers en prière. « Si jeunes, si sérieux. Ces visages attentifs, si résolus », remarque-t-elle. Walesa avait épinglé une médaille de la Vierge noire de Czestochowa à son revers. Le dimanche, et encore le lundi, les grévistes assistèrent à la messe dans le chantier naval, célébrée par le curé de la paroisse de Walesa, le père Henryk Jankowski, de l'église Sainte-Brigitte de Gdansk.

Des portraits du pape et de grandes photos de la madone noire avaient été accrochés aux grilles du chantier. Jean-Paul II constata avec une satisfaction ironique que les hommes politiques occidentaux, surtout ceux de gauche, étaient stupéfaits de voir les masses de grévistes se presser à genoux autour de confessionnaux improvisés à l'air libre et de constater qu'ils avaient choisi des symboles religieux comme étendards. La sœur Zdibycka sentait que le pape voyait dans le spectacle des travailleurs, retournant les armes mêmes de leurs chefs contre eux, la main de Dieu levée contre les communistes.

A présent, des manifestations spontanées s'étaient mises à éclater le long de la côte sous l'impulsion du Comité de grève inter-usines pour marquer la solidarité des ouvriers avec les grévistes des Chantiers navals Lénine. Dans tous le pays, des travailleurs, poussés à agir par le KOR, unissaient leurs forces avec celles de l'intelligentsia catholique tandis que des intellectuels à l'esprit laïque faisaient front commun avec l'Église.

Les grévistes exprimaient leur opposition au régime par des hymnes religieux et des chants patriotiques, en faisant flotter sur les usines en grève le drapeau national polonais. Les comités de grève autogérés proliféraient.

La révolte des ouvriers suivait apparemment un scénario identique à celui de toutes les révolutions marxistes, si ce n'est que Marx n'y avait pas sa place. Un dessinateur humoristique italien, Giorgio Forattini, résuma la situation d'un trait de plume : un Karol Wojtyla bien découplé, en bleu de travail, posait ses outils et refusait de travailler.

L'évêque Kazimierz Majdanski, de Szeczcin, l'une des villes où le mouvement de travailleurs était le plus fort, fit ce commentaire à un monsignor de la Curie : « Il fleurit, le grain semé par le Saint-Père. »

Le 18 août, lors d'une allocution télévisée, Gierek promit des réformes et glissa aussi quelques menaces. « Le destin de ce pays est lié au système socialiste... Des groupes anarchistes et antisociaux cherchent à exploiter la situation, mais nous ne tolérerons aucun acte ni aucune revendication qui viserait à la destruction de l'ordre social en Pologne. »

Des unités militaires et des colonnes de policiers se mirent à converger vers la côte balte, mais les ports de Gdynia et Gdansk demeuraient paralysés. Le nombre de grévistes était monté à trois cent mille, les grèves s'étendaient à Lodz, Wroclaw et même à Nowa Huta.

Pendant une semaine, Jean-Paul II resta silencieux. Comme les dirigeants de la Communauté européenne qui mettaient en garde Gierek et le gouvernement polonais contre l'adoption de mesures répressives ; comme le président des États-Unis, Jimmy Carter ; et comme Moscou, qui cherchait comment le Parti communiste pourrait maintenir son contrôle sur le pays, le pape restait prudent.

Alors que la tension montait toujours, Jean-Paul II laissa au primat de Pologne, Wyszynski, le soin d'affirmer le point de vue de l'Église. Comme il l'avait souvent fait lors de moments de crise nationale, le vieil homme intervint avec circonspection, retenu par sa peur constante que la situation puisse déclencher une intervention soviétique. Le 16 août, date anniversaire de la victoire définitive de Pilsudski sur l'Armée rouge, le primat exprima sa gratitude à la Vierge. Grâce à elle, soixante ans auparavant, les frontières de la Pologne avaient été préservées. Il pria pour la liberté, pour la paix et pour l'autodétermination de la Pologne, une subtile allusion au Parti communiste et à Moscou.

Mais les méthodes auxquelles le primat avait recours depuis trente ans ne convenaient plus à la situation. La grève de Gdansk ne pouvait se réduire à une simple révolte des ouvriers contre des conditions économiques misérables. Des problèmes de ce genre, les Partis communistes de Pologne et d'Union soviétique étaient tout à fait prêts à les affronter. Tandis qu'ici, la plate-forme que Walesa avait réussi à faire adopter par les ouvriers remettait radicalement en cause la structure même du régime. La revendication de syndicats indépendants mettait à mal la prétention du Parti communiste d'être l'unique représentant historique et légitime de la classe ouvrière. La revendication concernant la censure et l'accès des syndicats libres et de l'Église aux médias retirait au Parti son outil le plus efficace (après l'armée et la police) pour exercer un monopole sur le pouvoir.

Les travailleurs polonais n'en étaient plus à souhaiter une simple « humanisation » du régime communiste. Ils réclamaient avec insistance une authentique démocratisation, qui passerait par l'exercice d'un pouvoir autonome débarrassé de l'entrave du Parti communiste. Ils voulaient un mouvement ouvrier indépendant capable de surveiller attentivement le gouvernement.

C'est précisément pour cette raison que les autorités de Varsovie refusaient catégoriquement depuis des jours de se rendre aux Chantiers navals Lénine afin de négocier directement avec le Comité de grève inter-usines (qui comptait désormais les représentants de deux cent quatre-vingt-une entreprises d'État).

Le mercredi 20 août, alors que le mouvement de grève menaçait de provoquer une paralysie politique à long terme, le pape récita deux courtes prières devant un groupe de pèlerins polonais place Saint-Pierre : « Dieu, par l'entremise de Marie, accordez-nous que la religion jouisse toujours de la liberté et que notre patrie bénéficie de la sécurité... Dieu, aidez ce peuple, et défendez-le toujours de tout mal et de tout danger ! » De nombreuses rumeurs circulaient alors selon lesquelles le pape aurait envoyé une lettre personnelle à Brejnev lui assurant que les événements de Pologne n'avaient pas pour but de nuire aux intérêts de l'URSS, cependant le Vatican nie l'existence d'une telle lettre.

« Ces deux prières, poursuivit le pape, montrent que nous tous, ici, à Rome, sommes unis avec nos compatriotes en Pologne, avec l'Église en Pologne, dont les problèmes nous tiennent tant à cœur. »

Ainsi, le pape venait d'accomplir ce que le cardinal Wyszynski ne pouvait et ne voulait pas faire : il avait donné publiquement sa bénédiction au mouvement de grève. C'était un tournant. Et l'évêque de Gdansk, Lech Kaczmarek, offrit à Walesa et aux quatorze autres membres du Comité de grève des médailles à l'effigie du pape Jean-Paul II.

Walesa, à son tour, fit parvenir un message rassurant à Moscou et aux communistes polonais : « Notre lutte concerne les syndicats, elle n'a pas d'objectif politique... Notre intention n'est nullement de remettre en cause les alliances internationales de la Pologne. »

Alors que l'attention du monde entier était rivée sur les extraordinaires événements de Pologne, le président Carter envoya, à titre privé, une lettre au pape dans laquelle il écrivait que les États-Unis partageaient les aspirations des travailleurs polonais et tâcheraient, par les voies diplomatiques, d'encourager les Soviétiques à se maîtriser.

Le 23 août, un âpre conflit éclatait au sein du Parti communiste polonais entre les pro-moscovites orthodoxes qui souhaitaient imposer l'état d'urgence, ou la loi martiale, et les réformateurs de Gierek, soutenus par Stanislas Kania et Wojciech Jaruzelski, qui se prononçaient en faveur du compromis et voulaient éviter le recours à la force militaire.

Le même jour, le pape envoya au primat une lettre subtilement nuancée : « Je vous écris ces quelques mots pour vous dire comme je me suis senti particulièrement proche de vous durant ces derniers jours difficiles. » Puis, après quelques formules affectueuses et invocations de la Madone, la lettre donnait un ordre politique précis : « Je prie de tout mon cœur pour que les évêques de Pologne... puissent en ce moment même aider cette nation dans son dur combat pour son pain quotidien, pour la justice sociale et la sauvegarde de ses droits inaliénables à une existence et à un développement propres. »

Pain, justice sociale, développement indépendant. Par ces mots, le pape apportait son soutien total aux objectifs des grévistes. L'écrivain catholique Stefan Kisielewski fait remarquer, en simplifiant à peine, que l'Église gérait là la première grève démocratique de toute l'histoire de la Pologne.

Le soir même, le gouvernement faisait une concession historique en acceptant de participer à des négociations directes avec les comités de grève de Gdansk, Gdynia et Szeczcin.

Avec le début des négociations, qui devaient tourner au bras de fer dramatique et durer une semaine, un groupe de conseillers apparut aux côtés de Lech Walesa. Il comportait des intellectuels, des professeurs et des membres de l'Académie des sciences polonaise. Deux de ses dirigeants étaient des proches de Wojtyla : Tadeusz Mazowiecki, rédacteur en chef du périodique catholique de Varsovie *Wiez,* et l'historien Bronislaw Geremek. Avec l'arrivée de ce groupe, la direction stratégique du mouvement (qui devait prendre plus tard le nom de Solidarité) passait en grande partie entre les mains de l'Église. A présent, la Vierge noire épinglée au revers de Walesa devenait le signe que Solidarité puisait directement son inspiration auprès de Karol Wojtyla.

Aux moment les plus intenses de la crise (les 24 et 25 août, quand le

Parti était disposé à accorder le droit de grève mais refusait la création d'un syndicat indépendant), le premier secrétaire Gierek réussit à évincer la plupart des stalinistes purs et durs du Politburo polonais. Il apparut ensuite à la télévision où il prononça un discours d'autocritique, qui échoua pourtant à dégager le moindre consensus permettant de mettre fin aux grèves. Redoutant que la situation n'échappe au contrôle du gouvernement et que Moscou n'abandonne son attitude attentiste, Gierek se tourna alors vers le primat Wyszynski. Il demanda « l'aide de l'Église », pour éviter « des conséquences incalculables pour le pays ». Gierek promit de ne pas recourir à la force contre les grévistes, et Wyszynski accepta d'intervenir.

Les passages les plus importants du discours prononcé le 26 août par le primat au lieu saint de Czestochowa (et qui étaient les plus favorables au gouvernement) furent rediffusés à la télévision d'État. « Vous ne pouvez pas tout exiger en même temps, déclara-t-il. Il serait préférable d'établir un calendrier. Personne ne doit faire courir de risques à la nation. » D'après Wyszynski, chacun des acteurs de la crise devait faire son examen de conscience. « Ne nous contentons pas de montrer les autres du doigt. Nous avons tous des défauts et des péchés à nous faire pardonner. » Chacun, prêcha-t-il, devait manifester son sens des responsabilités et son respect des devoirs quotidiens qu'impose la vie civique et sociale, « en restant calme et circonspect et en gardant son sang-froid ».

Bien que son discours contînt une attaque contre l'athéisme d'État et défende le principe de la libre-association, les remarques du primat furent prises par les grévistes pour ce qu'elles étaient : une invitation à ne pas insister sur le principe de la création immédiate d'un syndicat indépendant. Mais d'autres Polonais regimbèrent. Les intellectuels catholiques de Znak * manifestèrent leur désaccord par un silence public embarrassant. Walesa ne prêta aucune attention à ces propos et de nombreux évêques critiquèrent ouvertement la position du primat. Le pape, déçu, réagit avec exaspération. « Oh, ce vieillard... ce vieillard », soupira-t-il devant deux prêtres polonais de passage à Castel Gandolfo. Le primat avait perdu le contact avec le peuple.

Jean-Paul II ne voulait pas entendre parler de chercher à apaiser les communistes. Pour lui, en assurant Moscou que la Pologne devait demeurer dans le pacte de Varsovie, les ouvriers avaient gagné le droit de créer un syndicat indépendant. Le mois précédent, à Brasilia, n'avait-il pas exigé la même chose devant cent cinquante mille travailleurs, dont un grand nombre de grévistes, rassemblés au stade de Sao Paulo ? Ceux-ci avaient alors explosé en une ovation qui avait duré quinze minutes aux cris de *Libertade, Libertade !* Les ouvriers métallurgistes de Sao Paulo s'étaient lancés dans la plus longue grève de tous les temps contre le régime militaire (quarante-deux jours de résistance), soutenus par le cardinal Paulo Evaristo Arns.

Là, au cœur de la dictature militaire brésilienne, le pape avait soutenu les ouvriers et proclamé « le droit des travailleurs à se réunir au

* La grande maison d'édition catholique de Pologne. *(N.d.T.)* Voir p. 107.

sein d'associations libres afin de faire entendre leur voix, de défendre leurs intérêts et de contribuer de manière responsable au bien de tous ».

Pouvait-il en faire moins pour la Pologne ?

La position de fermeté adoptée par Jean-Paul II devait résoudre la crise polonaise. Le 27 août, à l'instigation du pape, les évêques polonais approuvèrent un document revendiquant explicitement « le droit à l'indépendance pour les organisations représentant les travailleurs et pour les organisations autonomes ». La volonté du pape se confondait avec celle de la nation. Il ne restait au gouvernement guère d'autre choix que de céder. Walesa savait bien qu'il avait le soutien du pape.

Le 31 août, les accords historiques de Gdansk étaient signés, ratifiant l'établissement du premier syndicat indépendant au-delà du rideau de fer. Ces accords donnaient le ton aux accords ultérieurs qui allaient voir le jour au fur et à mesure que le mouvement Solidarité se propagerait dans le pays. Syndicats libres, augmentations de salaires, amélioration des soins, allègement de la censure, libération des prisonniers politiques : à présent, presque tout était devenu négociable.

Lors des cérémonies de signature des accords, Walesa tira de sa poche un énorme stylo, vivement coloré, en un geste théâtral. Les caméras de télévision immortalisèrent l'instant : le stylo, souvenir du voyage de Jean-Paul II en Pologne, portait la reproduction d'une photo du pape.

Le 5 septembre, Edward Gierek perdit son poste de premier secrétaire, remplacé par Stanislas Kania. La même semaine, à Rome, le pape demanda au cardinal Casaroli de le représenter lors de la réunion extraordinaire que les Soviétiques souhaitaient voir tenir avec l'un de leurs diplomates. Casaroli y reçut communication d'un message nuancé : d'une part, les dirigeants soviétiques du Kremlin demandaient au pape de faire modérer les revendications de Solidarité afin de réduire les tensions, de l'autre, ils avertissaient que leurs troupes interviendraient si le syndicat menaçait les intérêts vitaux de l'URSS. Comme tout au long de la crise polonaise qui allait dominer la première décennie de sa papauté, le pape rechercha un équilibre délicat : comment soutenir les ouvriers tout en tenant les Soviétiques au-dehors, et éviter le bain de sang qu'il redoutait par-dessus tout ; comment obtenir des autorités polonaises qu'elles traitent avec Solidarité tout en empêchant le syndicat d'aller trop loin dans la provocation et les revendications. Jean-Paul II eut l'impression que dans l'immédiat, les Soviétiques se satisferaient de ses assurances. Le Vatican et le Kremlin décidèrent d'un commun accord de maintenir ouvert le « canal Casaroli-Kremlin ». Mais la suite dépendrait en grande partie de la capacité du pape à influencer les travailleurs.

LE KREMLIN

Top Secret
Copie unique
NE DOIT PAS ETRE PUBLIÉ
COMITÉ CENTRAL, PARTI COMMUNISTE D'UNION SOVIÉTIQUE-SESSION DU POLITBURO
DU 29 OCTOBRE 1980

Président : Camarade BREJNEV L.I.

Participants : Camarades Andropov I.V., Gorbatchev M.S., Grishin V.V., Gromyko A.A., Kirilenko A.P., Pelshe A. Ia., Souslov M.A., Tikhonov N.A., Ustinov D.F., Tchernenko K.U., Demichev P.N., Kuznetsov V.V., Ponomarev B.N., Solomentsev M.S., Dolghikh V.I., Zimianian M.V., Rusakov K.V.

L'air sinistre, le président Brejnev ouvrit la séance. « En réalité, la contre-révolution est en marche en Pologne... Ils ont déjà commencé à prendre le contrôle du Sejm (parlement) et ne cessent de clamer que l'armée est avec eux. Walesa se promène d'un bout à l'autre du pays et partout on lui rend hommage. Les dirigeants polonais se taisent, ainsi que la presse. Même la télévision n'oppose aucune résistance à ces éléments antisociaux... Peut-être faudrait-il vraiment recourir à la loi martiale.

– Je pense, et les faits corroborent ce que je vais dire, intervint Iouri Andropov, le chef du KGB, que le gouvernement polonais ne saisit pas pleinement la gravité de la situation qui s'est instaurée.

– Nos amis polonais parlent beaucoup, mais ce qu'ils disent n'a aucun sens, se plaignit Ustinov, le ministre de la Défense. Nous en sommes arrivés à ceci : Walesa et ses sbires occupent la station de radio de Wroclaw.

– Une petite grève a eu lieu en Yougoslavie, intervint Brejnev. Mais elle avait beau être mineure, là-bas, ils l'ont prise au sérieux : trois cents personnes ont été arrêtées et incarcérées.

– A moins d'introduire la loi martiale, avertit Ustinov, la situation deviendra de plus en plus complexe. Il y a quelques faiblesses dans l'armée. Mais nos forces armées du Nord sont prêtes, tout à fait prêtes à se battre. »

Finalement, ce fut Gromyko, le ministre des Affaires étrangères, qui formula la principale crainte de tous : « Nous ne devons pas perdre la Pologne ! L'Union soviétique a perdu six cent mille soldats et officiers dans son combat pour libérer la Pologne de la tutelle nazie. Nous ne pouvons pas laisser faire une contre-révolution... »

Mais comment s'y prendre pour *ne pas* perdre la Pologne ?

« Nous devons parler avec fermeté à nos amis polonais, poursuivit Gromyko. Bien entendu, le camarade Jaruzelski est un homme sur qui l'on peut compter ; mais en ce moment, pour je ne sais quelle raison, il commence à paraître un peu tiède. Il a même déclaré que l'armée ne se battrait pas contre les ouvriers. Je crois qu'il va falloir envoyer aux Polonais un message clair et sans ambiguïté. »

Gorbatchev, dont l'élection au Politburo ne datait que de l'année précédente, partageait cet avis : « Nous devons discuter fermement et ouvertement avec nos amis polonais. Jusqu'à présent, ils n'ont pas pris les mesures qui s'imposent. Ils se retrouvent en quelque sorte sur la défensive, mais ils ne tiendront pas longtemps – ils pourraient bien finir par se faire renverser. »

Top Secret

« ... les émissions radio recevables en Union soviétique consacrées aux événements de Pologne montrent que ceux-ci sont activement exploités dans le but de compromettre les principes du socialisme et, par-dessus tout, de remettre en cause le rôle dominant du Parti dans la construction du socialisme et du communisme, et de renverser le système politique du socialisme et sa structure socio-économique.

En s'appuyant sur l'argument selon lequel chaque pays socialiste possède son caractère propre, [ces émissions] poussent activement à l'adoption de l'expérience polonaise, et, en particulier, à la création de " syndicats indépendants ", à une limitation de la censure, à un renforcement de la position de l'Église. »

Quelques semaines plus tard, le danger que les magazines et journaux polonais et autres « matériaux indésirables » faisaient courir aux citoyens soviétiques était considéré comme une menace telle que tout le courrier, en provenance de Pologne, à destination d'Union soviétique devait désormais être intercepté. Bon nombre de ces périodiques « indésirables » étaient liés à l'Église. Une vigilance toute particulière était exigée pour toute correspondance transitant par les centres postaux de Leningrad, Kiev, Minsk, Vilnius, Riga, Kichinev, Lvov et Brest : autant de villes proches des frontières qui comptaient soit un nombre important de croyants, soit des populations ayant de fortes tendances nationalistes.

Dès l'automne 1980, les camarades de Berlin, Budapest et Prague se déclaraient consternés par ce qui se passait en Pologne et s'en plaignaient régulièrement à Moscou. En RDA, le chef du Parti et président Erich Honecker menaça publiquement de recourir à une action militaire conjointe des nations du pacte de Varsovie et, le 28 octobre, son gouvernement imposa de sévères restrictions sur les voyages depuis et vers la Pologne, ceci après neuf ans de transit libre, sans visa, entre les deux pays.

« Cette curieuse passivité de Kania apparaît de plus en plus incompréhensible aux yeux des dirigeants des pays socialistes », avait déclaré Andrei Kirilenko aux autres membres du Politburo soviétique lors de la séance mouvementée du 29 octobre. « Par exemple, Husak et d'autres camarades tchèques n'en reviennent pas de cette façon d'agir. Ils citent en exemple leur fermeté avec les instigateurs d'une grève dans l'une de leurs entreprises, qui leur a permis d'obtenir le résultat souhaité. »

Le lendemain, le 30 octobre 1980, les deux principaux dirigeants communistes polonais, le Premier ministre Jozef Pinkowski et le premier secrétaire Stanislas Kania, étaient attendus à Moscou pour une discussion avec la commission d'urgence du Politburo pour la Pologne.

« Les éléments antisocialistes ont perdu toute retenue », avait tonné Brejnev lors de la réunion du Politburo. « Quant à décréter l'état d'urgence, était intervenu Gromyko, il faut l'envisager comme une mesure destinée à préserver les acquis de la Révolution. Bien entendu, il vaut peut-être mieux ne pas le décréter dans l'immédiat, et surtout pas aussitôt après le retour des camarades Kania et Pinkowski de Moscou. » D'après Gromyko, mieux valait « attendre un peu ».

Les Soviétiques étaient donc tellement inquiets que dès le 29 octobre, soit dix semaines seulement après la naissance de Solidarité, les dirigeants du Kremlin étaient décidés à obtenir de leurs « amis polonais » qu'ils commencent à se préparer à décréter la loi martiale et à agir avec fermeté contre Solidarité et ses militants.

Le lendemain, Kania et Pinkowski arrivaient puis repartaient, non sans avoir mis en avant les circonstances particulières du dilemme dans lequel ils étaient pris. Ils demandèrent du temps, tout en s'engageant à opposer une résistance nouvelle aux provocations de Solidarité.

Pourtant, quatre semaines plus tard, la promesse des dirigeants polonais n'était toujours pas suivie d'effet et le pays s'enfonçait toujours plus profondément dans la crise tandis que son économie chancelait et que Solidarité lançait une nouvelle série de grèves. Le 5 décembre, une réunion extraordinaire des dirigeants des pays du pacte de Varsovie se tint à Moscou pour discuter de la prochaine étape. Une fois de plus on convoqua Kania. Il dut entendre fustiger sa politique par Brejnev, mais aussi par les Tchèques, les Hongrois et les Allemands de l'Est : tous demandaient avec insistance que l'on serre la vis à Solidarité et à l'Église. Tous laissaient clairement entendre qu'autrement les forces conjointes du pacte de Varsovie seraient appelées à résoudre le problème polonais. Dix-huit unités étaient déjà stationnées à la frontière. Ils allèrent jusqu'à montrer aux dirigeants polonais les plans militaires pour l'intervention et l'occupation des cités et villes polonaises.

Kania parla pendant une heure entière. Puis il eut un tête-à-tête avec Brejnev au cours duquel il lui fit remarquer que l'intervention marquerait à jamais l'image de l'Union soviétique d'une tache sanglante.

« D'accord, nous n'entrerons pas tout de suite en Pologne, finit par concéder Brejnev. Mais si la situation s'aggrave, nous viendrons. » Sur ce, il s'envola pour l'Inde.

Pour une fois, les paroles adressées par Kania aux dirigeants des États communistes réunis avaient porté. Elles avaient même satisfait le chef soviétique de l'idéologie, Mikhail Souslov, ce qui n'était pourtant pas chose aisée. Le 11 décembre, alors qu'il présidait la réunion du Politburo, Souslov observa un changement :

« L'essentiel, c'est que les camarades polonais comprennent bien le grave danger qui menace la Pologne, qu'ils aient reconnu les dégâts considérables causés par les activités des éléments antisocialistes, lesquels font peser une grave menace sur les réalisations socialistes du peuple polonais. Le camarade Kania parle plus raisonnablement de la situation économique de la Pologne, de son endettement vis-à-vis des pays capitalistes et de son besoin d'aide. »

Kania était réputé parmi les communistes polonais pour sa capacité à jouer l'une contre l'autre des factions rivales, à dire ce qu'il fallait, au bon moment, devant qui il fallait. C'était la clé de son ascension dans les rangs du Parti et de sa survie politique. Il était capable de prendre son téléphone et de discuter d'une situation donnée avec, mettons, Brejnev, le primat de Pologne, un ultra de son Parti ou un membre de Solidarité. Son oreille décelait toujours un propos avec lequel il pouvait tomber d'accord, et sa langue plaidait la difficulté de sa propre situation. Il était même capable de reconnaître ses erreurs et de décrire ensuite les mesures qu'il allait prendre désormais afin de préserver la primauté du parti, de la nation, du socialisme – selon le cas. Il était prêt à tout. Il avait passé sa vie à tenir un combiné de téléphone, à remuer des papiers ou à passer la main dans le dos des gens. C'était sa manière de faire avancer les choses. Et cette fois encore, il avait su trouver le ton juste.

« Notons [poursuivit Souslov] que dans son discours, le camarade Kania nous a annoncé une offensive plus vigoureuse contre les éléments antisocialistes. Il a fait remarquer qu'il n'était plus question de fermer les yeux ni de céder. En même temps, il a affirmé que le Parti unifié des travailleurs polonais, le peuple polonais et ses forces saines, armée, services de sécurité et milices soutenant le POUP (Parti ouvrier unifié polonais) étaient capables de faire face à la situation et de la normaliser par leur propres moyens. »

On imagine avec quel soulagement les camarades de Moscou, Prague et Berlin entendirent Kania. Indubitablement, le mot clé avait été prononcé devant non seulement Brejnev et Souslov, mais aussi Husak, Honecker, Kadar et les autres. Ce mot, « normaliser », se réfère, dans le lexique communiste, à la période succédant à la mise en œuvre d'une répression militaire, le moment où sont restaurées les conditions qui précédaient la montée en puissance d'une opposition politique. La « normalisation » s'est réalisée en Hongrie après 1956 et en Tchécoslovaquie après le Printemps de Prague en 1968, autrement dit le *statu quo ante.*

Et ce 5 décembre, à Moscou, Kania reçut, de ceux qui en avaient l'expérience, plus de suggestions qu'il n'en fallait pour atteindre ce but. Souslov note :

« Le camarade Husak, notamment, a cité de nombreux exemples

tirés de l'expérience de 1968, lorsque le Parti communiste de Tchécoslovaquie a dû combattre avec ténacité les éléments de droite. Le camarade Kadar, lui aussi, a parlé des activités d'éléments contre-révolutionnaires en 1956, lorsqu'il a fallu adopter des mesures administratives sérieuses pour écraser la contre-révolution. »

La session du Politburo du 11 décembre s'acheva sur une rare note d'optimisme en ce qui concerne la Pologne : « Selon moi, observa le ministre des Affaires étrangères Gromyko, les camarades polonais sont repartis extrêmement satisfaits des résultats de la réunion, comme tous ceux qui y ont participé. Il y ont puisé la charge d'énergie nécessaire et les directives qu'il leur fallait sur toutes les questions se rapportant à la situation en Pologne. »

L'optimisme affiché par le Kremlin devait être de courte durée. Cinq semaines plus tard, Walesa partit pour Rome où il rencontra le pape et reçut un accueil de héros international.

A la fin de décembre 1980, l'Église, le Parti polonais et Solidarité mirent à profit le répit accordé par Moscou (et la trêve de Noël) pour s'associer au nom de l'unité de la nation. Le 16 décembre, des centaines de milliers de personnes se rassemblèrent devant les Chantiers navals de Gdansk pour une célébration solennelle au cours de laquelle fut inauguré un immense monument (trois croix en acier et trois ancres, de quarante mètres d'envergure), à la mémoire des ouvriers tués dix ans plus tôt dans des émeutes antigouvernementales. Le président de la République polonaise était présent, aux côtés des dirigeants du Parti et des dignitaires de l'Église polonaise.

Cette cérémonie marque d'ailleurs un moment déterminant dans le mouvement ouvrier, vieux de cinq mois. Les orateurs du Parti et de l'Église firent écho aux remarques de Walesa.

Ce n'était sûrement pas là ce qu'avaient voulu les dirigeants du pacte de Varsovie.

« Je fais appel à vous afin que vous mainteniez la paix, l'ordre et le respect, déclara Walesa. Je fais appel à vous afin que vous manifestiez votre raison et votre bon sens dans tout ce que vous entreprendrez pour le bien de notre patrie. Je fais appel à vous afin que vous soyez vigilants dans la défense de notre sécurité et dans le maintien de la souveraineté de notre patrie. »

On fit la lecture d'un télégramme du pape, qui remerciait Dieu que les grèves du mois d'août se soient achevées dans la paix. L'ancien archevêque de Cracovie n'avait nul besoin de rappeler que ces grèves avaient transformé l'équilibre politique en Pologne : l'événement en lui-même en était une preuve suffisante. Francisek Macharski, successeur de Wojtyla à l'archevêché, bénit le gigantesque symbole d'acier de la présence du Christ dans le chantier naval (« Un monument à la reconstruction, un signe de la victoire de l'espoir et de l'amour sur la haine »), et une messe fut célébrée par l'évêque de Gdansk, qui termina par ces mots : « Que le soleil de la justice s'élève au-dessus de nous ! »

Top Secret

Le 13 janvier 1981.

La décision du secrétariat du Comité central du Parti communiste d'Union soviétique : les camarades Souslov, Kirilenko, Tchernenko, Gorbatchev, Ponomarev, Kapitonov, Zimianian, Rusakov ont approuvé.

Sur les instructions données à l'ambassadeur d'URSS en Italie à propos du voyage en Italie de L. Walesa...

Veuillez rencontrer le camarade Berlinguer (chef du Parti communiste italien qui en décembre avait publiquement pris position contre une intervention soviétique en Pologne) ou son remplaçant et faites la déclaration suivante :

« ... les dirigeants de Solidarité et ceux qui sont derrière eux cherchent à aggraver la situation socio-politique en Pologne [et]... à affaiblir la situation du Parti et son rôle dominant dans le pays...

« Ce syndicat constitue désormais une véritable force...

« Malgré les rencontres prévues de Walesa avec le pape au Vatican... [et] la décision première du Parti communiste italien de refuser de rencontrer L. Walesa, la direction de ce Parti a affiché jusqu'à présent une position peu claire, n'excluant pas la possibilité d'avoir certains contacts avec lui.

« Nous considérons qu'il serait souhaitable de faire valoir auprès de la direction du Parti communiste italien... la nécessité de prendre toutes les mesures possibles afin d'empêcher que la visite de L. Walesa n'apparaisse comme une caution apportée à une politique de tendance antisocialiste. »

La requête échoua : comme une vedette de cinéma en visite, Walesa captiva Rome, les médias et de nombreux communistes italiens. Wojtyla célébra une messe privée pour les quatorze membres de la délégation de Solidarité venus au Vatican. Walesa et lui eurent deux entrevues.

« Le fils est venu voir son père », déclara Walesa le 15 janvier lorsqu'il fut reçu par Jean-Paul II. Puis ils se retirèrent tous deux dans le cabinet de travail du pape pour une conversation privée.

Le pape paraissait d'humeur particulièrement joyeuse et expansive, conscient qu'une grande partie du monde le considérait à présent comme le chef authentique de la nation polonaise. Lors de la cérémonie officielle d'accueil dans la salle du consistoire, il prononça un long discours consacré aux droits du travail.

Déjà une trentaine d'années plus tôt, dans son premier article jamais publié, il abordait cette question. Et à présent, il rédigeait une encyclique sur le sujet, *Laborem Exercens* (Du travail des hommes), où devaient être énoncées bon nombre des idées qu'il exprima lors de sa défense passionnée des droits des travailleurs devant Walesa et ses collègues (parmi lesquels Anna Walentynowicz, la grutière dont le renvoi avait spontanément déclenché la grève, et Henryk Jankowski, le prêtre qui avait célébré la messe sur le chantier durant toute la durée du mouvement).

« Je crois que la pierre angulaire de votre entreprise, qui a commencé en août 1980 dans la région côtière et dans d'autres grands centres industriels de Pologne, fut une impulsion collective pour promouvoir le bien moral dans la société », déclara le pape à ses visiteurs. Le génie de Wojtyla tient en partie à son sens de l'équilibre, lequel était très manifeste à ce moment. Il informa les autorités polonaises qu'aucune contradiction ne saurait exister « entre ce genre d'initiative spontanée des travailleurs et la structure d'un système qui tient le travail de l'homme pour une valeur fondamentale de la vie sociale et nationale ». Sans jamais les citer directement, il informa les communistes de Moscou que :

« Après ce que la Pologne a souffert durant la Deuxième Guerre mondiale et les autres épreuves majeures de notre histoire... elle peut revendiquer, au même titre que n'importe quel autre pays, le droit de progresser.

« Ce qui est en jeu ici a été, est et restera toujours une affaire strictement interne pour le peuple polonais. Les efforts immenses déployés à l'automne, et qui doivent se poursuivre, n'étaient dirigés contre personne. Ils étaient dirigés *vers* et non pas *contre* qui que ce soit. Ils étaient orientés *vers* et non pas *contre* le bien commun. Le droit (qui est en fait un devoir) de fournir le même genre d'effort appartient à tous les pays. C'est un droit reconnu et confirmé par la loi des peuples. »

En disant cela, le pape laissait entendre sans le moindre doute qu'il allait se faire le champion de la cause de Solidarité, et son philosophe. Pour souligner encore son engagement, il invita Walesa, sa femme et ses collègues à venir trois jours plus tard assister à la messe matinale dans sa chapelle privée.

A Rome, Walesa se prêta aussi à une interview avec la journaliste italienne Oriana Fallaci, au cours de laquelle il déclara que « sans l'Église, rien ne peut se passer » dans le mouvement de résistance polonais. Il décrivit l'œuvre de l'Église comme étant « de longue haleine, obstinée et intelligente ». A la une des journaux du monde entier s'affichaient des photos et des textes consacrés à l'électricien de Gdansk et au pape de Wadowice.

C'est dans cette atmosphère que, le 22 janvier, le camarade Mikhail Zimianian rentra à Moscou au terme d'une mission d'enquête en Pologne. Il communiqua au Politburo son opinion surprenante selon laquelle un pas sans précédent avait déjà été franchi : Solidarité était en passe de devenir le pouvoir dominant en Pologne. Au cœur du monde communiste, une entité nouvelle était née, « une grande force... représentée par le groupe de Walesa et soutenue par l'épiscopat ». Le camarade Zimianian poursuivait :

« La complexité de la situation en Pologne découle non seulement du fait que nous avons un... ennemi actif, mais aussi de ce que, en raison d'erreurs passées, le Parti a perdu le lien créatif authentique qui l'unissait au peuple. La classe ouvrière a de nombreuses raisons d'être mécontente... ce fait a été soigneusement exploité par Solidarité... Selon Walesa, il y a environ dix millions de personnes dans Solidarité. »

Soit quatre fois le nombre de membres du Parti communiste – et celui-ci comportait beaucoup de membres catholiques. A l'époque, déjà plus de sept cent cinquante mille membres du Parti adhéraient aussi à Solidarité.

Au moment même où la délégation de Walesa était reçue par le pape au Vatican, Solidarité à Varsovie réclamait des négociations avec le gouvernement au sujet de la semaine de cinq jours ; les ouvriers refusaient déjà de travailler le samedi ; et un appel à la grève était lancé pour soutenir les exploitants agricoles privés qui souhaitaient former leur propre syndicat, Solidarité rurale.

L'analyse de Zimianian se faisait encore plus sombre :

« On a de plus en plus l'impression que si le Parti devait perdre tout contrôle sur les médias, la bataille pour l'opinion publique serait perdue... La plupart des journaux ne sont toujours pas revenus sous contrôle du Parti. La situation est particulièrement préoccupante à la télévision... Le problème est le suivant : même après les changements survenus à la direction, la principale force de travail, c'est-à-dire ceux qui préparent directement le matériel des informations, sont sympathisants de Solidarité. »

Le Politburo, qui en était venu à traiter le moindre rebondissement en Pologne comme une crise, agissait de plus en plus souvent comme tant de dirigeants communistes orthodoxes caricaturaux. A divers moments, fin 1980 et début 1981, les dirigeants du Kremlin misèrent sur l'idée de saper Solidarité par des campagnes de propagande (« Nous devons faire comprendre à nos amis polonais comment traiter avec les médias. Comme c'est leur point le plus faible, il nous incombe de les aider ») : en inondant les usines polonaises de copies d'écrits de Lénine consacrés à l'organisation des syndicats ; en commandant au Conseil soviétique aux Affaires religieuses de nouvelles études sur les bases scientifiques de l'athéisme (pour faire pièce au pape) ; en redistribuant les postes des *apparatchiks* du Parti polonais dans l'espoir de trouver le juste équilibre entre attrait populaire et discipline de parti (un refrain constant) ; en expédiant de Russie des responsables des jeunesses du Komsomol afin d'endoctriner la jeunesse polonaise ; en évitant d'intégrer les jeunes conscrits dans l'armée polonaise (presque tous sympathisaient avec Solidarité) ; et en gardant les plus vieux conscrits dans les rangs, pour un service prolongé.

Des dossiers du Politburo, dont beaucoup sont restés secrets jusqu'à présent, révèlent aussi qu'en 1981, le Kremlin avait pleinement conscience de la détérioration de l'économie de l'URSS et de ses voisins du fait que la guerre en Afghanistan grevait de manière désastreuse les ressources du bloc de l'Est, provoquant des pénuries de carburant, de nourriture et de matières premières pour la fabrication de biens de consommation. La situation en Pologne mobilisait les troupes soviétiques sur un front nouveau, à la frontière polonaise, et vidait encore davantage les réserves.

Brejnev était furieux contre Kania.

« Le fait mérite d'être signalé, constatait Konstantin Rusakov le 22 janvier, que Leonid Ilitch [Brejnev] s'entretient presque chaque semaine avec le camarade Kania. Il s'efforce de lui faire comprendre comment réagir. »

WASHINGTON

Quand Ronald Reagan entra en fonction, le 20 janvier 1981, les premier contacts stratégiques entre le gouvernement des États-Unis et le pape à Rome étaient déjà pris. Zbigniew Brzezinski, le conseiller pour la Sécurité nationale auprès de Jimmy Carter, Polonais d'origine, avait représenté les États-Unis lors de l'accession de Wojtyla au trône de saint Pierre.

En 1976, Brzezinski, qui était alors professeur de faculté, avait assisté à la conférence de l'archevêque Wojtyla à Harvard et en était ressorti impressionné. « Pourquoi ne pas venir prendre le thé avec moi ? », lui avait-il proposé après. Les deux hommes avaient eu ce qui devait laisser dans l'esprit de Brzezinski le souvenir d'une « conversation merveilleuse », à propos de la Pologne et des affaires du monde. Par la suite, ils avaient correspondu régulièrement, échangeant leurs opinions dans des lettres manuscrites, avec le savoir et l'aisance de deux hommes qui ont vécu la même histoire et comprennent d'instinct les nuances de la vie polonaise.

Dès la fin 1980, le catholique Brzezinski avait entamé un dialogue officiel avec un important émissaire du pape, l'évêque tchèque Joseph Tomko. La Pologne et le jeune mouvement Solidarité y figuraient au premier plan. Brzezinski tenait à ce que Jean-Paul II sache qu'aux États-Unis certaines sources de financement, d'équipement et de soutien logistique étaient acquises à la cause de Solidarité, en particulier par le biais du mouvement syndical américain. Le nouveau pape reçut ainsi un signal crucial : il savait que cette force naissante, fragile, qu'était Solidarité pouvait faire appel à l'aide occidentale et compter aussi sur l'Amérique, tandis que le mouvement constituerait une menace croissante pour l'orthodoxie communiste.

Sans révéler de détails précis, Brzezinski mit Tomko au courant d'une opération secrète de la CIA, à laquelle Carter avait donné son feu vert, et qui avait pour but de faire pénétrer clandestinement des livres et des écrits anticommunistes en Europe de l'Est et dans certaines régions d'Union soviétique, notamment en Ukraine et dans les États baltes, où un certain nationalisme dissident gagnait du terrain.

Brzezinski et Tomko discutèrent des différentes façons dont les États-Unis et le Vatican pourraient se servir de la propagande et des moyens de pression pour promouvoir les droits fondamentaux de l'homme (économiques, politiques, religieux) en Pologne sans susciter de répression soviétique. Telle fut également l'orientation de la rencontre du pape avec le président Carter, le 21 juin 1980 au Vatican (bien qu'à l'époque Solidarité ne fût pas encore fondé). Cette séance amena Brzezinski à dire, en ne plaisantant qu'à moitié : « Il m'apparut clairement que Wojtyla aurait dû être élu président et Carter pape. »

Puis, pendant la première semaine de décembre 1980, Brzezinski téléphona au pape pour l'avertir de la menace d'une invasion soviétique imminente en Pologne. S'exprimant en polonais, il décrivit rapidement l'ampleur du vaste rassemblement militaire qui se déroulait aux frontières de la Pologne.

Le pape, choqué par les conclusions de Brzezinski, l'interrogea sur la fiabilité de ses informations. Le souverain pontife avait déjà secrètement envoyé une lettre à Brejnev dans laquelle il affirmait le principe du droit de la Pologne à la non-intervention dans ses affaires intérieures. De plus, il pensait que le dialogue poursuivi par le canal Casaroli-Kremlin avait déjà réussi à éviter une telle intervention.

Sans se perdre en explications, Brzezinski répondit qu'il s'agissait de renseignements recueillis par satellite et d'informations précises de « sources européennes de l'Est », de bonnes sources : « Nous disposons de divers moyens pour connaître en détail ce que fait le haut commandement soviétique. » Tout en parlant, Brzezinski ne quittait pas des yeux les photos satellites de tentes en train d'être montées à côté d'hôpitaux de campagne russes, à la frontière polonaise. C'était précisément la fiabilité de ses informations qui rendait la démarche de Brzezinski si urgente : depuis onze ans, le colonel Ryszard Kuklinski, officier supérieur de l'état-major polonais, fournissait aux États-Unis des renseignements sensibles sur le fonctionnement de l'armée et du gouvernement polonais – et donc sur les intentions du régime en matière de sécurité interne et, plus récemment, sur ses réactions face à Solidarité. Parmi les renseignements fournis par Kuklinski, figuraient les ordres de Moscou donnés aux forces du pacte de Varsovie et à l'Armée rouge.

Brzezinski demanda ensuite au pape d'obtenir, par l'entremise de ses évêques, que les gouvernements des pays européens avec d'importantes populations catholiques soutiennent un ultimatum menaçant les Soviétiques d'isolement économique, politique et culturel s'ils intervenaient en Pologne. Le pape accepta sans hésiter. Les deux hommes n'avaient besoin ni l'un ni l'autre de rentrer dans les détails de la réticence que ne manqueraient pas de manifester la plupart des pays d'Europe occidentale, à l'idée de s'opposer aux Soviétiques sur des événements se déroulant dans leur sphère d'influence et de risquer, en outre, de compromettre leur commerce lucratif avec les Russes.

Au même moment, les Soviétiques reçurent du président Carter et du président désigné, Reagan, de sévères mises en garde afin qu'ils ne croient pas pouvoir exploiter en Pologne la période d'interrègne jusqu'à l'investiture de Reagan. Brzezinski eut, par ailleurs, des contacts avec le Premier ministre indien, Indira Gandhi, à qui Brejnev devait bientôt rendre visite. Il lui demanda d'« exprimer avec force l'inquiétude des États-Unis » (au dirigeant soviétique). Les États-Unis étaient prêts également à vendre des armes de pointe à la Chine si les Soviétiques envahissaient la Pologne.

« Si je dois vous rappeler, comment puis-je vous joindre directement ? » demanda Brzezinski au pape. Il entendit le souverain pontife demander : « Quel est mon numéro de téléphone privé ? »

En fin de compte, Brzezinski n'eut pas besoin de rappeler le pape, car les Soviétiques reculèrent pour des raisons qui commencent seulement aujourd'hui à devenir claires. Pour rassurer le pape, le Politburo expédia le camarade Vadim Zagladine à Rome lui dire que, pour l'heure, il n'y aurait pas d'intervention.

Dix ans plus tard, Brzezinski constatait : « A partir du moment où l'on avait réussi à dissuader les Soviétiques d'envahir, une seconde phase commençait, après l'accession de Reagan au pouvoir. Nous nous efforcions de soutenir Solidarité, ainsi qu'un important mouvement clandestin. Dès lors, l'affaire prenait une tout autre signification. Si les Soviétiques persistaient, une action politique à long terme, destinée à déstabiliser le régime, pourrait être tentée. C'est bien ce que l'administration Reagan a fait. »

En janvier 1981, lorsqu'il prit ses fonctions, Reagan demanda à être tenu informé de tout ce qui se passait en Pologne, en particulier ce qui touchait à Solidarité. Pendant la première semaine de la nouvelle présidence, Richard Allen, l'assistant auprès de Reagan à la sécurité nationale, et William Casey, le directeur de la CIA, mirent au point un système qui leur permettait de maintenir cette question au centre des préoccupations du bureau Ovale. Ils modifièrent la conception du briefing quotidien du président en matière de renseignement, en y intégrant une partie distincte, exceptionnellement détaillée, comportant des rapports approfondis consacrés à la Pologne. Les rapports de Kuklinski et, de manière croissante, les informations fournies par le Vatican et son délégué apostolique à Washington en constituaient l'essentiel. Brzezinski avait gardé ses entrées à la Maison Blanche : il avait été retenu par l'administration Reagan en tant que conseiller sur la Pologne, un poste qui, par sa nature même, entraînait des rapports avec Jean-Paul II. Il devait remarquer par la suite :

« Nous avons impliqué le pape directement ; mais je ne souhaite pas en parler. Je ne peux pas rentrer dans les détails, pas tant qu'il sera en vie. C'est Casey qui a mené l'affaire... Je m'entendais très bien avec lui. Il a continué tout ce que nous avions entrepris [sous l'administration Carter], en le développant... et en le menant à terme. Il était très souple, très imaginatif, pas du tout bureaucratique. S'il y avait quelque chose à faire, c'était fait. Soutenir une entreprise clandestine suppose un gros effort en termes de réserves, de réseaux, etc. C'est grâce à cela que Solidarité n'a pas été écrasé... Ce fut le premier échec d'une répression par une police communiste. »

Dans les premières semaines de l'administration Reagan, Bill Casey résuma sa philosophie dans un discours prononcé devant l'amicale de St. Patrick, dont il méritait bien de faire partie * : « Certaines choses sont bonnes, d'autres non ; elles sont soit éternellement bonnes soit éternellement mauvaises. » L'Église catholique qui l'avait formé était éternellement bonne. Le communisme contre lequel il s'insurgeait depuis l'époque où il jouait les orateurs au lycée était éternellement mauvais.

Le président Ronald Reagan avait, sur le Vatican et sur le catholicisme, un point de vue très différent de celui de ses prédécesseurs du xxe siècle, y compris John F. Kennedy qui fut pourtant le seul catholique jamais élu à la Maison Blanche de toute l'histoire du pays. Depuis leur création, les États-Unis ont toujours été un pays protestant, où l'Église catholique, jusqu'aux dernières décennies du xxe siècle, inspirait une certaine méfiance à bien des Américains. La prétendue élite des Affaires étrangères, l'*establishment* de l'est des États-Unis, qui, jusqu'aux jours de l'administration Nixon, dominait les cabinets et conseillers de la présidence américaine, comptait relativement peu de catholiques. Les prédécesseurs de Reagan à la présidence, Kennedy compris, se donnaient beaucoup de mal pour mettre des distances entre le gouvernement et l'Église ; et pas seulement par respect pour la Constitution, mais aussi en raison de l'important courant anticatholique qui dominait en Amérique jusqu'aux années soixante.

Mais de tels tabous historiques laissaient de marbre Reagan, fils d'un ouvrier catholique irlandais et d'une protestante. Il avait remporté la part du lion des voix catholiques et se sentait très à l'aise avec les gens issus de milieux populaires catholiques, et même attiré par eux ; des hommes qui, comme Casey, s'étaient faits à la force du poignet et partageaient ses valeurs. Ils étaient presque toujours, comme Reagan, les premiers de leur famille à être passés par l'université (rarement, d'ailleurs, par les meilleures de ces institutions). A cause de cette sympathie, un peu aussi par coïncidence, au début de son administration, presque tous les hommes que Reagan avait nommés aux postes les plus importants ou les plus en vue aux Affaires étrangères étaient catholiques : Casey ; le secrétaire d'État Alexander Haig (qui avait un frère prêtre) ; le général à la retraite Vernon Walters, ambassadeur extraordinaire du président ; Richard Allen et son successeur au poste de conseiller à la Sécurité nationale ; le juge William Clark (qui avait envisagé à un moment de se faire prêtre). Et tous voyaient en leur Église le creuset de toute conviction anticommuniste.

Comme Reagan, ils avaient du credo marxiste-léniniste une conception théologique : le communisme incarnait le mal spirituel. Et alors que Kennedy avait fait son possible pour s'isoler de l'Église, Reagan,

* The Friendly Sons of St. Patrick : la plus grande association d'Américains d'origine irlandaise. *(N.d.T.)*

lui, cherchait à la fois ouvertement et secrètement à forger avec le pape et avec le Vatican les liens les plus serrés. « Je voulais m'en faire un allié », devait-il expliquer plusieurs années plus tard. C'est dans ce but qu'il orienta avec succès une législation établissant des relations diplomatiques avec le Saint-Siège, ce qu'aucun de ses prédécesseurs n'avait jamais voulu faire.

« En ce qui concerne le pape, les bonnes relations ont été soigneusement cultivées, ce qui est significatif, devait expliquer en 1994 Jeanne Kirkpatrick, ambassadeur de Reagan auprès des Nations unies. Et c'est une des raisons pour lesquelles il faut garder à l'esprit le côté sérieusement catholique de Casey et de Walters : nous avons là deux hommes qui vont chaque jour à la messe. Et selon moi – je pense que c'était aussi le point de vue de Ronald Reagan et de Cap Weinberger (Caspar Weinberger, secrétaire d'État à la Défense) –, le pape constitue une force spirituelle possédant également une forte incarnation humaine, avec laquelle nous avions une grande communauté d'intérêts et une vision partagée sur certaines questions importantes, d'ordre strictement temporel. Et s'il est significatif que Casey, Clark, Walters et d'autres soient des catholiques sérieux, il ne l'est pas moins que Reagan lui-même et Cap et moi, etc., ne le soyons pas... Il n'y a pas eu de cabale catholique. »

A l'évidence, Solidarité constituait pour Moscou une menace interne sans précédent, une « infection » qui commençait déjà à répandre la dissension au cœur du système communiste, en particulier dans les Républiques baltes. Aux yeux des voisins de la Pologne, l'idée même d'un syndicat indépendant dans un pays communiste semblait un anathème. Les Soviétiques allaient faire tout ce qui serait en leur pouvoir pour écraser Solidarité, comme l'avait prévu Brzezinski, tandis que la nouvelle administration américaine allait devoir faire tout ce qu'elle pourrait pour assurer la survie du syndicat. « Si nous pouvions arriver à secouer et à déstabiliser la Pologne, alors les ondes de choc irradieraient dans toutes les directions : vers l'Ukraine et les Balkans, en Lettonie, en Lituanie et en Estonie, en Tchécoslovaquie », explique Richard Allen. Reagan considéra la situation en Pologne comme une preuve du bien-fondé de sa certitude profonde qu'une révolution au sein de l'empire communiste était inévitable.

Le 30 janvier 1981, dix jours seulement après son investiture, Reagan se réunit avec les membres les plus haut placés de son équipe chargée de la sécurité nationale : le vice-président George Bush, Allen, Casey, Haig et Weinberger. D'après Weinberger, « c'est là que nous avons décidé d'adopter une position ferme sur la Pologne, non seulement pour éviter une invasion, mais aussi pour chercher des moyens de miner le pouvoir communiste en Pologne. »

« Eh bien, grâce à un certain Lech Walesa et à Solidarité, j'ai vraiment compris que c'était le moment précis où la Pologne se lançait, devait dire Reagan en 1991 dans un moment d'autosatisfaction. Voilà un homme, littéralement un travailleur de base, un ouvrier, qui se retrouve soudain à la tête d'une vaste majorité de ses concitoyens polonais. Et dans cette création nommée Solidarité, voilà qu'ils se mettent à faire précisément ce à quoi j'avais prédit qu'il fallait s'attendre : à savoir que le peuple susciterait lui-même ce changement dans son propre pays. »

Si Reagan, Casey et le représentant du président, William P. Clark, devaient par la suite avoir des conversations où il serait question de « sortir la Pologne par la force de l'orbite soviétique », Reagan précise : « Nous ne nous voyions pas rentrer dans le pays et renverser son gouvernement au nom du peuple. Non, dans cette affaire, il fallait que tout vienne des gens eux-mêmes, de l'intérieur. Tout ce que nous pouvions faire, c'était d'essayer de nous rendre utiles. Et bien entendu, Solidarité, en tant que création des travailleurs et organisation syndicale en Pologne, représentait l'arme idéale pour atteindre cet objectif. C'était tout a fait autre chose que ce qui se passait dans beaucoup d'autres pays (au sein du bloc soviétique) et cela s'opposait sûrement à tout ce que les Soviétiques, les communistes, pouvaient désirer. »

Lorsqu'ils se réunirent à la Maison Blanche le 30 janvier, Reagan et ses conseillers discutèrent des grands objectifs de politique étrangère de la nouvelle administration : renverser le rapport de forces en matière d'armements nucléaires et d'appareils de lancement, perçus comme étant totalement à l'avantage des Soviétiques ; s'opposer secrètement au soutien apporté par les Soviétiques aux insurrections gauchistes ou communistes dans le monde ; intensifier l'aide clandestine déjà fournie par l'administration Carter aux rebelles combattant les forces soviétiques d'invasion en Afghanistan ; lutter contre le terrorisme ; persister en matière de contrôle des armements, à partir d'une position américaine de puissance accrue et favoriser une « association » automatique entre la notion de droits de l'homme et la politique américaine par rapport à l'Union soviétique et aux pays d'Europe de l'Est, un principe dont l'établissement remontait, lui aussi, aux années Carter.

Mais l'atmosphère de la réunion devint plus animée (« électrique » selon le terme de l'un des participants) lorsque le président se mit à parler du pape et des aspirations du peuple polonais, lesquelles demeuraient limpides alors même que leur pays était menacé par les troupes du pacte de Varsovie. Reagan voulait savoir ce qui était entrepris pour venir en aide à Walesa et à Solidarité, et ce qui pouvait être fait qui n'ait déjà été tenté.

Reagan se mit alors à parler des nazis, comme il le faisait souvent. Il établit un parallèle entre les années trente et les années quatre-vingt. « Pour lui, si la démocratie avait tenu tête à Hitler, il n'y aurait pas eu la guerre, devait raconter Clark par la suite. Il avait le sentiment... qu'il était de son devoir de tenir tête. Sa vision politique avait été formée dans les années trente. Et pour lui, les Soviétiques poursuivaient l'œuvre des nazis. »

Lors de cette réunion du 30 janvier, on discuta à la fois des moyens de répression interne aux mains des autorités polonaises (abordées par Kuklinski dans ses derniers rapports) et d'une invasion à grande échelle par les Soviétiques. En plus des mesures économiques et politiques sévères dont l'URSS avait été menacée en décembre, on décida ce jour-là des représailles qui frapperaient le régime polonais si celui-ci cherchait à écraser Solidarité. Les sanctions les plus sérieuses seraient d'ordre économique : conditions dures pour un rééchelonnement de l'énorme dette de la Pologne envers les États-Unis ; suppression des crédits à l'agriculture et quasi-impossibilité pour la Pologne d'obtenir de nouveaux prêts du monde occidental.

Dans la foulée de cette réunion, la décision fut aussi prise de faire en sorte que Solidarité continue de recevoir une aide quels que soient les efforts déployés par les Soviétiques ou le régime polonais pour écraser le syndicat. Il s'agissait d'encourager l'organisation en fournissant davantage d'aide et de soutien logistique aux journaux clandestins, à la propagande, aux émissions de radio et de conseiller les forces d'opposition en Pologne : « Tout ce qui se fait, en somme, dans un pays où l'on souhaite déstabiliser un gouvernement communiste et renforcer la résistance », d'après le député de l'Illinois Henry Hyde (l'un des rares, en dehors de l'administration, à être au courant de ce qui se tramait).

Depuis son apparition, Solidarité devait son principal soutien financier au mouvement syndical américain (AFL-CIO) qui œuvrait avec des organisations de travailleurs européens et des partis sociaux-démocrates pour faire parvenir des fonds, de l'équipement et des conseils au nouveau syndicat. Haig, Casey, Brzezinski, Clark et d'autres membres parmi les plus éminents du Conseil de sécurité américain rencontrèrent fréquemment à ce moment-là Lane Kirkland, le président de la Fédération (un démocrate, fermement opposé à la politique intérieure de l'administration), et Irving Brown, directeur du service international de la Fédération. Brown avait représenté l'AFL en Europe occidentale aux premiers temps de la guerre froide et aidé à canaliser des fonds secrets américains vers les partis non communistes au moment de l'élection italienne de 1948.

Au début, « nous ne voulions pas traiter Solidarité comme une opération secrète classique », raconte l'amiral Bobby Inman qui allait devenir le directeur adjoint de Casey à la CIA. « Très tôt, nous avons compris que les relations des syndicats avec Solidarité étaient tellement bonnes que les contributions pratiques ou instructives pouvaient être acheminées vers le syndicat polonais par ce réseau. Au départ, ce n'était pas d'un soutien financier lourd qu'ils avaient besoin. Il leur fallait une aide en matière d'organisation, de logistique, de matériel de communication, et presque tout cela pouvait leur être transmis par l'intermédiaire du mouvement syndical en étroite collaboration avec l'administration, ou par le biais de la communauté polono-américaine, qui pour sa part œuvrait en étroite association avec l'Église polonaise. »

Entre-temps, Richard Pipes, le directeur des Affaires soviétiques et d'Europe de l'Est au Conseil national pour la sécurité (NSC), avait nommé Jan Nowak, le chef de l'Union des Polonais d'Amérique (Polish-American Congress), au poste de conseiller spécial auprès de l'administration pour les questions se rapportant à Solidarité, à l'Église polonaise et d'une manière générale à la politique des États-Unis en Pologne. « Je n'étais pas engagé dans l'organisation des filières clandestines, explique Nowak. C'était Casey et d'autres qui s'en chargeaient. J'essayais de trouver des fonds pour la presse secrète, les médias illégaux, pour acheter du matériel d'imprimerie et des photocopieuses. » Une bonne part des collectes de fonds de Nowak passait par les églises polonaises américaines. Dès les premiers temps du mandat de Reagan, il rencontra le président. Celui-ci lui parut « réagir avec intérêt au problème ; c'était un extrémiste, un anticommuniste radical. Sans la politique de Reagan, il n'y aurait jamais eu la victoire de Solidarité ».

« Casey, tout particulièrement, saisissait l'intérêt de séparer les Polonais des autres membres du pacte de Varsovie », déclare Richard Perle, sous-secrétaire à la Défense de Reagan. Radio Free Europe et Voice of America devinrent des véhicules importants pour cette politique. Leurs émissions à destination de la Pologne ou consacrées à ce pays permettaient aux Polonais, aux Allemands, aux Tchèques, aux Hongrois, aux Lettons, aux Lituaniens, et à tous ceux vivant sous un régime communiste en Europe de l'Est et en Europe centrale, de réaliser qu'en Pologne le défi intrépide lancé à l'orthodoxie communiste était en passe d'aboutir. « La profondeur de l'animosité entre Polonais et Soviétiques et entre Allemands de l'Est et Soviétiques n'était que trop claire, note Perle. Et pourtant nous avions des plans de guerre qui auraient forcé les Polonais à nous combattre, qu'ils le veuillent ou non. Il nous paraissait utile de trouver le moyen de les encourager à ne pas se battre pour les Soviétiques. » (Autrement dit à se mutiner, voire même à se battre *contre* une force d'invasion.) Cette idée est à l'origine des opérations psychologiques ou *psy-ops* (émissions radiophoniques, tracts, désinformation visant l'armée et les forces de l'ordre polonaises) montées par la CIA et le Pentagone.

Tous ceux qui y ont joué un rôle, ou presque, s'accordent à dire que la première année de la présidence de Reagan fut un désastre pour ce qui est de la politique étrangère, sauf en ce qui concerne la Pologne. Dans tous les autres domaines, les idéaux les plus chers à Reagan furent compromis par des querelles intestines, au sein de son cercle restreint, et par la conviction, frisant le mépris, répandue parmi certains de ses conseillers que le président devait être préservé contre son propre zèle et son ignorance, en particulier pour ce qui touchait à l'URSS.

C'est dans cette atmosphère que deux hommes, ayant chacun des idées fondamentales et une façon de travailler compatibles avec celles de Reagan, acquirent une prééminence devant laquelle Haig et d'autres ne purent que rester pantois : Bill Casey et William P. Clark. Plus que tout autre membre de l'administration, Clark comprenait à la fois le processus et le président. A Sacramento, il avait été secrétaire général du gouverneur Ronald Reagan. Et voilà que le nouveau président en faisait son intermédiaire personnel au département d'État, l'adjoint de Haig en fait, avec le titre de conseiller auprès du secrétaire d'État.

Et les deux questions qui allaient pour une bonne part accaparer le temps et l'énergie de Clark et de Casey (et dominer leurs discussions avec le président), à savoir la Pologne et la croisade anticommuniste en Amérique centrale, allaient s'enchevêtrer de plus en plus avec les tractations avec le pape. Au printemps 1981, Casey et Clark faisaient souvent un détour par la résidence du délégué apostolique du pape à Washington, l'archevêque Pio Laghi, pour le petit déjeuner, boire un café et discuter. Laghi, quant à lui, rentrait dans la Maison Blanche par la petite porte, à l'entrée sud-ouest, pour ses rencontres secrètes avec Casey, Clark et, plus tard, avec Reagan lui-même.

« Ils savaient apprécier un bon cappuccino, raconte Laghi de Casey et Clark. De temps en temps, il nous arrivait de parler de l'Amérique centrale, ou de la position de l'Église sur la régulation des naissances. Mais le plus souvent, c'était la Pologne. En gardant un contact aussi proche, nous évitions tout malentendu. »

« Reagan souhaitait des briefings spéciaux sur la Pologne et le renseignement. Il avait le sentiment que nous assistions à la formation d'une première fissure dans le rideau de fer – un soulèvement populaire, note Clark. Casey le comprenait bien. C'est pourquoi j'ai demandé au département d'État, au NSC et à la CIA de mettre plus particulièrement l'accent au quotidien sur ce qui se passait, non seulement à Gdansk mais partout en Pologne et en Europe de l'Est. Surtout pour ce qui concernait Solidarité et les réactions que suscitait le syndicat (dans le bloc communiste). »

Clark voyait bien que Reagan était dépassé par des questions auxquelles il n'avait jamais consacré une seule pensée avant son entrée à la Maison Blanche. Il est vrai qu'il était incapable de distinguer deux missiles l'un de l'autre. Les conversations de Clark avec Reagan, au sujet de la Pologne, étaient toujours très brèves. « Je ne pense pas avoir jamais eu de conversation tête à tête, en profondeur, pendant plus de trois minutes d'affilée avec lui, sur n'importe quel sujet, raconte-t-il. Ceci va sans doute vous choquer. Nous avions notre propre code de communication. Je savais où il voulait aller sur la question polonaise. Il voulait pousser l'affaire à son aboutissement logique. Le président, Casey et moi discutions sans arrêt de la situation sur le terrain en Pologne : les opérations secrètes ; qui faisait quoi, où et pourquoi, et les chances de succès. » Et aussi du rôle du Vatican.

Allen, Casey, et le président se mirent à rencontrer régulièrement le membre le plus proche du pape Jean-Paul II, dans la hiérarchie catholique américaine, le cardinal John Krol de Philadelphie. Plus que tout autre homme d'Église, Krol tenait la Maison Blanche informée de la situation globale de Solidarité, de ses besoins et de ses relations avec l'épiscopat polonais. Il servait d'intermédiaire entre la Maison Blanche, la Pologne et le Vatican. Par ailleurs, et c'est peut-être le plus important, un lien personnel très fort se développa entre le président et lui.

Allen appelait Krol le « grand copain » du pape, ce qui, à défaut d'être élégant, était tout à fait exact. Edward Derwinski, un député de l'Illinois d'origine polonaise, envoyé par la Maison Blanche en Pologne en 1981 pour observer la situation, n'en revenait pas de l'allure à laquelle les relations entre Reagan et Krol avaient évolué : « D'entrée de jeu, il s'est bien entendu avec le président; c'était une de ces histoires de longueur d'onde. Ils avaient le même âge. Et le cardinal comprenait vraiment la situation en Pologne : il savait interpréter correctement les événements dans ce pays. Non seulement le président venait le consulter, mais aussi le département d'État, le NSC et la CIA. » Krol avait par ailleurs dit une prière publique à l'occasion de deux conventions nationales républicaines.

Derwinski sentit que Reagan avait retrouvé en Krol le même genre de relation qu'avec ses vieux amis des milieux d'affaires californiens. Ils se sentaient à l'aise l'un avec l'autre. Tous deux d'un naturel affable, ces hommes puissants aimaient à raconter des plaisanteries et prenaient un certain plaisir à la compagnie d'autres hommes (il n'y avait pas grand-chose que Krol préférât à une journée sur le green et à un bon cigare).

Krol, grand et athlétique, était d'abord devenu proche de Karol Wojtyla à Vatican II, où il avait travaillé comme sous-secrétaire pour le concile et passé une bonne partie de son temps libre en conversations (en polonais) et en promenades avec l'évêque de Cracovie. Au moment du conclave qui avait élu Jean-Paul II, Krol s'était assuré d'emblée que l'Église d'Amérique du Nord était solidement derrière Wojtyla.

Grâce à leur amitié, dès le premier jour du pontificat de Wojtyla, Krol jouit d'une position d'une importance unique dans la hiérarchie de l'Église américaine, ce qui accentua encore son rôle déjà dominant parmi les cardinaux américains. Ses liens avec le Saint-Siège, profondément personnels, puisaient leurs racines au plus profond de la terre polonaise : le père de Krol était né à Siekierczna, non loin de Wadowice et, le 21 juin 1967, Wojtyla et lui avaient été élevés ensemble au cardinalat. Le jour où il avait reçu le chapeau, Wojtyla avait demandé dans son discours que soient aussi dites des prières spéciales pour l'autre nouveau cardinal polonais, Krol. Six mois plus tard, Wojtyla s'était rendu à la paroisse du père de John Krol pour dire l'homélie et rappeler : « Il était une fois, il y a bien des années de cela, les ancêtres, les parents du cardinal Jan Krol, ont quitté ce pays pour le Nouveau Monde, emmenant dans leur nouvelle patrie... ces valeurs issues de la Pologne. »

Krol, de dix ans l'aîné du pape, se rattachait aussi à cette tradition des « grands frères » qui avaient joué un rôle important dans la vie de Wojtyla. Lorsqu'il était cardinal puis, plus tard, au Vatican, Wojtyla éprouvait en présence de Krol un ravissement particulier, presque enfantin. Ils entonnaient ensemble des chansons polonaises, dansaient, échangeaient des histoires drôles tirées du folklore de leur pays, se lançaient des plaisanteries d'un bout à l'autre de la table dans le dialecte local qu'ils connaissaient tous deux.

Ainsi Krol était en situation de faire ce à quoi aucun dignitaire de l'Église, aucun autre Américain, ne pouvait prétendre : convaincre Wojtyla que les intérêts de la Pologne, du Vatican et des États-Unis étaient parallèles par bien des aspects et surmonter les réticences que pourrait provoquer chez Wojtyla l'idée de nouer des liens aussi étroits avec la présidence américaine.

La relation historique, enracinée dans les convictions antimarxistes, qui se développa entre les États-Unis et le Vatican, entre la superpuissance temporelle et la superpuissance spirituelle, promettait aux deux parties de grandes récompenses, particulièrement en ce qui concerne la Pologne et l'Amérique centrale. Dès le printemps 1981, des échanges de renseignements au plus haut niveau eurent lieu entre l'administration Reagan et le pape, lequel fut régulièrement « briefé » par Casey et Vernon Walters, ancien directeur adjoint de la CIA. A eux deux, Walters et Casey rendirent secrètement visite au pape environ quinze fois en six ans, pour discuter de questions d'intérêt mutuel.

Les jugements du pape, en particulier en ce qui concernait la Pologne et l'Amérique centrale, finirent par peser d'un poids réel à la Maison Blanche, à la CIA et au NSC et surtout auprès de Ronald Reagan lui-même. A chaque fois qu'ils se rendaient au Vatican, il attendait les rapports de Walters comme de Casey avec impatience. D'autres présidents avaient attendu, anxieux, que les bombardiers reviennent de mission. Reagan, lui, attendait les rapports sur le pape.

En même temps, le pape devenait le destinataire de quelques-uns des secrets les mieux gardés des États-Unis et d'analyses politiques de haut niveau : renseignements recueillis par satellite, par des agents ou grâce à l'espionnage électronique ; données issues de discussions à la Maison Blanche, au département d'État ou à la CIA. Le général Walters affirme avoir rencontré le pape tous les six mois environ entre 1981 et 1988. Il informait Wojtyla sur presque chaque aspect de la politique américaine et fournissait les analyses des services de renseignement sur tout sujet présentant un intérêt pour le Vatican.

Et il était large, en effet, l'éventail des sujets dont discutaient Walters et le pape, comme le révèlent les dépêches classées secrètes qu'il envoya à la Maison Blanche, au département d'État ou à la CIA après chacune de ses visites : la Pologne, l'Amérique centrale, le terrorisme, la politique intérieure chilienne, la puissance militaire chinoise, la théologie de la libération, l'Argentine, la santé de Leonid Brejnev (« nous pensons qu'il est un peu gaga », confiait Walters au pape en 1982), les ambitions nucléaires du Pakistan, le niveau des forces conventionnelles en Europe, la dissidence en Ukraine, les négociations au Moyen-Orient, la violence au Sri Lanka, les armements nucléaires américains et soviétiques, la guerre sous-marine, la Lituanie, les armements chimiques, la « nouvelle technologie soviétique », la Libye, le Liban, la famine en Afrique, le Tchad, la politique étrangère du gouvernement français – pour ne citer que quelques-uns des soixante-quinze sujets abordés dans ces dépêches.

En même temps, dès les premiers mois de la présidence de Reagan, William Casey et le pape se lancèrent secrètement dans ce que le directeur de la CIA nomme un « dialogue géostratégique », centré sur la Pologne, l'URSS et l'Amérique latine.

Du point de vue des objectifs politiques de l'administration, plus le pape disposait d'informations issues du renseignement américain, mieux cela valait. « Reagan avait la conviction profonde et inébranlable que ce pape-là allait aider à changer le monde », constate Richard Allen. C'est d'ailleurs Allen qui, le premier, devait décrire la relation entre Reagan et le Vatican comme « une des plus importantes alliances secrètes de tous les temps ». Hyperbole mise à part, cette description est essentiellement exacte car les deux pouvoirs poursuivaient leurs buts particuliers en suivant des voies parallèles : ils se tenaient mutuellement informés, chacun prenait en compte la sensibilité de l'autre, ils se consultaient, recherchaient des terrains d'entente politiques et moraux et chacun profitait régulièrement des sources considérables de renseignements de l'autre, sans jamais pour autant entreprendre ensemble d'activités clandestines.

« Une des choses que l'on apprend sur l'Église catholique est qu'elle est organisée de manière à récolter des informations sur les fidèles », avait expliqué Allen à Reagan, encore candidat. « Ce sont d'excellents renseignements. On pourrait calquer l'organisation de la centrale de renseignement idéale sur celle du Vatican. Les informations qu'elle fournit sont absolument de premier ordre. »

Durant cette extraordinaire période de collaboration Vatican-États-Unis, l'opposition inébranlable du pape à l'avortement fut étayée par l'administration Reagan de la manière la plus éloquente qui soit : d'après l'ambassadeur des États-Unis au Vatican à l'époque, des millions de dollars d'aide américaine à divers programmes de planning familial dans le monde entier furent bloqués sur ordre du président, par respect pour le pape. Cet embargo fut maintenu pendant toute la durée de l'administration Bush.

Parallèlement, sur la question la plus cruciale en matière de contrôle d'armements, à savoir l'introduction par l'OTAN d'une nouvelle génération de missiles de croisière en Europe occidentale, le pape donna, par son silence même, l'impression de soutenir la politique américaine. Malgré l'opposition publique de ses évêques américains, il choisit cette voie, après avoir longuement entendu Walters et Casey, et après que le président lui-même fut intervenu auprès de l'archevêque Laghi, du cardinal Krol et de lui-même.

Le Vatican reçut encore, toujours de Walters et Casey, des renseignements décisifs, partiellement issus de communications téléphoniques interceptées, sur les prêtres et évêques au Nicaragua et au Salvador, défenseurs de la théologie de la libération et s'opposant activement aux forces soutenues par les États-Unis dans leur pays. Sur ordre de Casey, le colonel Oliver North, du NSC, versa de l'argent à des prêtres d'Amérique centrale liés à l'*establishment* et fidèles au pape, bien qu'aucunes archives n'indiquent que Wojtyla fût au courant de ces versements. Le président Reagan, lui, l'était certainement.

VARSOVIE

De son poste à Varsovie, le général Jaruzelski ne voyait qu'un problème encore plus grave que Solidarité : Moscou. Les hommes du Politburo ne comprenaient ni la Pologne et son histoire, ni la situation dans laquelle se trouvaient Jaruzelski et les dirigeants du pays. Et, plus préoccupant encore, ils ne comprenaient pas l'Église et son rôle dans la société. Sans doute Solidarité constituait-il une calamité pour le socialisme, mais le Kremlin, il en était convaincu, pouvait provoquer une catastrophe pour la Pologne et le monde.

Le 4 mars 1981, Kania et lui, convoqués au Kremlin, s'étaient vu passer un savon par Brejnev et les membres les plus éminents du Politburo : Gromyko, Andropov, Souslov, Ustinov, Rusakov et Tikhonov. Ceux-ci ne les avaient pas ménagés. Quand, avaient-ils voulu savoir, se décideraient-ils enfin à imposer la loi martiale ? Pourquoi n'arrêtait-on pas les voyous ? Ne comprenaient-ils donc pas que le Parti était en passe de perdre toute autorité sur le peuple ? Que leurs alliés étaient indignés ? Comment pouvaient-ils mollir devant l'Église ? Ne se rendaient-ils donc pas compte que le pape était l'instrument des pouvoirs occidentaux, qu'il incarnait l'opposition ?

Plus tard, un communiqué parut dans la presse russe et polonaise annonçant que tous étaient d'accord pour dire que la défense du communisme dans un pays donné (la Pologne par exemple) concernait non seulement ce pays-là, mais la « communauté socialiste tout entière... la communauté socialiste étant indissoluble ». Jaruzelski savait bien qu'il s'agissait là d'une reformulation implicite de la doctrine brejnévienne, un écho de la formule qui avait servi de justification à l'invasion de la Tchécoslovaquie au printemps 1968.

Dans presque toutes les discussions que Jaruzelski avait eues avec Brejnev, depuis la naissance de Solidarité, le président soviétique s'était plaint du rôle de l'Église et du pape.

Plus tard, Jaruzelski devait se faire cette réflexion que « Brejnev, Gromyko, Ustinov et tout l'*establishment* soviétique voyaient des liens idéologiques entre le Vatican et l'Occident, et que c'était toujours là le fond de nos conversations. Ils avaient une perception très primitive des choses ». Il avait l'impression de ne plus parler au téléphone que pour répondre à l'un de ses « alliés fraternels » ou à quelqu'un de Moscou qui exigeait de savoir pourquoi il avait accordé telle ou telle concession à l'Église. Pourquoi la diffusion des messes à la radio avait-elle été autorisée (le gouvernement avait cédé sur ce point dans le cadre des accords mettant fin aux grèves d'août) ? Pourquoi y avait-il des prêtres dans les usines ? Pire, une succession interminable de politiciens, de généraux et d'autres personnalités représentant le pacte de Varsovie observait à tout moment le moindre de ses faits et gestes. Tous considéraient invariablement l'Église comme un puzzle inexplicable : sachant que l'Église était l'alliée de Solidarité, pourquoi la laissait-on prospérer ? Les évêques devaient être contrôlés, leur autorité réduite, les prêtres jetés hors des usines, tout dialogue avec l'Église refusé, les séminaires fermés.

Jaruzelski savait que ce n'était pas si simple, mais à Moscou, à Berlin, à Prague ou à Budapest, les camarades semblaient le pousser vers une solution qui ne pouvait qu'aboutir à un bain de sang : des Polonais se battant contre des Polonais ; une guerre civile au sein de l'armée polonaise ; ou, pire encore, des soldats russes et des troupes du pacte de Varsovie combattant les Polonais dans les rues. Les anciens, en URSS, semblaient n'avoir aucune conscience du fait que *sans* l'Église, il serait impossible de maintenir la paix dans la situation présente.

Jaruzelski et Kania avaient à de multiples reprises tenté de s'en expliquer avec Brejnev, Gromyko et les délégations que le Politburo ne cessait de dépêcher à Varsovie. A présent, tandis que le printemps 1981 s'épanouissait en Pologne, de nouvelles manifestations éclataient et Solidarité appelait à la grève générale. Le syndicat n'avait jamais bénéficié d'un soutien populaire aussi fort. Les troupes soviétiques avaient repris leurs manœuvres. Les unités du pacte de Varsovie mettaient en scène des débarquements le long de la côte balte de Pologne et jouaient à la guerre en différents points du territoire polonais. Le monde occidental avait recommencé à menacer l'URSS des conséquences d'une intervention. Jaruzelski pensait que Kania et lui devraient rencontrer une nouvelle fois le Politburo pour expliquer les dernières mesures prises par le gouvernement de Varsovie, en particulier en ce qui concernait l'Église, qui, au cours des deux semaines écoulées, avait joué un plus grand rôle dans les négociations entre l'État et le syndicat.

Bien entendu, Jaruzelski avait beaucoup analysé la position des membres du Politburo et l'antipathie que leur inspirait l'Église. Ustinov qui appelait Jaruzelski le « Général libéral », Souslov, Tchernenko et Ligatchev se montraient particulièrement virulents dans leurs attaques contre le pape et l'Église. Le vote des évêques en faveur de Wojtyla s'expliquait par les choix politiques de l'Occident et non par le Saint-Esprit : c'était là un article de foi à Moscou, et les quatre hommes n'oubliaient jamais de le rappeler à Jaruzelski. Ils étaient persuadés que Zbigniew Brzezinski avait manigancé l'élection de Jean-Paul II avec l'aide du cardinal Krol.

Quant à Brejnev, fait remarquer Jaruzelski, « il a participé à la Révolution quand il était très jeune, de sorte qu'il a été impliqué dans l'un des combats contre l'Église les plus sévères et les plus marqués par l'idéologie qui soit ; cela fut très brutal. Il combattit aussi l'Église en Ukraine où il travailla pendant de nombreuses années. Il fait donc partie de ces bolcheviques qui ont tété l'athéisme et l'anticléricalisme avec le lait de leur mère. Lorsqu'il parle de l'Église, il en parle comme d'un ennemi... un ennemi non seulement idéologique, mais politique également ».

Les « camarades fraternels » ne comprenaient pas davantage la situation unique du catholicisme polonais.

« Ils n'étaient pas conscients de la force sous-jacente que représente l'Église en Pologne. En Russie, l'Église était pratiquement détruite. En Tchécoslovaquie, l'Église était faible et divisée... En Hongrie, l'Église avait été pacifiée, pourrait-on dire... En Bulgarie, il n'y avait aucun problème et en Roumanie encore moins. Les évêques roumains s'inclinaient devant Ceaucescu. Donc dans ce sens, la Pologne constituait une exception. C'est pourquoi nos alliés à Moscou et ailleurs ne nous comprenaient pas. Ils ne cessaient de demander : " Comment se fait-il que tous les autres arrivent à composer avec l'Église et vous non ? " »

Dans ce contexte, une remarque de Brejnev vient plus particulièrement à l'esprit de Jaruzelski :

« Il disait qu'en Pologne, l'Église ne cessait d'accroître son influence et de rendre la situation encore plus difficile, et que, malgré cela, nous distribuions tant de permis de construire pour des églises que nous capitulions devant l'Église. Brejnev disait qu'après tout l'Église était notre ennemi et que, tôt ou tard, elle nous prendrait à la gorge et nous étoufferait. »

Le 30 mars, la Pologne et le pape étaient très présents à l'esprit de Ronald Reagan. Lors de sa réunion de 9 heures dans le bureau Ovale, il passa en revue les derniers renseignements de la partie du briefing présidentiel quotidien consacrée à la Pologne : l'espace aérien de la Pologne avait été fermé deux jours auparavant pour faciliter les manœuvres des troupes du pacte de Varsovie. En Allemagne de l'Est, la totalité des wagons plates-formes avaient été réquisitionnés par les militaires. Le long des frontières polonaises, cent cinquante mille soldats d'URSS, de RDA et d'autres pays du bloc communiste avaient adopté des positions laissant augurer une invasion prochaine. Le secrétaire à la Défense, Weinberger, avait publiquement sous-entendu que les États-Unis n'excluaient pas le recours à la force militaire si la Pologne était envahie – une affirmation qui avait profondément perturbé le secrétaire d'État Haig, car des représailles militaires américaines n'étaient pas vraiment à l'ordre du jour.

Cet après-midi, l'emploi du temps du président prévoyait qu'il prononce un discours devant des membres de la section Bâtiments-Travaux publics de la Fédération des ouvriers américains (AFL-CIO), une obligation de routine pour tout président. Étant donné le rôle joué par l'AFL-CIO dans l'acheminement de l'aide américaine vers le mouvement syndical polonais, il souhaitait tout particulièrement mentionner la Pologne et ses ouvriers. La Pologne était devenue une véritable poudrière et se trouvait à ce moment-là dans une situation sans précédent : le 27 mars, pendant quatre heures, des dizaines de millions d'ouvriers et d'ouvrières avaient fait une grève nationale : c'était le plus important mouvement de protestation jamais organisé contre un gouvernement communiste depuis la Deuxième Guerre mondiale. Le pays avait été paralysé. La conviction intime de Reagan, que le communisme allait s'effondrer de l'intérieur, semblait sur le point de se réaliser en Pologne.

Par la filière secrète reliant la Maison Blanche aux appartements du pape, Reagan savait que le 23 février, le souverain pontife avait écrit une lettre à Brejnev, dans laquelle il exhortait celui-ci à respecter la souveraineté de la Pologne et les droits de Solidarité. Des rumeurs circulaient (probablement infondées, mais auxquelles on croyait beaucoup en Pologne et que d'aucuns, au Vatican, encourageaient) selon lesquelles, en cas d'intervention des troupes soviétiques, le pape rentrerait en toute hâte dans son pays natal et s'interposerait en personne entre son peuple et les tanks soviétiques.

Cet après-midi, au Hilton de Washington, alors que le discours du président devant les ouvriers du bâtiment tirait à sa fin, il les appela à soutenir ses projets de reconstruction de l'armée américaine. Puis, après avoir marqué une pause, il salua les ouvriers polonais : « Leur courage nous rappelle non seulement la liberté précieuse qu'il nous appartient de conserver et de protéger, mais aussi l'esprit qui vit en chacun de nous, partout. » Il y eut des acclamations et un tonnerre d'applaudissements. « Les travailleurs polonais se comportent comme des sentinelles qui défendent par leur action des principes humains universels, poursuivit-il ; ils nous rappellent que sur cette bonne Terre, ce sont toujours les peuples qui l'emporteront. »

Quelques minutes plus tard, devant l'hôtel, alors qu'il s'apprêtait à monter dans sa limousine, le président fut grièvement blessé par John Hinckley Jr. d'une balle dans le côté. Poussé dans sa voiture par les agents des services secrets, Ronald Reagan fut conduit en toute hâte à l'hôpital universitaire George Washington.

A Rome, lorsqu'il apprit la nouvelle, le pape s'interrompit pour prier pour la guérison de Reagan et lui envoya presque tout de suite un message personnel de prière et d'espoir.

A l'hôpital, on opéra Reagan pour retirer la balle qui avait pénétré dans ses poumons et s'était logée à moins de deux centimètres du cœur, manquant d'autant l'aorte (et une mort certaine).

D'après les médecins, c'était un miracle qu'il en ait réchappé.

MOSCOU

Le président Brejnev ouvrit la réunion du Politburo du 2 avril par cette tirade :

« L'issue des événements de Pologne nous inspire à tous une grande inquiétude. Et ce qu'il y a de pire, c'est que nos amis écoutent nos recommandations, reconnaissent leur bien-fondé mais qu'en pratique ils ne font rien. Et la contre-révolution est en marche sur tous les fronts. »

En prononçant ces mots, Brejnev avait surtout à l'esprit le dernier accord entre le gouvernement et le syndicat, auquel on était parvenu trois jours auparavant par l'intermédiaire des évêques et sous la pression du pape. « Nos amis ont réussi à éviter une (seconde) grève générale, fit remarquer Brejnev. Mais à quel prix ? Au prix d'une nouvelle capitulation devant l'opposition. » Le gouvernement venait en effet d'accepter de reconnaître un nouveau syndicat agricole, sous la bannière de Solidarité rurale, et de mener une enquête afin de sanctionner les policiers qui avaient attaqué des ouvriers de Bydgoszcz pendant une manifestation. Malgré cela, de nombreux membres de Solidarité avaient mal vécu que leur direction accepte d'annuler la grève générale, alors que la puissance du syndicat était à son apogée, et qu'ils aient renoncé à d'autres revendications, parmi lesquelles la libération des prisonniers arrêtés pour activités antigouvernementales entre 1976 et 1980.

Furieux, Brejnev fit part à ses camarades de sa dernière conversation avec Kania, lequel se disait blessé depuis que le 26e Congrès du Parti soviétique avait critiqué sans ménagements la politique de son gouvernement et ses éternelles reculades devant Solidarité. Brejnev poursuivit :

« Sans y aller par quatre chemins, je lui ai dit : " Ils ont bien fait. Ce n'est pas seulement des critiques que vous auriez mérité : une bonne correction, voilà ce que vous auriez dû recevoir. Alors peut-être que vous auriez compris. " Voilà ce que je lui ai dit, mot pour mot. Le camarade Kania a reconnu qu'ils avaient fait preuve de faiblesse, et allaient devoir se montrer plus fermes.

« Sous ce rapport, je lui ai dit : " Mais combien de fois nous avons-vous répété qu'il fallait prendre des mesures plus décisives, qu'on ne pouvait pas éternellement céder devant Solidarité. Vous insistez tous sur la voie pacifique, sans comprendre ou sans vouloir comprendre que la méthode pacifique que vous préconisez peut conduire au bain de sang. " »

L'analyse dont le ministre de la Défense fit alors part à ses collègues du Politburo a de quoi donner le frisson :

« Je pense que l'effusion de sang est inévitable. Elle aura lieu. Et si nous en avons peur, nous serons amenés, c'est certain, à céder sur un point après l'autre. *Et ce faisant, nous pourrions bien perdre toutes les réalisations du socialisme.* »

Ainsi, ce 2 avril 1981, soixante-quatre ans après la révolution bolchevique et huit mois à peine après l'occupation des Chantiers navals Lénine par les ouvriers de Gdansk, les hommes du Kremlin discutaient de l'impensable, à savoir que toutes les réalisations du socialisme, de la révolution de Lénine, pourraient être perdues.

C'était bien pire que toute autre révolte ou opposition à laquelle les Soviétiques aient eu à faire face depuis la guerre. A la différence de 1956 et de 1968, les choix des Soviétiques étaient limités : par l'Afghanistan ; par le fait que le monde entier avait embrassé la cause de Solidarité, même à gauche ; par l'absence de tout facteur surprise dans l'hypothèse d'une intervention militaire ; par la dégradation constante des conditions sociales et économiques en URSS. En cas d'intervention, l'Occident était prêt à appliquer des sanctions draconiennes contre les Soviétiques. Depuis des semaines, Margaret Tchatcher, le Premier ministre britannique, insistait au téléphone auprès des autres dirigeants du monde occidental sur l'importance d'avoir un plan coordonné. Les États-Unis avaient averti les Soviétiques de ne pas abuser de la Pologne pendant le rétablissement de Reagan. Et puis le pape constituait un autre facteur, un facteur considérable, à commencer par cette question : oserait-il vraiment venir s'interposer en personne contre une armée en marche pour envahir le pays ?

Le 28 mars, l'ambassadeur d'Union soviétique à Rome avait eu une réunion d'urgence de deux heures avec le pape. Par la suite, Jean-Paul II devait raconter au cardinal Casaroli que l'URSS avait pris l'engagement de ne pas intervenir pendant six mois si le Vatican pouvait prendre des mesures en Pologne, vraisemblablement en trouvant le moyen de dissuader Solidarité d'appeler à de nouvelles grèves. Le pape avait déjà commencé à agir dans ce sens, et la lettre qu'il avait écrite au cardinal Wyszynski paraissait le matin même dans *L'Osservatore romano* : « L'opinion partagée par les nations amies de la paix se manifeste dans leur conviction que les Polonais jouissent du droit indéniable à résoudre leurs problèmes eux-mêmes par leurs propres moyens. » L'allusion aux Soviétiques était transparente.

L'« immense masse des travailleurs polonais, poursuivait le pape, est consciente de la nécessité de se consacrer pleinement à son travail afin de vaincre les difficultés économiques du pays. Elle désire travailler et non faire grève ». Il insistait sur la nécessité de trouver rapidement « un accord entre les autorités d'État et les représentants des travailleurs afin de renforcer la paix intérieure et de renouveler les principes sur lesquels chacun est tombé d'accord à l'automne dernier ».

L'accord auquel on était parvenu quelques jours auparavant, et qui avait tant outré Brejnev, répondait aux critères du pape. Il réaffirmait les accords de Gdansk et donnait encore plus de pouvoir à Solidarité. En échange, le syndicat renonçait à son projet de grève générale, limitant la possibilité d'un nouvel affrontement violent.

Ces principes auxquels faisait allusion le pape, nul ne l'ignorait au Politburo, consistaient en la reconnaissance de la légitimité de Solidarité comme représentant des classes ouvrières : une alliance anticommuniste de travailleurs dans un État ouvrier. Lors de cette réunion du 2 avril, Iouri Andropov, qui détenait sans doute des informations plus précises que tout autre membre du Politburo sur la situation en Pologne (en tant que membre de la commission d'urgence sur la Pologne et chef du KGB), énonça le problème de la manière suivante : « Maintenant, Solidarité s'empare d'une position après l'autre. Si une session extraordinaire [du Parlement polonais] devait être convoquée, on ne saurait exclure la possibilité que celui-ci se retrouve entièrement aux mains de représentants de Solidarité. Alors, ils auront pris le pouvoir sans verser une seule goutte de sang. »

Ustinov rapporta à son tour qu'entre-temps, la situation dans l'armée polonaise s'était détériorée : ils ont remplacé un nombre significatif d'anciens conscrits par des nouveaux, pour la plupart sympathisants de Solidarité. Ainsi, l'armée s'est relâchée. Nous estimons qu'il est nécessaire de garder les anciens conscrits dans l'armée polonaise, et de ne pas les rendre à la vie civile. Mais les Polonais ne veulent pas en entendre parler. »

– Nous allons devoir leur dire ce que signifie adopter la loi martiale et tout leur expliquer, intervint Brejnev.

– En effet, fit Andropov, comme toujours soumis devant l'homme au visage de cire qui se trouvait aux commandes, cet homme auquel il allait succéder dès l'année suivante. Nous devons leur signaler que loi martiale signifie couvre-feu, déplacements limités dans les rues des villes, renforcement de la sécurité d'État dans les institutions du Parti, dans les usines, etc. Jaruzelski sort très mal en point des tensions qu'il subit, aux mains des dirigeants de Solidarité, et ces derniers temps, Kania s'est mis à boire de plus en plus. C'est un phénomène très attristant. En même temps, je tiens à faire remarquer que les événements de Pologne ont aussi un effet sur les régions à l'ouest de notre pays. En particulier, dans certains villages biélorusses où l'on reçoit bien la radio et la télévision en langue polonaise... Dans certaines autres régions, en Géorgie notamment, on assiste à des manifestations spontanées, des groupes scandent des slogans antisoviétiques dans les rues, comme récemment à Tbilissi. Là aussi, il va falloir adopter des mesures internes strictes. »

Depuis sa nomination en février au poste de Premier ministre, sur ordre des Soviétiques, Jaruzelski passait la presque totalité de ses jours et de ses nuits dans l'immeuble du Conseil des ministre, à Varsovie. Et cela avait été le cas pendant la crise des deux dernières semaines. Il s'était fait installer une petite chambre à coucher à côté de son bureau et n'avait plus vu sa femme ni sa fille depuis des jours.

La tension née des critiques incessantes des communistes vis-à-vis des dirigeants polonais commençait à se faire sentir. Malgré les lunettes noires derrière lesquelles ses yeux étaient dissimulés, l'épuisement du général devenait manifeste. Les dernières attaques de Moscou, de Prague, de Berlin et des purs et durs du Parti, en Pologne, avaient été plus sévères que jamais. La puissance et la stature de Solidarité ne s'imposaient pas uniquement en Pologne : le mouvement avait captivé l'imagination du monde entier. Cela aussi, il le sentait bien, semblait intolérable au Kremlin. Kania lui avait dit que, quelques jours auparavant, Brejnev l'avait encore appelé pour réclamer des mesures contre Solidarité, suggérant que le gouvernement aille « découvrir » quelques caches de munitions appartenant aux syndicats.

Voilà qui rappelait au général le scénario tchèque de 1968 lorsque les Soviétiques avaient envahi le pays sous le même prétexte. Tout cela

« explique sans doute l'état d'esprit dans lequel je me trouvais ce 3 avril », racontera Jaruzelski par la suite. Le même après-midi, Kania l'informa que, dans les prochaines heures, ils devaient rencontrer « un adjoint de Brejnev : un rendez-vous absolument secret, dont le lieu et l'heure seraient communiqués au tout dernier moment ».

Obsédé par le souvenir de ce qui était arrrivé à l'ancien président tchèque, Alexandre Dubcek, lorsque celui-ci avait été convoqué à Moscou puis arrêté, Jaruzelski fit appel à son ami, le général Michal Janiszewski, pour lui demander de prendre soin, si nécessaire, de sa femme et de sa fille.

« Je ne pouvais lui en dire plus, mais je pense qu'il comprit le sens de ma demande car, au moment de prendre congé l'un de l'autre, après avoir vainement tenté de me convaincre de l'emmener avec lui, il se permit un geste inhabituel : il me serra dans ses bras, sans dire un mot. »

Accompagné seulement par un de ses aides à qui il avait confié un pistolet et une grenade contenant du gaz asphyxiant, Jaruzelski rejoignit ensuite Kania dans son bureau. Les deux hommes se rendirent ensemble en voiture à l'aéroport militaire d'Okecie.

Il était environ 19 heures. Sur la piste, il n'y avait qu'un seul avion, un Tupolev 134 sans aucune marque d'identification, ni l'étoile rouge de l'Armée rouge, ni l'inscription Aeroflot, comme les avions dont se sert habituellement le gouvernement soviétique. Au pied de la passerelle les attendait un seul officier de l'état-major des armées du pacte de Varsovie.

Pendant un peu moins d'une heure, l'avion poursuivit une route dilatoire afin de préserver le secret de sa destination, puis se dirigea vers la région de Brest-Litovsk, au-delà de la frontière soviétique.

« Au moment de l'atterrissage (devait se rappeler Jaruzelski), tout ce que j'ai remarqué, c'est que nous étions très loin des bâtiments de l'aéroport, dont on distinguait à peine les lumières. Trois voitures nous attendaient, trois Volga, avec des rideaux, mais sans immatriculation. Personne ne portait d'uniforme, mais on n'avait pas besoin de voir les papiers de ces civils pour comprendre qu'ils étaient du KGB. Nous sommes montés dans la première voiture (mon aide de camp a refusé de nous quitter) et avons démarré aussitôt. Je n'avais pas la moindre idée de l'endroit où nous pouvions nous trouver. L'absence de tout panneau de signalisation ne faisait que renforcer mon impression d'être en route pour je ne sais quelle planète inconnue. A un moment, nos voitures ont emprunté une petite route non goudronnée qui nous a conduits devant une immense bâtisse de brique rouge, à mi-chemin entre la forteresse et la prison. C'est alors que je me suis dit : Ceci pourrait bien être un aller simple. Sans dire un mot, je me suis retourné vers Kania qui, manifestement, était en train de penser la même chose que moi. »

Dans le rayon des phares de la voiture, Jaruzelski réussit à distinguer trois wagons de chemin de fer soviétiques. Le cortège s'arrêta juste à côté, et au moment où l'on ouvrait les portières pour Kania et Jaruzelski, deux hommes sortirent du premier wagon pour venir à leur rencontre.

C'était Andropov et Ustinov : le chef du KGB et le ministre de la Défense. « Dans un système où chaque élément du tableau possède une signification précise, le message est limpide », se dit Jaruzelski. Kania et lui suivirent leurs hôtes dans le wagon.

En elle-même, la situation de la voie de garage, à cheval sur la frontière soviétique non loin de la ville de Brest, symbolisait on ne peut mieux la fâcheuse situation dans laquelle ils se trouvaient. La Pologne était non seulement le plus grand des pays cédés aux Soviétiques à Yalta, par sa population (37 millions en 1981) comme par sa superficie (312 683 km^2), mais elle représentait aussi pour les Soviétiques un corridor vers la RDA et, au-delà, vers l'Europe occidentale. Quand Gromyko avait déclaré avec tant d'insistance : « Nous ne pouvons pas perdre la Pologne », il avait omis de formuler l'évidence : sans la Pologne et les milliers de soldats soviétiques qui y étaient cantonnés, « l'hégémonie incontestée de l'URSS sur l'Europe centrale et orientale communiste ne pouvait plus exister ».

Les hommes qui participèrent à la réunion de cette nuit, Kania, Jaruzelski, Ustinov et Andropov, étaient tous quatre profondément conscients d'une autre particularité de la Pologne : le Parti communiste le plus faible de tout le bloc communiste y était sur le point d'être submergé par l'Église la plus puissante d'Europe, comme l'a fait remarquer un historien.

Les deux hauts responsables polonais suivirent leurs hôtes dans le wagon luxueusement aménagé, conçu spécialement pour les rencontres importantes, avec sa vaste table rectangulaire recouverte de feutrine verte. Il était meublé de fauteuils et de canapés et, comme la séance promettait d'être longue, un buffet somptueux y avait été dressé.

« Des piles de sandwiches, du thé, du café, de la bière ; des canapés au caviar, du poisson et de la viande, devait raconter Jaruzelski. C'était de bonnes choses, et l'ambiance était très plaisante. »

La conversation, elle, le fut nettement moins.

Six heures durant, jusqu'à 3 heures du matin, Ustinov et Andropov récitèrent la litanie des péchés commis par les autorités polonaises, et insistèrent sur le fait qu'il n'existait qu'un moyen d'obtenir l'absolution : imposer la loi martiale en Pologne.

Kania et lui eurent beau résister, les Russes n'en démordaient pas. Les camarades polonais ne comprenaient-ils pas que les forces antisocialistes, soutenues par le pape et le monde occidental, se préparaient en fait à prendre le pouvoir ? Solidarité devait être déclaré illégal, l'armée mobilisée contre les ennemis du socialisme, grèves et manifestations devaient être déclarées illégales ; le Parti devait être rajeuni ; l'Église devait revenir à son véritable rôle, servir la foi et non pas se mêler de politique. « Ils nous dirent que nous avions trahi nos engagements et nos serments, que nous n'avions pratiquement rien fait pour empêcher la contre-révolution... que nous avions laissé l'Église jouer un rôle toujours plus important », devait remarquer Jaruzelski plus tard.

« Dans de nombreux pays, leur dit Ustinov, aux premiers signes de soulèvement ou de troubles, on prend des mesures extraordinaires ou on décrète la loi martiale. Prenez l'exemple de la Yougoslavie, une manifestation a eu lieu au Kosovo : ils ont décrété la loi martiale et personne n'y a rien trouvé à redire. Nous ne comprenons pas pourquoi les Polonais ont peur de la loi martiale. »

Les dirigeants polonais s'efforcèrent par tous les moyens de s'expliquer. Kania concéda que les événements récents, en particulier la grève générale et les incidents de Bydgoszcz, avaient montré qu'à ce moment-là la contre-révolution pesait plus lourd que les forces du Parti. Mais Jaruzelski et lui insistèrent pour qu'on leur laisse du temps, avançant qu'une intervention des troupes du pacte de Varsovie était « absolument impossible » et qu'il était tout aussi impensable pour le gouvernement polonais d'imposer la loi martiale à son propre peuple. Le gouvernement serait « incompris » et finirait par être réduit à l'« impuissance ». Jaruzelski se rappelle avoir concédé que l'Église jouissait indéniablement d'une infuence considérable, « mais en tant que force de paix : elle ne désirait nullement remettre en cause les puissances socialistes. Nous avons demandé à nos interlocuteurs de nous laisser le temps de résoudre nos problèmes seuls, par nos propres moyens ».

Andropov et Ustinov entendirent leurs camarades polonais jusqu'au bout, écoutant patiemment tandis que Jaruzelski plaidait leur situation unique. Le ton des Russes, en particulier avec Jaruzelski, à qui ils donnaient du « Général » (par contraste avec Kania qu'ils appelaient par son prénon, Stanislas), était respectueux, bien que leur message fût désagréable à entendre, mais, se souvient Jaruzelski :

« Ces vieux bonshommes ne se rendaient pas compte que la flamme sacrée commençait à vaciller. Ils étaient incapables de comprendre que le peuple polonais et d'autres s'étaient mis à remettre en cause les dogmes du système. L'idée que les syndicats puissent ne plus être une simple courroie de transmission pour le Parti leur semblait une hérésie. Nous avons tenté (et quand je dis nous, je parle des dirigeants qui s'étaient engagés pour donner vie aux accords de Gdansk et à la nouvelle ligne politique du Parti) d'expliquer aux Soviétiques la situation particulière de la Pologne. Mais ils ne voulaient pas comprendre. »

Alors, dans ce wagon meublé dans un style très orné, Jaruzelski écouta avec une attention soutenue tandis qu'Andropov et Ustinov menaçaient, une fois encore, d'une intervention militaire. Le ton était catégorique, les mots précis.

« Les mots clés étaient “ préparatifs pour l'intervention ” se rappelle Jaruzelski. Mon expérience venait des événements du mois de décembre précédent que j'avais soigneusement analysés et des interventions soviétiques en Hongrie et en Tchécoslovaquie. Je savais que la décision se prend dans les cinq dernières minutes et qu'on ne peut jamais la prévoir. Il me semblait qu'à présent, le plus important était de juger correctement la situation, les circonstances, la séquence logique des événements. “ Nous ne pouvons pas accepter le démantèlement d'un État qui appartient au pacte de Varsovie ”, dirent-ils. »

Entre-temps, le sens stratégique de Jaruzelski, ses instincts de général plutôt que de Premier ministre se concentraient sur un détail inquiétant : comme en décembre, « les hôpitaux russes proches de nos frontières avaient été vidés afin d'accueillir les réservistes de l'armée parlant le polonais. Il y avait deux quartiers généraux du pacte de Varsovie où était localisé ce genre d'unité spéciale, il s'agissait de troupes spéciales de reconnaissance » (une garde avancée censée préparer le terrain pour l'invasion du pays par d'autres forces qui, elles, ne parleraient pas le polonais). « Il ne faut pas oublier que nous n'avions aucune frontière commune avec des pays d'Europe occidentale. Nous étions entourés par des pays socialistes. Alors que la Tchécoslovaquie et la Hongrie, elles, étaient limitrophes de pays de l'OTAN. »

Le général était conscient que « si à l'époque j'avais été un général russe devant une carte d'Europe et du monde, j'aurais été en faveur de l'intervention ». Enfin, entre deux portions généreuses de caviar, de poisson et de sandwiches, au bout de six heures de discussions tortueuses, Andropov et Ustinov « citèrent à nouveau les paroles que Brejnev avait prononcées pour la première fois en décembre 1980 et que ne cessaient de répéter ses représentants en Pologne : « Nous n'allons pas rentrer en Pologne maintenant, mais s'il le faut, si la situation s'aggrave encore, nous viendrons. » Ils répétèrent une autre remarque significative de Brejnev : « Aucun ami ne ferait jamais faux bond à nos amis polonais. »

La réunion terminée, « nous étions à bout de forces, écrit Jaruzelski dans ses Mémoires. Mais nous étions restés inébranlables et nous étions persuadés d'avoir obtenu un répit ». Ni Kania ni lui ne mirent jamais le Politburo polonais au courant de cette rencontre.

Six jours plus tard, Andropov et Ustinov rendirent compte devant le Politburo soviétique de leur rencontre avec les dirigeants polonais. Ils affirmèrent qu'à Brest, Jaruzelski et Kania avaient accepté de signer des documents qui serviraient tôt ou tard pour décréter la loi martiale. Il ajoutèrent que Jaruzelski avait cherché à plusieurs reprises à obtenir l'accord des Soviétiques pour donner sa démission.

Selon Andropov, Ustinov et lui avaient expliqué dans le wagon que « l'avant-projet du document pour l'introduction de la loi martiale avait été préparé avec l'aide de nos camarades et que ces papiers devaient être signés. Les camarades polonais ont demandé : “ Comment pourrions-nous signer ces documents alors que nous devons les faire approuver par le Sejm ? ” »

Ils avaient fini par accepter de signer les documents plus tard dans le mois, à la fin de la session parlementaire du Sejm. D'après le procès-verbal du Politburo :

« Nous les avons informés qu'il n'était pas nécessaire de passer par le Sejm. “ Il s'agit là du document sur la base duquel vous agirez, lorsque vous introduirez la loi martiale. Mais à présent, camarade Kania et camarade Jaruzelski, vous devez le signer de manière que nous sachions que vous êtes d'accord avec ce qu'il contient et que vous saurez ce qui doit être fait lorsque la loi martiale sera en vigueur *. " »

« De cette rencontre avec nos camarades nous avons retiré une impression générale de tension et de nervosité, nous avons bien vu à quel point ils étaient épuisés, rapporta Andropov. Le camarade Kania nous a expliqué sans détours qu'il était très difficile pour eux de continuer, que Solidarité et d'autres forces antisocialistes leur faisaient subir de fortes pressions... Le camarade Jaruzelski a une fois de plus exprimé son désir d'être dégagé de ses obligations de Premier ministre. Nous lui avons expliqué très simplement qu'il devait rester à son poste et s'acquitter dignement des obligations qui allaient avec. Nous avons insisté sur le fait que l'ennemi préparait ses forces afin de prendre le pouvoir. »

Les Russes étaient aussi désireux que les Polonais de garder cette rencontre secrète. « Peut-être devrions-nous préparer quelques informations pour les partis frères, suggéra Souslov lors de la session suivante du Politburo.

– Mais il ne faudra faire allusion en aucune façon à la réunion qui s'est tenue », intervint Gromyko.

Andropov trancha : « Il est hors de question de jamais évoquer cette rencontre. »

Le 7 avril, quatre jours après la rencontre de Brest, Brejnev annonçait la fin des « exercices militaires » autour de la Pologne et déclarait que les Polonais étaient capables de résoudre leurs propres problèmes.

« D'une part, nous ne devons pas les harceler sans nécessité, recommanda Brejnev, de peur de les décourager. D'autre part, nous devons maintenir une pression constante sur eux. »

Le 23 avril, lorsque Souslov arriva à Varsovie pour rappeler les camarades polonais à leurs devoirs, le comité du Politburo pour la Pologne publia un nouveau rapport implacable :

Prolétaires de tous les pays, unissez-vous !

TOP SECRET

DOSSIER SPÉCIAL

« ... Solidarité, en tant que groupe comme dans ses factions séparées, se prépare une nouvelle fois à faire du chantage auprès des autorités en avançant diverses revendications d'ordre politique... Walesa et les extrémistes du KOR-KOS (le Comité de défense sociale), le même Walesa et le clergé catholique qui le soutient, n'ont aucune intention de relâcher la pression sur le POUP. Nous devons en outre tenir compte du fait que les extrémistes peuvent prendre le contrôle de Solidarité, avec toutes les conséquences évidentes que cela comporterait.

* Jaruzelski nia par la suite avoir jamais *signé* ces papiers.

L'AGENT SECRET

Le directeur des renseignements centraux était depuis longtemps un personnage important de la présidence américaine, mais William Casey avait fait de ce poste une situation de pouvoir sans précédent, au moins aussi responsable des choix d'orientation politique du pays que le secrétaire d'État à la Défense ou le conseiller du président pour la Sécurité nationale. Pendant cette curieuse époque que fut l'administration Reagan, Casey détenait deux portefeuilles : ministre clandestin de l'État et de la Guerre, selon l'expression d'un biographe, qui n'exagère pas.

Après la plupart de ses visites au pape (probablement six ou sept en tout), Casey résumait la substance de leurs conversations dans les lettres confidentielles qu'il envoyait au président. Longues d'une page ou deux, celles-ci traitaient principalement de la Pologne, l'Union soviétique, l'Europe de l'Est et l'Amérique centrale. Certains moments des visites de Casey étaient d'ordre absolument privé : le pape et lui discutaient de questions religieuses, s'engageaient dans un dialogue spirituel intime. A en croire ses collègues, Casey ne révélait les détails de ces conversations à personne sauf, peut-être, à sa famille. Sa veuve, Sophia, confirme que le pape et le directeur de la CIA se demandaient l'un l'autre de prier pour diverses questions d'intérêt personnel.

Casey, qui voyageait dans un avion camouflé des forces armées, ne manquait pas de s'arrêter d'abord à Rome (et au Vatican) lors de ses visites aux postes de la CIA dans le monde. Il y rencontrait aussi des membres éminents de la Curie romaine (généralement le cardinal secrétaire d'État Casaroli), avant ou après avoir vu le pape. C'est à ses divers titres (ministre clandestin, anticommuniste, catholique pratiquant) que Casey arriva au Vatican le 23 avril 1981.

L'adjoint et successeur de Casey, Robert Gates, explique : « Je décrirais l'angle de leurs discussions à propos de la Pologne comme étant axé sur la meilleure façon de maintenir en vie Solidarité et la résistance clandestine, de garder les Soviétiques en dehors, afin de permettre l'entrée en action de forces politiques et économiques naturelles, et de favoriser ainsi à la longue l'ouverture dont parlaient Reagan, Casey et d'autres. Il devait s'agir là d'un processus évolutif, plutôt que révolutionnaire, et qui allait permettre à la Pologne de prendre de plus en plus ses distances vis-à-vis de l'URSS. »

Ce jour-là, le pape expliqua à Casey que les acquis de Solidarité étaient considérables. Ils avaient modifié la nature même de la société polonaise. La question essentielle étant : « Comment le Vatican et les États-Unis peuvent-ils agir pour les protéger ? »

La même semaine, Jean-Paul II, accompagné de Casaroli, devait également rencontrer l'ambassadeur soviétique (trois fois, en l'occurrence, entre le 19 et le 25 avril) et Casey fut mis au courant de la substance de leurs entretiens. Les Soviétiques estimaient que la situation en Pologne, vue sous leur angle, s'était améliorée (il n'y avait pas de grèves à ce moment) et le pape s'était engagé à continuer à pousser Solidarité à la modération.

Wojtyla et Casey discutèrent alors d'un problème qui les préoccupait gravement : celui des cadres les plus extrémistes du mouvement. Ils abordèrent un sujet extrêmement inquiétant, et qui défrayait la chronique. Début avril, ces « éléments extrémistes » de Solidarité avaient commencé à se préparer en vue d'une campagne violente contre le régime. Ils s'étaient mis à stocker des cocktails Molotov et projetaient d'« occuper et de détruire les bureaux du Parti communiste et les bâtiments gouvernementaux dans toute la Pologne ». Kania et Jaruzelski, craignant un désastre, s'étaient tournés vers le cardinal Wyszynski et lui avaient demandé son aide. Wyszynski avait prévenu le pape tout en cherchant simultanément à persuader Walesa d'annuler le mot d'ordre de grève générale.

Devant le refus de Walesa et des autres dirigeants du syndicat, le cardinal, qui se mourait d'un cancer, tomba à genoux devant le chef de Solidarité, saisit le bas de son manteau et menaça de rester à genoux jusqu'à la mort. Le geste (« ce chantage affectif », comme aurait commenté Walesa) produisit l'effet voulu et Walesa accepta d'annuler la grève générale. Ce recul permit à Kania et Jaruzelski de dire aux Soviétiques qu'ils contrôlaient la situation et que leur intervention, qu'ils croyaient imminente, ne serait pas nécessaire.

Le même jour, le pape révéla à Casey sa certitude que Moscou ne pourrait pas supporter beaucoup plus de pression de la part de Solidarité. Ainsi, début avril, l'Église avait poussé le syndicat à faire machine arrière, ou à « effectuer un repli stratégique » afin de préserver les acquis du syndicat et, peut-être, de garder les Soviétiques à distance.

La discussion roula ensuite sur l'Union soviétique et le déclin du communisme. C'était une conversation en partie spirituelle, en partie profane. Dans les entretiens avec le Saint-Père, devait expliquer plus tard Casey au président, il était parfois difficile de dire où commençait l'un et où se terminait l'autre. En l'occurrence, le pape avait abordé la question de l'absence de vérité dans la société communiste, non seulement la vérité de Dieu, mais aussi celle de la nature humaine. C'était la raison pour laquelle Solidarité avait pris un tel empire sur la Pologne : en permettant aux travailleurs d'exprimer la vérité de leurs vies et de leurs croyances. Des Juifs, des athées et de nombreux communistes faisaient aussi partie de Solidarité : ses membres n'étaient pas tous catholiques.

Le pape dit à Casey que les autorités communistes en Pologne subissaient de la part de Moscou une pression de chaque instant. Selon Jean-Paul II, on pouvait s'attendre à une réaction répressive de la part des autorités. L'important, si répression il y avait, c'était de voir la forme qu'elle prendrait – qui l'exercerait, de quelle façon – et jusqu'à quel point l'Église et Solidarité y seraient préparés.

La prudence du pape procédait de sa crainte que tout ce qui avait été acquis jusqu'alors pouvait être perdu en cas d'invasion du pays par les Soviétiques et leurs alliés. La nourriture se faisait rare, ce qui allait sans doute déclencher de nouvelles grèves.

La CIA avait interprété la nomination de Jaruzelski au poste de Premier ministre au mois de février comme la reconnaissance de la déroute du Parti communiste polonais. Après toute la rhétorique des communistes sur les dangers du « bonapartisme », c'est vers un militaire que les Soviétiques avaient dû se tourner pour soumettre la Pologne : un homme sur qui ils espéraient pouvoir compter pour garder le contrôle de la situation car le peuple avait encore du respect pour l'armée.

Casey était persuadé qu'à moins d'être disposés à faire appel à leurs troupes en Europe de l'Est, les Soviétiques ne pourraient pas s'accrocher indéfiniment dans la région. Et pourtant, seulement seize mois auparavant, les Soviétiques avaient décidé d'envahir l'Afghanistan. Il constatait que les dirigeants soviétiques avaient montré là qu'ils étaient prêts à recourir à la force. Le directeur de la CIA n'envisageait pas la chute imminente de l'empire soviétique. Il n'y avait vraiment que le président pour parler en ces termes, et la conviction de Reagan semblait fondée moins sur des faits que sur l'espoir, sur son intime conviction et sur une part non négligeable de foi. Mais Casey était prêt à reconnaître que, peut-être à court terme plutôt qu'à long terme, la Pologne pourrait s'échapper de la zone d'influence soviétique. Chacun pouvait constater que c'était le plus vulnérable des États communistes d'Europe – et Jean-Paul II représentait une force que les communistes ne savaient comment combattre. Sans la protection et les encouragements du pape, Casey doutait fort que Moscou se serait à ce point laissé intimider par Solidarité ou la situation polonaise.

Casey réalisa que seul le pape avait accès à toutes les données de l'équation polonaise (les activités de Solidarité, l'état d'esprit de Jaruzelski et de Kania et les véritables intentions de l'URSS). Il en fut fortement impressionné. Les États-Unis disposaient, par Kuklinski, d'excellentes informations sur les projets *militaires* soviétiques et polonais, mais ne comprenaient pas grand-chose aux relations entre le gouvernement polonais et les Soviétiques ni à ce que semblaient vouloir dire les hommes du Kremlin.

Casey avait quelques connaissances sur la Pologne, grâce à son expérience d'officier dans l'OSS pendant la Deuxième Guerre mondiale. Il avait organisé le travail de seize équipes de Polonais en exil qui se faisaient parachuter de nuit en Allemagne et avait monté des missions de sabotage derrière les lignes ennemies. Puis, en février 1945, à Yalta, les Alliés avaient cédé une partie de la Pologne à l'URSS. Plutôt que d'appuyer le gouvernement démocratique de Pologne, en exil à Londres, cet accord avait donné le pouvoir au gouvernement provisoire, formé de mandataires staliniens. « Nos Polonais ont perdu tout moral, se souvient Casey. Cela s'est passé sous mes yeux. Après cela, ils se sont mis à agir comme des machines. Ils avaient l'impression de ne plus rien valoir. Jamais je n'ai oublié ce que d'avoir molli devant les Russes avait pu faire à ce peuple. »

Trois décennies après Yalta, dans ses exposés au président Reagan, Casey ne cachait pas les émotions extrêmement fortes qu'il éprouvait en présence du pape. Le pape et lui partageaient notamment un intense attachement à la Vierge. Lorsqu'il préparait sa licence à l'université de Fordham, au début des années trente, Casey avait dû donner une conférence sur un des titres de la litanie de Lorette. Il avait choisi « Marie, Mère très pure ». Sa femme, Sophia, collectionnait les statues de la Vierge. Dans tout Mayknoll, leur maison de Long Island, elles étaient disposées en évidence dans des niches ou sur des étagères.

Jeune homme, Casey avait écrit à propos des jésuites qui l'avaient éduqué : « Ils sont brillants ; je suis absolument convaincu qu'ils ont tout compris sur ce monde. » Durant la guerre civile espagnole, il avait soutenu Franco et ses phalangistes, car ceux-ci, bien que fascistes, étaient catholiques et anticommunistes. Cette même logique, alliée à son expérience dans les OSS pendant la guerre, puis au plan Marshall dans l'Europe de l'après-guerre, nourrit son enthousiasme pour le sénateur catholique Joseph McCarthy dans les années de l'immédiate après-guerre. « Nous ne jouons pas aux petites marionnettes avec les Russes, disait-il. Il faut bien un McCarthy pour évacuer l'ennemi. » Une partie de ce passé filtra jusque dans les discussions du directeur de la CIA avec Jean-Paul II.

Casey était aussi porteur de quelques messages spécifiques que le président et lui souhaitaient faire passer au pape. D'abord, et le plus évident, faire savoir que les Américains étaient absolument engagés derrière Solidarité. Mais le président et Casey espéraient aussi que le pape considérerait avec plus de bienveillance le point de vue des États-Unis sur la menace que pouvaient représenter pour eux les activités soviétiques en divers points du globe. Le directeur de la CIA parla plus spécifiquement de l'Amérique centrale. Là, expliqua-t-il, cinq cents Cubains participaient à l'entraînement des militaires nicaraguayens et mettaient leurs services de renseignement et leurs systèmes de communications au service de la cause sandiniste. Le Nicaragua était devenu une terre d'asile pour les rebelles du Salvador voisin. Soviétiques, Allemands de l'Est, Bulgares, et Coréens du Nord étaient tous impliqués là-bas. Au Salvador comme au Nicaragua, l'Église subissait les attaques de la gauche, notamment celles des prêtres partisans d'une théologie de la libération. Les États-Unis espéraient que le Vatican désavouerait publiquement leurs objectifs, en particulier au Nicaragua où, à certains moments, on avait pu croire la hiérarchie de l'Église sur le point d'épouser la cause sandiniste. Sûrement le pape ne devait pas souhaiter que son pontificat soutienne ce régime marxiste ou autorise ses prêtres à laisser entendre qu'il puisse y être favorable.

Avant que Casey ne quitte l'ambassade américaine pour le Vatican, l'antenne romaine de la CIA lui avait fait un point sur le terrorisme et lui avait communiqué une information curieuse (sans doute importante) dont le directeur de la CIA fit bénéficier le Saint-Siège : quand Lech Walesa avait rendu visite au pape en janvier, il avait été reçu par Luigi Scricciolo de la Confédération italienne du travail. Scricciolo s'était rendu en Pologne en 1980, aux débuts de Solidarité, afin de conseiller Walesa et les autres sur des questions d'organisation. Il avait aussi participé à l'approvisionnement du syndicat polonais en équipement (matériel d'imprimerie, ronéos, machines à écrire). Cependant, des hommes du service de contre-espionnage italien avaient informé la CIA qu'en fait Scricciolo travaillait pour la Bulgarie. Ce qui pouvait bien signifier que les projets de Solidarité étaient compromis ou que Walesa était physiquement en danger.

Le pape invita Casey à revenir aussi souvent qu'il le voudrait. Et il bénit le directeur de la CIA.

LA SECONDE MAIN

Pour les Italiens de la Curie, le personnage le plus dérangeant de l'entourage du nouveau pape polonais était son chambellan et secrétaire privé, monsignor Stanislas Dziwisz.

Cardinaux et monsignors de la Curie se demandaient jusqu'où allait réellement son pouvoir et si ce personnage à la silhouette menue et juvénile, connu par les intimes de la maison papale sous le nom de Stash, était le Svengali * du pape (il ne l'était pas), son messager (il l'était), son confident (il l'était), sa table de résonance intellectuelle (il ne l'était pas), ou simplement un jeune homme qui serait comme un fils pour le Saint-Père (il l'était).

Dès les premiers temps de son pontificat, Wojtyla s'était senti mal à l'aise avec les secrétaires particuliers hérités de ses prédécesseurs. C'est ainsi que don Stanislas, comme on en vint à l'appeler au Vatican, reprit très vite un certain nombre de leurs fonctions les plus importantes.

« Dans l'*appartamento,* il y avait le pape et don Stanislas, et puis tous les autres », explique un monsignor de la Curie, habitué à traiter avec les deux. « Il n'y avait guère que le cardinal Deskur pour connaître aussi bien le pape et lui inspirer autant confiance. »

Mais tandis que Deskur allait devenir ce que l'on pourrait appeler le véritable conseiller du pape, l'influence de Dziwisz restait d'un tout autre ordre. Il était partout.

Ce monsignor originaire de Rabka, ville accrochée à flanc de colline au sud de Cracovie, se trouvait aux côtés de Wojtyla depuis 1966. Cette

* Svengali : personnage du roman anglais *Trilby* de George du Maurier, manipulateur et capable de susciter des talents par son pouvoir occulte. *(N.d.T.)*

année-là, trois ans après son ordination, l'archevêque le remarqua alors qu'il travaillait dans la bibliothèque du séminaire. Il devint le chambellan de l'évêque. Homme simple, modeste et taciturne, c'est précisément par ces qualités qu'il avait su gagner l'affection de Wojtyla mais aussi pour son aptitude à gérer l'inexactitude coutumière du pape et son emploi du temps surchargé. Il en était venu à connaître, mieux que quiconque, les pensées et les habitudes de Karol Wojtyla et savait les prévoir presque sans jamais se tromper. En dehors des entretiens en tête à tête du pape avec d'importants visiteurs, Dziwisz ne le quittait pas de la journée. Et c'était toujours lui qui frappait à la porte pour rappeler au pontife le rendez-vous suivant, quel que soit le rang de son visiteur.

Son rôle, plus important que celui de tout autre conseiller ou assistant à la Curie jusqu'au secrétaire d'État lui-même (dont Wojtyla s'était approprié en grande partie les pouvoirs de décision traditionnels), allait d'huissier (tous les rendez-vous avec le pape se prenaient par son intermédiaire), à courroie de transmission des ordres du pape (« le pape désire... » psalmodiait don Stanislas à chaque fois qu'il convoquait les chefs des congrégations curiales), mais aussi juge des caractères, des capacités des gens et de leur loyauté envers le pape.

« J'ai vu des cas où, après voir discuté avec Dziwisz, le pape est revenu sur des décisions prises par le secrétaire d'État », raconte un assistant haut placé du pape. « Et monsignor Stanislas est aussi celui qui annonce les décisions. Il est très conscient du fait d'être une puissance. »

Dziwisz était aussi doté d'un bon sens de l'humour, qu'appréciait le pape, et d'une mémoire tenace. Les religieuses polonaises, chargées de la cuisine et de l'intendance du pape, et Dziwisz constituaient une véritable famille pour Wojtyla. Non content d'établir le programme des allées et venues des cardinaux, ambassadeurs et présidents, il organisait aussi les fréquentes visites des vieux amis polonais de Wojtyla, qui accédaient à l'appartement papal par l'escalier de derrière.

Il était si loyal, si attentif qu'un ami du pape, Mieczyslaw Malinski, le dit « fidèle comme un chien de garde ». L'amour et la considération paternelle du pape pour Staszek, comme il l'appelait aussi, est l'un des éléments fondamentaux de la vie vaticane sous le pontificat de Wojtyla.

« Le 31 mai 1981, le Saint-Père avait déjeuné avec le professeur Lejeune, sa femme et un autre invité », se rappelle Stanislas Dziwisz. Le docteur Jérôme Lejeune, un médecin français, travaillait en étroite association avec le pape afin de promouvoir la méthode « familiale » de contrôle des naissances dite des rythmes, seule méthode de contraception approuvée par l'Église.

A 5 heures, le pape sortit du palais apostolique pour son audience générale du mercredi place Saint-Pierre, qui devait inclure un tour de la place pour saluer la foule, puis une allocution prononcée depuis son trône. « L'audience débuta à 17 heures précises, exactement comme prévu. Rien ne laissait présager ce qui était sur le point de se produire », lorsque Wojtyla monta dans sa papamobile découverte.

Tandis qu'il faisait le tour de la colonnade, le pape semblait à l'aise, « le visage rose et souriant », se souvient Dziwisz. « Comme il paraît jeune ! », se dit une religieuse polonaise lorsqu'il passa devant elle. Il fit un tour de l'obélisque égyptien, et un autre. Comme toujours, don Stanislas était juste derrière le pape qui se tenait debout.

Soudain, Dziwisz entendit un bruit assourdissant et se recroquevilla tandis que tous les pigeons de la place s'envolaient. « Je n'ai pas compris immédiatement ce qui s'était passé, car jusqu'alors personne n'avait jamais cru qu'une telle chose fût possible » (que quelqu'un pourrait tenter d'assassiner le pape).

Mais le pape lui-même et les membres de sa sécurité devaient bien savoir qu'il s'exposait au danger. A Karachi, le 16 février de la même année, une heure avant la visite prévue du souverain pontife au stade municipal, une bombe avait explosé, tuant l'homme qui la transportait. Le 26 novembre 1979, Mehmet Ali Agca, un terroriste turc, avait publiquement fait serment de tuer le pape pendant sa visite en Turquie. En janvier 1980, Alexandre de Marenches, chef des services secrets français, avait envoyé un émissaire prévenir le pape d'un complot communiste contre lui. « J'avais été prévenu, révèle Marenches. L'information était importante parce que dans le contexte de l'Europe de l'Est, elle paraissait crédible. »

« Le Saint-Père a répondu que son destin reposait entre les mains de Dieu », écrit le chef des services secrets dans ses Mémoires. Nous n'en avons plus jamais reparlé. On pourrait croire que, étant donné les liens étroits entre l'Italie et le Vatican, les services secrets du Vatican auraient informé Rome de la situation. « Mais apparemment, cela n'avait jamais été le cas.

Et en effet, l'homme qui avait tiré plusieurs coups (dont deux avaient touché le pape) était ce même Mehmet Ali Agca. Son Browning 9 mm automatique se trouvait à moins de six mètres du pape lorsque le coup partit.

La détonation, rapporte Dziwisz, fut assourdissante. La religieuse qui joue le rôle d'intendante du pape et qui observait la place du haut du palais apostolique, l'entendit elle aussi. Le pape, en soutane blanche, s'affaissa contre son chambellan.

« J'ai vu que le Saint-Père était touché. Il chancelait, mais on ne distinguait aucune trace de sang ou de blessure. Alors je lui ai demandé : “ Où ? ” et il a répondu : “ Dans l'estomac. ” Je lui ai encore demandé : “ Ça fait mal ? ” Il a dit : “ Oui. ” Debout, derrière le Saint-Père, je l'ai soutenu pour l'empêcher de tomber. Il se tenait à moitié assis, à moitié appuyé contre moi dans la voiture. »

Le pape avait été blessé au ventre, au coude droit et à l'index de la main gauche.

Aussitôt que le chauffeur de la papamobile réalisa ce qui s'était passé, il roula à toute allure vers l'ambulance la plus proche, stationnée à la porte de Bronze du Vatican. Mais elle n'était pas équipée d'oxygène et il fallut transférer le pape dans une seconde ambulance qui l'était.

« Le Saint-Père ne nous regardait pas, se rappelle Dziwisz. Il répétait sans arrêt : " Marie, ma mère ! Marie, ma mère ! " Ses yeux étaient fermés et il souffrait beaucoup. »

Il fallut huit minutes pour arriver à la clinique Gemelli. Dziwisz ne savait pas si Wojtyla était encore vraiment conscient. « Il ne prononça aucune parole de désespoir ou de ressentiment, juste des mots de profonde prière, nés de sa grande souffrance », se rappelle l'aide papal. « Plus tard, le Saint-Père me raconta qu'il était resté conscient jusqu'à notre arrivée à l'hôpital, qu'il n'avait perdu connaissance qu'à ce moment-là et que, pendant tout ce temps, il était resté persuadé que ses blessures n'étaient pas mortelles. »

« Dès le moment où je suis tombé place Saint-Pierre, devait confier le pape par la suite au journaliste André Frossard, j'ai eu ce pressentiment aigu que j'allais être sauvé. Et cette certitude ne m'a jamais quitté, même aux pires moments. »

Avec une tension en chute libre et un pouls presque imperceptible, le pape fut d'abord conduit dans une chambre du onzième étage réservée aux urgences papales, puis en salle d'opération. Don Stanislas l'accompagna et lui administra les derniers sacrements. « Il fallut donner l'extrême-onction... juste avant l'opération. Mais le Saint-Père n'était déjà plus conscient. »

L'opération dura cinq heures vingt. Wojtyla avait perdu soixante pour cent de son sang en hémorragie interne.

« L'espoir nous revint progressivement pendant l'opération, raconte Dziwisz. Au début, c'était affreusement angoissant. Et puis, petit à petit, il est apparu qu'aucun organe vital n'avait été touché et qu'il pourrait peut-être survivre. »

Une balle de 9 mm est un projectile extrêmement puissant, mais celle-ci avait suivi une trajectoire exceptionnelle dans la mesure où elle n'avait causé aucun dommage irréparable au corps du pape. Comme celle qui avait failli tuer Ronald Reagan, la balle était passée à quelques millimètres de l'aorte.

« Si elle l'avait touchée, la mort eut été instantanée, constate Dziwisz. Elle n'avait atteint ni la colonne vertébrale ni aucun autre point vital... c'était vraiment miraculeux. » Le pape et ses médecins partageaient cet avis.

En fait, le pape en vint à croire que sa vie avait été sauvée grâce à un miracle accompli par la Vierge de Fatima, dont la première apparition et la fête, le 13 mai, correspondent au jour de l'attentat contre lui. Le sanctuaire de la Vierge de Fatima, Notre-Dame-du-Rosaire de son nom officiel, au nord de Lisbonne au Portugal, est l'un des plus vénérés de tout le monde catholique. C'est là qu'en 1917, la Vierge est censée être apparue pour la première fois à trois petits bergers (première de ses six apparitions devant ces enfants). Lors des apparitions, Marie fit trois prédictions : que la Russie allait être « reconvertie » après avoir répandu des « erreurs » dans le monde entier ; que deux des trois petits bergers allaient mourir jeunes (comme cela fut réellement le cas). Sa dernière prophétie fut décrite comme un secret terrible, gardé par la suite dans une enveloppe scellée au Vatican et connu seulement du pontife romain.

« Une main a tiré, devait dire le pape plus tard, et une autre main a guidé la balle. »

Le personnel médical assistant à l'opération au cours de laquelle on retira vingt-deux centimètres de l'intestin du pape comportait trois chirurgiens, un anesthésiste (qui cassa une des dents du pape en insérant une sonde respiratoire dans sa bouche), un cardiologue et le médecin du Vatican. Il fallut nettoyer l'abdomen, arrêter l'hémorragie, recoudre le côlon en plusieurs endroits et insérer un système de drains (une colostomie).

On emmena ensuite le pape en réanimation puis l'attente commença.

Cette tentative d'assassinat du pape demeure l'un des grands mystères du XXe siècle. La réaction du pape au coup de feu et à ce qui a suivi n'a fait que l'approfondir.

« C'est le dernier grand secret de notre époque », affirme l'ancien directeur de la CIA, Robert Gates. William Casey, qui était patron de Gates à l'époque de l'attentat, était persuadé que les Soviétiques se trouvaient à l'origine de cette tentative d'assassinat (et s'efforça de le démontrer).

A l'appui de son point de vue, Casey (comme les procureurs italiens lors du procès des assassins présumés et comme bon nombre de personnes au Vatican) cite la prétendue filière bulgare, un ensemble de preuves apparemment décisives mais controversées tendant à démontrer qu'Agca aurait été engagé et protégé par les services secrets bulgares, notoirement assujettis au KGB soviétique.

Et pourtant, pour des raisons qui restent obscures, le pape devait dire à Deskur, son plus proche ami au Vatican : « Depuis le début, j'ai toujours été persuadé que les Bulgares étaient totalement innocents et n'avaient rien à voir là-dedans. » Mais sans jamais expliquer sur quoi il fondait cette affirmation ni citer d'éventuelles sources d'information indépendantes qui seraient en sa possession.

« Mais quels que soient les responsables, devait confier Wojtyla à Deskur, ils ont littéralement fait le travail du diable. »

Deskur se souvient : « Je lui ai demandé : " Pourquoi ne suivez-vous pas les procès d'Agca et de ses présumés complices ? " Et le pape a répondu : " Cela ne m'intéresse pas, parce que c'est le diable qui a fait cela. Et le diable peut bien conspirer de mille façons. Aucune d'elles ne m'intéresse. " »

L'une des sources d'inspiration du pape pourrait bien être Giulio Andreotti, le tout-puissant chef du Parti chrétien-démocrate italien, qui jouissait d'excellentes relations avec les services secrets italiens. Andreotti avait été ministre de l'Intérieur, de la Défense, des Affaires étrangères et Premier ministre de son pays.

Après qu'on se mit à parler publiquement de la filière bulgare, Andreotti, lors d'une rencontre avec le pape, lui exprima ses « réserves » quant à l'idée que les Bulgares puissent être impliqués – que ce soit expressément pour le compte des Soviétiques ou non. « Je lui ai dit que les éléments de preuve dont je disposais étaient tels qu'il fallait exclure la filière bulgare et donc chercher la vérité ailleurs », raconte Andreotti tout en refusant de révéler les preuves en question. Andreotti raconte que le pape réagit en disant : « Nous devons nous montrer très prudents et attendre des preuves. »

Quoi qu'il en soit, quelques jours avant le procès des Bulgares et des Turcs, complices présumés d'Agca, le pape rencontra le vice-président bulgare pour célébrer la fête de Saint-Cyrille, saint patron de la Bulgarie. Devant ce public, le pape affirma espérer que l'issue du procès ne serait pas de celles qui puissent « peser sur un pays ou peuple slave ».

Il n'empêche que nombre d'aides et de relations parmi les plus proches du pape (Deskur compris) demeurèrent persuadés que les Soviétiques ou leurs amis se trouvaient derrière cette tentative. Les participants à une réunion sans caractère officiel au Vatican, à laquelle assistait le secrétaire d'État Casaroli, soutinrent secrètement que les Soviétiques avaient voulu faire assassiner le pape parce que sa mort apparaissait comme le seul moyen de décapiter Solidarité. D'après ce raisonnement, le pape mort, le syndicat indépendant pourrait être étouffé par les autorités polonaises sans que les Soviétiques aient à encourir l'opprobre international que leur aurait valu une intervention militaire par les troupes du pacte de Varsovie.

« Cette tentative d'assassinat n'était sûrement pas un acte isolé », devait déclarer publiquement Casaroli en janvier 1995.

Le cardinal Achille Silvestrini, adjoint de Casaroli à l'époque, affirme quant à lui : « Il nous paraît clair qu'il ne s'agit pas d'un accident dû au hasard... pas simplement du geste d'un fou. Mais d'une action orientée vers un objectif ; il y avait quelque chose derrière le tueur. Nous devons garder présente à l'esprit la situation de la Pologne et de l'Europe de l'Est à l'époque. Si la tentative d'assassinat avait réussi, c'en aurait été fini pour la Pologne et ceux qui défiaient le contrôle du système soviétique. » Mais le scénario bulgare laisse Silvestrini sceptique et il persiste à croire que la piste mène vers un autre point de l'ancienne Europe communiste.

Les procès-verbaux du Politburo d'URSS, obtenus par les auteurs de ce livre, montrent l'inquiétude croissante des dirigeants soviétiques face au pape et à l'Église et leur déception toujours plus vive, au fil des semaines et des mois précédant la tentative d'assassinat, de constater que les autorités polonaises ne sévissaient pas contre l'Église. De tous les hauts responsables soviétiques, le directeur du KGB à l'époque de l'attentat, Iouri Andropov, était celui qui connaissait le mieux la situation en Pologne et voyait la menace grave que représentait Solidarité pour le communisme.

Mais on ne saurait dire que cette motivation possible prouve que les Soviétiques (par l'intermédiaire des Bulgares ou par quelque autre moyen) soient à l'origine de la tentative d'assassinat. L'argument le plus fort contre l'idée d'une participation soviétique est la notion de risque : si l'on avait découvert une main soviétique dans l'attentat, l'isolement diplomatique et la condamnation morale de l'URSS eussent été écrasants. Or, à l'époque de l'attentat, les Soviétiques étaient engagés dans un dialogue avec le pape afin de contenir Solidarité. Aucun document révélateur se rapportant à l'événement n'est apparu depuis la chute du communisme, que ce soit en Bulgarie ou à Moscou, et d'ailleurs les services de renseignement occidentaux tiennent pour ridicule l'idée d'une piste en papier conduisant au Kremlin.

Deskur et d'autres prétendent qu'en choisissant de rendre visite en prison, le 23 décembre 1983, à l'homme qui avait voulu l'assassiner, le pape a voulu adresser aux Soviétiques un signal de « pardon » et leur indiquer qu'il ne souhaitait pas voir l'affaire aller plus loin. Certains, dans l'entourage du pape, soutiennent qu'en exprimant la conviction que les Soviétiques se trouvaient bel et bien derrière la tentative, Jean-Paul II eût sérieusement compromis les efforts tendant à la paix mondiale et mis l'URSS dans une situation dangereuse d'isolement international.

Si Casaroli et d'autres purent tenir une réunion sans caractère officiel au Vatican, pour discuter des preuves, Deskur note que le pape n'aurait jamais toléré d'enquête interne ou d'analyse dans les règles. Deskur reste convaincu pour sa part que les Soviétiques avaient réussi on ne sait trop comment à infiltrer les services secrets italiens, ceux-ci ayant échoué de façon spectaculaire (à une époque où ils étaient obsédés par les activités terroristes en Italie) à remarquer la présence d'Agca dans leur pays, un terroriste pourtant connu et qui avait menacé d'assassiner le pape.

Lors de sa visite à la cellule de son assassin potentiel dans une prison romaine, le pape eut une conversation de vingt minutes en italien avec lui. A la fin de l'audience, Agca s'agenouilla et baisa la main de Jean-Paul II. Par la suite, Agca devait répéter dans plusieurs interviews : « Le pape sait tout. » Il est peu de professionnels du renseignement pour croire qu'à l'époque de sa tentative d'assassinat Agca ait pu connaître l'importance réelle de la conspiration dans laquelle il avait trempé – et notamment la véritable identité de certains de ses complices présumés qui travaillaient à l'ambassade de Bulgarie à Rome.

Le porte-parole du pape, le docteur Joaquin Navarro-Valls, affirme : « Ali Agca est au courant jusqu'à un certain point seulement. Au-delà, il ne sait rien. Si conspiration il y a eu, elle est le fait de professionnels, et ceux-ci ne laissent pas de traces. On ne découvrira jamais rien. »

Bien que les aides du pape se montrent réticents à en discuter, Jean-Paul II nourrit peut-être au fond de lui-même le soupçon que des radicaux musulmans puissent être à l'origine de la tentative, ou du moins qu'Agca ait pu agir au nom d'une cause islamique. En privé, Wojtyla se montre hostile à certains aspects de l'islam, en particulier l'interprétation qu'en donnent ceux qu'il tient pour des extrémistes. Son hostilité découle en partie de sa conviction que le Coran admet la violence. L'attentat contre le pape, disent certains parmi ses proches, a laissé sa marque sur lui. Sans parler du simple legs de douleur mentale et physique, Jean-Paul II ne cessa pendant plusieurs mois de réfléchir au mystère de l'acte qui avait eu pour dessein de le tuer, sachant qu'il pouvait encore être pris pour cible.

Quant à Agca lui-même, dans ses aveux et rodomontades contradictoires, il a tantôt mis en cause le gouvernement bulgare, tantôt parlé de complot islamique (allant même parfois jusqu'à prétendre être Jésus-Christ). Mais les enquêteurs italiens insistent sur le fait que ses actes ont toujours été lucides et rationnels et que ses diverses déclarations et attitudes, pour bizarres qu'elles puissent paraître, ont souvent obéi à des motifs secrets et pourraient notamment correspondre à des tentatives de faire parvenir divers signaux à ses éventuels conjurés.

Une curieuse théorie sur cet assassinat, que prennent pourtant au sérieux bon nombre de professionnels du renseignement à l'Ouest, est le scénario dit de Becket : les dirigeants de l'Union soviétique et du bloc de l'Est ne cessaient de marmonner l'équivalent de la question d'Henry II d'Angleterre : « Personne ne va-t-il me débarrasser de ce prêtre importun ? », jusqu'à ce que, finalement, « quelqu'un » (les services secrets bulgares ou ceux d'un autre pays d'Europe de l'Est) se décide à agir, sans avoir reçu pour autant d'ordre de qui que ce soit.

L'incertitude persistante qui entoure cette affaire trouve en partie son origine dans la réticence initiale des agences de renseignement occidentales (en particulier la CIA) à mobiliser leurs ressources pour une enquête poussée. Cela pourrait s'expliquer ou non :

1. Par le fait que la CIA ait pu déjà connaître l'existence d'un agent pour la Bulgarie (ce même responsable syndical italien dont Casey communiqua le nom au Vatican lors de sa visite au pape en 1981) dont se seraient servi les syndicats italiens comme contact avec Solidarité, et la peur de la CIA d'être gênée par la révélation du fait qu'elle était au courant.

2. Par le désir de ne pas insister sur l'échec de la CIA et des autres agences à repérer les activités d'Agca et de ses complices, ce qui aurait permis de prévenir la tentative.

3. Par la crainte des dirigeants occidentaux que les Soviétiques soient, en effet, responsables, ce qui risquait d'isoler l'URSS et de plonger les relations internationales dans une crise sans issue en les confrontant, ainsi que le monde, avec les preuves de leur complicité. Malgré la conviction de Casey que les Soviétiques étaient bel et bien responsables et devaient être tenus pour tels, l'idée même d'une implication soviétique terrifiait de nombreux experts au département d'État et au Conseil national de sécurité.

Entre-temps, lorsque la presse occidentale et le ministère public italien avancèrent publiquement l'idée que les Bulgares et/ou les Soviétiques pouvaient avoir commandité l'assassinat du pape, les Soviétiques réagirent en orchestrant une campagne massive de désinformation. Ils alléguèrent notamment que les États-Unis étaient à l'origine du complot visant à tuer Wojtyla (dans l'intention de diaboliser l'URSS et d'arrêter la campagne du Vatican en faveur d'une coexistence pacifique avec le Kremlin). Les Soviétiques prétendirent aussi que la CIA et d'autres services de renseignement occidentaux encourageaient activement les Brigades rouges à terroriser l'Italie dans le but de marginaliser le Parti communiste italien – une supposition absurde aux yeux des dirigeants non italiens et des gouvernements occidentaux.

Le 6 mai, une semaine avant le coup de feu, s'adressant à un nouveau corps de gardes suisses, ces soldats helvétiques à la tenue vivement colorée qui gardent les papes depuis 1471, le pape avait déclaré : « Nous prions le Seigneur pour que la violence et le fanatisme puissent être tenus loin des murs du Vatican. »

Ses mots tiraient leur logique d'événements récents. Le terrorisme politique balayait toute l'Europe occidentale et ne menaçait nulle part plus qu'en Italie où les Brigades rouges avaient réalisé, en 1978, leur crime le plus spectaculaire : l'enlèvement et le meurtre à Rome d'Aldo Moro, président du Parti chrétien-démocrate.

Après l'arrestation d'Ali Agca, place Saint-Pierre, une image ne tarda pas à se dégager : celle d'un voyou fasciste, agissant soit seul, soit pour le compte des Loups gris néo-nazis de Turquie (une bande terroriste associée au Parti national d'action d'extrême droite) ; ou encore celle d'un intégriste musulman isolé, bien qu'il n'y eût pas grand-chose dans le passé d'Agca qui permette de lui attribuer une foi profonde. Né en Turquie orientale, dans un village déchiré par des factions musulmanes rivales, Agca avait un lourd passif de collaboration avec la mafia turque. Il avait reçu de fortes sommes d'argent pour faire passer en Turquie des fusils, des cigarettes et des narcotiques, par la frontière bulgare.

Décrit dans les rapports de police comme un homme intelligent, à la pensée claire, Agca manifestait aussi une confiance en soi qui touchait parfois à l'arrogance. S'il avait commencé par dire aux enquêteurs italiens que l'idée de tuer le pape venait de lui, il se vanta ensuite d'avoir été aidé par divers terroristes étrangers (« des Bulgares, des Anglais, des Iraniens »).

« Je ne fais aucune distinction entre les terroristes fascistes et communistes, expliqua-t-il à ses interrogateurs. Mon terrorisme n'est ni rouge, ni noir. » Il préférait se décrire comme un terroriste international, voué à un idéal anarchiste, dans une décennie de violence terroriste mondiale. Les enquêteurs italiens trouvèrent la description plausible. En Turquie, avant-poste le plus avancé de l'OTAN à l'est et l'une des rares démocraties islamiques, ce « terrorisme non aligné » prenait la forme de tentatives de démembrement de l'État par la violence urbaine, les enlèvements et les assassinats.

Agca avait fait partie de la bande de terroristes qui avait participé, le

1er février 1979, à l'assassinat du libéral Abdi Ipekci, commentateur politique le plus influent de Turquie et rédacteur en chef de *Milliyet*, le premier journal d'Istanbul. Arrêté cinq mois plus tard, Agca avoua rapidement, puis s'évada le 23 novembre 1979, en sortant à pied de la prison militaire vêtu d'un uniforme de l'armée, ce qui revenait à franchir une série de huit portes, sévèrement gardées. Un tel exploit n'aurait, semble-t-il, jamais été possible s'il n'avait bénéficié d'appuis haut placés.

Le lendemain de son évasion, il fit parvenir une lettre à *Milliyet* où il était question de la visite imminente du pape en Turquie, prévue pour le 28 novembre :

« Les impérialistes occidentaux, craignant que la Turquie, comme ses nations islamiques sœurs, puisse devenir une puissance politique, militaire et économique au Moyen-Orient, expédient en Turquie, en ce moment délicat, le Commandant des Croisades, Jean-Paul, déguisé en chef religieux. Si cette visite n'est pas annulée, je ne manquerai pas de tuer le pape-Commandant. »

A première vue, cette déclaration semble mettre à mal l'explication de la tentative ultérieure d'assassinat du pape comme moyen d'affaiblir Solidarité. En novembre 1979, Solidarité n'existait même pas. On estimait que les Soviétiques et les communistes polonais devaient encore en être à débattre entre eux pour savoir quel genre de pape ferait Karol Wojtyla, bien que le voyage en Pologne de celui-ci, au mois de juin de cette année, ne laissât rien augurer de bon pour eux. Agca, lui, devait expliquer aux autorités italiennes que cette lettre avait pour but de faire perdre sa trace à la police turque après son évasion et de les forcer à se concentrer sur la protection du pape. Entre-temps, la visite du pape en Turquie eut lieu, et se déroula sans incident.

La lettre d'Agca ne fit que confirmer encore davantage certains partisans de la filière bulgare dans leur conviction de la culpabilité soviétique : ils soutiennent qu'Agca avait été recruté par les communistes pour ses talents d'assassin avérés, ses liens avec l'extrême droite et parce que sa menace de tuer le pape, pour des raisons n'ayant aucun raport avec la Pologne, était déjà officiellement enregistrée.

Une fois arrêté, Agca avoua le crime, et affirma avoir agi seul. Il fut condamné, le 22 juillet 1981, à la détention à perpétuité. En mai 1982, comprenant (à ce qu'il prétend) qu'il n'allait pas être racheté et tiré de prison comme l'avaient promis ses « commanditaires », Agca identifia trois membres du personnel de l'ambassade de Bulgarie à Rome et quatre Turcs comme ayant conspiré avec lui. Leurs avocats affirmèrent qu'Agca avait été renseigné en prison par les services secrets italiens. Agca révéla aussi aux autorités italiennes qu'il y avait eu un complot visant à assassiner Lech Walesa lors de sa visite à Rome en janvier 1981 pour voir le pape, bien que ce projet (de faire exploser une voiture piégée à côté de son hôtel) ait dû être abandonné à cause de la sécurité, jugée trop importante.

Luigi Scricciolo, le responsable syndical italien arrêté à cause de ses activités d'espionnage présumées pour le compte des Bulgares, confirme, semble-t-il, la réalité d'un tel complot. Son avocat a déclaré officiellement : « Je peux vous affirmer avec certitude qu'il y avait (aussi) une filière bulgare dans le complot visant à assassiner le pape, bien que mon client n'y soit pas impliqué. » Scricciolo et Agca identifièrent tous deux les trois Bulgares (déjà inculpés pour l'attentat contre le pape) comme ayant participé au complot visant à assassiner Walesa.

A peu près au moment où Agca commençait à parler d'une filière bulgare, le ministre italien de la Défense révéla que le nombre des transmissions radio codées entre la Bulgarie et l'Italie avait brutalement augmenté à quelques semaines de l'attentat contre le pape. L'Agence nationale de sécurité (NSA) des États-Unis, agence de renseignement la plus en pointe au monde, chargée de surveiller les signaux radio, téléphoniques, télex codés et non codés dans le monde entier, a passé au crible toutes les communications entre les ambassades de pays communistes à l'étranger et ces pays pendant les mois autour de l'attentat. La NSA a pu déterminer ainsi qu'en mars et avril 1981, les messages télégraphiques codés entre l'ambassade de Bulgarie à Rome et les quartiers généraux des services secrets Bulgares – le Durzhavna Sigurnost – à Sofia avaient sensiblement augmenté. Puis, durant les deux semaines précédant l'attentat, ces échanges avaient soudain cessé.

Agca raconta aux enquêteurs italiens que le plan prévoyait son évacuation de la place Saint-Pierre aussitôt après qu'il eut tiré sur le pape, et son exfiltration d'Italie en Yougoslavie à bord d'un camion possédant l'accréditation diplomatique pour le passage des frontières européennes. Un camion de ce type, rempli de meubles, et transportant probablement le plus proche complice turc d'Agca, a en effet quitté l'ambassade de Bulgarie cette nuit-là, d'après le ministère public italien. Agca affirme aussi s'être rendu à Sofia en juillet 1980 où un homme d'affaires, chef de la pègre turc, et son complice l'engagèrent pour assassiner le pape contre la somme de 400 000 dollars. Cet événement se situerait donc, lui aussi, avant les grèves de Gdansk et la création de Solidarité à la mi-août, mais pendant la période des grèves généralisées qui avait débuté le 1er juillet à cause de l'augmentation du prix de la nourriture en Pologne. Agca affirme avoir appris par la suite que ces deux hommes agissaient pour le compte des services de renseignement bulgares.

Les fiches d'hôtels confirment qu'Agca et les hommes qu'il a décrits sont bien descendus dans des hôtels de luxe à Sofia pendant ce mois de juillet. Durant les neuf mois suivants, Agca voyagea dans des conditions relativement luxueuses dans toute l'Europe occidentale, dépensant au moins 50 000 dollars, et fit étape à Vienne, Zurich et Palma de Majorque. Il passa une bonne partie de son temps à Rome, puis, peu avant la tentative d'assassinat, à Milan où, affirme-t-il, un membre des Loups gris lui remit le pistolet Browning 9 mm.

Agca affirme aussi s'être rendu à Saint-Pierre, l'après-midi du 13 mai, en compagnie de deux Bulgares et d'un complice turc pour se rendre compte de la façon dont les foules seraient groupées et contrôlées par la police. Un homme devait rester après coup afin de créer une diversion pour faciliter sa fuite. Agca resta en faction à attendre le pape avec l'homme censé avoir été son principal complice, Oral Celik, un Turc. Il fit feu à 17 h 17, avant de se faire empoigner par une religieuse puis jeter à terre par la foule.

Sa capture immédiate réduisait à néant ses chances de disparaître avec l'aide de ses complices (et les possibilités qu'on le tue pour le réduire au silence).

Nombre de faits se rapportant à l'attentat contre le pape sont contradictoires ou sujets à interprétation. Par leur échec à s'attaquer immédiatement au problème et à mettre en commun toutes les données dont elles disposaient, les agences de renseignement du monde entier ont contribué à rendre impossible la mise au point d'une version définitive du puzzle.

« Pendant les premières années de l'enquête, nous avons été gênés parce que Casey et ses collaborateurs craignaient que nous ne mettions la pagaille dans le procès italien, explique Robert Gates. La susceptibilité des services secrets italiens aussitôt que l'on se mêle de leur travail est bien connue. Je redoutais que nous ne commettions quelque maladresse qui aurait pu compromettre nos bonnes relations avec les Italiens. Casey et son équipe tenaient beaucoup à ce que nous nous avancions très prudemment : nos investigations privées auraient pu semer la zizanie dans leur enquête criminelle. »

Certains passages parmi les plus importants du rapport avançant l'idée d'une conspiration des Bulgares inspirée par les Soviétiques sont d'abord parus dans un article du *Reader's Digest* de septembre 1982, signé par Claire Sterling. Cette journaliste, aujourd'hui décédée, bénéficiait de l'aide du ministère public italien et avait déjà consacré un livre controversé au terrorisme en Europe et au Moyen-Orient, Bulgarie comprise *. Trois mois avant la parution de cet article du *Reader's Digest*, Agca avait déjà choisi, parmi les portraits de cinquante-six Bulgares travaillant à Rome regroupés en album, ceux de trois fonctionnaires de l'ambassade bulgare, affirmant qu'ils l'avaient aidé à perpétrer le crime.

Plusieurs livres et longs articles, furent rédigés par la suite, remettant en cause la théorie de la filière bulgare. Certains étaient l'œuvre de journalistes indépendants, d'autres commandités ou encouragés par les gouvernements bulgare et soviétique.

Le chef de poste de la CIA à Rome, lui, parvint à la conclusion qu'aucune preuve ne venait contredire les déclarations d'Agca au moment de son arrestation, selon lesquelles il était un tireur isolé. Après avoir rapidement parcouru le dossier, la plupart des hommes de la CIA à Washington se convainquirent qu'Agca était un « cinglé », qui avait agi seul, et cela même après que l'intéressé se fut mis à affirmer qu'il s'agissait d'une conspiration. Selon eux, l'attentat ne ressemblait pas aux classiques opérations d'assassinat commanditées par le KGB.

* Certaines des affirmations du livre, semble-t-il sans que Sterling le sache, étaient fondées sur la désinformation diffusée par la CIA.

« Après l'attentat, notait par la suite un rapport interne de la CIA, les analystes [de la CIA] conclurent que le rôle de Jean-Paul II comme force aggravante dans la crise polonaise était contrebalancé par son rôle modérateur et que Moscou n'aurait donc pas gagné grand-chose à s'en débarrasser, en particulier à cause du risque d'être découvert. Tuer le pape, loin de résoudre le problème polonais de Moscou, n'aurait fait que l'exacerber en provoquant d'autres troubles. » Et pourtant, des documents du Politburo de la même période ne font nulle part mention du dialogue en cours entre les Soviétiques et le pape à l'époque de la tentative, ce qui pourrait contredire ce point de vue.

Contrairement aux professionnels de son état-major, Casey, le directeur de la CIA, fut frappé par l'explication de Sterling. En 1984, l'ayant recontrée à New York, il se plaignit des réticences de la CIA à accepter ses conclusions et les informations qu'elle tenait du ministère public italien.

Zbigniew Brzezinski et Henry Kissinger qui faisait partie du FIAB, le Conseil consultatif des renseignements extérieurs, font aussi partie de ceux qui croient voir la main des Soviétiques derrière l'attentat. Le FIAB avait mené, lui aussi, une enquête limitée sur l'affaire et en avait déduit que les preuves circonstancielles permettaient d'affirmer que les Soviétiques étaient probablement responsables, par les Bulgares interposés.

Tout cela incita Casey à déprécier ses propres analystes. « C'est alors que nous avons été à la pêche dans toute l'Europe, comme cela ne nous était jamais arrivé auparavant à ma connaissance, sans rien en retirer de vraiment décisif. Avec, quand même, quelques résultats suggestifs. »

« Plus ils cherchaient, plus les choses se vérifiaient, raconte Herb Meyer, confident et adjoint de Casey. Les hommes de Langley (quartier général de la CIA) étaient furieux parce qu'ils se faisaient court-circuiter par un groupe spécial nommé par Casey, dirigé par deux analystes-femmes. Et c'est alors que les choses ont commencé à s'emballer. Les Italiens ont agi très vite et se sont mis à tout révéler. »

Ensuite, dans le courant de l'hiver 1984-1985, la CIA se mit à recevoir des informations d'une source clandestine d'Europe de l'Est, confirmant la réalité du rôle bulgare. Même les sceptiques de la CIA se prirent à soupçonner que si les Bulgares y étaient vraiment pour quelque chose, les Soviétiques devaient être à l'origine de l'attentat, car le KGB avait l'habitude de faire appel aux services secrets bulgares pour les sales boulots auxquels les Russes ne tenaient pas à être associés. Mais, pour fiable qu'elle puisse paraître, la nouvelle source de la CIA n'avait pas de connaissance directe des détails du prétendu complot.

C'est alors que Gates suggéra qu'il fallait rédiger un rapport « évaluant le rôle éventuel des Soviétiques dans l'attentat à la lumière des derniers rapports d'agents d'Europe de l'Est ».

Comme Gates devait le soutenir par la suite, la version préliminaire du rapport intitulé *L'Attentat d'Agca contre le pape : arguments en faveur d'une participation soviétique*, « était une étude passionnante, même si elle précisait clairement l'aspect précaire de nos sources, les lacunes dans nos informations et la nature circonstancielle d'une bonne part des données ». Ce texte concluait que dès le premier voyage du pape en Pologne, les Soviétiques avaient compris que celui-ci allait souffler sur les braises du nationalisme polonais. Ils redoutaient, avant même l'apparition de Solidarité, qu'il ne déclenche des réactions populaires dans d'autres pays d'Europe de l'Est et même en URSS. Le point de vue opposé, fondé en grande partie sur le fait que la CIA connaissait l'existence du dialogue secret du pape avec les Soviétiques, tenait Jean-Paul II pour une influence stabilisante en Pologne. Ce rapport ne fut communiqué qu'à sept personnes en dehors de la CIA : le président, le vice-président, les secrétaires d'État et à la Défense, le président du Comité des chefs d'état-major, le conseiller à la Sécurité nationale auprès du président, et le président du FIAB.

En juillet 1981, lorsque l'attaché commercial adjoint à l'ambassade de Bulgarie à Paris passa à l'Ouest, il confia aux agents du renseignement français que le complot visant à assassiner le pape avait été mis en œuvre par les Bulgares à l'instigation du KGB. Ce transfuge, Iordan Mantarov, raconta aux Français que l'existence du complot lui avait été révélée par un de ses proches amis, Dimiter Savov, haut fonctionnaire du contre-espionnage au Durzhava Sigurnost, le service de renseignement bulgare.

C'est la compatibilité des détails fournis par Mantarov, en 1981, sur les motivations du crime avec des documents apparus à l'Ouest seulement après la chute du communisme en URSS et en Europe de l'Est qui leur donne une résonance particulière.

En 1979, Savov aurait confié à Mantarov que le KGB voyait le choix de Wojtyla pour pape comme le résultat des manigances de Zbigniew Brzezinski : les Soviétiques pensaient que l'élection d'un pape polonais avait pour but d'exploiter l'agitation croissante suscitée en Pologne par la corruption et la mauvaise gestion, et visait à porter un coup à tout le système communiste. Les agences de renseignement d'Europe de l'Est se seraient inquiétées à leur tour que les craintes initiales du KGB ne soient fondées. Alors le KGB (ou un autre service d'Europe de l'Est) aurait entamé des discussions avec le service de renseignement bulgare sur le moyen d'éliminer Jean-Paul II.

D'après Mantarov, Savov aurait expliqué qu'Agca avait été choisi pour être l'homme de main parce qu'on le savait de droite à cause de son rôle dans l'assassinat du rédacteur en chef du journal libéral turc et parce qu'il n'avait de lien avec aucun pays communiste.

Bien que ce récit soit de deuxième main, les agents du renseignement français y crurent parce que d'autres informations communiquées par Savov à Mantarov se révélèrent exactes. A l'époque ni les Italiens, ni les Français (ni même le pape) n'étaient conscients de l'ampleur de l'hostilité et de la peur suscitées au Kremlin par l'accession de Wojtyla au trône papal, et ce dès sa première année au Vatican.

La première preuve en est apportée par un document top secret en date du 13 novembre 1979. Ce jour-là, le secrétariat du Comité central du Parti communiste soviétique approuva à l'unanimité une « Décision d'agir contre la politique du Vatican dans les États socialistes ». Cette décision aux multiples facettes, en six points, avait été rédigée le 5 novembre par un sous-comité du secrétariat comprenant Andropov et Viktor Chebrikov, chef adjoint du KGB à l'époque. Le document enjoignait à tous les ministères soviétiques et les organismes politiques, du KGB aux organes de propagande de l'État, d'entreprendre des missions spécifiques dans le cadre d'une campagne anti-Wojtyla, le plus souvent dans le domaine de la propagande.

Des résumés du mémorandum de cette « Décision » furent expédiés aux dirigeants des Partis communistes et aux services de sécurité de tout le bloc de l'Est.

Un document de la même époque, lié au précédent, définissait le problème : le Vatican « se sert maintenant de la religion dans la lutte idéologique contre les pays socialistes » et cherche « à renforcer le fanatisme religieux contre les principes politiques et idéologiques des sociétés socialistes ». Le Vatican se consacre principalement à la dissémination de cette nouvelle propagande, ce qui constitue un changement de politique.

Avec l'élection du pape Wojtyla, poursuit le document, « la politique du Vatican et de l'Église catholique, dans les différentes régions de l'Union soviétique, se caractérise par une plus grande agressivité, surtout en Lituanie, Lettonie, Ukraine occidentale et en Biélorussie ».

Tout cela se passait avant l'explosion en Pologne.

Quatre jours seulement après le coup de feu contre Wojtyla, le 17 mai, le président Reagan, qui n'avait pas complètement repris ses forces mais semblait parti pour un rétablissement énergique, entreprit son premier voyage depuis l'attentat dont il avait été victime : il devait aller prononcer un discours pour la remise des diplômes à l'université Notre Dame de South Bend dans l'Indiana, un engagement pris de longue date.

Les rédacteurs des discours de Reagan commençaient à bien connaître ses priorités. Comme le jour de l'attentat, le président tourna à nouveau ses pensées vers le pape et l'Empire du Mal. Vêtu d'une toge noire académique et d'un mortier à pompon jaune, il dominait un vaste auditoire. Il était donc en mesure de constater que celui-ci comportait un petit groupe d'étudiants portant des brassards et des mortiers blancs en signe de protestation contre la politique du gouvernement au Salvador et contre les réductions budgétaires qui pénalisaient les pauvres. Le président des États-Unis fit alors une prophétie :

« Les prochaines années seront des années importantes pour notre pays, pour la cause de la liberté et l'avancée de la civilisation. L'Occident n'endiguera pas le communisme, mais transcendera le communisme. Nous ne prendrons pas la peine de le condamner, nous l'écarterons comme un chapitre curieux et triste de l'histoire de l'humanité dont les dernières pages sont en train de s'écrire en ce moment même. »

Il était tout ce qu'il y a de sérieux, même si les journalistes qui étaient du voyage prirent ces paroles pour pure rhétorique et espoirs aveugles. Reagan avait d'ailleurs confié à sa femme et à ses plus proches collaborateurs sa certitude que c'était la raison pour laquelle le pape et lui avaient été épargnés.

La veille, à Cracovie, trois mille personnes avaient suivi une messe en plein air afin de prier pour leur ancien archevêque Jean-Paul II et pour le rétablissement du cardinal Wyszynski, dont la grave maladie avait été annoncée par l'épiscopat le lendemain de l'attentat contre le pape. Reagan poursuivit :

« C'est le pape Jean-Paul II qui, l'an dernier dans son encyclique sur la miséricorde et la justice, [nous] a mis en garde contre ces théories économiques qui justifient l'injustice en s'appuyant sur la rhétorique de la lutte des classes et où l'on voit, au nom d'une prétendue justice, le voisin se faire parfois détruire, tuer, priver de liberté ou déposséder de ses droits les plus élémentaires.

« Pour l'Occident, pour l'Amérique, le moment est venu d'oser montrer au monde que nos idées civilisées, nos traditions, nos valeurs ne sont pas (comme l'idéologie et la machine de guerre des sociétés totalitaires) une simple façade de puissance. Il est temps que le monde sache que nos valeurs intellectuelles et spirituelles puisent leurs racines dans la source de toute force véritable – la foi en un être suprême, en une loi plus élevée que la nôtre. »

Non seulement Ronald Reagan avait cité le pape, mais, par la cadence religieuse de sa rhétorique, il commençait même à lui ressembler.

Peu après, le conseiller à la Sécurité nationale auprès de Reagan, Richard Allen, écrivait sur papier à en-tête de la Maison Blanche à William A. Wilson, le nouvel envoyé du président au Vatican, qui venait de présenter ses lettres de créance au pape :

Cher Bill,

Vos discussions avec le Vatican à propos de la situation en Amérique centrale sont de la plus haute importance. Nous devons établir une collaboration aussi proche que possible avec l'Église afin d'assurer la démocratie, la stabilité et la justice sociale dans la région.

Vous voudrez peut-être faire savoir au secrétaire d'État Casaroli et à d'autres que le président considère comme hautement prioritaire l'établissement d'une bonne relation de travail avec l'Église afin d'atteindre nos objectifs communs en l'Amérique centrale.

TRAVAILLEURS, UNISSEZ-VOUS !

Ronald Reagan et le pape devaient tous deux souffrir par la suite de graves complications de leurs blessures, et passer la plus grande partie de la fin du printemps et l'été à une convalescence douloureuse (et à penser à la Pologne).

Le pape, tout comme Reagan, parlait aux plus sceptiques de ses collaborateurs comme si les communistes avaient déjà perdu la bataille en Pologne. Les deux hommes fondaient moins leur conclusion sur des preuves concrètes que sur leurs connaissances respectives de l'histoire, de la foi et de la spiritualité (et, pour Reagan du moins, sur un optimisme congénital). Les propos de Reagan à Notre Dame n'étaient qu'un début.

Le 6 septembre, à Castel Gandolfo, d'une voix vibrante d'émotion (bien que toujours faible), Jean-Paul II déclara devant un groupe de pèlerins polonais que le « droit de notre nation à l'indépendance constitue une condition dont dépend la paix dans le monde », laquelle affirmation ne pouvait manquer d'enflammer les susceptibilités au Kremlin. A présent, le pape parlait moins de principes chrétiens universels, que comme le chef séculier d'un pays.

Cette déclaration du pape coïncidait avec l'ouverture du premier congrès national de Solidarité au cours duquel Lech Walesa insista avec tact sur l'importance qu'il y avait à manifester attention et respect à l'État. Il avertit que Solidarité « sous-estimait sérieusement le gouvernement » et que le syndicat était trop sûr de lui. Solidarité en appela aux autres travailleurs d'Europe de l'Est pour qu'ils mettent sur pied leurs propres syndicats indépendants sur le modèle de Solidarité. Les grèves en Pologne provoquaient des pénuries dans tout le bloc communiste. Par réaction, neuf jours durant, les Soviétiques se lancèrent dans des manœuvres navales et militaires à grande échelle dans la Baltique et aux frontières de la Pologne, avec six navires de guerre et plus de cent mille hommes.

« Hier, j'ai pris connaissance de “ L'appel aux Peuples d'Europe de l'Est ” lancé lors du congrès de Solidarité en Pologne, déclara Brejnev devant le Politburo le 10 septembre. Il s'agit là d'un document dangereux et provocateur. Il tient en peu de mots, mais chacun d'eux rabâche le même point. Ses auteurs aimeraient susciter des troubles dans les pays socialistes et y exciter différents groupes de traîtres. »

Le congrès de Solidarité avait réélu Walesa à la tête du mouvement avec seulement cinquante-cinq pour cent des voix. Les éléments les plus radicaux du syndicat s'orientaient vers une attitude de plus en plus provocatrice, ne cachant plus leur désir d'arracher aux communistes le contrôle de l'économie polonaise en ruine et de supplanter le Parti en tant que force dominante du gouvernement.

« Les citoyens polonais profanent les monuments érigés à la mémoire de nos soldats, ils dessinent toutes sortes de caricatures des dirigeants de notre pays et de notre gouvernement ; ils offensent l'Union soviétique... ils se moquent de nous », se plaignit Tikhonov devant les membres du Politburo. « Ne pas réagir me parait inadmissible. »

Le 17 septembre, le nouveau primat nommé par le pape, l'évêque Joseph Glemp, un professeur de droit canon que Wyszynski, mourant, avait désigné comme son successeur, se réunit secrètement avec Kania et Jaruzelski. « Ce fut une rencontre sans précédent, devait écrire Jaruzelski. Nous nous sommes vus dans un contexte qui, à l'époque, paraissait très dangereux car situé peu après le premier congrès de Solidarité. L'ambiance du congrès avait été très belliqueuse. Une homélie du pape, lue en son nom, était tombée à plat parce qu'un grand nombre de participants au congrès étaient d'humeur particulièrement agressive et ne voulaient rien entendre. »

A Washington, comme à Rome, l'idée que des mesures de répression allaient sans doute être prises était devenue une hypothèse de travail. Mais dans les usines et les rues de Pologne, le fait paraissait moins certain. Solidarité continuait à se sentir suffisamment assuré pour faire des démonstrations de force politique. Début août, par un système compliqué de signaux et de caches, le colonel Ryszard Kuklinski avait transmis à ses contacts d'Amérique les projets de déclaration et de mise en œuvre de la loi martiale. Parmi ces documents se trouvait notamment des tracts imprimés à Moscou (en polonais) ordonnant aux citoyens de rester calmes et leur donnant une liste de règlements concernant la vie sous l'autorité de l'armée. Washington avait mis le pape au courant des informations fournies par Kuklinski.

« A la fin de notre rendez-vous, se rappelle Jaruzelski, le primat a demandé : “ Que devons-nous dire au Saint-Père ? ”, car il devait partir le lendemain pour Rome. Et nous lui avons répondu : “ Contentez-vous de lui faire part de nos inquiétudes, tout en insistant sur le fait que les autorités sont prêtes à dégager un compromis, à se montrer compréhensives et à trouver un accord – mais qu'elles ne permettront pas la désintégration de l'État. »

L'approche du pape, prudente mais réglée par des principes, trouve son expression dans son encyclique *Laborem Exercens* (Du travail de l'homme) parue le 14 septembre conjointement avec le congrès de Solidarité, et consacrée à la dignité du travailleur. L'encyclique défend sans ambiguïté le droit des travailleurs à s'organiser en syndicats, tout en détaillant leurs responsabilités dans la vie sociale et économique d'un pays. Les syndicats, écrit le pape, doivent placer les préoccupations d'ordre national avant celles de l'individu ou du groupe. Ils doivent tenir compte des problèmes de l'économie de leur nation (une référence transparente à la situation en Pologne)

La version en langue polonaise de cette quatrième encyclique de Wojtyla avait été prête dès le printemps, alors que Solidarité était à l'apogée de sa puissance. Mais à cause de l'attentat, la parution de la version finale avait dû être retardée.

L'encyclique constitue une tentative ambitieuse de la part de Jean-Paul II de forger un manifeste ouvrier inspiré par le christianisme plutôt que par le marxisme. C'était la première fois qu'un pape consacrait une encyclique entière au travail. Jean-Paul II y préconise une limitation radicale de la propriété privée, comme aucun de ses prédécesseurs ne l'avait jamais fait. « Le droit à la propriété privée, dit-il, est subordonné au droit à l'utilisation commune... Le seul titre légitime à la propriété des moyens de production, que ce soit sous forme privée ou publique et collective, est qu'elle serve à faciliter le travail. »

Depuis Léon XIII et la fin du XIXe siècle, les papes avaient critiqué l'économie capitaliste du laissez-faire au même titre que le marxisme ; et, même en Pologne, le primat Wyszynski avait condamné en termes très durs le matérialisme, de la variété libérale ou marxiste. Mais Jean-Paul II allait plus loin en proclamant la priorité absolue du travail sur le capital – que ce soit dans les systèmes capitaliste ou socialiste.

D'autres passages font allusion aux événements de Pologne, comme si le pape avait voulu fournir des fondations théoriques au premier syndicat d'inspiration catholique de l'histoire à se battre contre une classe dirigeante communiste. Le terme *solidarité* revient fréquemment sous sa plume. Le rôle des syndicats est loué comme « élément indispensable de la vie sociale, même si le pape ne manque pas de préciser qu'ils sont très différents des partis politiques. Dans *Laborem Exercens*, Jean Paul II s'efforce, comme toujours, de tout replacer dans le contexte d'une anthropologie chrétienne. Le travail est dur ; il constitue la punition pour le péché originel, écrit-il, mais il représente avant tout notre capacité à créer : « Par son travail, l'homme participe à l'œuvre de son créateur... Le Christ appartient au monde du travail. »

L'encyclique comporte en même temps certains parallèles évidents avec la pensée marxiste. Par exemple lorsque le pape rejette toute doctrine dégradant la dignité et la subjectivité de l'homme ou dans sa conception de la valeur sociale du travail. « Le travail apporte aussi avec lui un signe particulier de l'homme et de l'humanité, le signe de la personne qui travaille dans une communauté de personnes, déclare-t-il. Et ce signe détermine son caractère interne : il constitue, dans un sens, sa nature même. »

On ne tarda pas à appeler *Laborem Exercens* l'« Évangile du Travail ». Ce texte renforça l'engagement social de l'Église dans plusieurs pays du tiers-monde. Et en Pologne, Solidarité disposait à présent d'un document émanant du pape, taillé sur mesure pour son combat.

A la mi-octobre, la situation oscillait au bord du chaos : personne ne semblait plus en mesure de contrôler le pays. Des factions intransigeantes, que ce soit dans le Parti communiste polonais ou dans Solidarité, exigeaient des actes durs, presque apocalyptiques. Les émeutes et affrontements entre civils et forces de sécurité se multipliaient.

L'économie polonaise était en ruine et les centaines de grèves touchant tout le pays, des mineurs aux ouvriers du transport, aggravaient encore la crise. Dans les magasins, même le dentifrice et le savon avaient disparu des rayons.

Le 13 octobre, Jaruzelski se hâta d'envoyer le ministre polonais des Affaires étrangères, Czyrek, à Castel Gandolfo rencontrer le pape. « Le pape était encore faible mais... exprima son désir de compréhension mutuelle et de voir aboutir à une solution de compromis », devait raconter Jaruzelski. « Mais à l'évidence, il n'était pas encore remis et... n'avait pas la capacité d'influer directement sur la situation en Pologne, en demandant par exemple à une délégation de Solidarité ou à Lech Walesa de venir lui rendre visite ou en leur écrivant une lettre. Il n'en avait tout simplement pas la force. »

Cela paraît douteux, et les collaborateurs du pape décrivent la situation sous un tout autre jour. S'il était encore incontestablement affaibli, Wojtyla avait été capable, plusieurs semaines auparavant, de recevoir deux cosmonautes soviétiques et d'avoir avec eux une conversation animée sur l'apesanteur. Il espérait que Moscou verrait cette visite comme un geste de bonne volonté de sa part. Czyrek devait raconter par la suite que le pape l'avait longuement interrogé sur la probabilité d'un effondrement complet de l'économie polonaise et les dangers d'une intervention soviétique.

Avant sa visite au pape, Czyrek avait rencontré Gromyko, le ministre soviétique des Affaires étrangères, à New York aux Nations unies. « Vous appartenez au parti de Lénine, non ? avait rugi celui-ci. En Pologne, la contre-révolution est partout. Quelles mesures comptez-vous prendre à ce sujet ? Ne savez-vous donc pas que la contre-révolution doit être écrasée ? Si vous ne leur réglez pas leur compte comme nous l'avons fait en 1917, ils finiront par vous pendre aux réverbères. Et vous les Polonais, qu'est-ce que vous faites ? Dites-le-moi, que faites-vous donc ? »

Le 18 octobre, à l'instigation de Moscou et de tous les Partis communistes frères, le Parti polonais finit par obliger Kania à abandonner ses fonctions pour cause de « libéralisme inadmissible » (selon l'expression de Brejnev) et par nommer Jaruzelski nouveau secrétaire général du Parti, ce qui revenait à confier à l'armée, institution qui, après l'Église, inspirait le plus confiance dans le pays, le contrôle du Parti et du gouvernement (également dirigé par Jaruzelski).

Le lendemain, Brejnev téléphonait à Jaruzelski :

– Bonjour, Wojciech.

– Bonjour, Leonid Ilitch.

Sans se perdre en bavardages, il en vint directement au fait :

– Il importe de ne pas perdre de temps en retardant la mise en œuvre des mesures fermes que vous avez prévues pour faire échec à la contre-révolution, recommanda Brejnev. Nous vous souhaitons santé et succès.

– Je ferai tout ce que je pourrai, en tant que communiste et en tant que soldat, pour améliorer la situation, pour remettre le pays et le Parti sur le droit chemin, promit Jaruzelski. Je vais lancer les démarches nécessaires dans les grandes lignes. L'armée sera profondément engagée dans le moindre secteur de la vie du pays.

C'était exactement ce que Brejnev souhaitait entendre.

Jaruzelski ne désirait manifestement pas discuter de la loi martiale au téléphone. En termes voilés, il informa Brejnev qu'il devait rencontrer l'ambassadeur d'URSS le même jour « pour discuter certains points plus en détail ; je demanderai à votre ambassadeur son avis sur certaines questions que, bien entendu, il vous transmettra. »

Le soir du 4 novembre, Jaruzelski, Walesa et le primat Glemp se retrouvèrent dans la résidence officielle du Premier ministre pour la première réunion de travail jamais organisée entre les trois pouvoirs de la nation polonaise : l'Église, l'État et le syndicat. Jaruzelski proposa que soit constitué un Front d'accord national qui devait mettre fin au chaos et servir de tribune permanente au dialogue entre les forces sociales et politiques, conformément aux « principes constitutionnels de la Pologne ». S'il ne voulait pas l'habiliter à prendre des décisions, Jaruzelski déclara que ce Front aurait un large mandat afin de pouvoir dégager un consensus parmi les diverses composantes de la société polonaise. Il proposa que ses membres représentent l'Église, le gouvernement, Solidarité, le Parti communiste et un ensemble de syndicats et de petits partis politiques divers, tous alignés sur le Parti communiste.

Jaruzelski avait déjà sondé Glemp, le 21 octobre, et, après concertation avec le pape, le primat était prêt à donner son accord. Mais Walesa affirma que seul Solidarité devait représenter les travailleurs polonais. Si l'on s'en tenait à la formule de Jaruzelski, Solidarité serait submergé par les syndicats officiels.

D'après Jaruzelski, Glemp fit trois tentatives auprès de Walesa, les 5, 7 et 9 novembre, afin de le persuader de participer au Front. Selon le général, « le primat insista beaucoup sur la nécessité pour Solidarité de refréner son agressivité » et de soutenir ce projet. En vain.

Au fur et à mesure qu'il reprenait des forces, Jean-Paul II s'engageait de plus en plus dans la crise polonaise, y jouant un rôle presque quotidien. Durant la première semaine de novembre, il reçut un groupe d'intellectuels polonais en visite à Rome, parmi lesquels se trouvaient certains des principaux conseillers de Solidarité, des écrivains catholiques de premier plan opposés au régime et quelques vieux amis : Jerzy Turowicz l'éditeur du pape ; Tadeusz Mazowiecki ; Jerzy Kloczowski et Bronislav Geremek, devenu l'un des principaux conseillers de Walesa.

Au cours des discussions, Jean-Paul II ébahit ses visiteurs en prédisant que les communistes allaient perdre la bataille en Pologne. Geremek, qui devait faire par la suite deux séjours en prison, raconte que les paroles du pape ce jour-là leur insufflèrent à tous le sentiment que, malgré les difficultés, leur cause finirait par triompher.

« En définitive (dit le pape), il s'est passé en Pologne quelque chose d'irréversible. Les gens ne resteront plus passifs. La passivité est un instrument aux mains des régimes autoritaires. Cette passivité n'est plus ; leur sort est donc scellé. Ils perdront. »

Les visiteurs ne furent pas moins surpris par le point de vue de Wojtyla sur la probabilité d'une invasion soviétique. Il était beaucoup moins intimidé que les évêques polonais. D'après Geremek : « Le pape dit : " Il faut voir cette intervention comme une possibilité et nous devons faire tout ce que nous pouvons pour en préserver la Pologne mais nous ne pouvons pas agir uniquement en réaction à ce sentiment. " » Wojtyla ajouta que la menace soviétique ne devrait en aucun cas les inciter à renoncer aux acquis ou aux principes fondamentaux de Solidarité.

Les évêques polonais parlaient régulièrement de limites à ne pas franchir en matière de revendications, de dignité ou de droits fondamentaux des travailleurs. Geremek avait constaté qu'ils étaient toujours prêts à trouver un compromis quand ils sentaient se préciser la menace d'une répression soviétique. « La crainte d'une intervention russe avait toujours été l'argument décisif. » Et voilà que le pape parlait de principes non négociables, des droits immuables du peuple polonais.

Brejnev fut pris au dépourvu et exaspéré par la proposition de Jaruzelski de mettre sur pied un Front d'accord national. La rencontre du général avec Glemp et Walesa le perturba tant qu'il lui envoya le 21 novembre une lettre de cinq pages par l'entremise de l'ambassadeur d'URSS en Pologne le mettant en garde contre le démantèlement inévitable du socialisme si Solidarité et l'Église se voyaient attribuer des rôles importants dans le Front.

« Beaucoup d'encre a coulé récemment, en Pologne, au sujet de votre rencontre avec Glemp et Walesa. Certains parlent de rencontre historique et y voient le début d'un changement de cap du chaos vers l'ordre social.

« ... [Mais] les opposants de classe vont certainement chercher à donner au Front d'accord national le type de contenu politique qui aboutirait au minimum à accréditer leurs idées de partage des pouvoirs entre [le Parti], Solidarité et l'Église, avec le démantèlement du socialisme qui en résulterait. »

Or ces facteurs qui bouleversaient Brejnev étaient précisément les raisons du consentement du pape à adhérer au Front d'accord national.

« Dès à présent, concluait Brejnev, il apparaît clairement qu'il n'y a pas moyen de sauver le socialisme en Pologne sans livrer de bataille décisive contre l'ennemi de classe. Fondamentalement, la question n'est plus de savoir si oui ou non il y aura affrontement mais de savoir qui le lancera, comment il sera mené et qui gardera l'initiative ? »

Jaruzelski passa une grande partie de novembre à tâcher de venir à bout des grèves sauvages qui se déclaraient dans tout le pays. Les mots d'ordre de grève étaient lancés afin de protester contre la dégradation générale des conditions de vie et de travail en Pologne. Le peu de viande disponible arrivait généralement d'URSS dans des wagons ignobles que les manutentionnaires polonais refusaient souvent de décharger. D'après une estimation, il y eut en novembre cent cinq grèves de durée illimitée auxquelles participèrent plusieurs millions de travailleurs, et cent quinze autres en projet. Aucune n'avait reçu la sanction de la direction de Solidarité. En effet, le 30 octobre, la commission nationale de Solidarité avait appelé à la fin de toutes les grèves en raison de leur « caractère incontrôlé » qui « menaçait de détruire le syndicat ».

Dans plusieurs villes, Jaruzelski donna l'ordre à l'armée de descendre dans les rues. On vit des soldats armés patrouiller par groupes de trois prêts à intervenir à la moindre explosion de violence. Le gouvernement laissa entendre à Geremek que si Solidarité réussissait à discipliner ses éléments incontrôlés, un conflit plus vaste pourrait être évité : Walesa alla jusqu'à proposer que les membres du syndicat participant à des grèves sauvages fassent l'objet de sanctions.

Jaruzelski précise que vers cette époque, il avertit personnellement les dirigeants de Solidarité et l'Église que la loi martiale était inévitable si le syndicat n'acceptait pas trois conditions : « interdiction effective de toutes les grèves pendant l'hiver ; annulation de la cérémonie publique de commémoration de l'anniversaire du soulèvement de Gdansk de 1970, prévue pour le 17 décembre ; et reprise d'un dialogue structuré entre gouvernement et opposition ».

Jaruzelski explique qu'en désespoir de cause, il espérait pouvoir compter sur l'Église pour l'aider à gagner le soutien de Solidarité à une loi interdisant les grèves pendant l'hiver et lui accordant des pouvoirs extraordinaires. Mais Glemp (après s'être concerté avec le pape) critiqua le projet de loi dans une lettre au Parlement, avertissant que le texte déclencherait « une insurrection ».

Jaruzelski prétend, ce qui est peu plausible, que « par cette lettre, le primat nous liait les mains, et nous ne pouvions plus faire un geste ». En fait, le pape avait recommandé aux évêques polonais de ne soutenir aucune mesure visant à remettre en cause des clauses fondamentales des accords de 1980 entre Solidarité et le gouvernement. Le droit de grève, semblait dire Wojtyla, participait de la liberté et de la dignité essentielles des travailleurs, même si la responsabilité incombait à ceux-ci de ne pas l'invoquer contre l'intérêt national.

LA MISSION WALTERS

Le 28 novembre 1981, avant de partir pour Rome, Vernon Walters emprunta la voie George Washington qui longe le Potomac pour se rendre au quartier général de la CIA à Langley, en Virginie, afin d'y rencontrer Bill Casey.

« Notre conversation a porté sur l'Église en tant que clé de la renaissance et de la survie de la Pologne comme pays libre, se rappelle Walters. Ce que nous avons fait dans ce domaine est encore classé secret à ce jour. »

Si les événements de Pologne en étaient venus à orienter la politique de l'Amérique en URSS et dans son empire européen, les visites de Walters au pape trouvent leur origine ailleurs, dans cet enchevêtrement de décisions politiques qui a fini par être connu en France sous le nom d'Irangate.

Quand Alexander Haig fut nommé secrétaire d'État, il s'aperçut qu'il serait extrêmement utile d'entamer un nombre limité de « conversations stratégiques » avec certains chefs d'État de par le monde susceptibles de donner un sérieux coup de pouce aux aspirations américaines : en Israël (où les conversations en question aboutirent à l'Irangate), au Maroc, en Amérique centrale et du Sud, en France, au Pakistan, en Chine, en Grèce et au Vatican.

« Cela remonte au début de 1981 et à la décision de maintenir ces dialogues très secrets », explique un adjoint de Haig qui a travaillé sur l'idée à une certaine époque. Le but des dialogues était de convaincre les chefs d'État choisis de se rapprocher des objectifs politiques américains. Il s'agissait de les faire bénéficier de renseignements susceptibles de les convaincre que leur propre sécurité était menacée, que cette menace soit d'origine communiste ou terroriste, qu'elle vienne d'un pays voisin, d'une opposition interne, d'intégristes musulmans, de mouvements nationalistes, ou de théologiens de la libération.

Dans un premier temps, les Israéliens furent en contact avec Michael Ledeen, alors assistant de Haig, et qui devait, quatre ans plus tard, jouer un rôle dans une affaire d'échange d'armes contre des otages. Ledeen, qui se décrit lui-même comme un historien, avait des liens avec les services de renseignement israéliens et les partis sociaux-démocrates européens. Toujours pour Haig, il eut aussi quelques rencontres préliminaires avec des responsables du secrétariat d'État au Vatican, notamment l'un des deux secrétaires du pape, l'archevêque Amery Kabongo. Ledeen qualifie ces entretiens d'« exploratoires ». Ils avaient pour but de mieux connaître la pensée politique du pape, en particulier en ce qui concernait la force de la dissidence en Pologne.

Avant le premier voyage de Walters à Rome, Haig avait envoyé ce général à la retraite au Maroc (le roi Hassan était endetté vis-à-vis de la CIA et bénéficiait par ailleurs de bonnes relations avec la plupart des grandes capitales arabes), en Argentine, au Chili et au Mexique (où l'administration s'opposait à des mouvements gauchistes), en Grèce (dont le gouvernement socialiste pourrait peut-être être amené à s'inquiéter des manœuvres militaires soviétiques dans la Bulgarie voisine) et en France.

Le processus des *briefings* était souvent conçu pour mettre en avant ce que le personnel de Haig nommait sans fausse honte le facteur « Mince alors ! » : il s'agissait d'impressionner des dirigeants étrangers, jugés moins évolués, par les prouesses américaines en matière de renseignement.

Walters, costaud, bavard, grande gueule ou grandiloquent selon les points de vue, faisait à certains l'effet d'un homme qui brasserait de l'air, voire même qui roulerait pour lui. « Mais pour ce qui est de certains publics, remarque un de ses collègues, les hommes d'État, les dirigeants l'adoraient. Il avait un style bien à lui ; il était doué pour les langues. Dans soixante-quinze à quatre-vingts pour cent des cas, il faisait beaucoup d'effet. Et c'était particulièrement vrai en ce qui concerne le pape. Dick Walters est un catholique très fervent qui assiste à la messe tous les jours. Et l'idée d'instaurer un dialogue stratégique avec le pape lui plaisait énormément. »

La Pologne était loin d'en être l'unique raison. Wojtyla, note l'adjoint de Haig, « était très important dans d'autres régions, notamment l'Amérique centrale. C'était un type extraordinairement populaire en Europe occidentale, dans les pays catholiques comme l'Italie ou l'Espagne. N'oubliez pas que nous souhaitions déployer en Europe ces nouveaux missiles (Cruise et Pershing II). Les évêques américains étaient contre, comme ils étaient contre l'accumulation des armements de l'ère Reagan. Si le pape s'était levé un beau dimanche pour décréter que l'idée de mettre des missiles de croisière en Italie était mauvaise, il aurait pu torpiller toute la question du déploiement de la Force nucléaire intermédiaire (INF : Intermediate Nuclear Force). Or sans ce déploiement, nous n'aurions jamais obtenu le traité INF de l'option zéro qui pourrait bien être la plus importante réussite de Reagan et Gorbatchev. Cela aurait été un revers stratégique majeur. Qui sait ce que serait devenue la fin de la guerre froide ? Il représentait donc un atout important, quelqu'un de très influent, et c'est bien comme cela que nous le considérions ».

Et les États-Unis, qu'avaient-ils à offrir au pape ?

« Quelque chose qu'il désirait sans doute par-dessus tout, explique ce même adjoint (dont le point de vue est certainement plus cynique que celui de la plupart de ses collègues). Je crois que c'est quelqu'un de très politique. Ce que cette affaire lui apportait... c'était le sentiment d'avoir des liens intimes, de haut niveau, avec la nation la plus puissante du monde. Il était dans le coup. Voilà ce que cela lui apportait. »

Le matin du 30 novembre 1981, comme presque tous les matins depuis qu'il était au Vatican, le pape se leva à 5 heures, se rasa, s'habilla et se rendit dans sa chapelle privée, à quelques pas de sa chambre à coucher. Là, pendant plus d'une heure, il pria. Parfois, l'intensité de sa prière était telle qu'il émettait un cri ou un grognement. Il arrivait que ses aides entrent dans la chapelle et trouvent Jean-Paul II allongé face contre terre sur le sol en marbre glacé, les bras en croix, aussi immobile qu'un cadavre. Même les communistes polonais avaient remarqué sa nature mystique. Dans les rapports qu'ils expédiaient à Moscou, ils notaient qu'il consacrait souvent six à huit heures par jour à la prière et à la méditation.

Le profil psychologique du pape préparé par la CIA faisait allusion, lui aussi, à l'« essence mystique » de Wojtyla.

Vernon Walters avait lu ce rapport peu avant son arrivée au Vatican en compagnie du chef de la mission américaine au Vatican, William Wilson. A vrai dire, Walters n'avait guère apprécié le profil en question : il trouvait qu'il donnait du Saint-Père une image de membre d'une secte, de voyant... de fanatique en somme. Walters, né en 1917, trois ans avant le pape, était un célibataire endurci et se décrivait souvent lui-même comme un « catholique orthodoxe de la vieille école ».

Il était animé, lui aussi, d'une foi ardente : foi en Dieu, en l'Église, en son pays. Il était passé brièvement entre les mains des jésuites de New York et aimait à répéter qu'il était le seul général de l'armée des États-Unis sans diplôme de fin d'études secondaires ni universitaire. En tout cas, il était le seul qui fût capable de parler huit langues. Il faisait un diplomate ou un chef guerrier des plus improbables : ce fils de la classe ouvrière avait gravi les échelons de la chaîne de commandement militaire grâce à son talent pour les langues étrangères. Walters avait servi d'interprète aux présidents Roosevelt, Truman et Eisenhower et, plus notoirement, au vice-président Nixon. Il avait accompagné celui-ci en 1958 au Venezuela, lorsqu'une foule antiaméricaine avait failli tuer Nixon, sa femme et Walters lui-même. Quand il avait été élu président, Nixon avait nommé Walters directeur adjoint de la CIA. Il n'avait pas confiance en l'Agence, et voulait quelqu'un de loyal, près du sommet.

Ronald Reagan, que Walters avait vu dans le bureau Ovale peu avant de quitter Washington pour Rome, avait fait de lui son ambassadeur extraordinaire, celui à qui l'on confie les secrets les mieux gardés de la nation et les missions les plus confidentielles. Celle dont il est question ici en faisait certainement partie.

La visite de Walters revêtait un caractère d'urgence particulier pour une raison préoccupante : Washington venait de perdre sa meilleure source d'informations stratégiques sur la situation en Pologne, le colonel Ryszard Kuklinski. Le 2 novembre, Kuklinski avait été convoqué à une réunion dans le bureau du chef adjoint de la division de l'armée polonaise reponsable de l'élaboration du projet de loi martiale. Trois autres hommes se trouvaient dans la pièce. « Les Américains sont au courant de nos plans les plus récents », avait déclaré le général polonais. Et, en effet, Kuklinski avait fait passer aux États-Unis des plans détaillés mais non datés concernant l'instauration de la loi martiale. S'il avait su garder son sang-froid pendant la réunion dans le bureau du général, il avait eu la nette impression d'être soupçonné. Peu après, il s'était rendu à l'ambassade du Canada à Varsovie en empruntant un itinéraire compliqué et y était resté caché le temps de se faire fabriquer de faux papiers et d'attendre le moment opportun pour qu'on le fasse sortir du pays sous une fausse identité. Mais voilà qu'il fallait se passer de ses services au pire moment : juste quand il était vital de savoir avec certitude si et quand la loi martiale devait entrer en vigueur.

En pénétrant dans la bibliothèque du pape avec Wilson, Walters remarqua les chaussures du souverain pontife (des mocassins bruns, et non les mules rouges traditionnelles) dépassant de sa soutane. Sauf à dire qu'il était heureux de revoir le pape en bonne santé, Wilson se tut.

– Votre Sainteté, en quelle langue souhaitez-vous que je m'exprime ? Walters avait posé la question en anglais. Aucun interprète n'était présent.

– Je travaille en italien tous les jours, je me sens plus à l'aise en italien, répondit Wojtyla... en anglais.

Le pape, tout comme le général, se délectait de son don pour les langues. A eux deux, ils étaient capables de parler une douzaine de langues différentes, partageant une bonne maîtrise de l'anglais, de l'allemand, de l'italien, du latin, de l'espagnol, du français et du russe.

– Saint-Père, commença Walters en italien, je vous apporte les salutations du président des États-Unis.

Walters avait apporté aussi une enveloppe qu'il posa sur la table et ouvrit. A l'intérieur se trouvaient des photos prises d'un satellite. Il fit glisser la première sur la surface d'acajou poli du bureau du pape, nue hormis quelques livres.

« Le président pense que vous devez savoir ce que nous faisons et pourquoi. » Walters ajouta solennellement : « Nous avons conseillé aux Russes de rester hors de Pologne faute de quoi les relations américano-russes connaîtraient une crise très grave. Nous avons communiqué cela par notre ambassadeur à Moscou *et* à l'ambassadeur d'URSS à Washington. Juste au cas où quelqu'un aurait peur de rapporter quelque chose. »

Tout en parlant, les yeux de Walters s'étaient arrêtés un instant sur le large anneau en or que le pape portait au doigt, l'anneau du pêcheur, en forme de croix, et qui avait été passé à l'annulaire de la main droite de Wojtyla le jour de son investiture. Walters avait baisé cette bague lorsqu'il avait salué le pape. Dans sa poche, il portait plusieurs chapelets qu'il comptait faire bénir par le Saint-Père pour ses parents et amis.

Alors, pendant ce qui lui parut une minute entière, le pape examina la photo satellite. Il reconnut tout de suite les Chantiers navals Lénine de Gdansk, qui se détachaient clairement sur le cliché pris moins de quarante-huit heures auparavant depuis l'espace. Mais il était moins sûr en ce qui concernait le cercle soutenu et foncé situé à quelque distance du complexe familier de bâtiments en brique surmontés de leurs immenses cheminées, saisies par la caméra alors qu'elles crachaient de vilaines volutes de fumée grise.

« Qu'est-ce que c'est que ça ? demanda le vicaire du Christ en montrant le cercle du doigt.

– Équipement lourd, Votre Sainteté, véhicules militaires, transport de troupes, chars, pour servir aux forces de sécurité polonaises. »

Le général tendit une autre photo au pape par-dessus le bureau. Cette photo satellite, comme les autres que Walters tira ensuite de son enveloppe, montrait le déploiement et le mouvement postérieur des forces du pacte de Varsovie en direction de la frontière polonaise : des dizaines de milliers de soldats, ayant quitté leurs casernes en

URSS, Allemagne de l'Est, ou Tchécoslovaquie pour converger vers le pays natal du pape.

D'autres photos montraient des missiles, chacun programmé pour atteindre le cœur de l'Europe occidentale en quelques minutes à peine.

Le pape ne manifesta aucune émotion, ce qui surprit Walters. « A quelle hauteur celle-ci a-t-elle été prise ?... Et ceci, qu'est-ce que c'est ?... Et ça ? » La plupart de ses questions étaient neutres.

« Ça c'est un véhicule transporteur de carburant, expliquait Walters. Là, c'est un silo et ça, le capot pointu d'un tracteur capable de forer son chemin dans la neige et la glace. Il sert à l'armée pour donner l'assaut, pas pour l'agriculture. »

C'était la manière habituelle du pape de mener ses affaires temporelles ou spirituelles (d'ailleurs il ne faisait habituellement aucune distinction entre les deux) : poser les questions et attendre les réponses, qu'elles viennent de Dieu ou de l'homme. Il voulait en apprendre aussi long que possible sur ce que savaient les États-Unis, et particulièrement sur les intentions des Soviétiques. Cependant Walters était censé recueillir des informations et pas seulement en communiquer. Il nota par la suite : « Nous étions plus intéressés par ce que le pape pourrait nous raconter que par ce que nous pouvions lui dire de la situation interne en Pologne. » Wojtyla avait à sa disposition ce que Walters appelait « le plus vieux service de renseignement du monde, sauf si l'on compte les Israéliens, à cette différence près que depuis mille ans celui du pape n'a jamais cessé de fonctionner ».

Walters tendit une autre photo à Jean-Paul II, cette fois de troupes en Pologne même, des troupes polonaises.

La Pologne disposait d'une armée et d'une force de réserve de huit cent mille hommes, l'informa Walters, dont deux divisions aéroportées. Trois divisions blindées étaient équipées des mêmes chars que les Soviétiques, des T-72, fabriqués en Pologne. Walters lui fit part de son opinion, partagée par les services de renseignement américains, que la plupart se battraient contre les forces du pacte de Varsovie si celles-ci recevaient l'ordre des Soviétiques d'envahir la Pologne. Les choses ne se passeraient pas comme en Tchécoslovaquie en 1968 ou en Hongrie, en 1956. « Ils ne peuvent pas écraser la Pologne en une nuit. »

Le pape opina du chef, l'air sombre.

Le général poursuivit : « Si les Soviétiques envahissent, il y aura la guerre. Ce sera une petite guerre, une guerre courte. Mais les Polonais se battront. Et nul ne peut en prédire les conséquences... »

Le pape ne contesta pas l'opinion de Walters selon laquelle les Polonais se battraient si les troupes de Moscou envahissaient le pays. N'avait-il pas fallu un millions d'hommes pour soumettre la Tchécoslovaquie, où la seule résistance avait pourtant été non violente ?

Le général mit rapidement le pape au courant du nombre de divisions qui avaient fait mouvement vers la Pologne et de l'équipement dont elles disposaient. Les photos satellites montraient où elles bivouaquaient. L'armée soviétique du Nord maintenait également des forces en Pologne.

« D'après ce que nous savons, il sera difficile de dégager, parmi les dirigeants soviétiques, un consensus en faveur de l'invasion », dit Walters. Les ressources militaires des Soviétiques étaient déjà exploitées à plein. Ils étaient en train de se faire lentement saigner à blanc en Afghanistan, et un certain nombre de dirigeants militaires s'opposeraient à une nouvelle aventure qui pourrait coûter de nombreuses vies russes. Ils avaient reculé en décembre et encore une fois en avril alors que Solidarité était au summum de sa puissance. « Ils savent bien que ça n'aura rien à voir avec la Tchécoslovaquie en 1968. »

Wojtyla hocha lentement la tête. Il connaissait son peuple. Et l'hypothèse des services américains paraissait le soulager : la CIA faisait grand cas des retraits soviétiques de décembre et d'avril, au moment où Solidarité était à l'apogée de sa puissance.

Comme Reagan, Casey et Haig à Washington, Walters était persuadé que le vrai pouvoir en Pologne, c'était Wojtyla, même lorsque celui-ci se tenait assis à ce bureau, entre les murs anciens du Vatican.

Cependant ce pape éprouvait aussi une méfiance profonde vis-à-vis des États-Unis, de ses valeurs, ses buts, son capitalisme. Et surtout, il était décidé à servir les intérêts de son Église, de son pays et sa conception de la destinée chrétienne, très différente de la mentalité politique plus étroite de Ronald Reagan. Il s'abstint pourtant d'articuler ces pensées devant Walters.

La discussion s'orienta alors vers les principaux acteurs en présence en Pologne et leur capacité à garder le contrôle de la situation. Walesa, dit le pape, est un homme bon et saint, un catholique fervent sur qui l'on peut compter pour ne pas agir à la légère, un homme de paix. D'autres forces en présence étaient également susceptibles de maîtriser la situation, des personnes connues du pape et des évêques polonais et qui soutenaient la direction de Solidarité. Mais enfin, la situation était quand même très tendue, et les deux côtés commençaient à perdre patience...

Quant à Jaruzelski, Walters comme le pape s'accordaient à penser qu'il se considérait d'abord et avant tout comme un patriote polonais, un communiste fervent, certes, mais surtout un Polonais qui ferait tout ce qu'il pourrait pour persuader ses camarades de Moscou de rester chez eux. Le pape fit remarquer que, récemment, Jaruzelski avait dialogué avec l'Église et, indirectement, avec les dirigeants de Solidarité, comme si la loi martiale était inévitable à moins que le syndicat et l'épiscopat ne soient disposés à renoncer à quelques-uns des droits civils et religieux acquis depuis la signature des accords de Gdansk.

Entre-temps, au ministère des Affaires étrangères, Haig était tellement obsédé par l'idée de maintenir les Soviétiques dans leurs frontières que (au vif dépit de Reagan par la suite) il ne se montra jamais décidé à menacer les autorités polonaises de quoi que ce soit si elles imposaient la répression seules. Il obéissait à ce raisonnement que les menaces américaines risquaient d'encourager Solidarité à s'opposer violemment à la loi martiale, de même que les rebelles hongrois s'étaient battus dans les rues en 1956 lorsqu'ils avaient cru, à tort, pouvoir compter sur l'aide des États-Unis.

Le pape insista sur le fait que son principal souci était d'ordre spirituel : il s'agissait de s'assurer que l'Église catholique de Pologne ne soit pas contrainte à une soumission semblable à ce qu'elle subissait ailleurs dans l'Empire soviétique. Déjà, certains prêtres étaient menacés pour avoir aidé Solidarité. Il était hors de question que l'Église revienne aux conditions de l'ère Wyszynski.

Walters mentionna sans s'attarder que l'administration Reagan avait déjà pris un certain nombre de mesures pour s'assurer que Solidarité continue de recevoir une aide financière et logistique des États-Unis, et soit même prête, au besoin, à aider le syndicat à agir dans la clandestinité. Casey avait informé Walters dans les grandes lignes que ce genre d'effort était déjà entrepris, et celui-ci n'avait pas insisté pour en connaître les détails.

« J'ai dit au pape que nous avions, bien entendu, une importante communauté d'Américains d'origine polonaise qui faisait pression sur nous afin que nous en fassions davantage pour aider Solidarité, se souvient Walters, et qu'évidemment nous, le gouvernement, nous efforcions d'assumer nos responsabilités et de prendre les mesures qui s'imposaient. Nous ne sommes pas rentrés dans les détails et il ne m'a pas demandé qui ? où ? quand ? C'est un homme très sophistiqué pour quelqu'un qui a grandi à Cracovie et y a passé la plus grande partie de sa vie. »

Walters décrivit alors la perspective plus large dans laquelle s'inscrivait sa mission en des termes dont il avait convenu auparavant avec le secrétaire d'État Haig : les États-Unis étaient sur le point de se lancer dans une intensification historique de la guerre froide contre l'Union soviétique, dans le dessein de remettre en cause l'hégémonie communiste et de faire pièce aux insurrections gauchistes partout où ce serait possible (ce n'est certainement pas la formulation exacte de Walters). La Pologne constituait une partie importante du tableau, mais une partie seulement : « Saint-Père, vous avez le droit de savoir pourquoi les États-Unis consacrent une somme aussi considérable à la défense (trois milliards de dollars). » Pendant le quart d'heure qui suivit, le pape et le général débattirent de la nature de la menace soviétique et du raisonnement sous-tendant la volonté de l'administration de déployer une nouvelle génération de missiles de moyenne portée dans toute l'Europe occidentale. Le général devait revenir par la suite muni d'autres photos satellites, de graphiques et de descriptions du matériel lourd soviétique et de l'importance de leurs forces, et renseigner le pape en détail pendant des heures.

Walters avait déjà mentionné ses récents voyages en Amérique du Sud comme en Afrique. Wojtyla lui demanda comment il voyait la situation politique en Argentine et au Chili, deux pays subissant des régimes de dictature militaire et qui se trouvaient sur le trajet d'un futur déplacement du pape.

Il répondit que les États-Unis souhaitaient une transition pacifique vers la démocratie dans ces deux pays, mais cherchaient à empêcher les forces gauchistes alignées sur Cuba ou l'URSS de profiter de la situation. Il en allait de même pour le Salvador et le Nicaragua.

Walters fit état des « efforts [américains] pour améliorer la situation des droits de l'homme dans les Amériques sans aller à l'encontre du but recherché en embarrassant les gouvernements par la proclamation de leurs fautes ». C'était particulièrement vrai du Salvador, expliqua-t-il. Durant les années où les États-Unis avaient publiquement condamné les gouvernements afin de modifier leur comportement (une allusion à l'administration Carter), la violence s'était même aggravée. « Au Salvador, poursuivit Walters, nous ne disposons que de cinquante hommes pour la sécurité militaire ; les Soviétiques en ont plus de trois cents pour le seul Pérou, plus que les États-Unis dans toute l'Amérique latine, si l'on excepte notre base au Panama. »

Le moment de vérité allait se jouer au Nicaragua, car c'était là que l'administration avait l'intention de fixer les limites à ne pas dépasser en Amérique centrale. « Les Nicaraguayens ont des fusils de 152 mm, des chars construits par les Soviétiques ; leurs pilotes suivent un entraînement en Bulgarie. Nous recherchons une solution pacifique qui ne mette pas en danger les vies ou la liberté des peuples d'Amérique latine. » Ce qu'il omit de révéler au pape, c'est qu'au moment même de cette conversation, l'administration entraînait une force de somozistes (les Contras) en Argentine, et que beaucoup de nouveaux conseillers américains étaient déjà en route pour le Salvador et le Honduras. Casey s'en chargerait plus tard.

Walters dit encore que la théologie de la libération sévissait partout dans cette région ; le pape était du même avis. Les États-Unis et le Saint-Siège allaient la marginaliser en se servant de leurs pouvoirs respectifs.

Walters et le pape étaient ensemble depuis un peu moins d'une heure et Walters avait réussi à refréner chacune de ses envies de poser des questions insidieuses. Il avait tout de même l'impression que Jean-Paul II commençait à voir d'un œil plus favorable les objectifs généraux de la politique américaine et à mieux saisir les intérêts communs de l'Église et des États-Unis. Lorsqu'un monsignor apparut à la porte pour rappeler au pape qu'il était l'heure de passer au rendez-vous suivant, Wojtyla le congédia d'un geste.

Jean-Paul II, vêtu de sa soutane unie en laine blanche, se tenait assis, légèrement voûté, à son bureau. Bel homme, bâti comme un ancien athlète, il paraissait pourtant las. Par moments, son visage était plein d'animation mais ne perdait jamais une certaine sérénité que Walters n'avait jamais vue chez personne, pas même chez les trois autres papes à qui il avait eu affaire en tant que représentant officiel des États-Unis. Il avait dans ses gestes une certaine grâce, dans ses mouvements une aisance qui s'harmonisaient avec la cadence sonore de ses propos soigneusement choisis. Walters savait que Wojtyla avait été acteur et poète. Ses yeux bleu pâle, qui s'étaient fixés si profondément dans ceux de Walters qu'au début celui-ci s'était senti troublé, semblaient inviter à présent à une certaine intimité. En la matière, l'expérience de Walters était loin d'être unique : conformément aux ordres de Leonid Brejnev, l'ambassadeur d'URSS en Italie avait aussi rencontré Wojtyla secrètement plusieurs fois : ses impressions ne pouvaient que heurter les dirigeants du Parti : « Quand on le salue, on est frappé par son regard ; il est très pénétrant, mais en même temps doux et bienveillant... Chacune de ses phrases génère en vous une profonde confiance et vous charme... La douceur de ses paroles... Il ne se presse pas lorsqu'il parle ; chaque phrase est raffinée et précise. Il ne parle jamais pour ne rien dire. »

Alors Walters fit part au pape d'une expérience personnelle : il s'était trouvé place Saint-Pierre le jour où la fumée blanche s'était élevée et le nom du cardinal de Cracovie, Wojtyla, avait été prononcé comme celui du nouveau successeur de Pierre. A l'époque Walters avait fait ce commentaire à une de ses connaissances : « Je viens à l'instant d'entendre battre les ailes du Saint-Esprit. »

Le pape regarda Walters dans les yeux et prononça lentement : « Nous avons besoin du Saint-Esprit maintenant, en ces temps difficiles que nous vivons. » Ses yeux ne quittaient pas le général.

« Notre Église possède un guide sûr et ferme, Saint-Père », répondit Walters.

La rencontre de Walters avec le pape renforça encore sa conviction quant à l'importance du Vatican dans les affaires du monde.

« D'abord, se disait Walters à l'époque, il comprend le communisme comme aucun de ses prédécesseurs ne l'a jamais fait. Par ailleurs, en Pologne, il a une Église qui reste relativement intouchée par les convulsions sociales et religieuses qu'a connues le monde occidental depuis la guerre. » Walters voyait bien comment le pape pourrait être utile aux États-Unis dans presque tous les domaines présentant un intérêt vital pour l'administration Reagan : l'Europe de l'Est, l'Amérique centrale, le Proche-Orient, le terrorisme, le contrôle des armements, les questions morales fondamentales. Le pape, conclut Walters, pouvait être une puissante source d'énergie.

Le rendez-vous touchait à sa fin. Le pape demanda à Walters de « prendre tout le temps de parler » avec le secrétaire d'État du Vatican, le cardinal Casaroli. Pourtant, en présence de ce dignitaire de l'Église, le général ne retrouva pas grand-chose de la chaleur et des encouragements qu'il avait reçus auprès du pape. Il eut l'impression que la vision du monde du Casaroli était très éloignée de celle de Wojtyla, en particulier en ce qui concernait les Soviétiques et la volonté du Vatican de les remettre en cause. Le mot *prudenza*, prudence, revenait sans cesse dans son discours : « Je ne jurerai pas qu'il approuve tout ce qui touche à ce règne », devait conclure Walters.

Selon Walters, Casaroli considérait que le contrôle exercé par les Soviétiques sur leurs satellites d'Europe centrale et de l'Est était pratiquement immuable alors que Wojtyla estimait que l'Église (et son Évangile) avait le pouvoir de susciter des changements fondamentaux et accueillerait avec joie l'aide des États-Unis pour y parvenir. Le manque de confiance de Casaroli, se dit Walters, constitue une raison supplémentaire de traiter personnellement avec Wojtyla et de partager davantage d'informations directement avec lui.

LA LOI MARTIALE

Durant l'hiver 1981, la vie en Pologne ressemblait parfois à s'y méprendre à ce qu'elle avait été au lendemain des ravages de la Deuxième Guerre mondiale. A Varsovie, des dizaines de milliers d'hommes, femmes et enfants frigorifiés faisaient la queue, blottis les uns contre les autres, leur carte de rationnement à la main, afin d'obtenir une part minuscule des rares produits de base encore disponibles dans le pays – plus restreints qu'à l'époque nazie, à en croire les anciens. L'unité monétaire polonaise, le zloty, n'avait pour ainsi dire plus aucune valeur. Autour des villes, les gens troquaient les choses essentielles à la vie : charbon et bois de combustion, dernières réserves de poudre de savon, d'allumettes, de cigarettes et de vodka. Chaque jour, on était confronté à la présence déprimante d'adultes et de jeunes, ivres, déambulant dans les rues. Bagarres et passages à tabac faisaient aussi partie du quotidien. Les usines avaient fermé leurs portes faute de pièces détachées ; les machines rouillaient parce qu'on ne trouvait plus d'huile de graissage. On manquait aussi de lait de vache et de lait en poudre pour nourrir les bébés qui dépérissaient. L'industrie pharmaceutique avait mis la clé sous la porte et les malades souffraient, et mouraient, faute de médicaments. Des milliers de Polonais tentaient d'émigrer. Solidarité, les autorités et les Soviétiques se bombardaient mutuellement de discours et de déclarations tandis que l'Église cherchait désespérément un compromis.

Le 2 décembre, des soldats soutenus par des hélicoptères firent irruption dans l'École des pompiers de Varsovie (partie intégrante du système militaire polonais) et évacuèrent par la force trois cents cadets en grève dans leurs uniformes kaki. A Radom, au cœur du pays, les leaders de Solidarité ripostèrent à cette offensive en lançant un appel à la grève générale. Cette fois-ci, Walesa donna son aval. Il subissait des pressions considérables ; la base du syndicat, à l'instar de ses dirigeants, se radicalisait de plus en plus.

Au cours des dix premiers jours de décembre, le primat Glemp rencontra à plusieurs reprises Walesa et ses conseillers, les suppliant de trouver un règlement au conflit et leur reprochant d'abuser de leur pouvoir. En lançant un appel à la grève générale et en refusant de poursuivre les négociations, leur déclara-t-il, ils avaient outrepassé le mandat confié par les travailleurs à Solidarité.

Ce à quoi Walesa répondit que le syndicat « ne pouvait plus battre en retraite » face aux assauts implacables du gouvernement. Plus tard, dans ses Mémoires, il écrirait qu'à Radom, il avait perdu le contrôle de la situation et avait été forcé de prendre « une position trop ferme, à l'encontre de mes convictions, de manière à ne pas me retrouver isolé ».

Le 10 décembre, les membres du Politburo soviétique se réunissaient en séance extraordinaire.

Nikolaï Baibakov, le responsable du Gosplan, qui revenait tout juste de Varsovie en compagnie d'autres camarades les avertit que Jaruzelski « n'avait plus son équilibre et doutait de ses forces ». Le général « broyait du noir », Mgr Glemp ayant refusé de l'appuyer lorsqu'il avait exigé des pouvoirs d'exception. Le matin même, les autorités soviétiques avaient accusé l'Église catholique de « fomenter des sentiments anticommunistes ». Baibakov qualifia la lettre de Glemp rejetant la promulgation d'une loi anti-grève d'appel à la « guerre sainte ».

« Le pays tombe en ruine, avait décrété Jaruzelski. Quant au Parti, il n'existe pas... Tout le pouvoir est entre les mains de Solidarité. »

Aux yeux de ses visiteurs soviétiques, Jaruzelski était en train de perdre pied et se montrait plutôt incohérent. Pis encore, de l'avis de Moscou, il donnait ni plus ni moins l'impression de *requérir* l'intervention des forces du pacte de Varsovie si ses propres projets, au demeurant incertains, en vue de l'instauration de la loi martiale devaient entraîner de graves divisions au sein de l'armée polonaise ou un affrontement avec les citoyens.

« Il dit que si les troupes polonaises ne venaient pas à bout de l'opposition de Solidarité, les camarades polonais espèrent obtenir l'aide des autres pays, jusqu'à l'intervention de forces armées sur le territoire national », rapporta Baibakov.

Or il ne pouvait être question que l'URSS autorise une intervention militaire directe des forces du pacte de Varsovie, comme les membres du Politburo s'empressèrent de le dire clairement, les uns après les autres – Andropov d'abord, puis Gromyko, Ustinov, Souslov, Grishine et Tchernenko.

Ce qu'ils n'avaient pas saisi, c'était qu'ils menaçaient si souvent, et depuis si longtemps, d'intervenir que Jaruzelski, comme une grande partie du monde d'ailleurs, croyait dur comme fer que les Soviétiques n'hésiteraient pas à engager les forces du pacte dans la lutte. En réalité, ils ne pouvaient pas le faire et n'en avaient pas la moindre intention. Seulement ils étaient les seuls à le savoir.

« Nous ne pouvons pas prendre ce risque, déclara Andropov. Nous ne projetons pas d'envoyer des troupes en Pologne. C'est la position qui s'impose et nous nous y tiendrons jusqu'au bout. J'ignore comment les choses tourneront en Pologne. Si le pays bascule entre les mains de Solidarité, c'est une chose. Mais si les pays capitalistes tombent à bras raccourcis sur l'URSS – et ils ont déjà un accord *ad hoc*, assorti de diverses sanctions d'ordre économique et politique, alors nous serons en très mauvaise passe. Nous devons nous préoccuper du sort de notre pays et de la consolidation de l'Union soviétique. Telle est le fond de notre position. »

Il ne leur restait plus rien à faire, hormis protéger le couloir militaire et de transport partant de l'ouest de l'URSS. « Quant aux communications de l'Union soviétique avec la République démocratique allemande à travers la Pologne, ajouta Andropov, nous devons bien entendu prendre des mesures pour les préserver. » A l'entendre, on aurait dit qu'il s'agissait d'une *autoroute* réservée aux Soviétiques.

Gromyko ne mâcha pas ses mots : « D'une manière ou d'une autre, il va falloir que nous refroidissions l'enthousiasme de Jaruzelski et des autres leaders polonais à l'égard d'une intervention militaire en Pologne. Il ne saurait en être question. Je pense que nous pouvons compter sur notre ambassadeur pour rendre visite au général et lui faire part de cette information. »

Il y avait une nuance nostalgique dans les propos de Gromyko, comme s'il savait que la Pologne était déjà perdue :

« Les débats d'aujourd'hui sur la situation en Pologne sont lourds de sens. Ils ne l'ont probablement jamais été à ce point. Ceci pour la bonne raison qu'à l'heure qu'il est, nous ignorons nous aussi la tournure que les événements prendront dans le pays... Soit il capitulera, s'il ne prend pas de mesures décisives; soit il prendra des mesures décisives, proclamera la loi martiale, isolera les extrémistes de Solidarité et rétablira l'ordre comme il se doit. Il n'y a pas d'autre solution. »

Souslov, l'idéologue, avait soixante-dix-neuf ans. « Durant toute la période des événements en Pologne, nous avons fait preuve de maîtrise et de sang-froid, affirma-t-il. Nous accomplissons un travail considérable en faveur de la paix et ne devrions pas revenir sur notre position. L'opinion publique internationale ne nous comprendrait plus. »

L'URSS avait lancé son « offensive pour la paix », cherchant (avec un franc succès) à convaincre les gouvernements d'Europe de l'Ouest et du tiers-monde que sa politique, d'une nature défensive, ne menaçait personne. La véritable menace, soutenaient les Russes, émanait de l'accumulation d'armements américains et des bruits de bottes qui résonnaient outre-Atlantique. « Par le biais des Nations unies, poursuivit Souslov, nous avons entrepris des démarches colossales au profit de la consolidation de la paix. Voyez les résultats que nous avons obtenus suite à la visite de L. Brejnev en RFA, outre d'innombrables autres initiatives pacifiques. Grâce à cela, les nations pacificatrices ont compris que l'Union soviétique défendait inébranlablement une politique de paix. C'est la raison pour laquelle nous ne devrions pas changer la position que nous avons prise dès le départ concernant la Pologne. Que nos camarades polonais décident ce qu'il convient de faire. »

« A présent, tout repose sur Jaruzelski, nota Ustinov, ministre de la Défense. Quant à nos garnisons en Pologne, nous les renforcerons. Je suis enclin à penser que les Polonais ne risqueront pas un affrontement à moins que Solidarité ne les y force en les prenant à la gorge. »

Le vendredi 11 décembre, le général Viktor Koulikov, commandant des forces du pacte de Varsovie, regagnait la capitale polonaise porteur d'un message clair et net : les Soviétiques n'interviendraient en aucun cas.

Les 11 et 12, le comité national de Solidarité se réunissait à Gdansk. En dépit de rapports faisant état de préparatifs militaires au sein de l'armée polonaise, les leaders dudit syndicat s'obstinaient à vouloir imposer leur ambitieux programme en guise d'alternative à l'affrontement : des élections libres à la Diète (*Sjem*) et dans les conseils gouvernementaux régionaux, le contrôle de la gestion des usines et du processus décisionnel par les ouvriers et un référendum sur le pouvoir communiste.

Walesa garda le silence tout au long de la réunion. Quand on lui demanda de reconnaître qu'il était désormais vain de négocier avec le régime, il répondit : « Je me demande juste ce que vous avez bien pu manger aujourd'hui pour parler comme vous le faites. » Il continua à défendre l'idée d'une véritable alliance nationale tripartite et menaça de poursuivre la lutte dans ce sens, avec ou sans l'assentiment du comité. L'assemblée leva la séance aux environs de minuit le soir du 12 décembre. Deux heures plus tard, la plupart des membres du comité national avaient été appréhendés.

Jaruzelski avait de bonnes raisons de choisir le 12 décembre pour proclamer la loi martiale. En premier lieu, on l'attendait à Moscou le 14 (bien qu'il n'eût jamais mentionné publiquement cette invitation). De plus, il se souvenait de la visite de Dubcek en 1968 – et de son arrestation.

Il a soutenu qu'il s'était arrangé pour que l'annonce de l'état de guerre succède à la réunion du comité national de Solidarité dans l'espoir d'un signe de conciliation de la part du syndicat. Solidarité avait refusé d'annuler les énormes manifestations commémoratives prévues pour le 17 décembre, à 16 heures. « A Budapest, en 1956, des démonstrations collectives similaires avaient déclenché une série d'événements tragiques et sanglants », écrivit par la suite le général.

D'aucuns ont suggéré qu'il avait attendu que les chefs de file de Solidarité soient rassemblés en un lieu, de manière à les cueillir tous d'un seul coup. Le moment de la proclamation de la loi martiale, samedi à minuit, avait été choisi depuis longtemps et l'opération soigneusement préparée en février lors de manœuvres militaires. La liste des détenus – qui comporterait en définitive plus de dix mille noms – avait été dressée en mars, alors que les tensions étaient à leur comble. En se réveillant le dimanche matin, les citoyens découvriraient des chars dans les rues et plus un endroit où se rassembler en dehors de la messe dominicale. Les usines seraient fermées. Aux premières heures du matin, il serait aisé de trouver les « coupables » : chez eux, dans leur lit.

A minuit précis, chars et troupes stationnés dans tout le pays envahirent les rues et occupèrent les forêts qui entourent Varsovie : c'était l'instant où l'opération X prenait effet.

A 6 heures du matin, le général Jaruzelski s'adressa à la nation par l'intermédiaire du petit écran.

Il était assis à son bureau, en uniforme, raide comme un piquet, portant exceptionnellement des verres non teintés. Derrière lui, un immense drapeau polonais.

« Citoyens, citoyennes de la République populaire de Pologne ! Je m'adresse à vous en ma qualité de soldat et chef du gouvernement ! Notre patrie est au bord du gouffre. » A l'instant où il entamait la lecture de sa déclaration préparée à l'avance, des milliers de gens étaient déjà sous les verrous. Les prisonniers s'étaient rendus coupables d'« une agressivité croissante et d'une tentative pour démanteler l'État. Comment de temps encore notre main tendue se heurtera-t-elle à un poing ? » demanda-t-il.

Son discours, long de vingt-deux minutes et cinquante-trois secondes, fut diffusé d'innombrables fois durant la matinée et tout l'après-midi, en alternance avec des images d'un pianiste interprétant des polonaises de Chopin et des airs patriotiques.

Dans les mois à venir, la nation serait gouvernée par un Conseil militaire de salut national. Les nouvelles règles du pouvoir, mettant fin à seize mois d'espoir et d'exaltation, de souffrance et de déception, furent placardées sur les réverbères, au coin des rues, et sur les arbres dans toutes les villes et partout dans la campagne. Ces affiches avaient été imprimées des mois plus tôt – en Union soviétique.

La société civile que Solidarité avait bâtie, brique par brique, sous la protection de l'Église, avait cessé d'exister, remplacée par l'« état de guerre ». Le couvre-feu fut décrété pour une période indéfinie. Hormis dans le cas des forces militaires et de sécurité, toutes les lignes téléphoniques étaient coupées (y compris celles des quartiers généraux locaux du Parti), et cela pour une durée d'un mois. Toutes les communications civiles avec le monde extérieur étaient interrompues jusqu'à nouvel ordre. Toutes les écoles, sauf les maternelles, étaient fermées, de même que les théâtres et les cinémas. Les rassemblements publics étaient désormais interdits par la loi, à l'exception des offices religieux. Impossible de se rendre hors de sa ville de résidence sans autorisation officielle. Tout le courrier était soumis à la censure. « Le tourisme, la navigation de plaisance et l'aviron... dans les eaux intérieures ou territoriales » étaient formellement proscrits.

Au cours des seize mois qu'avait duré la grande expérience polonaise, plus de deux mille livres et journaux avaient été publiés sous le manteau avec l'aide de l'Occident. Quelque cent mille Polonais avaient pris part à leur fabrication, qu'ils soient auteurs, imprimeurs ou diffuseurs. A présent, il fallait une autorisation spéciale du Conseil militaire de salut national pour se procurer des rubans de machines à écrire et du papier.

L'armée serait désormais responsable de la gestion des chemins de fer, des routes, de la poste, des télécommunications, de la distribution des produits pétroliers, de la lutte contre les incendies, des importations et exportations et de la fabrication des biens stratégiques. Les frontières polonaises étaient hermétiquement closes et l'espace aérien national inaccessible. Les présentateurs de la télévision arboraient dorénavant l'uniforme militaire.

L'arrestation de milliers de personnes ainsi que la promulgation et la mise en vigueur des contraintes draconiennes de la loi martiale n'étaient pas les tâches les plus difficiles incombant à Jaruzelski. Elles furent accomplies avec une précision toute militaire et un zèle autoritaire.

« Le fait que la loi martiale ait pu être imposée en Pologne sans provoquer de mouvements de protestation importants ni effusion de sang, sans véritable opposition, s'explique par la manière étonnante avec laquelle la population s'est pliée à la situation, commentera par la suite l'ancien secrétaire du Parti, Kania. Les gens en avaient assez de l'effondrement de l'économie, des grèves continuelles. Il n'y avait plus de marché. Les rayonnages des magasins étaient vides. Lors d'une réunion début décembre, Solidarité avait déclaré que ce serait son ultime combat. Cela fit naître une grande peur au sein de la communauté, mais pas suffisamment pour que le peuple en vienne à cautionner les autorités. On serait plus fondé de dire que le soutien à Solidarité était temporairement refréné. »

La principale tâche de Jaruzelski consistait désormais à gagner les évêques à sa cause. Il voulait acculer le clergé à accepter la nouvelle réalité d'une Pologne soumise, d'un syndicat Solidarité en déroute, d'un retour à l'État communiste suprême avec l'Église pour ultime garant de sa légitimité aux yeux du peuple.

Il n'espérait pas de miracles – il ne s'attendait pas à ce que le primat de Pologne, et Wojtyla à Rome, applaudissent à son initiative. En revanche, il comptait bien obtenir leur assentiment, aussi peu enthousiaste soit-il, et un engagement vis-à-vis du nouvel ordre établi, du calme retrouvé, de la reconnaissance des limites inhérentes à l'appartenance au pacte de Varsovie, et s'assurer au moins un engagement formel envers le socialisme.

Le général n'imaginait pas un retour à la situation d'avant août 1980. S'il y avait de la place en Pologne pour les syndicats autogérés, un mouvement syndical visant à éclipser le Parti et mettant en péril l'existence même de l'État n'avait pas lieu d'exister. Des réformes économiques s'imposaient et il fallait multiplier les efforts pour relancer la machine. Mais tous les éléments de la société polonaise – le gouvernement, les syndicats, le peuple, le Parti, et par-dessus tout l'Église, devaient reconnaître qu'il y avait des limites.

Le samedi 12 décembre, peu après 14 heures, Jaruzelski convoqua Kazimierz Barcikowski, secrétaire du Comité central polonais qui occupait aussi les fonctions de président de la Commission mixte de l'État et l'épiscopat, afin de lui demander s'il était d'accord avec l'« état de guerre ». Barcikowski ayant répondu par l'affirmative, Jaruzelski lui confia, à lui et au ministre des Affaires religieuses, Jerzy Kuberski, la mission d'informer Glemp. Le régime ne tenait vraiment pas à ce que celui-ci apprenne la nouvelle de la proclamation de la loi martiale en se retrouvant nez à nez avec des chars dans la rue.

Quand Kuberski arriva à la résidence du primat de Pologne, le dimanche à 15 heures, on aurait dit que tout le monde dormait à poings fermés. Un agent de police en faction devant le portail du palais, après avoir sonné trois fois, suggéra finalement : « Monsieur le ministre, si vous passiez par-dessus la barrière, vous pourriez probablement vous introduire à l'intérieur. » Kuberski préféra réintégrer le palais Belvédère où on lui intima l'ordre de retourner d'où il venait et d'essayer de nouveau. « Tout cela était un peu théâtral », commenta par la suite Barcikowski.

Pour finir, une lumière s'alluma quand le ministre, accompagné cette fois-ci de Barcikowski et d'un général, tira une nouvelle fois la sonnette du portail. Une religieuse fit son apparition. Quelques minutes plus tard, les trois hommes étaient accueillis par l'aumônier de Glemp qui les conduisit dans une pièce où ils rencontrèrent le primat.

Calmement, en termes succincts, Barcikowski lui fit savoir que l'« état de guerre » avait été déclaré, faute d'une alternative. Il précisa néanmoins que cela n'affecterait en rien les relations de l'Église et de l'État et que tous les arrangements antérieurs seraient dûment respectés. De surcroît, la loi martiale – et certaines dispositions liées à son instauration – serait abolie dès que les circonstances le permettraient.

Barcikowski vit l'abattement du primat. « Tout cela est bien triste », déclara celui-ci. Il avait déjà appris qu'une telle proclamation risquait d'avoir lieu, mais espérait que la nation tiendrait le coup cahin-caha jusqu'à Noël. Dans ce cas, l'esprit de la Nativité aurait peut-être pu parer à l'« état de guerre ».

Si la nouvelle ne l'avait pas surpris, Glemp n'en était pas moins inquiet pour l'avenir. Mais il n'avait pas plus envie que Barcikowski de débattre de la question en détail. Aussi leur entretien tourna-t-il court au bout de quelques minutes.

Après quoi Barcikowski s'en alla avertir l'archevêque Dabrowski, secrétaire de la Conférence épiscopale polonaise. Ses lignes téléphoniques aussi étaient coupées. Ils se rencontrèrent à trois reprises dans les heures qui suivirent, l'archevêque exprimant son opposition inflexible à la loi martiale et Barcikowski s'efforçant pour sa part de le maintenir au courant des événements en cours tout en le persuadant que la proclamation de l'état de guerre était nécessaire.

Les deux hommes se connaissaient bien : en sa qualité de secrétaire de la Conférence épiscopale polonaise, l'archevêque avait la charge des relations avec le gouvernement. Lors des réunions de la Commission mixte de l'État et l'épiscopat, ils avaient souvent parlementé afin de déterminer si une ligne de conduite particulière vis-à-vis de Solidarité risquait d'inciter les Soviétiques à intervenir.

« On s'imagine qu'il y avait un État communiste, une Église anticommuniste et puis Solidarité vit le jour, dirait Barcikowski des années plus tard. C'est un mythe... En bref, trois partis sans rapports entre eux. Pourtant, dans le cadre des relations unissant l'Église et l'État, il y avait toujours moyen d'établir des contacts personnels à différents niveaux. Quand Dabrowski éprouvait le besoin de me parler, il me téléphonait, ou j'allais le voir au bureau des Affaires religieuses. Lors de ces entretiens, nous débattions de toutes sortes de choses, y compris – d'innombrables fois – de la question de savoir s'ils nous envahiraient ou non. Cela, dès 1980. » Quelquefois, en cas de désaccord profond, Kuberski, le ministre des Affaires religieuses, se récriait en disant : « Cette affaire sera réglée par le capitaine Ivanov. » Et tout le monde comprenait ce qu'il entendait par là.

Le dimanche 13 décembre, dans l'après-midi, depuis l'autel de l'église jésuite de Marie-Mère-de-Dieu, au cœur de la vieille ville de Varsovie, Glemp prononça un sermon sur les nouvelles conditions prévalant en Pologne. Le ton de son sermon avait tout lieu de satisfaire Jaruzelski – Brejnev lui-même s'en serait félicité. Il fut diffusé à la télévision polonaise – un nombre incalculable de fois –, parut dans le quotidien du Parti et circula même sous forme de tracts placardés sur les baraquements de l'armée :

« Ce dimanche matin, nous avons découvert avec stupéfaction que nous étions désormais sous le joug de la loi martiale. A l'approche du soir, nous commençons à nous habituer à cette idée et nous comprenons qu'il s'agit là de quelque chose de dangereux, de sorte que nous nous demandons : Et après ? Qu'arrivera-t-il demain ? Comment devons-nous nous comporter ?... Un représentant de l'Église ne peut prodiguer d'autres conseils que ceux de l'Évangile. Dans ses enseignements, il se doit de jeter de la lumière sur la nouvelle réalité. Ici en Pologne, cette nouvelle réalité n'est autre que la loi martiale. Telle que nous la comprenons, la loi martiale est un nouvel État, régi par des lois rigoureuses qui nous retirent provisoirement un grand nombre de nos acquis civiques... Sous la loi martiale, l'opposition aux décisions des autorités pourrait entraîner de violentes représailles, allant jusqu'à des effusions de sang, puisque lesdites autorités ont les forces armées à leur disposition. Nous pouvons nous indigner, clamer l'injustice de cette situation... Mais cela ne produira sans doute pas les résultats escomptés. »

Pour le peuple polonais, traumatisé et épouvanté par les initiatives du régime et les mesures draconiennes de la loi martiale, le message était clair. Le chef de l'Église polonaise disait à ses fidèles : « Ne résistez pas. Vous risqueriez votre vie. » Bien que la popularité du gouvernement fût tombée à pic durant l'automne 1981, Jaruzelski conservait personnellement une stature considérable. On vénérait toujours l'armée polonaise depuis qu'elle avait sauvé le pays de l'invasion soviétique dans les années vingt : bon nombre de citoyens refusaient toujours de croire – en dépit de la réalité – que leurs concitoyens soldats avaient tiré sur des ouvriers à Gdansk en 1970.

Le primat poursuivit son sermon en recourant à un vocabulaire encore plus frappant :

« Les autorités estiment que la nature exceptionnelle de la loi martiale est dictée par une nécessité absolue. Elles ont choisi le moindre mal. En admettant que leur raisonnement est fondé, l'homme de la rue se soumettra à la nouvelle situation.

« ... Rien n'a plus de valeur qu'une vie humaine. »

« Ce n'est pas à l'historien de juger, commenterait Timothy Garton Ash, chroniqueur britannique du combat mené par Solidarité, si la formule " Rien n'a plus de valeur qu'une vie humaine " reflète précisément les enseignements de Jésus-Christ, ni à lui de déterminer si le cardinal Wyszynski, ou Karol Wojtyla, se serait exprimé dans les mêmes termes en ce moment critique. (L'historien) se contentera de noter que ce sermon semble avoir joué un rôle dans l'affaiblissement de la résistance immédiate à la loi martiale. En outre, les paroles du primat furent très mal prises par de nombreux chrétiens polonais qui se préparaient alors à risquer leur vie pour ce qu'ils considéraient comme des valeurs élevées. Huit jours plus tard, l'épiscopat prenait plus franchement la défense de Solidarité ; mais cette semaine-là fut décisive. »

Jean-Paul II avait approuvé le choix de Glemp comme successeur de Wyszynski. Sa caution conféra encore plus de poids aux propos du primat. Peu de temps après que le message de l'archevêque eut retenti d'un bout à l'autre du pays, les membres de Solidarité, passés dans la clandestinité, en vinrent à appeler le primat « camarade Glemp ».

En l'espace de deux jours, d'autres évêques avaient persuadé Glemp que sa réaction initiale n'était pas du tout dans la note. Lors de sa déclaration du 15 décembre, il commença par exprimer le chagrin que lui inspirait « une nation terrorisée par les forces militaires », mais de terribles ravages avaient déjà été perpétrés.

La réaction déconcertante de l'Église face à la loi martiale résultait en partie de l'incapacité du pape à communiquer avec ses évêques, et les dissensions au sein de l'épiscopat persistèrent jusqu'à ce que Jean-Paul II entreprenne de définir clairement la conduite à tenir pour l'Église polonaise. Ainsi, dès les premiers jours de l'état de guerre, une tendance se dessina qui devait essentiellement se maintenir durant les cinq années de la lutte clandestine de Solidarité : à savoir que le syndicat tirait sa force du souverain pontife et de ses déclarations, tout en considérant le primat Glemp comme un individu désespérément faible, un jouet entre les mains du régime instigateur de la loi martiale.

Plus tard, Zbigniew Bujak, le plus haut responsable de Solidarité, ayant échappé à ses geôliers le 13 décembre pour passer dans la clandestinité, exposa certaines raisons pour lesquelles le syndicat avait été pris au dépourvu : « Le gouvernement envisageait manifestement une opération d'envergure contre le syndicat. Mais nous n'avons pas pensé une seule seconde que ce serait aussi grave que ça. » Tant de gens avaient évoqué l'« impuissance » des autorités au cours des derniers mois que les chefs de file de Solidarité avaient fini par se laisser bercer par ces discours illusoires. De plus, ils faisaient confiance à l'armée ; la plupart d'entre eux étaient convaincus que les soldats polonais ne s'en prendraient jamais à leurs compatriotes ouvriers, sans parler de leur tirer dessus.

Des préparatifs de résistance limités avaient été entrepris dans quelques régions : on avait caché le matériel d'imprimerie, et à Lodz, en tout cas, des plans d'urgence rudimentaires avaient été mis sur pied afin de poursuivre les opérations après l'arrestation des responsables nationaux et locaux. En revanche, aucune mesure semblable n'avait été prise au niveau national, ni la moindre tentative faite pour établir un réseau de communications radio de substitution entre les usines et les régions, bien que l'expérience d'août 1980 eût montré l'importance capitale d'un tel dispositif en cas de grève générale. Pour finir, les dirigeants de Solidarité étaient tellement préoccupés par les problèmes immédiats qu'ils ne prirent jamais le temps de dresser un plan d'action détaillé dans le cas d'une situation d'urgence qu'ils n'envisageaient pas sérieusement.

Walesa fut parmi les premiers à être appréhendés. Comme il l'écrivit :

« La loi martiale n'eut pas de forme politique spécifique au départ et s'apparentait plutôt à une vaste opération militaire. Sa signification profonde ne se fit jour que plus tard ; elle dépassa alors nos pires craintes. Ses incidences n'étaient pas simplement politiques ; elle déclencha un cataclysme qui perturba gravement la vie sociale et individuelle et remit en cause l'idée même de communauté nationale... Il devint de plus en plus évident que nous vivions une guerre civile. Le " dialogue de Pologne " était fini ; la " guerre pour la Pologne " venait de commencer. »

Maintenant que les responsables de Solidarité étaient incarcérés ou passés dans la clandestinité, un nouveau maréchal allait prendre le commandement : le pape.

Au Vatican, le secrétaire de Sa Sainteté, Mgr Dziwisz, avait appris la nouvelle dès l'aube par la radio et s'était empressé d'en informer Jean-Paul II. Après cette annonce initiale, cependant, le pape n'en entendit plus vraiment parler de la journée. Même à Washington, on ne savait rien. D'épais nuages couvraient la Pologne et l'Europe de l'Est (ce jour-là ainsi que les suivants), rendant inutiles les photographies par satellite. La Maison Blanche avait appelé la Secrétairerie d'État du Vatican pour savoir si le pape avait des informations, mais toutes les communications étaient coupées entre Rome et Varsovie, la Pologne et le monde extérieur.

Instinctivement, la première réaction du Saint-Père fut de prier, pour que Dieu le guide et pour son peuple. Il redoutait plus que tout que ses compatriotes se retournent les uns contre les autres et que cela se termine dans un bain de sang. Si les Polonais descendaient dans la rue et se livraient à des saccages, les Soviétiques auraient dès lors une excuse pour intervenir, provoquer des effusions de sang et déclencher une répression irréversible. Jean-Paul II tenait à s'identifier avec le peuple polonais dans son pire moment de crise depuis l'insurrection de Varsovie en 1944, mais il voulait aussi envoyer un signal qui toucherait – et influencerait – l'ensemble de la nation polonaise : les militaires tout autant que Solidarité, les citoyens ordinaires et les leaders du Parti. Comme presque tous les dimanches, un groupe de pèlerins polonais s'étaient rassemblés sur la place Saint-Pierre, et après la prière de l'Angélus, à midi, le pape apparut sur son balcon afin de prier pour leur patrie – en polonais.

Il savait que des millions de Polonais, assoiffés de nouvelles du monde extérieur, écouteraient Radio Free Europe, la BBC, the Voice of America ou Radio Vatican. Tout au long des crises de 1980 et 1981, ils avaient négligé les stations publiques pour se brancher sur ces autres canaux, de même qu'ils avaient abandonné la presse communiste au profit des centaines de journaux et périodiques clandestins publiés sous les auspices de Solidarité, outre les dizaines de revues catholiques de plus en plus audacieuses.

« Trop de sang polonais a déjà été versé, surtout pendant la dernière guerre, déclara le souverain pontife. Le sang polonais ne doit plus couler. Tout doit être mis en œuvre pour bâtir l'avenir de notre patrie en paix. » Après quoi, il confia les Polonais et la Pologne à la garde de la Madone de Jasna Gora, « qui nous a été donnée pour notre défense ». Dans l'heure qui suivit, les services en langue polonaise des radios occidentales diffusaient son message. Ses paroles – prononcées des heures avant que Glemp intervînt à son tour – influencèrent vraisemblablement la fâcheuse déclaration du primat.

Lors de ses premiers entretiens en privé avec Mgr Casaroli, Mgr Dziwisz et son ami et confident, le cardinal Deskur, le pape exprima son inquiétude quant à une éventuelle intervention soviétique. Il établit une politique en quatre points : premièrement, obtenir autant d'informations que possible en provenance de Pologne et d'ailleurs, et atteindre l'épiscopat ; deuxièmement, décourager les actes de provocation ; troisièmement, ouvrir des lignes de communication avec le nouveau régime ; et finalement, faire savoir à la Pologne et au reste du monde que le Saint-Père et l'Église se déclaraient sans équivoque « solidaires de la nation polonaise » – formule qu'il reprit le lendemain soir lorsqu'il s'adressa à une foule immense rassemblée sur la place Saint-Pierre afin de prier pour la Pologne.

« Cette solidarité avec le peuple polonais sert aussi à étayer certains principes et valeurs inaliénables tels que les droits de l'homme et ceux de la nation... des principes et valeurs qui doivent engendrer, en notre temps, une forte cohésion à l'échelle européenne et planétaire. » Le contraste avec le discours de Glemp n'aurait pas pu être plus marqué.

Aux yeux de ceux qui le virent de près durant ces premières heures, le pape parut profondément attristé, mais résolu à jouer le rôle suprême qui lui incombait dans la destinée de sa nation. Une nouvelle occasion lui fut donnée de se faire entendre dès le mardi suivant avec l'arrivée au Vatican d'un diplomate dépêché à la requête du président des États-Unis et au nom du secrétaire général des Nations unies, Kurt Waldheim.

La première information relative à la situation polonaise avait atteint la Maison Blanche le samedi soir, heure de Washington, sous la forme d'un bulletin en provenance de l'ambassade américaine à Varsovie annonçant que des chars avaient pris position dans la capitale. De la « salle stratégique » située dans le sous-sol de la Maison Blanche, un officier de permanence avait averti le président et le vice-président, ainsi que Richard Pipes, haut responsable du Conseil de sécurité national chargé des affaires soviétiques et de l'Europe de l'Est, et lui-même d'origine polonaise. Le secrétaire d'État, Haig, et le ministre de la Défense, Weinberger, étaient à l'étranger l'un et l'autre : preuve que les autorités américaines n'étaient pas du tout préparées à une telle éventualité.

Pipes s'empressa de contacter Bogdan Lewandowski, sous-secrétaire général des Nations unies, dans sa résidence new-yorkaise. Citoyen polonais, Lewandowski avait représenté Waldheim à l'intronisation de Jean-Paul II. Pipes avait espéré qu'il aurait davantage de précisions sur le coup d'État, puisqu'il était régulièrement en relation avec le gouvernement de Varsovie, mais il ne savait rien de plus. L'Amérique était presque complètement dans le noir, faute de renseignements par satellite ou de sources haut placées – depuis la fuite de Kuklinski.

Quelque temps plus tard, Zbigniew Brzezinski et Lewandowski eurent une conversation téléphonique au cours de laquelle germa l'idée d'une visite de ce dernier au Saint-Siège. Les lettres de créance de Lewandowski, reconnurent-ils d'un commun accord, seraient extrêmement utiles pour établir un lien entre le souverain pontife et Varsovie, où Lewandowski entretenait des rapports étroits avec le vice-premier ministre, Mieczyslaw Rakowski, membre de l'aile libérale du Parti communiste. Le Vatican n'avait pour ainsi dire pas d'informations non plus et, comme Washington, Jean-Paul II cherchait avant toute chose à déterminer ce qui se passait en Pologne. Brzezinski fit donc les arrangements nécessaires avec le Vatican pour que Lewandowski soit reçu par le pape. A Washington, Pipes et Brzezinski espéraient que Lewandowski, officiellement représentant des Nations unies et donc, responsable non pas devant le gouvernement polonais, mais devant le secrétaire général de ladite organisation, partagerait ce qu'il apprendrait à Rome ou Varsovie avec la Maison Blanche. Ce qu'il fit.

Lewandowski arriva à Rome le jeudi 17 décembre au matin. On le conduisit aussitôt dans la bibliothèque pontificale pour y rencontrer le Saint-Père. « C'était encore le black-out quasi complet, se souvient-il. Malgré les moyens de communication modernes à sa disposition, y compris via l'ambassade italienne à Varsovie, Sa Sainteté était pour ainsi dire dans l'ignorance la plus totale. » On savait seulement que des milliers de gens étaient appréhendés heure après heure et que la population avait peur et était très perturbée.

Le diplomate trouva le pape tendu et mélancolique. Il redoutait un « holocauste », les Polonais se mettant à se massacrer entre eux, et craignait surtout que le nouveau régime tente d'exécuter les leaders de Solidarité.

Au cours de leur entretien qui dura plusieurs heures, le pontife parla avec éloquence de la situation présente et de sa hantise des effusions de sang, mais aussi des libertés politiques et sociales acquises durant les seize derniers mois. Lewandowski dira des années plus tard : « Je perçus également une certaine anxiété quant aux perspectives d'avenir d'un de ses vœux les plus chers : ouvrir l'Union soviétique au christianisme,... sa patrie servant en l'occurrence d'exemple de vrai catholicisme, un “ catholicisme populaire ”, pour la société occidentale matérialiste et permissive. »

Pendant le dîner pour lequel Mgr Dziwisz se joignit à eux, la conversation tourna autour des espoirs et des craintes de Jean-Paul II, comme si l'objectif même et la mission de sa papauté étaient mis à l'épreuve.

Le Saint-Père n'en continua pas moins de parler de la Pologne comme d'« une inspiration pour le monde » en exprimant le désir que Lewandowski transmette cette vision à Jaruzelski, en plus de ses vives inquiétudes quant à la sécurité de ses compatriotes. Il souhaitait qu'un dialogue s'instaure sur-le-champ entre l'Église et le gouvernement, mais il fallait avant toute chose que le général comprenne que les principes établis depuis les accords de Gdansk ne pouvaient en aucun cas être remis en cause.

Vingt à trente personnes avaient été tuées dans les jours qui suivirent la proclamation de la loi martiale, la plupart assassinées par les forces de sécurité. Des centaines d'autres furent blessées et arrêtées dans les chantiers navals de Gdansk, berceau de Solidarité, où les ouvriers s'étaient précipités par milliers à l'annonce de l'« état de guerre ».

Les incidents les plus violents eurent lieu dans une mine de charbon voisine de Katowice où les mineurs avaient appelé à une grève sur le tas. Dès le mardi 15 décembre, plus de deux mille hommes étaient barricadés à l'intérieur et menaçaient de faire tout sauter, y compris eux-mêmes, si les autorités réagissaient par la force. Ils étaient armés de pelles, de bonbonnes d'essence, de dynamite et d'outils transformés en lances.

A 10 heures du matin, la police de sécurité, la ZOMO, soutenue par quarante chars, bloqua l'entrée de leur refuge et entreprit de tirer des balles en caoutchouc sur les grévistes tandis que des hélicoptères déversaient des gaz lacrymogènes à l'intérieur de la mine. Neuf mineurs et quatre policiers de la ZOMO trouvèrent la mort au cours de cet affrontement ; les forces de sécurité attaquèrent alors des médecins civils et ambulanciers qui tentaient de soigner les blessés. En définitive, il y eut plus d'une quarantaine de blessés.

Ces débordements de violence à Katowice, rapportés par la radio nationale polonaise le lendemain, jeudi, incitèrent Jean-Paul II à écrire l'après-midi même à Jaruzelski. Cette missive, rédigée sans aide ni consultation, identifiait l'Église (et, à n'en point douter, Wojtyla lui-même) comme « le porte-parole » de la cause de son pays et de la justice morale. Elle condamnait sans ambiguïté l'instauration de la loi martiale, sans porter de jugement moral sur Jaruzelski, même si elle lui enjoignait de respecter des principes plus élevés que ceux qui le gouvernaient sans doute jusqu'ici. Des copies de cette lettre furent envoyées à différents chefs d'État du monde entier, à l'épiscopat polonais, ainsi qu'à Lech Walesa, assigné à résidence.

« Les événements survenus en Pologne depuis la proclamation de la loi martiale, le 13 décembre, ont entraîné la mort et fait de nombreux blessés parmi nos compatriotes et je me vois contraint de vous adresser cet appel urgent et sincère, une prière afin que cessent ces effusions de sang.

« Au cours des deux derniers siècles, la nation polonaise a subi de graves torts, et beaucoup de sang a été versé dans la lutte pour le pouvoir au sein de notre patrie. Notre histoire s'élève avec véhémence contre de nouveaux bains de sang et nous devons empêcher que cette tragédie continue à peser si lourd sur la conscience de notre pays. Aussi, j'en appelle à vous, général, afin que vous en reveniez aux méthodes du dialogue pacifique qui ont caractérisé les efforts déployés en vue d'un renouveau social depuis le mois d'août 1980. Même s'il s'agit là d'une démarche difficile, elle n'est certainement pas impossible.

« Le bien-être de toute la nation polonaise en dépend. Dans le monde entier, tous ceux qui voient à juste titre la cause de la paix favorisée par le respect des droits de l'homme, attendent ce retour à des procédés non violents. Le désir de paix de toute l'humanité prône l'abrogation de la loi martiale en Pologne.

« L'Église exprime cette volonté à haute voix. Bientôt ce sera Noël, période à laquelle les fils et les filles de la Pologne, génération après génération, ont été réunis par la Sainte Communion. Tout doit être mis en œuvre afin que nos compatriotes ne soient pas forcés de passer ces fêtes de fin d'année à l'ombre de la répression et de la mort.

« J'en appelle à votre conscience, général, et à la conscience de tous ceux qui doivent résoudre ce problème. »

Le Vatican, 18 décembre 1981

Jean-Paul II

Cette lettre, comme toutes les autres réactions du pape à la loi martiale, procédait en partie d'une prémisse fondamentale : aussi exécrable soit-elle, la loi martiale était un « moindre mal », selon sa propre formule, comparée à la guerre civile ou à une intervention soviétique. Le pape supposait à juste titre qu'en définitive, Jaruzelski aurait besoin de la coopération de l'Église pour trouver une issue à la terrible situation dans laquelle il se trouvait, ainsi que l'ensemble de la nation. Comme le général n'avait que deux solutions : se tourner vers l'Église ou vers Moscou, Jean-Paul II pensait qu'au bout du compte, il rechercherait la protection de l'Église.

Un représentant de l'épiscopat polonais était censé arriver à Rome ce jeudi par un vol charter en provenance de Varsovie, porteur d'un message pour le Saint-Père. Mais il n'y avait pas de prêtre à bord. Frustré par cette incapacité d'entrer en contact avec ses évêques, le pape pria la Secrétairerie d'État du Vatican de demander aux représentants du gouvernement polonais à Rome la permission d'envoyer un émissaire pontifical à Varsovie auprès de Jaruzelski.

Pour cette tâche délicate, Jean-Paul II choisit l'archevêque Luigi Poggi, nonce apostolique chargé des missions spéciales qui, depuis 1973, avait effectué d'autres voyages en Europe de l'Est. Dès le samedi suivant, porteur de la missive du pape contenue dans une enveloppe frappée du sceau papal, Poggi prenait l'avion pour Vienne où il s'embarqua à bord du train Chopin Express à destination de Varsovie.

Ce même week-end, Lewandowski rencontrait Jaruzelski et lui faisait part séance tenante des inquiétudes du pape. Le général lui assura d'emblée qu'il n'y aurait plus d'effusions de sang à l'initiative du gouvernement. Il était extrêmement important que le pape comprenne pleinement pourquoi le régime avait agi comme il l'avait fait, poursuivit-il : des éléments radicaux entraînaient le pays vers un gouffre économique, provoquant un chaos social qui aurait débouché sur une intervention soviétique. En réponse aux commentaires faits par le sous-secrétaire général des Nations unies au nom du pape, Jaruzelski s'engagea à mettre en vigueur les réformes sociales et économiques annoncées avant « l'état de guerre ». Il ne mentionna jamais, ni à ce moment-là ni plus tard, qu'il avait lancé un appel à l'aide aux forces du pacte de Varsovie, ou qu'il savait que les Soviétiques n'interviendraient pas.

« A ce stade, le général Jaruzelski était probablement l'homme le plus détesté de Pologne », noterait plus tard Lewandowski. Ce qui n'empêcha pas celui-ci de trouver en lui « l'un des individus les plus chrétiens qu'il m'a été donné de rencontrer dans ce pays – et pas seulement à cause de son éducation catholique... Il semblait convaincu de devoir porter la Croix – de la haine populaire, d'une culpabilité éternelle, sans aucune chance de rédemption sur la terre ». Le diplomate alla même plus loin :

« Jaruzelski n'essaya jamais de justifier le passé – celui du régime communiste qu'il était censé défendre, tout au moins aux yeux de tous en Pologne et ailleurs. Le seul passé que nous évoquâmes... fut l'insurrection de Varsovie, en 1944, et toutes les autres rébellions polonaises à partir du XIXe siècle. Il ne fut question que des Russes, pas même des Allemands. Il avoua en toute franchise qu'il redoutait un nouvel affrontement russo-polonais qui se solderait vraisemblablement par une défaite de son pays. »

Lewandowski rencontra aussi Rakowski, le vice-premier ministre, sans doute le conseiller le plus proche de Jaruzelski. Cette rencontre donna lieu à un « résumé » approfondi de la situation en Pologne que le diplomate enregistra afin de le présenter au pape et à la Maison Blanche, non sans avoir obtenu la permission de son interlocuteur. En dépit de l'appel vibrant lancé au pape par Jaruzelski afin que Sa Sainteté se montre compréhensive, Lewandowski ne trouva guère de motifs d'espoir à Varsovie. Il y avait des soldats partout et rien n'indiquait que « l'état de guerre » serait de courte durée. De plus, la population semblait désillusionnée et plongée dans la confusion.

Le 21 décembre, Lewandowski regagna le Vatican à temps pour la messe dans la chapelle papale, après quoi, il prit le petit déjeuner avec le pape. Avant de prendre place à table, il confia à Mgr Dziwisz la cassette enregistrée lors de son entretien avec Rakowski.

Durant plusieurs heures, le pape l'interrogea sur ses impressions quant à la situation en Pologne (très déprimante, mais calme), sur la manière dont Jaruzelski avait réagi à son appel en faveur d'un dialogue (positivement) et sur le sort de plusieurs leaders du KOR, conseillers auprès de Solidarité, et d'autres intellectuels proches du pape.

Les membres du KOR, Comité d'autodéfense sociale, avaient été parmi les premiers à être appréhendés. Durant seize mois, ils avaient été dans le collimateur du Politburo soviétique et avaient fait l'objet d'une surveillance intensive de la part de la sécurité intérieure polonaise. Pourtant, les conseillers du KOR auprès de Solidarité n'étaient certainement pas des radicaux poussant le syndicat à prendre des mesures extrémistes. Bien au contraire, ils avaient exhorté Solidarité et Walesa à faire preuve de retenue, de peur que les Soviétiques, ou l'armée polonaise, ne viennent écraser leur mouvement.

Walesa était détenu dans une villa des faubourgs de Varsovie appartenant à l'ancien secrétaire du Comité central polonais. Dans les premières heures qui suivirent la proclamation de la loi martiale, Barcikowski, à la tête de la commission mixte État-Église, avait tenté de le persuader de rencontrer Jaruzelski pour négocier.

Walesa refusa, exigeant que toutes les personnes arrêtées soient libérées au préalable. Deux jours plus tard, on l'autorisait à rencontrer deux représentants de l'épiscopat, puis son ami et conseiller-confesseur originaire de Gdansk, le père Henryk Jankowski.

« En dépit de la loi martiale, écrirait-il par la suite, l'Église continue à jouer un rôle de médiateur. Bien qu'en accord absolu avec les idéaux de Solidarité, la hiérarchie catholique polonaise évita toute action ou déclaration politique ouverte, ce dont les autorités leur furent reconnaissantes. »

Ce qui n'était pas le cas du pape à Rome. Ses déclarations publiques exprimaient une indignation croissante à mesure qu'il devenait de plus en plus évident que sa patrie resterait sous le joug de la loi martiale dans les mois à venir. Il déclara confidentiellement à ses aides que la Pologne s'était changée en un « vaste camp de concentration » – une formule intéressante dans la bouche d'un prélat polonais dont le diocèse incluait jadis Auschwitz.

Le régime supposait que l'épiscopat parviendrait à convaincre Walesa d'entamer des négociations selon ses propres termes ; après quoi, on commencerait à relâcher les dirigeants de Solidarité en échange de concessions politiques. Dans cet esprit, le père Alojy Orszulik, porte-parole du primat Glemp, obtint facilement accès auprès de Walesa.

Dans sa rage et son désespoir face aux autorités, Walesa hurla à l'adresse du prêtre : « Ils viendront à moi à genoux ! »

Comme on pouvait s'y attendre, le prêtre se froissa. Il « désapprouva mon manque d'humilité chrétienne, expliqua Walesa, et puis il nous fallut un moment pour nous accoutumer l'un à l'autre ». Leurs premiers entretiens furent tendus et malaisés, Walesa avançant une idée après l'autre, toutes rejetées par Orszulik qui les qualifia d'« irréalistes ».

Plus important, toutefois, le père Orszulik maintenait Walesa au courant des échanges entre le pape et les évêques polonais durant les semaines qui suivirent la proclamation de la loi martiale ; de la même façon, le pontife obtenait des informations fiables sur les dernières positions de Walesa en matière de négociations. Quelques heures après son arrestation, les autorités avaient déclaré à Walesa que « l'état de guerre » durerait probablement un an au minimum – une précision qui fut aussitôt transmise aux représentants de l'épiscopat.

Walesa redoutait parfois que l'Église, maintenant qu'elle avait acquis davantage de poids, sacrifie les gains des seize derniers mois en échange de concessions de la part du régime. Du haut de sa chaire, écrirait plus tard le syndicaliste, le primat lançait des appels vibrants en faveur d'une ouverture des négociations, et « je renonçai à toutes mes conditions initiales les unes après les autres pour m'aligner en définitive sur la position de l'Église. Ce qui ne donna pas de résultats tangibles. Ils avaient sans doute élaboré ce plan dès le départ : se servir de l'Église exclusivement pour les apparences ».

Quoi qu'il en soit, Walesa en vint à une nouvelle prise de conscience quant aux objectifs de l'Église :

« Par la suite, je me suis souvent demandé pourquoi l'Église, avec toute l'expérience qu'elle avait, avait pu consentir à s'associer à une telle mise en scène, et j'ai fini par comprendre que là résidait sa sagesse. En acceptant les règles du jeu qu'on lui imposait, elle agissait dans son propre intérêt afin d'exister en tant que force non alignée au sein de la société... Telle était la politique de Stefan Wyszynski, une politique suivie par l'Église de Pologne depuis la fin de la guerre : prendre les promesses et les accords suspects au pied de la lettre et les élaborer afin de devenir une puissance morale que l'État était contraint de reconnaître. Je me suis rendu compte que l'Église avait choisi une stratégie identique pour faire face aux circonstances engendrées par la loi martiale. »

Jean-Paul II passa Noël dans la tristesse, sa souffrance visible aux yeux de tous. Depuis son intronisation, il n'avait jamais été confronté à une situation aussi réfractaire à sa volonté et ses prières. Telle était en tout cas l'impression de son entourage qui ne l'avait jamais vu aussi malheureux, préoccupé et frustré.

Durant seize mois, son pays avait été le symbole d'une nouvelle ère européenne ; il avait pris part à la naissance de cette ère et s'en était réjoui. A présent, la Pologne ressemblait au monstre situé le long de sa frontière orientale – sans joie, affamé, vaincu.

Le soir de Noël, en signe de « solidarité envers les nations dans la peine », le souverain pontife alluma une bougie à une fenêtre de ses appartements du Vatican, un geste que des millions d'individus du monde entier ne tarderaient pas à faire leur. L'idée venait d'un pasteur protestant des États-Unis.

Le pape s'efforçait de mesurer ses paroles. Jusqu'à présent, le Parti communiste italien lui-même avait critiqué le régime polonais plus ouvertement que lui, tandis que, jour après jour, les informations atteignant Rome prouvaient que le coup d'État de Jaruzelski avait réussi à mettre le pays sens dessus dessous. Le premier rapport direct émanant de l'épiscopat avait été déprimant à l'extrême. L'évêque Dabrowski, secrétaire de la conférence épiscopale polonaise, était arrivé au Saint-Siège le lundi 21 décembre au soir ; il avait brossé un sinistre portrait de la Pologne assiégée. Les membres de Solidarité étaient contraints de signer des serments de loyauté et de renoncer à leur appartenance audit syndicat. *Tygodnik Powszechny,* l'hebdomadaire qui avait publié les articles du pape, et Znak, son éditeur, avaient dû fermer leurs portes. Jaruzelski envisageait d'énormes augmentations des prix des denrées alimentaires, des produits de première nécessité et des services. Si Walesa était sain et sauf, le général refusait de négocier à proprement parler avec lui bien que Dabrowski jurât que Walesa était la personne la mieux habilitée à représenter les intérêts des ouvriers polonais.

« Des ombres funestes » obscurcissaient les perspectives de paix, déclara le pape. Il n'en continua pas moins d'évoquer la possibilité d'un consensus fondé sur des principes, affirmant à l'assemblée des prélats et des cardinaux de la Curie réunis à l'occasion de Noël qu'il devait y avoir « une solution pacifique par le biais d'une collaboration mutuelle entre les autorités et les citoyens dans le respect absolu de l'identité civile, nationale, spirituelle et religieuse de ce pays ». Il ajouta que « l'Église était du côté des ouvriers », mais s'abstint une fois de plus de critiquer ouvertement les autorités militaires polonaises. Rien ne symbolisait sans doute mieux l'apparente faiblesse de la position cléricale que la vue du nonce apostolique, Mgr Poggi, en compagnie de Jaruzelski à la télévision polonaise. Après avoir attendu des jours pour être reçu par le général, il n'en souriait pas moins avec diplomatie. C'était la veille de Noël et sa présence sous-entendait on ne peut plus clairement la bénédiction du pape. Remis dans le train sans réponse au message du souverain pontife, Poggi regagna Rome le 27 où il fit un rapport des plus sombres. Bien que Jaruzelski eût exprimé l'espoir que le Vatican jouerait un « rôle historique » dans le renouveau de la Pologne, il n'avait rien dit qui laissât supposer qu'il fût prêt à relaxer les milliers d'hommes en captivité – certains dans des cellules glaciales, d'autres, comme Walesa, assignés à résidence. De fait, on continuait tous les jours à procéder à des arrestations.

Poggi s'était aussi efforcé d'instiller dans l'esprit de Glemp la politique papale d'une résistance basée sur des principes, mais le primat de Pologne redoutait les incidences que cela risquait d'avoir sur l'Église. Il décrivit Walesa comme un « personnage inflexible », un « homme politique inexpérimenté ». Il avait été très choqué par les propos lancés à la tête du père Orszulik par le leader de Solidarité. Il craignait que Jaruzelski fût écarté par un coup d'État stalinien en cas de provocations intempestives de la part de l'Église ou des vestiges de Solidarité et doutait fort que le syndicat, ou ses idées maîtresses, eussent la moindre chance de survivre.

Contrairement à lui, l'évêque Dabrowski estimait que Solidarité était si profondément enraciné dans la société polonaise que rien ne le détruirait. A la différence de Glemp qui avait l'esprit de clocher, il était convaincu de l'importance dudit syndicat sur le plan international et pensait que Walesa avait la stature et les aptitudes nécessaires pour représenter les ouvriers dans le cadre de négociations avec les autorités. Il considérait les événements des seize derniers mois dans un contexte historique que Glemp semblait ignorer. Dabrowski doutait que les Soviétiques fussent disposés à supporter le poids d'une nation qui avait résisté avec tant de détermination et pendant si longtemps au joug communiste, même après qu'il eut été modelé conformément aux conditions particulières de la Pologne. Ce serait pourtant ce que l'URSS serait contrainte de faire si elle décidait d'intervenir : elle n'aurait pas d'autre solution que de prendre en main les rênes du pays. Le Parti communiste polonais lui-même, à l'exception de sa faction la plus stalinienne et militante, opposerait une résistance farouche à une telle intervention, de l'avis de Dabrowski.

Quoi qu'il en soit, le pape en arrivait bien malgré lui à la conclusion que l'Église polonaise et Solidarité avaient perdu l'essentiel des gains pour lesquels ils s'étaient battus au cours des seize derniers mois. A Poggi, Dabrowski, Casaroli et les autres, il parla de *salvare il salvabile* – sauver ce qui pouvait l'être. Patience et prudence étaient essentielles, ainsi que la foi. Casaroli enjoignit les nonces d'Europe de l'Ouest d'exhorter leur gouvernement d'accueil à ne pas suspendre l'aide économique destinée à la Pologne en signe de protestation. La thèse de Jean-Paul II, étayée par les services secrets américains, voulait que Jaruzelski finirait par ressembler davantage au maréchal Tito en Yougoslavie qu'au modèle du chef d'État fantoche sous la houlette de Moscou, surtout si l'Église se gardait de l'acculer dans un coin. Le pape pensait aussi que Jaruzelski, qui avait fréquenté jadis une école administrée par des pères maristes, était secrètement croyant. Au cours des années suivantes, cela se révélerait un des facteurs déterminants dans les calculs du pape.

Après son entretien avec l'archevêque Poggi, le 27, à la fin de sa traditionnelle bénédiction adressée à Rome et à l'ensemble du monde à l'occasion de Noël, le souverain pontife formula des vœux particuliers à l'intention de ses « chers compatriotes » :

« Je vous adresse mes meilleurs souhaits depuis le berceau de Bethléem. Je vous transmets les bons vœux de l'Enfant nouveau-né... Je vous étreins tous ensemble et individuellement, la Pologne tout entière... en particulier ceux qui souffrent, qui ont été arrachés à leurs proches, qui sont affligés par la dépression, voire le désespoir.

« Tant d'hommes dans le monde prient pour la Pologne... Et je vous dis dans notre langue natale : “ Lève Ta main, Enfant Jésus, et bénis-les – Toi qui as montré la voie aux bergers de Bethléem et aux Mages – montre aux fils et aux filles de Pologne le chemin d'un avenir meilleur pour leur pays, dans la paix, la justice et la liberté. ” »

Il ne s'agissait pas là d'un simple rituel. Le pape croyait depuis longtemps que la foi et la prière avaient le pouvoir de changer le cours du destin.

Le 1er janvier, dans son premier message de Nouvel An, à l'Angélus, le Saint-Père confia ses prières « au cœur de notre Mère. Depuis six cents ans, elle a été présente sur le sol polonais par le biais de son effigie à Jasna Gora. L'année 1982 est celle du grand jubilé. Devant la Madone de Jasna Gora, je le répète... Que le Seigneur vous épargne la violence, la loi martiale et vous accorde la paix ! ».

Le sort de la Pologne, déclara-t-il du haut de son balcon, « est un problème important non seulement pour le pays lui-même, mais aussi pour l'histoire de l'humanité ». Il remarqua les banderoles *Solidarnosc* flottant ici et là sur la place Saint-Pierre. « Ce mot, proclama-t-il, est l'expression d'un grand effort accompli par les ouvriers de mon pays pour sauvegarder la dignité du travailleur. Ces ouvriers... ont le droit de fonder des syndicats autonomes afin de protéger leurs droits individuels, sociaux et ceux de leur famille... Solidarité appartient au patrimoine actuel des travailleurs de mon pays, ainsi que des autres nations. »

Le 6 janvier, Jaruzelski répondit finalement à la lettre du pape du 18 décembre. Son message qui comportait trois longues pages aux lignes serrées était la marque d'un homme obligeant, mais présomptueux et préoccupé de ses intérêts. Il énonçait comme une litanie les fautes commises par Solidarité, exposait les concessions faites par le gouvernement, ses compromis, preuves de sa patience et de sa persévérance, récapitulait les moyens mis en œuvre « pour tâcher d'informer le Saint-Siège des dangers menaçant la Pologne », et rappelait « les innombrables fois... où nous avons demandé » aux évêques de modérer les exigences de Solidarité.

Jaruzelski reconnaissait que « la proclamation de la loi martiale avait été un choc pour la société » et que les citoyens polonais se sentaient « désillusionnés... amers et anéantis par les circonstances ». Il promettait que « toutes les mesures disciplinaires seraient conformes aux impératifs humanitaires », excluant vraisemblablement la torture et exigeait implicitement que l'Église et l'intelligentsia polonaises approuvent la logique du coup d'État si l'on voulait que les contraintes de la loi martiale fussent assouplies. Il n'était pas question de négociations avec Walesa ou les autres leaders de Solidarité.

Le général exprimait l'espoir que « Votre Sainteté nous soutiendra dans tous nos efforts » et achevait sa missive en adressant à Jean-Paul II ses « meilleurs respects, général de l'armée, Wojciech Jaruzelski ».

Pour le pape, cette signature était le seul élément de cette lettre susceptible de faire naître une lueur d'espoir. Jaruzelski n'avait pas signé en sa qualité de Premier ministre, ni de chef d'un État ou d'un parti – communiste, mais en tant que dirigeant d'une institution qui, avec l'Église, avait pour mission de protéger la Pologne dans ses moments les plus difficiles.

Depuis la proclamation de la loi martiale, Jean-Paul II n'avait pas pu réagir à la mesure de son indignation, espérant toujours quelque geste tangible de Jaruzelski indiquant que les formes de la répression seraient bientôt atténuées. Ses dernières illusions s'étaient envolées avec la lettre du général qui s'efforçait au contraire de mettre l'Église dans son camp.

Le pape écrivit en retour que la peur et le ressentiment de la population polonaise allaient s'aggravant en conséquence des circonstances « provoquées par le prolongement de l'état de guerre ». Il citait pour exemple les 200 % à 400 % d'augmentation des prix à la consommation annoncés par le gouvernement dans les premiers jours de janvier. Les gens n'avaient plus de quoi s'acheter à manger. Le souverain pontife expliqua au général que le « choc » (selon le propre terme de Jaruselski) déclenché par la loi martiale tenait aussi à « l'incarcération de milliers d'activistes de Solidarité, notamment Lech Walesa, et aux nombreuses sanctions pénibles imposées aux mondes du travail et de la culture... Il n'est pas seulement nécessaire de dissiper ce choc, mais de rétablir la confiance, d'abord et avant tout. »

Si le Saint-Père s'était gardé de s'en prendre directement au régime jusqu'à l'arrivée de la lettre de Jaruzelski, le 10 janvier, lors de son allocution dominicale diffusée par Radio Vatican et son service polonais sur les ondes courtes, il dénonça le coup d'État en des termes que le peuple, Jaruzelski et Glemp pouvaient tous comprendre. Il semblait perturbé par la manière dont le primat avait invoqué le Sauveur le jour de la proclamation de la loi martiale. Et rien de ce que le nouveau régime avait entrepris ne l'avait autant offusqué que l'obligation faite aux membres de Solidarité incarcérés de signer des serments de loyauté en renonçant à leur appartenance au syndicat.

« Sous la menace de se voir privés de leur emploi, déclara-t-il, les citoyens sont contraints de signer des déclarations qui vont à l'encontre de leur conscience et de leurs convictions. » Cette violation « porte gravement atteinte à l'homme. C'est le coup le plus douloureux que l'on puisse infliger à la dignité humaine. En un sens, c'est pire que la mort physique, le crime. " Ne craignez pas ceux qui ont le pouvoir de tuer le corps ", disait Notre Seigneur Jésus-Christ, prouvant l'ampleur tellement plus grande du mal perpétré contre la conscience et l'esprit humains. Le principe du respect de la conscience est un des droits fondamentaux de l'homme. »

Vers la fin de la vie de Stefan Wyszynski, Karol Wojtyla avait dénigré l'incompréhension du « vieil homme » face à Solidarité, à un moment crucial de l'histoire de ce mouvement. A présent, il avait affaire au protégé du vieil homme en question, encore plus insensible que lui.

Dans les premières semaines qui suivirent la proclamation de la loi martiale, Zbigniew Bujak, le plus haut responsable de Solidarité passé dans la clandestinité, commença à adresser à Glemp une série de lettres l'exhortant à faire office d'intermédiaire entre Solidarité et l'Église. Le prélat ne lui répondit pas une seule fois. « C'était une demande générale, expliquerait Bujak, dans la situation où nous nous trouvions l'un et l'autre, pour tâcher de trouver un accord relatif aux opérations de Solidarité et de nouer des liens entre l'Église et ledit syndicat. Il était clair qu'en tant qu'institution et lieu de rencontre pour le peuple, l'Église serait appelée à jouer un rôle important sous la loi martiale... Mais nous ne pouvions pas prendre de décisions tant que l'Église et le mouvement clandestin ne se seraient pas entendus sur la conduite à tenir. Or il n'y eut pas de réponse. » Pas de la part de Glemp en tout cas.

« Je peux cependant affirmer qu'... il n'y avait pas de dissensions entre le pape et le syndicat en matière de tactique. »

De fait, la stratégie du pape se fondait sur le principe que Solidarité devait se maintenir en vie dans la clandestinité, reprendre ses publications et ses diffusions radiophoniques et, d'une manière ou d'une autre, par le biais de l'Église et son entremise personnelle, rallier les esprits. Dans cette optique, (selon des officiels américains), il entreprit alors d'envoyer secrètement de l'argent, provenant des fonds pontificaux, au mouvement clandestin de Solidarité tout en planifiant un voyage en Pologne, déjà prévu provisoirement – avant la proclamation de la loi martiale – pour le mois d'août.

UN SOMMET AU VATICAN

« Les hommes de pouvoir ne doivent en aucun cas révéler leur mystère, observa Edmund Morris, le biographe choisi par Ronald Reagan pour écrire l'histoire de sa présidence. Tant qu'ils restent impénétrables, ils ont les coudées franches. Les leaders méconnus et énigmatiques réussissent mieux que ceux qui se dévoilent entièrement. Reagan et le pape l'ont parfaitement compris. »

En 1981 et au début de 1982, Reagan et Jean-Paul II avaient confidentiellement échangé plusieurs lettres à propos de la Pologne, mais aussi de perspectives d'accords importants relatifs au désarmement entre les Soviétiques et les Américains. Peu de choses avaient autant affecté Reagan depuis le début de son mandat que l'instauration de la loi martiale en Pologne. Estimant les Soviétiques directement responsables, il s'empressa d'envisager de sévères sanctions d'ordre économique, culturel, diplomatique et technologique contre l'URSS, ainsi que la Pologne. En attendant, sur son ordre exprès, William Casey et Vernon Walters permirent au Vatican d'avoir accès à toute une masse de renseignements fournis par les services secrets américains, offrant ainsi au pontife des informations précieuses sur la Pologne, mais aussi sur chaque pays ou région qu'il visitait, ou bien dans lesquels l'Église souhaitait poursuivre sa mission évangélisatrice avec une vigueur particulière.

Deux semaines après la proclamation de la loi martiale, Reagan fit de William Clark son conseiller en matière de sécurité nationale, dans le but spécifique de mettre un terme à toutes les querelles et confusions entre ses divers conseillers en politique étrangère. Comme le note le biographe Edmund Morris, Clark était « la conscience catholique du gouvernement » et sa mission consistait à s'en prendre aux communistes avec beaucoup plus d'agressivité que Haig, surtout pour ce qui concernait la Pologne. De fait, sa consigne était de « laisser Reagan être Reagan », selon les admirateurs les plus doctrinaires du président.

Le 7 juin 1982, Reagan arriva à Rome pour une rencontre au sommet entre deux supergrands, aux antipodes l'un de l'autre, rencontre qui personnaliserait la remarquable alliance secrète unissant les deux hommes. Lors d'un entretien de cinquante minutes, en tête à tête, sans interprètes, dans le cabinet de travail du pape, deux des plus puissants personnages de la terre débattirent en des termes tant philosophiques que pratiques d'une éventualité si peu probable à l'époque qu'aucun autre leader occidental ne l'avait sérieusement envisagée : l'effondrement de l'Empire soviétique qu'ils jugeaient inévitable, pour des raisons plus spirituelles que stratégiques. Selon eux, le monde bâti à Yalta ne devait pas perdurer et n'avait de toute façon aucune chance de tenir bon.

A Londres le lendemain, Reagan annonça à Westminster la fin prochaine dudit empire : à l'entendre, l'URSS était en proie à une « grave crise révolutionnaire » dont la Pologne, alors sous le joug de la loi martiale, mais « magnifiquement réfractaire à la répression » était le pivot. On assisterait à des « explosions répétées contre la coercition » en Europe de l'Est, prédit-il, et « l'Union soviétique elle-même n'était pas à l'abri de cette réalité. » Le souverain pontife et lui-même en avaient conclu ainsi.

« Je n'y suis pour rien », dirait plus tard le pape, à peu près au moment où d'aucuns commencèrent à deviner le rôle singulier qu'il avait joué dans la chute du communisme. « L'arbre était déjà pourri. Je l'ai juste secoué un bon coup et les pommes gâtées sont tombées. » De la même façon, Reagan soutiendrait que le bloc communiste était déjà à deux doigts de l'implosion lorsqu'il avait pris ses fonctions. Des pressions intolérables étaient déjà montées de l'intérieur. Il s'était contenté de décider que les États-Unis recourraient à une force morale et politique supplémentaire, précipitant ainsi l'inéluctable. L'évaluation des deux hommes était juste, incontestablement. Mais, Mikhaïl Gorbatchev ne tarderait pas à le reconnaître aussi pour ce qui était de sa propre destinée, il allait falloir venir à bout des bureaucraties; l'instinct devait l'emporter sur les idées reçues et les principes s'imposer et prévaloir contre la facilité. Des initiatives décisives devaient être prises. Le sommet Reagan-Wojtyla cimenta un accord aux termes duquel chacun userait du pouvoir considérable à sa disposition pour provoquer dans le monde un changement radical qu'ils estimaient l'un et l'autre voulu par Dieu : l'éclipse du communisme par les idéaux chrétiens.

Le président Reagan, comme le pape n'était pas sans le savoir, disposait d'un accès direct à un type de pouvoir stratégique (et clandestin) qui faisait défaut au Vatican. Pour ainsi dire dès le départ, Reagan avait senti que Solidarité constituait une fissure essentielle dans le rideau de fer, la Pologne, le pape polonais et Lech Walesa étant, à ses yeux, les instruments que Dieu avait mystérieusement choisis pour secouer la planète. Il était déterminé à soutenir ce qu'il considérait comme une sainte cause et enjoignit à ses délégués de n'épargner aucun effort ni aucune ruse dans ce sens, surtout après la proclamation de la loi martiale. Aussitôt après son entrevue avec le pape, il souleva la question des visites de Vernon Walters et de Casey et proposa d'envoyer les deux hommes encore plus régulièrement au Vatican – une suggestion que le pape accepta volontiers. De surcroît, déclara Reagan, les États-Unis s'engageaient à garantir la survie de Solidarité ; il avait déjà donné l'ordre que l'on expédie davantage d'argent et de matériel au mouvement clandestin.

Tel fut peut-être le secret le mieux gardé quant au dénouement de la guerre froide : à partir de la visite du président américain à Rome, en 1982, jusqu'au démantèlement du mur de Berlin, en 1989, les États-Unis dépensèrent plus de 50 millions de dollars pour maintenir en vie le mouvement Solidarité. Jean-Paul II était bien évidemment au courant de l'envergure de cette ambitieuse opération menée par la CIA (même s'il prit soin de ne pas trop en connaître les détails).

Bien qu'aux antipodes sur le plan intellectuel (« il est vrai que Ronald Reagan possédait plus de chevaux que de livres », déclara un jour un de ses aides de camp), le pape et le président surent trouver un terrain d'entente. Ils avaient été acteurs tous les deux. Ils ne s'enflammaient pas facilement. Ils croyaient au pouvoir de l'acte symbolique ainsi qu'au rôle de la divine Providence, surtout après avoir été la cible d'assassins, à six semaines d'intervalle. Des attentats auxquels ils avaient tous les deux survécu. Durant les premières minutes de leur entrevue, ils reconnurent d'un commun accord avoir été sauvés par Dieu pour jouer un rôle déterminant dans la destinée de l'Europe de l'Est. « Songez aux forces maléfiques qui ont été mises sur notre chemin et à la manière dont la Providence est intervenue », souligna Reagan. Et le pape d'acquiescer.

On s'est souvent gaussé de la religiosité de Reagan – et de ses évocations de l'Empire du Mal – parfois considérée comme une preuve de cynisme ou d'hypocrisie. (A dire vrai, il fréquenta rarement l'église durant sa présidence.) Mais ceux qui le connaissaient bien avaient depuis longtemps compris et accepté cette facette spirituelle de sa personnalité et la force qu'il en tirait.

Son christianisme salvateur était l'un des pivots de sa vision du communisme. Il pensait que l'Union des républiques socialistes soviétiques était une nation fondamentalement chrétienne, partie intégrante de l'Europe chrétienne. Il suffisait aux États-Unis de faire pencher la balance dans le bon sens et l'URSS reviendrait à son état chrétien naturel. Depuis qu'il était entré en fonction, il voulait faire part de ses convictions au pape et lui parler de son désir irrésistible (d'aucuns diraient messianique) d'instaurer la paix dans le monde. Consciente de cela, son épouse Nancy avait insisté, dès l'établissement du nouveau gouvernement, pour que le pape fût parmi les premiers leaders étrangers que le président rencontrerait.

Très peu de gens ont compris Ronald Reagan. Même après son départ de la Maison Blanche, jouissant encore d'une énorme popularité tout en suscitant une profonde dérision, il resta un monument de contradictions, de complexités et de mythes, à l'image de sa présidence. S'il croyait fermement au désarmement, il n'en présida pas moins à l'escalade la plus onéreuse de toute l'histoire des États-Unis en matière de défense (assortie de conséquences catastrophiques sur l'économie de son pays) tout en étant convaincu qu'il saurait persuader les Soviétiques de la futilité de la course aux armements – ce qui fut effectivement le cas.

Perçu par la plupart des gens comme un être distrait et tête en l'air, il avait pourtant une excellente mémoire pour certaines informations singulières qui l'intéressaient et une véritable fascination pour les opérations clandestines. « Et les hors-bord ? » demanda-t-il un jour à Casey en référence à un plan brièvement envisagé, et depuis longtemps oublié, visant à recourir à ce type d'embarcation pour acheminer du matériel d'imprimerie en Pologne. « Les opérations spéciales (clandestines) étaient un domaine qu'il comprenait », confirme Richard Pipes qui en parla souvent avec le président.

Dans l'imagination du public et de la presse, sa politique étrangère finit par être assimilée en grande partie (et cela se comprend aisément) à l'affaire Iran-Contra, une opération totalement cohérente avec la nature la plus obscure de son gouvernement. Cependant, c'était le bloc communiste d'Europe de l'Est – l'Empire du Mal, selon sa propre expression – qui occupa toute son attention dès les premiers jours de son séjour à la Maison Blanche.

Interrogé sur les Soviétiques lors de sa toute première conférence de presse, il déclara : « La seule moralité qu'ils reconnaissent est celle qui fera avancer leur cause, en d'autres termes, ils se réservent le droit de commettre n'importe quel crime, de mentir et de tricher. » Réponse qui horrifia Alexander Haig, le secrétaire d'État, qui considérait que sa mission visait à améliorer les relations Est-Ouest à long terme. Haig comptait bien tenir en échec les communistes sur l'ensemble du continent américain, défier et combattre les « mandataires soviétiques » en Amérique centrale et dans les Caraïbes et « s'attaquer à la source », Cuba. De fait, les États-Unis et le Vatican poursuivaient déjà des objectifs antimarxistes parallèles en Amérique centrale. Quoi qu'il en soit, le regard de Reagan était fixé sur les frontières tracées en 1945 à Yalta qu'il considérait comme l'événement politique fondamental de sa vie d'adulte et dont il espérait bien effacer les effets.

En février 1981, le pape avait prononcé un discours à propos des « divisions artificielles » de l'Europe créées à Yalta. Durant leur rencontre au sommet au Vatican, Reagan aborda la question et les deux hommes reconnurent qu'il n'y avait aucune raison d'honorer ce « concept illégitime », comme disait Jean-Paul II. L'Europe était une entité. « Nous estimions l'un et l'autre qu'une grave erreur avait été commise à Yalta et qu'il fallait faire quelque chose, expliquerait Reagan des années plus tard. Solidarité était l'arme appropriée pour parvenir à nos fins. »

« Le Saint-Père connaissait son peuple, nota l'archevêque Pio Laghi, délégué apostolique à Washington. La situation était très complexe. Comment défendre les droits de l'homme en Pologne, la liberté religieuse et maintenir Solidarité en vie sans provoquer davantage les autorités communistes ? Mais (avant le voyage du président), j'avais dit à Vernon (Walters) : " Écoutez le Saint-Père. Nous avons deux mille ans d'expérience en la matière derrière nous. " » A ce moment-là, le pape était encore très déprimé par la situation en Pologne, remarquant du reste à l'adresse de Reagan que son objectif se limitait à amorcer un dialogue avec le gouvernement de manière à ce que les acquis de Solidarité puissent être sauvegardés et la loi martiale abrogée. Depuis quelque temps, de petits indices laissaient entrevoir que Jaruzelski pourrait être disposé à entamer des tractations avec l'Église.

Reagan ne doutait pas un instant que les communistes avaient fait une terrible erreur de calcul en proclamant la loi martiale, qu'après avoir autorisé Solidarité à opérer librement durant seize mois, les autorités ne feraient que s'aliéner la population encore davantage en brisant ainsi le mouvement. Il avait toujours dit que le communisme s'effondrerait en définitive de l'intérieur. Tel qu'il se l'imaginait, le peuple de l'Empire soviétique, puis leurs dirigeants, en viendraient à reconnaître l'aberration de leurs méthodes. Au bout du compte, les circonstances lui donnèrent raison.

« Reagan a su pressentir la crise et la vulnérabilité de l'ensemble du système que tous les experts prétendaient stable, solide et populaire, déclara Richard Pipes. Lui n'y croyait pas une seconde. Cela demandait beaucoup de courage... face aux Alliés, au département d'État. » S'il était une personne qu'il n'avait pas besoin de convaincre, c'était Jean-Paul II qui en vint finalement à comprendre en profondeur la personnalité de Reagan et ses desseins. Le pape aurait certainement été plus sceptique et sur la réserve avec tout autre président, ou gouvernement, américain, mais il avait affaire à un dirigeant peu conventionnel et charismatique, qui mettait généreusement à sa disposition, qui plus est, les capacités de ses services secrets.

Comme le notera Jeanne Kirkpatrick, ex-ambassadrice des États-Unis auprès de l'ONU, Reagan considérait le Saint-Père comme une figure héroïque, « un homme extraordinaire, courageux, érudit, un personnage indomptable qui avait fait la preuve de son invincibilité et s'employait à fond dans la lutte contre la mainmise soviétique sur l'Europe de l'Est. » Il voulait persuader le primat de Rome que ses intentions étaient bonnes, que le portrait que les médias brossaient de lui en tant que dangereux belliciste était totalement erroné et que l'objectif suprême de sa politique n'était autre qu'une paix durable. Dès son arrivée à la Maison Blanche, Reagan avait également tenu à convaincre Brejnev que la paix et le désarmement figuraient au premier rang de ses préoccupations. Cela aussi avait effrayé Haig qui en avait conclu qu'il était l'unique garde-fou entre la naïveté du président et la fourberie des Soviétiques. Lors de leur première entrevue, cependant, le pape exhorta le président américain à suivre son instinct dans sa quête de la paix.

« Le président prenait rarement le mors aux dents, observerait Haig des années plus tard, mais pour ce qui était de son estimation de l'Union soviétique, il était inébranlable : il estimait que si un communicateur particulièrement doué pouvait un jour discuter posément avec eux, ils épouseraient notre vision d'un nouvel ordre mondial qui éliminerait de la planète toutes les armes nucléaires et susciterait une convergence de nos politiques respectives. Il y croyait dur comme fer. Je passai tout mon temps à appliquer cette idée, bien que je fusse loin de la partager.

« Un jour, Ronald Reagan me remit le brouillon d'une lettre destinée à Brejnev et je vis alors son véritable visage. Nancy et lui avaient concocté un message qui manquait sérieusement de vigueur. Si j'avais été au Kremlin, je me serais roulé par terre de rire. C'était une supplication naïve suggérant que les deux hommes se réunissent afin d'interdire toutes les armes atomiques. Il pensait pouvoir négocier sans préambule avec n'importe quel dirigeant soviétique. Quand je quittai mes fonctions, au bout de dix-huit mois, il expédia sa fameuse missive. Il fallut deux ans, et le sommet de Reykjavik, avant que le président apparaisse sous son vrai jour, avec son évaluation de la politique soviétique : la crédulité à son paroxysme. »

Dans les semaines qui suivirent sa visite au Vatican, Reagan envoya donc sa lettre à Brejnev – et Haig s'en alla (pour des raisons diverses). Au mépris des meilleures estimations fournies par les services secrets américains sur la puissance économique soviétique, Reagan se fiait à son instinct. Comme il le confia à Jean-Paul II, il était certain de ceci : une fois les Soviétiques conscients qu'ils n'arriveraient pas à suivre le mouvement de la politique nucléaire américaine, pour ce qui était de l'introduction de missiles de croisière en Europe et des nouvelles technologies antimissiles aux États-Unis notamment, ils lanceraient un appel en faveur de la paix et du désarmement.

« Je ne pouvais pas croire qu'ils étaient aussi puissants qu'on le disait avec une économie pareille, expliquerait-il après avoir quitté ses fonctions. Impossible d'imaginer une économie solide quand moins d'une famille sur sept possède une automobile et qu'il faut dix ans avant d'être livré lorsqu'on a décidé de s'en acheter une... Quand on voit tous ces clichés récents des rues de Moscou encombrées de voitures, on sait qu'il s'agit de véhicules gouvernementaux à la disposition des bureaucrates. » Ce qu'il ne manqua pas de préciser au pape. Si certaines de ses formules à l'emporte-pièce pouvaient paraître d'une simplicité grotesque, il n'en était pas moins convaincu de leur pertinence, notamment pour tout ce qui avait trait aux communistes.

« A ce moment précis de l'histoire de l'humanité, déclara officiellement Jean-Paul II, à la suite de sa rencontre avec le numéro un américain, les États-Unis sont appelés avant tout à remplir leur mission au service de la paix dans le monde. La situation planétaire actuelle requiert une politique à long terme propice à la justice et à la liberté, à la vérité et à l'amour qui sont les fondements d'une paix durable. »

Plus tard, le Saint-Père confia aux cardinaux Casaroli et Silvestrini qu'il avait été touché et encouragé par l'assurance que Reagan lui avait donnée en privé de suivre une telle ligne de conduite. Le président américain avait davantage parlé du peuple soviétique que de ses dirigeants, et cela aussi avait impressionné le pape. Reagan l'avait convaincu qu'il était un champion du désarmement et qu'à son avis, il ne suffisait pas de réduire le nombre des armes nucléaires, il convenait de les abolir purement et simplement.

Les commentaires publics du président visaient les Soviétiques : le gouvernement américain maintiendrait ses sanctions contre l'URSS ou la Pologne tant que la loi martiale ne serait pas abrogée, les prisonniers politiques libérés et le dialogue rétabli entre le gouvernement polonais, l'Église et « le mouvement Solidarité qui exprime l'opinion de la vaste majorité des Polonais ».

Le sommet du Vatican laisserait principalement aux journalistes le souvenir d'un Reagan piquant du nez durant les cérémonies de clôture. Mais au cours des quelque cinquante minutes où le pape et le président s'étaient entretenus en tête à tête, ces responsables de deux superpuissances, aux programmes si distincts, n'en avaient pas moins trouvé un prodigieux terrain d'entente.

L'AMERIQUE CENTRALE

L'« Entité », tel était le nom de code de la CIA pour l'Église catholique en Amérique centrale. L'Entité occupait une place prépondérante dans les projets de Reagan pour lutter contre le communisme et les mouvements à tendance marxiste sévissant sur l'ensemble du continent.

Dès les premiers jours de son mandat, il avait été décidé que le gouvernement sandiniste promarxiste du Nicaragua devait être renversé. Pour mettre ce plan à exécution, la CIA de William Casey finançait une armée « contra » composée de quatre mille hommes, principalement des partisans de l'ancienne oligarchie de Somoza, supplantée par les sandinistes en 1978 après une quarantaine d'années de dictature soutenue par les États-Unis.

En décembre 1982, contraint par la volonté écrasante du Congrès, le président Reagan signait une loi interdisant à la CIA et au département de la Défense de fournir tout équipement militaire, toute forme d'entraînement ou de soutien à qui que ce soit « dans le but de renverser les autorités nicaraguayennes ». Légalement, la CIA en était désormais réduite à interrompre l'afflux d'armes provenant des sandinistes aux rebelles du Salvador voisin. Toutefois, ni Casey ni le président n'avaient l'intention de se laisser dissuader par de telles subtilités juridiques, et le gouvernement chercha des moyens détournés d'aider et de financer les contras – provoquant en définitive le fameux scandale Iran-Contra.

Maintenant que les Américains ne pouvaient plus opérer librement au Nicaragua, le rôle de leur principal allié moral et politique au sein du pays – l'Église catholique en tant qu'institution, l'Entité – s'en trouva considérablement accru.

Seulement il y avait une autre Église catholique au Nicaragua, l'« Église du peuple », et dans le camp des sandinistes. A l'instar du régime, cette Église populaire se prévalait d'un vaste soutien populaire, notamment parmi les plus démunis. Dès 1981, la CIA commença à acheminer des fonds secrets aux dignitaires de l'Église établie. Cette aide financière permettait notamment à l'Entité de développer les opérations de son journal et de sa radio nicaraguayens, principaux outils de l'opposition au gouvernement sandiniste.

Lorsque les sandinistes accusèrent l'archevêque nicaraguayen Miguel Obando y Bravo (qui avait cautionné prudemment leur mouvement rebelle à un moment donné, estimant que c'était là l'unique manière de s'opposer effectivement à l'oligarchie de Somoza) d'être un agent rémunéré par les services secrets américains, l'Église réfuta avec véhémence ces allégations. Obando n'était pas un « agent », mais il en était venu à être considéré par la CIA comme l'un de ses principaux « atouts », avide de coopérer dans les efforts soutenus par l'agence en question pour discréditer les sandinistes après l'élection de Jean-Paul II. Selon l'amiral John Poindexter, vice-directeur du Conseil national de sécurité à l'époque, « nous informions les évêques (nicaraguayens) sur ce que nous pensions que les autorités du pays s'apprêtaient à faire et sur ce que les organisations révolutionnaires du Salvador (où les prélats de l'Église établie recevaient également des subsides) manigançaient. Ceci directement par l'intermédiaire de l'évêque au Nicaragua ». Une bande dessinée parue dans *La Barricada,* organe de presse sandiniste, montra d'ailleurs l'archevêque Obando en train de tordre une croix pour en faire une croix gammée.

Lorsque les responsables des commissions du Congrès chargées des services secrets découvrirent, au début de 1983, que 25 000 dollars, au bas mot, avaient été remis par la CIA à l'archevêché d'Obando, ils furent horrifiés, et redoutant un scandale qui discréditerait le Vatican et les États-Unis, ils eurent une petite conversation avec Casey. Le directeur de la CIA s'engagea solennellement à cesser de verser des fonds aux prêtres et évêques nicaraguayens.

Quelque temps plus tard, Casey convoqua dans son bureau un de ses subordonnés, Alan D. Fiers, et le mit en demeure de « trouver un autre moyen de continuer notre affaire ». Fiers se tourna alors vers le lieutenant-colonel Oliver North, membre du Conseil national de sécurité à la Maison Blanche, qui lui donna plusieurs milliers de dollars pour maintenir l'afflux de fonds à destination de l'Église. Après quoi, Fiers s'arrangea avec un entrepreneur privé qui travaillait pour la CIA afin qu'il fasse payer un prix excessif à ladite agence en contrepartie d'un travail légal. L'excédent fut transmis par l'entrepreneur en question à un agent de la CIA au Nicaragua qui se chargea à son tour de le remettre à l'Entité. On ignore combien de centaines de milliers de dollars – voire de millions – ont ainsi atteint l'Église nicaraguayenne par des voies clandestines durant le mandat de Reagan, mais l'Église de Jean-Paul II devint le principal allié idéologique du gouvernement américain dans la lutte contre les sandinistes.

En attendant, l'Église populaire, sans apports massifs d'argent, mais forte du soutien d'une grande partie de la population, détenait un pouvoir important. De plus, le clergé catholique de toute l'Amérique latine s'était déplacé au Nicaragua pour apporter son soutien au gouvernement sandiniste après les années d'oppression du régime de Somoza. Redoutant que cette Église populaire ne se révèle une force trop puissante à l'encontre des intérêts américains en Amérique centrale, notamment au Nicaragua et au Salvador, Casey et William Clark encourageaient vivement le pape à se rendre en visite au Nicaragua. Ils suggérèrent à Pio Laghi, représentant du Vatican à Washington, que le Saint-Père montre sans équivoque qu'il faisait corps avec ses évêques contre l'Église populaire ; ils lui laissèrent également entendre combien il était important pour les États-Unis que Jean-Paul II ne condamne pas les contras – révérés par Reagan qui les qualifiait de « combattants de la liberté » –, ni la guerre clandestine menée par Washington contre les sandinistes et l'aide militaire qu'il apportait au gouvernement salvadorien. Casey avait aussi abordé ces questions avec le cardinal Krol.

« Nous partagions le même objectif : décourager les têtes de pont communistes dans cet hémisphère, note Jeanne Kirkpatrick, ambassadeur auprès des Nations unies du temps de Reagan. Le pape est très anticommuniste et sa vision du monde ne différait guère de la nôtre, sous le gouvernement de Reagan, à propos du communisme. » Tandis que le souverain pontife se préparait à un voyage en Amérique centrale, en mars 1983, le vice-président américain, George Bush, et le secrétaire d'État, George Shultz, parlèrent publiquement de ce qu'ils qualifiaient de soutien catholique aux mouvements révolutionnaires marxistes dans cette partie du monde. Leurs déclarations leur valurent une lettre de protestation de la part des évêques américains qui déclarèrent que les questions en jeu en Amérique centrale n'étaient pas purement politiques, encore moins militaires, mais essentiellement « d'ordre moral et humain », l'engagement de l'Église « reflétant son souci conscient pour les plus démunis ».

« L'Église populaire posait un véritable problème, poursuit Kirkpatrick. Et le Vatican, le pape et tous ses représentants, partageait l'avis qu'elle niait efficacement l'autorité du pape. Ce qui était fort mal vu. Tant par nous que par le Saint-Siège. »

Ce fut donc dans une atmosphère très tendue que le pape se retrouva à Managua le 4 mars 1983. Dans l'esprit des autorités américaines, « le Saint-Père était au Nicaragua pour fournir un autre point de ralliement catholique, selon Kirkpatrick. Ce en quoi nous l'encouragions ».

Au moment où le pape quittait Rome, le président Reagan lança une mise en garde en déclarant que si le Salvador tombait aux mains de la gauche révolutionnaire, il en serait bientôt de même pour les autres nations de cette partie du monde. Il annonça des plans visant à augmenter le nombre de conseillers militaires dans ce pays et à fournir 60 millions de dollars supplémentaires en envois d'armements à l'armée salvadorienne.

« S'ils parviennent à s'implanter, le Nicaragua étant déjà entre les mains des promarxistes et le Salvador étant à deux doigts de tomber, en raison de la violence armée déployée par les guérilleros, je pense que le Costa Rica, le Honduras, le Panama, tous suivront le mouvement », prédit Reagan. Les cinq pays qu'il citait – outre le Guatemala et Haïti – figuraient sur l'itinéraire du pape.

Pourtant les paroles du souverain pontife la veille de son départ de Rome, le premier jour du Carême, ne laissait guère deviner que son voyage devait avoir une portée géopolitique : de fait, elles préoccupèrent grandement les architectes de la politique étrangère américaine qui finirent par se demander s'ils devaient vraiment compter sur Jean-Paul II pour livrer le message percutant qu'ils espéraient.

Comme d'habitude, le pape devait toucher un auditoire innombrable. Ses paroles – et son itinéraire – témoignaient de son inquiétude devant la confrontation de Rome avec l'Église populaire, mais aussi avec les Églises protestantes fondamentalistes qui évangélisaient l'Amérique centrale à une cadence que l'Église catholique établie estimait alarmante.

« C'est précisément cette réalité dans laquelle vous vivez qui m'incite à entreprendre ce voyage », dit Jean-Paul II dans son message aux populations des nations d'Amérique centrale qu'il s'apprêtait à visiter, « pour être plus près de vous, enfants de l'Église et de pays aux racines chrétiennes qui souffrez intensément et subissez les fléaux de la division, de la haine, de l'injustice sociale, des confrontations idéologiques qui assaillent le monde et exposent à des conflits des peuples innocents avides de paix ».

Le vieil homme en jean et béret paramilitaire était un moine trappiste. Il avait une grosse barbe, des cheveux bouclés, des yeux d'enfant. Il adorait la poésie et rêvait, comme il le disait lui-même, que la révolution apporte au peuple « du pain et des roses ». Il s'appelait Ernesto Cardenal, occupait les fonctions de ministre de la Culture au Nicaragua et attendait la bénédiction du pape. A l'aéroport de Managua, tandis que Jean-Paul II saluait les membres du gouvernement sandiniste, le père Ernesto retira son béret noir, s'agenouilla alors que le pape s'approchait de lui, puis saisit la main du pontife pour l'embrasser. Mais Jean-Paul II recula prestement, rougit, leva son index droit et lui dit sur un ton de reproche : « Vous devez mettre au clair votre position vis-à-vis de l'Église ; vous devez rectifier votre position vis-à-vis de l'Église. » Puis, de manière à éviter tout contact avec le moine-ministre, le Saint-Père joignit les mains, pencha légèrement la tête et continua son chemin.

La junte sandiniste, dirigée par Daniel Ortega et légitimée par des élections populaires, avait entamé un vaste programme de réformes sociales : gratuité des soins médicaux, campagne d'alphabétisation, réforme agraire et prêts au logement. Les sandinistes évitèrent délibérément le modèle soviétique de nationalisation, mais dans le cadre de leur politique étrangère, ils soutenaient les organisations de la guérilla au Salvador et entretenaient des liens économiques et militaires étroits avec Cuba. Cinq membres de la junte, y compris le père Ernesto, étaient des membres du clergé ou d'ordres religieux catholiques. Le Vatican avait insisté pour qu'ils démissionnent du gouvernement, comme condition *sine qua non* à la visite papale. Puis cette requête avait été retirée, les sandinistes ayant refusé de capituler, mais Jean-Paul II souhaitait toujours que ces membres du clergé renoncent à leurs fonctions politiques ou à leur statut de religieux. D'où la rebuffade infligée au père Ernesto.

Toute la visite, à partir du moment où le pape posa le pied sur le sol nicaraguyen, se déroula dans un climat politique surchauffé. « Il n'y a pas de contradiction entre le christianisme et la révolution », lui crièrent des partisans sandinistes après qu'il eut repoussé Cardenal. Leurs paroles faisaient écho à l'accueil réservé d'emblée au souverain pontife par Daniel Ortega – à l'aéroport : « Notre expérience prouve que l'on peut être à la fois croyant et révolutionnaire et qu'aucune contradiction insurmontable n'existe entre les deux. »

Le chef de la junte continua sur sa lancée en s'en prenant ensuite à la politique du gouvernement Reagan et dressa un amer historique des sept interventions militaires américaines dans son pays. Il cita une lettre de l'évêque de Leon à l'un de ses homologues américains datant de 1921, époque à laquelle le Nicaragua était occupé par les troupes américaines : « Vous n'avez pas pleuré de douleur, écrivait le prélat nicaraguayen, en voyant le drapeau de la conquête flotter sur les flèches de vos cathédrales... On n'a jamais transformé votre sanctuaire en un camp armé, et l'autel, où l'Eucharistie est rompue, en une table où distribuer des rations. »

Le pape écouta sans paraître intéressé outre mesure. Il ne réagit pas davantage à l'autre affirmation clamée par Ortega : que depuis trois ans, trois cent soixante-quinze Nicaraguayens étaient morts sous l'effet d'une « agression extérieure », y compris dix-sept jeunes gens – tués par les contras – et ensevelis deux jours plus tôt.

Jean-Paul II déclara simplement qu'il souhaitait contribuer « à mettre un terme aux souffrances de victimes innocentes dans cette partie du monde, aux affrontements sanglants, à la haine et aux accusations stériles, pour laisser la place à un véritable dialogue ».

Or les sandinistes n'avaient que faire d'un dialogue. Ils voulaient un cessez-le-feu.

Le conflit opposant l'Église et l'État se répercuta jusqu'à l'autel. En saluant la foule, les poings serrés, les membres de la junte sandiniste gagnèrent leurs places d'un pas assuré pour assister à la messe en plein air ; un demi-million de personnes attendaient déjà sur l'immense esplanade de la place du 19-Juillet. Derrière l'autel, une vaste fresque montrait Augusto Cesar Sandino et d'autres héros révolutionnaires tombés.

L'archevêque Obando y Bravo avait choisi un passage de l'Évangile selon saint Jean qu'un de ses prêtres était chargé de lire : « Je suis le bon pasteur. Le bon pasteur donne sa vie pour ses brebis. Mais le mercenaire est celui qui n'est point pasteur, à qui les brebis n'appartiennent point, et ne voit pas plus tôt venir le loup qu'il abandonne les brebis et s'enfuit ; et le loup les ravit et disperse le troupeau. » (Jean, X, 11-12). Le prêtre déclama ces versets avec une intonation et des gestes indiquant clairement que l'Évangile faisait référence à une situation on ne peut plus présente, l'archevêque Obando y Bravo incarnant le bon pasteur et les sandinistes les loups féroces. Militants sandinistes et catholiques de gauche se mirent à grommeler bruyamment.

L'homélie de Jean-Paul II fut d'une âpreté inhabituelle. Elle affirmait exclusivement la nécessité de se soumettre aux enseignements du pape et des évêques, même s'il fallait pour cela renoncer à ses convictions. Il s'en prit à l'Église du peuple et ordonna aux fidèles d'obéir à leurs évêques.

« De fait, l'unité de l'Église est remise en cause quand les puissants facteurs qui la constituent et la maintiennent – la foi elle-même, la parole révélée, les sacrements, l'obéissance aux évêques et au pape, le sentiment d'une vocation et d'une responsabilité communes dans la mission du Christ sur la terre – sont contrés par des considérations terrestres, des engagements idéologiques inacceptables, des choix temporels, y compris l'émergence d'une Église en remplacement de la vraie. »

Il était « absurde et dangereux d'imaginer qu'en dehors – pour ne pas dire contre – l'Église édifiée à partir de l'autorité épiscopale, il puisse exister une autre Église, “ charismatique ” et non pas institutionnelle, “ nouvelle ” et non traditionnelle, alternative, et comme on l'a appelée récemment, “ populaire ” ». Des centaines de milliers de gens l'acclamèrent lorsqu'il condamna les efforts déployés par le gouvernement pour limiter l'éducation religieuse et les tentatives faites pour diviser l'Église.

Au-delà des applaudissements soutenus d'un large contingent de religieuses placées à la droite de l'autel, Jean-Paul II insista sur le fait que par égard pour l'unité de l'Église, il était préférable de « renoncer à ses idées, ses projets, ses engagements, même s'ils sont bons. » Cette remarque provoqua un tonnerre de protestations dans les premiers rangs. « Nous voulons la paix », commencèrent à crier les sandinistes et leurs adeptes. « Le pouvoir au peuple ! » Le pape, visiblement agacé, appela au silence à plusieurs reprises. Encore et encore. Pour finir, il haussa le ton pour déclarer : « L'Église est la première à vouloir la paix. »

Il s'abstint d'aborder la question de la situation politique du pays, ne mentionna ni l'engagement américain ni la guerre menée par la Contra. Lorsqu'il lança une nouvelle offensive contre le marxisme, clamant que l'enseignement de l'Église devait être « affranchi de toute déformation due aux idéologies ou aux plates-formes politiques », les jeunes sandinistes chargés de maîtriser la foule s'exclamèrent : « Le pouvoir au peuple ! Le pouvoir au peuple ! », d'autres reprenant aussitôt ce refrain pendant une bonne minute. Durant ces soixante secondes, un chahut terrible explosa dans la zone la plus proche de l'autel. « Une seule Église », hurlaient ceux qui se trouvaient à droite du pape. « L'Église du peuple », beuglaient ceux de gauche. Dans les ombres du crépuscule, sa silhouette illuminée par un projecteur, le Saint-Père éleva encore un peu la voix pour tâcher de se faire entendre. A la console audio, les techniciens du gouvernement faisaient tournoyer leurs cadrans pour créer un spectacle quasi surréaliste – coupant la voix du pape et l'amplifiant tour à tour, mêlant les cris des activistes aux modulations de Jean-Paul II. Plus loin dans l'immense assistance, la confusion la plus totale régnait. Tandis que le pape achevait son discours, tout le décorum s'en allait à vau-l'eau.

A l'aéroport, avant que le pape ne s'envole pour le Costa Rica, Ortega lui expliqua que le peuple avait lancé des appels à la paix parce que « notre peuple est martyrisé et crucifié chaque jour, et nous exigeons la solidarité en toute légitimité ».

Pendant ce temps-là, le secrétariat de la conférence épiscopale d'Amérique Centrale diffusait un communiqué invitant les fidèles à prier « en réparation de la profanation de la messe ». Jean-Paul II lui-même qualifia cet épisode de profanation de l'hostie et demanda que l'on prie pour les « vrais chrétiens du Nicaragua ».

Le président Reagan et ses aides avaient donc tout lieu d'être rassurés : l'engagement du souverain pontife s'alignait sur les intérêts de la Maison Blanche. Au Salvador, au Costa Rica, au Guatemala, et en Haïti, au cours de la semaine suivante, Jean-Paul II s'en tiendrait à une ligne antimarxiste, évitant tout écart susceptible de perturber le gouvernement reaganien. Au Salvador où l'archevêque Oscar Arnulfo Romero avait été assassiné en 1980, sur les ordres des services secrets militaires salvadoriens, à cause de son opposition à la brutalité du régime, le pontife loua docilement un « pasteur zélé », et non un martyr mort comme saint Stanislas. Il défendrait les droits de l'homme, au Guatemala en particulier, sans mentionner les régimes autoritaires qui s'opposaient au communisme. La formule américaine que Vernon Walters avait exposée au pape pour traiter avec ces régimes-là – encourager la transition vers la démocratie tout en s'efforçant de bloquer les forces de gauche alignées sur Cuba ou l'URSS – était désormais la politique vaticane.

LA CAGE DORÉE

Si Karol Wojtyla se sentait à l'aise dans son rôle de globe-trotter, il ne l'était pas du tout dans son autre grande attribution : bureaucrate du Saint-Siège. S'il a toujours adoré sillonner le monde en qualité d'acteur principal d'un spectacle planétaire, il détestait être enfermé au Vatican à superviser les activités curiales. De fait, ses plus grands moments de bonheur ont été, à n'en point douter, lorsqu'il s'échappait du palais apostolique, incognito, dans une limousine noire suivie d'une escorte policière discrète, et prenait la direction des Abruzzes.

Quand il s'y rendait en hiver, il en profitait pour s'adonner à son sport favori, le ski. « Il évolue comme une hirondelle », s'exclama le président italien Sandro Pertini lorsqu'il accompagna le Saint-Père lors d'une de ses excursions. Le professeur Jacek Wozniakowski, un vieil ami de Cracovie, donne une évaluation moins élogieuse des talents de skieur de Wojtyla : « Il a toujours été un peu lourd. Il descend en zigzag, pas très vite ni avec beaucoup de grâce, mais il est compétent, indiscutablement. »

Jean-Paul II a besoin des grands espaces. Même au temps où il vivait à Cracovie, il était réputé pour sa répugnance envers les tâches administratives et sa tendance à s'échapper de l'archevêché aussi souvent que possible, pour aller marcher dans les bois ou visiter une lointaine paroisse. Au Vatican, la sensation d'être enfermé ne fit qu'empirer après la tentative d'assassinat perpétrée contre lui en 1981. Avant la balle d'Agca, il avait au moins le loisir de faire de longues promenades dans les jardins de temps à autre. Mais la mobilisation d'un vaste personnel de sécurité après l'épisode en question le contraignit en définitive à mettre un terme à ces petites balades. Désormais, la vie s'arrêtait brusquement dès que le pontife approchait, ce qu'il trouvait difficilement supportable. « C'est une cage, une cage dorée », confia-t-il à un monsignor romain, à propos du palais apostolique.

Son mentor, Tyranowski, lui avait appris à vivre pleinement chaque jour et son emploi du temps éreintant a prouvé qu'il avait bien retenu la leçon. Quand son réveil sonne à 5 h 30 le pape se lève – bien qu'avec une certaine difficulté dans les dernières années de son pontificat, comme il le reconnaît lui-même – ; il se rase et s'habille (tout en blanc – boxer-short, maillot de corps, chaussettes, chemise à manches longues et soutane). Pour finir, il met sa croix pectorale en or. Angelo Gugel, le valet qu'il a hérité de son prédécesseur, n'apparaît pas avant le petit déjeuner : Jean-Paul II insiste pour qu'il passe les premières heures de la matinée avec sa famille.

En quittant sa chambre meublée d'un lit simple (dans lequel Jean-Paul Ier a rendu le dernier soupir) et de deux chaises droites rembourrées, le pape entame sa journée de travail de dix-sept heures qui se déroule d'ordinaire de la manière suivante :

6 h 15 Prière solitaire dans la chapelle papale.
7 h 00 Messe en compagnie de quinze à vingt invités, de ses assistants et de religieuses de la maison pontificale.
7 h 30 Dix minutes de prière solitaire après que les autres ont quitté la chapelle.
8 h 00 Petit déjeuner de travail dans la salle à manger avec ses assistants et invités.
9 h 00 Deux heures dans son étude privée pour mettre au point son planning, lire et écrire.
11 h 00 Audiences officielles non-stop dans la bibliothèque du pape avec des évêques de passage à Rome, des dignitaires étrangers et autres invités.
13 h 30 Déjeuner de travail dans la salle à manger pontificale.
15 h 00 Sieste de quinze minutes dans un fauteuil.
15 h 15 Méditation tout en se promenant sur la terrasse du palais apostolique.
16 h 00 Travaux d'écriture dans son étude.
18 h 00 Tête-à-tête avec des membres du personnel de la Curie et du Vatican.
19 h 30 Dîner – généralement aussi un repas de travail.
21 h 00 Retour à l'étude pour lire et écrire.
22 h 00 Prière dans la chapelle.
23 h 00 Coucher.

Le mercredi, une audience générale s'ajoute à ce programme dans la salle Nervi du Vatican ou sur la place Saint-Pierre, lorsque le temps le permet. Le pape s'adresse alors à des milliers de fidèles en abordant les sujets qu'il estime particulièrement pressants. A la différence de ses prédécesseurs, Jean-Paul II prend très au sérieux ses responsabilités d'évêque de Rome. Le dimanche, il se rend fréquemment dans l'une des 323 paroisses de son évêché. Quelques jours auparavant, il aura convié à sa table le curé de cette circonscription ecclésiastique et aura appris de sa bouche les problèmes spécifiques de sa paroisse et de ses ouailles.

La charge de travail des papes modernes a toujours été lourde. La volonté de Pie XII et de Paul VI de séjourner longuement à leur bureau est restée légendaire, mais ils étaient, par nature, des administrateurs de l'Église, habitués à gouverner par la voie de la bureaucratie. Le mode de gestion très personnel et itinérant de Jean-Paul II sidéra les membres de la Curie romaine. C'était par le biais des relations humaines, au mépris des méthodes bureaucratiques, qu'il entendit, d'emblée, régir l'Église universelle. Par exemple, il fit de sa messe du matin une occasion de rester proche des fidèles du monde entier. Personne à la Curie ne se souvenait d'avoir vu la chapelle pontificale aussi bondée, jour après jour. Le pape en profitait même pour améliorer ses capacités linguistiques, en célébrant souvent l'office dans la langue de ses invités, y compris coréens et japonais. Après la messe, Jean-Paul II, généralement accompagné de ses convives, prend non pas un petit déjeuner continental léger, mais un solide repas polonais : jambon, saucisse, fromage, café, et parfois des œufs, servis de préférence mollets, dans un verre.

Il instaura aussi les déjeuners de travail au Vatican, grâce auxquels il garde le contact avec son personnel et les évêques du monde entier qui viennent à Rome tous les cinq ans pour leur traditionnelle visite *ad limina*. Ce déjeuner à la table du pape offre à la plupart des quatre mille évêques de l'Église une chance unique de s'entretenir avec le souverain pontife dans une atmosphère relativement détendue. La salle à manger est très simple, le cadre paisible et sans prétention. Il y a une grande table à rallonges, et contre le mur, un buffet où l'on peut admirer quelques-uns des souvenirs polonais du pape. On y trouve aussi un téléviseur où Jean-Paul II regarde parfois les nouvelles quelques minutes, juste assez pour prendre connaissance des grands titres. De temps à autre, il lui arrive de regarder un match de football.

Karol Wojtyla ne s'est jamais beaucoup intéressé à la nourriture. Le déjeuner est le principal repas de la journée : l'entrée (des pâtes, si la plupart des invités sont italiens, sinon de la soupe ou une entrée) est suivie d'un plat de viande ou de poisson, et de fromage. On sert toujours du vin, et le pape en boit régulièrement un demi-verre, ou plus rarement de la bière. On propose parfois du whisky en guise de pousse-café, mais seulement aux convives. Il n'est pas question de parler de gastronomie à table. A la place, les invités peuvent s'entretenir avec le pape de ses projets de voyage, ou bien il interroge l'évêque du diocèse qu'il envisage de visiter, à moins qu'une discussion ne s'engage sur la situation du clergé, qui inquiète toujours beaucoup le souverain pontife. « Les prêtres sont-ils en bons termes avec leurs évêques ? demande-t-il parfois à son invité. Sont-ils obéissants ? »

De fait, il arrive qu'il ne touche pour ainsi dire pas à son assiette dans son empressement à poser des questions. Visiblement tout ouïe, il détourne les yeux, comme pour mieux se concentrer, ou se penche sur la table, la tête dans ses mains, apparemment perdu dans un autre monde tandis que la tablée discute âprement.

Il se peut aussi que la conversation s'oriente sur de complexes questions doctrinales. Lorsqu'il est en pleine préparation des encycliques ou d'autres documents importants, le pape a coutume d'inviter le cardinal Ratzinger, et ses collègues de la Congrégation pour la doctrine de la foi, à déjeuner pour continuer les débats entamés dans l'étude pontificale. Les cardinaux se sentent en général plus à leur aise pour bavarder avec lui dans ce cadre informel. « Surtout si six ou sept cardinaux sont invités, nous parlons plus facilement de certains sujets, des problèmes auxquels l'Église est confrontée, explique le cardinal Silvio Oddi, qui fut durant de nombreuses années préfet de la Congrégation pour le clergé. Dans ces occasions, le pontife exprime très clairement ses pensées. »

En faisant de ses déjeuners des colloques, Jean-Paul II poursuit une tradition remontant à Cracovie où il conviait scientifiques, économistes, entrepreneurs, hommes politiques, militants humanitaires, écrivains et artistes à l'entretenir de leur spécialité ; ces discussions peuvent avoir trait à une gamme impressionnante de sujets, de la philosophie aux mathématiques en passant par la théorie des quanta. Durant l'été dans la villa pontificale de Castel Gandolfo, ces rencontres se poursuivent. Un an sur deux, un séminaire informel de deux jours y réunit des spécialistes des sciences sociales de tout horizon, religieux et philosophique, en présence du pape.

Pendant ses vacances d'été à Castel Gandolfo, Jean-Paul II s'adonne à un autre de ses sports favoris, la natation. C'est un exutoire important pour toute l'énergie refoulée par le « prisonnier du Vatican » ces dernières années, mais cela ne lui procure guère le sentiment de liberté qu'il éprouvait lorsqu'il nageait dans les lacs polonais avant de s'allonger sur la rive en se couvrant le visage d'un grand mouchoir rouge quand le soleil était trop ardent, riant et plaisantant avec ses amis et leurs enfants.

S'il y a une chose qui manque au pape, au Vatican, c'est ce contact avec les enfants. Il leur a toujours manifesté une énorme tendresse ainsi qu'aux adolescents. Le professeur Wozniakowski, de Cracovie, raconte que le jeune évêque Wotjyla venait fréquemment lui rendre visite chez lui et se bagarrait sur le tapis avec sa progéniture, au milieu d'éclats de rire tonitruants. Quand il se sent vraiment pris de claustrophobie ou lorsque le mal du pays le gagne, Jean-Paul II invite quelques-uns de ses vieux copains polonais à venir se détendre avec lui. Le père Maczynski, directeur du collège polonais de Rome, le fait rire en imitant l'accent russe, polonais ou yiddish. Le père Tischner, professeur d'éthique sociale à Lublin, est réputé pour ses plaisanteries légèrement osées. A Noël et au Nouvel An, le pape aime chanter des chants traditionnels avec les religieuses polonaises et d'autres invités de sa terre natale. C'est un spécialiste des rondes.

S'il a pu paraître mal à l'aise face aux contraintes de la bureaucratie, les membres de la Curie ont vite compris qu'il possédait une formidable capacité de travail. Les discours qu'il prépare en prévision de ses voyages sont généralement fin prêts deux mois à l'avance. Sa lettre annuelle adressée aux prêtres le Jeudi saint a toutes les chances d'être rédigée dès novembre, même si elle n'est envoyée qu'en mars ou avril suivant. Il reste un avide lecteur, profitant de chaque moment libre, même en avion, pour se rattraper dans la lecture d'ouvrages d'histoire, d'anthropologie, de sciences, ou en goûtant les œuvres de quelque grand poète ou écrivain du pays vers lequel il se dirige.

En arrivant dans son étude, après le petit déjeuner, le pape commence par passer en revue deux piles de coupures de presse, compilées par la Secrétairerie d'État et son porte-parole auprès de la presse, Joaquin Navarro-Valls. Deux fois par jour, la Secrétairerie lui fait parvenir un sac de courrier en cuir noir bourré de lettres, dossiers et brouillons de rapports en provenance des différents départements du Vatican, ainsi que des documents attendant sa signature ou son approbation. Il s'y attelle méthodiquement. Le premier lot arrive vers 13 heures, heure à laquelle les assistants de la Secrétairerie d'État récupèrent les papiers dont Jean-Paul II s'est occupé la veille au soir et le matin même. Une autre sacoche noire apparaît vers 5 h 30 ; son contenu sera examiné dans la soirée.

Le cabinet de travail où le pape accomplit l'essentiel de ses travaux d'écriture – généralement en polonais et en écriture courante, même s'il lui arrive de dicter ses textes à son secrétaire – fait partie de ses appartements privés situés au troisième étage du palais apostolique. C'est une pièce dépouillée, dominée par la présence d'un grand bureau en bois austère ; de part et d'autre, un fauteuil à dossier droit couvert de peluche beige. Sur le bureau : une petite pendule en or, un crucifix et un bloc assorti d'un buvard et d'un porte-stylos. Le vieux téléphone blanc à cadran se trouve sur une table basse à la droite du fauteuil. Sur le mur sont suspendus un tableau de la Vierge et une icône. Un simple tapis oriental couvre le sol et la fenêtre offre un vaste panorama de Rome. C'est de cette fenêtre que le dimanche, à l'heure de l'Angélus de midi, le pontife prie avec les fidèles rassemblés sur la place Saint-Pierre. De son bureau, cependant, il ne voit que le ciel. Quoi qu'il en soit, les épais rideaux sont souvent tirés lorsqu'il travaille.

Dans cette pièce, dont la simplicité surprend toujours ses visiteurs (surtout si on la compare à la grande loggia du deuxième étage aux admirables plafonds peints), le pape reçoit les chefs des départements de la Curie. Ces audiences suivent un horaire régulier : les lundi et mercredi, c'est au tour du secrétaire d'État (qui peut avoir accès au pontife à n'importe quel autre moment). Sous Jean-Paul II, la Secrétairerie d'État est devenue sans conteste l'organe suprême du Vatican, chargé de mettre en vigueur les décisions pontificales et de coordonner les différents départements de la Curie romaine. « Nous sommes l'ombre du pape, dit le cardinal Angelo Sodano, nommé secrétaire d'État en 1991. Il est l'unique protagoniste, nous le suivons tous et travaillons pour lui. » Le mardi, Jean-Paul II reçoit le numéro deux dans la hiérarchie curiale, et le mercredi, le ministre des Affaires étrangères vaticanes.

A 18 h 30 le vendredi, avant le dîner, lorsqu'il est à Rome, le pape rencontre le préfet de la Congrégation pour la doctrine de la foi, responsable de toutes les questions relatives à l'enseignement catholique officiel et à la discipline de l'Église. Chaque samedi, il s'entretient avec le cardinal Bernardin Gantin, préfet de la puissante Congrégation pour les évêques. Il est question des nominations au sein de l'Église, le pape informant le cardinal de ses choix définitifs pour les postes à pourvoir. A la différence de ses prédécesseurs, Karol Wojtyla est loin d'accepter systématiquement les candidats retenus au terme de la procédure bureaucratique normale (enquête préliminaire des nonces, suivie d'une sélection en réunion plénière des cardinaux de la congrégation). Il lui arrive de choisir quelqu'un qu'il connaît personnellement et dont les vues s'accordent mieux avec ses propres convictions.

A Rome, la vie de Jean-Paul II se réduit désormais, pour ainsi dire, à des allers et retours entre les deuxième et troisième étages du palais apostolique. A onze heures, il prend l'ascenseur pour se rendre dans l'*appartemento nobile*, ses appartements officiels qui contrastent de manière frappante avec son logement privé. Les chefs d'État et autres dignitaires qui ont le privilège de les découvrir à l'occasion d'une audience privée sont toujours très impressionnés par la magnificence de ses fresques et de ses frises. Cet étage abrite aussi la bibliothèque pontificale et ses exquises collections d'œuvres d'art, ses tables et rayonnages Renaissance et ses admirables tapis orientaux déployés sur des sols en mosaïque de marbre. C'est dans ce cadre grandiose que le pape donne souvent des réceptions officielles à l'intention de ses visiteurs étrangers de haut rang.

Après le souper, le Saint-Père remonte à l'étage où il travaille jusqu'à ce qu'il soit l'heure de se coucher. Son seul moment de répit est une promenade d'une heure sur la terrasse, qu'il accomplit même en hiver. Les années passant, on le voit de plus en plus fréquemment priant et méditant sur la terrasse ou dans la chapelle. A proximité de son prie-Dieu dans la chapelle en question, il a fait disposer une table basse où il garde les lettres des fidèles qui s'adressent à lui pour lui faire part de leurs problèmes personnels, lui demandant de prier pour eux, ou encore les documents pontificaux qui nécessitent selon lui une inspiration divine toute particulière.

RETOUR EN POLOGNE

Aucun moment de son récent pontificat n'avait été aussi délicat, aucun problème plus frustrant que la situation à laquelle Jean-Paul II fut confronté en 1983, lors de son deuxième voyage en Pologne. L'hiver avait été particulièrement déprimant pour les Polonais. La loi martiale semblait implacable ; licenciements, accusations secrètes et actes de répression empoisonnaient l'atmosphère. Un grand nombre de personnes désespérées avaient fini par abandonner la partie et cherché refuge dans leur vie privée, suscitant ainsi le plus grand baby-boom de l'histoire de la Pologne depuis la guerre.

Les militants clandestins de Solidarité avaient des doutes, eux aussi ; une grève générale organisée au mois de novembre avait lamentablement échoué. L'Église polonaise suivait une ligne de conduite très prudente. Le primat, Jozef Glemp, craignait à tout moment que ses prêtres prennent part à des « activités extrémistes ». Le gouvernement, entravé par les Soviétiques, assailli par la méfiance populaire, à deux doigts du marasme économique et confronté à un gel tenace des crédits en provenance de l'Occident, redoutait une insurrection sanglante comme celles de 1956, 1970 et 1976.

Dans ce contexte, l'Église et les autorités attendaient l'arrivée du pape avec une vive anxiété. Un accord passé entre l'épiscopat et le régime stipulait que cette visite serait exclusivement religieuse. Le gouvernement de Varsovie insistait pour que le pape ne fasse aucune mention de Solidarité, officiellement dispersé. Jaruzelski lui-même avait interdit au Saint-Père de visiter les villes baltiques de Gdansk et Szczecin, berceaux du mouvement Solidarité. Une rencontre avec Walesa lui avait été accordée à contrecœur à condition qu'elle reste strictement privée. La veille de son voyage, le pape déclara qu'il arrivait « dans ce moment aussi sublime que difficile » pour sa patrie. Dans un article intitulé « En attendant le pape », l'hebdomadaire clandestin de Varsovie, *Tygodnik Mazowsze*, exprima l'espoir que la venue du souverain pontife permette à la population de « franchir le mur du désespoir, de la même façon que sa visite de 1979 l'avait aidée à surmonter celle de la peur ». Le pape savait pertinemment que les initiatives qu'il prendrait au cours de ce périple détermineraient la manière dont le gouvernement polonais traiterait la loi martiale ; elles enverraient à ses compatriotes le signal de persévérer ou au contraire de relâcher la lutte ; elles indiqueraient au mouvement clandestin s'il disposait toujours d'un défenseur au Vatican et si Walesa continuait à jouer un rôle important ou s'il faisait désormais partie du passé de la Pologne (comme le primat Glemp l'espérait).

A son arrivée, le 16 juin 1983, Jean-Paul II ne dissimula pas la tristesse que lui inspirait l'état de son pays, évidente dès les premières paroles qu'il prononça à l'aéroport de Varsovie, après avoir embrassé le sol : « Je demande à ceux qui souffrent d'être particulièrement proches de moi. Je le leur demande avec les mots du Christ : " J'étais malade, et vous m'avez rendu visite. J'étais en prison, et vous êtes venus à moi. " Je ne peux moi-même rendre visite à tous ceux qui sont incarcérés (la foule en resta bouche bée), à tous ceux qui souffrent. Mais je leur demande d'être proches de moi en esprit pour m'aider, comme ils l'ont toujours fait. »

Plus tard dans la matinée, au palais du Belvédère, Sa Sainteté eut droit au premier de ses deux entretiens privés avec le premier ministre Jaruzelski, au cours desquels de véritables négociations seraient finalement amorcées. L'homme qui avait écrasé Solidarité accueillit son vénérable visiteur avec raideur mais courtoisie. Pour une fois, son visage, pâle et sans expression, ne disparaissait pas derrière ses habituels verres fumés. Son uniforme lui conférait une certaine élégance, toute patriotique, mais Jean-Paul II remarqua que lorsqu'il parlait, sa main droite qui tenait ses notes tremblait tandis que la gauche était fermée en un poing. Depuis lors, Jaruzelski lui-même a reconnu qu'il se sentait extrêmement nerveux et excité à la fois. A l'instar de tout Polonais élevé dans la foi catholique, il considérait le pape comme un personnage presque mythique. « Ce fut une rencontre très émouvante, déclara-t-il plus tard à propos de ce premier entretien avec le souverain pontife. J'étais conscient que c'était un grand moment, (mais) je remarquai qu'il se montrait relativement froid à mon égard. Il sourit au professeur Jablonski (le président polonais, qu'il connaissait),... tandis que moi, j'étais l'homme de la loi martiale. » Quand il fut temps de prononcer son discours officiel, le pape plaça un micro entre Jaruzelski et lui, comme pour prendre un maximum de distance vis-à-vis de l'homme responsable de l'état de guerre. Puis le souverain pontife s'adressa publiquement à Jaruzelski et Jablonski à l'occasion d'une allocution télévisée ; il réaffirma le droit de la Pologne à l'indépendance, à « sa place attitrée parmi les nations d'Europe, entre l'Est et l'Ouest ». Le chemin de la vraie souveraineté et de la réforme, déclara-t-il, doit prendre en compte « les arrangements sociaux stipulés par les représentants des autorités gouvernementales et les représentants des ouvriers » – en d'autres termes, les accords de Gdansk.

Quelques minutes plus tard, le pape, le primat, Jablonski et Jaruzelski se réunirent dans une petite pièce où le Saint-Père aborda immédiatement la question de la loi martiale.

« Il ne lança pas d'ultimatum, se souvint Jaruzelski. Il s'efforça de convaincre, de persuader en parlant de la dignité de l'homme. Il souligna que l'État devait penser à l'individu, que le dialogue était toujours nécessaire et que tous les syndicats avaient le droit d'exister. »

« Mon général, lui dit le pape, à mon sens, la dissolution des syndicats est plus pénible que la proclamation de la loi martiale en décembre 1981. »

« Je ne suis pas de votre avis », lui répondit Jaruzelski. Il expliqua à son hôte que la décision d'imposer la loi martiale avait été « très dramatique pour moi, très douloureuse ; nous étions dans une situation catastrophique qui mettait véritablement la Pologne en péril. »

Puisque l'Église se trouvait dans une position de force sans précédent (depuis l'effondrement de Solidarité, elle était devenue l'unique véhicule du dialogue civique), Jaruzelski avait espéré qu'à l'instar du primat Glemp, le pape chercherait avant tout à consolider ce pouvoir afin de servir les objectifs spécifiques de l'Église : création de séminaires, accès à la presse, construction de nouvelles églises – ce qui se produisait déjà à une cadence que certains détracteurs trouvaient inadmissible. Plus de deux cents permis de construire avaient été consentis au clergé polonais depuis la proclamation de la loi martiale, alors que l'économie et les infrastructures du pays continuaient à se désintégrer.

« Il ne provoqua aucune espèce de polémique », nota encore Jaruzelski, mais les deux hommes se trouvèrent immédiatement en désaccord absolu, quel que soit le thème abordé ou presque. Progressivement, la conversation prit néanmoins une tournure un tant soit peu plus chaleureuse sur le plan personnel, même si les questions importantes continuaient à susciter des frictions. Le général tenait à ce que le pape « use de son influence pour nous aider à isoler l'aile la plus extrémiste de Solidarité (Walesa, le KOR et le mouvement clandestin) et à faire lever l'embargo de l'Occident, notamment celui imposé par les Américains ».

« Je suis anxieux de retrouver un certain état de normalité aussi vite que possible, déclara le pape, sous-entendant l'abrogation de la loi martiale. Alors la Pologne sera considérée différemment par les autres nations. » Une référence à la manière dont les Occidentaux pourraient se laisser persuader de mettre un terme au blocus économique. Le message du pape au régime était ferme et sans équivoque : les droits du peuple devaient être restaurés, Solidarité reconstitué et la loi martiale annulée. En définitive, les accords de Gdansk devaient prévaloir. Mais il prit soin de ne pas offenser les autorités, reconnaissant leur pouvoir temporel tout en mettant l'accent sur leurs responsabilités morales. Il évita de parler de l'avenir des Églises et des croyants dans l'ensemble du bloc de l'Est ou (comme lors de sa première visite) de proclamer la mission du pape slave visant à unifier toute l'Europe chrétienne.

Moscou suivit avec réserve le voyage de Jean-Paul II en Pologne, sans menaces visibles ni hystérie. Le nouveau dirigeant soviétique, Iouri Andropov, avait en fait ordonné aux médias soviétiques de ne pas s'attaquer à lui. La veille de son départ de Rome, le quotidien *Sovietskaya Rossia* avait même publié un article étonnamment favorable à son sujet, louant son attitude « vis-à-vis du désarmement, son soutien aux évêques du Salvador et sa prise de position en faveur d'une solution équitable au conflit du Moyen-Orient », qui, clamait le journal, avait « grandement agacé l'Amérique et fait enrager Tel-Aviv ». Ce traitement déférent de la part de la presse soviétique reflétait en partie la volonté de dissiper les spéculations occidentales quant à une possible implication de Moscou dans la tentative d'assassinat dont le pape avait été victime.

Au cours de la semaine suivante, le souverain pontife concocta un message complexe. « Appelez le bien et le mal par leur nom », prêcha-t-il à Czestochowa à l'occasion d'une homélie qui fut sans doute la plus remarquable de son pontificat. Là, près d'un million de pèlerins attendaient avec impatience qu'il prononce le mot *Solidarnosc.* Mais il ne le proféra pas de la manière attendue par l'immense foule ou la presse occidentale (qui passera l'essentiel de la visite pontificale à compter le nombre de fois où il utilisa ce mot.) « Il vous appartient de dresser une barrière solide contre la démoralisation, proclama-t-il, d'affirmer la *solidarité fondamentale entre les êtres* » – pas tout à fait la même chose que le mouvement ouvrier Solidarité écrasé sous la botte du régime.

Le premier soir de sa visite, des dizaines de milliers de gens avaient défilé depuis la cathédrale de Varsovie, en passant devant le quartier général du Parti communiste, hurlant « Lech Walesa, *Demokracja, Solidarnosc, Solidarnosc,* Indépendance », et les autorités étaient déjà sur des charbons ardents. D'importantes forces de sécurité avaient été déployées à proximité. A présent dans la prairie de Jasna Gora, le drapeau de Solidarité avec son logo rouge reconnaissable entre tous flottait partout. « Vous redonnez de la force aux étudiants de Gdansk », proclamait l'une des banderoles, le mot *étudiants* étant écrit dans la typographie caractéristique de Solidarité. La foule se composait principalement de jeunes.

Chaque fois que le pape proférait le mot *Solidarnosc,* l'immense assemblée réagissait avec mesure et bon sens, s'abstenant de l'acclamer, en communauté docile. « Mère de Jasna Gora », implora-t-il sous l'immense dais blanc et doré dressé devant le monastère fortifié qui abrite la Vierge noire de Czestochowa, « toi que la providence nous a donnée pour défendre la nation polonaise, accepte cet appel de la jeunesse et du pape polonais et aide-nous à *garder l'espoir* ».

Son idée, qu'il communiquait à présent à tout un peuple, était une variante de sa propre expérience de jeunesse pendant la guerre. La victoire résidait en eux. La victoire spirituelle forgée avec la souffrance de leur nation, son martyre, était possible. « L'homme est appelé à remporter la victoire sur lui-même, déclara-t-il. Ce sont les saints et les bienheureux qui nous montrent le chemin de cette victoire que Dieu remporte dans l'histoire humaine. » Pour l'atteindre, il fallait « vivre dans la vérité... Cela signifie aimer son prochain, cela signifie une solidarité fondamentale entre les êtres ». Selon un thème qu'il reprit d'innombrables fois durant les jours suivants, au grand dam du régime, il clama que la victoire exige aussi de « faire un effort pour être un individu doté d'une conscience, appeler le bien et le mal par leur nom et ne pas les confondre... développer en soi ce qui est bon et chercher à redresser le mal en le surmontant en soi-même ».

« Vous venez à la Mère de Czestochowa, le cœur blessé, empreint de chagrin et peut-être aussi de rage, prêcha-t-il. Votre présence montre la force d'un témoignage, un témoignage qui a stupéfié le monde entier : celui où l'ouvrier polonais fait de sa personne l'objet d'une revendication, l'Évangile dans la main, une prière sur les lèvres. Les images retransmises dans le monde en 1980 ont touché les cœurs et les consciences. »

« Restez avec nous, restez avec nous », scandait le million de Polonais massés dans le pré en face du monastère. Tous regardèrent, médusés, lorsqu'il offrit à la Vierge sa ceinture d'évêque, trouée par la balle d'Ali Agca.

Lors de son homélie, adressée à une autre foule d'un million de personnes dans la ville sidérurgique de Katowice (ainsi qu'au régime communiste), il nomma à nouveau les droits fondamentaux des travailleurs : « un salaire équitable », « la sécurité », « et une journée de repos hebdomadaire ». « Liée au domaine des droits des travailleurs, il y a la question des syndicats, dit-il, le droit de libre association », celui de tous les travailleurs à former des syndicats, « porte-parole du combat pour la justice sociale ». Citant le cardinal Wyszynski, il poursuivit : « Il n'appartient pas à l'État de nous donner ce droit, il a seulement l'obligation de le protéger et de le garantir. Ce droit est conféré à tous par le Créateur qui a fait de l'homme une être social. » Chaque jour, ses discours faisaient allusion à ces éléments des accords de Gdansk.

Le dernier jour de son séjour, il rencontra Lech Walesa et des intellectuels secrètement en contact avec le mouvement clandestin de Solidarité, qui lui remirent des exemplaires de journaux publiés sous le manteau.

Après dix-huit mois de loi martiale, Solidarité n'était plus une vaste organisation d'ouvriers munis de leur carte de membre et d'une liste de revendications brandie sur les lieux de travail. L'État l'avait anéantie et sa résurrection semblait pour ainsi dire inconcevable. Cependant, lors de cette deuxième visite du pape, Solidarité devint une idée, une conscience, un lot de valeurs, voire un mode de vie « dans la solidarité ». En tant que tel, il n'en restait pas moins un défi pour les autorités, parce qu'à force d'appeler le bien et le mal par leur nom, de vivre dans la vérité, de partager des valeurs communes, la passivité dont le souverain pontife avait parlé avec Bronislav Geremek et ses camarades intellectuels au Vatican en 1981 ferait bientôt partie du passé.

En attendant, il existait encore un petit mouvement Solidarité, clandestin mais actif, dont les dirigeants avaient secrètement rencontré l'émissaire du pape, le père Adam Boniecki, durant les préparatifs de la visite pontificale – preuve indéniable que Karol Wojtyla tenait à ce qu'ils persévèrent. Bien que l'organisation clandestine de Solidarité n'eût guère de moyens au départ, un réseau de soutien et d'approvisionnement était en train de se mettre en place avec l'aide concertée de l'Église catholique, du mouvement ouvrier occidental, et (à l'insu des principaux intéressés) de la CIA. Ce réseau était vital pour les détenus, les syndicalistes cachés et leurs familles. De plus, la résistance avait trouvé un domaine dans lequel Solidarité continuait à fonctionner, à être une source d'inspiration et même à s'épanouir : celui des journaux, revues et bulletins diffusés en samizdat dans les usines ou ailleurs, sans parler des radios. La CIA subventionna généreusement ces secteurs (environ huit millions de dollars rien qu'en 1982-1983), sponsorisant des activités que les autorités se révélèrent dans l'incapacité de réprimer. Les imprimeurs se montraient de plus en plus experts dans les techniques d'édition clandestine. En août 1982, un journaliste dénombra non moins de deux cent cinquante publications éditées sous le manteau sur l'ensemble du territoire national. Grâce à de massifs apports de liquidités et à la livraison de tonnes d'équipement clandestin (les premiers fax en Pologne, des photocopieuses, de l'encre) fournis par la CIA, quelque mille six cents périodiques furent bientôt diffusés. William Casey avait personnellement convaincu le premier ministre socialiste suédois, Olof Palme, d'autoriser secrètement les ports, navires et dockers suédois à acheminer clandestinement du matériel au mouvement de résistance polonais. Lorsque Solidarité parut condamné au lendemain de la proclamation de la loi martiale, Radio Free Europe, the Voice of America, Radio Vatican et les émetteurs clandestins de Solidarité (fournis par la CIA) ponctuèrent les ondes de messages émanant du mouvement clandestin, à la consternation du régime *. Solidarité survivait donc, même si ses membres faisaient songer à des diables à ressort, resurgissant de temps à autre pour lancer, par écrit, des appels à la résistance, ou en chair et en os, à des

* Radio Free Europe et the Voice of America servirent aussi à envoyer des messages codés au mouvement clandestin à propos de livraisons de matériel ou d'autres projets, bien que les lois américaines prohibent ce type d'activité.

endroits et des moments inattendus (y compris lors de rares transmissions pirates interrompant les programmes sur la chaîne de télévision nationale).

Avant son voyage, le pape avait dépêché le père Adam Boniecki, rédacteur en chef de l'édition polonaise de *L'Osservatore romano*, afin qu'il rencontre les chefs du mouvement clandestin et leur fasse part de sa gratitude et son admiration. Boniecki, *dixit* Wiktor Kulerski, activiste de Solidarité, « nota en détail toutes les informations relatives à la vie dans la clandestinité, les activités que nous menions, la stratégie que nous nous efforcions de suivre... Lors de nos entretiens, il y avait une chose qui le préoccupait tout particulièrement : il ne voulait en aucun cas que Solidarité en vienne à faire usage de la force. Nous étions parfaitement d'accord là-dessus et expliquâmes à Boniecki que le mouvement clandestin s'orientait avant tout vers l'édification d'une société civile, ses activités ayant pour but de consolider ce qu'il est convenu d'appeler la conscience sociale de manière à ce que les citoyens cessent d'obéir systématiquement aux consignes officielles – en d'autres termes de favoriser une insoumission civile non violente, outre le développement d'une culture et d'une éducation indépendantes ». C'était là encore un moyen d'appeler le bien et le mal par leur nom.

Kulerski affirma que par l'intermédiaire de Boniecki, qui ramena au pape un volume relié de tous les numéros de l'hebdomadaire clandestin *Tygodnik Mazowsze*, le mouvement clandestin était « certain de l'intérêt du Saint-Père... de son approbation et de sa compréhension... Boniecki répéta à plusieurs reprises que Jean-Paul II était anxieux d'avoir les informations qu'il lui rapporterait de Pologne et que lui-même aimerait avoir davantage de faits, plus de données, à fournir à Sa Sainteté ».

Le pape devait s'adresser à quatre auditoires distincts durant sa visite : le peuple, l'épiscopat, les autorités et les vestiges de Solidarité, et tous, y compris les leaders communistes en définitive, furent poussés à l'action par ses exhortations.

Peu avant son départ, il eut une nouvelle entrevue avec Jaruzelski, seul à seul cette fois-ci et durant plus d'une heure et demie, au Wawel, « un lieu d'une grande importance symbolique », comme le nota le général. Cet entretien qui ne figurait pas au programme avait été requis par le souverain pontife la veille au soir.

Le franc-parler de Jean-Paul II sidéra Jaruzelski : « Je comprends que le socialisme en tant que système politique est une réalité, lui dit-il, mais il n'empêche qu'il devrait avoir un visage humain. »

Le pape parlait toujours « en termes de droits de l'homme ou de droits civiques, constata le général. Lorsque nous abordions ce thème, nous sous-entendions naturellement la démocratie. Dans le cas d'une démocratie, il y a bien sûr des élections. S'il y a des élections, alors le pouvoir vous appartient. Mais il ne l'exprima jamais de cette manière. Cela montrait sa grande culture et sa diplomatie car, en substance, il utilisait des mots et des formules que l'on ne pouvait contester. S'il avait dit : " Vous devez partager le pouvoir avec Solidarité ", nous aurions bien évidemment récusé ces propos. Mais lorsque quelqu'un se contente d'évoquer les droits de l'homme, c'est un terme si général, une notion tellement globale, qu'il est possible d'avoir une discussion constructive, qui nous amena finalement (le régime) plus près de cet objectif sans perdre la face pour autant. Il est significatif que peu de temps après la visite du pape en 1983, la loi martiale fut abrogée ».

Le primat Glemp était anxieux de consolider l'emprise de l'Église polonaise plutôt que de s'enliser dans une vaine campagne en faveur des revendications et prérogatives de Solidarité. A Cracovie, avec son approbation, un vicaire reçut l'ordre d'enlever un autel dédié audit syndicat à l'intérieur de son église et de suspendre les réunions pédagogiques organisées dans sa sacristie à l'intention des ouvriers. Pourtant, curieusement, un grand nombre de prêtres polonais avaient critiqué vertement le primat et s'étaient déclarés favorables au mouvement clandestin et au vaste programme de « renouveau social » proposé par Solidarité.

L'épiscopat avait négligé de prévoir un entretien entre le pape et les intellectuels polonais en contact avec le mouvement clandestin. Après que le père Boniecki eut fait état de la vive déception des leaders de Solidarité, les officiels du Vatican s'empressèrent d'intégrer une telle rencontre dans le programme.

De fait, Karol Wojtyla était venu en Pologne en sa qualité de « pape-primat » (selon la formule de Timothy Garton Ash), déterminé à donner des instructions précises à l'Église polonaise, et résolu à ce que lui, et non le primat de Pologne, établisse la ligne de conduite doctrinale qui guiderait ses compatriotes ecclésiastiques dans la lutte à venir. A Cracovie, en présence de deux millions de personnes, il béatifia deux prêtres qui s'étaient battus contre les Russes lors de l'insurrection polonaise infructueuse de 1863 : le père Rafal Kalinowski et le frère Albert Chmielowksi, au sujet duquel il avait écrit une pièce intitulée *Le Frère de notre Dieu*. Après avoir souligné leur participation dans la révolution manquée, le pape fit l'éloge des deux prêtres pour leur « amour héroïque de la patrie » dans ce combat voué à l'échec, mais aussi pour leur énergie, la foi et la force de caractère dont ils avaient fait preuve après coup. Kalinowski, qui entra chez les carmes, se consacra à l'enseignement. Chmielowski fonda la branche albertine des franciscains et devint un artiste réputé. Le parallèle avec l'expérience de Solidarité était évident : comme il le fit durant tout son voyage, le pape appela les catholiques et l'Église elle-même à opérer un changement interne, une sorte de « conversion intérieure ».

Dans son ancien archidiocèse, le pape consacra une nouvelle église située à Nowa Huta à la mémoire de Maximilien Kolbe, après une manifestation monstre de trois heures. « Le pape est avec nous, le pape est avec nous, l'Église est avec nous, Dieu est avec nous. Pas de liberté sans Walesa. Libérez Walesa », scandaient les dizaines de milliers de personnes défilant derrière une énorme banderole proclamant « Solidarité se bat et gagne ».

Le lendemain, Jean-Paul II vit Walesa – une entrevue encore entourée de mystère et de controverses. Les autorités s'étaient initialement opposées à ce rendez-vous, mais le pape avait tenu à ce qu'elle eût lieu, pour une question de principe. Walesa, qui venait d'être libéré bien qu'on lui refusât encore le droit de reprendre le travail, devait rencontrer Jean-Paul II « à titre personnel » sur un site choisi par le régime, sans qu'aucun représentant de la presse fût présent.

A Gdansk, Walesa monta à bord d'un hélicoptère, en compagnie de l'évêque Tadeusz Goclowski qui lui avait été assigné par l'épiscopat, afin de se rendre à Cracovie pour son face-à-face avec le souverain pontife. En définitive, l'appareil se posa loin de là, dans le massif des Tatras. Six mille soldats et miliciens bloquaient les routes conduisant à l'auberge de jeunesse où les deux hommes devaient se retrouver. L'évêque Goclowski écrivit par la suite que cet entretien, « qui porta naturellement sur la situation dans le pays, l'état d''esprit des travailleurs et les perspectives d'avenir des activités de Solidarité », dura une quarantaine de minutes. Un parfum « de certitude » émanait selon lui « quant à la victoire des idéaux (de Solidarité) qui avaient acquis une place prépondérante dans toute la Pologne. Ils étaient pleinement d'accord qu'en dépit de toutes les difficultés, les faits étaient irréversibles. »

Le pape et ses porte-parole ont toujours refusé de faire le moindre commentaire sur cette rencontre. Le compte rendu qu'en fait Walesa dans son autobiographie ne nous informe guère et se limite à deux paragraphes dans lesquels il se souvient surtout de « l'atmosphère d'unité et de simplicité... (et) des grands pieds du pape. »

A en croire Jaruzelski, « la visite ne dura que vingt minutes ; ils en restèrent à des généralités et il y avait une ribambelle d'enfants aux alentours (ceux de Walesa) ». Leur rencontre eut lieu dans un « esprit essentiellement symbolique » et rien de substantiel ne transpira. « Walesa n'était pas très content, et je comprends pourquoi, poursuit Jaruzelski. Mais il semble qu'à l'époque, le pape se préoccupait avant tout de préserver la paix et le calme en Pologne. Il était sensible à la bonne volonté des autorités... et je pense qu'on assistait à une sorte de " gel ", d'hibernation de Walesa, en attendant la suite des événements. »

De fait, le rédacteur en chef de *L'Osservatore romano,* Mgr Virgilio Levi, laissa entendre dans l'édition du lendemain (sous le titre « Honneur au sacrifice ») que Walesa avait été mis plus ou moins à la retraite par le pape, qu'on lui accorderait de « grands honneurs » mais qu'il ne récupérerait jamais le leadership de Solidarité. « Mes sources affirmaient que... Jaruzelski était sur le point de lever l'état d'urgence, mais qu'en échange, il avait demandé (au pape) que l'on contraigne Walesa à garder un profil bas, se souvient Levi. C'était nécessaire. Le pape voulait voir Walesa le premier jour, puis le deuxième, puis le troisième ; et ce fut seulement le septième jour qu'il le rencontra dans le massif des Tatras. » En attendant, les collègues de Levi à *L'Osservatore romano*, auxquels on avait remis à l'avance des copies des discours du pape, se rendirent vite compte, lorsqu'il s'adressa finalement à ses compatriotes, que ses propos avaient été édulcorés – apparemment par déférence vis-à-vis de Jaruzelski qui avait tenu ses promesses.

Au Vatican, bien des personnes pensent que Glemp et ses aides de camp étaient à l'origine du rapport fourni à Levi. Le primat avait espéré éliminer Walesa de la scène politique par le biais d'un article « autorisé » publié dans *L'Osservatore romano* qui, repris par les médias du monde entier, aboutirait à un fait accompli. Le lendemain de la parution de l'article en question, cependant, Levi fut convoqué par le sous-secrétaire d'État au Saint-Siège, Eduardo Martinez Somalo. Sans mentionner le contenu de l'article, il se contenta de lui dire qu'étant donné les réactions des commentateurs de la presse, « nous avons besoin d'un geste ». Levi, comprenant précisément ce qu'on lui demandait, remit docilement sa démission. Le message était clair : le pape soutenait toujours le leadership de Walesa.

Quatre mois plus tard, en octobre 1983, Walesa recevait le prix Nobel de la paix. Il reprit finalement la tête du mouvement Solidarité avant de devenir président de la Pologne.

En définitive, le pape avait essayé d'aider les autorités à s'extirper de cette situation impossible et de sauver le peuple du désespoir. Jaruzelski était le premier dirigeant polonais, depuis 1970, sous l'autorité duquel l'armée tira sur des citoyens polonais, et la légitimité de son pouvoir était moins que sûre.

A Jasna Gora, Jean-Paul II avait proclamé : « La souveraineté de l'État est fermement établie quand il *gouverne* la société et sert le bien de la communauté en permettant à la nation de vivre... son identité. » Puis il avait prié pour les dirigeants de la Pologne : « Reine de Pologne, je souhaite aussi te confier la difficile mission de ceux qui exercent l'autorité sur le sol polonais. » Cette autorité n'était pas un don de Dieu, dit-il clairement. « L'État tire d'abord et avant tout sa force de l'appui du peuple. »

« Le pape souhaitait que sa visite s'achève sur une note positive, par le biais d'un compromis », se souviendra Jaruzelski en 1994. Ce fut la raison pour laquelle il requit une deuxième entrevue. « Il savait que nous approchions de la fin de la loi martiale – elle fut levée un mois plus tard. Il ne voulait pas troubler cette atmosphère de réconciliation... Il déclara que beaucoup de choses s'étaient améliorées en Pologne. »

Le pape quitta sa terre natale avec le sentiment que le général était un homme estimable et droit, fondamentalement religieux, polonais avant d'être communiste et redoutant l'Union soviétique. La force de cette deuxième rencontre entre les deux hommes réside en partie dans les relations de confiance mutuelles qu'ils établirent, en dépit de différences substantielles. « Ce fut une conversation très importante », observera par la suite Jaruzelski. Le pape précisa qu'il avait « apprécié le climat pacifique de sa visite et la coopération des autorités ».

Jaruzelski jugea son dialogue avec le souverain pontife « à deux vitesses. A un certain niveau, nous éprouvions un sentiment d'amitié l'un pour l'autre. J'accueillais un grand homme, un hôte prestigieux qui était aussi un compatriote. Parallèlement,... nous devions formuler nos motivations respectives qui ne coïncidaient pas toujours. Elles étaient même parfois carrément opposées. Quoi qu'il en soit, nos pourparlers ne s'achevaient jamais sur une note brutale. Lorsque nous abordions une question épineuse qui ne pouvait être résolue sur-le-champ, nous décidions de l'approfondir plus tard à l'occasion de futurs entretiens entre le primat et le gouvernement afin d'essayer de trouver une solution. »

Au bout d'une semaine en Pologne, Jean-Paul II repartit triomphant, même si la vie de la population n'en restait pas moins misérable et sinistre.

Les rédacteurs du bulletin clandestin *KOS* (n° 35) en conclurent que l'impact « le plus évident et le plus important » de son pèlerinage avait été « qu'au cours de cette rencontre historique du pape avec des millions de Polonais, nous sommes redevenus visibles aux yeux des autres et de nous-mêmes, nous avons retrouvé notre voix et pouvons enfin redresser la tête. Cette année et demie de terreur a échoué. Nous sommes à nouveau maîtres de notre sort – quelque chose de tout à fait extraordinaire dans un État totalitaire. Nous devons cesser de nous considérer comme les objets de marchandages politiques qui se concluent au-dessus de nous. »

C'était exactement le but recherché par Sa Sainteté.

Brejnev était mort le 10 novembre 1982. Au lendemain de l'attribution du prix Nobel de la paix à Walesa, en 1983, son successeur au poste de secrétaire général du Parti communiste, Iouri Andropov, ancien directeur du KGB, adressa une lettre furibonde à Jaruzelski :

« L'Église ravive le culte de Walesa, l'inspire et l'encourage. Cela signifie qu'elle engendre un nouveau type d'affrontement avec le Parti. » L'Église lui donnait autant froid dans le dos qu'à son prédécesseur et il analysa avec perspicacité la situation en Pologne après la visite du pape :

« Je tiens particulièrement à parler de l'Église (écrivit-il à Jaruzelski). Durant la crise (la loi martiale), elle a bénéficié des plus grands avantages et a considérablement renforcé sa position politique et sa base financière et matérielle...

« Aujourd'hui, elle est une force d'opposition puissante au socialisme, investie du rôle de mécène et de défenseur du mouvement clandestin et de la notion même de Solidarité... Dans cette situation, il importe avant tout de ne pas faire de concessions et de tracer des limites en restreignant son activité au cadre constitutionnel (polonais) et en limitant la sphère de ses influences à la vie sociale. »

Dix-huit mois plus tard, en février 1984, Andropov disparaissait à son tour et Constantin Tchernenko le remplaçait. La vieille garde du Kremlin allait s'amenuisant. Souslov, l'idéologue, était mort lui aussi.

La liberté d'action de Jaruzelski allait, elle, croissant. Il considérait de plus en plus le pape comme un partenaire dans l'avenir de la Pologne, certes pas au point d'exclure les Soviétiques, mais comme un élément essentiel de tout consensus susceptible de permettre au pays de prospérer sur le plan social et économique. La commission État-Église de Pologne commença à débattre prudemment de la possibilité d'assouplir les mesures les plus rigoureuses de la loi martiale qui continuaient à faire partie intégrante du code civil.

A la mi-avril 1984, Jaruzelski fut à nouveau convoqué dans un wagon de chemin de fer, à Brest-Litovsk, pour s'entretenir cette fois-ci avec Andrei Gromyko et Dimitri Ustinov. A cette occasion, on le mit sévèrement en garde contre les dangers d'une telle coopération. « Jaruzelski considérait l'Église comme un allié indispensable, sans lequel il serait impossible de continuer dans l'état actuel des choses. Le général ne fit pas la moindre allusion à un combat décisif contre les machinations de l'Église », rapportera Gromyko au Politburo soviétique.

Constantin Tchernenko, qui présidait la séance, nota d'un ton sinistre : « Les forces contre-révolutionnaires continuent leurs activités, l'Église mène l'offensive, inspirant et unissant les ennemis du communisme et ceux qui ne sont pas satisfaits du régime actuel. »

« Dans l'ensemble, la volonté de consolider le Parti (communiste) ne s'accorde pas avec l'esprit de Jaruzelski, si l'on peut dire », commenta Gromyko.

« Je suis d'avis qu'il n'est pas sincère avec nous », précisa Ustinov.

Mikhaïl Gorbatchev avait soigneusement étudié la centaine de pages que comportait le rapport sur l'entrevue dans le wagon de chemin de fer.

« En définitive, Jaruzelski s'efforçait de présenter la situation sous un jour aussi favorable que possible, observa-t-il. Il me semble que nous ne comprenons pas encore ses véritables intentions. » Il marqua une pause avant d'ajouter : « *Il souhaite peut-être l'instauration d'un système de gouvernement pluraliste en Pologne.* »

Onze mois plus tard, Tchernenko mourait et Gorbatchev lui succéderait. Jaruzelski et lui parleraient alors ensemble de l'idée de pluralisme, tant pour la Pologne que pour l'Union soviétique.

SIXIÈME PARTIE

LE PASTEUR UNIVERSEL

Le dimanche 6 mai 1984, Jean-Paul II célébra une messe triomphale à Séoul pour cent trois martyrs coréens tués au XVIIIe et au XIXe siècle, qu'il venait de mettre au rang des saints. Pour la première fois depuis le Moyen Age, une canonisation avait été prononcée hors de Rome.

Sous son pontificat, l'Église catholique était en train de devenir une véritable usine à saints. Le pape canonisait et béatifiait des héros chrétiens à la cadence moyenne d'un par semaine. Au cours des deux millénaires de l'histoire de l'Église, trois mille hommes et femmes seulement avaient été jugés dignes d'un tel honneur. En quinze ans de pontificat, Paul VI en avait canonisé soixante-douze. Vers le milieu des années quatre-vingt-dix, Jean-Paul II en avait déjà béatifié (la béatification étant l'ultime étape sur la route de la sainteté) et canonisé plus de trois cents. Jusqu'à lui, la Congrégation pour les causes des saints devait certifier deux miracles pour chaque individu béatifié ; Jean-Paul II baissa la barre à un seul.

En canonisant à tour de bras, le pape cherchait à mettre en valeur la fécondité de l'Église, tel un père exhibant fièrement sa progéniture. Entre autres choses, les saints sont les symboles d'une vie religieuse florissante, des modèles pour leur culture et leur communauté, et un moyen de susciter un regain de vocations au demeurant nettement sur le déclin. En multipliant les canonisations et les béatifications à l'étranger, Jean-Paul II prouvait que toutes les provinces de la chrétienté étaient à même de fournir des héros à l'Église universelle.

La plupart des défunts mis au rang des bienheureux durant son pontificat ont été des exemples du courage chrétien dans le monde moderne : Anuarite Negapeta, une religieuse africaine tuée par un soldat simba au Zaïre alors qu'elle défendait son vœu de chasteté et sa virginité ; Peter Torot, un catéchiste de Papouasie-Nouvelle-Guinée, assassiné dans un camp de prisonniers de guerre japonais durant la Deuxième Guerre mondiale pour avoir continué d'enseigner la doctrine de la foi à la population, malgré les interdictions. Le père Maximilien Kolbe et Édith Stein, tous deux morts à Auschwitz ; Gianna

Berretta Molla, pédiatre italienne qui mourut parce qu'elle refusa de se faire avorter *.

Le pape donnait parfois la préférence aux canonisations ouvertement politiques, comme dans le cas des membres d'ordres religieux tués durant la Révolution mexicaine ou française, ou encore la guerre civile espagnole, qu'il considérait comme des victimes symboliques du mal engendré par les révolutions et les régimes marxistes et anticléricaux.

La messe qu'il célébra à Séoul pour les martyrs coréens fut une de ces immenses cérémonies qui semblaient orchestrées par le souverain pontife et ses aides dans le but de subjuguer le monde. Une croix de près de quarante mètres de haut se dressait au-dessus de la tribune pontificale. Un million de fidèles étaient présents – dans un pays qui compte à peine un million sept cent mille catholiques. Un chœur composé de quinze cents voix chanta tandis que huit cents prêtres et douze cents diacres et sous-diacres parcoururent la foule pour distribuer la communion. Au milieu de cette magnificence digne d'un empereur, le pape arborait des vêtements sacerdotaux dorés, ornés d'un nuage blanc et d'un dragon, emblèmes de la plus vieille dynastie royale coréenne.

Durant son homélie, le souverain souverain pontife fit l'éloge de l'Église catholique coréenne, née littéralement du martyre : « Elle porte à jamais la marque du sang... Écoutez les dernières paroles de Teresa Kwon, l'une des premières martyres de cette nation : " Puisque Dieu Tout-Puissant est le Père de toute l'humanité et le Seigneur de toute création, comment pouvez-vous me demander de le trahir ? Même dans le monde terrestre, toute personne qui trahit son père et sa mère n'obtiendra pas le pardon. " »

Le martyre était le signe du dévouement absolu exigé des chrétiens par le pape. Il en parlait régulièrement aux cardinaux, aux prêtres, et à ses fidèles par l'intermédiaire de ses encycliques. Le martyre était selon lui le « témoignage par excellence de la vérité morale, à laquelle relativement peu d'entre nous sont appelés. » A ses yeux, la trahison était l'antithèse du martyre. Pour Jean-Paul II, un homme qui souhai-

* La personne la plus controversée, parmi celles qu'a béatifiées Jean-Paul II, fut José Maria Escriva de Balaguer, fondateur de la mystérieuse organisation catholique laïque, l'Opus Dei. La béatification d'Escriva, en 1992, fut extraordinairement précoce – seulement dix-sept ans après sa mort. Un véritable record puisqu'il faut généralement un demi-siècle, au bas mot, pour être proclamé « béni ». De surcroît, de nombreux critiques décrétèrent qu'Escriva avait bénéficié d'un traitement de faveur. D'importants « témoins hostiles » s'étaient vu refuser l'accès aux audiences (onze sur un total de quatre-vingt-douze furent appelés à la barre). L'un des huit juges ecclésiastiques vota contre Escriva, mais la procédure n'en continua pas moins, en violation des règlements du Vatican.

Jean-Paul II s'est toujours senti particulièrement proche de l'Opus Dei et de ses 75 000 membres dispersés sur l'ensemble du globe. Ils sont presque tous extrêmement conformistes sur le plan théologique, vouent une fidélité aveugle au pape et ont énormément d'influence dans leur pays respectif. En raison du mystère qui l'entoure – et du pouvoir considérable qu'on lui attribue –, on a souvent accusé l'Opus Dei d'être un vaste complot catholique en vue de la domination du monde. Les listes de ses membres étant gardées sous clé, certains détracteurs tendent à parler de « Sainte Mafia ». L'Opus Dei a soutenu Karol Wojtyla depuis qu'il était archevêque de Cracovie. Il est fréquemment invité à s'adresser à ses membres. Enfin, quelques jours avant le conclave où il fut élu pape, il alla prier sur la tombe d'Escriva, à Rome.

tait quitter le clergé n'était pas un être malheureux qui avait des problèmes, une âme déçue ou tourmentée, mais un traître, un Judas, suivant la formule de Paul VI. Le martyre était la preuve suprême d'une volonté de mourir pour la gloire de la vérité. Une volonté que tout chrétien devait avoir. « Le sang des martyrs est la semence des chrétiens », déclara-t-il à l'immense foule rassemblée à Séoul, citant Tertullien.

En dehors du Christ, de la Vierge et des apôtres, le parangon chrétien le plus souvent cité par le pape polonais était saint Stanislas. Lorsqu'il parlait de martyre, il ne faisait aucun doute pour certains occupants du Vatican qu'il songeait aussi à sa tentative d'assassinat. Une fois devenu pape, son mysticisme de plus en plus profond l'avait sans aucun doute préparé à affronter la mort. De fait, au palais pontifical, beaucoup pensaient même qu'il était attiré par l'idée de la mort – afin de prendre sa place à côté de ces hommes et ces femmes, toutes confessions confondues, assassinés par les régimes totalitaires du XXe siècle et qu'il élevait au rang de saints martyrs.

« Je parle au nom de ceux qui n'ont pas de voix », avait-il proclamé en Afrique en 1980, « au nom des innocents qui meurent parce qu'ils n'ont ni pain ni eau. »

Dès le début, ses voyages furent un sermon ininterrompu sur la dignité humaine et le pouvoir rédempteur de la foi. Il fit du monde sa chaire comme aucun autre chef religieux de l'histoire ne l'avait fait avant lui. Telle fut la stratégie sur laquelle s'édifia son pontificat afin d'insuffler un regain de vie à l'Église catholique : porter le message de la foi, de la justice sociale, de la discipline et du dogme à des centaines de millions d'individus sur la planète entière.

En Corée, le souverain souverain pontife parla de la libération du travailleur. Dans la ville industrielle de Pusan, 300 000 ouvriers, paysans et pêcheurs – beaucoup plus que les 170 000 catholiques vivant dans le diocèse – vinrent l'écouter. Les ouvriers coréens trimaient dans des conditions épouvantables. Dans les usines, bon nombre d'entre eux restaient debout quatorze heures par jour, sept jour sur sept, à l'exception de deux dimanches par mois, pour un salaire mensuel de deux cents dollars, voire moins. Ils n'avaient pas vraiment de syndicats.

« L'homme est souvent traité comme un simple outil de production, leur dit-il, une matière première qui devrait coûter un prix minimum. Dans des situations comme celle-ci, il n'est pas respecté comme un vrai collaborateur du Créateur. »

Jean-Paul II devint leur voix.

Son prédécesseur, Paul VI, n'avait entrepris que huit voyages à l'étranger en quinze ans de pontificat, principalement dans des pays marqués par un symbolisme religieux ou politique évident : Jérusalem, Istanbul, Fatima, Bombay, le quartier général de l'ONU à New York.

Jean-Paul II avait la bougeotte. Au cours des six premières années de sa papauté, il se rendit en Pologne, au Mexique, en Irlande, aux États-Unis, en Turquie, au Zaïre, au Congo, au Kenya, au Burkina

Faso, en Côte-d'Ivoire, en France, au Brésil, en Allemagne de l'Ouest, au Pakistan, aux Philippines, à Guam, au Nigéria, au Bénin, au Gabon, en Guinée-Équatoriale, au Portugal, en Grande-Bretagne, en Argentine, en Espagne, au Costa Rica, au Nicaragua, à Panama, au Salvador, au Guatemala, au Honduras, à Bélize, à Haïti, en Australie, en Corée, au Canada et en Afrique du Sud.

Il couvrait systématiquement le globe, s'adressant en personne à des multitudes de catholiques et de non-catholiques. Des milliards de gens l'ont vu à la télévision. Le jour de la fête de saint Pierre et saint Paul, le 29 juin 1982, il déclara aux cardinaux du Vatican que ses voyages étaient une mise à l'épreuve du « charisme de Pierre à l'échelle universelle. » « Si je restais au Vatican comme le souhaiterait la Curie, remarqua-t-il à l'adresse de son ami, le père Malinski, je passerais mon temps à écrire des encycliques qui seraient lues par une poignée de gens. En voyageant et en allant vers les gens, j'en rencontrerai un grand nombre, des gens simples aussi bien que des hommes politiques. Et ils m'écouteront. Sinon ils ne viendront jamais à moi. »

Il se rendait le plus souvent dans des pays où les hommes menaient une existence particulièrement pénible – pauvres, opprimés, malades ou affamés. Il lui arrivait de noter les destinations choisies sur des feuilles de papier blanc au stylobille durant sa méditation matinale. Qu'il fût en Occident ou dans le tiers-monde, il prêchait que « le royaume de Dieu est aussi celui de la justice ; et les activités missionnaires sur l'ensemble de la planète doivent aller de pair avec l'instauration de conditions... qui permettent aux êtres humains de vivre dignement ».

Au Nigéria, il déclara : « L'exploitation brutale des pauvres et des ignorants est un grave crime contre l'œuvre de Dieu ». En Colombie, il enjoignit à « ceux qui vivent dans l'excès et la surabondance de se départir de leur aveuglement spirituel ».

« A la lumière de la parole de Dieu, dit-il à une assemblée canadienne, « le Sud pauvre jugera le Nord riche. Les populations démunies... jugeront les nations qui ont raflé leurs biens, s'arrogeant un monopole impérial sur leurs richesses et une suprématie politique au détriment d'autrui. »

La justice exigeait que les paysans puissent labourer leur propre terre, soutint-il au Portugal. En Espagne, il réclama la protection des ouvriers par l'État : « Nous ne pouvons pas abandonner les travailleurs à leur sort. C'est d'autant plus vrai de ceux qui, comme les pauvres et les émigrés, n'ont que leurs mains pour survivre. »

Au Brésil, qui regroupe la plus grande population catholique du monde, il défendit le droit des ouvriers à s'organiser en syndicats. En Afrique du Sud, il condamna l'apartheid. Dans un grand nombre de pays africains ayant récemment accédé à l'indépendance, il dénonça les abus des régimes autoritaires. « Comment pouvons-nous ignorer les arrestations et les condamnations arbitraires, les exécutions sommaires, l'incarcération de dissidents dans des conditions inhumaines, la torture, les disparus » ?

Sa présence même, dans les régions les plus désolées du monde, apportait une lueur d'espoir aux êtres dans la misère. Aux hommes et femmes pris au piège dans les taudis et les *barrios* du tiers-monde, l'arrivée de Jean-Paul II offrait parfois la première preuve tangible de leur existence en tant qu'êtres humains. Pour la première fois, leurs conditions de vie misérables étaient prises en compte au tribunal de l'opinion publique, dans leur pays ainsi que partout dans le monde.

Les gens pleuraient en le voyant. L'arrivée du Saint-Père effaçait (pour un bref moment tout au moins) le désespoir et l'apathie. En Bolivie, un mineur à la peau brune se hissa sur la tribune pontificale et cria, la voix brisée par l'émotion : « Merci, Saint-Père, d'accepter la théologie de la libération. Merci de votre encyclique sur le travail. Ils sont en train de fermer les mines. Aidez-nous parce que nous voulons qu'ils les rouvrent. On a faim, on n'a pas de pain ! » Le fait que Jean-Paul II eût condamné la théologie de la libération n'avait pas vraiment d'importance quand des millions de télespectateurs étaient témoins de cet appel vibrant du *campesino* et virent une Bolivienne montrer au pape sa casserole vide.

Inévitablement, il se trouva des détracteurs dans la Curie pour qualifier les voyages du pape de tournées scandaleuses, démonstrations théâtrales de son pouvoir et de son ambition personnels, sans parler de la ponction considérable que tout cela représentait sur les finances déjà mal en point du Vatican. « Beaucoup de gens disent que le pape voyage trop, à des intervalles trop rapprochés, commenta Jean-Paul II dans une interview accordée à *L'Osservatore romano* et à Radio Vatican en 1980. Je pense que d'un point de vue humain, ils ont raison. Mais c'est la Providence qui nous guide et elle nous pousse parfois à faire les choses *ad excessum.* » Il évoqua la possibilité de proclamer l'Évangile et l'enseignement pontifical à l'« échelle planétaire ».

Et il entendait bel et bien planétaire. Il n'a jamais caché son désir d'être un leader international, un prophète universel, porteur du salut universel. « Je veux sensibiliser les hommes et les femmes de bonne volonté aux importants défis que la famille humaine doit affronter en cette fin du XXe siècle », proclama-t-il. Si certains observateurs estimaient qu'il s'érigeait en messie, faisant constamment référence aux impulsions de la providence dans ses périgrinations planétaires, il avait une réponse immédiate à cela : « Si Dieu m'a appelé à Son service avec les idées que j'ai, c'est afin qu'elles puissent retentir dans mon nouveau ministère universel. »

Lorsqu'il revendiquait son leadership mondial, Jean-Paul II avait un formidable allié en la presse qui se plaisait à rapporter avec emphase ses moindres faits et gestes. Aucun chef d'État n'a bénéficié d'une couverture médiatique aussi enthousiaste que lui. Personne, pas même le président des États-Unis, n'est suivi par une telle horde de journalistes, originaires de nations innombrables.

Plus vif d'esprit que son entourage, il eut vite fait de prendre conscience de l'impact spectaculaire de ses fonctions. Aucun autre dirigeant de la planète ne préside à de pareils triomphes en plein air sur des toiles de fond aussi incroyablement théâtrales. Aucun laïque n'a le loisir de s'adresser régulièrement à des centaines de milliers de citoyens lors d'assemblées monstres, et cela où que ce soit dans le monde. La personnalité puissante de Jean-Paul II illumine l'écran. Les télévisions du monde entier l'ont montré debout dans sa *papamobile*, saluant la foule, les bras grands ouverts, offrant aux regards son visage honnête et énergique, ou encore agenouillé en train d'embrasser le sol d'une nouvelle nation. Sans le petit écran, le « phénomène Wojtyla », dans les années quatre-vingt, n'aurait jamais pu exister.

Plus que son message doctrinal, le grand charisme du pape a été un formidable outil pour maintenir la cohérence de l'Église et la façonner à son image, comme un monsignor de haut rang le nota à l'époque. Un expert de la pointure de Sir John Gielgud a remarqué que le pape avait un don digne du plus grand acteur pour choisir à la perfection son moment. Pourtant, son message ne ralliait pas tous les suffrages. Pour ainsi dire dès le départ, il hérissa de nombreux auditeurs par ses perpétuelles condamnations des tendances sexuelles modernes, et notamment son opposition farouche à l'avortement et à la contraception. Ses ambitions ne se limitaient guère à la chrétienté : il était déterminé à présenter au monde entier, laïque ou religieux, un programme basé sur des principes éthiques et doctrinaux qu'il estimait tenir directement de Dieu.

Sous l'œil de la caméra, son évangélisation universelle prit vie. Jean-Paul II fut le premier pape à comprendre l'ère de la télévision, à maîtriser ce médium, à savoir se servir d'un micro, improviser, et à ne pas avoir peur de se montrer en public.

Les gens le regardaient déambuler dans des sites plus exotiques les uns que les autres, descendant en bateau un fleuve tropical, grimpant sur le flanc de quelque volcan sacré, ou marchant à l'ombre de gratte-ciel immenses, tel le Maître omniprésent de l'Univers.

Inévitablement (et dans son intérêt), une rivalité naquit entre un pape s'efforçant d'impressionner ses auditoires (et épaulé par ses conseillers en matière de médias qui apprenaient vite leur leçon) et les journalistes de télévision déterminés à faire de chaque diffusion un événement extraordinaire. Les agents de la presse la plus sceptique et cynique du monde finirent par exalter le souverain pontife romain avec un enthousiasme sans précédent, et sur une échelle dont personne d'autre ne pouvait se prévaloir.

Les messes célébrées par le Saint-Père devinrent de véritables spectacles épiques. Il priait et prêchait dans les stades, les terrains de course, sur les pistes d'aéroport et dans les champs de trèfle. Dès qu'il débarquait dans une ville, il y régnait aussitôt une atmosphère digne du Super Bowl. « *Juan Pablo Secundo, te quiere todo el mundo* », chantait-on en Amérique latine. « *J.P. Two, we love you* », aux États-Unis. Il s'apparentait au coureur de marathon de Dieu. Les organisateurs locaux se sentaient obligés de créer des mises en scène de plus en plus fantastiques pour ses apparitions en plein air, transformant la tribune pontificale sur laquelle Jean-Paul II célébrait la messe en un décor hollywoodien géant. Des croix gigantesques et des constructions toujours plus élaborées se dressaient au-dessus de l'autel. Le dais abritant le tabernacle prenait la forme d'une voile géante ou d'une énorme tourterelle stylisée; les cloisons latérales formaient une pyramide décorée des symboles culturels de la nation que le pape visitait. En son honneur, orchestres, chœurs et danseurs se succédaient.

Les actes liturgiques finissaient par ressembler à des représentations théâtrales. Les interminables rangées de fidèles défilant en procession durant l'offertoire se changeaient en un éblouissant hommage au souverain pontife. Devant son trône, défilaient pain, fruits, tissus, objets d'art et d'artisanat, et même des bébés dans leur berceau. Durant la visite du pape à Madrid en 1982, un écrivain italien nota que Jean-Paul II « était assis sur la terrasse du stade tel un satrape ».

Pleinement conscient des aspects profanes de ses apparitions publiques (en partie financées par la vente de souvenirs pontificaux, dans les pays riches), Jean-Paul II savait aussi que c'était une occasion unique de communiquer avec son peuple. Il s'exprimait dans douze langues. Il consentit à porter une incroyable variété de chapeaux que les gens lui offraient : bérets d'étudiants, sombreros mexicains, coiffes à plumes indiennes, casques coloniaux. En Afrique, il revêtit une peau de chèvre et posa, une lance de chef tribal à la main. Dans l'Ouest américain, il émergea d'un wigwam vêtu d'une chasuble à franges; à Phoenix, un groupe d'Indiens américains le mirent sur une plate-forme tournante où il tourbillonna comme une sorte de gâteau de mariage sacré pour que toute l'assemblée puisse le voir et l'admirer.

L'entourage du pape en vint rapidement à favoriser ce genre d'atmosphère et ces débordements spectaculaires. Conformément à la stratégie de Joaquin Navarro-Valls, engagé comme porte-parole du Vatican en 1984, ancien médecin, correspondant pour le journal espagnol *ABC* et membre de l'Opus Dei, on donna à la couverture télévisée un traitement préférentiel. A l'écran, comme le souverain pontife et Navarro-Valls eurent tôt fait de le comprendre, la gloire occulterait invariablement les problèmes, l'émotion surpassant l'esprit critique. Toutes questions désagréables posées par les journalistes de la presse écrite seraient laissées de côté.

MARIE

Partout où il allait, quel que soit le pays, il y avait un rendez-vous que Jean-Paul II ne ratait jamais : celui du sanctuaire de la Vierge Marie. La vision de sa silhouette inclinée devant des statues et des tableaux de la Madone, la suppliant de protéger ouvriers, nations, malades, séminaires, universités et hôpitaux, et d'apporter la paix dans le monde, devint un trait caractéristique de son pontificat. La Vierge noire de Guadalupe, au Mexique, fut le premier sanctuaire mariste qu'il visita hors d'Italie. Inévitablement, il y eut aussi la Vierge de l'Apparition au Brésil, celle de l'Aide perpétuelle aux Philippines, Notre-Dame de Lujan en Argentine, la maison de la Madone à Éphèse, en Turquie, la grotte miraculeuse de Lourdes, en France, le sanctuaire de Fatima au Portugal, la basilique de la Vierge à Mariazell, en Autriche.

Il a voué des continents entiers au cœur de Marie. « Vous connaissez nos souffrances et nos espoirs à tous, pria-t-il. En tant que mère, vous savez le combat qui oppose dans le monde la lumière et les ténèbres, le bien et le mal. O Mère miséricordieuse... maintenez-nous à l'abri de toute injustice, de la division, de la violence et de la guerre. Protégez-nous de la tentation et de l'esclavage du péché et du mal. »

Les traditions légendaires liées à chaque sanctuaire marial ont été des sources de fierté et d'inspiration pour le souverain pontife. Il a toujours révéré la manière dont elles ont rapproché l'Église – et la Mère de l'Église – du peuple. Au Brésil, l'histoire des pêcheurs qui trouvèrent une statue de la Madone dans leurs filets l'a enchanté. Au Togo, sa présence rappela celle des premiers missionnaires venus transmettre le mythe de la « dame blanche ». Pour Jean-Paul II, les légendes religieuses étaient la foi devenue poésie.

A l'époque de Vatican II, la majorité des évêques s'étaient opposés à ce que Paul VI confère à Marie le titre officiel de « Mère de l'Église », de peur que les sensibilités œcuméniques n'en fussent offensées. Dès qu'il fut pape, Karol Wojtyla s'ingénia à convaincre une communauté catholique occidentale récalcitrante d'admettre la propagation systématique du culte de Marie.

De nombreux catholiques réagirent avec agacement à cette mariolâtrie et ce désir apparemment obsessionnel de faire de la Vierge Marie le modèle suprême de la femme et la patronne de nations entières. Certains s'offusquèrent de cette volonté d'imposer une religiosité toute médiévale au catholicisme contemporain et d'étendre l'expérience polonaise à l'Église universelle. Ses références continuelles à la Madone dérangeaient notamment les dignitaires d'un grand nombre de confessions protestantes qui ont toujours tenu à mettre le Christ et la bible au centre de la foi chrétienne.

Cependant, à la différence de Dieu le Père, de Jésus-Christ et du Saint-Esprit, la Sainte Vierge a fait régulièrement des apparitions durant toute l'histoire de la chrétienté. Elle a une influence unique sur la vie de centaines de millions de catholiques : bon nombre d'entre eux ne vont pas à l'église, n'acceptent pas le pape et ses lois, mais ils se tournent vers la Vierge Marie parce qu'ayant porté un enfant en son sein, elle les comprend et saura les aider. Jean-Paul II, orphelin à huit ans, s'identifie, plein de reconnaissance, avec cette image qui occupe une place prépondérante dans la tradition catholique polonaise.

La tentative d'assassinat dont il fut victime, en 1981, acheva de convaincre le pape qu'il était protégé par la Madone et il s'abandonna sereinement à sa protection chaque fois qu'il sentait un danger menaçant tant sa personne que ses objectifs. « Nous nous souvenons tous de cet après-midi où des coups de feu furent tirés sur le pape dans l'intention de le tuer, a-t-il dit. La balle qui a traversé son abdomen se trouve actuellement dans le sanctuaire de Fatima (insérée dans une couronne en or qu'il a lui-même déposée sur la tête de la statue de la Vierge), sa ceinture, percée de cette même balle, étant quant à elle dans le sanctuaire de Jasna Gora... C'était une main maternelle qui a guidé la trajectoire de ce projectile et sauvé le pape agonisant au seuil de la mort. »

CERTITUDE

Le pape Paul VI passa les dernières années de sa vie de plus en plus tourmenté par la nécessité de trouver un juste équilibre entre la continuité doctrinale, le consensus des fidèles et ce que lui dictait sa conscience. Un dilemme dont Jean-Paul II n'a jamais souffert. « L'Église ne dépend pas des critères du nombre et de la mode », a-t-il déclaré. Qu'il soit au Vatican ou en voyage, tout ce qu'il entreprenait avait pour objectif de renforcer l'appui apporté à son autorité et sa vision d'une Église catholique sans complexe d'infériorité vis-à-vis de la société moderne. Il a toujours été persuadé que le catholicisme pur et dur était l'unique remède aux maux de notre temps.

En tant que pape, il demandait d'abord et avant tout aux membres de l'Église – prêtres, religieuses, prélats et théologiens – d'obéir aux préceptes pontificaux. Dans tous les pays qu'il a visités, il n'avait de cesse de convaincre le clergé de l'importance du célibat. Les religieux devaient se maintenir à l'écart de la politique et revaloriser le sacrement de la pénitence : la formation des séminaristes devait se conformer à la lettre aux règlements du Vatican.

« L'Église de Vatican II, Vatican I, le Concile de Trente sont une seule et même Église », annonça-t-il en Allemagne de l'Ouest en 1980. Devant l'assemblée des prêtres français, il déclara : « Ce n'est pas le monde qui détermine votre rôle, mais l'Église. » « Promettez de m'obéir et d'obéir à vos évêques », recommanda-t-il aux ecclésiastiques espagnols.

Ses rencontres avec le clergé à l'étranger étaient en général des événements fêtés triomphalement, et vécus dans une atmosphère de dévouement et de solennité. Les prêtres avaient rarement l'occasion de brosser au Saint-Père un tableau des véritables problèmes et pressions qu'ils subissaient, dans les paroisses, les écoles et dans leur vie privée.

Lors d'une visite en Suisse en juin 1974, il fut confronté à une franchise inhabituelle de la part de religieux locaux. Pour commencer, le père Mark Fischer requit un rôle plus important au sein de l'Église pour les laïques, et notamment les femmes. Il proposa l'ordination de *viri probati* (laïques mariés « ayant fait leurs preuves ») et un assouplissement des restrictions imposées par Jean-Paul II afin de dissuader les prêtres de renoncer à leur statut. Le père Giampaolo Patelli, qui prit la parole après le père Fischer, exprima son indulgence et sa solidarité vis-à-vis des ecclésiastiques qui avaient renié leurs vœux pour se marier. Après quoi, il souleva la question de la communion des couples divorcés et remariés, suggérant que le moment était peut-être venu de mettre aussi un terme aux interdits de l'Église en la matière. Quand le pape leur répondit, ce fut pour opposer un refus catégorique à toutes leurs requêtes, bien qu'il sût que les deux prêtres avaient l'appui de la Conférence épiscopale helvétique.

Le devoir d'un pape est « de confirmer ses frères, de montrer le chemin, d'enseigner la volonté du Christ et de l'Église », leur déclara-t-il. L'unité de la foi et de la discipline était essentielle. Rien ne pouvait justifier la « discorde ».

Cette volte-face spectaculaire vers la rigueur doctrinale, loin de la souplesse et tolérance relatives qui avaient marqué l'essentiel du pontificat de Paul VI, était particulièrement prononcée dans le domaine de la morale sexuelle. Engageant la controverse avec les évêques, les prêtres, les théologiens et les laïques, qui en vinrent à douter de la sagesse et du bien-fondé de certains enseignements fondamentaux de l'Église, Jean-Paul II rejetait implacablement tout écart vis-à-vis de la doctrine traditionnelle. Il proscrivit la communion pour les catholiques divorcés et remariés et refusa de lever l'interdit imposé par l'Église sur la contraception. Il soutenait que l'insémination artificielle pour les couples mariés violait les préceptes de l'Église. Il bannit l'usage des préservatifs, alors que le monde était bouleversé par la rapide propagation du virus du sida. Quand les théologiens ou les travailleurs sociaux catholiques parlaient de miséricorde et de la possibilité de recourir à ce mode de protection comme un moindre mal, il resta fermement sur ses positions et réaffirma vigoureusement la condamnation de l'homosexualité par l'Église.

« On dirait qu'il est obnubilé par les questions sexuelles », se plaignit le révérend F. X. Murphy, dont les chroniques du concile Vatican II, publiées sous le nom de Xavier Rhynne, ont fait l'objet de plusieurs recueils.

Beaucoup en vinrent à penser que le pape faisait preuve d'une attitude misogyne en matière de sexualité.

« Jean-Paul II considère les femmes dans leurs dimensions biologiques : soit comme des mères, soit comme une vierge qui doit suivre le modèle de la Madone, soutient Ida Magli, une anthropologue italienne auteur de plusieurs ouvrages sur les relations entre l'Église et les femmes. Il est toujours question de leur corps : soit elles font des enfants, soit elles s'abstiennent de tout rapport sexuel. Wojtyla ne les voit jamais comme des personnes, à la façon dont il juge les hommes. Je pense qu'au fond de son cœur, il redoute que les femmes ne se rebellent. Ses interdictions draconiennes, notamment en ce qui concerne l'avortement, quelle que soit la situation, trahissent une sorte de haine inconsciente de la liberté des femmes. »

De fait, il a condamné le recours à l'avortement avec une férocité qui paraît aux antipodes de son tempérament. Le cardinal John O'Connor, de New York, a été l'un des nombreux prélats à comprendre rapidement que « c'était une question qui préoccupait le pape plus que tout au monde ». Il a décrié la « culture de mort » qui lui semblait encourager de plus en plus l'avortement, l'euthanasie et les manipulations génétiques. Presque tout ce qu'il publie contient des références au caractère sacré de la vie humaine, au statut privilégié de l'enfant à naître. « Je pense que c'est le thème unificateur par excellence de son pontificat », affirme le cardinal O'Connor.

Durant ses sermons lors de la retraite du carême, deux ans avant son élection, Karol Wojtyla avait brossé à la Curie le portrait d'une terre réduite à un vaste cimetière, une culture de mort imposée par la contraception et l'avortement. A présent, c'était une vision pontificale. « L'avortement n'est autre que l'assassinat d'une créature innocente », soutenait-il. « Aucune loi humaine ne peut moralement le justifier », a-t-il répété dans le monde entier. Sur le Mall à Washington, non loin de l'endroit où la Cour Suprême avait sanctionné l'avortement lors du fameux procès Roe contre Wade, il déclara à une foule de plusieurs centaines de milliers de personnes que « quand la vie est menacée dans les entrailles, je défendrai la vie ».

Combien de fois l'a-t-on vu se tourner vers une statue ou une effigie de la Madone pour se plaindre de la décadence morale. « Comment ne pas être consterné par la propagation du sécularisme et de la permissivité qui minent inéluctablement les valeurs fondamentales de l'ordre moral chrétien ? » s'écria-t-il d'une voix angoissée à Fatima.

Dès les premiers mois de son pontificat, Jean-Paul II s'est rendu compte que son message austère suscitait d'innombrables critiques tant au sein de l'Église qu'en dehors, mais il est resté inébranlable – et apparemment indifférent. Il n'a jamais voulu compromettre ce qu'il considérait comme la vérité éternelle des préceptes de l'Église. Il s'est senti obligé de faire la leçon aux fidèles et au clergé, sans se laisser influencer par leurs opinions.

« Nous sommes habitués aux hommes politiques qui font un sondage, s'efforcent de l'interpréter, puis de se mettre sur la bonne longueur d'onde. Le pape est tellement à l'opposé de cela que c'en est fascinant », observe l'un de ses détracteurs, l'archevêque de Milwaukee, Rembert Weakland. « Peu lui importe ce que les gens pensent. Il fonce. C'est très bien pour un leader, mais j'estime qu'à un certain moment, on a besoin de s'ouvrir aux idées et aux sentiments du peuple et de se préoccuper de savoir si on réussit à atteindre son but ou non. »

Telle était la critique qui s'exprimait de plus en plus souvent chez les évêques et les prêtres à propos du pontificat de Wojtyla, d'autant plus que sa position se durcissait. Ils se demandaient avec inquiétude si le pape était conscient du profond sentiment de rejet qu'il suscitait en prenant des positions aussi intransigeantes, en particulier en Occident, parmi les femmes laïques, les religieuses et les jeunes catholiques qui avaient choisi d'ignorer les préceptes de l'Église.

Cette hostilité marquée a été acceptée comme un fait accompli par de nombreux évêques d'Occident, aux États-Unis notamment, où les ecclésiastiques catholiques ont essayé de convaincre le souverain pontife qu'il convenait d'accorder davantage d'attention aux dissensions au sein de l'Église. Toutefois, force leur fut de constater qu'ils n'aboutissaient à rien.

L'archevêque Jean Patrick Foley, président du Conseil des communications sociales – le bureau des médias du Vatican – établit la distinction suivante : « Je ne pense pas qu'il y ait eu la moindre incertitude quant aux préceptes de l'Église avant l'élection de Jean-Paul II. En revanche, il me semble qu'un grand nombre de personnes avaient des doutes sur la manière de les *percevoir* et d'en situer les bornes... La bonne morale, comme le bon art, commence par tirer un trait. Et je pense que le Saint-Père a clairement défini ces limites. Pour ce qui est de la mission de l'Église, il n'en existe aucune. En ce qui concerne l'enseignement de l'Église, nous sommes fixés désormais. »

L'archevêque Weakland, de Milwaukee, est l'un de ceux qui estiment que Karol Wojtyla fut élu pour jouer le rôle initialement dévolu à Jean-Paul Ier. « La critique selon laquelle l'Église avait besoin d'être remise sur la bonne voie se justifie dans une certaine mesure. Les choses ne pouvaient plus continuer ainsi. Paul VI avait beaucoup de respect pour les gens, les idées, et n'aimait pas prendre des mesures autoritaires. Il n'avait rien d'un disciplinaire... Il avait quatre-vingt-trois ans et il était déprimé de nature. Ce n'était pas facile pour lui. Aussi les cardinaux voulaient-ils quelqu'un d'énergique, prêt à prendre des décisions et à imposer un peu plus de discipline dans les rangs. Rassembler l'Église en quelque sorte. Je suis sûr que Jean-Paul II considérait que tel était son devoir et a agi en conséquence. Selon lui, l'Église qu'il a reprise en main était sur le point de se désintégrer, de s'écrouler, faute de stabilité. »

Le cardinal John J. Wright, de Pittsburgh, l'Américain placé au plus haut rang dans la Curie à l'époque du conclave de 1978, apporta probablement sa voix à l'élection de Wojtyla. Les deux hommes parlaient souvent de « la dérive de l'Église » et partageaient, selon Donald Wuerl, ancien proche collaborateur du cardinal, devenu depuis lors archevêque, le sentiment que « le leadership devait être clair et ferme », qu'« il y avait certainement beaucoup de remous et de turbulences », et que le besoin se faisait sentir d'« entendre un message cohérent et juste... C'était la seule manière de faire face à l'agitation qui régnait au sein de l'Église, aux dissensions qui s'y exprimaient ».

Dès le départ, le pontificat de Jean-Paul II fut brouillé avec le modernisme, le « relativisme moral », comme il le disait lui-même, le libéralisme et « l'hédonisme séculier ». « Ce conflit, que d'aucuns attribueraient au pape, était fatal, affirme un monsignor de haut rang dans la Curie. Il n'y avait pas moyen de l'éviter et il ne fait aucun doute que certains aspects de la modernité représentent un défi pour l'Église. Cet affrontement accompagnait le changement qui s'était produit dans la société. L'Église n'aurait jamais pu s'en accommoder. D'une manière ou d'une autre, quel que soit le pape, il fallait qu'il prenne position contre. »

C'est là une opinion amplement partagée par les alliés du souverain pontife dans la hiérarchie ecclésiastique – hiérarchie qui, au bout des cinq premières années de son pontificat, portait déjà l'empreinte de ses nominations à la Curie et dans les évêchés.

« Si un autre pape avait guidé l'Église dans cette crise opposant les traditions de l'Église et sa modernité, poursuit le monsignor, si l'on avait eu un pape malade, par exemple, un pape qui disparaît, ou qui se serait contenté de souligner les aspects négatifs, l'Église aurait probablement été dans l'incapacité de relever le défi, d'affronter ce choc... Parce qu'il est si ferme, Wojtyla a aussi beaucoup contribué à renforcer l'Église, à lui permettre d'affirmer sa position. »

Tandis que le monsignor regardait le conflit s'envenimer :

« Je me disais : si nous n'avions pas eu Jean-Paul II, si le pape Luciani (Jean-Paul Ier) avait vécu, comment serait l'Église aujourd'hui ? Serait-elle différente ? C'était la meilleure manière d'évaluer la situation... Dans une certaine mesure, le dynamisme extraordinaire de ce pape, ses continuelles pérégrinations et le fait qu'il ait su imposer la présence de la papauté sur la scène internationale lui ont probablement aussi permis de mener à bien d'autres buts de sa politique qui auraient peut-être complètement divisé l'Église dans d'autres circonstances et l'auraient anéantie. Par exemple, si un Paul VI âgé, ou un autre pape, avait essayé de préserver la ligne doctrinale avec la même fermeté que cet homme-là dans certains domaines, l'Église ne l'aurait jamais admis. »

Sœur Theresa Kane, une religieuse américaine qui a défié personnellement le souverain pontife en prônant l'ordination des femmes, commente : « J'ai toujours eu l'impression qu'il nous voit comme une sorte d'armée marchant en rangs serrés vers la bataille. Il mène le combat et nous sommes tous derrière lui. La bataille en question, c'est le monde et tous les autres : les médias, les autorités, la politique, tout. Cela se lit sur son visage : on va se battre et tout rectifier. »

L'archevêque Foley, responsable des médias du Vatican, estime pour sa part que « les voyages missionnaires du pape ont redonné aux populations du monde entier un sens de l'universalité de l'Église. Nous ignorions qu'il y avait tant de catholiques ; nous ne savions pas qu'ils étaient aussi enthousiastes. Cela a ravivé le sentiment de fierté que nous éprouvons d'appartenir à l'Église. »

Cependant, l'archevêque Weakland et d'autres sont convaincus que le rigorisme doctrinal de Jean-Paul II a aussi chassé de l'Église un grand nombre de catholiques qui auraient souhaité y rester dans d'autres conditions. « Beaucoup de gens sont d'avis qu'il aurait dû choisir une approche pastorale plutôt que cette pesante voie dogmatique », affirme le père Vincent O'Keefe, ancien vicaire général des jésuites qui a eu ses propres démêlés avec Karol Wojtyla. « Aux États-Unis, de nombreux catholiques sont divorcés. Le pape dit que la doctrine doit être claire. Eh bien, elle est franchement trop claire ! Le problème n'est pas là. Comment faire avec ces gens-là ? Comment les aider ? Faut-il leur dire : “ Eh bien, vous avez le droit de venir à la messe, mais nous vous interdisons de communier ? ” Même chose avec ceux qui ont recours à la contraception ou à l'avortement. Comment les traiter ? Quel espoir peut-on leur donner ? »

A l'instar de la plupart des évêques américains, O'Keefe pense que le pape a des préjugés culturels : « Il éprouve une hostilité profonde vis-à-vis de l'Occident, des États-Unis sans aucun doute. A mon avis, il nous trouve trop matérialistes, trop bruyants, trop bavards, trop gâtés. Mais dans quelle mesure est-il disponible pour cette Église universelle qu'un grand nombre d'entre nous cherchons ? se demande le père jésuite. Ce fut l'élément clé de Vatican II. Pour la première fois, une Église universelle était en action. »

Comme le souverain pontife le laisserait clairement entendre, il avait une opinion différente sur la portée de Vatican II.

A une occasion seulement au cours de ses tours du monde, son auditoire osa rire des préceptes draconiens du pape concernant la sexualité. Cela se produisit à Santiago du Chili. « Renoncez-vous à l'idole de la richesse ? demanda-t-il à des milliers de jeunes Chiliens.

– Oui, hurla l'assistance.

– Renoncez-vous à l'idole du pouvoir ?

– Oui.

– Renoncez-vous à l'idole du sexe ?

– Non », beuglèrent-ils.

Le pape adore les jeunes. Il met en eux tous ses espoirs. Pour eux, il a fondé la Journée mondiale de la jeunesse, en 1986, un pèlerinage semestriel en Europe, en Asie ou dans les Amériques, qui attire des centaines de milliers de jeunes catholiques du monde entier, durant lequel il préside à des journées de messes, de processions, d'homélies et de discussions.

Avec les jeunes, Jean-Paul II déploie tout son charme. Il gagne souvent leurs cœurs à force d'humour et grâce à son franc-parler, s'est absorbé dans les spectacles qu'ils préparent en son honneur ; il est même prêt à entendre des choses qu'il n'aurait jamais tolérées de la part de leurs aînés. Durant l'une de ses Journées mondiales de la jeunesse, il résuma son attitude à leur égard dans les termes suivants : « Ce que je vais vous dire n'est pas aussi important que ce que vous allez me dire, vous. Vous ne me l'exprimerez pas forcément en paroles. Vous le direz par votre présence, vos chansons, peut-être vos danses, vos sketches, et finalement votre enthousiasme. »

Plus tard, lorsque l'âge et la fragilité le gagnèrent et que s'en tenir à son emploi du temps devenait manifestement un fardeau, son entourage et les journalistes remarquèrent que le contact avec les jeunes suffisait à le rajeunir. En présence d'un public adulte, à mesure que les années passaient, il donnait parfois l'impression d'agir presque machinalement. A certains moments, il avait l'esprit ailleurs ; il perdait facilement patience. Mais cela ne lui arrivait jamais lorsqu'il était entouré de jeunes, auxquels il manifestait du reste une chaleur qu'il offrait rarement aux adultes : il les étreignait, les caressait, les embrassait sur le front, prenait leurs mains dans les siennes de longues minutes.

Les gestes qu'il fait quand il serre dans ses bras des hommes accablés par la pauvreté ou dépose un baiser sur la tête de femmes pliées en deux par la fatigue semblent exprimer un sentiment (peut-être même un besoin) de paternité authentique. Dans ces moments-là, l'ardeur de son amour fait de Karol Wojtyla un « Saint-Père » au sens propre du mot. Lorsqu'il câline les bébés en concentrant toute son attention sur eux, ignorant les caméras, ces gestes ne ressemblent en rien à ceux du politicien ordinaire. Il a toujours montré une égale tendresse aux souffrants. A Calcutta, tandis qu'il passait devant les lits des lépreux, des malades et des mourants, à l'hospice de mère Teresa, une femme lui agrippa la main et la serra contre son visage, sous le regard vibrant du pape. L'air égaré, il pénétra ensuite dans la salle où gisaient les cadavres de la journée : deux hommes, une femme et un enfant. Ces dépouilles elles-mêmes eurent droit à une douce caresse de sa part.

Parfois, une simple image résume à la perfection la mission universelle que le pape estime être la sienne. En mai 1984, à Bangkok, il rencontra le patriarche suprême des bouddhistes thaïs dans son monastère. Après s'être déchaussé, il marcha à pas feutrés jusqu'à l'estrade, sur laquelle Vasana Tara, âgé de quatre-vingt-six ans, était assis en position de lotus. Le pape s'inclina et s'assit dans un fauteuil devant une statue de Bouddha, en regardant le patriarche dans le blanc des yeux – comme le requérait la coutume – durant cinq longues minutes de silence absolu.

Un peu à l'écart, des moines bouddhistes dans leurs tuniques safran faisaient face aux cardinaux catholiques arborant leurs cols romains et leurs calottes rouges. Tous étaient silencieux dans la salle au plafond doré et aux murs bleu ciel. Pendant la brève conversation qui suivit, par l'entremise d'un interprète, le pape sourit béatement. Vasana Tara, le patriarche, immobile telle une statue, prononça quelques petites phrases : « Nous pouvons apporter le bonheur et la paix à l'humanité à travers nos enseignements et nos exhortations à éviter le mal, à faire le bien, à purifier notre esprit. » Jean-Paul II l'invita à venir lui rendre visite à Rome. C'était exactement ce à quoi il croyait.

RÉPRESSION

La Volkswagen portant la plaque d'immatriculation SCV-201 arriva à la Curie générale des franciscains à 9 h 40, le 7 septembre 1984. Deux hommes vêtus de noir en émergèrent. Le frère franciscain qui les attendait leur tendit ses poignets croisés en lançant d'un ton railleur : « Vous auriez pu apporter les chaînes. »

Puis il monta dans la voiture. Tandis que le véhicule descendait la via Aurelia et se glissait dans le Vatican par une entrée latérale, il retourna en pensée à la messe qu'il avait concélébrée de bonne heure le matin même avec deux cardinaux. Ils avaient prié pour que le Saint-Esprit « illumine tout un chacun ». Ça n'avait apparemment pas marché.

Le franciscain brésilien Leonardo Boff, l'un des plus brillants théologiens de la libération, alors âgé de quarante-six ans, avait été convoqué par le cardinal Joseph Ratzinger, préfet de la Congrégation pour la doctrine de la foi, afin de rendre des comptes sur son dernier ouvrage, *Église, charisme et pauvres*. Le théoricien y analysait le modèle romain de l'Église qu'il réprouvait, la trouvant trop renfermée sur elle-même, trop cléricale et trop hiérarchisée. Selon lui, l'Église avait passé un « pacte colonial » avec les classes dirigeantes.

En recourant à un langage d'inspiration marxiste, Boff avait écrit : « Le pouvoir sacré a fait l'objet d'un processus d'expropriation des moyens de production religieux de la part du clergé, au détriment du peuple chrétien. » Le cœur du livre consistait en une critique très raisonnée du système pyramidal du pouvoir au Vatican. Le théologien avait l'habitude d'illustrer par un diagramme sa vision de l'Église actuelle : une pyramide dominée par Dieu, puis le Christ, les apôtres, les évêques, les prêtres, et finalement, tout en bas, les fidèles. Selon ce schéma, expliquait-il, le clergé est responsable de tout, et les fidèles n'ont aucun droit en dehors de celui de prendre ce qu'on leur donne : « Je ne mets pas en doute l'autorité de l'Église, mais la manière dont cette autorité s'est toujours exercée afin de réprimer toute liberté de pensée au sein de l'Église. »

Boff soutenait qu'il y avait un autre moyen d'organiser l'Église. Il esquissait un autre dessin : le Christ, le Saint-Esprit, le peuple de Dieu, les évêques, les prêtres et les coordinateurs laïques de la communauté religieuse. Si l'on voulait voir ce modèle alternatif en action, il suffisait de se rendre dans n'importe laquelle des 150 000 communautés de base brésiliennes. Là, les fidèles se rassemblaient « autour de la Parole (de Dieu), des sacrements et des nouveaux ministères exercés par des laïques, hommes et femmes. »

La réaction du cardinal Ratzinger fut dure et franchement négative. Dans une lettre confidentielle adressée à Boff le 15 mai 1984, il avait vertement réprimandé le théologien en l'accusant de lancer un « assaut radical et impitoyable » à l'encontre du modèle institutionnel de l'Église catholique et de réduire ses structures à une caricature inadmissible. « L'argument développé dans ces pages est-il guidé par la foi ou des principes d'une nature idéologique, produit d'une certaine inspiration marxiste ? » avait-il demandé à propos de cet ouvrage.

La querelle opposant Boff et le Vatican dépassait le cadre de cette nouvelle publication. Depuis le début des années 1970, où Boff avait écrit *Jésus-Christ le Libérateur,* la Congrégation pour la doctrine de la foi considérait ses idées d'un œil soupçonneux. Le moment était venu de clarifier les choses. On fit entrer le franciscain dans une pièce du palais où Galilée avait été condamné par les juges épiscopaux, trois cent cinquante ans plus tôt. Cependant, le cardinal Ratzinger le reçut courtoisement : « Asseyez-vous où vous le désirez, mon père. Et commencez par ce que vous voulez. »

Boff commença par lire un plaidoyer de cinquante pages en portugais, dont il avait envoyé une traduction au cardinal. Sa mallette contenait aussi des photocopies d'une pétition signée par cinquante mille fidèles brésiliens. Le préfet de la Congrégation pour la doctrine de la foi avait auprès de lui un évêque argentin, Jorge Mejia, qui prit quelques notes, sans se donner la peine de tout noter. Boff se sentit abandonné. Il aurait dû venir accompagné du cardinal Aloisio Lorscheider, ancien président de la conférence épiscopale brésilienne qui avait joué un rôle clé dans l'élection de Jean-Paul II, et d'Evaristo Arns, archevêque de Sao Paulo. Ils avaient explicitement demandé à être présents, convaincus de la bonne foi de Boff et de son engagement chrétien vis-à-vis des classes les plus démunies et les plus exploitées du Brésil. Mais Ratzinger avait rejeté leur requête, avec l'approbation du pape. Le secrétaire d'État du Vatican, le cardinal Agostino Casaroli, avait seulement pu obtenir pour les deux cardinaux brésiliens la permission d'être inclus à la fin de l'entretien, afin de prendre part à la rédaction du communiqué final.

Tandis que Boff lisait son laïus, il ne pouvait s'empêcher de penser que la décision avait déjà été prise. A l'époque où il écrivait son livre, l'idée lui était venue que l'Église fonctionnait à la manière du Parti communiste soviétique. Ratzinger et Wojtyla n'avaient apparemment aucun désir de comprendre ce qui se passait véritablement dans la tête et le cœur des théologiens de la libération. Ils paraissaient absorbés l'un et l'autre dans les stratégies d'un grand jeu géopolitique, où tout ce qui ressemblait au socialisme, de près ou de loin, devait être systématiquement mis en échec.

Durant ses voyages, le pape s'en était pris à maintes reprises à la théologie de la libération, mais 1984 avait été choisi comme l'année où l'Église déclencherait son ultime offensive contre celle-ci. Le 3 septembre, pour ainsi dire à la veille de la convocation de Boff, le cardinal Ratzinger avait publié un mandement sévère (une explication de la loi ecclésiastique) intitulé « A propos de certains aspects de la théologie de la libération ». Ce document imputait aux théologiens de la libération « de graves déviations théologiques » et les accusait, en définitive, de trahir la cause des pauvres, de localiser le mal exclusivement dans les structures sociales, politiques et économiques, de politiser radicalement la foi et de confondre dangereusement les pauvres de l'Évangile et le prolétariat de Marx.

Pour ce qui était de Marx, les théologiens de la libération répondirent, que certains éléments de son analyse sociale pouvaient être utiles dans le contexte de l'Amérique latine, « mais le marxisme en tant qu'idéologie, ne les intéressait pas ». Pour Ratzinger, toutefois, cette distinction ne tenait pas. Il redoutait en effet que « l'Église du peuple », « l'église populaire » fût en réalité une institution basée sur un système de classes.

Dans ce cas, affirma le cardinal, toute la structure hiérarchique et sacramentelle de l'Église était remise en cause. Quoi qu'il en soit, le plus grave péché, aux yeux de Ratzinger – et du pape qui avait révisé personnellement le mandement, était que les théologiens catholiques risquaient d'accepter la lutte des classes dans sa théorie comme dans sa pratique, « oubliant de noter le type de société totalitaire auquel mène ce processus ».

Le document de la Congrégation ne pouvait manquer de décrire la situation en Amérique latine dans un langage presque aussi dramatique que celui utilisé par les théologiens de la libération : « Dans certaines régions d'Amérique latine, la monopolisation de la majorité des richesses par une oligarchie de propriétaires dénués de toute conscience sociale et des dictatures militaires qui méprisent les droits de l'homme les plus fondamentaux, la corruption de certains dirigeants au pouvoir, les lacunes dans l'exercice de la loi ou le mépris pur et simple de celle-ci, les pratiques barbares du capital basé à l'étranger – sont autant de facteurs qui provoquent de vifs sentiments de rébellion chez ceux qui se considèrent comme les victimes du nouveau colonialisme technologique, financier, monétaire ou économique. »

Pourtant, lorsque Boff et les autres théologiens de la libération prirent connaissance de ce document, ils notèrent immédiatement une différence cruciale entre Jean-Paul II et Paul VI. Jean-Paul II proscrivait en effet toute possibilité de réaction violente à l'injustice. Dans son encyclique *Populorum Progressio*, le pape italien, en conformité avec une vieille tradition de l'Église, avait déclaré qu'il était admissible de se révolter contre une « tyrannie prolongée et manifeste ». Son successeur polonais avait abandonné cette position. Le mandement de Ratzinger avait trait à l'Amérique latine ; mais la cible de Karol Wojtyla et du cardinal Ratzinger n'était autre que Moscou. Le document en question contenait les propos les plus hostiles exprimés contre l'Empire soviétique depuis l'époque de Pie XII :

« Le renversement des structures qui provoquent l'injustice par la violence révolutionnaire n'aboutit pas *ipso facto* à l'instauration d'un gouvernement équitable. Tous ceux qui appellent sincèrement de leurs vœux la libération de leurs frères doivent réfléchir à un fait d'une importance capitale à notre époque : des millions de nos contemporains aspirent légitimement aux libertés fondamentales dont ils ont été privés par des régimes totalitaires et athées, qui, sous prétexte d'affranchir le peuple, se sont emparés du pouvoir par des méthodes révolutionnaires et violentes. On ne peut ignorer cette avanie de notre temps : c'est précisément sous le couvert de leur apporter la liberté que des nations entières sont maintenues dans des conditions d'esclavage indignes de l'humanité. Ceux qui, par manque de réflexion peut-être, se font complices de cette sorte d'asservissement trahissent les pauvres qu'ils se proposent de sauver. »

L'expression « avanie de notre temps » – à l'instar de l'évocation de l'Empire du mal par Ronald Reagan – était une claque dans la figure des autorités de Moscou et de leurs alliés. Même si le mandement de Ratzinger prétendait ne critiquer que « certains courants » de la théologie de la libération, il s'agissait véritablement d'une condamnation tous azimuts. « Au Vatican, quand ils parlent de marxisme, ils voient une succession d'images s'étendant jusqu'au goulag, en Sibérie », fut l'une des premières réactions de Leonardo Boff audit document.

La conversation entre le frère franciscain et le cardinal se prolongea trois heures, durant lesquelles Ratzinger informa Boff que la Congrégation pour la doctrine de la foi préparait un dossier sur les aspects « positifs » de la théologie de la libération (qui parut en 1986).

A un moment donné, le préfet de la Congrégation pour la doctrine de la foi demanda :

« Êtes-vous fatigué ? Voudriez-vous une tasse de café ? »

Ils firent une pause, et Ratzinger, telle une hôtesse complimentant son invitée pour son élégance, déclara au frère : « Vous avez fière allure dans votre habit, mon père. C'est une autre manière d'envoyer un signal au monde.

– Mais c'est très pénible d'être vêtu ainsi car il fait chaud où nous vivons.

– En vous voyant dans cette tenue, les gens comprendront votre dévouement et votre patience et ils diront : il expie les péchés du monde.

– Nous avons certainement besoin de marques de transcendance, mais cela ne passe pas par la soutane. Ce sont les qualités de cœur qui comptent.

– Le cœur est invisible, et pourtant il faut bien voir *quelque chose*, lui rétorqua le cardinal.

– Cet habit peut aussi être un signe de pouvoir. Quand je monte dans le bus ainsi vêtu, les gens se lèvent pour me céder leur place alors que nous devons être des serviteurs. »

Un peu plus tard, on fit venir les cardinaux Arns et Lorscheider tandis que l'on rédigeait le texte d'un communiqué dont les termes furent très modérés. Il stipulait qu'une « conversation » avait eu lieu entre Leonardo Boff et le cardinal Ratzinger dans une atmosphère qualifiée de « fraternelle ». Le frère avait été convoqué afin d'expliciter un certain nombre de points développés dans son ouvrage *Église, charisme et pauvres,* et qui créait des « difficultés », mais la Congrégation pour la doctrine de la foi trouverait un moyen de prendre en compte les explications de l'auteur.

On raccompagna le frère Boff à la Curie franciscaine, dans la Volkswagen noire conduite par Joseph Clemens, le secrétaire de Ratzinger. Le Vatican tenait à éviter les questions des journalistes massés autour de l'entrée du *palazzo* de la Congrégation.

Le 20 mars, ladite Congrégation rendit publique une note adressée au frère Boff. Ses thèses sur la structure de l'Église, le concept du dogme, le pouvoir sacré et le rôle prophétique de l'Église étaient déclarées « insoutenables... et en tant que telles, susceptibles de mettre en péril la saine doctrine de la foi ».

Boff accepta cette décision.

Quoi qu'il en soit, le 26 avril 1985, il fut condamné à un an de silence. Interdiction lui était faite d'enseigner, de donner des conférences ou de publier des livres. Il obtempéra.

Onze mois plus tard, le Vatican leva cette punition, mais en juin 1987, Ratzinger coupa court à la publication en Italie d'un nouvel ouvrage de Boff, *Trinité et société.* En 1991, le Saint-Siège l'obligea à renoncer à ses fonctions de rédacteur en chef de la revue franciscaine *Vozes.* L'année suivante, il lui interdisait à nouveau d'enseigner et imposait une censure préventive sur tous ses écrits. Le 26 mai 1992, Leonardo Boff quitta l'ordre franciscain et l'Église. « Le pouvoir ecclésiastique est cruel et impitoyable, déclara-t-il. Il n'oublie rien. Ne pardonne rien. Exige tout. »

Dès le tout début de son pontificat, Jean-Paul II avait décidé de réprimer systématiquement toute dissidence de la part des théologiens catholiques et de marginaliser les esprits trop critiques afin qu'ils ne puissent plus provoquer de débats indésirables au sein de l'Église. Avec la nomination de Joseph Ratzinger au poste de préfet de la Congrégation de la doctrine de la foi, en novembre 1981, il devint clair que telle serait désormais la politique officielle.

La première victime de ce rappel à l'ordre fut le théologien français Jacques-Marie Pohier, auteur de l'ouvrage *Quand je dis Dieu.* Pohier se vit interdire le droit d'écrire, de prêcher ou de faire des conférences sans autorisation spécifique.

Le 15 décembre 1979, ce fut au tour du théologien suisse Hans Küng, conférencier très prisé de la faculté de théologie de Tübingen, qui avait joué un rôle important durant Vatican II. Un dossier avait été ouvert sur lui dès 1967, date à laquelle il avait fait paraître un ouvrage à propos des structures de l'Église. Mais ce fut une autre de ses œuvres, *Infaillible ? Une enquête,* qui envoya des ondes de choc à travers le Vatican. Ce livre mettait en doute le dogme de l'infaillibilité du pape, proclamée par Pie IX, le 18 juillet 1870. Küng fut mis en garde : « Ne persistez pas dans l'enseignement de doctrines erronées ou dangereuses. » Mais le théologien suisse refusait obstinément de se rendre à Rome et de se soumettre à un interrogatoire qu'il comparait à un procès médiéval. La Congrégation pour la doctrine de la foi releva Küng de ses fonctions d'enseignant et le priva de son titre de théologien catholique.

Deux jours avant la condamnation de Küng, le 13 décembre 1979, le théologien flamand Edward Schillebeeckx, autre protagoniste du concile de Vatican II, débarquait au siège de la congrégation pour y subir un interrogatoire, en conséquence de poursuites engagées contre lui sous le règne de Paul VI pour son ouvrage intitulé *Jésus : Une expérience en christologie.*

Les 13 et 14 décembre, avec l'approbation de Jean-Paul II, le dominicain fut questionné par trois experts de la congrégation sous la direction de son secrétaire, Mgr Jean Jérôme Hamer. Auparavant, Schillebeeckx avait été pris à partie sur Radio Vatican par le père Jean Galot, qui se trouvait être aussi un de ses interrogateurs.

Le dossier Schillebeeckx devint une manière de symbole de l'attitude de Jean-Paul II à l'égard des théologiens contemporains. Les neuf chefs d'accusation portés contre le casuiste flamand contestaient entre autres choses ses opinions sur la naissance du Christ issu d'une vierge, qu'il considérait comme une question relativement insignifiante, la Résurrection, l'institution de l'Eucharistie et la fondation de l'Église. Selon Schillebeeckx, il ne fallait pas prendre au pied de la lettre tout le contenu du Nouveau Testament qui n'était pas une transcription des paroles historiquement prononcées par le Christ.

Selon lui, la Résurrection était une réalité, mais quelle sorte de réalité ? Qu'étaient véritablement ces apparitions : des hallucinations ? des visions ? A son avis, la conversion des apôtres après la crucifixion du Seigneur comptait bien plus que l'histoire du tombeau vide ou les retours du Christ à la vie après sa mort.

Quant aux paroles répétées durant la messe – « Ceci est mon corps... Ceci est mon sang » – Schillebeeckx soutenait qu'elles faisaient partie de la tradition liturgique, mais qu'elles n'avaient jamais été proférées par Jésus. De la même façon, le Christ n'avait jamais eu l'intention de fonder une Église, parce qu'il avait le sentiment que la fin du monde approchait.

De nos jours, aucun érudit catholique sérieux n'est prêt à accepter une interprétation littérale des Évangiles, encore moins de la Bible dans son intégralité. Mais Jean-Paul II a toujours considéré cette attitude critique des théologiens quant aux textes saints comme un grave péril susceptible d'entraîner une désintégration de l'Église, à moins qu'ils ne soient contrôlés de très près.

Le pape trouvait particulièrement dangereux le point de vue de Schillebeeckx sur l'identité du Christ, défini par le concile de Chalcédoine (en 451) comme « un vrai Dieu et un vrai homme ». Selon l'enseignement catholique officiel, le Christ est donc une *personne de la Trinité* ayant préexisté à son incarnation. Schillebeeckx déclara simplement : « J'accepte le grand symbolisme théologique étayant l'affirmation selon laquelle le Christ est appelé le Fils de Dieu en tant que Jésus, qu'être humain. Mais alors faut-il dire que le Fils de Dieu, avant d'être Jésus, était en Dieu ? Ce sont là des spéculations très abstraites. »

En 1980, le Vatican entama une procédure supplémentaire contre le théologien flamand, provoquée par la parution d'un nouveau livre dans lequel il affirmait qu'en cas de nécessité extrême, la communauté chrétienne pouvait faire appel à des ministres extraordinaires pour consacrer l'Eucharistie. Le 13 juin 1984, le cardinal Ratzinger publia un ultimatum, rejetant cette thèse. Le 5 juillet 1984, quelques semaines avant l'interrogatoire de Boff, Schillebeeckx alla trouver Ratzinger avec le maître de l'ordre des dominicains, Damien Byrne, afin de régler cette affaire. Il promit d'éluder la question des prêtres laïques dans son prochain livre. Le message de conformité que Jean-Paul II et le cardinal souhaitaient transmettre fut clairement entendu par les prêtres et théologiens de l'Église catholique.

Le cardinal Ratzinger et le pape Jean-Paul II étaient aussi déterminés à réprimer toute dissidence en Amérique du Nord qu'en Europe et en Amérique latine.

En 1986, le père Charles Curran fut relevé de ses fonctions d'enseignant à l'Université catholique américaine, à Washington D.C. Le 8 mars, il s'était lui aussi rendu à Rome pour un « entretien » avec le cardinal Ratzinger. La Congrégation pour la doctrine de la foi s'opposait pour ainsi dire à toutes ses vues sur la morale sexuelle. Curran soutenait en effet que le recours à la contraception et à la stérilisation n'était pas toujours condamnable. Il suggérait que l'Église reconnaisse le divorce et accepte les relations stables entre homosexuels comme « moralement justifiées ».

Ratzinger invita Curran à revenir sur sa position et à se rétracter en le menaçant de le destituer de ses fonctions. A son retour aux États-Unis, Curran déclara publiquement qu'il refusait de céder. En août, il reçut une lettre de la Congrégation pour la doctrine de la foi l'informant qu'il n'était plus habilité à enseigner la théologie, ni éligible, compte tenu de son désaccord avec l'enseignement de l'Église.

Le Vatican entreprit alors de surveiller de près les évêques américains afin qu'aucun prélat d'un diocèse particulier ne puisse émettre des avis contraires sur des questions jugées cruciales par Jean-Paul II. Ainsi, en décembre 1985, le Saint-Siège assigna un évêque auxiliaire chargé de représenter les intérêts du pape suite à une enquête approfondie menée sur l'archevêque Raymond Hunthausen, de Seattle.

Les problèmes de Hunthausen avec le Vatican avaient commencé lorsque l'archevêque avait pris l'initiative d'autoriser les membres de l'organisation homosexuelle *Dignité* à dire la messe, alors que ladite organisation, à la différence de son homologue *Courage*, sanctionnée par l'Église, ne prônait pas l'abstinence pour les homosexuels catholiques. Hunthausen avait également fait appel à des prêtres réduits à l'état laïque pour célébrer l'office. Il avait participé à des manifestations antinucléaires à la base de sous-marins de Bremerton, dans l'État de Washington, près du détroit de Puget Sound, et avait retenu la moitié des impôts qu'on lui réclamait sous prétexte que cet argent servirait à la fabrication d'armes nucléaires.

Officiellement, ses activités antinucléaires ne faisaient pas l'objet d'une investigation. De fait, Hunthausen n'avait jamais appris explicitement pourquoi on s'intéressait à son cas, qui l'avait incriminé et de quoi on l'accusait. Après une enquête de deux ans, y compris un interrogatoire de treize heures (qu'il qualifia de « serré »), outre des interviews de soixante-dix prêtres, religieuses et laïques de son diocèse, on lui assigna donc un évêque auxiliaire doté de « responsabilités spécifiques » dans cinq domaines précis : la liturgie, le rôle des prêtres défroqués, l'éthique des soins sanitaires (notamment les questions liées aux homosexuels), la formation des séminaristes et les annulations de mariage.

Le traitement réservé à Hunthausen offusqua de nombreux évêques américains, et, au bout de deux ans, son auxiliaire « particulier » fut expédié dans un autre diocèse. Pourtant, le Vatican insista pour qu'un coadjuteur fût nommé dans le diocèse de Seattle, et en 1991, Hunthausen se retira à soixante-dix ans, soit cinq ans plus tôt que l'âge normal.

Cette politique visant à une surveillance étroite de la rigueur doctrinale atteignit son comble lors de la campagne impitoyable menée par Jean-Paul II contre les jésuites et leur général Pedro Arrupe. Le pape fit usage de tous ses pouvoirs pour faire rentrer dans le rang un ordre religieux brillamment intellectuel et socialement engagé qui ne cadrait pas avec son idée de la *reconquista* catholique. Avant de se réfugier dans le silence, Edward Schillebeeckx avait remarqué un jour : « Rome met l'accent sur une restauration du “ sacré ” et les structures hiérarchiques. J'ai le sentiment qu'on veut en revenir à l'Ancien Régime de la sacralité sans passer par la Révolution française. »

Les jésuites, eux, étaient passés par la Révolution française et toutes les autres révolutions de l'ère moderne, y compris celles de Marx, de Freud et d'Einstein. En dépit de la volonté d'Arrupe de rester fidèle et loyal à Jean-Paul II, il était inévitable qu'un profond fossé intellectuel se creusât entre l'ordre et le pape, qui manifestait une telle méfiance vis-à-vis de la modernité. Comme il l'a dit dans son livre *Entrer dans l'espérance*, Karol Wojtyla est convaincu qu'au cours des trois derniers siècles, l'histoire de l'Occident a été en grande partie dominée par « une lutte contre Dieu et l'élimination systématique de tout ce qui est chrétien ».

Pedro Arrupe ne partageait pas ce point de vue pessimiste. Il répugnait même à utiliser le terme de *crise* en référence à l'ère postconciliaire. Il était très perturbé par le fait que le nombre des jésuites ne cessait de baisser. « J'ai peur, disait-il, que nous soyons sur le point d'offrir les réponses d'hier pour régler les problèmes de demain, que nous nous exprimions d'une manière telle que les gens ne nous comprennent plus, que nous recourions à un langage qui n'aille pas droit au cœur des hommes et des femmes. Si tel est le cas, alors nous parlons beaucoup, mais seulement à nous-mêmes. De fait, plus personne ne nous écoutera, car personne ne saisira ce que nous essayons de dire. »

A l'époque où Wojtyla fut élu pape, les jésuites étaient déjà sous le feu des milieux traditionalistes de la Curie. Durant les remous des années soixante et soixante-dix, ils avaient pris part à tous les combats théologiques, dans ces no man's lands de l'Église où l'on cherchait de nouveaux moyens de concevoir ou d'adapter le message chrétien. Ils avaient critiqué *Humanae Vitae*, l'encyclique de Paul VI (à laquelle Karol Wojtyla avait contribué de manière notable) qui proscrivait les méthodes de contraception artificielles. Des jésuites, et parmi eux le rédacteur de la revue française, *Études,* publièrent des articles soutenant que l'avortement était admissible dans certains cas, dans la mesure où l'embryon ne pouvait pas encore être considéré comme une personne. Un des membres de l'ordre, le père John McNeill, reconnut qu'il était homosexuel et affirma que l'Église devait changer son attitude vis-à-vis de la communauté « gay ». En Amérique latine, des jésuites étaient engagés dans l'opposition contre tous les régimes militaires. Une partie d'entre eux, notamment le père Arrupe lui-même, soutenaient que certains fondements du marxisme était recevables. Un professeur jésuite de l'Université pontificale grégorienne de Rome, José Maria Diez Alegria, contesta l'infaillibilité du pape et certaines attitudes draconiennes de l'Église vis-à-vis du sexe. Le père Vincent O'Keefe, l'un des assistants d'Arrupe, avait suggéré de revenir sur l'opposition de l'Église vis-à-vis de la contraception.

Au cours des trente-trois jours de son pontificat, Jean-Paul Ier avait trouvé le temps d'écrire un discours sévère contre les jésuites en les exhortant à ne pas prendre position à l'égard des problèmes économiques et politiques, à maintenir la discipline et à cultiver une vie spirituelle. « Faites en sorte que les enseignements et les publications jésuites ne deviennent pas une source de confusion et d'égarement... »

Le général Arrupe n'était pas toujours d'accord avec les avis exprimés individuellement par certains jésuites. Il lui arrivait de les réprimander ou de les punir, en conformité avec les consignes émanant du Vatican. Mais il avait un profond respect pour la liberté intellectuelle et les choix inspirés par la conscience. Au cours d'un voyage aux États-Unis, il alla rendre visite au jésuite Daniel Berrigan qui purgeait une peine de prison pour avoir détruit des registres du service militaire obligatoire pendant la guerre du Viêt-nam. « Je suis allé le voir parce qu'il ne pouvait pas venir chez moi », répondit simplement Arrupe quand on l'interrogea sur la signification de son geste.

Un an après son élection, le 22 septembre 1979, Jean-Paul II adressa des propos cinglants à un groupe de supérieurs provinciaux jésuites réunis lors d'une audience, les engageant à ne pas « succomber à la tentation du sécularisme ».

Le pape noir (comme on appelle traditionnellement le général des jésuites) prenait grand soin de réaffirmer sa loyauté vis-à-vis de Jean-

Paul II. (A l'instar du souverain pontife, Arrupe vouait un véritable culte à saint Jean de la Croix et à sa poésie mystique.) Pourtant, deux ans plus tard, déterminé à mater cet ordre indiscipliné, le Saint-Père empêcha Arrupe de convoquer une congrégation générale, assemblée au cours de laquelle l'ordre jésuite prend ses décisions les plus importantes. Puis le 7 août 1981, lorsque Arrupe eut une attaque, le pape prit une initiative sans précédent durant les quatre cents ans d'existence de la Compagnie de Jésus.

Frappé de paralysie, Arrupe avait nommé l'Américain Vincent O'Keefe vicaire général de l'ordre. Le 3 octobre, dans une lettre adressée aux supérieurs provinciaux, O'Keefe annonçait la réunion prochaine d'une congrégation générale dans le but d'élire le successeur d'Arrupe. Trois jours plus tard, le cardinal Casaroli, secrétaire d'État du Vatican, arrivait à la Curie jésuite, située à quelques pas de la basilique Saint-Pierre et demandait à s'entretenir en privé avec Arrupe. Le père O'Keefe lui-même fut invité à quitter la pièce où Arrupe était assis, immobile, dans un fauteuil. Casaroli lui remit un message du pape et se retira au bout de quelques minutes.

En regagnant la pièce, O'Keefe vit un homme effondré. Le général était en larmes et ne put que désigner la lettre du pape posée sur une petite table à côté de lui. Le pape interdisait la convocation d'une congrégation générale et suspendait la constitution de la Compagnie. Pour gouverner les jésuites, Jean-Paul II avait nommé son propre « délégué personnel », en l'occurrence le père Paul Dezza, âgé de quatre-vingts ans, ainsi qu'un coadjuteur, le père Giuseppe Pittau.

Le 2 septembre 1983, la congrégation générale des jésuites, préparée par Dezza, élut au poste de général le néeerlandais Hans Peter Kolvenbach, un ecclésiastique moins engagé sur le plan social que la plupart de ses prédécesseurs.

Pedro Arrupe mourut en 1991.

Quatre ans plus tard, en ouvrant la séance de la trente-quatrième congrégation générale, rassemblée à Rome pour discuter des principaux problèmes de l'ordre, Jean-Paul II exhorta une nouvelle fois les jésuites à se livrer à une recherche théologique « en harmonie avec les directives du magistère ». S'adressant aux délégués jésuites du monde entier, il estima nécessaire de souligner : « Vous devez prêter une grande attention, en sorte que les fidèles ne soient pas désorientés par des enseignements douteux, des publications ou des discours qui soient en conflit ouvert avec la foi et l'éthique de l'Église. »

LE GRAND SYNODE

Le 25 janvier 1985, soit vingt ans jour pour jour après la clôture de Vatican II, Jean-Paul II, accompagné de sept cardinaux, se rendit à l'ancienne basilique de Saint-Paul-hors-les-Murs. Le programme de la journée comportait une messe venant couronner une semaine de prière pour l'unité chrétienne. Se trouvaient là des représentants des Églises anglicanes, orthodoxes, luthériennes, épiscopales, vaudoises et méthodistes. Ils entendirent le pape affirmer que « l'unité ne devait pas être confondue avec le nivellement de l'individualité de chaque tradition chrétienne légitime ». Après quoi il fit une annonce inattendue : vingt ans après le concile du Vatican, il avait décidé de convoquer une réunion extraordinaire des évêques – un synode – afin de mesurer l'impact de Vatican II sur la vie de l'Église catholique.

Ce synode aurait lieu du 25 novembre au 8 décembre 1985, en présence des patriarches des Églises d'Orient et de tous les présidents des conférences épiscopales du monde entier. Le souverain pontife ajouta une note personnelle : « Pour moi, qui ai eu la grâce toute spéciale d'y prendre part et de collaborer activement à son organisation, Vatican II a toujours été et restera, surtout durant ces années de mon pontificat, le point de référence de toute mon activité pastorale. »

Le site choisi pour divulguer cette nouvelle – Saint-Paul-hors-les Murs – était empreint d'un grand symbolisme : dans ce même monastère, le 25 janvier 1959, le pape Jean XXIII avait proclamé pour la première fois son intention de convoquer un concile œcuménique.

La légende veut que Jean XXIII ait lancé cet avis sous l'effet d'une heureuse inspiration. En réalité, il avait passé beaucoup de temps à cogiter ce projet. Le coup de théâtre de Jean-Paul II était tout aussi préparé. Le 21 janvier, il avait déjà en main un plan de travail préliminaire complet rédigé par l'évêque Jozef Tomko, secrétaire général permanent du synode. Le 26 janvier, Tomko publiait dans *L'Osservatore romano* un long article définissant les paramètres de l'assemblée : « Le synode n'est pas le concile, ni un mini-concile. »

En dépit de la cadence habituellement lente de la bureaucratie curiale, les préparatifs du synode furent rapides. Le 14 mars, les membres du comité d'organisation du synode se réunissaient à Rome ; le lendemain, ils étaient reçus en audience par le pape. Jean-Paul II leur indiqua la voie à suivre. Il parla du besoin de rejeter les interprétations apocryphes de Vatican II – tant celles basées sur un attachement erroné à la tradition que celles qui invoquaient le concile pour justifier le mariage des prêtres, l'ordination des femmes, etc. Il n'était pas question de débattre des enseignements de Vatican II, leur déclara-t-il en substance.

« C'est la période postconciliaire qu'il convient de réviser », dit-il.

Jean-Paul II s'apprêtait à affronter l'une des épreuves de force les plus ardues de son pontificat. Les positions « erronées » qu'il s'efforçait de combattre n'étaient pas uniquement celles des admirateurs fanatiques de l'Église préconciliaire tels que l'évêque français rebelle, Marcel Lefebvre, qui prônait la messe en latin et qualifiait Vatican II d'hérétique. Aux yeux du pape, le pire danger venait de la tendance visant à faire du concile le point de départ d'autres changements au sein de l'Église. Les vrais ennemis étaient les théologiens et les évêques qui entendaient démocratiser l'Église en attribuant davantage de pouvoir aux conférences épiscopales, les catholiques qui voulaient réviser l'éthique de la sexualité, accorder une nouvelle place aux femmes au sein de l'Église et qui prétendaient que l'Église avait encore quelque chose à apprendre du monde moderne.

Lors d'une conférence de presse, durant un voyage en avion, Jean-Paul II avait déclaré aux journalistes : « Je ne pense pas que les éminents cardinaux connaissent ma personnalité, et partant, se doutent du genre de pontificat qu'ils vont avoir. » Cette fois-ci, enfin, tout le monde allait le savoir.

Les travaux préparatoires étaient encore en cours lorsque le cardinal Ratzinger entra en scène. Le préfet de la Congrégation pour la doctrine de la foi parlait manifestement au nom du pape lorsqu'il déclara :

« Les dix dernières années ont été très défavorables à l'Église catholique... Les papes et les pères du concile s'attendaient à un renouveau de l'unité catholique, au lieu de quoi on a assisté à une dissension qui, pour utiliser la formule de Paul VI, semble être passée de l'autocritique à l'autodestruction. On avait espéré un regain d'enthousiasme, mais trop souvent il s'est achevé dans l'ennui et le découragement. On attendait un pas en avant ; en définitive, on s'est trouvé confronté à un phénomène de décadence progressive qui s'est développée dans une large mesure sous le signe d'un appel à un soi-disant " esprit du concile " et ce faisant, l'a en réalité, et de plus en plus, discrédité. »

Les références continuelles à l'« esprit du concile » rendaient Ratzinger fou de rage. Il y voyait l'émergence d'un *Konzilsungeist,* un démon ou « anti-esprit » conciliaire.

Ce sinistre tableau brossé par Ratzinger était repris dans un petit livre intitulé *Entretien sur la foi*, publié en mai 1985 par un journaliste italien, Vittorio Messori. Rapidement traduit dans de nombreuses langues, il porta dès lors le titre de *Rapport Ratzinger.*

Cet ouvrage avait une origine curieuse. Messori, qui écrivait pour la revue religieuse *Jesus*, avait eu l'intention d'interviewer Ratzinger. Au printemps 1984, son rédacteur en chef contacta le cardinal pour lui suggérer de transformer l'interview en livre, mais n'obtint pas de réponse. Subitement, au moment où il s'y attendait le moins, Messori fut invité à se présenter, le 15 août, dans la petite ville de Bressanone, au pied des Alpes.

Là, dans un séminaire épiscopal, Messori rencontra un Ratzinger très différent du « panzer cardinal » teuton et inflexible généralement décrit par la presse. « C'était un être ascétique, mais on ne peut plus humain, écrit Messori. Il souriait facilement et plaisantait volontiers. Il était vêtu comme un simple prêtre, sans la croix pectorale arborée par tous les évêques. »

Les trois jours que Messori passa en compagnie de Ratzinger furent l'occasion d'une analyse systématique de tous les problèmes de l'Église moderne. Le bilan établi par Ratzinger était alarmant et sans complaisance. Il pensait que les fidèles perdaient progressivement toute notion authentique de l'Église « en tant que réalité surhumaine et mystérieuse ». Il déplorait le déclin du principe d'obéissance et de la vision sacramentelle et hiérarchique de l'Église. Il regrettait la propagation de doutes relatifs à tous les aspects de la doctrine chrétienne, et notamment à la présence réelle du Christ dans l'Eucharistie, à la virginité perpétuelle de Marie, à la résurrection corporelle de Jésus et à celle des morts à la fin des temps.

Ratzinger était d'un pessimisme noir. « Dans la culture du monde dit développé, dit-il, le lien indissoluble entre la sexualité et la maternité a été rompu. Séparé de la maternité, le sexe n'a plus de raison d'être et perd son point de référence... La maternité et la virginité (les deux qualités les plus élevées permettant à la femme d'accomplir sa vocation profonde) sont devenues des valeurs en elles-mêmes en opposition aux valeurs dominantes. » « La mentalité féministe a également imprégné les ordres religieux féminins, ajouta-t-il. Cela est particulièrement évident, dans des proportions extrêmes, sur le continent nord-américain. »

Ratzinger affirmait que « les dommages que nous avons subis au cours de ces vingt ans sont dus non pas au " vrai " concile, mais au déclenchement au sein de l'Église de forces polémiques et centrifuges latentes ; hors de l'Église, ils procèdent de l'affrontement avec une révolution culturelle survenue à l'Ouest : l'essor de la classe moyenne supérieure, la nouvelle " bourgeoisie " tertiaire, et son idéologie libérale-radicale marquée du sceau de l'individualisme, du rationalisme et de l'hédonisme. »

Le *Rapport Ratzinger* inquiétait sérieusement les protestants qui avaient entamé un dialogue avec le Vatican, mais dans les rangs de l'Église, il fut interprété comme le reflet des pensées les plus sincères du pape. Certains observateurs inventèrent la formule « Restauration de Wojtyla » basée sur les propos suivants tenus par le cardinal :

« Si par restauration, nous entendons la recherche d'un nouvel équilibre après tous les excès dus à une ouverture sans discrimination au monde, après les interprétations exagérément positives d'un monde agnostique et athée, alors une restauration comprise dans ce sens (un rééquilibrage des orientations et des valeurs dans l'ensemble de la communauté catholique) est absolument souhaitable et, d'ailleurs, déjà en cours d'élaboration au sein de l'Église. Dans ce contexte, on peut dire que la première phase succédant à Vatican II est arrivée à son terme. »

Un homme défia ouvertement le préfet de la Congrégation pour la doctrine de la foi, ce fut l'archevêque de Vienne, Franz König, le faiseur de pape lors du conclave qui présida à l'élection de Jean-Paul II. Alors que le synode était sur le point de se réunir, une interview-fleuve de l'archevêque réalisée par le journaliste italien Gianni Licheri parut.

« Mettre l'accent sur le mot *restauration,* disait König, résonne comme de la nostalgie. L'Église d'hier considérait d'un œil apeuré tout élément nouveau survenant dans l'histoire. Le concile a inversé cette tendance en favorisant l'ouverture d'esprit que nous manifestons désormais face à l'histoire, aux non-chrétiens, au mouvement œcuménique...

« Comment pouvons-nous ne serait-ce que songer à un sentiment de peur qui inciterait l'Église à regretter de s'être ouverte, pour reprendre en définitive l'arme de la condamnation ? L'Église doit aller de l'avant. »

Pour König, l'un des principaux accomplissements de Paul VI avait été la création au Vatican de trois secrétariats chargés d'engager le dialogue avec les autres Églises chrétiennes, les autres confessions et les non-croyants. Ceux-ci permettaient en effet à l'Église de rencontrer l'humanité telle qu'elle était.

Les ecclésiastiques parlent presque toujours le langage de la mémoire. Pour s'attaquer aux problèmes d'aujourd'hui, ils brandissent les citations d'hier : des passages de la Bible, les textes des Pères de l'Église, les formules d'anciens papes. Pour affronter Ratzinger et l'homme du Vatican qui se cachait derrière lui, König cita le fameux discours prononcé par Jean XXIII lors de l'inauguration du concile du Vatican. A cette occasion, le souverain souverain pontife avait dénoncé « les prophètes des ténèbres, qui annoncent des événements de mauvais augure, comme si nous approchions de la fin du monde ».

Après Vatican II, les conférences épiscopales avaient commencé à se poser en contrepoids du gouvernement monarchique de la Curie de Rome. Ratzinger condamnait sans mélange cette inclination pour un partage du pouvoir au sein de l'Église. König riposta en ces termes : « Avant le concile, les évêques étaient considérés comme des fonctionnaires du pape et rien de plus. »

Les deux cardinaux s'opposaient aussi sur un autre point. Après Vatican II, l'ancien catéchisme du concile de Trente avait été mis au rebut, et l'on avait encouragé les conférences épiscopales à rédiger leurs propres manuels et à adapter l'enseignement de la foi catholique à la situation culturelle de chaque pays. Cela inquiétait Jean-Paul II qui sentait le danger d'opinions hérétiques s'immisçant dans le dogme catholique.

« C'était une erreur, dès le départ, et grave qui plus est, de supprimer le catéchisme et de le déclarer obsolète, affirmait Ratzinger. Il suggéra implicitement d'en revenir à l'idée d'un manuel rédigé au Vatican qui répertorierait les éléments fondamentaux de la foi. König n'était pas d'accord : « Ce catéchisme-là servait le passé ; aujourd'hui, nous devons nous tourner vers l'avenir. »

Les deux adversaires avaient de nombreux partisans, même si, comme d'habitude, au sein de l'Église catholique, pas un évêque n'aurait reconnu qu'une farouche querelle les opposait. Les bonnes manières exigeaient que l'on dise que chacun s'était contenté d'exprimer son opinion. Jean-Paul II déclara à un journaliste que le livre de Ratzinger exprimait simplement l'avis du cardinal. Ce qui était déloyal : le pape avait lu le manuscrit et l'avait chaudement approuvé. Son secrétaire, Dziwisz, avait félicité Messorio.

En Occident, notamment, les évêques avaient des préoccupations communes : la baisse de fréquentation des églises, le vieillissement du clergé, la diminution rapide du nombre de prêtres, religieuses et religieux, la désaffection des fidèles vis à vis de la confession, les bouleversements tumultueux en matière d'éthique au sein même de la société. Un grand nombre d'entre eux étaient prêts à souscrire à la déclaration de König : « L'Église doit aller de l'avant et renouveler l'esprit du concile » ; en même temps, ils partageaient certaines des craintes de Ratzinger. Il avait touché la corde sensible en disant que l'Église ne pouvait être ni un club, ni un parti, ni une association. Elle devait rester « l'Église du Seigneur, le site de la présence réelle de Dieu dans le monde ». Les gens l'écoutaient lorsqu'il clamait qu'ils ne devaient en aucun cas perdre conscience du noyau essentiel de la foi, ancré dans la grande synthèse du Credo, du Notre-Père, des dix Commandements et des sacrements.

En se préparant pour le synode, les évêques avaient espéré renforcer l'unité de l'Église. Pourtant, deux questions majeures ne tardèrent pas à émerger : quelle devait être la relation de pouvoir entre les conférences épiscopales et la Curie, et comment fallait-il interpréter les deux décennies de l'histoire de l'Église depuis Vatican II ?

Le 1er avril, le secrétariat du synode avait envoyé aux conférences épiscopales du monde entier un questionnaire destiné à contribuer à l'élaboration d'un document de travail pour l'assemblée. On demandait aux évêques quelles avaient été les démarches entreprises dans leur diocèse pour faire connaître et accepter le concile, quels en avaient été les effets positifs, quels abus et erreurs avaient surgi dans son sillage, quels remèdes avaient été adoptés, et enfin quelles initiatives futures seraient utiles pour continuer à mettre en vigueur ses enseignements.

Dès que les réponses commencèrent à affluer, une odeur de poudre flotta dans l'air.

Les évêques britanniques, sous la houlette du cardinal Basil Hume, furent les premiers à descendre dans l'arène. Dans leur réponse officielle, adressée au Vatican en juillet, ils s'en prenaient au « centralisme de Rome » en matière de liturgie, pour ce qui était de la nomination des évêques et de certaines interventions d'ordre doctrinal. Avec une franchise inhabituelle, ils accusaient le Vatican de mal gérer sa banque, l'Institut pour les œuvres de la religion (IOR), dirigé par Mgr Paul Marcinkus, l'un des proches collaborateurs de Jean-Paul II. Le document était émaillé d'euphémismes tout britanniques : « On a le sentiment qu'une présentation claire des affaires du Saint-Siège fait défaut. » Pour finir, les prélats anglais réclamaient une révision du mode de fonctionnement du synode triennal – une manière élégante de se plaindre de son rôle insignifiant. Le document en question fut rendu public, ce qui provoqua des grincements de dents dans l'enceinte du Vatican.

Les évêques américains se firent l'écho de leurs homologues britanniques. L'Évêque James Malone, président de la Conférence épiscopale américaine, déclara : « Je ne partage pas le point de vue selon lequel les conférences épiscopales ne devraient pas jouer un rôle trop important ni trop actif dans la vie de l'Église. » Il s'en prit audacieusement à Ratzinger (sans le nommer, bien évidemment). « Les prophètes des ténèbres, dont parlait Jean XXIII, sont encore parmi nous. Ils voudraient nous faire croire que les deux dernières décennies n'ont provoqué que dissolution et effondrement et que l'Église ne saurait être sauvée autrement qu'en retournant à quelque âge d'or fictif. Tout en étant convaincu de leur profonde sincérité, je ne crois pas que nous puissions accepter leur analyse ou leurs prescriptions. »

Le document préparatoire des évêques américains fut également rendu public. Quelques jours plus tard, la Secrétairerie d'État donnait secrètement aux nonces (les ambassadeurs pontificaux) du monde entier la consigne d'enjoindre aux prélats de leur pays respectif de ne pas publier leurs réponses au questionnaire du Saint-Siège. Au Vatican, on commençait à être sérieusement à cran.

Toutefois, les évêques canadiens et néerlandais ne se laissèrent pas impressionner. La Hollande défia directement le Vatican : « Le Saint-Siège pratique-t-il dans une mesure suffisante la collégialité qu'il requiert des autres ? » Les évêques taxèrent de comportement autoritaire la publication de *Humanae Vitae*, l'encyclique de Paul VI sur la contraception. De plus, ils déploraient l'intrusion des nonces dans les affaires des Églises nationales. Selon les prélats néerlandais, les nonciatures ne constituaient pas un substitut acceptable au contact direct entre les évêques et le Saint-Siège.

Les Canadiens eurent la dent encore plus dure. Leur document s'attaquait à la tendance croissante de la Curie à la centralisation et l'uniformité. Pour remédier à cela, l'épiscopat canadien demandait au pape de créer un synode permanent doté de pouvoirs adéquats et de responsabilités lui assurant un réel ascendant. La Belgique se déclara solidaire de la requête canadienne. Les évêques belges espéraient que la juridiction du synode serait élargie. Même lorsque les prélats firent preuve de prudence, comme en France et en Espagne, la bureaucratie curiale fut critiquée sans détour.

Ce déluge de protestations réclamant une réduction du pouvoir de la Curie provoqua une vive indignation au Vatican. Un théologien très proche du souverain pontife, Hans Urs von Balthasar, fit le commentaire suivant : « Ils frappent Ratzinger, mais c'est le pape qu'ils visent. » Les partisans invétérés du pape ne manquèrent pas de se faire entendre eux aussi. Mgr Antonio Quarracino, président de la Conférence épiscopale d'Amérique latine, ennemi juré de la théologie de la libération, évoqua Satan, « qui a redoublé d'efforts pour faire naître au sein de l'Église une atmosphère d'incertitude et de désordre ».

Jean-Paul II aimait ce genre de langage. Il n'avait jamais cessé de mettre les fidèles en garde contre « le Grand Dragon, l'Ancien Serpent, celui que nous appelons le Diable ou Satan, et qui séduit toute la terre ». Plus d'une fois, il avait expliqué que « les portes de l'enfer ne prévaudront pas, comme l'a dit le Seigneur. Ce qui ne veut pas dire que nous soyons à l'abri des épreuves et des batailles contre le Malin ».

Pour Karol Wojtyla, être pape signifiait exiger l'obéissance – et opposer son veto à toute tentative faite pour limiter le pouvoir suprême que lui conférait la tradition catholique romaine. Lorsqu'il se rendit en Hollande pour la première fois juste avant le synode extraordinaire, il se vit directement défié par sa propre Église.

De violentes polémiques à propos du nouvel évêque du diocèse de 'sHertogenbosch (Bois-le-Duc) avaient précédé sa venue. Le pape avait choisi un homme très éloigné des tendances démocratiques et réformistes du catholicisme hollandais, ce qui avait provoqué des manifestations dans les rues.

En arrivant à Den Bosch, il s'aperçut que l'ensemble des fidèles et du clergé bouillaient d'indignation. Ils trouvaient en effet le nouvel évêque, Jan Ter Schure, beaucoup trop conservateur, aux antipodes de son prédécesseur, Wilhelmus Bekkers, que l'on qualifiait quelquefois de « pape Jean de Hollande ». Avant toute chose, les catholiques néerlandais considéraient que leur sens de la loyauté avait été violé : conformément à une tradition ancestrale, le chapitre de la cathédrale de Den Bosch, composé de prélats de haut rang, avait transmis au pape une liste de trois candidats, parmi lesquels il était supposé en sélectionner un. Or Jean-Paul II les avait rejetés tous les trois pour imposer Jan Ter Schure au diocèse. En agissant ainsi, il foulait aux pieds un vestige de l'ancienne démocratie de l'Église catholique. Lorsque le souverain pontife arriva sur place pour l'intronisation de Ter Schure et mena une procession en l'honneur de la Vierge, il trouva les rues pour ainsi dire désertes en signe de protestation.

Durant son sermon, Jean-Paul II essaya d'expliquer son choix : « Je sais que vous avez connu des moments difficiles ces dernières semaines. Certaines nominations épiscopales ont profondément offensé quelques-uns d'entre vous. » Ses paroles jetèrent manifestement un froid dans l'assistance réunie dans la cathédrale gothique. « Chaque fois qu'il nomme un évêque, le pape s'efforce de comprendre la vie de l'Église locale. Il recueille des informations et s'entoure de conseils. Vous comprendrez que les opinions sont parfois divisées. En définitive, le pape est forcé de trancher. »

Peut-être pour la première fois de l'histoire, un pape se trouva dans l'obligation de se justifier. Jean-Paul II reconnut même qu'il éprouvait du chagrin : « Frères et sœurs, soyez convaincus que j'ai écouté attentivement et prié. Et j'ai nommé la personne qui m'a semblé devant Dieu la mieux à même de remplir cet office. » La majorité des catholiques hollandais restèrent de glace.

Le dimanche 24 novembre, au matin, une procession de plus de quatre cents patriarches, cardinaux et évêques, en rangs, deux par deux, surgit des ombres de la colonnade du Bernin sur la vaste esplanade de la place Saint-Pierre. Venus directement du palais du Vatican, ils avaient descendu les *Scala Regia* (les marches royales) et s'acheminaient à présent vers la basilique en passant par la porte de bronze.

Vêtus de leurs longs surplis blancs, ils suivaient à pas lents le porteur de croix, chacun tenant à la main un petit livret contenant la prière spéciale pour le synode : « Seigneur Jésus, illuminez votre Église afin qu'elle n'ait pas d'autre désir que d'écouter votre voix et de vous emboîter le pas. Veillez sur les pasteurs de votre Église. » De loin, sur la place presque déserte, les mitres blanches et les vêtements sacerdotaux brodés d'or se détachant avec éclat sur l'asphalte sombre donnaient l'impression de se balancer doucement dans la brise.

Dans son homélie, Jean-Paul II évoqua le climat spirituel du concile et la richesse de ses enseignements : « Au cours des deux prochaines semaines, tous les pères synodaux, dont un grand nombre ont connu personnellement la grâce extraordinaire du concile, marcheront une fois de plus avec le concile afin de recréer l'atmosphère de ce grand événement. » Il évita soigneusement d'aborder les questions spécifiques au synode, mais à propos de l'une d'elles, il s'était déjà exprimé sans équivoque : la veille de la cérémonie d'inauguration, une assemblée spéciale des cardinaux s'était tenue au Vatican. Tout en débattant de la réorganisation de la Curie, il avait souligné qu'elle était un instrument entre les mains du pape, assujettie à lui par une obéissance absolue. Il avait qualifié d'« aberrantes » les critiques décrivant la Curie comme un pouvoir parallèle, une manière de barrière entre le pape et son troupeau.

Le vrai travail du synode débuta le lundi avec le rapport introductif du cardinal Godfried Danneels, de Bruxelles, adressé aux cent cinquante-neuf pères qui avaient pris place dans la salle des Synodes. Il y avait là treize patriarches des Églises d'Orient, trois représentants des ordres religieux, tous les chefs des départements de la Curie ainsi que vingt membres nommés par le pape de sa propre autorité.

Des gradins semi-circulaires entouraient la salle semblable à un théâtre de la Grèce antique. En bas, les évêques faisaient face aux trois cardinaux présidant cette assemblée extraordinaire. Auprès d'eux siégeait le pape Jean-Paul II qui ne perdit pas une miette des délibérations.

Imaginez un parlement qui se réunit tous les trois ans, mais n'a aucun pouvoir législatif, qui n'est pas habilité à choisir son ordre du jour, n'a pas le droit de se prononcer sur une requête sans la permission du monarque, auquel on n'accorde qu'une seule chance de donner son avis sur la manière dont sa propre communauté est gouvernée. Imaginez les membres de ce parlement disposant de quelques jours seulement pour s'exprimer publiquement, faute de modes de communication officieux. Dans ces circonstances, on comprend que les délégués présent au synode se soient lancés dans les débats avec une belle énergie. Les quinze discours qui se succédèrent en l'espace de quelques heures permirent de se faire d'emblée une idée précise des questions en jeu, des intentions des protagonistes et des tensions agitant l'assemblée.

Le cardinal Juan Landazuri Rickett, du Pérou, avoua que dans son pays, on ignorait pour ainsi dire tout du concile. Les documents émanant de Vatican II étaient inconnus ou n'avaient guère d'impact sur la vie au quotidien. Parlant au nom des ecclésiastiques qui en avaient assez de la réforme, il déclara : « Certains pensent qu'il faut tout recommencer à zéro, aller au-delà du concile en lui attribuant des choses qu'il n'a jamais dites ou en se servant illégitimement de lui pour justifier leurs idées ou leurs initiatives. »

Le cardinal coréen Stefan Kim contredit Rickett : « L'*aggiornamento* (mot à mot : remise à jour) au sein de l'Église est un travail de longue haleine. La réforme de l'Église ne s'achève pas en vingt ans. » Kim lança un premier assaut contre la Curie en soulignant que « des interprétations trop rigoureuses, dictées par un désir de stabilité » risquaient de réprimer la créativité des Églises locales.

A cela, le cardinal Eugenio Araujo Sales, du Brésil, répondit : « Sans Pierre, les évêques ne sauraient maintenir l'unité de l'Église. Faute d'une communion réelle avec le pape, ils s'exposent à des divisions, des hérésies et des apostasies. »

Un grand nombre de délégués avaient le sentiment d'être traités comme des vassaux. L'évêque Denis Eugene Hurley, d'Afrique du Sud, soutint que dans les relations entre le Saint-Siège et les Églises régionales, le principe de subsidiarité devait être appliqué, en d'autres termes, la Curie romaine ne devait pas se mêler des problèmes que les communautés locales étaient à même de régler par elles-mêmes.

Assis au bureau du président, Jean-Paul II écoutait sans intervenir, le menton appuyé sur la main. Il se garda de guider ou de contrôler les débats. Il prenait parfois des notes ; à d'autres moments, il fermait les yeux, suivant le cours de sa pensée ou priant en silence. Il ne fit pas le moindre commentaire. Pas même lorsque l'évêque ukrainien de Winnipeg, Maxim Hermaniuk, osa prononcer un mot si rarement utilisé dans les discussions au sein de l'Église catholique : pouvoir. « A la fin de chaque synode, les évêques ont remarqué à quel point leur situation est inadéquate et ont exprimé leur profond désir de voir le synode investi du pouvoir de légiférer, », nota-t-il, sans que sa remarque eût véritablement d'effet.

L'organisation du synode s'était faite dans des contraintes de temps extrêmement difficiles. Près de sept mois s'étaient écoulés entre l'envoi du questionnaire et l'ouverture de l'assemblée. Cela ne permettait pas vraiment aux communautés catholiques du monde entier de procéder à des consultations en profondeur sur les incidences du concile ou d'élaborer des propositions, ce que le pape savait pertinemment. Dans bien des cas, les évêques avaient tout juste eu l'occasion de se réunir. Les fidèles et les diverses associations catholiques n'avaient pour ainsi dire pas eu voix au chapitre dans l'entreprise capitale qui consistait à évaluer l'une des plus grandes révolutions religieuses du XXe siècle : Vatican II.

Contrairement aux fois précédentes, les conférences épiscopales n'avaient même pas eu le loisir d'apporter leur contribution aux *lineamenta,* le document de travail destiné à préparer chaque assemblée synodale, puisqu'on n'en avait rédigé aucun, et les évêques avaient trouvé le rapport introductif du cardinal Danneels à leur résidence romaine vingt-quatre heures à peine avant la séance d'ouverture. Enfin, il avait été décidé que le synode serait exceptionnellement bref : deux semaines.

Cette cadence accélérée ne déplaisait pas à tout le monde. Elle avait l'avantage d'empêcher la formation de groupes susceptibles d'altérer l'issue des délibérations préparées d'avance tout en facilitant la tâche des collaborateurs du pape chargés d'orienter le synode vers des objectifs bien précis. Les vétérans de Vatican II savaient pertinemment que pour réformer les structures existantes ou avancer des idées nouvelles, il fallait un certain laps de temps, afin de constituer des alliances entre les évêques et de sensibiliser l'opinion publique, tant au sein de l'Église qu'en dehors. Les réunions plénières durèrent quatre jours. Au fil de huit sessions, cent trente-sept évêques et cardinaux prirent la parole ; d'autres discours furent soumis sous forme écrite. Ce fut un gigantesque examen de conscience pour une communauté ne comptant pas moins de neuf cents millions de fidèles.

Toutefois, quiconque suivit les débats de l'assemblée plénière ne pouvait manquer de noter que les personnes nommées par le pape à des postes clés, au Vatican même, ou associées de longue date au pontife dénonçaient souvent avec le plus de virulence les erreurs et les problèmes ayant fait surface dans les années qui avaient suivi le concile.

L'évêque polonais, Jerzy Strzoba, attira l'attention du synode sur la crise de la civilisation européenne et les « interprétations erronées » des théologiens qui empêchaient, selon lui, une application authentique des préceptes du concile. Le prélat, très proche de Jean-Paul II, mit l'accent sur une formule clé de Vatican II : « le peuple de Dieu ». Par ce terme, les pères du concile avaient décrit l'Église comme une communauté de fidèles en marche dans l'histoire, et non pas au-dessus, une communauté vivante ouverte sur le monde et non pas la société parfaite, imaginaire, du concile de Trente. « La doctrine de l'Église en tant que peuple de Dieu a suscité beaucoup d'ambiguïté et d'anxiété », déclara-t-il à ses confrères. Mal interprétée, elle risquait d'inciter les catholiques à penser, à tort, que tous les pouvoirs de l'Église – sacerdotaux, magistraux et pastoraux – procédaient des laïques.

A cette doctrine, Strzoba préférait le concept de l'Église et du corps mystique du Christ : « Les structures fondamentales de l'Église sont voulues par Dieu Lui-même », aussi ne peuvent-elles être touchées, proclama-t-il. « Derrière la façade humaine se cache le mystère de la réalité surhumaine, auquel le réformateur, le sociologue et l'organisateur n'ont pas le droit de se mêler. »

Après quoi, Mgr Philip Delhaye, secrétaire de la Commission théologique internationale, nommé membre du synode par le Saint-Père, prit une initiative à laquelle personne d'autre ne s'était hasardé : il attaqua directement le concile lui-même, sous prétexte de mettre en lumière certaines de ses omissions.

Se tournant vers la grande assemblée, il commença par dire : « Le concile avait mille fois raison de parler de la grandeur de la personne humaine, de ses droits, de sa dignité, de la valeur des réalités terrestres. » Puis, dans un silence pesant, il demanda aux évêques : « Le concile en a-t-il assez dit sur le Christ Rédempteur, la croix, la grâce ? » Ayant lancé son défi, il mentionna une deuxième négligence : Vatican II n'avait pas pris suffisamment soin d'exposer les principes de la théologie morale. En troisième lieu, Vatican II n'accordait pas assez d'attention aux prêtres : « Nous avons constaté une grave crise d'identité chez nos prêtres, une vision de plus en plus séculière de leurs problèmes, leur statut, leur mode de vie. Nous avons noté le découragement, la tristesse profonde de nombre d'entre eux, les pénibles défections, la chute brutale des vocations. »

Ses paroles retentirent comme une claque à la figure des partisans du concile. Cependant, la grande assemblée ne manquait pas de personnalités prêtes à s'opposer à ses vues. Mgr Lorscheiter, président de la Conférence épiscopale brésilienne, se tourna vers le pape et s'exclama : « En toute révérence, humilité et obéissance, nous vous demandons que le concile soit considéré comme un flambeau éclairant le chemin de notre avenir, et non comme une limite. »

Jean-Paul II, qui continuait à suivre les débats de près, constata avec dépit que les questions clés qu'il pensait avoir résolues une fois pour toutes ne cessaient de resurgir. Dans un discours qui provoqua la colère du Vatican, Karl Berg, le président de la Conférence épiscopale autrichienne, affirma qu'au vu des progrès de la médecine, il serait opportun de réviser le problème de « la transmission responsable de la vie humaine ». Décodé, le message de Berg signifiait qu'il était grand temps de repenser l'interdit frappant la contraception dans l'encyclique de Paul VI, *Humanae Vitae*. Quarante-huit heures plus tard, l'archevêque fut contraint de publier un communiqué de presse stipulant qu'il ne s'était pas élevé contre les préceptes de l'Église ni contre le pape en matière de procréation.

Berg souleva néanmoins une autre question délicate : celle d'autoriser les catholiques divorcés et remariés à recevoir la communion. « Partant du principe d'un repentir sincère, on devrait trouver le moyen de leur administrer les sacrements. » Les évêques d'Afrique et du Japon lui apportèrent leur soutien. Implicitement, le discours de Berg avait soulevé une fois de plus le problème des véritables pouvoirs du synode, des relations entre les évêques et le souverain pontife, en un mot, de la collégialité.

Les évêques du tiers-monde avaient d'autres priorités. La question qui les préoccupait le plus était la possibilité de prêcher la foi chrétienne d'une manière qui soit adaptée à la culture et la mentalité de leurs ouailles, en empêchant ainsi que le message du Christ soit perçu comme « occidental » en Afrique ou en Asie. Pour exprimer ce besoin, ils forgèrent le terme d'« inculturation ».

Toujours en présence de Jean-Paul II, l'évêque malien Jean-Marie Cissé expliqua à quel point il était important pour les Africains que la conversion au christianisme n'équivale pas à un abandon de leur culture et communauté originales. Le président de la Conférence épiscopale tchadienne, Charles Vandame, proposa de rétablir la tradition des synodes régionaux ou continentaux, un usage datant des premiers siècles du christianisme, et d'instaurer un synode africain.

Les évêques asiatiques exprimèrent des besoins similaires. L'évêque indonésien Francis Xavier Hadisumarta souligna que de nouvelles initiatives étaient requises pour rendre l'Évangile plus compréhensible aux peuples d'Asie, qui représentaient la moitié de la population du monde et dont la majorité adhérait à d'autres religions.

D'une manière ou d'une autre, même lorsqu'il était question d'« inculturation », le synode en revenait toujours à la question essentielle à savoir : quelle part réelle les évêques ont-ils dans les décisions de l'Église universelle * ?

Telle une rengaine, ce thème accompagna les sessions plénières les unes après les autres. En vain. Toutes les propositions de réforme se brisèrent face à la volonté du pape. Jean-Paul II écouta tout, se souvint de tout et favorisa la plus grande liberté dans les débats. Mais, dès le départ, il avait décidé que le pouvoir papal ne serait pas entamé, que tous les croyants, les prêtres, les évêques, et le pape devaient en revenir à l'idée de l'Église en tant que Corps mystique du Christ. La théologie de la Croix, qui mettait l'accent sur le sacrifice et la rédemption, devait être placée au centre de la foi en se substituant à la théologie du peuple de Dieu et ses concepts ambigus de libération. De plus, le pape était convaincu que le moment était venu d'élaborer un nouveau catéchisme universel, défini et écrit par Rome.

Jean-Paul II fit savoir, par l'intermédiaire de son cercle proche, qu'il était satisfait du déroulement du synode. En dépit des craintes de certains, une vision essentiellement positive de Vatican II prévalut. Les évêques réaffirmèrent d'une seule voix que la principale mission de l'Église était d'évangéliser le monde. Dans les pays où le christianisme avait des racines anciennes, cela signifiait en réalité réévangéliser des millions d'individus baptisés qui n'étaient catholiques qu'en paroles. Pour apporter l'Évangile à l'homme moderne, conclurent les évêques, une nouvelle approche était nécessaire. L'Église devait parler des pro-

* Il fallut attendre le Moyen Age, et les papes Grégoire VII (mort en 1085) et Innocent III (mort en 1216), l'un et l'autre très autoritaires, pour que l'Église catholique commence à se développer selon le modèle d'une monarchie absolue. Durant les premiers siècles de la chrétienté, les évêques étaient choisis par le peuple. En tant qu'évêques de Rome, les papes sont toujours élus par les cardinaux, qui représentent symboliquement le clergé romain. Dans les Églises orthodoxes qui invoquent une tradition apostolique très ancienne, l'autorité suprême n'est pas le patriarche, mais le synode, organe essentiellement démocratique puisque chaque Église nationale bénéficie d'une autonomie incontestée.

blèmes du quotidien ou bien la place de Dieu serait prise par des biens terrestres et l'on aboutirait en définitive au nihilisme.

Presque tous les groupes de travail insistèrent sur la nécessité d'un catéchisme universel. En revanche, toutes les requêtes présentées à propos d'un rééquilibrage du pouvoir entre les évêques et le Saint-Siège, passèrent à la trappe grâce aux bons soins des partisans du pape. Non moins de trente-cinq évêques, soit un quart de ceux présents en assemblée plénière, avaient abordé la question, mais elle fut tout juste mentionnée dans le document final.

Le synode n'eut jamais la liberté dont avait joui le concile, dont il jugeait en principe le travail. Il n'eut même pas l'occasion de se prononcer sur une liste de recommandations à faire au souverain pontife.

Coincé entre les contraintes imposées par Jean-Paul II et un calendrier de travail conçu de manière à être aussi bref que possible, le synode n'obtint qu'une seule concession du pape, la possibilité de voter sur le rapport final préparé par le cardinal Danneels. Il restait néanmoins une restriction quant à la manière dont les voix seraient calculées. Les délégués avaient seulement le choix entre « oui » ou « non », alors que traditionnellement, dans les assemblées de l'Église, la coutume autorise les délégués à voter aussi *placet juxta modum,* c'est-à-dire « oui, mais avec réserves ».

Le rapport final du cardinal Danneels fut voté le 7 décembre et approuvé pour ainsi dire à l'unanimité. C'était, à certains égards, un document équilibré qui tentait d'aborder les principaux thèmes discutés en assemblée.

Jean-Paul II avait atteint son but : stabiliser l'Église. « Le synode a confirmé le concile du Vatican comme la Grande Charte de l'Église et le don par excellence de la grâce divine en ce XXe siècle », observa le théologien exilé, Hans Küng. « Cela, parmi ses aspects positifs. D'un autre côté, les requêtes des évêques sur la plupart des questions brûlantes sont restées dans les oubliettes. Les évêques en général ont montré qu'ils étaient plus ouverts d'esprit que les traditionalistes de la Curie, mais ils devaient faire face à un pape qui n'était pas Jean XXIII. Un Grand Communicateur et Grand Conservateur siégeait à présent sur le trône pontifical. »

Jean-Paul II était tout à fait satisfait du rapport du synode et de l'approbation des évêques. Il n'avait jamais souhaité que l'on remonte le cours du temps. Son objectif était de réformer l'Église sans en ébranler la structure ni le patrimoine théologique transmis à travers les âges. « Le synode a fait du bon travail, annonça-t-il aux évêques. Il a préconisé l'ouverture de l'Église sur le monde tout en refusant un système de valeurs séculier. Il a mis l'accent sur l'inculturation et le dialogue avec les autres religions et les non-croyants. Il a réaffirmé la doctrine sociale catholique et exprimé ses espoirs de multiplier les échanges et les consultations à tous les niveaux de la hiérarchie ecclésiastique. »

Dans ce discours de clôture, pas une seule fois Jean-Paul II ne mentionna l'Église en tant que « peuple de Dieu », citant une fois de plus « le corps mystique du Christ » qui se trouvait être le titre d'une des dernières encycliques de Pie XII, celui que le pape actuel lui-même avait cité dans son document préparatoire à Vatican II.

Quand l'assemblée se dispersa après avoir chanté le Magnificat, le pape invita tous les évêques et cardinaux à dîner avec lui à l'hospice Sainte-Marthe au Vatican. Là il leva son verre comme s'il proposait un toast et demanda d'un ton ironique : « Pourquoi le synode a-t-il été extraordinaire ? Il a été convoqué inopinément, a été de courte durée et semble avoir déçu beaucoup de gens. Pourquoi déçu ? » poursuivit-il en balayant du regard les vagues de barrettes cramoisies et violettes amassées autour des tables. « Parce qu'on s'attendait à une lutte terrible entre les évêques, un conflit entre eux et le pape. Et cela n'est jamais arrivé ! » Rayonnant tel un recteur entouré de ses dociles séminaristes, Jean-Paul II conclut au milieu des rires de son auditoire : « Espérons que nous n'avons pas déçus le Saint-Esprit. »

Sept mois plus tard, le 11 juin 1986, *L'Osservatore romano* publiait une liste des membres du comité restreint chargé de rédiger un nouveau catéchisme universel. Comité présidé par le cardinal Joseph Ratzinger.

GESTES DE CONCILIATION

Sous le pontificat de Jean-Paul II, les réformes conciliaires se sont étendues, bien que modestement, à toute l'Église, et sont passées dans la pratique quotidienne de nombreuses communautés catholiques. Cela s'est traduit par une modernisation de la liturgie, l'amélioration des rapports avec les protestants, les orthodoxes et les juifs, le renforcement du dialogue entre le Vatican et les évêques, la participation accrue (mais toujours limitée) des femmes à la messe et autres cérémonies religieuses, et enfin, la volonté de donner de l'Église l'image d'une vraie communauté, et plus seulement d'une société monarchique et hiérarchisée.

Cependant, après le synode, Jean-Paul II a également fait barrage à beaucoup d'idées et d'impulsions introduites par Vatican II et, dans les années qui suivirent, il a pratiquement étouffé toute discussion concernant les difficultés et les tensions internes de l'Église.

Mais jamais le pape ne s'est uniquement intéressé au fonctionnement interne de l'Église, qu'il a toujours considérée comme une entité essentielle, au plan international ; elle n'est pas seulement, à ses yeux, un instrument spirituel et diplomatique, mais une fantastique puissance sociale et humanitaire. De tous les organismes non gouvernementaux, c'est l'Église catholique qui tient la première place dans le domaine de l'éducation, de la santé et de la prise en charge des réfugiés ; c'est elle aussi qui envoie le plus de missionnaires de par le monde et qui possède le plus de richesses culturelles.

En 1985, Jean-Paul II lança ce que les prélats de la Curie appelèrent un grand « dialogue offensif », à l'intention des fidèles d'Allah. L'islam possède des aspects dont il pense le plus grand bien : son monothéisme farouche, sa noble soumission à un Dieu bon et compatissant, l'obligation de prier régulièrement et, ainsi qu'il l'a souvent répété, de jeûner pour faire pénitence, chose qui est en train de disparaître dans le christianisme occidental. Mais le pape éprouve aussi pour cette religion une méfiance voisine de la peur. « Le fondamentalisme, le fondamentalisme islamique, en Iran, chez Saddam (Hussein d'Irak), en Afrique du Nord, m'inquiète beaucoup », a-t-il confié un jour à Avi Pazner, ambassadeur d'Israël en Italie.

C'est surtout par rapport à l'Afrique que ce dialogue avec l'islam lui a paru absolument essentiel. En Afrique du Nord, de l'Égypte au Maghreb, ce dialogue est indispensable à la survie de l'Église catholique, qui y compte si peu d'adeptes. Mais cette nécessité d'élargir les contacts concerne également l'hémisphère sud, en particulier l'Afrique subsaharienne, où l'Église connaît une rapide expansion, mais où l'islam progresse encore plus vite. Dans la compétition pour les conversions, l'islam présente l'avantage d'avoir une doctrine simple, avec peu de préceptes, une absence d'appareil clérical et de structures hiérarchiques, une relative souplesse par rapport aux coutumes traditionnelles et, de plus, il est favorable à la polygamie. Pour éviter un affrontement désastreux entre les deux religions, le pape a estimé qu'il était vital d'établir un climat de coexistence, tâche à laquelle il s'est attelé vigoureusement dès ses premiers voyages.

Ce ne fut pas facile. En 1982, à l'occasion de son séjour au Nigeria, Jean-Paul II avait prévu de faire une étape à Kaduna, ville située dans une région à dominante islamique, à environ six cents kilomètres de Lagos, pour s'entretenir avec des chefs religieux musulmans. Mais quand il arriva, ceux-ci refusèrent de le rencontrer, et il fut conduit précipitamment dans un petit salon de l'aéroport, où il prononça son allocution devant un auditoire composé du gouverneur et de son entourage. « Nous pouvons nous dire frères et de sœurs, en raison de notre foi en un seul Dieu », déclara-t-il, avant de reprendre l'avion pour Lagos.

Quand il retourna en Afrique, en 1985, il renouvela ses avances à l'islam, à Casablanca, où se tenaient les Jeux panarabes. Le roi Hassan II voulait organiser une grande réunion entre le pape et des représentants des vingt-trois pays participant à cette compétition, mais ils refusèrent, eux aussi, de le rencontrer. Pour sauver les apparences, le roi convoqua alors un meeting au stade municipal, auquel assistèrent cinquante mille jeunes Marocains, qui firent à Jean-Paul II un accueil enthousiaste. « Le dialogue entre chrétiens et musulmans, leur dit-il, est plus essentiel aujourd'hui que jamais... dans un monde qui se sécularise de plus en plus et qui est parfois athée. Les jeunes se fabriqueront un meilleur avenir s'ils s'engagent à construire ce monde nouveau selon le plan de Dieu... Aujourd'hui, il nous faut témoigner des valeurs spirituelles dont le monde a besoin. »

Mais les espoirs du pape d'élever un front commun islamo-chrétien face au matérialisme et à l'athéisme se heurtèrent à la montée du fondamentalisme, au début des années quatre-vingt. Bien plus tard, alors qu'il visitait l'usine Olivetti d'Ivrea, en compagnie de l'industriel Carlo De Benedetti, le pape parla de l'islam et des dangers qu'il présentait, avec une virulence inhabituelle. Pour contrer l'influence du fondamentalisme et apporter plus de stabilité aux gouvernements musulmans modérés, dit-il à Benedetti, il serait bon que des capitalistes occidentaux tels que lui créent des usines et des emplois dans ces pays.

L'industriel italien parut quelque peu décontenancé.

« Vous connaissez bien notre religion ? lui demanda le pape, qui savait apparemment que Benedetti était à moitié juif.

– Évidemment, je la connais.

– C'est une religion de paix et d'amour – et vous n'avez pas besoin de me dire que nous ne l'avons pas toujours suivie. Avez-vous lu le Coran ? demanda-t-il après un silence. Je vous le recommande. Ce que le Coran enseigne, c'est l'agression ; et ce que nous enseignons, c'est la paix. Évidemment, il y a toujours la nature humaine qui déforme le message de la religion, quel qu'il soit. Mais même si certains ont tendance à se laisser entraîner par les vices et les mauvaises habitudes, le christianisme aspire à la paix et à l'amour. L'islam est une religion qui attaque. Si on commence par enseigner l'agression à toute une communauté, on encourage les tendances négatives qui sont en chacun de nous. Vous savez où cela finira ; ces gens nous attaqueront *. »

Malgré ses craintes, Jean-Paul II a toujours pris soin, dans ses déclarations publiques, de faire la différence entre l'islam proprement dit et le fondamentalisme islamique. En dépit de l'opposition des fondamentalistes *catholiques*, il a encouragé la construction à Rome de la plus grande mosquée d'Europe occidentale. Toutefois il a demandé aux pays musulmans de faire preuve, à leur tour, de générosité en accordant la liberté de religion aux chrétiens.

Si, pour Jean-Paul II, le dialogue avec les musulmans est une nécessité, il considère que le dialogue avec les juifs est un devoir, principalement à cause de la Shoah. Deux des prémisses du concile du Vatican étaient la reconnaissance des racines juives du christianisme, ainsi que le caractère inacceptable de l'antisémitisme. Le pape a concrétisé ces principes par un geste solennel, le 13 avril 1986.

Ce jour-là, Wojtyla traversa le Tibre pour se rendre à la synagogue de Rome, sur le Lungotevere dei Cenci, chose que jamais un pape n'avait encore faite. La communauté juive de Rome est plus ancienne que la plus vieille église chrétienne. Si l'on en croit la tradition, lorsque saint Pierre et saint Paul arrivèrent dans la capitale de l'Empire

* Benedetti fut également choqué de se voir prié de faire un don au trésor pontifical, avant que le pape accepte de visiter l'usine Olivetti. « Combien ? » avaient demandé ses émissaires au fonctionnaire du Vatican. On suggéra la somme de 100 000 dollars ; Benedetti fit un chèque de ce montant au nom personnel du pape, et il le lui remit discrètement pendant la visite de l'usine.

romain, on y enseignait déjà la Torah et on y observait le Sabbat. Quand, de persécutés, les chrétiens devinrent à leur tour des persécuteurs, les juifs figurèrent parmi leurs principales victimes. Pendant la Semaine sainte, on les obligeait à assister à des sermons (ils se mettaient des tampons dans les oreilles) et on les insultait pour avoir « assassiné le Christ ». Ce n'est que grâce à l'unification de l'Italie, sous l'égide du roi de Savoie Victor-Emmanuel II (excommunié par Pie IX parce que les armées royales avaient envahi les États pontificaux) que les juifs italiens obtinrent une totale liberté religieuse, ainsi que les droits civiques. Par conséquent, les imposantes synagogues construites à Turin, Florence et Rome, vers le début du siècle, témoignent autant de la foi des juifs que de la défaite du pape.

En juin 1963, le grand rabbin de Rome était allé prier sur la place Saint-Pierre pour le pape Jean XXIII, qui était à l'agonie. Le souverain pontife était vénéré par les juifs pour avoir été celui qui avait supprimé de la liturgie du Samedi saint le qualificatif insultant de « perfides », qui leur était appliqué.

En ce jour d'avril 1986, Jean-Paul II était venu dans le ghetto romain, dans l'intention d'effacer de pénibles souvenirs. Au moment où il descendait de sa limousine, le largo extrait du *Xerxès* de Haendel retentit, mais quand il pénétra à l'intérieur, lui qui était le premier pape à entrer dans une synagogue, un silence impressionnant se fit. Humble et respectueux, il échangea une accolade avec le grand rabbin Elio Toaff. Le souverain pontife portait un *zucchetto* (calotte) blanc et sa soutane de pape, le rabbin son chapeau à huit coins et, drapé sur ses épaules, un *tallith* rayé bleu et blanc. Ensemble ils remontèrent la nef assyro-babylonienne de la synagogue et prirent place sur le *teva* – estrade où se tient le chantre et où on lit la Torah.

Wojtyla écouta l'allocution prononcée par le chef de la communauté juive de Rome, Giacomo Saban, qui rappela que des exemplaires du Talmud avaient été brûlés sur le Campo dei Fiori en 1553. Le pape sembla peiné quand Saban fit allusion au terrible silence de Pie XII, qui n'avait jamais dénoncé les atrocités nazies contre les juifs, ni les déportations effectuées en plein cœur de Rome. « Ce qui se passait sur une rive du Tibre (où est située la synagogue) ne pouvait être ignoré sur l'autre (où se trouve le Vatican) », remarqua Saban.

Ce jour-là le monde vit un Wojtyla différent, non plus le maître des foules, mais un homme qui portait le poids d'une histoire tragique que ce pape venu de Wadowice s'était donné pour tâche de changer. Le rabbin Toaff lui demanda d'établir des relations diplomatiques entre le Vatican et l'État d'Israël. (Ce qu'il fit en 1993, malgré les objections de la Secrétairerie d'État, qui souhaitait attendre que le gouvernement israélien ait conclu un accord avec les Palestiniens.)

En prononçant son discours dans la synagogue, Jean-Paul II parut sur le point de céder à l'émotion, à plusieurs reprises. Il prit acte des mauvais traitements infligés pendant des siècles aux juifs vivant dans les pays chrétiens, « des actes de discrimination, des limitations injustifiées de la liberté religieuse, des lourdes restrictions de la liberté civile... Oui, une fois encore, parlant à travers moi, l'Église déplore, ainsi qu'il est dit dans *Nostra Aetate*, (le document du Concile) les haines, les persécutions et toutes les manifestations d'antisémitisme dirigées contre les juifs, en tout temps et par qui que ce soit. » Le pape se tut, regarda l'assistance et reprit : « Je repète, par *qui que ce soit.* » Puis il qualifia les juifs de « frères les plus anciens » des chrétiens et, rappelant que les portes des couvents et des églises s'étaient ouvertes pendant la guerre aux juifs victimes de persécutions, il énuméra les objectifs communs à atteindre : la fin de toute discrimination, la défense de la dignité humaine, l'adhésion à une éthique individuelle et sociale, la paix et la coexistence entre les deux religions, « animées par un amour fraternel ».

Enfant, Karol Wojtyla allait à la synagogue de Wadowice avec son père, pour écouter le célèbre chantre Moishe Savitski. Ce jour-là, vêtu de sa robe papale en satin, il écoutait, assis dans un fauteuil doré, la chorale interpréter un cantique que des juifs avaient chanté en marchant vers la chambre à gaz, dans les camps de la mort. Tandis que les voix des choristes montaient dans le temple, le pape inclina la tête et se mit la main sur la bouche.

Toujours en 1986, Jean-Paul II se rendit en Inde. Alors qu'il priait sur le tombeau de Gandhi, à New Delhi, il caressa de la main la pierre noire où sont inscrits les « sept péchés sociaux », tels que les a définis le fondateur de l'Inde moderne : « Politique sans principes. Richesse sans travail. Plaisir sans conscience. Savoir sans caractère. Commerce sans moralité. Science sans humanité. Religion sans sacrifice ». Au stade Indira-Gandhi, le pape s'adressa à une assistance représentative des multiples religions de l'Inde. « Tous ici, hindous, musulmans, sikhs, bouddhistes, jaïns, parsis et chrétiens, déclara-t-il, nous sommes réunis dans un amour fraternel. En proclamant la vérité sur l'homme, nous insistons sur le fait que le désir d'accéder à un bien-être temporel et social, ainsi qu'à la dignité humaine, correspond à un besoin profond de notre nature spirituelle. »

Encouragé par l'accueil qui lui avait été fait en Inde, l'idée lui vint de réunir une assemblée internationale et interreligions à Assise, la ville de saint François, le plus pacifique et le plus joyeux de tous les saints, afin de prier pour la paix du monde – autre geste solennel de son pontificat. Le pape avait été très déçu par la reprise de la course aux armements et la rupture des négociations de Reykjavik entre Reagan et Gorbatchev. Il s'était dit par conséquent que toutes les religions du monde pourraient s'unir dans une action extraordinaire, une grande prière commune à Dieu, qui serait invoqué par tous ses noms, dans toutes les langues, avec l'accent particulier à chaque tradition religieuse, afin de sauver le monde de l'anéantissement nucléaire, de mettre un terme à la guerre froide et de promouvoir la paix universelle.

Le matin du 27 octobre 1986, en de nombreux points du globe, les combattants déposèrent momentanément les armes. Quelques semaines auparavant, à Lyon, le pape Wojtyla avait lancé un appel à la « trêve universelle », pause symbolique dans tous les conflits armés qui souillaient le monde de sang. Il s'était adressé aux chefs militaires et aux hommes politiques à la tête des nations et des mouvements révolutionnaires. Il s'était également adressé à « ceux qui cherchent à atteindre leurs objectifs par le terrorisme et la violence ». Les évêques et les nonces prirent contact avec toutes les parties belligérantes que l'Église pouvait toucher. Des réponses positives arrivèrent de partout : d'Irlande, l'IRA avait donné son accord, de même que, de Beyrouth, le président libanais Amine Gemayel et les chefs chiites et sunnites du pays ; la présidente Corazon Aquino des Philippines, dont le gouvernement était en lutte avec les Moros, des guérilleros musulmans, et le prince Sihanouk du Cambodge répondirent positivement tous les deux. Il en fut de même pour les contras du Nicaragua, les guérilleros du Front Polisario, d'Angola et du Soudan, le FARC de Colombie, le Front Farabundo Marti du Salvador, ainsi que pour le gouvernement du Sri Lanka et ses adversaires, les Tigres tamouls.

Dans les pays qui n'étaient pas en guerre, les autorités civiles et religieuses décrétèrent une pause de méditation silencieuse. Pendant ce temps, à Assise, Jean-Paul II accueillait de longues cohortes de chefs religieux, comme l'envoyé spécial du patriarche de Constantinople, l'archevêque de Canterbury, le grand rabbin de Rome, le dalaï lama, le métropolite de Kiev (envoyé par le patriarche de toutes les Russies), des émissaires des bouddhistes, des hindous, des zoroastriens, des sikhs, des shintoïstes et des religions traditionnelles d'Afrique et d'Amérique.

Tous réunis, les participants de la rencontre d'Assise représentaient symboliquement quatre milliards de croyants, appartenant à soixante-cinq religions. Dans la vieille cathédrale San Rufino, le pape pria avec les délégués chrétiens. Dans l'église Saint-Pierre, on répandit de l'encens, et les bouddhistes frappèrent sur leurs gongs. Dans l'ancien hôtel de ville, près de la Piazza del Commune, des prêtres catholiques se prosternèrent sur le sol aux côtés d'imams musulmans. Dans l'église Saint-Grégoire, deux Indiens américains fumèrent le calumet de la paix. Non loin de là, des zoroastriens allumèrent, non sans difficulté, leur feu sacré.

« Le défi de la paix transcende les différences religieuses », dit le pape, qui ajouta avec une note autocritique : « Je suis prêt à reconnaître que (nous autres catholiques) n'avons pas toujours été des bâtisseurs de la paix. » Il ajouta que pour cette raison, sa prière serait aussi un acte de contrition.

A la Curie romaine, il y eut des grognements parmi les cardinaux les plus traditionalistes. Le pape se sentit obligé d'évoquer la question dans son allocution de Noël à la Curie. Après avoir nié que les prières d'Assise eussent « occulté ou atténué » les différences entre les religions, il qualifia cette manifestation d'illustration visible de la signification de l'œcuménisme et de l'action menée pour établir le dialogue interreligions, prôné par Vatican II. L'Esprit-Saint, dit-il, donne à tous, hommes et femmes, accès par des voies mystérieuses à la vérité et au salut. Assise avait vu se manifester le « mystère radieux » de l'unité de la race humaine.

Jean-Paul II en était venu à croire que la prière commune faite ce jour-là par tous les chefs religieux marquait le grand tournant de la guerre froide et le début de la fin de la course aux armements.

longues et [illegible], après que des voix [illegible] et [illegible]
[illegible] à [illegible] le [illegible] de [illegible]
la [illegible]

Jean-Paul [illegible] que le [illegible]
[illegible]
[illegible] début de la [illegible]

SEPTIÈME PARTIE

L'EFFONDREMENT DU COMMUNISME

Le premier et véritable signe que le pape reçut du « socialisme à visage humain » se manifesta d'une manière inattendue, quatre ans et trois mois après l'instauration de la loi martiale en Pologne, sous la forme d'une visite au Vatican, le 27 février 1985, du ministre des Affaires étrangères soviétique, Andrei Gromyko. A Moscou, Constantin Tchernenko était à l'article de la mort, mais Jean-Paul II l'ignorait. Douze jours plus tard, Gromyko, qui avait fait partie de tous les gouvernements soviétiques depuis Staline, allait jouer un rôle capital dans le choix de Mikhaïl Gorbatchev pour succéder à Tchernenko comme secrétaire général du parti communiste d'URSS. « Camarades, déclara-t-il au Politburo, cet homme a un agréable sourire, mais des dents d'acier. »

Gromyko fit savoir au pape que l'URSS verrait d'un œil favorable l'établissement de relations diplomatiques avec le Saint-Siège. Quand Jean-Paul II exprima ses inquiétudes concernant la paix mondiale – les pourparlers de Genève sur le contrôle des armements s'enlisaient – et le sort des catholiques en Union soviétique, Gromyko se montra inhabituellement coopératif. Il proposa que des délégués du Vatican et de l'URSS se penchent sur la question. Wojtyla ne s'attendait nullement à cette ouverture.

En mai, des informations commencèrent à lui parvenir de Pologne, disant qu'il se pouvait que Gorbatchev fût un communiste d'une espèce différente et que l'époque Brejnev allait peut-être enfin se terminer, deux ans et demi après la mort de celui-ci. Gorbatchev était allé en Pologne fin avril pour assister à une réunion du Comité politique consultatif du pacte de Varsovie. Détail important, il s'était attardé un moment pour parler avec Jaruzelski, après la réunion. Il lui avait dit qu'il ne disposait que d'une heure, mais en fait, cinq heures durant, les deux hommes s'étaient livrés à un tour d'horizon complet de la situation en Pologne et en URSS, et ils avaient longuement parlé du pape et du Vatican.

De cet entretien, Jaruzelski conclut que Gorbatchev était effectivement un communiste atypique et, par l'intermédiaire du primat de Pologne, il mit le pape au courant de leur entrevue. « Ce fut un moment capital, devait déclarer Jaruzelski une dizaine d'années plus tard (et Gorbatchev a confirmé l'importance de cette rencontre) : cinq heures de conversation en face à face, sans interprète. » Il fut beaucoup question de l'Église et de Wojtyla, mais avant, « nous avions parlé du passé, des origines du système, de la nécessité d'un changement ».

Gorbatchev n'était alors secrétaire général que depuis quelques semaines et il désirait réunir le maximum d'informations de première main sur le Saint-Siège et la situation intérieure de la Pologne. Jaruzelski avait eu l'impression que « malgré son ouverture d'esprit » et le fait qu'il était membre du Politburo depuis plusieurs années, « il n'avait qu'une connaissance superficielle de l'Église et de la religion ».

Jaruzelski s'accrocha à Gorbatchev comme un homme qui se noie à une bouée. Enfin quelqu'un au Kremlin lui prêtait une oreille attentive, et ce quelqu'un, loin d'être n'importe qui, était le secrétaire général en personne.

« Je voulais avant tout lui faire comprendre la différence et le caractère unique du rôle de l'Église en Pologne, comparé à celui qu'elle jouait dans les autres pays », raconte Jaruzelski. Malgré le régime sévère qui régnait en Pologne, on y avait tenté, avant l'instauration de la loi martiale, une expérience audacieuse concernant les droits de l'homme, et les deux hommes convinrent que les sociétés communistes devraient évoluer dans ce sens.

Gorbatchev n'en était pas encore à parler de perestroïka – c'est-à-dire de restructuration – mais dans son entretien avec Jaruzelski, il évoqua un certain nombre de concepts qu'il allait introduire par la suite, par exemple la garantie des droits religieux pour les citoyens communistes. Il posa à Jaruzelski de nombreuses questions à propos de l'échec de l'économie planifiée en Pologne et sur l'état moribond du parti communiste polonais. Mais la conversation revenait sans cesse sur l'Église et, finalement, sur le pape lui-même. Jaruzelski dit à Gorbatchev qu'il fallait considérer le Vatican comme une puissance partageant certaines valeurs du socialisme, et qu'il n'était pas nécessairement un allié inconditionnel du capitalisme.

« Je lui ai dit que l'Église constituait une grande force en Pologne, rappela-t-il plus tard. Qu'elle soutenait l'opposition, tout en ayant une attitude assez rationnelle. J'ai dit aussi que je voulais établir des relations avec l'Église, basées sur trois principes : d'abord, le règlement des différends dans la sphère idéologique et philosophique ; ensuite, la coexistence dans le domaine politique, que personne ne marche sur les plates-bandes de personne, rendre à César ce qui est à César et à Dieu ce qui est à Dieu, etc. ; enfin, la coopération dans le domaine social, c'est-à-dire lutter ensemble contre les pathologies et les maux sociaux, promouvoir une politique de la famille, de la jeunesse, bref des questions de morale et d'éducation.

« C'était très important pour moi que Gorbatchev comprenne mieux que ses prédécesseurs que l'Église de Pologne est un phénomène particulier, non seulement pour l'Est, mais aussi par rapport à l'Occident. Cela vient de l'Histoire. Et cela a également modelé notre façon de voir les choses... J'ai dit alors que [...] le pape, même s'il ne nous était pas favorable, comprenait la nature de notre pays. Il savait comment il fonctionnait et voulait développer sa politique à l'Est. La Pologne pouvait prendre beaucoup d'importance de ce point de vue et constituer une sorte de pont. »

« Quel genre d'homme est-ce ? demanda Gorbatchev. Quelle formation intellectuelle a-t-il ? Est-ce un fanatique ou bien quelqu'un qui a les pieds sur terre ? »

Jaruzelski répondit que le pape était « un personnage hors du commun, un grand humaniste, un grand patriote » et par-dessus tout un homme de paix.

Gorbatchev s'enthousiasma alors sur la possibilité d'une coexistence pacifique entre l'Est et l'Ouest, d'une réduction des armements, et même de leur élimination totale. Jaruzekski comprit l'importance que cela avait, sachant que le pape avait pris des positions similaires sur ces questions, et qu'il l'avait fait « non seulement en tant que chef d'une grande religion, d'une grande Église, mais aussi en tant que fils d'une nation dont le destin était particulièrement difficile. Quand ce pape parle de la paix, cela résonne différemment que lorsque Pie XII, par exemple, en parlait ».

Jaruzelski se dit alors qu'il pourrait servir d'intermédiaire entre le pape et Gorbatchev. Plus tard, Gorbatchev, de même que le pape, reconnurent qu'il avait effectivement joué ce rôle.

Gorbatchev voulait savoir dans quelle mesure l'Église « pourrait aider au processus de réformes, dans quelle mesure elle agirait comme un frein ».

« Tout porte à croire que l'Église est favorable aux réformes et qu'elle les attend », dit Jaruzelski, qui interrogea ensuite le secrétaire général sur la situation de l'Église orthodoxe en Russie.

Gorbatchev se montra prudent dans sa réponse et Jaruzelski sentit une réticence.

« Le pape, poursuivit le général, souhaiterait élargir sa politique à l'Est en effectuant un rapprochement, mais il ne peut le faire sans un geste de Moscou qui lui rendrait les choses plus faciles. »

« Bien que le pape ait condamné la loi martiale, lui dit encore Jaruzelski, il l'a légitimée, en un sens, par sa venue en Pologne en 1983. Mais cela n'a été possible que parce que nous avions pris un certain nombre de mesures pour aider l'Église, par exemple en délivrant des autorisations pour construire de nouvelles églises, en ouvrant davantage de séminaires et en lui accordant divers autres droits. Des initiatives similaires en Union soviétique contribueraient à l'établissement de bonnes relations. »

Plusieurs années après, Jaruzelski a apporté des précisions supplémentaires concernant cet entretien :

« J'ai tenté de lui expliquer pourquoi nous avions pris ces initiatives en Pologne et ce qu'elles allaient nous rapporter ; je lui ai dit que nous avions assoupli notre contrôle sur les esprits et que cela nous avait valu un important soutien de l'Église. Je n'ai donc pas dit directement à Gorbatchev : " Faites ceci ou faites cela ", mais plutôt : " Voici comment nous faisons et telle est notre motivation. " Il était très intelligent et parfaitement capable d'adopter une mesure qu'il jugeait bonne. »

Le Slave Jaruzelski essayait de faire comprendre au Slave Gorbatchev la mentalité slave et polonaise du pape et « son immense sensibilité à la souveraineté de la Pologne... que c'était un pape slave qui sentait mieux que d'autres les réalités de notre pays, notre Histoire et nos rêves... J'ai dit que le pape était un homme à la pensée universelle, qu'il n'était pas du tout un inconditionnel du capitalisme et que ses idées sociales étaient assez proches de certains concepts de l'idéologie socialiste et communiste. »

Ce que Jaruzelski ignorait, c'était que Gorbatchev avait déjà résolu de ne plus jamais employer la menace militaire pour maintenir l'empire communiste.

L'avènement de Gorbatchev entraîna, en Pologne, une rapide évolution dans les relations de l'Église et de l'État, et créa un climat qui permit à Jaruzelski d'estimer qu'il pouvait sans danger commencer à apporter des assouplissements à la loi martiale.

Il rendit compte de son entrevue avec le nouveau chef du Kremlin à Mgr Glemp, qui transmit les informations au pape, quand il alla à Rome. Gorbatchev avait également questionné Jaruzelski sur la personnalité du primat de Pologne. Le général avait fait son éloge en disant qu'il comprenait les difficultés auxquelles le régime était en butte.

Puis le 2 juin 1985, le pape publia une de ses plus importantes encycliques, *Slavorum Apostoli* (Apôtres des Slaves), dont la signification était autant religieuse que séculière. C'était une invitation à un dialogue œcuménique avec les Églises orientales d'Union soviétique. Maintenant que Gorbatchev était au pouvoir, le Kremlin ne verrait plus automatiquement, dans ce genre de proposition, une tentative insidieuse pour miner les fondements de la légitimité communiste. A deux reprises, au cours de l'année suivante, à la demande de Jaruzelski, Mgr Glemp fut autorisé à se rendre à Minsk et à Moscou, où il rencontra des prélats catholiques et orthodoxes, ainsi que des fonctionnaires et des universitaires. C'était la première fois qu'un cardinal polonais allait en visite en Union soviétique.

L'« encyclique slave » commémorait le onzième centenaire de la prédication de l'Évangile par les saints Cyrille et Méthode qui avaient apporté le christianisme à la plupart des peuples slaves d'Europe orientale. Dans ce document, le pape comparait l'Europe à un « corps qui respire avec deux poumons ». Déjà en 1980, il avait fait de Cyrille et de Méthode les saints patrons (avec saint Benoît) de l'Europe.

Gorbatchev, slave et communiste, et Wojtyla, slave et chrétien, étaient en train de se rapprocher, chacun prenant de plus en plus conscience du pouvoir qu'avait l'autre de servir une bonne cause. Un peu plus tard dans le mois, le nouveau secrétaire général annonça des transformations économiques qu'on appellerait bientôt la perestroïka. Il évoqua l'humanisme qui sous-tendait les aspirations de l'Europe tout entière à la paix et la sécurité, tant économique que politique. De même, l'Ostpolitik du pape se fondait sur la conviction que l'Église ne devait pas seulement parler au nom de l'Europe occidentale, mais au nom d'une entité culturelle unique, allant de l'Atlantique à l'Oural et possédant une tradition d'humanisme paneuropéenne qui réunissait Érasme, Copernic et Dostoïevski.

Le pape fondait de grands espoirs sur les changements mis en œuvre par Gorbatchev. Il était évident que la Pologne, les nations communistes de l'Est et même l'URSS étaient à la veille d'une grande mutation.

Au printemps, à l'immense satisfaction de Jean-Paul II, le Conseil des Affaires religieuses d'URSS approuva la participation soviétique au rassemblement d'Assise. Toutefois, Wojtyla était un réaliste ; il avait une longue pratique des idéologues communistes. Peu après l'arrivée au pouvoir de Gorbatchev, il avait eu une longue conversation à son sujet avec Rocco Buttiglione, un intellectuel italien qui venait souvent au Vatican. « C'est sans doute un homme de bien, avait dit le pape, mais il échouera parce qu'il veut faire quelque chose d'impossible. On ne peut réformer le communisme. » Jean-Paul II ne varia jamais dans son jugement, tout en priant pour la réussite de Gorbatchev qui rencontrait déjà des résistances dans le Parti et au Politburo. « La perestroïka est une avalanche que nous avons déclenchée et qui va continuer à dévaler, confia le pape au père Mieczyslaw Malinski, son condisciple au séminaire clandestin. La perestroïka est la continuation de Solidarité. Sans Solidarité il n'y aurait pas eu de perestroïka. »

L'avalanche était en train de déferler sur la Tchécoslovaquie. Au printemps 1985, en commémoration du onzième centenaire de la mort de saint Méthode, onze cents prêtres – un tiers du clergé catholique tchèque – concélébrèrent la messe au sanctuaire moravien de Velehrad. Le cardinal Frantisek Tomasek, âgé de quatre-vingt six ans, qui avait été emprisonné par les communistes, lut une lettre du pape invitant le clergé « à continuer de marcher courageusement, dans l'esprit de saint Méthode, sur le chemin de l'évangélisation et du témoignage, même si la situation présente rend la chose difficile, ardue et même amère ».

« Nous sentions combien nous étions forts », raconte l'évêque Frantisek Lobkowicz, qui avait trente-six ans à l'époque. Jusque-là, l'Église n'avait pas vraiment figuré dans l'opposition, même si quelques intellectuels catholiques importants étaient membres de la Charte des 77, l'organisation parapluie des groupes de résistance tchèques. Trois mois plus tard, dans la Tchécoslovaquie “ normalisée ”, 150 à 200 000 pèlerins se rendirent de nouveau à Velehrad pour y honorer saint Méhode.

Le gouvernement essayait depuis des mois de transformer cet événement en fête de la paix. Mais quand des dirigeants communistes voulurent prendre le micro, les pèlerins hurlèrent : « C'est un pèlerinage ! Nous voulons le pape ! Nous voulons une messe ! » C'était le plus vaste rassemblement indépendant depuis le Printemps de Prague en 1968.

En Pologne, le signe décisif que l'époque de la loi martiale touchait à sa fin fut l'annonce le 11 septembre 1986 d'une amnistie générale, accompagnée de la libération de 225 prisonniers considérés comme très dangereux pour l'État. La libération des détenus politiques était la revendication numéro un de Solidarité, depuis 1981.

Pour la première fois en près de cinq ans, les dirigeants de Solidarité pouvaient se réunir librement. Les prisons polonaises furent de nouveau réservées aux criminels de droit commun.

Parmi ceux qu'on avait libérés figurait Zbigniew Bujak, arrêté deux mois plus tôt, qui avait vécu caché pendant quatre ans et demi, s'efforçant de préserver la cohésion de ce qui restait du syndicat clandestin. Au début, les leaders de Solidarité et les intellectuels qui les soutenaient s'étaient montrés sceptiques sur cette amnistie et avaient craint d'être à nouveau arrêtés, mais à l'évidence, le régime avait fait un grand pas. Solidarité, inspiré par le pape et largement financé par la CIA, avait survécu à son long combat clandestin.

Toutefois, Jaruzelski cherchait à empêcher Solidarité de se reconstituer. Le syndicat n'avait toujours pas de statut légal et la censure continuait à sévir, même si les samizdat, la Voix de l'Amérique, Radio Free Europe et Radio Vatican étaient désormais les médias les plus influents du pays.

La commission Église-État, qui avait été le canal de communication officiel (et sans grande efficacité) entre l'épiscopat et le régime pendant la loi martiale, commença enfin à discuter d'une véritable restauration de la société civile. Sur les suggestions de Jaruzelski, la commission mit à l'étude la constitution d'un Conseil consultatif composé d'intellectuels, de membres des professions libérales et diverses personnalités, en vue de conseiller le gouvernement sur les questions de politique nationale. Le régime prétendit vouloir y accueillir des représentants de l'opposition, écrivains, économistes et autres, mais il refusa d'y admettre des dirigeants de Solidarité.

Comme l'a dit un commentateur, « une assemblée de personnes assises en rond, pour parler avec le général Jaruzelski, n'était pas précisément ce que l'opposition entendait par réforme politique ». Dans l'ensemble, les leaders de l'opposition boycottèrent le Conseil, mais plusieurs personnages de premier plan en faisaient partie, et les débats furent suivis avec passion par l'opposition tout entière et par l'Église. Même s'il n'avait pas été créé pour cela, le Conseil consultatif fut bel et bien le précurseur des négociations de la « Table ronde », qui allaient déboucher sur la démocratie polonaise. Se sachant soutenu par Gorbatchev, Jaruzelski prit une autre initiative capitale quand, à l'automne 1987, il créa le Bureau des droits civils et nomma quelqu'un, qui n'était pas membre du Parti, pour poursuivre l'État en cas d'abus d'autorité.

Par la suite, des historiens et des biographes simplifieront à l'extrême cette période de transition, laissant croire que le pape, Gorbatchev et Jaruzelski avaient marché tranquillement main dans la main vers un même but. En réalité, ils avaient chacun leur objectif. Ainsi que l'a remarqué Adam Michnik, entre la supression officielle de la loi martiale en juillet 1983 et la révolution de 1989, la Pologne n'a pas connu un « socialisme à visage humain... [mais] un communisme à qui on avait fait sauter quelques dents ». Ce furent des années absolument sinistres. Voici ce qu'en a dit Jaruzelski :

« Oui, bien sûr, tout le monde disait que c'était impossible de continuer comme ça, qu'il fallait faire de grands changements, mais il aurait fallu les introduire peu à peu, sans heurter les gens ni provoquer trop de bouleversements. Souvenez-vous que s'il y avait la perestroïka, il y avait aussi le pacte de Varsovie. Lisez le discours de Gorbatchev du 23 juillet 1986, au Xe Congrès de notre parti, et vous y trouverez des propos de la plus grande orthodoxie... Est-ce que vous vous souvenez de la conversation que Gorbatchev avait eue avec Mitterrand ? Il était allé à Moscou en 1988 pour une visite de courtoisie et avait demandé timidement : " Monsieur le secrétaire général, pourriez-vous réfléchir un peu au problème de la réunification de l'Allemagne ? » Et Gorbatchev de répondre : " J'y penserai dans cent ans. " L'année suivante, le mur était tombé... Je sais qu'il y a des gens qui vous diront : " Mais il y a dix ans que je le sais ", ou bien : " Je l'ai toujours dit... " Ce sont des menteurs. »

Le 13 janvier 1987, pour la première fois depuis leur entretien de 1983 au Wawel, Jean-Paul II et le général Jaruzelski se réunirent dans le bureau du pape au Vatican. Jaruzelski dira plus tard que ce fut une visite historique, car il s'agissait selon lui de la rencontre capitale de deux grands esprits. Des proches du pape utilisèrent le même terme mais pour des raisons différentes. L'entretien dura quatre-vingts minutes au cours desquelles Jaruzelski fit au pape un compte rendu de ses conversations avec Gorbatchev et de ce que le secrétaire général appelait sa « nouvelle pensée ».

« C'est vrai, ce fut une rencontre historique », déclara un intellectuel bien introduit au Vatican. Jaruzelski a dit au pape qu'il partagerait le pouvoir sans verser de sang. Tout était là. Il a dit : " Nous avons déjà perdu. Il n'y a pas d'avenir pour le Parti communiste en Pologne. " » Cependant, on ignorait à quel rythme se feraient les réformes et la question restait de savoir jusqu'où Gorbatchev et le Politburo accepteraient d'aller, et si Solidarité allait ou non figurer dans l'avenir de la Pologne, et de quelle façon.

« J'ai expliqué au pape ce que je savais de Gorbatchev et quel rôle il jouait, dira plus tard Jaruzelski. Quelles étaient ses intentions, à quelles difficultés il avait à faire face, l'importance que cela représentait de le soutenir, comment le comprendre et quelle immense chance c'était pour l'Europe et le monde – même si tout ne se passait pas aussi facilement qu'on pouvait le souhaiter. »

Il y a des raisons de penser que lors de cette rencontre au Vatican, le pape et Jaruzelski définirent ce que serait l'avenir de la Pologne, en concluant un accord de principe pour des négociations dans lesquelles l'Église et l'opposition auraient un rôle à jouer. Jaruzelski s'était, semble-t-il, montré très conciliant. Le général ne savait que trop que le Parti communiste polonais n'avait pas de véritable soutien populaire. Il lui fallait trouver une nouvelle manière de gouverner le pays, avec l'approbation de l'Église. Sinon, le rétablissement économique serait impossible et toute guérison politique impensable.

Le régime continuait à lever un certain nombre de restrictions des droits civils qui avaient été imposées par la loi martiale. Il devenait relativement facile d'entrer et de sortir du pays, la censure s'était assouplie, la police était plus discrète et quelques organisations indépendantes s'étaient reconstituées.

« Je m'étais rendu compte que [le pape] avait une parfaite compréhension des mutations que nous traversions, dira Jaruzelski à propos de cette rencontre. J'en avais conclu que le pape jugeait que les changements qui se produisaient en Pologne avaient une signification dépassant le cadre polonais [...], qu'ils servaient d'impulsion pour des transformations touchant les autres pays, en particulier l'Union soviétique. »

Jaruzelski faisait alors ouvertement la cour au pape – et à l'Histoire. Comme toujours, il recherchait l'approbation de ceux qu'il admirait, que ce soit au Kremlin ou au Vatican. Dans sa version, douteuse, des événements, il prétend, lui qui avait si brutalement imposé la loi martiale, qu'il avait soudain renversé la vapeur, poussé par un amour inné pour la démocratie.

Selon des proches, le pape avait de Jaruzelski une opinion plus réservée que celui-ci ne se l'imaginait, même s'il ne fait aucun doute qu'il le considérait avant tout comme un patriote. Mais Jean-Paul II s'est toujours efforcé de laisser croire à Jaruzelski qu'il avait pour lui plus de considération que n'en avait Moscou. C'est l'une de ses grandes réussites.

« Jean-Paul II savait que Jaruzelski avait une solide formation religieuse, a remarqué le cardinal Deskur, école catholique, frères maristes, etc. » « Je pense que c'est un homme profondément *credente* – croyant –, avait dit le pape. Il n'a pas perdu la foi. » Et Wojtyla avait bien l'intention d'en tirer le meilleur parti.

Ce qui avait été un syndicat ouvrier de dix millions d'adhérents, connu sous le nom de Solidarité, resurgit après l'amnistie sous la forme d'un groupement politiquement centralisé, beaucoup plus restreint, d'une organisation ressemblant à un parti politique occidental. Mais l'esprit de l'ancien Solidarité planait toujours sur le pays, alliant le mythique et le mystique. Malgré l'amnistie, Jaruzelski était fermement déterminé à ce que Solidarité ne redevînt jamais un syndicat.

D'autre part, Walesa avait pour but de créer une puissante force de négociation, soutenue par le peuple et par l'Église. Pour cela, il avait un allié de taille en Ronald Reagan, qui avait juré de ne lever aucune des sanctions économiques contre la Pologne tant que le régime n'entamerait pas de véritables négociations avec l'opposition. Dans son désir forcené de mettre un terme à ces sanctions, Jaruzelski espérait que la création d'un Conseil consultatif satisferait les États-Unis. Il se trompait.

La tâche qui attendait Walesa était remplie de difficultés et elle demandait beaucoup de doigté. A cause de son existence clandestine, l'opposition était devenue si morcelée, ainsi que l'a remarqué un historien sympathisant du mouvement, « il existait alors une telle multiplicité de groupes qu'il était impossible de reconstituer une organisation cohérente ». L'habitude de conspirer ne favorise pas la confiance. Quand Solidarité sortit de la clandestinité, il fut déchiré par des conflits idéologiques et personnels. Ceux qui avaient été emprisonnés se disputaient avec ceux qui avait pu échapper à l'arrestation. « Lech Walesa mériterait un second prix Nobel de la Paix pour son action visant à réconcilier les factions à l'intérieur de Solidarité », a remarqué amèrement Jacek Kuron. Finalement, Walesa décida de ne pas reconstituer l'ancienne commission nationale du syndicat (qui était en réunion quand la loi martiale avait été décrétée.) A la place, il désigna les membres d'un nouveau corps, appelé Conseil provisoire de Solidarité.

Bien des désaccords au sein de Solidarité touchaient à la politique économique, les partisans de Walesa étant favorables à la libéralisation, et ses adversaires prédisant tous les malheurs qu'un marché libre entraînerait inévitablement. Le taux d'inflation de la Pologne avoisinait les 100 % par an, et les salaires réels étaient de 15 à 20 % inférieurs à ceux de 1980.

Étant donné l'aveu, fait par Jaruzelski au pape, des échecs du parti et du régime, la vraie question n'était pas de savoir si les négociations allaient ou non avoir lieu, mais quand et dans quelles conditions. En février 1987, à la demande du Vatican (et avec l'assurance officieuse donnée par l'archevêque Pio Laghi à la Maison Blanche que le régime polonais finirait par négocier avec l'opposition), Reagan accepta de lever les sanctions économiques.

Au mois d'avril, à l'occasion d'une visite au pape, Gorbatchev parut désavouer la doctrine Brejnev, quand il déclara : « La structure des relations politiques entre les pays socialistes doit être tout entière basée sur une indépendance absolue... Chaque nation a le droit de choisir son propre mode de développement, de décider de son destin, de disposer de son territoire et de ses ressources humaines et naturelles. » Cela n'était pas sans ressembler à ce que répétait le pape depuis huit ans.

Toutefois, les autres dirigeants communistes de l'Europe de l'Est ne partageaient pas les vues de Gorbatchev. L'opposition allait de la résistance passive d'un Gustav Husak – qui avait repris certains thèmes du discours de Gorbatchev, quand celui-ci était venu à Prague, mais qui, dans la pratique, était en désaccord avec lui – à la rébellion avouée d'un d'Erich Honecker ou d'un Nicolae Ceaucescu, qui affirmaient que leur pays n'avait nul besoin de « restructuration » économique ni d'ouverture politique. Même le Hongrois Janos Kadar, qui avait déjà mis en œuvre des changements économiques plus importants que ceux que Gorbatchev avait introduits, parut déconcerté par cette plaidoirie pour la démocratisation faite par le dirigeant soviétique.

Au cours de sa visite à Prague, Gorbatchev fit légèrement marche arrière : « A l'heure actuelle, plusieurs pays frères [...] ont adopté des méthodes et des solutions nouvelles. Aucun parti n'a le monopole de la vérité. Il n'est pas question de demander à quiconque de nous imiter. Nous avons cependant la conviction que le processus de reconstruction entrepris en Union soviétique est conforme à l'esprit du socialisme. »

Husak, Honecker, Ceaucescu et le Bulgare Todor Jivkov avaient tous plus de soixante-dix ans et ils étaient arrivés au pouvoir sous l'ère Brejnev. Gorbatchev ne voulait pas (ou ne pouvait pas) les obliger à suivre son exemple. Il est fort probable que ces dirigeants redoutaient que le modèle Gorbatchev et le type de pluralisme dont parlait Jaruzelski n'entraînent la fin du communisme.

En Tchécoslovaquie, Gorbatchev évoqua ouvertement « la difficile période » de 1968 et le Printemps de Prague. « Ce fut une crise pour vous et pour nous », dit-il aux ouvriers d'une usine, sans chercher nullement à défendre ou à justifier l'invasion soviétique. C'était exactement cette sorte de signe qu'attendaient le pape et Jaruzelski.

Mais quand le général vint à Moscou, fin avril 1987 pour signer un accord de coopération soviéto-polonais – idéologique, scientifique et culturel – il apprit de Gorbatchev lui-même que la perestroïka se heurtait à de farouches résistances.

« J'ai confié en toute franchise à Jaruzelski les difficultés rencontrées par la perestroïka. Mes espoirs d'avoir le soutien de l'appareil du Parti pour la démocratisation et la remise en question du style et des méthodes de gouvernement ne s'étaient pas réalisés. C'était même de là que venait la résistance à ces changements. Jaruzelski m'écouta attentivement puis il me parla de ses propres difficultés : même après le congrès, le POUP (le Parti communiste polonais) n'avait guère changé, surtout au plan local. L'appareil du Parti résistait aux réformes. En somme, c'était exactement comme ici. »

LES DICTATEURS

Le voyage de Jean-Paul II au Chili en avril 1987 visait à soutenir les pays d'Amérique latine dans leur passage pacifique à la démocratie. Le pape voulait consolider, partout où c'était possible, l'hégémonie politique des partis démocrates chrétiens ou des blocs de centre droite, ce qui, par hasard ou non, coincidait précisément avec la vision de Reagan. Les victoires des démocrates-chrétiens José Napoleon Duarte, au Salvador, et Marco Vinicio Cerez Arevalo, au Guatemala, semblaient être les premiers succès de cette politique.

Au Chili, des contacts avaient été établis entre le général Augusto Pinochet, les partis politiques nationaux, l'Église et Washington afin de négocier un accord par lequel Pinochet procéderait à des élections présidentielles ou à un référendum. Un paragraphe de cet accord (signé en 1989) stipulait que Pinochet, l'homme du coup d'État de 1973 qui avait renversé le gouvernement démocratiquement élu de Salvador Allende, et de la repression brutale qui avait suivi, aurait l'immunité pour les crimes commis par son régime et pourrait conserver son poste de chef des forces armées.

Le pape Wojtyla lui facilita la manœuvre en nommant Juan Francisco Fresno archevêque de Santiago – position capitale dans un pays où 80 % de la population est catholique. Le cardinal Fresno se montra beaucoup plus souple et diplomate avec Pinochet que son prédécesseur, le cardinal Raul Silva Henriquez, qui avait impitoyablement critiqué le régime de Pinochet et pris la défense de ses victimes et de ses adversaires. Il avait créé le Vicariat de solidarité, qui aidait matériellement les individus persécutés par la dictature et fournissait une assistance judiciaire à ceux qui avaient été torturés, ainsi qu'aux familles des *desaparecidos* (ces milliers de personnes disparues après être passées entre les mains de l'armée ou de la police secrète). Ce Vicariat avait valu à l'Église une énorme popularité ; il fournissait aux Nations unies et aux organisations humanitaires internationales des informations sur les tortures, assassinats et enlèvements commis par le régime. Le Vicariat avait relevé, documents à l'appui, 84 cas de tortures et de traitements inhumains pour 1984, 84 en 1985, et 109 en 1986. Le cardinal Henriquez fut mis à la retraite sans ménagements, quelques mois après son soixante-quinzième anniversaire, sans se voir accorder la prolongation dont bénéficient fréquemment les cardinaux particulièrement importants.

Dans l'avion papal qui volait vers l'Amérique du Sud, en avril 1987, Jean-Paul II fit une déclaration qui choqua les libéraux occidentaux. Il affirma que le dictateur chilien, qui était la cause de plusieurs milliers de morts, était moins pernicieux que son homologue polonais. « Il y a au Chili un régime qui est dictatorial pour le moment, dit-il à un journaliste qui l'interrogeait sur les ressemblances entre le Chili et la Pologne. Mais ce régime est, par définition, transitoire. » Comme on lui demandait si une transition n'était pas en train de s'opérer en Pologne, il répondit : « En tout cas, il n'y a aucun motif d'espoir dans ce domaine ; vous voyez donc que la lutte de cet autre peuple [les Polonais] est bien plus difficile et bien plus exigeante. »

Le population chilienne accueillit avec un enthousiasme spontané la venue du pape, qu'elle considérait comme un espoir de changement. En ces journées d'avril, des milliers de Chiliens reprirent en chœur le cri « *Woltyla hermano, llevate el tirano* » (Frère Wojtyla, chassez le tyran) et « *Wojtyla hermano, llevate el gorila* » (Frère Wojtyla, débarrassez-nous du gorille).

Quand Jean-Paul II arriva à Santiago, le 1er avril, le général Pinochet se targua d'avoir sauvé son pays du « terrorisme, de l'athéisme et de la violence marxiste ». Quant au pape, il se présenta comme un messager de paix, de justice, de vérité, d'union et de coexistence. Il exprima également son espoir d'« une victoire du pardon, de la compassion et de la réconciliation ». Pendant tout son séjour au Chili, il évita – contrairement à ce qu'il avait fait dans ses voyages en Pologne – de dire quoi que ce fût qui pût soulever l'indignation et le dégoût à l'encontre de la dictature en place.

A l'occasion d'une apparition du pape, le Fédération des étudiants chiliens réussit à introduire dans le comité d'accueil une jeune fille de dix-neuf ans, Carmen Gloria Quintana, que des soldats de Pinochet avaient arrosée d'essence avant de mettre le feu, au cours d'une manifestation. Elle avait deux trous à la place des oreilles et son visage était un patchwork de boursouflures marron, roses et blanches. « Je suis au courant, je suis au courant », marmonna le pape, au moment où il passa devant elle. A l'occasion d'une rencontre avec les responsables du Vicariat de solidarité, qui lui remirent un album avec les photos de 758 desaparecidos, il déclara : « Je porte constamment dans mon cœur les prisonniers disparu. » Mais pendant les six jours de son voyage, il n'en parla qu'en passant et ne souleva la question de la torture qu'une seule fois, à l'occasion d'un arrêt à Punta Arenas, sur le détroit de Magellan, à plus de deux mille kilomètres de la capitale.

Le lendemain de son arrivée, Jean-Paul II rendit visite à Pinochet à la résidence officielle de la Moneda où, durant le coup d'État de 1973, le président Salvador Allende avait été tué ou (selon certains) contraint au suicide. C'était le deuxième chef d'État, avec le président de l'Uruguay, à avoir pris cette initiative. « Je viens en pasteur pour donner la bénédiction de paix à cette maison et à ceux qui y habitent », déclara le pape. Quand le général l'invita à paraître au balcon pour répondre aux acclamations de la foule – qu'on avait amenée en autocar dès l'aube –, il accepta. Visiblement satisfait, Pinochet alla ensuite prier avec le pape dans la chapelle du palais.

Le général mit à profit la bienveillance de Jean-Paul II. Le 2 avril, il donna, sans sourciller, l'ordre de réprimer par la violence une manifestation de 259 sans-abris qui occupaient un terrain dans une banlieue de Santiago. Au cours de l'assaut, les soldats (ils étaient six cents) tuèrent un jeune homme de vingt-six ans. Le lendemain, pendant la messe papale, célébrée dans un parc de la capitale, Pinochet lança une intervention massive avec blindés, jeeps et policiers armés de matraques, boucliers, canons à eau et bombes lacrymogènes pour repousser sept cents manifestants qui criaient des slogans hostiles à la dictature et lançaient des pierres sur les forces de l'ordre stationnées en bordure du parc. Ces manifestants, qui appartenaient au Mir, un parti d'extrême gauche, et à des mouvements de jeunes dissidents du Parti communiste chilien, n'étaient qu'une minuscule fraction des 700 000 personnes assistant à la messe. Mais le général voulait faire un exemple. La police chargea les manifestants qui brûlaient des pneus pour se défendre et fonça dans la foule des fidèles. En bas de l'autel où le pape célébrait la messe, des militaires en jeep commencèrent à se déployer; des journalistes, des pèlerins et des prêtres qui tentaient de leur barrer le passage furent renversés et blessés. Les gaz lacrymogènes se répandirent jusqu'à l'autel, et le pape, les yeux rouges et la gorge irritée, dut sauter de longs passages de son homélie sur la réconciliation, tandis que son médecin personnel lui faisait prendre de l'eau et du sel pour combattre les méfaits de l'air empoisonné.

« L'amour est plus fort que la haine ! » s'écria Jean-Paul II, tandis que, autour de lui, des milliers de personnes prises de panique hurlaient : « Sauvez le pape ! »

Il y eut six cents blessés. Tous les partis politiques, dont les socialistes et les communistes, dénoncèrent l'action des forces de sécurité, qu'il qualifièrent de provocation. Mais le cardinal Fresno et la Conférence des évêques chiliens publièrent un communiqué, déclarant que les policiers étaient les principales victimes et blâmant les manifestants qu'ils accusaient d'avoir insulté le pape et tenté d'empêcher la foule d'exprimer sa foi. « Nous protestons contre cette incroyable agression qui s'est traduite par des coups et des blessures pour les carabiniers et les gardes du corps du pape, les journalistes, les prêtres et les fidèles. » Il n'y avait pas un mot sur les brutalités policières dont avait été témoin toute la presse internationale.

L'organisateur du voyage du pape, Mgr Francisco Cox, adopta le même discours. Interrogé sur ce qu'il pensait de la mort de Patricio Juica, le jeune homme tué la veille, il déclara : « Le pape a prié pour lui et le garde dans son cœur. Mais il ne faut pas oublier qu'il a trouvé la mort dans une manifestation provocatrice lancée par de petits groupes de manifestants. »

Les principaux partis opposés au régime étaient tous favorables à un passage pacifique à la démocratie. Mais à l'occasion de sa rencontre avec les évêques, obsédé peut-être par le fantasme d'une révolution marxiste, le pape déclara : « Il ne faut pas confondre le noble combat pour la justice, qui est l'expression du respect et de l'amour de l'homme, avec un mouvement qui considère la lutte des classes comme le seul moyen d'éliminer les injustices de classe de la société.

Se conformant à la stratégie du Vatican, le nonce Angelo Sodano invita les dirigeants des partis politiques à rencontrer le pape. Ils seraient tous les bienvenus – à condition de signer une lettre promettant d'œuvrer à la défense de la vie humaine (formule généralement employée contre la légalisation de l'avortement), à la réconciliation nationale, au passage pacifique à la démocratie et au respect des traditions chrétiennes du Chili. C'était la première fois, depuis la mort d'Allende en 1973, que tous les partis – de la droite aux communistes – se trouvaient réunis en un même lieu. Et avant de quitter le Chili, le pape, ainsi qu'il devait le dire en privé bien des années plus tard, suggéra à Pinochet de démissionner.

Les paroles condamnant la violence gouvernementale, que Jean-Paul II n'avait pas dites publiquement, dans un Chili ployant sous le joug de la dictature, il les prononça dans un pays qui venait tout juste de revenir à la démocratie, l'Argentine. Dès son arrivée, le 6 avril 1987, il sermonna Raul Alfonsin, le premier président démocratiquement élu depuis la fin de la dictature militaire, en déclarant qu'il fallait respecter les droits de l'homme, « même dans des situations extrêmement critiques, en évitant la tentation de répondre à la violence par la violence ».

Un sondage d'opinion montra que les Argentins réagirent à la visite du pape par l'indifférence ou l'hostilité. La veille de son arrivée, trois églises firent l'objet d'un attentat. Sous les précédentes dictatures, le combat de l'armée contre les guérilleros *monteneros*, ou les autres opposants avait fait de nombreuses victimes. Les évêques s'étaient lourdement compromis avec le régime militaire. En mars 1976, le cardinal Aramburu, archevêque de Buenos Aires, avait donné la communion, ainsi que sa bénédiction, au général Videla, l'instigateur du coup d'État. L'aumônier principal de l'armée, l'évêque José Miguel Medina, toujours en fonction à l'arrivée de Jean-Paul II, était allé jusqu'à justifier la torture – et il n'était pas le seul prélat dans ce cas. Dans l'ensemble, la conférence des évêques s'était montrée bien timide pour critiquer la brutalité de la dictature. De même, le clergé avait gardé le silence quand l'évêque Enrico Angelelli, mal vu par le régime, avait trouvé la mort dans un accident de voiture dont beaucoup pensaient qu'il avait été provoqué.

Pendant la visite du pape, le prix Nobel de la paix 1980, Adolfo Perez Esquivel, tint une conférence de presse au cours de laquelle il mit en cause le cardinal Medina, en déclarant : « Il y a ceux qui n'ont rien dit quand, sous prétexte de défendre la civilisation chrétienne, la dictature massacrait des gens. » Mais le pape resta muet au sujet des rapports de l'Église avec les militaires, et il refusa de rencontrer les mères de la place de Mai, ces femmes dont des parents avaient été enlevés par l'armée et qui réclamaient justice depuis des années, sur la célèbre place de la capitale argentine.

Dans ses allocutions, le pape insista sur la paix et la réconciliation. Le 12 avril, dans son discours aux évêques, à Buenos Aires, il parut même faire implicitement l'éloge du rôle qu'ils avaient joué : « Je sais que vos interventions ont sauvé des vies humaines. » Ce ne fut qu'au septième jour de son voyage en Argentine, alors qu'il s'adressait à la jeunesse, qu'il fit une brève allusion aux desaparecidos.

Il semble que l'objectif principal du voyage de Jean-Paul II en Argentine ait été d'empêcher l'adoption de la loi sur le divorce. A Cordoba, il déclara que renoncer à l'indissolubilité du mariage revenait à saper les fondements de la société.

Ce voyage de 1987 en Amérique latine restera l'un des moments les plus ambigus de la carrière de Jean-Paul II. Au cours de ces semaines, ce furent sans doute deux évêques qui tinrent le langage le plus digne d'un homme d'Église. A Concepcion, au Chili, Mgr José Manuel Santos dénonça publiquement le « terrorisme d'État », en déplorant que « ceux qui ont commis des crimes horribles n'aient toujours pas été traduits en justice. » Et à Viedma, en Argentine, Mgr Miguel Hesayne, déclara en présence du pape : « Je demande le pardon du pape, parce que l'Argentine ne s'est pas toujours identifiée avec les pauvres et les persécutés. »

Deux mois plus tard, le 8 juin 1987, Jean-Paul II faisait une arrivée triomphale à Varsovie. C'était le troisième voyage pontifical dans sa Pologne natale et, cette fois, il venait pour apporter son soutien à Solidarité. Malgré une situation économique très difficile, le climat d'espoir qui avait présidé à sa première visite ne s'était pas dissipé. En outre, Wojtyla était à l'apogée de son influence et de son pouvoir dans le monde entier, qui venait se manifester aux Philippines, où le dictateur Ferdinand Marcos avait abdiqué sous la pression des États-Unis et de l'Église catholique.

Solidarité opérait désormais au grand jour, quoique timidement, et ses adhérents se méfiaient évidemment beaucoup des autorités. Au cours de cette semaine, le pape eut un entretien privé avec Walesa, près des chantiers navals de Gdansk, puis il lui donna la communion au cours d'une messe à laquelle assistèrent des centaines de milliers de personnes. Le pape ne cessa d'en appeler avec émotion à « l'héritage particulier de Solidarité » et, chaque jour, il lançait plus ouvertement un défi au régime.

Au cours de l'une des messes les plus marquantes de son pontificat, célébrée à Gdansk devant 750 000 ouvriers et leurs familles, le pape parla des accords de 1980 dont les racines plongeaient dans les événements sanglants des chantiers navals de 1970. Les accords de Gdansk, déclara-t-il, « resteront dans l'histoire de la Pologne comme une expression de la prise de conscience des travailleurs en ce qui concerne la totalité de l'ordre moral et social, en terre polonaise ». Puis, survolant du regard l'océan de drapeaux de Solidarité, il s'écarta du texte qu'il avait préparé.

« Tous les jours, à Rome, je prie pour vous, je prie pour ma patrie et pour vous, les travailleurs. Je prie pour l'héritage particulier de Solidarité. » Dans l'assistance, on pleurait, on applaudissait, on priait, on levait le poing.

Jean-Paul II était debout sur un immense échafaudage en forme de navire dont la proue représentait saint Pierre tenant dans ses mains les clés du Royaume et l'Évangile. « Je suis content d'être ici, parce que vous m'avez fait capitaine, lança-t-il de son navire. » « Il n'y a pas de combat plus efficace que celui de Solidarité » ajouta-t-il, avant d'affirmer le droit des ouvriers à l'autogestion. Après ce discours, Walesa remarqua : « Je suis très heureux. Désormais même un imbécile comprendra que pour trouver un chemin dans ce labyrinthe [...] Solidarité est indispensable. C'est la seule voie. »

A chaque étape de son voyage, le pape ne manquait pas d'élargir le fossé entre sa façon de penser et celle du régime – à la grande déception de Jaruzelski. Il plaida pour qu'on repense « les fondements mêmes » de l'ordre communiste en Pologne. « Au nom de l'avenir de l'espèce humaine et de l'humanité, le mot solidarité doit être clamé bien haut », lança-t-il devant des centaines de milliers de marins du port de Gdynia, près de Gdansk, depuis un autel surplombant les eaux grises de la rade. « Ce mot a été prononcé ici même, d'une façon nouvelle et dans un nouveau contexte. Et le monde ne peut pas l'oublier. Ce mot est votre fierté, marins polonais. »

Le régime riposta par la censure à la télévision, le déploiement de dizaines de policiers anti-émeutes, des centaines d'arrestations et enfin par une amère sortie de Jaruzelski au cours de la cérémonie d'adieu à l'aéroport de Varsovie. Furieux et cassant, il parla comme s'il se sentait trahi par le pape. « Très Saint-Père, vous allez bientôt prendre congé de votre terre natale. Vous emporterez son image dans votre cœur, mais vous ne pouvez pas emporter ses problèmes avec vous. » Le pape fit une grimace et ferma les yeux, tandis que Jaruzelski poursuivait : « La Pologne a besoin de la vérité. Mais la vérité sur la Pologne est nécessaire elle aussi. Combien de fois, ces jours-ci, a-t-elle été victime de manipulations extérieures, insultantes au bon sens de son peuple ? » Il fit ironiquement allusion aux multiples fois où le pape avait parlé de Solidarité comme si c'était en même temps une organisation et un concept : « Puisse le mot solidarité être entendu par tous ceux qui souffrent du racisme, du néo-colonialisme, de l'exploitation, du chômage, des représailles et de l'intolérance. » Devant tant d'irrespect, toute l'assistance resta clouée de stupeur.

Ce fut l'une des déclarations publiques les plus agressives que Jaruzelski fit pendant ses six années de gouvernement.

Ce voyage permit aux Polonais de se rendre compte que la fin du régime était proche. Le Parti était ébranlé, le général et ses séides avaient, de toute évidence, perdu contact avec la réalité. A l'occasion d'une rencontre privée avec le pape, Jaruzelski avait paru très content de pouvoir annoncer au souverain pontife que sa visite avait été l'occasion de réunir pour la première fois les évêques et les secrétaires régionaux du Parti, afin d'établir le programme de son voyage.

Ce serait aussi la dernière...

Après la visite du pape, la situation en Pologne évolua rapidement. A chaque tournant crucial, le régime réagissait par des demi-mesures aux pressions de Solidarité, du peuple, du pape, et il finit par être dépassé. Reconnaissant que les réformes économiques des cinq dernières années avaient échoué, le gouvernement décida d'organiser un référendum demandant aux Polonais s'ils étaient favorables ou non à un programme de transformations économiques radicales, de sévère austérité, et de mesures limitées vers le pluralisme politique. Solidarité appela à boycotter ce référendum au motif que le pouvoir allait l'utiliser comme un vote de confiance. Le boycottage fut un succès. Faute d'un nombre suffisant de votants, le pouvoir avoua sa défaite ; c'était la première fois dans l'histoire de l'après-guerre qu'un gouvernement communiste reconnaissait avoir perdu les élections.

Dans l'espoir d'éviter d'avoir à négocier directement avec Walesa ou avec d'autres leaders de Solidarité, Jaruzelski se tourna vers le Conseil consultatif, qui comptait parmi ses membres Jerzy Turowicz et quelques intellectuels catholiques proches du pape. Jaruzelski ne voulait surtout pas être le premier dirigeant communiste du pacte de Varsovie à se voir remplacé par un non-communiste. Il y aurait des comptes à régler. Mais son geste venait un peu tard.

En 1988, une série de grèves spontanées marqua le point de non-retour. Walesa avait toujours prédit que les ouvriers prendraient eux-mêmes la situation en main. En avril et mai, ce mouvement de grèves devint une véritable marée, mais ce n'était pas Solidarité qui les déclenchait; les grévistes étaient presque tous de jeunes ouvriers, réduits à une quasi misère, pour qui les événements de 1980 étaient devenus un mythe. Ils s'étaient mis en grève, poussés par la colère, écœurés de voir que leur niveau de vie ne cessait de se dégrader. Le chaos menaçait. Le gouvernement recula et demanda à Walesa de convaincre les ouvriers de reprendre le travail. Mais ils refusèrent, par centaines de milliers, jusqu'au moment où Jaruzelski promit d'entreprendre des pourparlers sur l'avenir du pays avec une opposition qui comprendrait Walesa.

Jarukelski s'était imaginé que l'affaiblissement de Solidarité lui permettrait de mener à bien sa politique de réformes, au rythme qu'il choisirait et sans avoir en face de lui une opposition organisée. Mais maintenant qu'il était acculé, il devait accepter les conditions des ouvriers. Timothy Garton Ash écrivit à l'époque :

« Pendant sept ans, Solidarité, l'Église et les hommes politiques occidentaux ont répété que le seul moyen d'obtenir un soutien populaire à une réforme économique, douloureuse mais indispensable, était un dialogue débouchant sur un compromis historique entre les ouvriers auto-organisés et le pouvoir communiste autolimité... Pendant près de sept ans, le pouvoir communiste a presque tout fait, sauf parler avec Solidarité [...] Aussi, après sept ans, les ouvriers des grands centres industriels du pays se sont-ils dressés en criant : Solidarité ! Et voilà que le pouvoir fait ce qu'il avait si souvent dit qu'il ne ferait pas : il commence à parler avec Lech Walesa. En retour, Walesa réussit, non sans mal, à mettre un terme aux grèves. »

La discussion de quatre heures entre Walesa et les représentants du gouvernement, le 31 août 1988, n'eut aucun résultat spectaculaire, mais le fait qu'elle avait eu lieu était hautement significatif. Pendant six ans, Walesa n'avait été rien d'autre pour le pouvoir que « l'ex-chef de l'ex-Solidarité », selon les mots du porte-parole de Jaruzelski, Jerzy Urban.

Le 18 janvier 1989, Jaruzelski annonça que Solidarité serait de nouveau reconnu officiellement comme un syndicat. Il s'était démis de ses fonctions de Premier ministre pour devenir président de Pologne, avec les pleins pouvoirs. Son successeur au poste de Premier ministre, Mieczyslaw Rakowski, son ancien bras droit, alla rendre visite à Mgr Glemp, comme le voulait le protocole. Quand ils en virent à parler de la situation politique, Glemp dit à Rakowski qu'il était essentiel de soutenir la politique de Gorbatchev en Union soviétique ; il ajouta que le pape y était favorable, tant pour l'URSS que pour la Pologne.

Le 6 février, au moment même où dans tout le pays des manifestants protestaient contre la hausse des prix, des représentants du gouvernement et de l'opposition s'asseyaient autour de ce qu'on a appelé la Table ronde, pour discuter de l'avenir de la Pologne. Une époque allait bientôt s'achever.

Ces discussions, menées discrètement sous l'égide de l'Église, durèrent huit semaines et couvrirent des sujets regroupant la politique économique, le système de santé, les réformes politiques et les droits inaliénables des citoyens. Walesa, le général Czeslaw Kiszczak (le ministre de l'Intérieur qui l'avait fait arrêter en 1981), Stanislaw Ciosek, membre du Politburo, et une kyrielle de conseillers du Parti furent chargés des négociations les plus délicates, en présence du cardinal Macharski ou de ses représentants. « Au cas où aucun camp ne céderait, dira Ciosek, nous savions que nous pourrions toujours aller demander l'aide du Vatican. »

La principale décision prise à cette Table ronde fut d'organiser des élections libres en juin, en vue d'élire un nouveau corps qu'on appellerait le Sénat. En outre, Solidarité se vit attribuer une pleine et entière reconnaissance légale.

Aux élections qui se tinrent le 4 juin, Solidarité remporta 261 sièges sur les 262 pour lesquels il avait été autorisé à se présenter. A la messe du dimanche, les curés avaient demandé à leurs paroissiens de voter pour les candidats de Solidarité, contre les communistes. « C'est un résultat épouvantable, déclara Jaruzelski. C'est la faute de l'Église. »

Grâce au soutien officieux du syndicat, Jaruzelski remporta de justesse les élections présidentielles. Mais une coalition aussi fragile qui rassemblait trois anciens ennemis était condamnée à l'échec. Le 19 août, Jaruzelski demanda à Tadeusz Mazowiecki, un intellectuel catholique qui avait été le conseiller de Walesa pendant les grèves de Gdansk en 1980 de former un gouverment et, le 24 août, Mazowiecki devint Premier ministre, permettant ainsi à Solidarité d'accéder officiellement au pouvoir.

La première chose que fit Walesa, après la signature des accords de la Table ronde, fut de s'envoler pour Rome, avec cinq de ses collaborateurs, pour remercier Jean-Paul II au nom de Solidarité et du peuple polonais.

L'onde de choc déclenchée par la chute de la Pologne se propagea dans le bloc oriental pendant tout l'hiver, jusqu'à ce que ledit bloc se fût complètement désintégré.

En septembre, quand la Hongrie (où le Parti avait déjà perdu sa suprématie à l'époque des négociations de la Table ronde en Pologne) ouvrit sa frontière avec l'Autriche, des dizaines de milliers d'Allemands de l'Est commencèrent à affluer dans le pays, qui devint un tremplin pour passer à l'Ouest. La plupart d'entre eux choisirent la République fédérale d'Allemagne, qui reconnaissait la citoyenneté à tous les Allemands.

De plus en plus isolé, Erich Honecker, le chef de l'Allemagne communiste, protesta contre l'ouverture de la frontière par les Hongrois, mais sans succès. Prié d'intervenir, Gorbatchev refusa poliment. Bientôt, les Allemands de l'Est purent aussi quitter leur pays par les frontières polonaise et tchécoslovaque, les ambassades de l'Allemagne de l'Ouest, à Varsovie et à Prague leur accordant l'asile politique et un passage gratuit à l'Ouest.

Puis, en octobre, des centaines de milliers de personnes descendirent dans la rue, à Leipzig et à Berlin-Est, pour réclamer le départ de Honecker. La police ne put pas ou ne voulut pas réprimer les manifestations et Honecker dut finalement démissionner. Egon Krenz, qui était plus jeune et faisait partie du Politburo, fut placé à la tête du pays et, le 9 novembre 1989, il ouvrit la frontière avec l'Allemagne de l'Ouest. Le lendemain, une brèche était ouverte dans le mur de Berlin et des ouvriers commencèrent à le démolir.

Le château de cartes communiste s'effondrait. Le 10 novembre, après trente-six ans de règne, le président bulgare, Todor Jivkov, fut chassé du pouvoir. En Tchécoslovaquie, des foules immenses envahirent les rues, réclamant un régime multipartiste et la démission du président Husak. Alexander Dubcek, le leader du Printemps de Prague, se joignit aux manifestants à l'occasion de sa première apparition en public depuis vingt et un ans. Un mois plus tard, Husak démissionnait et un gouvernement formé d'une coalition de communistes et de membres de l'opposition fut constitué. Sept mois à peine après avoir été libéré de prison, l'auteur dramatique dissident Vaclav Havel était élu président.

La Roumanie fut la seule à connaître une révolution vraiment sanglante, en 1989. Alors que des forces de sécurité roumaines s'attaquaient à des manifestants, dans la ville de Timisoara, l'armée se rangea aux côtés du peuple. Il y eut des centaines de morts – dont le dictateur honni, Nicolae Ceaucescu, et son épouse, abattus par un peloton d'exécution.

Puis ce fut le tour de l'URSS.

Le 1er décembre 1989, sur les trottoirs de la grande avenue conduisant au Vatican, se pressaient des dizaines de milliers de personnes en proie à une grande effervescence. Le secrétaire général du Parti communiste d'URSS et le souverain pontife de l'Église catholique et romaine allaient se rencontrer pour la première fois.

Les monsignors et les archevêques de la Curie s'étaient quasiment tous arrêtés de travailler pour voir (d'une fenêtre de leur bureau ou à la télévision) arriver Mikhail Gorbatchev dans une limousine portant le drapeau rouge frappé de la faucille et du marteau. Pendant plus de soixante ans, l'Église catholique et le Kremlin avaient été de farouches ennemis, et tous ces hommes vêtus de noir, formés dès le séminaire à mépriser et à combattre les « ennemis de Dieu » dans le monde communiste – et non communiste –, avaient mené la lutte en première ligne.

La veille, pourtant, dans un discours au Capitole, le secrétaire général avait dit que le monde avait besoin de spiritualité. Il en avait appelé à une « révolution dans les âmes des hommes » tout en exaltant « les lois éternelles de l'humanité et de la morale dont a parlé Marx ». « La religion vient en aide à la perestroïka, avait-il déclaré. Nous ne prétendons plus avoir le monopole de la vérité... Nous avons cessé de croire que ceux qui ne sont pas d'accord avec nous sont nos ennemis. » Il s'agissait bien là d'un « nouvel ordre mondial ».

Dans toute l'Europe de l'Est, le pouvoir communiste s'effondrait. Pourtant, en Union soviétique, Gorbatchev restait aux commandes. Il avait rappelé l'Armée rouge d'Afghanistan (une défaite implicite) et négociait sérieusement avec les États-Unis, en vue d'une nouvelle réduction des armes nucléaires et conventionnelles. Le lendemain de sa rencontre avec le pape, il devait s'envoler pour Malte pour rencontrer le président Bush. Il avait rendu leur liberté aux pays du bloc communiste et le peuple soviétique dans son ensemble espérait que la réduction attendue des dépenses militaires relancerait l'économie et entraînerait une amélioration du niveau de vie. En mars, s'étaient déroulées les premières élections presque démocratiques dans l'histoire de l'URSS, et un grand nombre des notables de l'ancienne nomenklatura avaient essuyé une cuisante défaite. Gorbatchev et son ministre des Affaires étrangères, Edouard Chevarnadzé annonçaient une ère de « socialisme démocratique ».

La Pologne désormais libérée, et le communisme s'étant désintégré à l'ouest de l'Ukraine, le pape se découvrit avec Gorbatchev, un Slave comme lui, une grande parenté d'esprit qui leur faisait poursuivre des objectifs étonnamment semblables. Gorbatchev avait le même point de vue. La cohésion de l'URSS n'était pas le moindre de leurs désirs communs. Le nationalisme se réveillait (et le sang avait coulé) en Arménie, en Azerbaïdjan et en Géorgie, à l'intérieur même des frontières de l'Union soviétique.

La vision que le pape avait de l'Europe et du monde faisait qu'il se sentait plus proche, sur bien des plans, de Gorbatchev que de George Bush, qui lui apparaissait sous un jour bien différent de Reagan. Aux yeux du pape, Reagan avait été un instrument dans la main de Dieu, de même que Gorbatchev maintenant. Il n'avait pas été choqué par l'adhésion inconditionnelle de Reagan au matérialisme et au capitalisme de l'Occident.

Par conséquent, à aucun moment pendant les huit années de présidence de Reagan, le pape n'avait ouvertement critiqué la Maison Blanche, il n'avait cependant pas hésité par ailleurs à condamner les excès du capitalisme et du matérialisme. Il avait même réussi à convaincre les évêques américains de modérer leurs critiques du reaganisme.

Le pape avait soutenu la politique anti-marxiste du gouvernement Reagan en Amérique latine (y compris dans les pays où des catholiques tuaient d'autres catholiques) et il avait globalement approuvé son point de vue concernant le renforcement de son appareil militaire, dans les années quatre-vingt, malgré les vives objections des évêques américains. L'Académie des sciences du Vatican ayant rendu un rapport très critique sur l'Initiative de défense stratégique de Reagan (la guerre des étoiles), le pape, poussé par un puissant lobby formé par Vernon Walters, le vice-président Bush, Casey, le directeur de la CIA, et Reagan lui-même, donna l'ordre de brûler le document. Il fallut attendre la guerre du Golfe, en 1991, bien après l'effondrement du communisme en Europe centrale et orientale, pour que le pape ou l'Église commence à prendre publiquement position contre les États-Unis.

Jean-Paul II avait rencontré George Bush à trois reprises, avant son élection à la présidence, et il ne l'avait pas trouvé spécialement désintéressé, clairvoyant, scrupuleux ou non-conformiste. En fait, Wojtyla craignait même que Bush fût un dirigeant banalement cocardier, dans un moment où cela risquait d'être dangereux et préjudiciable. Il lui semblait que, contrairement à Reagan, Bush était uniquement soucieux des intérêts stratégiques et économiques américains. C'est ce que le pape confia à Gorbatchev qui, en revanche, lui paraissait être un homme d'une tout autre étoffe. Il était celui qui avait rendu possibles les changements stupéfiants survenus en Europe. Le 13 juin 1988, Gorbatchev avait reçu le cardinal Casolari au Kremlin. « La chose la plus importante, c'est l'être humain, lui avait-il dit. L'homme doit être au centre des relations internationales. C'est là le point de départ de notre " nouvelle pensée. " » En Lituanie, le vieux cardinal Vincentas Sladkevicius, qui avait été interné par les communistes pendant vingt-cinq ans, avait dit à ses intimes que Gorbatchev était « l'instrument de Dieu », grâce auquel les catholiques d'URSS pouvaient désormais pratiquer librement leur religion.

Certes, le pape avait confié à ses plus proches collaborateurs que Gorbatchev échouerait, à cause de l'impossibilité de réformer véritablement le communisme. Et Gorbatchev resta effectivement fidèle au communisme et au Parti, bien que sous une forme radicalement transformée. Il avait cru que la perestroïka déferlerait sur l'Europe de l'Est, balayant les communistes de la ligne dure et ouvrant la voie à de nouveaux régimes communistes réformés. Mais il s'était trompé.

Au cours de l'automne, puis de l'hiver, dans le sillage de la victoire de Solidarité, les dictatures de l'Est furent renversées les unes après les autres avec une foudroyante rapidité, et ce furent des démocrates, et non des communistes réformateurs, qui prirent le pouvoir, tandis que les citoyens envahissaient pacifiquement les rues par millions. Pendant des dizaines d'années, l'armée soviétique avait constitué une sorte de digue contre la rébellion, dans le bloc de l'Est, jusqu'au moment où Gorbatchev avait lancé ce que le porte-parole de son ministre des Affaires étrangères avait appelé la doctrine Sinatra, qui promettait que l'URSS laisserait les pays satellites agir à leur guise et que des centaines de milliers de soldats seraient retirés du pacte de Varsovie.

La première rencontre entre un secrétaire général de l'URSS et un pape annonçait symboliquement une ère nouvelle. A ce propos, un membre de l'entourage du souverain pontife avait remarqué :

« Le pape savait ce que la plupart des Occidentaux ignoraient : que si l'on démolit l'ordre mondial consacré à Yalta, on en revient à l'ordre mondial consacré à Versailles. Et ce n'est pas un ordre très satisfaisant, car il renferme tous les germes de la Deuxième Guerre mondiale, ce qui risque de conduire à une troisième guerre mondiale. Le communisme avait étouffé par la violence un grand nombre de conflits, nationaux, raciaux et sociaux, et si l'on ne trouve pas de solution adéquate à ces conflits, si l'on n'instaure pas un nouvel ordre européen, alors il y aura une explosion. »

Il est attesté que non seulement le pape, mais toute la Secrétairerie d'État du Vatican, était préoccupées par l'apparition des forces libérées par la chute du communisme, et qu'ils en avaient discuté – ainsi que de l'avantage qu'il y avait à maintenir la stabilité de l'URSS – des mois avant la venue de Gorbatchev au Vatican.

Rocco Buttiglione, philosophe et ami intime de Wojtyla, qui est aussi l'auteur d'un livre sur sa pensée, a remarqué : « Le Saint-Père espérait que les tentatives de Gorbatchev pour maintenir la cohésion de l'Union soviétique réussiraient, non pour que le communisme survive, mais pour que [le centre] reste uni[...] sous la forme d'une fédération de peuples libres. » Immédiatement après l'entretien entre le pape et Gorbatchev, des diplomates du Vatican remirent un rapport à la Maison Blanche en pressant Bush d'adopter une attitude « prudente » et de soutenir Gorbatchev dans son action – ce que le président américain fit à Malte.

Quand Gorbatchev arriva en visite au Vatican, les fondements des relations entre les deux hommes étaient déjà posés : par l'intermédiaire de Jaruzelski ; grâce à une correspondance secrète entre le pape et Gorbatchev (le pape avait fait l'éloge de la perestroïka, Gorbatchev admirait les écrits du pape) ; et à cause de la volonté évidente du Russe d'élargir les libertés religieuses en URSS et d'œuvrer au désarmement mondial.

Revêtu de sa soutane blanche, Wojtyla accueillit chaleureusement Gorbatchev et sa femme Raïssa dans le salon de réception des appartements pontificaux. Puis les deux hommes s'enfermèrent dans le bureau du pape.

Dans un russe teinté d'accent polonais, le pape remarqua qu'il s'agissait d'une rencontre entre deux Slaves. Le texte de cet entretien privé, enregistré par un interprète et que les auteurs de ce livre ont pu obtenir, témoigne de l'estime réciproque que se portaient les deux hommes. Il montre aussi comment le pape avait su utiliser les difficultés de Gorbatchev, afin d'obtenir des garanties religieuses pour les croyants d'Union soviétique, et cela, plus rapidement que prévu.

Maintenant que la carte du monde tracée à Yalta était déchirée, le pape se rendait compte que ses intérêts et ceux du Kremlin coïncidaient sur beaucoup de questions internationales. A cela s'ajoutait sa conviction que le capitalisme avait des carences, et sa sympathie pour la pensée économique et sociale du communisme. Wojtyla et Gorbatchev parlèrent du Moyen-Orient, de la pauvreté dans le tiers-monde, d'une Europe qui ne s'alignerait ni sur Moscou ni sur Washington, de l'Amérique centrale, de l'Indochine, et des avantages qu'il y avait à établir des relations diplomatiques entre le Vatican et le Kremlin.

En général, avait dit le pape, « il y a bon nombre de points du monde où la paix est menacée. Peut-être pourrions-nous y agir de concert. » Il pensait plus particulièrement aux pays sous influence soviétique, où les catholiques étaient nombreux.

Jean-Paul II chapitra ensuite le secrétaire général au sujet des droits de l'homme :

« [...] nous attendons avec beaucoup d'émotion et d'espérance l'adoption par votre pays d'une loi sur la liberté de conscience. Nous espérons que l'adoption de cette loi aura pour effet d'élargir les possibilités de la vie religieuse pour tous les citoyens soviétiques. L'homme devient croyant du fait de son libre choix, il est impossible d'obliger quelqu'un à croire. »

Une fois cette législation mise en place, poursuivit le pape, les relations entre le Saint-Siège et Moscou pourront se développer – ce que Gorbatchev souhaitait plus encore que le Vatican, étant donné qu'il avait besoin de renforcer sa position, dans son pays, et l'immense prestige international du pape. Gorbatchev s'empressa de promettre qu'une loi sur la liberté de conscience ne tarderait pas à être votée par le Soviet suprême.

Le secrétaire général se rendait parfaitement compte que cette liberté de conscience risquait d'avoir des conséquences déstabilisantes – par exemple une revendication d'indépendance dans les Pays baltes et en Ukraine occidentale, où le catholicisme était vivace. « Je n'ai pas l'intention de vous donner des conseils, dit Gorbatchev. Je m'en remets en l'occurrence à votre expérience et à votre sagesse... pour éviter toute politisation. »

Leur entretien fut également d'ordre philosophique. En URSS, déclara Gorbatchev, « nous tenons à réaliser nos projets par des moyens démocratiques. Toutefois, ma réflexion sur les événements des dernières années atteste qu'à elle seule la démocratie ne suffit pas. Il faut aussi de la morale. La démocratie peut apporter non seulement des bienfaits, mais aussi des maux. » Ces propos concordaient exactement avec la pensée de Wojtyla, et Gorbatchev le savait très bien.

« Vous avez raison de dire que les changements ne doivent pas aller trop vite, remarqua le pape. Nous sommes également d'accord pour affirmer qu'il faut changer non seulement les structures, mais aussi les mentalités. Personne [Bush] ne doit prétendre que les changements en Europe et dans le monde devraient se faire selon le modèle occidental. C'est contraire à mes convictions les plus profondes. L'Europe, en tant que protagoniste de l'histoire mondiale doit respirer avec ses deux poumons. »

Quand ils en eurent terminé avec les questions les plus importantes, Gorbatchev exprima l'espoir de voir s'établir entre eux « de nouvelles relations et ajouta qu'il serait heureux de l'accueillir en URSS ».

« J'y viendrais avec grande joie si on m'en donnait l'autorisation », répondit le pape qui livra ensuite le fond de sa pensée :

« Je serais très heureux de pouvoir aller en Union soviétique, en Russie, de rencontrer des catholiques, mais pas seulement eux, de visiter vos lieux saints qui sont, pour nous autres chrétiens, une source d'inspiration [...] Voyez-vous, je connais mal l'Europe orientale. Je suis moi-même un Slave occidental. Je ne connais même pas ces villes qui étaient polonaises avant la guerre et qui font aujourd'hui partie de l'Union soviétique, comme Lvov et Vilnius. Mais j'aimerais beaucoup rencontrer et sentir ce que j'appelle le " génie de l'Est. " »

L'AGONIE

Nous sommes le 31 décembre 1991. La place Rouge est envahie par une foule excitée qui chante, crie et danse. On agite des bouteilles de *sovietskoye shampanskoye,* on piétine des boîtes de bière, on écrase des verres sous les bottes. On se congratule, on s'embrasse, des groupes se font et se défont dans un vacarme assourdissant. Pendant ce temps, les gardes d'honneur dans leurs lourdes capotes se dirigent à l'heure accoutumée vers le mausolée de Lénine, un fusil dans la main droite. Dans la nuit étoilée, le battement cadencé du pas de l'oie emprunté aux Prussiens fait penser à une danse irréelle, un ballet désarticulé. Seules de frêles barrières métalliques les séparent de la foule déchaînée. Quand retentissent les douze coups de minuit, à la tour Spassky, la foule lance vers le ciel un vibrant cri de joie et de libération.

Des centaines de milliers d'hommes et de femmes avaient instinctivement convergé vers la place pour fêter la mort de l'Union soviétique. Russes, Américains, Italiens, Cosaques, Britanniques, Allemands, des gens venus des quatre coins du globe, bureaucrates, prostituées, hommes d'affaires et voyous, tous portent un toast à un avenir sans faucille ni marteau.

Sur cette place, sacrée pour le régime communiste, une place tabou où il était même interdit de fumer, et qui ce soir est en pleine effervescence, tous les regards se tournent vers le tombeau de Lénine.

Un Écossais ivre, vêtu de son kilt, fait des bonds, tel un pantin. Quelques vétérans, enragés du Parti, tentent de se frayer un passage pour déposer leurs drapeaux rouges près du mausolée. Partout l'alcool empeste. Soudain, au moment de la relève de la garde, un individu se précipite vers le monument, serrant dans ses bras une statue de Notre-Dame de Fatima. Pendant plus d'une heure, il laisse l'effigie aux yeux tristes, vêtue d'une robe blanche et d'un manteau bleu, devant la porte entrouverte du mausolée, en signe de muette vengeance.

Sans doute ne saurons-nous jamais qui était cet anonyme qui avait apporté sous les murs du Kremlin cette effigie de la Madone qui, en 1917, avait prophétisé la conversion de la Russie. En tout cas rien n'aurait pu traduire avec plus d'éloquence les sentiments intimes de

Wojtyla. Le pape voyait le grand bouleversement qui agitait l'Union soviétique comme une sorte de mystère médiéval, dans lequel Notre-Dame de Fatima tenait le premier rôle. En mars 1984, alors que Solidarité semblait condamné, il avait demandé qu'on lui expédie du Portugal la vraie statue de Fatima, haute d'un mètre. Il avait donné des instructions pour qu'on l'installe dans sa chapelle privée, où un tableau de Notre-Dame de Czestochowa était déjà accroché. La nuit du 24 au 25 mars, veille de la fête l'Annonciation, il était resté de longues heures à prier devant la statue. Le dimanche 25, sur la place Saint-Pierre, il confia la Russie et l'Europe de l'Est à la Vierge de Fatima, en employant un langage que les initiés reconnurent aussitôt. « Nous remettons entre vos mains ces hommes et ces nations qui ont tout particulièrement besoin de vous être confiés. Répandez votre lumière sur ces peuples dont vous-même attendez notre consécration. » Cette dernière phrase n'était pas préparée. Le pape avait improvisé pour répondre au souhait exprimé par la Vierge blanche qui, en apparaissant à trois petits bergers portugais, avait exigé la consécration de la Russie afin que de terribles catastrophes soient épargnées au monde. La plus âgée de ces trois enfants, qui entra plus tard au couvent avec le nom de sœur Lucia de Jesus Santos, attendit des dizaines d'années que la requête de la Madone soit exaucée, car aucun pape ne faisait ce qu'elle avait demandé. Après la consécration du 25 mars, sœur Lucia fit savoir à Jean-Paul II qu'elle acceptait cet acte d'ardente dévotion.

Était-ce une simple coïncidence si, l'année suivante, Constantin Tchernenko, le dernier membre de la vieille garde communiste, mourut et si Mikhaïl Gorbatchev devint secrétaire général du Parti communiste soviétique ? Ce n'était pas l'avis du pape. Tandis que la Russie se préparait à célébrer le millième anniversaire de sa conversion au christianisme, il réitéra cet acte de consécration : « A vous, Mère des chrétiens, nous confions tout spécialement ce peuple qui célèbre le six centième [la Lettonie] et le millième [l'Ukraine et la Russie] anniversaires de son adhésion à l'Évangile. »

Aujourd'hui encore, le pape croit qu'il existe un lien très spécial entre la Vierge et la Russie. Le père Werenfried van Straaten, qui l'aida pendant vingt ans à recueillir des fonds en Occident pour l'Église derrière le rideau de fer, a révélé que Jean-Paul II avait rapporté au Vatican l'icône miraculeuse de la Vierge de Kazan qui avait disparu après la révolution d'Octobre. Alexis II, le patriarche de Moscou, est convaincu qu'il s'agit d'une copie, mais cette éventualité ne dérange nullement le pape.

Van Straaten, un familier du pape, dit aussi : « Maintenant que l'icône de Kazan est au Vatican, il est intimement persuadé que la Vierge l'aidera à aller en Russie. » Mais, jusqu'à ce jour, le patriarche de Russie, qui redoute que le pape ne lui prenne ses ouailles, fait tout pour l'empêcher de venir.

Jean-Paul II ne pensait pas que l'Union soviétique se désintégrerait si vite, et d'ailleurs il ne le souhaitait pas. Jamais personne ne l'a entendu exprimer ce désir, pas même son plus proche ami polonais au

Vatican, le cardinal Deskur. « Il n'a jamais rien dit de tel, en tout cas, pas à moi », a-t-il déclaré un jour.

L'objectif du pape était la consolidation des nouvelles libertés accordées à l'Europe de l'Est. Au cours des mois précédant la chute de Gorbatchev, un accord avait presque été conclu avec le président soviétique, en vue du premier voyage d'un pape en URSS. En mai 1991, le secrétaire d'État du Vatican, le cardinal Angelo Sodano, annonça aux journalistes qu'il était très probable que le pape effectue, en 1992, une courte « visite symbolique » à Moscou, et au Kazakhstan où vivent des communautés catholiques d'Allemands de la Volga déportés par Staline.

Mais en août 1991, l'Empire soviétique entra en agonie. A l'aube du 19, des conservateurs du Politburo s'emparèrent du pouvoir par un coup d'État et placèrent Gorbatchev en résidence surveillée dans sa datcha de Crimée, en annonçant qu'il était malade. Boris Eltsine, président de la République fédérale de Russie, se rebella contre ce coup de force et transforma les bâtiments du Parlement (appelé la Maison Blanche à cause de sa façade de marbre) en quartier général de la résistance.

Grâce à un émetteur radio appartenant au père van Straaten, prévu à l'origine pour diffuser des émissions religieuses catholiques et orthodoxes, et introduit clandestinement dans les cuisines du Parlement, dans un camion de légumes, Eltsine put garder le contact avec le monde extérieur. Cette résistance lui valut le soutien de l'Occident.

Une joie sincère transparaît dans le télégramme envoyé par Jean-Paul II à Gorbatchev le 23 août, jour où les instigateurs du coup d'État se rendirent : « Je remercie Dieu pour l'heureuse issue de l'épreuve dramatique que vous avez traversée, vous, votre famille et votre pays. J'exprime le souhait que vous puissiez poursuivre votre œuvre colossale en vue du renouveau matériel et moral des peuples de l'Union soviétique, pour lesquels j'implore la bénédiction du Seigneur. »

Les espoirs de Jean-Paul II, ainsi que ceux de nombreux dirigeants du monde entier, firent long feu. La résistance victorieuse d'Eltsine traduisait la volonté du peuple d'extirper le régime communiste une bonne fois pour toutes. Le 25 décembre, l'homme qui avait inventé la perestroïka, quitta ses fonctions et, dans l'après-midi, on abaissa le drapeau rouge qui flottait au-dessus de la coupole verte du Kremlin.

LA CHUTE DU COMMUNISME

Des années plus tard, la plupart des pays du globe salueraient en Wojtyla le vainqueur d'une guerre qu'il avait entreprise en 1978. Pour sa part, le pape se montra plus mesuré. Il évitait expressément de se faire passer pour un superman qui aurait terrassé l'ours soviétique. Il invitait à ne pas trop simplifier, et même, à ne pas voir dans l'effondrement de l'URSS la main de Dieu. Un jour que l'écrivain italien Vittorio Messori l'interrogeait à ce sujet, il répondit : « Il serait simpliste de dire que la divine Providence a causé la chute du communisme. Il est tombé de lui-même par suite de ses propres erreurs et de ses propres abus. Il s'est écroulé tout seul en raison de sa faiblesse interne. »

Jean-Paul II avait vécu de l'intérieur la crise du communisme et il avait réfléchi en philosophe à l'essence de ses contradictions. Mieux que beaucoup d'hommes politiques occidentaux, il savait que le système soviétique s'était désintégré par implosion. Les pressions extérieures avaient révélé les fissures du système, mais finalement l'effondrement était venu de profondes failles internes.

Dans cette débâcle, les facteurs économiques et moraux étaient imbriqués. Les ressources économiques de l'URSS n'étaient pas suffisantes pour assurer une existence décente à chacun, alors que l'appareil militaire d'une superpuissance impliquée dans la guerre froide était maintenue. C'était encore plus évident pour l'Allemagne de l'Est qui, quoique bien mieux organisée que l'URSS, était au bord de la banqueroute, à la veille de sa chute.

Mais avant tout, ce furent des contradictions éthiques qui minèrent le système. Avec Khrouchtchev, le besoin de vérité avait déclenché une tentative pour réformer le système. Avec Brejnev, la négation de la vérité avait entraîné la stagnation et un cynisme massif. Avec Gorbatchev, la soif de vérité, la glasnost, était devenue puissante au point de renverser le système.

Le thème de la vérité et de l'impossibilité de mentir éternellement avait toujours fasciné Jean-Paul II dans sa réflexion sur le totalitarisme. Il avait lu les œuvres d'Andrei Sakharov et d'Alexandre Soljenitsyne, et leur conviction morale l'avait ému. La brochure de Soljenitsyne, *Ne mentez pas*, l'avait beaucoup impressionné, car il était persuadé que le refus du mensonge était le moyen le plus efficace pour provoquer une crise dans un État totalitaire. Jean-Paul II a longuement parlé d'éthique avec l'écrivain russe, quand celui-ci est venu le voir en 1994. Le communisme, avait-il dit, lors de son premier voyage dans la Prague post-communiste, en 1990, « s'est révélé être une utopie irréalisable parce qu'il a négligé et nié certains aspects essentiels de l'être humain : l'attrait irrépressible que la liberté et la vérité exercent sur l'homme, ainsi que son incapacité d'être heureux lorsque la relation transcendante avec Dieu a été exclue. »

HUITIÈME PARTIE

UN PAPE EN COLÈRE

Des éclairs illuminent l'autel. Debout sous le grand dais, Karol Wojtyla contemple l'océan de parapluies. Pour la foule rassemblée dans la prairie du club d'aviation de Kielce, le pape fait penser à quelque étrange personnage, surgi par magie d'un monde lointain. La blancheur de sa soutane et les couleurs de ses ornements sacerdotaux prennent un éclat blafard dans la lueur des éclairs. Son visage est déformé par la colère. Il lève la main droite, le poing serré, tandis que la gauche froisse les pages du discours dont il s'est écarté.

« Frères et sœurs, s'écrie-t-il d'une voix rauque. Il faut qu'il y ait du changement dans la manière dont vous agissez envers l'enfant qui vient d'être conçu. Même s'il arrive sans qu'on l'attende, ce n'est jamais un intrus, ce n'est jamais un agresseur [...] Ne confondez pas liberté et immoralité.

« Je dis cela, poursuit-il en faisant face à la pluie battante et aux rafales de vent qui cinglent les 200 000 personnes déjà engourdies par le froid, parce que cette terre est ma mère, cette terre est la mère de mes frères et de mes sœurs. Cette terre est la mienne et c'est pour cette raison que je me permets de parler ainsi.

« Vous devez tous comprendre, crie-t-il en agitant le poing, que vous traitez ces questions sans réfléchir. Ces choses ne peuvent que me faire de la peine et elle devraient vous en faire aussi. Il est plus facile de démolir que de construire. La destruction dure depuis trop longtemps, maintenant il faut rebâtir. On ne peut pas se contenter de tout détruire étourdiment. »

Sous le ciel obscurci par les nuages de pluie, la foule écoute en silence. Des applaudissements de pure forme saluent l'allocution de Jean-Paul II. Il se rend compte qu'il a perdu le contact avec l'assistance. C'est la première fois que pareille chose lui arrive avec ses compatriotes.

Jamais il n'aurait imaginé que le quatrième voyage dans son pays natal tournerait ainsi. Il savait qu'il ne serait pas facile de parler aux gens, dans une société en train de sombrer dans ce qui était à ses yeux un individualisme égoïste, mais il s'attendait tout de même à plus de fidélité de leur part – après tout, il les avait sauvés du communisme. Avec l'œil acéré du chef et le flair de l'acteur, il s'est aperçu que son charisme pâlissait. Les choses qui le peinaient ne semblaient pas peiner les Polonais. Parmi ceux qui l'écoutaient, beaucoup se disaient que ce qu'il stigmatisait comme étant un mal était justement ce qui leur avait manqué si longtemps, le droit de prendre eux-mêmes leurs décisions.

Il avait exprimé publiquement son courroux, il s'était mis en colère. Parmi ses camarades d'école de Wadowice, ses collègues de travail de Cracovie, ses professeurs de Lublin, les évêques de Pologne, les prélats du Vatican, personne ne l'avait jamais vu s'emporter ou perdre patience. Il savait garder son calme, n'élevant jamais la voix, jouant toujours les médiateurs.

Pourtant cette fois, il avait crié. La foule de Kielce l'avait boudé. Jean-Paul II était blessé et désorienté. « Ce peuple me vénère avec les lèvres, mais pas dans le fond de son cœur », confia-t-il plus tard, en se comparant inconsciemment au Dieu d'Isaïe.

Est-ce cela qu'avait ressenti Moïse quand il était redescendu du mont Sinaï pour trouver les Israélites en train de danser autour du Veau d'or ?

La fin du communisme marqua le début du troisième acte du pontificat de Jean-Paul II. Le premier acte l'avait vu revendiquer fièrement le message chrétien, après des années d'incertitudes – « Ouvrez la porte au Christ ! » Le deuxième acte, dans les années quatre-vingt, avait été celui de la consolidation du rôle universel de la papauté et du combat victorieux pour libérer la Pologne du totalitarisme soviétique.

Le troisième acte débuta dans les années quatre-vingt-dix, et le pape en éprouva un goût de solitude inattendu. Faisant un tour d'horizon de la situation en Europe, le cardinal Ruini, vicaire de Rome, reconnaissait : « Il semble que la capacité de l'Église à être l'*Église du peuple* soit en danger. »

Que devient Dieu sans le diable ? Pendant un siècle et demi, l'Église catholique avait combattu le socialisme et le marxisme. Pendant plus de soixante-dix ans, le système communiste avait été son ennemi juré. Toute la culture et la doctrine sociale du catholicisme du XXe siècle avaient été façonnées par ce fantastique duel. Et soudain, la scène était complètement déserte.

1991 fut une année cruciale pour l'Église. Au moment où l'Union soviétique ne s'était pas encore effondrée, mais avait déjà perdu son statut de super-puissance, Jean-Paul II comprit que le rôle de l'Église risquait lui aussi de devenir moins important, politiquement et socialement. Le premier test fut la guerre du Golfe, en janvier. Ayant décidé de lancer l'opération Tempête du désert, le président George Bush ne se préoccupa nullement des appels pressants que lui lançait le pape, en vue de négocier un retrait de dernière minute de l'Irak au Koweit. Bush traita le pape comme il traitait Gorbatchev, c'est-à-dire comme un allié de seconde catégorie. Après l'avoir accablé de protestations d'estime, il l'ignora.

Un peu plus tard, le Saint-Siège eut un autre réveil désagréable. Le gouvernement israélien opposa son veto à la participation du Vatican à la conférence de Madrid qui avait pour objet de préparer la voie à un dialogue direct entre Palestiniens et Israéliens. La raison avancée était que les deux États n'entretenaient pas de relations diplomatiques, mais une telle rebuffade n'aurait pas été possible pendant la guerre froide.

Cependant, la surprise la plus amère réservée à Jean-Paul II lui était venue de ses propres compatriotes, à l'occasion de son quatrième voyage en Pologne, en juin 1991.

Le voyage est pour Jean-Paul II ce que la guerre était pour Napoléon. Le pape règne non pas en restant chez lui au Vatican, mais en quadrillant la planète. C'est dans ces multiples rencontres avec les masses populaires du pays visité qu'il gagne ou perd ses batailles. Le 1er juin 1991, à son arrivée dans sa patrie libérée du communisme, il fut salué par le président Lech Walesa et le primat Joseph Glemp comme celui qui avait délivré les siens de l'esclavage et avait pour mission de continuer à guider les Polonais vers l'avenir. Jean-Paul II était venu prêcher à ses compatriotes les dix Commandements, la loi de Moïse, les règles fondamentales pour bâtir une nation selon la volonté de Dieu. Mais cette fois, le peuple ne semblait pas vouloir être guidé, en tout cas pas par l'Église.

La Pologne avait changé et nombreux étaient ceux qui se méfiaient de plus en plus de l'autoritarisme du clergé et de sa volonté d'envahir la sphère publique. Beaucoup en avaient assez des églises pharaoniques et des presbytères qu'on bâtissait à la campagne, comme pour narguer les misérables petits villages environnants. La frénésie de construction qui avait saisi l'Église était une provocation pour les millions de Polonais aux prises avec l'apprentissage de l'économie libérale, qui faisait que les prix atteignaient des sommets jamais vus et que les salaires stagnaient, d'une façon qui aurait rendus jaloux les défunts régimes communistes. La population ne supportait plus le ton impérial avec lequel les curés exigeaient de leurs paroissiens qu'ils paient une taxe volontaire pour la construction ou la réfection des églises. On était scandalisé d'entendre raconter que certains ecclésiastiques roulaient en Mercedes – ou qu'ils avaient été surpris par la police en train de faire la noce avec des femmes à demi-nues.

Le clergé exerçait une sorte de censure sur la télévision. Il faisait pression sur les médias pour qu'ils défendent « les valeurs chrétiennes » (de même que le parti communiste leur imposait jadis de se conformer aux principes marxistes-léninistes). Sur une simple décision ministérielle, on avait réintroduit l'instruction religieuse dans les écoles. Une loi électorale était bloquée parce que le président Walesa, chapitré par l'Église, refusait de donner son aval à une disposition interdisant de faire de la propagande en chaire.

L'Église intervenait aussi dans la vie des familles. Pour contenter les évêques, le service de conception *in vitro* de l'hôpital des Enfants avait été fermé. Les divorces étaient désormais du ressort des tribunaux régionaux et non plus locaux, ce qui rendait les procédures plus compliquées et plus coûteuses.

Enfin, l'annulation de la loi sur l'interruption de grossesse, en vigueur depuis 1956, avait été proposée par un petit groupe de catholiques de droite, l'Alliance nationale chrétienne. Les évêques lui apportèrent aussitôt leur soutien. Le projet de loi visait à interdire l'avortement, sauf si la vie de la mère était en danger, et à infliger une peine de deux ans de prison pour le médecin qui procédait à un avortement et, dans certains cas, pour la femme sur qui il était pratiqué.

Cette proposition souleva une vague d'indignation parmi les femmes polonaises. Celles qui appartenaient à Solidarité avaient même lancé un appel à l'Occident en demandant aux Italiennes syndiquées de faire pression sur le mouvement international du travail pour lutter contre ce projet de loi.

Certaines remarques faites à la télévision par Kazimierz Kapera, le vice-ministre de la Santé, quelques mois avant l'arrivée du pape, symbolisent parfaitement cette situation. Il avait réclamé l'interdiction de tous les contraceptifs, y compris les préservatifs, puis avait qualifié de « déviants politiques », les malades du sida. L'indignation populaire l'obligea à démissionner, mais le cardinal Glemp prit sa défense comme s'il était victime de l'intolérance, en le comparant au défunt cardinal Wychinsky.

Tout cela n'avait pas échappé à l'attention de Jean-Paul II qui préparait son voyage en Pologne. Au cours de son pontificat, rares avaient été les jours où il n'avait pas été en contact direct avec son pays natal. Il était tenu constamment informé par des rapports et des contacts personnels avec des pèlerins, des prêtres, des évêques et des amis de passage au Vatican. On lui avait dit que les sondages montraient que l'Église était en train de passer au second rang, après l'armée, des institutions les plus aimées et les plus respectées du pays. 67 % des personnes interrogées trouvaient que « l'Église avait trop de pouvoir » et que « l'Église ne devrait pas intervenir dans la vie politique de l'État ».

Ses collaborateurs les plus proches lui présentaient toute critique de l'Église comme une manœuvre des ex-communistes ou comme l'expression d'un courant athée et anticlérical qu'il fallait étouffer – et le pape les croyait. Des catholiques travaillant pour l'hebdomadaire *Tygodnik Powszechny* tentèrent de lui apporter un point de vue plus objectif, mais ces modérés était une petite minorité, fortement critiquée dans les milieux polonais de Rome. En vain, le grand ami du pape, le philosophe Josef Tischner, l'avait-il mis en garde contre la « république des curés de paroisse ». En vain, Czeslaw Milosz, prix Nobel de littérature 1980, avait-il écrit : « Les gens commencent à avoir peur des prêtres. Et ce n'est certainement pas un bon signe. » A ce régime, expliquait-il, la Pologne deviendra « un pays pas plus chrétien que la France ou l'Angleterre, avec en plus un anticléricalisme dont la fureur sera proportionnelle au pouvoir du clergé et à son programme pour faire de la Pologne un État confessionnel. » Adam Michnik, le dissident qui avait fondé les comités de défense des ouvriers et qui était devenu rédacteur en chef du puissant journal *Gazeta Wyborcza*, écrivait : « Ce serait une bonne idée si on en revenait au *statu quo ante* et si l'Église cessait de prendre parti dans les conflits politiques. »

Le pape resta sourd à ces signaux. Tout en continuant à affirmer que le clergé ne devait pas se mêler de politique, il était convaincu que ses compatriotes devaient faire un choix moral. Le mode de vie polonais devait s'inspirer du christianisme, et c'était le devoir de l'Église de montrer le chemin. L'État devait se conformer à la Vérité, telle qu'elle est exprimée à travers les valeurs fondamentales de la religion catholique. Ainsi qu'il allait le déclarer à Kielce le 3 juin, les Polonais devaient « faire leur examen de conscience, au seuil du troisième millénaire. »

Ce voyage, au cours duquel il parcourut 4 200 kilomètres en huit jours, ne fut qu'un long sermon ininterrompu, prononcé avec une violence désespérée. Le pape intervint dans le débat sur la nouvelle constitution polonaise en s'opposant à la séparation de l'Église et de l'État : « Le principe qui consiste à refuser absolument d'admettre la dimension du sacré dans la vie gouvernementale et sociale revient à introduire l'athéisme dans l'État et dans la société. » Il fit sans cesse référence à la question de l'avortement et souleva des protestations de la part de la minuscule communauté juive qui subsistait encore en Pologne, en mettant sur le même plan l'Holocauste et « les grands cimetières des enfants qui ne sont pas nés, les cimetières des êtres sans défense, que même leur mère n'a jamais connus ».

Aucune journée ne se passait sans de sévères réprimandes. Le 4 juin, à Lomza, alors qu'il fulminait contre l'adultère, il se demanda tout haut si les racines des principes fondamentaux n'avaient pas été extirpées par le Malin. A Bialystok, il annonça que la crise économique héritée du passé marchait du même pas que la crise morale. A Olsztyn, il reprocha aux médias de dire « des mensonges tout en prétendant présenter la vérité. » Il nia que le clergé eût le désir de gouverner la société et déclara que de telles accusations étaient une nouvelle épreuve que l'Église devait endurer.

A Woclawek, il lança de violentes invectives contre la culture laïque de l'Europe occidentale : « Nous n'avons pas besoin d'entrer dans l'Europe, parce que nous avons été les premiers à contribuer à la créer, et nous nous sommes donné plus de mal pour cela que ceux qui prétendent avoir le monopole de l'européisme. » Une fois de plus, face à une foule trempée jusqu'aux os, il tempêta : « Et quel devrait être le critère de l'européisme ? La liberté ? Mais quelle sorte de liberté ? La liberté d'ôter la vie à un enfant à naître ? »

Il était caustique dans ses éclats, mêlant des remarques improvisées à ses discours préparés. Il s'en prit à l'utilitarisme et aux théories sur la sexualité en honneur en Europe occidentale : « En tant qu'évêque de Rome, je proteste contre ce à quoi ils cherchent à réduire l'idée d'Europe. » Il condamna « toute cette civilisation du désir et du plaisir qui règne désormais sur nous, en profitant de divers moyens de séduction. Est-ce de la civilisation ou de l'anticivilisation ? »

« Pardonnez-moi ces propos enflammés, remarquait-il, en reprenant son habituel ton affable. Mais il fallait que je le dise. »

En définitive, ses admonestations n'eurent aucun effet sur la nouvelle Pologne, où l'idée du libre choix sur les questions sexuelles s'était si bien enracinée que la plupart des gens ne voyaient aucune contradiction entre le fait de se dire catholique (95 % de la population) et de s'opposer à une interdiction de l'avortement (69 %). Même dans les régions rurales, où les curés de paroisse avaient une grande influence, seulement 36 % des sondés se déclarèrent en faveur d'une loi plus restrictive sur l'avortement.

Pour Karol Wojtyla, l'hostilité que lui manifestaient ses compatriotes était une expérience complètement nouvelle. Le père Tischner, qui soutenait entièrement sa position, reconnut plus tard que le voyage de Jean-Paul II avait été marqué par une « certaine mésentente affective entre son auditoire et lui ». La grande majorité des Polonais furent irrités par ses sermons contre le consumérisme, dans un moment où les familles ne savaient même plus comment joindre les deux bouts. Pendant quarante ans, la population avait rêvé d'échapper aux interminables rationnements et voilà qu'elle était écrasée sous le poids de deux millions de chômeurs. Les plus furieuses étaient les femmes, surtout les mères de famille qui avaient du mal à nourrir les enfants affamés qu'elles avaient déjà. L'idée de ne plus pouvoir choisir d'en avoir d'autres ou pas ne fit qu'attiser leur ressentiment.

Jean-Paul II repartit, amer et scandalisé. Étant donné tout ce que l'Église avait fait pour renverser le communisme, il estimait que les critiques adressées par la population à ses prêtres et à ses évêques étaient injustes. Il était déçu de voir que quelques députés catholiques, sous la conduite de l'ex-premier ministre Tadeusz Mazowiecki, le fondateur du Parti de l'union démocratique, ne soutenaient pas l'Église sur la question de l'avortement. Il était inquiet pour l'avenir. « Autrefois, l'Église jouissait d'une large audience, même dans les milieux laïques, avait-il dit aux évêques polonais, mais dans la situation présente, il ne faut plus compter sur cela. Au contraire, il faut être prêt à subir des critiques et peut-être quelque chose de pire. »

L'amertume de Karol Wojtyla dura longtemps. Plus d'un an après, alors qu'il passait Noël au Vatican avec sœur Zofia Zdybicka et qu'il chantait de nostalgiques chansons de son enfance, il lui dit tout à coup : « Invitez-moi à Zakopane. » Puis comme sœur Zofia, qui avait été son élève et qui était maintenant professeur à l'Université catholique de Lublin, l'assurait qu'il serait le bienvenu, il remarqua pensivement : « Les Polonais m'ont offensé. » Puis il se tut, la regarda et ajouta : « Mais je suis en train de m'en remettre. »

Pourtant la blessure subsiste ; elle ne s'est jamais complètement refermée.

Quand il est assis à son bureau du Vatican et qu'il reçoit des rapports sur la lente reconquête électorale des pays de l'Europe de l'Est par les partis communistes refondés et rebaptisés, Jean-Paul II doit souvent penser à son rêve brisé d'un grand mouvement de renouveau spirituel déclenché par l'Est. « *Ex oriente lux* », la lumière vient de l'est, avait-il témérairement annoncé en 1989, tandis qu'il survolait pour la première fois l'Union soviétique, en se rendant en Corée du Sud. La Pologne catholique et la Russie orthodoxe devaient devenir un immense réservoir de foi pour la régénération du monde contemporain.

Envolé également l'espoir que la Pologne devienne un phare pour toutes les nations – ce vieux rêve messianique des poètes de sa jeunesse, Mickiewicz et Slowacki. « Il pensait que son pays natal apporterait la justice et la liberté aux travailleurs, en construisant une société sur les fondations solides de la vérité, la vérité sur la personne humaine », rappelle un de ses proches. « Il voulait faire de la Pologne un pont entre l'Est et l'Ouest », a remarqué un évêque. Sa vision géopolitique lui a fait croire que, en tant que Polonais, il pouvait jouer un rôle dans son édification. » Pour Karol Wojtyla, la Pologne s'était brutalement transformée en vitrine de la défaite. Il est particulièrement amer et se considère presque comme trahi par des catholiques de premier plan, comme par exemple Jerzy Turowicz, le rédacteur en chef de *Tygodnik Powszechny*, qui avait été jadis un de ses condisciples.

Mais justement, ces gens *n'ont pas* changé. Avec la disparition du totalitarisme et, par conséquent la nécessité de rester unis à tout prix, les différences qui existaient déjà dans la façon de juger la société moderne sont simplement devenues plus évidentes.

En 1994, à la conférence de Rome, qui se tenait à quelques centaines de mètres de Saint-Pierre, le professeur Turowicz osa enfreindre le tabou le plus sacré du pape : il déclara que la majorité du clergé polonais n'avait pas vraiment retenu les leçons du concile Vatican II. Turowicz est un vieux monsieur paisible, qui respire l'intelligence. De même que tous les Polonais cultivés formés avant la Deuxième Guerre mondiale, il parle français couramment. Il a bien connu le cardinal Wojtyla et il vient souvent voir le pape au Vatican, de même qu'il l'accompagne fréquemment dans ses voyages à travers le monde.

Sa fidélité ne peut être mise en doute, mais il est certain qu'il a sur la Pologne et l'Église polonaise un point de vue différent de celui du pape. Il estime que, dans une société pluraliste, l'Église ne doit pas imposer sa façon de voir : « L'Église polonaise est aujourd'hui très divisée. Ceux qui se comportent comme avant le concile s'opposent à ceux qui appliquent la réforme conciliaire, et je regrette de devoir dire que la plus grande partie du clergé est fondamentaliste et traditionaliste, tandis que les ecclésiastiques libéraux et ouverts d'esprit sont la minorité. »

« Sous le communisme, poursuit Turowicz, l'Église polonaise était sur la défensive ; elle voyait du danger partout. D'une certaine façon, cette attitude persiste et, au sein du clergé, beaucoup pensent que le péril existe toujours, ce qui n'est pas vrai, car l'Église jouit d'une totale liberté. Certaines valeurs sont en danger, bien entendu, mais il s'agit de valeurs autant laïques que chrétiennes. » Turowicz reconnaît que « certaines personnes appartenant à la droite, aussi bien dans l'Église que dans le milieu politique, auraient voulu en fait l'instauration d'un État confessionnel ».

Mais la Pologne et, en particulier la jeunesse polonaise, s'est révoltée. La loi anti-avortement, soutenue par l'Église et qui fut finalement votée par le Parlement a été l'une des raisons de la réaction populaire. En 1994, les électeurs donnèrent la majorité aux partis de centre gauche. En 1995, ils élirent comme président l'ex-communiste Heksander Kwasniewski, contre Lech Walesa – et le primat Glemp, qui à la veille des élections avait demandé aux catholiques de voter pour l'ancien leader de Solidarité en leur disant qu'ils devaient choisir entre le christianisme et le néo-paganisme.

La même année, comme pour démontrer que partout en Europe, même ceux qui étaient profondément croyants refusaient le cléricalisme, les Irlandais votèrent pour la légalisation du divorce, désavouant leurs évêques et le pape, qui étaient intervenus dans le référendum. Ce fut pour Jean-Paul II un nouveau et douloureux coup.

Ainsi ce rêve d'une lumière venant de l'Est s'était-il évanoui. Libérée du communisme, l'Europe de l'Est recherchait avant tout le bien-être matériel. A son vieil ami Juliusz Kydrynski, qui avait passé toute une nuit à Cracovie, à veiller avec lui, le corps de son père, Jean-Paul II a ouvert son cœur. Dans une lettre qu'il lui écrivit en 1994, peu avant sa mort, le pape lui confiait quelques réflexions intimes sur ce qui se passait en Pologne et dans les autres pays d'Europe de l'Est.

Il se disait profondément troublé de voir que, quelques années à peine après le passage à la démocratie, les électeurs avaient chassé du pouvoir ceux qui avaient lutté contre le communisme, pour mettre à leur place des politiciens de l'ancien régime. Moïse avait été fort sage, écrivait le pape, et fort prévoyant de ne pas conduire les Israélites en Terre promise aussitôt après avoir quitté l'Égypte. Il les avait retenus dans le désert pendant quarante ans, afin qu'il n'en restât plus un seul qui se souvînt d'avoir été esclave. Ainsi ce fut une génération complètement nouvelle qui entra au pays de Canaan.

Aujourd'hui, pour le pape, un autre spectre commence à hanter l'univers : le consumérisme, qu'il considère comme une sorte de virus se propageant d'ouest en est.

C'est le message qu'il a lancé, quand il s'est rendu à Prague pour la première fois depuis la chute du rideau de fer : « On ne doit pas sous-estimer le danger que risque d'entraîner la liberté des contacts avec l'Occident, a-t-il dit aux Tchèques. Malheureusement, ce que propose l'Occident, en matière de vision théologique et de mode de vie, ne reflète pas forcément les valeurs de l'Évangile. Par conséquent, il est nécessaire de se constituer des défenses immunitaires contre certains virus, tels que la laïcisation, l'indifférence, l'hédonisme, le consumérisme, le matérialisme et l'athéisme affiché, si largement répandus aujourd'hui. »

Certes, c'est un paradoxe de l'Histoire que ce grand guerrier de l'anticommunisme emploie un langage tellement semblable à celui des dirigeants communistes qui, pendant des dizaines d'années, mirent les peuples d'Europe orientale et d'Union soviétique en garde contre la contamination de l'Occident décadent.

Quand il dîne avec des intimes, au Vatican, Jean-Paul II parle souvent de la situation en Europe de l'Est. Dans beaucoup de pays, à commencer par la Russie, dit-il, la société civile est peu développée, la démocratie fragile, la course aux intérêts privés brutale. Par conséquent, la voie est toute tracée pour un *Lumpenkapitalismus*, un capitalisme sauvage et misérable, le combat de l'homme contre l'homme.

A l'automne 1993, quand le pape se rendit en visite dans les Pays baltes libérés, il stupéfia son auditoire en déclarant à Riga : « L'exploitation à laquelle se livrait un capitalisme inhumain était un mal véritable, et c'est une vérité du marxisme. » Quelques mois plus tard, dans une interview accordée à Jas Gawronski, un Italien de souche polonaise, député au Parlement européen, il alla encore plus loin : « Cette semence de la vérité (qui est dans le marxisme) ne doit pas être détruite, elle ne doit pas être emportée par le vent... Les partisans du capitalisme dans ses formes extrêmes ont tendance à oublier ce qu'il y avait de bon dans le communisme, c'est-à-dire sa volonté de combattre le chômage, son souci des pauvres. »

Quand il entendit cette déclaration, à Moscou, Gorbatchev eut un sourire : « Très intéressant, confia-t-il à un ami italien. On dirait que le pape commence à comprendre qu'il y a des valeurs positives dans le socialisme et qu'elles le seront toujours. »

Ces dernières années, le pape s'est élevé avec de plus en plus de vigueur contre le matérialisme de l'Occident, et sa colère s'est abattue sur le monde entier. Selon lui, le XXe siècle est une époque où règnent les faux prophètes et les faux maîtres à penser. Lors d'un voyage à Denver en août 1993, il a déclaré que, dans les sociétés modernes, la vie était souvent considérée au mieux comme une marchandise et que la culture occidentale, si accoutumée à dominer la matière, avait succombé à la tentation de manipuler les consciences. « Notre planète est le théâtre d'une guerre sans fin qui est une répétition du combat apocalyptique de la mort contre la vie, tandis qu'une culture mortifère cherche à l'emporter sur notre désir de vivre pleinement. » Se peut-il, demandait le pape, que « nos consciences soient en train de perdre la faculté de distinguer le bien du mal ? La vérité n'est pas une invention de l'imagination ». En 1996, en Allemagne, il prit pour cible « l'idéologie capitaliste radicale ».

Mais il n'y a pas seulement le matérialisme occidental que Karol Wojtyla considère comme l'ennemi. De plus en plus résolument, le pape présente la culture occidentale sous un jour apocalytique. Il estime que tous les pères de la pensée moderne – de Descartes à Nietzsche et Freud, en passant par les philosophes des Lumières – étaient profondément anti-chrétiens. Dans un entretien avec Vittorio Massari, il a réduit l'histoire moderne à un « combat contre Dieu, une élimination systématique de tout ce qui est chrétien ». L'idée que cette guerre

« a influencé, dans une large mesure, la pensée et la vie de l'Occident depuis trois siècles » est tacitement rejetée par beaucoup de membres du clergé et elle pose un problème à de nombreux non-catholiques favorables à une Église ouverte au dialogue avec le monde contemporain.

La société matérialiste occidentale, a dit un jour le pape à André Frossard, « a pour objectif de persuader l'homme qu'il est un être complet, parfaitement adapté aux structures du monde visible ». C'est là le grand danger, « de couper l'homme de ses profondeurs ».

LA SOLITUDE DU PAPE

Le valet de chambre de Jean-Paul II ouvre la fenêtre en grand et Sa Sainteté monte les quelques marches qui mènent au balcon, pour se pencher vers la piazza. Massée autour de l'obélisque et des deux grandes fontaines, la foule des pèlerins pousse des acclamations. La récitation de l'Angelus, chaque dimanche, à midi, est une chose à ne pas manquer pour les catholiques venus visiter Rome, ainsi que pour les touristes curieux de voir le chef spirituel le plus puissant du monde. Beaucoup de Romains ont également l'habitude de venir de temps à autre en famille, place Saint-Pierre, pour écouter « leur » pape.

Jean-Paul II aime ces foules bigarrées et enthousiastes, promptes à crier, à applaudir et à agiter les drapeaux de leur pays. Elles lui rappellent un peu les masses en délire qui venaient le saluer lors de ses premiers voyages. Il se souvient alors du soir où il avait fait sa première allocution de pape, de la loggia de Saint-Pierre. Il s'était exprimé avec assurance, même s'il ne savait pas encore bien lever les bras et les écarter, comme un pape se doit de le faire. On l'avait d'ailleurs trouvé un peu raide et maladroit.

En ce dimanche 12 juillet 1992, Jean-Paul II avait une fois de plus évoqué la Madone. Pour ses audiences dominicales, il avait inventé « un pèlerinage spirituel » aux sanctuaires dédiés à Marie dans le monde entier; ce jour-là, c'était celui de la Vierge d'El Quinche, en Equateur. Ensuite il en avait appelé à la paix et la justice en Bosnie-Herzégovine et avait tenu à saluer un groupe de Polonais, particulièrement exubérants.

Les pèlerins étaient sur le point de se disperser quand le pape avait fait une annonce inattendue : « J'aimerais vous confier quelque chose. Ce soir, je vais me rendre à la clinique Gemelli pour subir des examens. » La foule stupéfaite avait levé les yeux vers la fenêtre du Palais apostolique d'où la petite silhouette en blanc, plus du tout charismatique, confiait ses inquiétudes d'homme. « Je vous demande de prier pour que le Seigneur soit à mes côtés et m'apporte son aide et son soutien. » Alors, de nouveau il s'était adressé à la Mère, qu'il sent auprès de lui depuis la mort de sa mère terrestre : « A la Très Sainte Vierge je répète, *Totus tuus* : Je suis tout à toi – avec une foi absolue dans ta maternelle protection. »

A 21 h 15, Jean-Paul II, semblant perdu dans ses pensées, était monté dans sa voiture pour se rendre à la clinique Gemelli, accompagné de son secrétaire don Stanislas. Son médecin personnel, le Docteur Renato Buzzonetti avait expliqué pourquoi il fallait l'hospitaliser. Il s'agissait d'une tumeur, peut-être cancéreuse. Les médecins avaient trop tardé à repérer cette grosseur suspecte dans le côlon. La radio montrait que la tumeur n'avait apparemment pas atteint un stade dangereux, mais elle s'était développée et il fallait opérer d'urgence.

Arrivé à la clinique Gemelli, Jean-Paul II monta aussitôt au onzième étage où on lui avait préparé une chambre. Elle était simple, comme toutes les chambres qu'il a eues dans sa vie (sauf celle du Vatican, qu'il n'a pas choisie). Le pape chercha du regard ce qui était pour lui la pièce la plus importante du mobilier, un tableau de la Vierge noire, celle-là même devant laquelle il prie longuement chaque matin, dans sa chapelle. C'est cette chambre qu'il avait déjà occupée après la tentative d'assassinat. Du couloir, on pouvait voir le dôme de Saint-Pierre. Une fenêtre donnait sur la cour de l'hôpital, où les fidèles viendraient bientôt se rassembler pour avoir des nouvelles.

Seule une poignée d'intimes savait que, le jour de la tentative d'assassinat, ce n'était pas par hasard qu'on lui avait donné cette chambre. Mû par une soudaine intuition, alors qu'il venait tout juste d'être élu pape et qu'il était allé rendre visite à son ami Andrzej Deskur, dans ce même hôpital, Jean-Paul II l'avait réservée, ainsi qu'une autre pour son secrétaire. Il était persuadé que l'attaque qui avait frappé Deskur, la veille du conclave, en octobre 1978, avait un rapport mystérieux avec son élection. Il pensait que c'était une sorte d'accident « par procuration » que Deskur avait eu à sa place, et qu'il était tissé dans son destin.

Malgré les craintes de son entourage, Jean-Paul II passa une nuit parfaitement paisible. L'infirmière de garde, postée à côté du signal d'urgence, ne fut pas dérangée. Le lendemain, Jean-Paul II échangea quelques plaisanteries avec les médecins, pendant qu'on l'emmenait en salle d'opération.

Un certain flou continue à entourer cette intervention. « Une dysplasie réduite et localisée » dans le côlon, disait le communiqué officiel. (Une dysplasie est un développement anormal des tissus, indiquant qu'une tumeur bénigne est en train de devenir maligne). Un communiqué du Vatican annonçait que l'opération, qui avait duré près de quatre heures, avait été « radicale et curatrice ». La tumeur, un adénome du côlon, avait la taille d'une orange. Un peu plus tard, le bruit se répandit qu'il était « plus gros que prévu » et que les médecins n'avaient pas procédé aux examens de routine qui auraient permis une détection précoce.

D'ailleurs, depuis cette opération, la santé de Jean-Paul II se dégrade régulièrement. Ce pape sportif qui partait en randonnée dans la forêt, se livrait à l'escalade et faisait du canoë sur les lacs, ce pape qui, ne supportant pas de rester enfermé au Vatican, avait fait construire une piscine olympique dans sa résidence d'été de Castel Gandolfo, et qui, dès qu'il le pouvait, quittait son bureau pour aller skier dans les Apennins, retourne de plus en plus souvent dans sa chambre, au onzième étage de la clinique Gemelli. Malgré l'affirmation réitérée que Jean-Paul II est en bonne santé, de nombreux observateurs pensent qu'il pourrait avoir une nouvelle tumeur.

Deux autres pièces se sont ajoutées à son appartement, qui comprend désormais un petit salon pour recevoir les invités, et une cuisine. La petite chapelle a été complètement rénovée. C'est un peu comme si le pontificat de Karol Wojtyla était placé sous le signe de la souffrance.

Le 11 novembre 1993, alors qu'il recevait en audience une délégation de la FAO, le pape s'affaissa et tomba en arrière, se fracturant légèrement l'épaule droite. Le Vatican annonça qu'il avait simplement glissé sur les marches de l'estrade où est placé le trône, dans la salle des bénédictions. Mais, parmi l'assistance, quelques personnes avaient eu l'impression que le pape s'était évanoui. Sur ordre du secrétariat d'État, le reportage tourné par l'équipe de télévision du Vatican ne fut pas communiqué à la presse. On expliqua aux journalistes que la caméra n'était pas dirigée sur le Saint-Père à ce moment précis. Un photographe indépendant, qui était sur les lieux, se vit confisquer son film par des employés du Vatican.

Dans les semaines qui suivirent, le pape eut beaucoup de mal à élever l'hostie pendant la messe. A peine était-il remis que début avril 1994, il tomba en skiant dans les Abruzzes. En voulant amortir sa chute, son secrétaire, don Stanislas, tomba à son tour et se cassa le bras.

Le 28 avril, Jean-Paul II fit une nouvelle chute, cette fois dans sa salle de bains. On annonça qu'il avait glissé en sortant de la baignoire. Il était resté étendu par terre, pendant plusieurs minutes, sans pouvoir bouger, avec une fracture du col du fémur. On l'emmena ensuite à la clinique Gemelli où il demeura pendant près d'un mois. Depuis, il est obligé de marcher avec une canne.

Toutes ces chutes, même si elles ne sont apparement pas liées, amènent à se poser des questions. Soit ce pape sportif commet des imprudences – ce qui est difficile à croire – soit il y a quelque chose qui le fait tomber. D'après les confidences de certains prélats, il a de brefs évanouissements, de courts voiles noirs pendant lesquels il ne voit plus.

Pour les diplomates et les journalistes accrédités auprès du Saint-Siège, l'état de santé du pape est un sujet de spéculation récurrent. Personne ne sait exactement de quoi il souffre, mais très peu doutent qu'il n'ait une réelle maladie et même peut-être plus d'une. Cette situation fait penser à ce qui se passait jadis avec les dirigeants soviétiques, quand l'optimisme officiel prévalait jusqu'à la dernière minute.

Selon l'hypothèse la plus répandue, il aurait une tumeur qui se développe lentement ou il serait victime de crises d'ischémie. Les sources officielles nient que le pape souffrirait de la maladie de Parkinson, bien qu'il ait souvent des tremblements dans la main gauche, tremblements parfois si violents que, lorsqu'il tente de les maîtriser avec la droite, les deux mains se mettent à trembler. Il y a toutefois des gens, au Vatican, qui disent en confidence que le pape aurait une maladie du système nerveux.

« Je suis un *biedaczek* (un pauvre malheureux) », a-t-il répondu, un jour de l'été 1994, à un journaliste qui lui demandait en polonais comment il se portait.

Le Vatican cherche à faire croire que le pape est en bonne santé. En cela, les fonctionnaires pontificaux correspondent parfaitement à la célèbre définition que les Anglais ont donnée des diplomates : « Des hommes envoyés à l'étranger pour mentir sur leur pays. » Au Vatican, on entend souvent cette histoire de *L'Osservatore romano* qui avait démenti un rhume du pape Pie X la veille de sa mort.

En août 1994, quand le pape partit en vacances à Combes dans les Alpes italiennes, Navarro-Valls, le porte-parole pontifical, ne cessa de publier des communiqués débordant d'optimisme. Vendredi 19 : « Jean-Paul II s'est promené pendant deux heures. » Samedi 20 : « Hier il a fait sa plus longue marche depuis son opération du col du fémur. Il est parti vers 10 heures et il est rentré après 17 heures. » Dimanche 21 : « Longue promenade. » Mardi 23 : « Il s'est rendu en hélicoptère au Petit-Chaux, altitude 2 420 mètres (après son déjeuner et une sieste) et il a entrepris la descente dans la vallée. » Vendredi 26 : « La promenade a été exceptionnellement longue. »

Mais le mois suivant, quand le pape s'est rendu à Zagreb, capitale de la Croatie, le monde entier a pu voir la souffrance d'un homme dont le visage était déformé par la douleur et qui pouvait à peine descendre la passerelle de l'avion. Ce fut la première fois que Jean-Paul II ne se prosterna pas pour embrasser la terre, ainsi qu'il l'avait toujours fait jusque-là pour rendre hommage au pays visité. Deux jeunes Croates en costume national lui présentèrent un peu de terre dans une coupe en bois, et il la baisa délicatement, avec une expression de tristesse.

Sa mauvaise santé a renforcé Karol Wojtyla dans son mysticisme. Il est persuadé qu'il y a toujours une raison de souffrir ; la douleur est à ses yeux une forme inférieure du martyre. « Pour moi, a-t-il dit à ses collaborateurs après s'être cassé l'épaule en novembre 1993, ce n'est qu'une occasion supplémentaire de m'unir plus intimement au mystère de la croix du Christ, dans une communion avec la multitude de frères et de sœurs qui souffrent. » Il est convaincu que ses souffrances sont indissociables de sa mission de pape et qu'elles ont une signification particulière, dans une époque en proie à la violence et la confusion morales. « Le pape a une conception théologique des souffrances qu'il endure, explique un cardinal de la Curie. D'après lui, il y a deux possibilités : soit les forces du mal se sont coalisées pour l'empêcher d'accomplir ce qu'il souhaitait faire ; soit Dieu veut que, en plus de son engagement physique et intellectuel, il s'identifie avec les souffrances d'autrui. »

On dirait que ce combat avec son corps renforce encore sa prodigieuse volonté. Ces dernières années, il a fait preuve d'une incroyable activité. Il a écrit *Veritatis Splendor* (Splendeur de la vérité), que beaucoup de membres de la Curie tiennent pour son encyclique la plus pénétrante, *Évangelium Vitae* (Évangile de vie) et *Ut Unum Sint* (Qu'ils ne fassent qu'un). Il a rédigé une lettre apostolique, *Tertio Millenio* (Le troisième millénaire), à propos du jubilé de l'an 2000. Il a fait des voyages longs et épuisants en Extrême-Orient et en Amérique du Nord. Il a même réorganisé le conclave en pensant à sa propre disparition : désormais, les cardinaux électeurs ne seront plus enfermés dans les cellules inconfortables et vétustes du Palais apostolique. Quand ils se réuniront pour élire son successeur, ils dormiront dans des chambres de la résidence moderne du Vatican, l'hospice Sainte-Marthe.

Veritatis Splendor, publiée dans la quinzième année du pontificat de Jean-Paul II, est l'encyclique de son âge mûr. Il s'y attaque à ce qu'il considère comme le plus grand péril de notre époque : le relativisme moral.

Rocco Buttiglione, l'un des spécialistes qui ont participé aux discussions organisées pour préparer ce livre, remarque : « Cette encyclique marque un nouveau début. Pendant les premières années du pontificat de Jean-Paul II, le problème était le communisme. Aujourd'hui c'est la crise morale de la démocratie occidentale. La liberté doit être liée à la vérité. La démocratie sans vérité est condamnée à l'échec. »

L'un des évêques qui contribuèrent à la rédaction de l'encyclique raconte comment le pape avait réagi, au cours de l'une de ces discussions familières qu'il aimait avoir après le dîner, à Castel Gandolfo ou au Vatican, afin de recueillir des idées pour ses écrits ou son action. Après avoir écouté les autres, sans rien dire, ainsi qu'à son habitude, il s'était soudain exclamé : « *Ne Crux evacuetur !* » (Que ne soit pas réduite à néant la croix du Christ – I Corinthiens, 17.)

Pour le pape, un monde privé de la croix serait un désert ; un monde privé de vérité serait l'enfer lui-même. Pour le croyant qui veut être fidèle au Christ, il est indispensable de savoir ce qu'est la vérité, ce que sont le bien et le mal.

Le thème de *Splendeur de la vérité*, c'est justement la question que pose celle-ci, dans un monde que le pape voit dériver vers le relativisme éthique. Il a fallu cinq ans pour rédiger cette encyclique. De source bien informée, une centaine de personnes y auraient pris part d'une manière ou d'une autre. Le pape en a lui-même écrit une première ébauche en polonais, en s'attachant plus particulièrement au premier chapitre, qui abonde en citations bibliques et qui est plus littéraire que le reste. Une seconde version a ensuite été proposée par diverses commissions et, à partir de là, il y a encore eu plusieurs remaniements successifs.

Comme c'est souvent le cas chez Jean-Paul II, c'est pendant l'été qu'il a conçu les idées maîtresses de son message, quand, vêtu d'un coupe-vent, il s'en va marcher dans les Alpes italiennes, avec son *alpenstock*, en compagnie du théologien polonais Tadeusz Styczen, son successeur à la chaire de morale de l'Université catholique de Lublin.

Cette encyclique est l'expression de l'humanisme de Jean-Paul II. C'est une tentative pour composer une somme morale et la transmettre à l'Église universelle. Le pivot en est la dignité et la responsabilité humaines. *Gloria Dei homo vivens* (L'homme vivant est la gloire de Dieu), insiste le pape, en citant saint Irénée. C'est ce qu'il n'a cessé de répéter tout au long de son pontificat.

Certains passages sont un miroir parfait de Karol Wojtyla le pasteur, le poète et le philosophe : « Si l'homme fait le mal, il a cependant le juste jugement de sa conscience pour porter témoignage de l'universelle vérité de la bonté, de même que du mal qu'il a choisi de faire. Mais le verdict de la conscience demeure en lui comme un promesse d'espoir et de pardon, car en même temps qu'il atteste du mal commis, il est également un rappel du pardon qu'il doit demander, du bien qu'il doit faire et de la vertu qu'il doit toujours cultiver avec la grâce de Dieu. »

La raison humaine est autonome, dit le pape, mais elle ne crée pas les règles éthiques qui, elles, viennent de Dieu. C'est une chose qui fascine aussi les non-croyants. Vaclav Havel, par exemple, s'est demandé récemment si les principales valeurs humaines, en particulier les droits de l'homme, peuvent être considérées comme une obligation pour tous, si on ne peut pas dire qu'ils ont un *fondement transcendant.*

Il est indéniable que beaucoup des préoccupations de Jean-Paul II sont partagées par des non-catholiques. Cette encyclique a cependant soulevé des controverses au sein du monde catholique et au-delà, à cause de sa position hostile à l'égard de la liberté intellectuelle des théologiens. La seconde partie de l'encylique est un examen laborieux et détaillé de certaines courants théologiques contemporains. Jean-Paul II critique impitoyablement ces écoles qui affirment que les conditions historiques, anthropologiques, culturelles et psychologiques ont une influence prépondérante sur les actions de l'être humain. Il les accuse de vouloir démolir la doctrine du mal intrinsèque. Il veut les faire taire.

Quand, pour répondre au désir du pape, les théologiens de la Curie insérèrent un paragraphe à l'appui de l'infaillibilité pontificale, dans l'une des versions préparatoires de *Veritatis Splendor*, un mouvement de résistance étouffée a parcouru l'Église. Dans le texte final, ainsi que le remarque le cardinal Ratzinger, la revendication d'infaillibilité a été supprimée, mais le fait qu'il en ait été question montre à quel point Jean-Paul II désirait donner une réponse définitive – et contraignante – à la question la plus controversée qui agite l'Église.

Dans *Veritatis Splendor*, le pape a eu recours à la formule la plus autoritaire qui puisse exister, en dehors de l'affirmation d'infaillibilité : « Frères de l'épiscopat, a-t-il dit en s'adressant aux évêques du monde entier, mon intention est d'énoncer les principes nécessaires pour pouvoir discerner ce qui est contraire à une *saine doctrine.* »

Le pape rappelait aux évêques qu'ils avaient un « devoir fondamental de vigilance personnelle », afin de s'assurer que la foi et la doctrine étaient correctement enseignées dans leur diocèse. En cas de « défaillances » graves (c'est-à-dire des déviations par rapport à la ligne Ratzinger-Wojtyla) de la part d'écoles, universités, hôpitaux et centres de conseil familial reliés à l'Église, le qualificatif de « catholique » leur serait retiré. Le pape songeait principalement aux hôpitaux et aux instituts de recherche catholiques favorables à la procréation *in vitro* et à la limitation des naissances par des méthodes artificielles.

Les théologiens dissidents reçurent l'ordre de taire leurs opinions contestatrices. S'ils obtempéraient, on leur accorderait peut-être le pardon. Sinon ils devraient abandonner leur chaire universitaire et ils n'auraient plus le droit de faire des conférences ou de publier des livres. L'objectif de cette encyclique était en partie de supprimer l'opposition par décret : « La dissidence, qui consiste en querelles et en polémiques étalées dans les médias est contraire à la communion avec l'Église et à la juste compréhension de la structure hiérarchique du peuple de Dieu. »

Hans Küng, enfant terrible de la théologie germanophone, réagit violemment : « Le pape est convaincu que sa doctrine est la doctrine du Christ et de Dieu lui-même [...] L'encyclique est plutôt un aveu d'échec. Si le pape se rend compte qu'après quinze années de discours, de voyages, d'encycliques et de catéchisme, les catholiques ne suivent toujours pas ses directives, alors *Veritatis Splendor* est la reconnaissance d'une crise : l'incapacité du pape à convaincre l'Église. »

Quant à Bernhardt Häring, théologien rédemptoriste de quatre-vingts ans, il était désorienté : « *Veritatis Splendor* renferme beaucoup de belles choses. Mais cette “ splendeur ” se dissipe presque totalement une fois qu'on a compris que tout le document a un but suprême : obtenir l'assentiment et la soumission absolus à tout ce que dit le pape. »

Plus surprenant encore fut le commentaire du cardinal-archevêque de Bruxelles, Godfried Danneels, dont Jean-Paul II avait fait l'éloge pour la manière dont il avait su ramener le calme au synode des évêques de 1985. « Ce n'est pas la meilleure des encycliques pontificales. »

Dans l'Église catholique, la litote est une forme subtile de contestation. Une autre façon consiste à encenser quelque chose, puis de s'empresser de l'enterrer. C'est ce qui est arrivé, en quelque sorte, à *Veritatis Splendor*. Nombreux sont les évêques qui pensent : « Ce que dit l'encyclique est très bien, mais que sommes-nous censés faire avec cela ? Notre tâche consise à trouver un moyen de ramener les gens dans les églises. »

Il est difficile de dire à quel moment précis commence la fin d'un pontificat. Rien de spectaculaire n'annonce l'approche du dernier acte.

Dans les congrégations de la Curie, rien ne change. Comme toujours, les monsignors entrent et sortent du Vatican avec leur serviette. La gigantesque machinerie des réunions, des rassemblements d'évêques et de cardinaux, continue à tourner. On convoque des synodes, on annonce des consistoires. Le pape voyage, le pape publie des documents, le pape se montre en public, mais...

Mais dans le monde des soutanes noires et des barettes pourpre, vient un jour où les monsignors commencent à parler de *lui* sur un ton particulier. Ils ont une façon à peine perceptible de prendre leurs distances vis-à-vis de Sa Sainteté, de faire seulement semblant de la défendre ou d'oublier de la citer. On laisse entendre qu'aucune politique n'est éternelle. Wojtyla « prêche héroïquement l'Évangile tel qu'il le conçoit », a dit un nonce en 1996.

Les Romains ont un dicton d'un froid réalisme : *Morto un papa, se ne fa un altro* (quand un pape est mort, on en fait un autre). Au Vatican, c'est une chose qu'on n'oublie jamais.

Au cours des dernières années, Jean-Paul II a commencé à se heurter à une sorte de muette résistance au sein de l'Église. Son autorité n'est plus acceptée inconditionnellement. Bien qu'il ait reçu, dans sa chapelle ou dans sa salle à manger privée, plus de monde que n'importe quel autre pape, il ne s'est pas fait d'amis personnels dans la Curie. Il a toujours été au-dessus de cela, et il est resté seul.

A l'exception du cardinal Ratzinger, tous ceux qu'il a nommés aux plus hauts postes de la Curie sont davantage enclins à exécuter ses ordres qu'à lui opposer des opinions personnelles et contestatrices. « Dans certains domaines, il a une équipe de confiance, dit un vétéran de la Curie, mais dans l'ensemble, ses conseillers sont incolores, et c'est l'une des faiblesses notoires de son pontificat. » Il ajoute que les hommes incolores ne sont généralement pas de grands penseurs, mais des individus pour qui il est plus important d'être fidèle que de se livrer à des analyses provocatrices, susceptibles de contrarier le monarque.

Karol Wojtyla est donc plus seul que jamais et, de son trône, il voit que ce qui se passe à la Curie et dans l'Église commence à lui échapper. Il a tenté avec *Veritatis Splendor* de préserver ce qui devrait être selon lui un ordre immuable. Son souci de traduire la volonté de Dieu dans la réalité, et sa conviction d'avoir été élu, vers la fin de ce deuxième millénaire, pour exécuter les plans de la Providence, se sont mués en un autoritarisme d'un genre particulier.

Au cours de ces dernières années, Jean-Paul II a essayé de trouver un moyen, qui lui survivrait, d'assujettir l'Église à sa conception de la volonté divine. Il a déclaré que les hommes mariés ne pouvaient pas être prêtres. Il a réaffirmé que les femmes ne pouvaient accéder à la prêtrise. Il refuse d'envisager que les personnes divorcées et remariées puissent recevoir la communion.

Il ne veut même pas qu'on soulève la question de l'ordination des femmes. Son but est d'empêcher toute discussion à ce sujet. Afin d'obliger les religieuses à ne pas l'aborder, à l'occasion du synode sur la vie monastique de l'automne 1994, un autre document pontifical,

Sacerdotalis Ordinatio (L'ordination des prêtres) fut publié, qui renforçait la vieille interdiction. L'argument utilisé était celui-là même auquel les Églises réformées et les anglicans avaient depuis longtemps renoncé : « Le Christ a choisi uniquement des hommes pour apôtres, et l'Église imite le Christ dans sa coutume de ne prendre que des hommes. »

Le ton de ce document était tout à fait inhabituel. « Afin qu'il n'y ait plus aucune incertitude, disait Jean-Paul II, je déclare, en vertu de mon ministère qui consiste à confirmer des frères, que l'Église n'a aucune autorité que ce soit à conférer la prêtrise à des femmes, et que tous les fidèles doivent se soumettre à cet avis. » Pourtant, l'incertitude subsistait et, un an plus tard, en novembre 1995, le cardinal Ratzinger dut publier un rappel à l'ordre disant que la déclaration du pape était « définitive et infaillible » et que tous les fidèles devaient s'y ranger. Il se trouve que le cardinal avait choisi une façon particulièrement contournée de proclamer l'infaillibilité de la décision papale – ce qui ne s'était pas produit depuis Vatican II –, puisqu'il avait dit que les paroles du pape reposaient sur une doctrine déjà « infaillible ».

Roma locuta, causa finita (Rome a parlé, la cause est entendue), avait coutume de dire saint Augustin. En réalité, plus Jean-Paul II entoure l'Église de fils barbelés, plus criantes sont les fissures des murs. L'opposition continue à engranger.

Au synode sur l'Afrique de 1994, l'archevêque congolais Ernest Kombo interpella le pape qui était présent au débat, avec l'espoir que les femmes puissent accéder aux fonctions les plus élevées de la hiérarchie ecclésiastique, même en tant que « cardinaux laïques ». Dans le document final, les évêques qui avaient participé à ce synode se disaient « horrifiés par la discrimination et la marginalisation dont les femmes étaient victimes, dans l'Église et dans la société », et ils inclurent une disposition déclarant qu'il était impératif d'intégrer les femmes aux divers niveaux de décision de l'Église.

Étant donné que le sexe, sous une forme ou une autre (divorce, prêtres mariés, ordination des femmes, contraception) est devenu le champ de bataille où Jean-Paul II exerce sa volonté de commander, il se heurte de plus en plus à l'opposition des princes de l'Église, qui désapprouvent ce qu'ils considèrent comme un préjugé culturel.

Carlo Maria Martini, cardinal-archevêque de Milan (souvent cité comme *papabile*) avait proposé de mettre à l'étude la possibilité pour les femmes de devenir diacres bien que le Vatican eût dit clairement que la question ne devait pas figurer à l'agenda de l'Église. Martini avait également qualifié le célibat des prêtres de décision prise au cours de l'Histoire, et qui pouvait être modifiée. Dans une interview à la BBC à propos de l'interdiction de donner la communion aux personnes divorcées et remariées, Martini n'avait pas caché son embarras.

L'évêque de Mayence, Karl Lehmann, président de la Conférence des évêques allemands, avait même demandé officiellement au Vatican d'annuler cette interdiction ou, au moins, de l'assouplir, en permettant aux couples de juger par eux-mêmes, selon leur conscience. Sur ordre de Jean-Paul II, le cardinal Ratzinger interdit aux évêques allemands de prendre une décision indépendante sur la question. Au consistoire de 1995, Lehmann fut puni d'avoir seulement tenté de modifier un décret du pape. On lui a refusé le chapeau de cardinal.

En Grande-Bretagne, le cardinal Basil Hume (autre *papabile* du dernier conclave) déclara que l'amour homosexuel était une expérience enrichissante, alors que *Veritatis Splendor* continue à ranger la sodomie parmi les péchés mortels.

En janvier 1995, Mgr Jacques Gaillot fut convoqué au Vatican et privé sans préavis de son diocèse, parce qu'il avait plaidé pour le mariage des prêtres, l'utilisation du préservatif pour les malades du sida et le respect pour les homosexuels ayant des relations stables.

D'importantes manifestations ayant eu lieu en protestation de ce renvoi brutal (Mgr Gaillot avait eu douze heures pour « démissionner », mais il avait refusé), le président de la Conférence des évêques français, Mgr Duval, déclara à la télévision (France 3 Normandie) : « C'est un acte d'autoritarisme qui ne peut être accepté par la société, ni même par l'Église. Les gens veulent la consultation et le dialogue. Ces derniers temps, les gestes autoritaires de la part de Rome se sont multipliés : le catéchisme de l'Église universelle, l'encyclique sur la moralité (*Veritatis Splendor*), l'interdiction d'ordonner des femmes, l'impossibilité de donner la communion aux personnes divorcées et remariées. Ces actes donnent de l'Église l'image d'une institution rigide et fermée. »

Un an après, les évêques français ont publié une brochure au sujet du sida, où il était dit que le préservatif était parfois une nécessité, position totalement rejetée par le Vatican. Même le cardinal d'Utrecht Adrianus Simonis, traditionaliste notoire, s'est prononcé en faveur de cette solution, comme étant « un moindre mal ».

Enfin, en 1996, un protégé de Wojtyla, l'archevêque de Vienne Christoph Schönborn, désigné par le pape pour prêcher le carême au Vatican, a déclaré : « On ne peut pas accepter que l'amour apporte la mort. »

L'une des principales pierres d'achoppement de ce pontificat reste la difficulté qu'a Jean-Paul II à pratiquer la démocratie chez lui. A l'occasion de l'affaire Gaillot, beaucoup de catholiques français se sont demandé si un pape qui s'est fait le champion des droits démocratiques en Pologne et dans le monde entier pouvait continuer à gouverner l'Église en monarque absolu. Rembert Weakland, évêque de Milwaukee, ancien supérieur des bénédictins, est persuadé que le pape Wojtyla « est habité par la grande peur que cette affaire de liberté et de démocratie ne finisse par contaminer l'Église ».

Jean-Paul II refuse de parler de cette question. Le nouveau *Manuel du clergé*, paru en 1994, dit que « de fausses idées de la démocratie érodent la structure hiérarchique [de l'Église] voulue par son divin Fondateur. » Mais le problème se pose de façon de plus en plus aiguë, en partie parce que les autres Églises chrétiennes s'y sont attelées directement et souvent efficacement. Beaucoup de catholiques réclament eux aussi d'avoir davantage voix au chapitre.

L'intransigeance de Jean-Paul II a pratiquement porté un coup d'arrêt aux projets d'union avec les autres Églises chrétiennes, où les principes démocratiques ont été mis en pratique par le biais d'assemblées spéciales. Sous son pontificat, il y a eu de nombreux gestes amicaux, mais aucun véritable pas en avant. C'est d'abord au sein de l'Église catholique que les ressentiments et les rancœurs s'accumulent. Mois après mois, le pape reçoit de sa Secrétairerie d'État des rapports inquiétants. Les méthodes arbitraires du Vatican ont déclenché l'apparition de mouvements d'opposition qui manifestent leur mécontentement par des pétitions. « Nous sommes l'Église », tel est leur cri de guerre. « Ce qui concerne tout le monde doit être décidé par tout le monde. » De telles protestations sont sans précédent. En Autriche, où le pape avait imposé comme successeur du cardinal König, un traditionaliste dur, le cardinal Hermann Grör (qu'il a dû destituer en 1995, à la suite d'accusations de pédophilie), un mouvement populaire de 500 000 catholiques présenta aux évêques une pétition demandant une révision de la question du célibat des prêtres, davantage de démocratie et une plus grande participation de l'Église autrichienne dans la nomination des évêques. (Ils sont choisis par le pape sur une liste secrète de candidats proposée par les nonces.) Ce mouvement de protestation gagna l'Allemagne, la France, l'Italie, la Belgique et les États-Unis. En Allemagne, les catholiques réformateurs recueillirent 1,5 million de signatures, et la faculté de théologie catholique de Tübingen lança un appel au Vatican pour que soit réhabilité le théologien Hans Küng, en soulignant que la faculté n'avait jamais demandé son départ pour de soi-disant déviances doctrinales.

Les catholiques américains exprimèrent leurs objections au plus haut niveau. En juin 1995, plus de quarante évêques apposèrent leur signature à une déclaration de douze pages dénonçant l'intervention du Vatican dans les décisions prises par la Conférence des évêques américains. Les signataires critiquaient la politique de la Curie visant à affaiblir le rôle de toutes les conférences des évêques, et l'habitude du Vatican de promulguer des décrets touchant près d'un milliard de catholiques sans consultation préalable. « Beaucoup ont l'impression que des documents romains émanant de diverses autorités réinterprètent systématiquement les textes de Vatican II, de manière à faire croire que c'étaient les positions minoritaires qui allaient dans le véritable sens de ce concile. » Dans cette pièce de théatre, le traître était, sans aucun doute, Karol Wojtyla.

Le pape, a dit Mgr Weakland, « a de plus en plus tendance à acculer les gens, si bien que s'il continue ainsi, il risque de semer la division dans l'Église ».

En tout cas, les questions non résolues ne cessent de refaire surface. Le refus du divorce, admis par toutes les autres Églises chrétiennes, a entraîné une montée en flèche des annulations, ce contre quoi Jean-Paul II fulmine en vain, année après année, à l'occasion de ses audiences à la Rote, la cour qui supervise les tribunaux ecclésiastiques et les procédures d'annulation, pour le monde entier.

« Un juge ne doit pas se laisser influencer par des concepts anthropologiques inacceptables », avait-il dit en 1987. « Un juge doit toujours se méfier du danger de sentimentalisme, qui est réservé au domaine pastoral » (1990). « Il est hors de question d'adapter la règle divine, ni même de l'infléchir pour satisfaire le caprice d'un être humain » (1992).

Mais le nombre des annulations, par lesquelles le tribunal déclare un mariage nul et non avenu, est resté très élevé, avec en tête les États-Unis. En 1991, le nombre total d'annulations était de 80 712, dont 63 933 aux États-Unis, et de 76 829 en 1992, dont 59 030 aux États-Unis.

En 1995, le pape a laissé éclater sa colère contre les évêques qui « rechigneraient à appliquer les règlements établis et confirmés par le droit canon ». C'est donc que de nombreux évêques prennent effectivement leurs distances avec des règles qu'ils n'approuvent pas.

La crise – car c'est une crise même pour ceux qui admirent Jean-Paul II et sont généralement d'accord avec ses décisions – se traduit aussi par la diminution des foules qui viennent acclamer le pape quand il retourne dans un pays d'Europe où il est déjà allé. Quand il s'est rendu à Prague, en mai 1995, la population l'a boudé. A peine soixante mille fidèles ont assisté à la messe célébrée au stade municipal – ils étaient 940 000 de plus lors de sa première visite en 1990.

Quelques semaines après, quand il est allé en Belgique, il n'y a pas eu plus de trente-cinq mille personnes à la messe célébrée devant la basilique de Koekelberg. Les évêques belges ne lui avait organisé qu'une visite de vingt-quatre heures. Le 4 juin, à l'occasion d'une rencontre avec d'anciens condisciples du Collège belge de Rome (où il avait vécu entre 1946 et 1948), le cardinal Jan Schotte se plaignit amèrement en disant : « Le Saint-Père aurait aimé passer trois jours en Belgique, mais les évêques belges n'ont pas voulu de lui. »

L'impression de solitude qui émane du trône pontifical est renforcée par l'attitude des fidèles, spécialement en Europe. Les sondages reflètent une absence de consensus. En 1984, Jean-Paul II était « très populaire » auprès de 54 % de Belges ; ce chiffre est aujourd'hui de 26 %. Seulement 19 % approuvent l'interdiction de communier pour les personnes divorcées et remariées ; 25 % approuvent l'interdiction des contraceptifs. Le pape obtient un fort pourcentage de popularité uniquement pour ses voyages à l'étranger (62 %) et son rôle en Europe de l'Est (54 %).

Même en Italie, le pays le plus directement soumis à l'influence du Vatican, les fidèles font preuve d'indépendance. Un sondage effectué en 1995 pour la conférence des évêques italiens montre que seulement 23 % des Italiens vont régulièrement à la messe et que 60 % ne se confessent jamais. Plus de la moitié des catholiques italiens sont favorables au divorce et aux relations sexuelles avant le mariage. Environ 70 % approuvent l'utilisation de la pilule ; 53 % ne font pas d'objection à l'homosexualité et seulement 14 % estiment que l'avortement devrait être interdit en toutes circonstances.

Mais les sondages n'ont jamais eu la moindre influence sur Jean-Paul II. Dans son esprit, le combat pour défendre les lois morales et religieuses, telles qu'il les conçoit, est un devoir absolu. C'est un lourd fardeau, mais personne ne l'a jamais entendu se plaindre des fatigues de sa charge. Parfois, quand il rentre de voyage, épuisé, son ange gardien, sœur Eufrozja, l'accueille par ses mots : « Je m'inquiète pour Votre Sainteté. » Ce à quoi il répond avec un sourire malicieux : « Moi aussi je m'inquiète pour ma sainteté. »

EVE

Une femme marche dans les couloirs du palais, accompagnée d'un homme en costume sombre, avec qui elle n'échange que quelques rares paroles. Les statues, les tapisseries, les fresques se succèdent. En entrant dans une salle, elle jette un coup d'œil sur une bible ancienne posée sur une magnifique table en marbre sculpté ; mais bien que tous ces fabuleux objets d'art éveillent sa curiosité, elle ne se laisse pas impressionner. Elle est habituée à voir des merveilles. Rome, New York, Londres et Genève lui sont aussi familiers que les grandes cités d'Asie, d'Afrique ou d'Amérique latine. Elle ne visite pas un musée, en cette matinée du 18 mars 1994. Elle est venue parler sérieusement des femmes, des mères, des familles. Avec sensibilité et délicatesse, sans détour s'il le faut et, le cas échéant, avec une intraitable fermeté.

En arrivant dans la salle Clémentine, elle jette un regard sur le trône. Bien que vide, il n'en est pas moins majestueux. Mais l'homme en costume sombre l'entraîne dans un nouveau corridor.

Jean-Paul II attend dans son bureau. Depuis le début de son pontificat, les femmes sont pour lui un sujet de préoccupation, du moins c'est ce que ne cesse de répéter la presse. Soit les médias parlent de l'avortement et de son refus de laisser les femmes libres de choisir, soit ils commentent son interdiction de leur permettre d'accéder à la prêtrise. Dans un cas comme dans l'autre, il est invariablement accusé d'être rétrograde et indifférent aux besoins et aux aspirations des femmes modernes. Ces critiques l'irritent ; quand il en rencontre une, dans les comptes rendus de presse qu'on lui remet, il l'écarte avec un froncement de sourcils.

Sur le sujet des femmes, Jean-Paul II ne se sent pas conforme à l'image négative que donnent de lui les médias. Il a envers elles des sentiments d'infinie tendresse. Ne les considère-t-il pas comme des êtres extraordinaires et irremplaçables ? N'a-t-il pas écrit une lettre apostolique spéciale, *Mulieris Dignitatem* (La dignité de la femme), où il dit : « La femme a une valeur particulière [...] du fait de sa féminité. »

N'a-t-il pas salué lyriquement « l'amour conjugal – avec son potentiel maternel caché dans le cœur de la femme comme une virginale fiancée ? » Il est convaincu que le « génie féminin », quand il est allié au Christ, prédispose la femme à « s'ouvrir spécialement à tous et à chacun. »

Le féminisme radical attriste Karol Wojtyla. Quand Zofia Zdybicka venait le voir au Vatican, il lui disait souvent : « Ma sœur, j'ai tant de respect pour les femmes, j'ai une si haute opinion d'elles. » Et il ajoutait : « Je sais que les femmes possèdent un énorme potentiel à faire le bien [...] c'est seulement qu'elles sont actuellement soumises à des contraintes culturelles. »

Un jour, en 1993, il a clamé son respect pour les femmes devant le monde entier, de la fenêtre de son bureau donnant sur la place Saint-Pierre : « Marie, Vierge et Mère du Rédempteur, je voudrais dire un vibrant merci au Seigneur de la part de l'Église tout entière pour nous avoir donné la femme, pour toutes et pour chacune d'entre elles. »

Mais la marée des critiques qui lui sont faites, de l'intérieur de l'Église aussi bien que de l'extérieur, ne reflue pas. En ce qui concerne l'idée de maternité, un gouffre profond le sépare des féministes ainsi que de beaucoup d'autres femmes qui ne s'estiment pas féministes. Pour Wojtyla, la grossesse est en soi un symbole exaltant. Pour lui, explique David Schindler, rédacteur en chef du journal théologique *Communio,* « la gestation d'un enfant peut se comparer à l'état de contemplation. C'est comme absorber quelque chose et servir de réflecteur. On s'installe, puis viennent la période de maturation et la naissance. Et avec la naissance, la souffrance, la douleur [...] Cette façon de voir est fondamentale pour le pape. »

Mais pour les féministes et pour d'autres qui se méfient d'une vision abusivement romantique et trompeuse de la femme – ange ou mère – il est essentiel d'avoir la maîtrise de son corps et de ne pas être traitée comme un simple réceptacle, un pot de fleurs où germerait une plante rare. Le conflit est donc profond.

Le pape sait pertinemment qu'il est très critiqué dans le monde catholique et, en particulier – ainsi que des services du Vatican ne manquent pas de le lui rappeler – aux États-Unis, pour sa position au sujet des femmes. C'est d'ailleurs une religieuse américaine, la supérieure des sœurs de la Pitié, qui a osé le braver un an à peine après son élection. Cela se passait à Washington, à l'Immaculée Conception, le dernier jour de son premier voyage aux États-Unis, en octobre 1979. Environ cinq mille religieuses avaient envahi l'église. Plus des deux tiers étaient en civil, bien que le pape eût dit, aussitôt après son élection, qu'il tenait à ce qu'elles portent l'habit de leur ordre et qu'il l'ait répété tout au long de son voyage en Amérique. Cette marque d'insoumission l'irrita.

Ça et là, dans la nef et les bas-côtés néo-gothiques, il aperçut une cinquantaine de femmes qui se distinguaient des autres. Elles avaient un curieux brassard bleu, et faisaient penser à des membres d'un groupe d'action catholique. Il demanda ce que c'était, et on lui dit que ces religieuses appartenaient à un mouvement contestataire qui revandiquait l'ordination des femmes. Leur devise était : « Si les femmes sont capables de faire du pain, elles sont également capables de le rompre. »

La sœur qui accueillait le pape était Theresa Kane, présidente de la conférence des religieuses. C'était une petite femme, vêtue d'un tailleur bleu. Après un bref discours de bienvenue traditionnel, elle lança d'une voix forte : « Votre Sainteté, l'Église devrait répondre aux souffrances des femmes en envisageant la possibilité de leur donner accès à tous les ministères sacrés. » Cette déclaration fut saluée par de vibrants applaudissements qui furent retransmis par la télévision dans le monde entier.

Ensuite sœur Kane s'approcha du fauteuil pontifical et s'adressa au pape de façon très démocratique, presque irrévérencieuse, comparée à celle des religieuses polonaises et italiennes du Vatican : « Bonjour, je suis enchantée de faire votre connaissance », dit-elle en lui serrant la main. Elle lui demanda sa bénédiction, s'agenouilla mais ne baisa pas son anneau. Jean-Paul II marqua le coup. Quand vint son tour de s'adresser aux religieuses, il le fit sans son affabilité coutumière et n'eut pas un sourire.

Sœur Kane a raconté par la suite avec quelle rapidité le Vatican avait riposté. Quelques semaines après cet épisode, alors qu'elle se trouvait à Rome pour une réunion de la Congrégation des Ordres religieux, elle reçut ce laconique message : « Nous aimerions avoir des éclaircissements sur la façon dont vous avez accueilli le Saint-Père à l'Immaculée Conception. »

Au Vatican, elle fut reçue par un prêtre et non, contrairement à ce qui était prévu, par le cardinal Eduardo Pironio, préfet de la Congrégation pour les Instituts de vie consacrée. La scène, quoique vaguement intimidante, avait quelque chose d'absurde. « Maintenant que nous en avons terminé avec tous les points du programme, dit le prêtre, je vous demanderai de nous donner des éclaircissements sur l'accueil que vous avez réservé au pape. »

« Et moi je vous demande ce que vous souhaitez que j'éclaircisse », répliqua la religieuse. Un silence de mort se fit. Le prêtre se tourna vers ses collègues et dit : « Qu'est-ce qu'il y a à éclaircir ? » Personne ne répondit.

Ils voulaient évidemment qu'elle dise que, dans son discours au pape, elle n'avait pas fait allusion à l'ordination des femmes. Mais elle s'entêta : « Il faut que vous le sachiez, j'ai bien parlé d'ordination. » Le châtiment tomba à la fin du mandat de sœur Kane comme présidente de la conférence des religieuses. Quand elle demanda à voir Jean-Paul II, il lui fut répondu qu'une rencontre serait « inopportune ».

Les femmes avaient donc commencé à protester. Au fil des ans, elles auront été les seules, à de rares exceptions près, à contredire Jean-Paul II devant des assistances nombreuses, devant la presse et la télévision. Sans faire de longs discours, mais sans jamais céder, en se repassant obstinément le relais.

L'année suivante, en 1980 à Munich, dans la très catholique Bavière, une jeune femme nommée Barbara Engel s'en prit à l'attitude de l'Église envers le célibat des prêtres et les questions sexuelles. Quand le pape se rendit en Suisse, ce fut encore une femme, Margrit Stucky-Schaller, qui lui lança : « Nous regrettons que notre travail ait si peu d'importance pour la foi et pour l'Église. Nous autres femmes avons l'impression d'être considérées comme des citoyens de second ordre. »

En 1985, à l'occasion d'un voyage de Jean-Paul II en Belgique et Hollande, des troubles se produisirent. A Utrecht, des milliers de jeunes punks, d'anarchistes et d'homosexuels descendirent dans la rue et protestèrent bruyamment contre l'autoritarisme du pape. Pendant trois heures, il y eut des bagarres avec la police. Plus tard dans la journée, Hedwig Wasser, qui avait été la principale intervenante lors de la réunion des organisations missionnaires, lui demanda : « Comment pouvons-nous être crédibles si nous proclamons l'Évangile en pointant un doigt accusateur, au lieu de tendre la main pour aider ? Si, au lieu de leur faire une place, nous excluons les couples divorcés, les homosexuels, les prêtres mariés et les femmes ? » Sans s'émouvoir de l'embarras visible de l'entourage du pape, Hedwig Wasser regarda Jean-Paul II bien en face et poursuivit : « Des événements récents, survenus dans l'Église, ont contraint beaucoup d'entre nous à désobéir aux autorités ecclésiastiques. »

A Louvain, à la filiale de la célèbre université flamande, l'attaque vint d'une jeune femme d'origine polonaise, Véronique Yoruba, présidente de l'association des étudiants. « Nous sommes angoissés à l'idée que l'utilisation des contraceptifs puisse placer certains couples en marge de l'Église. Certaines positions que vous avez prises concernant les pays d'Amérique latine et la théologie de la libération nous ont surpris. Nous croyons que le Nicaragua comme la Pologne, le Salvador comme le Chili sont des pays où les gens luttent pour défendre les principes de justice, de liberté et de démocratie auxquels l'Église est attachée. »

Dans la salle de conférences de l'université, ce fut un beau vacarme. Les applaudissements de ceux qui soutenaient Yoruba se mêlaient aux cris des partisans de Wojtyla, qui tentèrent de la faire taire en criant : « Vive le pape ! » Elle se tourna alors vers un groupe particulièrement bruyant et s'écria ironiquement : « Merci, l'Opus Dei. » Jean-Paul II eut une réaction paternelle : il embrassa la jeune étudiante sur la tête.

Mais en ce printemps de 1994, ce n'était plus avec ce genre de petit geste théâtral qu'on pouvait apaiser de tels conflits. Cette femme qui venait le voir au Vatican était aux yeux de Jean-Paul II un ange de la mort. Il avait commencé l'année en annonçant que les Nations unies avaient le projet de détruire la famille et la vie, et que c'était au Caire que ce crime allait se commettre.

La conférence des Nations unies sur la Population et le Développement, prévue pour le mois de septembre au Caire, devait donner son approbation à un programme mis au point au cours de nombreuses réunions préparatoires. Ce programme était axé sur deux principes :

garantir les droits à la fécondité des couples et des individus, et assurer les conditions de santé nécessaires à la fécondité. L'accent était porté sur l'obligation des gouvernements de mettre en place des services sanitaires, tout en accordant la plus grande liberté possible sur le plan des méthodes contraceptives. Cela avait déjà éveillé la méfiance du pape qui redoutait l'instauration d'une politique mondiale préconisant la distribution massive de pilules contraceptives et de préservatifs. Mais ce qui l'inquiétait le plus, c'était l'insistance avec laquelle il était dit que les avortements devaient être pratiqués dans la légalité et la sécurité.

Dans le dossier qu'elle avait préparé pour le pape, la Secrétairerie d'État soulignait que la situation politique avait énormément changé depuis la précédente conférence, dix ans auparavant, à Mexico. Sous l'administration Reagan, les États-Unis avaient prôné une politique « pro vie », pour faire plaisir au pape et renforcer l'alliance stratégique avec le Vatican. Mais aujourd'hui, à Washington, le vent avait tourné. L'administration Clinton était favorable au libre choix des femmes et elle défendait les droits sexuels individuels, y compris ceux des homosexuels. Elle était également pour l'avortement dans la légalité et la sécurité.

Le pape trouvait cela intolérable. Il soupçonnait les États-Unis et un lobby féministe américain de vouloir imposer des mœurs sexuelles de type occidental aux pays en voie de développement. Dans une lettre aux familles du monde entier, rédigée quelques semaines plus tôt, il avait défini les camps en présence : d'un côté la civilisation de la vie et de l'amour, défendue par l'Église et, de l'autre, une anti-civilisation destructrice, contaminée par l'utilitarisme, avec une éducation sexuelle irresponsable, l'avortement à la demande, la propagande pour l'amour libre (« qui détruit les familles »), la désintégration du mariage (faisant des « orphelins dont les parents sont vivants »), les unions homosexuelles, le tout représentant un courant « dangereux pour l'avenir de la famille et de la société ».

Il fallait que cette femme qui venait le voir comprenne qu'il se battrait bec et ongles contre cette « tuerie, ce nouveau massacre des d'innocents, cet autre holocauste ». L'Holocauste était précisément l'image qui lui venait à l'esprit à chaque fois qu'il entendait le mot avortement.

La porte s'ouvrit. Le regard de la femme se porta vers le bureau, au centre de la pièce. Jean-Paul II y était assis et ce n'est que lorsqu'elle commença à s'approcher qu'il se leva en signe de politesse. Il était seul. Toute la lumière semblait converger sur sa soutane blanche et l'or de sa croix pectorale.

Le pape regarda sa visiteuse. Nafis Sadik, sous-secrétaire à la Population et au Dévelopement aux Nations unies était vêtue à la mode de son Pakistan natal : une sari pastel, sur un pantalon de même couleur. Elle approchait de la soixantaine, sa peau était brune et ses cheveux noir de jais. Elle avait un air calme et déterminé.

Jean-Paul II lui serra la main et, tout en lui désignant un siège, il lui dit :« Vous savez que c'est l'année de la famille. » Il s'interrompit pour laisser à sa déclaration le temps de faire son effet. Sadik, qui venait à peine de s'asseoir, fut prise de court. Avant qu'elle ait pu répondre, le pape poursuivit : « Mais selon moi, c'est plutôt l'année de la désintégration de la famille. »

Le ton accusateur de Jean-Paul II frappa la déléguée des Nations unies. Elle répliqua aussitôt en remarquant qu'il y avait toutes sortes de familles, dans le monde : des familles élargies, des familles nucléaires, des familles monoparentales et des familles abandonnées. Mais levant l'index de la main droite, le pape se lança dans une longue tirade. « Comment croyez-vous que la population mondiale se soit accrue ? C'est grâce à la famille. Une famille, c'est un mari, une femme et des enfants. Et le mariage est la base unique de la famille. Les homosexuels et les lesbiennes ne forment pas des familles. »

Sadik eut envie de lui dire qu'il ignorait les réalités de la vie, mais elle se contenta de lui signaler que le programme d'action de la conférence portait principalement sur les mères et les enfants, c'est-à-dire, les individus les plus touchés par les sévices sexuels et les conséquences qu'entraîne une famille trop nombreuse.

De nouveau, Wojtyla leva la main : « Les Nations unies doivent faire entendre leur voix, déclara-t-il. Elles doivent servir d'autorité morale et spirituelle. » Sadik s'aperçut que la main du pape tremblait et que tout son visage trahissait une grande tension émotionnelle. Elle répéta que les Nations unies devaient représenter l'opinion de tous ses membres et qu'elles devaient être le reflet des cultures de 5,7 milliards d'êtres humains. Mais elle avait du mal à s'expliquer, car le pape l'interrompait sans cesse et sautait d'un sujet à l'autre.

« Pourquoi votre position est-elle différente de celle de la conférence précédente ? demanda-t-il.

– Vous devriez vous en réjouir, Très Saint-Père, car en ce qui concerne les problèmes de population, nous avons choisi une approche axée sur la personne. Tout est basé sur les besoins et les choix individuels. »

Il y avait en effet une grande nouveauté dans le document préparatoire de la conférence du Caire. La question de l'accroissement de la population était essentiellement liée aux problèmes d'évolution – à l'éducation, à la santé et la prise de décision par les femmes. Au lieu de recommander une limitation numérique risquant d'inciter les gouvernements à restreindre l'importance des familles, comme cela avait été le cas précédemment, le document mettait l'accent sur les droits des femmes concernant la fécondité, sur la liberté de choix dans le domaine des méthodes de contrôle des naissances et, enfin, sur la préservation de la santé publique. En ce qui concernait l'avortement – que les auteurs de cette proposition ne défendaient pas, mais dont ils se sentaient obligés de parler –, on demandait des garanties pour qu'il soit pratiqué dans la légalité et la sécurité.

« Qui fait plus que l'Église pour faire progresser les gens ? » demanda soudain le pape en se penchant vers Sadik.

« Je le reconnais, répondit-elle, en ajoutant qu'elle avait fait ses études dans une école religieuse, à Calcutta. Mais pas dans le domaine du contrôle des naissances. »

Elle comprit alors quelle ligne elle devait adopter. Le pape la regarda droit dans les yeux. Elle se raidit et lui rendit son regard. Il s'agissait d'un véritable combat et non d'un différend entre gens bien élevés.

« Le contrôle des naissances ne peut être pratiqué qu'en accord avec les lois morales, spirituelles et naturelles, dit Jean-Paul II.

– Mais les lois naturelles offrent des méthodes de contrôle des naissances peu fiables », répliqua Sadik.

Il fut ensuite question du libre choix des individus concernant le contrôle des naissances. « Dans ce domaine, dit le pape, il ne peut y avoir de droits ou de besoins individuels. Il n'y a que les droits et les besoins du couple.

– L'idée de couple implique une relation d'égalité. Dans beaucoup de sociétés, et pas seulement dans le monde en voie de développement, les femmes n'ont pas un statut égal à l'homme. La violence sexuelle règne dans les familles. Les femmes aimeraient bien avoir recours à des méthodes naturelles et pratiquer l'abstinence, puisque ce sont elles qui tombent enceintes, alors qu'elles n'en ont pas envie. Mais elles ne peuvent le faire sans la coopération du partenaire. »

Elle lui parla des quelque 200 000 femmes qui meurent chaque année en s'avortant elles-mêmes, et elle remarqua : « Il faut que les chefs religieux – et tout le monde, d'ailleurs – s'attellent à cette question capitale.

– Ne pensez-vous pas que c'est la faute des femmes si les hommes se conduisent de façon irresponsable ? » laissa tomber Jean-Paul II.

Sadik était abasourdie. « J'en suis restée bouche bée », devait-elle remarquer par la suite. Jean-Paul II se rendit compte qu'elle était choquée et il essaya de changer de sujet.

Mais la femme en sari l'arrêta. « Excusez-moi, mais il faut que je réponde à ce que vous venez de dire. Dans la plupart des pays en voie de développement, les hommes considèrent les rapports conjugaux comme un droit, et les femmes doivent se soumettre. Les hommes rentrent ivres à la maison, ils ont des relations sexuelles avec leur femme et elles tombent enceintes. Ou encore, elles attrapent le sida, sans avoir aucun pouvoir sur le comportement de leur partenaire et sur leur propre situation. »

Sadik n'en avait pas terminé. « La violence au sein de la famille, le viol, est en fait très courant dans nos sociétés. Le plus révoltant, c'est que les femmes sont les seules à en subir les conséquences. Beaucoup sont abandonnées, vous le savez. L'Amérique latine regorge de familles abandonnées par le père, de femmes qui se retrouvent chefs de famille, avec des enfants à élever, pendant que l'homme s'en va fonder une autre famille ailleurs. »

Le pape avait un air sévère ; son regard, ordinairement si chaleureux, avait pris une lueur glacée. Il sembla à Sadik qu'il était tendu comme un ressort. Rien ne l'avait préparée à un tel accueil.

« Pourquoi est-il si dur, si dogmatique, si dépourvu de bonté ? se demanda-t-elle. Il pourrait dire au moins qu'il compatit avec la souffrance de ces femmes, mais que le meilleur chemin est celui de la morale. » Après cet entretien elle confia à des amis : « Il n'est pas du tout le personnage bienveillant que les gens croient. »

De son côté, Jean-Paul II n'éprouvait pas davantage de sympathie pour son interlocutrice. Selon lui, le programme de Sadik, bien qu'elle fût pakistanaise, était un produit du féminisme américain, l'une des plaies du monde contemporain, une forme d'impérialisme culturel destructeur. Il avait encore une fois la preuve que l'Occident avait oublié le sens profond de la mission de la femme. Qu'y avait-il de plus beau que de donner la vie, de façonner la personnalité d'un enfant, de le guider vers l'âge adulte ?

Le pape déplorait qu'au sein même de l'Église, même parmi les théologiens, il y eût des gens qui n'aient pas pris totalement conscience du prix de la vie et du rôle unique des femmes.

Sadik était justement en train de lui dire que tout en recommandant la méthode des températures comme moyen de limiter les naissances, les évêques allemands reconnaissaient qu'elle n'était pas toujours applicable. Ils avaient donc demandé que d'autres moyens soient mis à la disposition des femmes, afin qu'elles puissent décider du nombre d'enfants qu'elles désiraient avoir.

Le pape l'interrompit d'un air agacé. Il était clair qu'il n'aimait pas être contredit et qu'il n'y était pas habitué. « Je connais ce rapport, bien entendu. C'est le matérialisme de la société allemande qui a fait pression sur les catholiques pour qu'ils prennent cette position. »

Sadik se rendit compte que les chances de trouver un terrain d'entente étaient minces. Une fois encore, le pape changea de sujet. « Il faut apprendre aux adolescents à être responsables, c'est le seul moyen. Éduquons-les.

– Je n'y vois pas d'objection, dit Sadik en ajoutant qu'il ne fallait pas oublier qu'il y avait dans le tiers-monde une quantité d'adolescentes qui se retrouvaient enceintes.

– On ne peut pardonner une conduite immorale », objecta le pape.

Mais Sadik s'obstinait, en tant que femme et gynécologue : « Même si l'on n'est pas d'accord, il faut tout de même soigner les gens, quand leur santé est menacée à cause de ce qu'ils ont fait. Même si on les désapprouve, notre rôle n'est pas de les juger sans rien faire. Quand c'est possible, il faut les aider, les aider et leur fournir...

– Le seul moyen, c'est de se conformer à la loi morale, spirituelle et naturelle. Et il faut éduquer, éduquer, éduquer », répliqua le pape.

« J'étais hors de moi, se rappelle Sadik. Je voulais sincèrement trouver un moyen d'établir un dialogue avec lui, pas forcément pour le faire changer d'avis. Mais il était d'une telle dureté. »

« Combien pensez-vous qu'il y a de catholiques dans le monde, demanda brusquement Sadik au pape, qui la regardait, penché sur son bureau.

– Et combien de musulmans ? risposta-t-il.
– Environ 1,2 milliards.
– Et autant de catholiques (En réalité, le chiffre exact est plus près de 900 millions).
– Ce n'était pas tout à fait le sens de ma question, reprit Sadik. Je vous demandais combien il y a, à votre avis, de catholiques qui se conforment aux directives de l'Église, dans ce domaine ?
– Seuls les catholiques des sociétés développées et matérialistes ne s'y conforment pas. Tous ceux des pays plus pauvres les suivent.
– Je suis désolée de ne pas être d'accord avec vous ; en Amérique latine, par exemple, les femmes n'ont pas accès aux moyens de contraception et c'est pourquoi elles ont recours à l'avortement. En fait, c'est dans certains pays catholiques très pauvres qu'on trouve le pourcentage d'avortements le plus élevé. »

Le pape répliqua que les femmes étaient parfaitement capables d'éviter les rapports sexuels, si elles le voulaient.

« Ce n'est pas du tout ce que j'ai constaté. Pour les millions de femmes dont je m'occupe, les choses ne se passent pas du tout comme cela.
– Les Nations unies ne peuvent pas inclure dans leur programme la stérilisation obligatoire, le contrôle des naissances obligatoire et l'avortement.
– Il n'en est nullement question », remarqua sèchement Sadik, qui se rendit compte que le pape n'avait pas lu le document préparatoire de la conférence du Caire et qu'il ne se fondait que sur des extraits peu représentatifs.

« Vous êtes musulmane, dit tout à coup Jean-Paul II, avant d'ajouter très vite : L'islam est la religion qui progresse le plus. »

Puis presque sans transition, il lui expliqua qu'il pensait que la jeune génération, dans les pays ex-communistes et ailleurs dans le monde, allait repousser l'athéisme pour revenir à la religion.

« Les Nations unies doivent défendre les principes éthiques, et peu importe ce que disent les pays. Dans les sociétés occidentales, la famille est en train de se désintégrer. Les valeurs morales ont disparu. J'en suis personnellement très inquiet et j'en ai fais une mission personnelle. En octobre, j'irai faire un discours à ce sujet, aux Nations unies. »

L'entretien durait depuis quarante minutes. Sadik mit un moment à réaliser qu'il avait pris fin. Elle se retrouva soudain avec une médaille d'argent entre les mains. Un monsignor entra pour dire au pape que d'autres occupations le réclamaient. L'audience était terminée. Dans l'antichambre, le photographe de service était curieusement absent. Le service du protocole du Vatican avait apparemment estimé que Nafis Sadik ne méritait pas une photo.

Elle ressortit sur la place Saint-Pierre, déçue par l'insensibilité du pape. « Il n'aime pas les femmes, dira-t-elle plus tard. J'attendais de sa part un peu plus de compassion pour la souffrance et la mort. »

Une semaine après l'audience accordée à Nafis Sadik, cent quarante nonces arrivèrent à Rome, venant du monde entier, pour une conférence extraordinaire au sommet. Jean-Paul II avait décidé de déclarer la guerre aux Nations unies. Il était furieux. Le cardinal Deskur, son ami le plus proche au Vatican, et à qui il a coutume d'aller rendre visite chaque semaine, ne l'avait jamais vu dans une telle colère. Assis à la table d'où l'on voit l'abside de Saint-Pierre, cette table où Deskur avait organisé tant de dîners pour faire connaître le jeune évêque Wojtyla, le pape ne ménagea pas ses mots : « Elles vont entraîner le naufrage de l'humanité », déclara-t-il. Sa condamnation visait à la fois les Nations unies et les démocraties occidentales.

Sa décision prise, Jean-Paul II passa à l'action avec une fièvre belliqueuse qu'on ne lui avait jamais connue, même quand il s'agissait de sauver la Pologne. Il dit au dominicain Feliks Bednarski que la manière dont les gouvernements occidentaux concevaient la famille était totalement contraire à la raison et à Dieu. Il donna l'ordre à son secrétaire d'État, le cardinal Angelo Sodano, de mobiliser toutes les délégations diplomatiques du Saint-Siège afin de faire pression sur les gouvernements favorables au Vatican, et de constituer un lobby capable de bloquer le programme d'action des Nations unies.

Le 25 mars 1994, les cent quarante nonces convoqués à Rome pénétrèrent dans le Palais apostolique par la grande porte de bronze. Ils se trouvèrent face à un véritable conseil de guerre. Outre le cardinal Sodano, il y avait là le ministre des Affaires étrangères du pape, Mgr Jean-Louis Tauran, le cardinal Roger Etchegaray, directeur du Conseil de la Justice et de la Paix, et le cardinal Alfonso Lopez Trujillo, président du Conseil pontifical pour la famille, le collaborateur le plus proche et le plus fidèle du pape pour les questions touchant au couple et à la morale sexuelle.

Dernièrement, il n'y avait eu que trois réunions de ce genre ; pour la guerre du Golfe, à l'occasion de l'éclatement de la Yougoslavie et pour la reconnaissance de l'État d'Israël par le Vatican. Les nonces comprirent qu'il allait leur falloir livrer bataille pour défendre la vie, « de la conception à la mort », avec toutes les armes de la diplomatie. Il leur fut dit que certains points du programme d'action des Nations unies contredisaient les « principes éthiques fondamentaux » et favorisaient l'avortement à la demande, qui serait par conséquent utilisé comme un moyen de contrôle des naissances. Le pape était fermement convaincu que ce document était inspiré par une vision individualiste de la sensualité et que ses auteurs considéraient le mariage comme désuet.

L'effet fut immédiat. Lors de la réunion suivante de la commission préparatoire des Nations unies chargée de définir les lignes du programme d'action, des délégations de l'Amérique latine et celle de la Grèce qui représentait l'Union européenne demandèrent un nouveau débat sur le texte. Les paragraphes donnant lieu à des désaccords furent mis entre parenthèses et, bientôt, les parenthèses se multiplièrent au point de former un réseau de barbelés pour près de la moitié du document. Au Vatican, on se réjouit de la « défaite cuisante » subie par « Clinton et ses alliées féministes ».

Le 28 avril, le pape se fractura le col du fémur, mais cela ne l'arrêta pas. C'était peut-être nécessaire à l'année de la famille, confia-t-il à des proches, voulant dire par là qu'il fallait voir sa souffrance comme le symbole d'un sacrifice spécialement dédié à la cause des valeurs familiales. Le commentaire de Radio Vatican vint renforcer ce climat de mysticisme : « Une fois de plus, le pape se fait pèlerin dans l'univers de la souffrance – de sa souffrance personnelle – lui qui porte déjà sur ses épaules le poids des chagrins de l'humanité. »

Depuis le lit où il était cloué, à la clinique Gemelli, Jean-Paul II continua à mener le combat contre les Nations unies. Il poussa ses collaborateurs à rechercher une alliance avec l'islam, et les diplomates du Vatican se mirent à courtiser les pays islamiques les plus intégristes. Mgr Tauran, le ministre des Affaires étrangères du pape, se rendit en Libye et en Iran. Le risque que l'extrémisme islamique n'affaiblisse les États musulmans laïques et pro-occidentaux (qui entretenaient en général de meilleurs rapports avec l'Église catholique) semblait devenir négligeable.

Pour la première fois depuis que Pie XII avait engagé la lutte contre le stalinisme, l'Église tout entière se mobilisait pour livrer une bataille politique. Les quatre mille évêques catholiques répartis dans le monde reçurent la consigne de faire pression sur le gouvernement et les partis politiques de leur pays. Certains prélats pro-Wojtyla, comme le cardinal archevêque de New York, John O'Connor, s'enflammèrent : « Il faut que le monde comprenne bien que le pape, à titre personnel, ainsi que tous ceux qui le soutiennent, sont profondément consternés par le document préparatoire (des Nations unies) [...] ce sentiment est si fort que cela pourrait être dramatique si la conférence du Caire se déroulait sur la base de ce document et si l'Occident l'approuvait. » Soutenu par Rome, le cardinal envisageait de faire venir spécialement le pape aux Nations unies pour la condamner.

Les évêques et les cardinaux hostiles à cette croisade se réfugièrent dans le silence ou ne parlèrent que du bout des lèvres. Ils étaient loin de tous partager l'enthousiasme du fidèle archevêque de New York, le plus important diocèse des États-Unis, qui déclarait : « Je vois une alliance se former contre l'Occident, entre l'Église catholique et le monde musulman. Elle pourrait entraîner d'énormes changements. »

Devant les évêques africains réunis en synode à Rome, Mgr Diarmuid Martin, membre de la délégation du Vatican à la conférence du Caire, ébaucha la nouvelle stratégie : « Il est à espérer que la pression des pays islamiques et africains sera tellement forte qu'on pourra trouver une solution positive. »

Pour le Vatican, la « solution positive », c'était que la conférence du Caire rejette la proposition de légalisation de l'avortement. L'offensive diplomatique menée sur le front islamique obtint un certain succès. Le 8 juin, une réunion eut lieu à Rome entre des représentants de la Secrétairerie d'État du Vatican et des délégués de l'Organisation de la conférence islamique, de la Ligue mondiale musulmane et de la Conférence musulmane mondiale. Les deux parties, disait le communiqué commun, « désapprouvent l'orientation individualiste qui caractérise le document [des Nations unies] [...] L'individualisme agressif et exacerbé finit par conduire à la destruction de la société, en provoquant la décadence morale, le libertinage et la disparition des valeurs sociales ». Le Vatican s'arrogeait en outre le droit de parler au nom des « chrétiens pratiquants », bien que la position prise par les Églises réformées fût très éloignée de l'attitude fondamentaliste du pape, et que les Églises orthodoxes ne fussent jamais entrées en conflit avec les autorités civiles sur la question de l'avortement, contrairement à Wojtyla.

Du Caire parvint l'aval officiel de la sainte alliance islamo-catholique. Le grand iman Haq Ali Gad el Haq, chef spirituel de l'université Al Azhar au Caire, l'une des plus prestigieuses du monde musulman, demanda que tout ce qui était susceptible de faire offense à la loi islamique et aux religions du Livre (le judaïsme et christianisme) soit retiré du programme d'action des Nations unies. Reprenant l'interprétation du Vatican, le grand iman soutenait que le document des Nations unies autorisait l'avortement, les relations homosexuelles et l'amour libre. Consterné, Maner Mahran, ministre égyptien de la Famille, fut contraint de déclarer que son gouvernement « n'accepterait pas l'adoption d'une proposition violant la loi islamique ».

Au plus fort de la bataille, Jean-Paul II envoya au secrétaire général des Nations unies Boutros Boutros-Ghali et aux chefs d'État du monde entier une lettre disant que le programme d'action risquait d'entraîner le déclin moral de l'humanité. Il téléphona personnellement à Bill Clinton qu'il essaya encore de convaincre quand celui-ci fut reçu en audience au Vatican, le 2 juin. Le cardinal Lopez Trujillo annonça alors que le pape se rendrait aux Nations unies le 20 octobre, afin « d'élever une protestation prophétique contre l'agression criminelle perpétrée contre la famille, dans le domaine de la limitation des naissances ». Trujillo fit également paraître une brochure résumant la pensée du pape, où figuraient, selon les directives de Jean-Paul II, une analyse de « la dimension éthique » de la question de la population et une attaque directe des Nations unies. « Aucune organisation publique internationale n'a le droit de faire pression sur les États pour qu'ils imposent des mesures incompatibles avec le respect de la personne, des familles ou de l'indépendance nationale. »

Les catholiques du monde entier furent invités à se préparer à témoigner, fût-ce au prix du martyre, de la valeur que chaque être humain possède aux yeux de Dieu. Les adversaires du Vatican répliquèrent que les véritables martyrs étaient les femmes condamnées à se faire avorter dans des conditions hasardeuses et que les monsignors qui faisaient circuler ce genre de brochures ne couraient aucun risque.

A mesure qu'approchait la date de l'ouverture de la conférence, la Secrétairerie d'État du Vatican, pressée par le pape, intensifia sa campagne. La lutte contre « le colonialisme démographique », qui en était le mot d'ordre, s'adressait plus particulièrement au tiers-monde. Outre ses alliés islamiques, Jean-Paul II pouvait compter, dans chaque continent, sur un ou deux pays favorables à sa cause. En Europe, il y avait la Pologne de Walesa ; en Afrique, le Sénégal, le Bénin et la Côte d'Ivoire ; en Asie, les Philippines ; pratiquement tous les pays d'Amérique centrale et, en Amérique du Sud, le Chili et l'Argentine. Le président argentin, Carlos Menem, écrivit à tous les chefs d'État d'Amérique latine pour leur proposer d'adopter, à la conférence du Caire, une attitude commune fondée sur le « droit à la vie. »

Quant au pape, sorti de l'hôpital, il mit à profit ses allocutions dominicales, depuis la fenêtre de son bureau, pour répéter que le mariage était en danger, pour condamner les unions homosexuelles et pour évoquer les menaces qui planaient sur l'humanité, en particulier du fait de l'avortement. Il semblait parfois en proie à une fureur débordante et inaccoutumée. S'il était une question qui lui tenait à cœur, c'était justement les femmes et la fécondité. Deskur avait l'impression que le mécontentement et le désarroi du pape avaient leurs racines dans son propre passé, ou celui de sa mère Emilia, ou peut-être même, dans le destin d'Olga, la sœur qu'il n'avait pas connue.

A la veille de la conférence du Caire, Joaquin Navarro-Valls, le porte-parole du pape, lança trois attaques publiques contre le vice-président Al Gore, qui devait conduire la délégation américaine. C'était une initiative sans précédent – et qui eut l'effet inverse. Navarro-Valls déclara également à la presse que la conférence trahissait sa mission en ignorant les véritables exigences de progrès, au nom d'un individualisme outrancier. Le seul fait que le porte-parole personnel du pape était présent à la conférence en tant que membre de la délégation du Vatican était en soi une déclaration de principe.

La conférence du Caire sur la Population et le Développement se tint du 5 au 13 septembre 1994. Ayant rassemblé ses troupes de choc – entre autres, la Slovaquie, Malte, l'Argentine, l'Equateur, le Chili, le Pérou et le Guatemala – la délégation du Vatican fit de l'obstruction dans les séances de travail, remettant sans cesse en question des points dont on avait déjà débattu. Des organisations féminines non-gouvernementales protestèrent parce que le Vatican refusait de reconnaître qu'il y avait, sous la question des droits à la fécondité et des conditions de santé nécessaires à celle-ci, une longue et horrifiante histoire qui était celle de millions de femmes contraintes à une grossesse précoce, victimes de l'excision, de l'abandon, de la domination masculine, des maladies vénériennes transmises par le partenaire, et privées des droits civils fondamentaux.

Finalement, l'alliance avec le fondamentalisme islamique se rompit parce que la religion musulmane autorise l'avortement quand la vie de la mère est en danger. Peu à peu, même l'opposition des pays d'Amérique latine, qui s'étaient montrés les plus virulents, faiblit. Par conséquent, pour la première fois, le Vatican décida de donner son approbation « par consensus » (bien qu'avec quelques réserves) à un document des Nations unies sur des questions de population.

Grâce à son action, Wojtyla réussit toutefois à obtenir que la conférence réaffirme que l'avortement n'était pas un moyen de contraception acceptable. Tout ce qui plaidait pour l'avortement dans la légalité et la sécurité fut supprimé. Mais c'était une victoire à la Pyrrhus. Pour la première fois, un document des Nations unies légitimait l'interruption de grossesse et approuvait le principe que, dans les pays où l'avortement n'était pas interdit par la loi (173 sur les 184 États membres), il devait être pratiqué dans des conditions de sécurité. Mais surtout, le Saint-Siège se retrouvait isolé par rapport aux pays industrialisés, dont les délégations avaient été suprêmement irritées par la tactique d'obstruction du Vatican. C'était, pour Wojtyla, une défaite non seulement face aux associations féministes d'Occident et du tiers-monde, mais aussi vis-à-vis d'un grand nombre de femmes catholiques, y compris celles qui n'avaient aucun lien avec des mouvements féministes.

Cet isolement moral amena le pape à repenser certaines questions. L'année suivante, à la Conférence des femmes de Pékin, il nomma pour la première fois une femme, l'Américaine Mary Ann Glendon, à la tête de la délégation du Vatican. Et quand eut lieu le débat sur l'avortement, le Vatican ne s'opposa pas à l'adoption d'une résolution demandant à tous les États de « revoir les lois punissant les femmes qui se font avorter illégalement ».

Le Vatican n'avait pas l'intention de renouveler la bataille du Caire. Et Jean-Paul II n'alla pas non plus à New York en octobre, officiellement pour raisons de santé. Un discours du pape, dans la ligne des attaques féroces qu'il avait précédemment lancées, avait été jugé inopportun.

LE HÉROS

Le 4 septembre 1994, une bonne trentaine de fidèles, catastrophés, écoutaient l'officiant prier pour le repos de l'âme de Jean-Paul II. Ils étaient venus assister à la première messe du matin dans une chapelle de Saint-Pierre, quand ils avaient appris la nouvelle, dont le prêtre n'avait eu connaissance que quelques minutes avant le début de l'office. La voix qui la lui avait annoncée au téléphone lui avait paru ferme et officielle ; de plus, il n'avait pas eu le temps de vérifier. Il était exactement 6 h 30. *Requiem aeternam dona eis, Domine*, récitait-il.

Mais le pape n'était pas mort ; ce n'était qu'une farce macabre. Au cours des derniers jours de vacances que Jean-Paul II passait dans sa résidence d'été de Castel Gandolfo, il y avait eu plusieurs coups de téléphone semblables. Ces appels, qui avaient lieu le plus souvent la nuit, émanaient de personnes disant faire partie du personnel de Castel Gandolfo. Quelques cardinaux en avaient même reçu. « Éminence, nous souhaitons vous informer que... »

On ne parvint jamais à identifier l'auteur de ces appels. Un fou ? Un monsignor cherchant à faire peur aux cardinaux, à la veille du voyage de Jean-Paul II à Sarajevo ? Une mauvaise plaisanterie ?

Le Vatican préféra oublier cette embarrassante affaire.

Au crépuscule de son pontificat, Jean-Paul II ne cesse de donner des signes de grandissante fragilité. Le 25 décembre 1995, les téléspectateurs du monde entier reçurent un choc en voyant, en direct du Vatican, un Karol Wojtyla blême et secoué par des haut-le-cœur, interrompre son allocution de Noël à la fenêtre de son bureau. Quelques semaines plus tard, il fut victime d'une fièvre tenace et inexpliquée. Pourtant, ainsi que le dit son vieil ami Malinski, il continue à « regarder l'avenir avec joie ».

« Le pape a une grande confiance dans la providence, remarque le secrétaire d'État Angelo Sodano. Il ne s'inquiète de rien, du moment que le Seigneur lui accorde la vie. Il possède une grande sérénité, qu'il ne perd que dans les moments particulièrement difficiles », en tout cas depuis le Caire. « Il a cette même imperturbabilité dont il est question dans la célèbre prière de sainte Thérèse : " Que rien ne te trouble, que rien ne t'effraie ". »

Le pape continue à rêver d'un grand pèlerinage sur les pas d'Abraham. Refaire ce chemin signifie partir de Ur, en Mésopotamie (l'Irak actuel), traverser Haran (la Syrie), le Liban, la Jordanie, Israël et la Palestine, pour aller jusqu'en Égypte, terre des pharaons. Quand il en parle, Jean-Paul II est transfiguré.

L'itinéraire du patriarche sert de cadre au dramatique conflit qui mit aux prises les fils juifs d'Abraham contre ses fils arabes, l'islam contre le christianisme, l'Occident et l'Orient, le fondamentalisme et les sociétés laïques. Ce pape mystique a toujours eu un don inné pour penser en termes de politique. Sa campagne en faveur de la Bosnie musulmane (et implicitement contre les Serbes chrétiens), de même que son opposition à la guerre du Golfe), est à ses yeux un investissement pour l'avenir.

Jean-Paul II ne veut pas que le XXIe siècle commence sous les auspices de la haine entre chrétiens et musulmans. Il est conscient des dangers que représente le fondamentalisme islamique, et il a dénoncé les pays musulmans qui encouragent la « discrimination contre les juifs, les chrétiens et les membres d'autres familles religieuses », qui ne peuvent même plus se réunir pour prier. Mais en même temps, il est convaincu qu'il doit mettre à profit le message de tolérance légué par le prophète Mahomet. Il pense que ce serait une erreur tragique de faire de l'islam un nouveau démon international. C'est pourquoi il a envoyé le cardinal Achille Silvestrini, le préfet de la Congrégation des Églises d'Orient, en mission en Irak, et qu'il plaide en faveur de la suppression de l'embargo imposé à Bagdad.

Le pape souhaite voir réconciliés la Croix, le Croissant et l'Étoile de David. Il estime que la religion ne devrait plus jamais être un prétexte de guerre. Il met les croyants en garde contre la violence physique et verbale de l'intégrisme, d'où qu'il vienne. Dans ce domaine, il a été prompt à donner l'exemple. Le 1er juillet 1995, au cours d'un voyage en Slovaquie, il s'est arrêté dans la ville de Presov pour s'incliner et prier devant un monument élevé à vingt-quatre martyrs protestants torturés et tués par des catholiques, pendant l'interminable et cruelle guerre de religion qu'on a appelée la guerre de Trente ans (1618-1648).

Le pape a un autre espoir, celui d'aller en Russie, jusqu'aux lointaines îles Solovetski, dans la mer Blanche, où les Soviétiques avaient installé leur plus sinistre goulag à l'intention du clergé orthodoxe et des dissidents religieux. Il aimerait y faire un pèlerinage pour honorer les martyrs chrétiens de toutes confessions et, par conséquent, toutes les victimes des systèmes totalitaires du XXe siècle qui ont tenté de chasser le Christ de la vie des hommes. « Solovetski est pour la Russie ce que le Colisée est à Rome », a-t-il dit au père Werenfried van Straaten.

Enfin, le pape a un rêve, celui de franchir l'ancien rideau de bambou pour permettre la réunion des catholiques chinois à l'Église de Rome et faire que le trône de saint Pierre soit encore plus universel. Le dernier combat de Jean-Paul II vise à libérer ces catholiques des chaînes du régime communiste. « On ne peut pas continuellement opprimer des millions de croyants, les tenir en suspicion et les empêcher de s'unir », a-t-il déclaré.

Plus les années s'accumulent sur ses épaules, plus il semble avoir de projets ambitieux. Il tient à ce que l'Église soit présente « partout où il se passe quelque chose », ainsi qu'il l'a dit au père Malinski. Même si son corps le trahit, il n'est pas prêt à devenir l'un de ces vieillards figés dans le passé, qui souhaitent que le monde prenne fin avec eux. Peut-être est-il plus impatient et plus irritable. Au cours de certaines cérémonies interminables, on l'a entendu murmurer : *Basta, basta.*

La fin du pontificat de Jean-Paul II est marquée par la souffrance et l'affaiblissement. Son corps a tout à coup cessé de lui obéir. Il marche dans les couloirs du Palais pontifical, courbé et vieilli. Les journalistes qui l'accompagnent dans ses voyages ont vu son visage boursouflé par les médicaments. « Il m'arrive d'être épouvanté tellement il est rouge », a remarqué le cardinal Silvio Oddi, au sortir d'une audience papale. Il a fréquemment les paupières à demi closes, son pas est lourd, ses gestes incertains. Il a souvent du mal à s'exprimer, sa voix est rauque. Il y a des moments où ce pape-acteur, maître insurpassé dans l'art de remuer les foules, peut à peine parler et où son intonation devient sourde et monocorde.

Il lui arrive aussi de perdre le fil de la conversation. Des journalistes du Vatican ont remarqué qu'il a parfois du mal à se rappeler les mots italiens les plus élémentaires.

D'être obligé de marcher avec une canne, ce qui l'oblige à prendre conscience de son état, a été un coup terrible pour ce pape alpiniste. Après son élection, il s'était comparé à un sapin transplanté loin de son pays, triste d'avoir quitté sa terre natale, mais qui restait un arbre solide. Aujourd'hui, derrière les estrades où il célèbre la messe, il y a toujours un monte-charge pour lui épargner l'effort de gravir quelques marches, et cela l'humilie. « Son corps n'est pas à la hauteur de son esprit, dit un prélat du Vatican, et c'est ce qu'il y a de pire pour lui. »

Avec le temps, la théologie personnelle du pape concernant la souffrance a encore évolué. Sœur Zofia Zdybicka, qui le connaît depuis 1958, peut en témoigner. « Il a toujours été un être de prière, dit-elle. Mais aujourd'hui, quand j'assiste à la messe dans sa chapelle privée et que je le vois de près, je note une différence : maintenant, quand il prie, son visage est envahi par la souffrance. »

Si l'on ne saisit pas le lien mystique qui existe entre souffrance et mission, on ne peut comprendre d'où vient le désir, conscient ou non, de Jean-Paul II de risquer sa vie en se livrant à de trop grands efforts ou en faisant des choses dangereuses, comme le voyage à Sarajevo prévu pour la fin 1994. Le pape était prêt à courir le risque d'être tué dans la capitale bosniaque déchirée par la guerre civile. A la dernière minute, alors que les catholiques de Sarajevo l'attendaient déjà, les fonctionnaires du Vatican l'ont empêché de partir. Il ne leur a jamais pardonné d'avoir contribué à donner l'impression de ne pas savoir ce qu'il voulait et de décliner irréversiblement.

Jean-Paul II vit plus que jamais dans la prière. « Dès qu'il a une minute, il se met à prier », raconte un vétéran de la Curie. Sa journée est tout entière rythmée par la prière. Après s'être levé à 5 heures du matin, il prie pendant deux heures dans sa chapelle avant de dire la messe. Il prie avant et après le déjeuner, avant et après le dîner. Il prie presque continuellement au cours de la journée. Même quand il est dans sa *papamobile,* il sort son chapelet et l'égrène lentement jusqu'au moment où il descend de voiture. *Domine, non sum dignus* (Seigneur, je ne suis pas digne) murmure-t-il, tandis que les applaudissements montent vers lui.

Tous ceux qui l'ont vu sont frappés de l'intensité avec laquelle il se recueille. On dirait qu'il plonge dans les profondeurs de son âme. « C'est une chose stupéfiante que de voir le pape agenouillé sur son prie-Dieu, la tête inclinée sur sa crosse, dit l'évêque de Bari, Mariano Magrassi. Il fronce les sourcils et, dans ces moments de silence, son visage se contracte véritablement dans la volonté de rencontrer Dieu. » Le pape se laisse emporter par la prière. « C'est une quête pour s'identifier avec la volonté de Dieu », dit un monsignor qui a souvent l'occasion de pénétrer dans sa chapelle privée.

Même si sa main est de plus en plus lasse quand il la lève pour bénir les fidèles, elle désigne un horizon élargi. Le monde a conscience qu'il est le dernier des géants de la scène internationale, qu'il reste le seul héraut, annonciateur d'une grande vision, quelle que soit la cause ou l'idéologie. Il a incarné son époque comme peut-être aucun autre dirigeant n'a su le faire, même quand il fulmine contre elle. Jean-Paul II est désormais presque seul à prêcher pour la dignité du travailleur et pour l'aide aux chômeurs, à réclamer la réconciliation et la solidarité entre les diverses couches de la société, à exhorter les nations riches à se préoccuper des pays écrasés par la dette et la pauvreté. Tout en luttant contre la douleur et la fatigue, le pape continue à faire de longs voyages épuisants pour porter son message au monde, comme par exemple sa tournée triomphale aux États-Unis qui déplaça des millions de personnes, catholiques ou non, et qui lui valut des flots de louanges admiratifs de la part des médias.

Soudain, sur une scène mondiale en proie à de profondes divisions économiques, nationales et religieuses, le pape apparaît comme le seul porte-parole international des valeurs universelles. Il propose un évangile d'espoir et de salut à la place des nouvelles idoles – l'égoïsme tribal, le nationalisme exacerbé, le fondamentalisme violent et sectaire, le profit aux dépens de la vie humaine. « Quelque chose est dû aux êtres humains, parce qu'ils sont des êtres humains », a-t-il écrit dans son encyclique sociale *Centesimus Annus* (La centième année, en référence au centenaire de *Rerum Novarum* [Des choses nouvelles], de Léon XIII). L'Église catholique reconnaît le rôle du profit, mais rappelle à tous que la justice exige que certains besoins fondamentaux soient d'abord satisfaits.

Pour combattre le nationalisme extrémiste qui a provoqué ces dernières années des conflits sanglants dans les Balkans, en Afrique et dans l'ex-Union soviétique, il a prononcé l'un de ses discours les plus passionnés, en condamnant le culte de la nation. « Ce n'est pas une question d'amour légitime pour la patrie ou de respect identitaire, a-t-il déclaré devant les représentants du corps diplomatique au Saint-Siège, c'est un rejet de l'Autre dans sa diversité, afin de pouvoir le dominer. Pour ces nationalistes, tous les moyens sont bons : l'exaltation de la race, la surévaluation de l'État, l'imposition d'un modèle économique unique, le nivellement des différences culturelles. » Jean-Paul II a engagé le Saint-Siège sur la voie d'une conception novatrice du droit international, qu'on appelle l'intervention humanitaire. Il s'en est expliqué à propos de l'agression serbe contre la Bosnie. « Si mon voisin est persécuté, je dois le défendre. C'est un acte de charité. La communauté internationale a les mêmes droits et les mêmes devoirs envers toute nation qui se trouve attaquée – et en dernière ressource, elle peut, pour défendre une nation innocente, employer la force des armes. »

D'après des monsignors de la Curie, Jean-Paul II semble vivre, depuis quelques années, en marge du monde, et le voir d'un point de vue transcendant. *Evangelium Vitae*, l'encyclique de l'année 1995, peut se lire comme un testament, un hymne magnifique et désespéré au caractère sacré de la vie humaine. Certains passages qui s'adressent à tous les hommes et à toutes les femmes, qu'ils habitent des gratte-ciel ou des taudis, sont empreints d'une grande force poétique. « La primauté des personnes sur les choses... signifie qu'il faut passer de l'indifférence à l'intérêt pour l'*Autre,* et du rejet à l'accueil. Les *Autres* ne sont pas des concurrents à évincer, mais des frères et des sœurs à qui on doit s'unir. Il faut les aimer pour eux-mêmes ; ils nous enrichissent par leur existence. »

Le projet le plus grandiose de Jean-Paul II est de fêter le prochain millénaire par un jubilé rapprochant l'humanité de Dieu, et de lancer une nouvelle évangélisation du monde. L'année jubilaire est une antique tradition israélite, adoptée par l'Église catholique, qui la célèbre, non pas tous les cinquante ans, mais tous les vingt-cinq ans, en signe de renouveau spirituel.

Au Vatican, certains sont convaincus que le pape pense qu'il vivra assez longtemps pour réaliser cet objectif et qu'il est soutenu par la profonde conviction qu'il a été choisi pour conduire l'Église dans le troisième millénaire. Jean-Paul II projette de faire du jubilé de l'an 2000 une occasion de laver l'Église de ses péchés. Depuis ses jeunes années, le millénarisme et le messianisme, enracinés dans la piété de sa Pologne natale, sont les sources de sa foi. Dans sa vieillesse, ils restent une puissante inspiration pour cette entreprise destinée à faire sortir l'Église de ce qui est, à ses yeux, la léthargie et le mensonge.

Le pape a adjuré tous les croyants de demander pardon pour les péchés et les crimes commis par les catholiques dans les siècles passés. Quand cela a été rendu public, en avril 1994, par des lettres envoyées par le secrétariat du Vatican aux cent quarante cardinaux dans le monde entier, un grand nombre de ces princes de l'Église n'ont pas fait mystère de leur désaccord.

Cette invitation révolutionnaire à un solennel *mea culpa* était contenue dans un mémorandum de sept pages. « Comment garder le silence sur toutes les violences qui ont été perpétrées au nom de la foi ? Sur les guerres de religion, les tribunaux de l'Inquisition et autres manières de violer les droits de l'individu ? Il est révélateur que ces méthodes coercitives, qui bafouent les droits de l'homme, aient été ensuite utilisées par les idéologies totalitaires du XXe siècle [...] L'Église doit, elle aussi, se livrer à une révision objective des aspects les plus sombres de son histoire. »

Cette idée d'examen de conscience général de l'Église catholique, de relecture critique de toute son histoire, est totalement inédite. Jean-Paul II est persuadé que cet acte massif de renouveau spirituel constituerait une forte impulsion pour la reconquête des âmes, dans le monde contemporain.

Jean-Paul II a eu beaucoup de mal à faire adopter son projet au sein de sa propre Église. Le collège des cardinaux, réuni au Vatican le 13 juin 1994, lui fit un accueil glacial. Les cardinaux des pays ex-communistes se montrèrent particulièrement hostiles à l'idée d'un acte de contrition public.

Passe encore d'avoir reconnu que la condamnation de Galilée avait été une erreur, ainsi que le pape l'avait fait quelques années plus tôt. Mais que l'Église se batte la coulpe pour deux mille ans d'histoire, c'était vraiment trop. Le secrétaire d'État Sodano, qui avait déjà sondé un grand nombre de cardinaux, préféra ne pas inclure cette proposition dans le rapport préliminaire à la réunion. Le porte-parole du pape signala de façon très diplomatique qu'il y avait une opposition au sein du Collège des cardinaux : « Certains cardinaux ont déjà répondu qu'un examen historique serait trop complexe, et qu'il vaudrait mieux se limiter à l'analyse de notre époque. »

Les mois suivants, le pape entreprit de rédiger un document sur son projet d'acte de contrition général ; puis le 14 novembre, il publia une lettre apostolique *Tertio Millenio Adveniente* (Tandis qu'approche le troisième millénaire). « Un chapitre pénible, écrit-il, sur lequel les fils de l'Église ne peuvent manquer de se retourner sans un esprit ouvert au repentir, est la façon [dont les catholiques], en particulier à certaines époques, ont cédé à des pratiques d'intolérance, et même de violence, au service de la vérité.

« Les considérations de circonstances historiques atténuantes ne dispensent pas l'Église du devoir de regretter profondément les faiblesses de leurs fils si nombreux à avoir défiguré son visage. Le moment est venu de se repentir, déclarait le pape ; chaque chrétien se devra d'adhérer aux sages paroles de Vatican II : On ne peut imposer la vérité que par la force même de la vérité. » Selon des directives données par le pape en 1996, le jubilé devra être axé sur le repentir, pour les péchés de l'Inquisition et de l'antisémitisme.

Juste avant de mourir, le pape Jean XXIII avait murmuré en latin, à son secrétaire Loris Capovilla : « *Ut Unum Sint* » *(* Pour qu'ils ne fassent qu'un – Jean, XVII, 11). L'ultime pensée de ce pape, instigateur de Vatican II, allait à l'unité des chrétiens.

Reprenant les paroles de son prédécesseur, le pape Wojtyla a consacré une encyclique – sa dernière, peut-être – à ce thème. Le grand jubilé de l'an 2000 devra voir le rapprochement des communautés chrétiennes ; le sang des martyrs chrétiens tués au XXe siècle devrait constituer un lien particulier entre toutes les Églises chrétiennes et donner une nouvelle impulsion au témoignage commun de la foi, de même que les martyrs du Colisée, Stanislas de Cracovie et Thomas Becket assurèrent la propagation du christianisme dans l'Antiquité et le Moyen Age.

Unité et conversion (ces mots reviennent une bonne quarantaine de fois dans l'encyclique) sont les idées maîtresses de Jean-Paul II, au moment où une époque laisse la place à une autre. Il est convaincu que la religion chrétienne et les sentiments religieux ont encore un grand rôle à jouer dans l'avenir de la race humaine. L'esprit du vieux pape a saisi intuitivement les faiblesses de notre temps : le manque de sens moral, la propagation du relativisme systématique, qui s'attaque même aux valeurs laïques, le sentiment de fragmentation, l'incapacité de poser les fondements d'une vie qui ait un sens. Il s'est rendu compte que, après des décennies d'optimisme, les hommes et les femmes s'interrogeaient de nouveau sur la réalité du mal.

Un grand nombre des actions et des programmes mis en œuvre par Jean-Paul II au cours des dernières années ont été conçus pour servir d'héritage à ses successeurs. Il est prêt à reconnaître la culpabilité de l'Église catholique d'avoir fait monter au bûcher des hommes comme Jan Hus, le grand chef religieux de Bohême précurseur de la Réforme, ou le moine florentin Girolamo Savonarole (en 1498) qui s'en était pris au luxe dans lequel vivait le pape de la Renaissance, Léon X.

Après le rude affrontement de la conférence du Caire, le pape a fait silencieusement son propre examen de conscience. Depuis, il a appris à mieux évaluer l'importance historique du mouvement de libération des femmes (expression qu'il a lui-même employée récemment). Il a été le premier pape à adresser une lettre à toutes les femmes du monde, en reconnaissant la faute « des fils de l'Église, pas peu nombreux » qui ont fait obstacle à leur émancipation. Le pape semble enfin admettre que les femmes « ont été mal comprises dans leur dignité, mal représentées dans leurs prérogatives, marginalisées et même réduites en esclavage ».

La pression constante des femmes, en particulier dans les grands ordres religieux féminins, a contraint le pape à admettre qu'un catholicisme dominé par les hommes devait se poser la question du partage du pouvoir. En mars 1996, il a publié un document déclarant qu'il était « urgent » d'accorder aux femmes l'accès à tous les niveaux de l'Église où « sont prises les décisions ». Les femmes, a dit le pape, aident les hommes à réviser leurs processus mentaux fondamentaux.

Mais le geste le plus surprenant, c'est envers les autres Églises chrétiennes que Jean-Paul II l'a fait. Il a déclaré qu'il était prêt à reconsidérer le rôle du souverain pontife de Rome. Il se pourrait même qu'il entrouvre la porte à une possibilité de dépasser les structures absolutistes de l'Église, dans le prochain millénaire. Il a invité d'autres Églises à se joindre à lui pour redéfinir les limites de l'autorité papale et les façons de l'exercer. « Être pape, a t-il avoué, est une tâche inhumaine... que je ne pourrai assumer seul jusqu'au bout. »

Ainsi Karol Wojtyla, l'évêque qui est allé à l'école de Vatican II, pourrait bien être le dernier pape dans l'esprit absolutiste de Vatican I, le dernier souverain d'une monarchie spirituelle qui perdure depuis des siècles. Ainsi que l'a remarqué Mgr Weakland, son règne aura été « hautement centralisé, avec le pape comme chef charismatique ». Il est probable qu'il sera le dernier de cette espèce.

D'où qu'ils viennent, tous les papes finissent par devenir des Romains. Tout au long des siècles, les Romains ont glorifié, raillé, aimé et haï leurs papes. Ils les ont portés en triomphe et jetés dans le Tibre.

La Ville éternelle a vu le pape polonais régner à Saint-Pierre, se mêlant avec affabilité aux enfants des paroisses, trébucher sous le poids de la croix qu'il porte le Vendredi saint à la procession du Colisée.

Mais il y a une autre image que les Romains ne sont pas près d'oublier. Le 6 juin 1996, à la tombée de la nuit, la procession de Corpus Christi descendait en sinuant l'antique Via Merulana. Le pape avait décidé de la conduire malgré son mauvais état de santé.

Sous les arbres bordant l'avenue, marchaient des milliers de Romains ; les ordres religieux avec leurs bannières, beaucoup d'hommes et de femmes d'âge mûr et quelques jeunes gens. La plupart avaient des cierges allumés. Au milieu de ce fleuve de lumière, un camion avec une plate-forme roulait au pas. On y avait installé un fauteuil et un prie-Dieu. Et le vieux pape était là, agenouillé, revêtu de ses ornements sacerdotaux, et priant la tête dans les mains, dans une attitude de lassitude, d'abandon et de confiance.

Dans les ombres du soir, Karol Wojtyla avançait dans la procession mystique, tel Osiris sur sa barque voguant vers le soleil couchant.

SOURCES

Cet ouvrage puise l'essentiel de sa matière dans plus de trois cents entretiens réalisés par les auteurs, entre 1993 et 1996 pour la plupart.

Dans la cinquième partie, à l'exception de ceux de Jeanne Kirkpatrick, Robert M. Gate, John McMahon et Herbert Meyer, tous les entretiens ont eu lieu en 1994-1996. Ceux de tous les membres de l'administration Reagan et des responsables de la CIA cités – y compris du président – ont eu lieu en 1991. Ceux des cardinaux Agostino Casaroli, John Krol, Pio Laghi et Achille Silvestrini en 1991, et Laghi et Silvestrini à nouveau en 1994-1996.

PROLOGUE

7-18	Voyage en Pologne : Marco Politi, notes personnelles et reportage. *Il Messaggero*, 2 juin 1979. *L'Osservatore romano, L'Attività della Santa Sede.*
8	« Je reviens... » : Cité par Giulio Andreoti, entretien avec les auteurs.
8	Journalistes : Marco Politi, notes personnelles.
9-10	Sur Solidarité : Zbigniew Bujak et Wiktor Kulerski, entretien avec les auteurs.
13	Sur Reagan : Richard Allen, entretien avec les auteurs.
13-14	Réactions des dirigeants communistes : Wojciech Jaruzelski, Stanislas Kania et Kazimierz Barcikowski, entretiens avec les auteurs. Edward Rolicki, *Edward Gierek*. Kania, *Zatrzymac konfrontacje.* Jarulezelski, *Stan wojenny dlaczego*. Jerzy Ambroziewicz, *Znam was wszystkich.*
13	Lituanie : *Il Messagero*, juin 1979.
13	Gromyko : Marco Politi, notes personnelles.
15-16	Entrevue Casey-Jean-Paul II : Robert Gates, Herbert Meyer, Vernon Walters et Sophia Casey, entretiens avec les auteurs ; sources confidentielles CIA. Entretiens de Joaquin Navarro-Walls et Pio Laghi avec les auteurs.
15	Photo satellite : Herbert Meyer, entretien avec les auteurs.
16	Casey-Jean-Paul II, aspects religieux : Sophia Casey, entretien avec les auteurs. Confirmation de certains détails par Joaquin Navarro-Walls.
17	Procès-verbaux de séances du Politburo.
17	Déclaration de Gorbatchev : Mikhaïl Gorbatchev, dans *La Stampa*, en réponse à un article de Carl Bernstein sur « La Sainte Alliance », à la Une de *Time* le 4 février 1992.
17	Déclaration de Reagan : Ronald Reagan, entretien avec les auteurs, 1991. William Clark et Richard Allen, entretiens avec les auteurs.

PREMIÈRE PARTIE : LOLEK

21 Naissance de Wojtyla : Andrzej Deskur, entretien avec les auteurs.

21sq. Famille et enfance de Wojtyla : Adam Boniecki, *Kalendarium.* George Blazynski, *John Paul II.* Malinski, *Pope Jean-Paul II, Le Radici, Il Mio Vecchio.* Offredo, *Jean-Paul II.* Vircondelet, *Jean-Paul II.* Lecomte, *La Vérité.* Svidercoschi, *Lettera.* Szczypka, *Jan Pawel II.*

22 Pilsudski : Sczypka, *Jan Pawel II.*

22 Rapports autrichiens : Boniecki, *Kalendarium.*

23 Wojtyla sur sa mère : Andrzej Deskur, entretien avec les auteurs.

23-24 Projets d'Emilia : Szczypka, *Jan Pawel II.*

24-25 La vie d'Emilia : Bergonzoni, *Emilia Kaczorowska.*

25 Notes de Wojtyla : Boniecki, *Kalendarium.*

25 Sur Zofia Bernhardt : Szczypka, *Jan Pawel II.*

25 « L'âme de la maison... » : Malinski, entretien avec les auteurs.

25 Wojtyla aux carmes : Wladyslaw Kluz, entretien avec les auteurs.

25 Wojtyla sur la famille : Andrzej Deskur, entretien avec les auteurs.

25 Sur Emilia : Joaquin Navarro-Walls, entretien avec les auteurs.

26-27 Béatifications : *Washington Post.*

26 Sur la fidélité : *Mulieris Dignitatem,* encyclique.

26-27 Cérémonie de Kalwaria : Wladyslaw Kluz, entretien avec les auteurs.

27-28 « Sur ta tombe... » : Écrit à Cracovie, 1939. Wojtyla, *Opere Letterarie.*

28 Après la mort de sa mère : Kydrinski, *Quando Karol aveva diciott'anni.* Jan Kus, Jerzy Kluger et Halina Kwiatkowska, entretiens avec les auteurs.

28 « L'ombre d'un chagrin... » : Cité par Boniecki, *Kalendarium.*

29 Épisode avec Helena Sz. : Szczypka, *Jan Pawel II.*

29-30 « La mort de mon frère... » : André Frossard, *N'ayez pas peur.*

30 Stéthoscope : Andrzej Deskur, entretien avec les auteurs.

30-33 Éducation de Wojtyla : Jan Kus, Jerzy Kluger, Halina Krolikiewicz Kwiatkowska, entretiens avec les auteurs. Boniecki, *Kalendarium.* Blazynski, *Jean-Paul II.* Malinski, *Pope John Paul II.*

30-33 Sur Wojtyla père : Jerzy Kluger, entretien avec les auteurs. Boniecki, *Kalendarium.* Blazynski, *Jean-Paul II.*

31 Sur Wojtyla (football) : Kydrynski, *Quando Karol aveva diciott'anni.* Bohdanowicz, souvenirs.

31-32 Wadowice : Boniecki, *Kalendarium.* Szczypka, *Jan Pawel II.*

32-33 Juifs à Wadowice : Jerzy Kluger et Regina Beer Reisenfeld, entretiens avec les auteurs.

33 Wojtyla - Kluger : Jerzy Kluger, entretien avec les auteurs. Svidercoschi, *Lettera.* Szczypka, *Jan Pawel II.*

34 Sur le « problème juif » : Szulc, *Pope John Paul II.*

35 Attitude de Wojtyla : Blazynski, *John Paul II.*

35 Racines familiales : Boniecki, *Kalendarium.*

35-36 Wojtyla père : Jerzy Kluger, entretien avec les auteurs.

36 Karol chantant : Blazynski, *John Paul II.*

36 Changement de vie : Bohdanowicz, cité dans Kydrinski, *Quando Karol aveva diciott'anni.*

36-37 Description de Wojtyla : Kazimierz Figlewicz, in Boniecki, *Kalendarium.*

37 Sur Mickiewicz : Czeslaw Milosz, *Histoire de la littérature polonaise.*

37-38 Sur Beer : Jerzy Kluger, entretien avec les auteurs.

37-38 Relations entre les sexes à Wadowice : Jan Kus, Jerzy Kluger, Halina Krolikiewicz Kwiatkowska, entretiens avec les auteurs. Kydrynski, *Quando Karol aveva diciott'anni.*

38 Souvenirs de Bober : Bober, cité dans Kydrynski, *Quando Karol aveva diciott'anni.*

38 Wojtyla acteur : Szczypka, *Jan Pawel II.*

39 Wojtyla jouant *Promethidion* : Kydrynski, *Quando Karol aveva diciott'anni.*

36-41 Activités sociales de Wojtyla : Regina Beer Reisenfeld, Halina Krolikiewicz Kwiatowska, Jerzy Kluger et Jan Kus, entretiens avec les auteurs.
41 Sur Kotlarczyk : Williams, *Mind of John Paul II.*
41-42 Wojtyla et Sapieha : Szczypka, *Jan Pawel II.*
42-43 Wojtyla et la vie religieuse : Jan Kus et Wladyslaw Kluz, entretiens avec les auteurs.
42 « Nous avons l'impression... » : Cité dans Messori, *Varcare la soglia.*
43 Souvenirs de Prus : Wladyslaw Kluz, entretien avec les auteurs.
43-44 Souvenirs de Beer : Regina Beer Reisenfeld, entretien avec les auteurs. Entretien avec Beer dans *North American Newspaper Alliance (NANA)*, 1979, cité par Szulc, *Pope John Paul II.*
44 Rencontre Beer-Jean-Paul II : Jerzy Kluger et Regina Beer Reisenfeld, entretiens avec les auteurs. Entretien avec R. Beer dans *North American News Alliance (NANA).*
44 Wojtyla et la chasteté : Wladyslaw Kluz, entretien avec les auteurs.
45-49 Université de Cracovie : Krystyna Zbijewska et Jan Kus, entretiens avec les auteurs. Boniecki, *Kalendarium.*
46 L'« extrémisme » de Wojtyla : Krystyna Zbijewska, entretien avec les auteurs.
46-47 Début de la Deuxième Guerre mondiale : Mieczyslaw Malinski et Jan Kus, entretiens avec les auteurs. Boniecki, *Kalendarium.* Malinski, *Pope John Paul II.* Svidercoschi, *Jan Pawel II.*
46 « Il faut célébrer la messe » : Figlewicz, cité dans Szczypka, *Jan Pawel II.*
49-58 Tyranowski et le « Rosaire Vivant » : Mieczyslaw Malinski et Franciszek Konieczny, entretiens avec les auteurs. Boniecki, *Kalendarium.* Clissold, *Wisdom of the Spanish Mystics.* Malinski, *Pope John Paul II.* En 1949, Jean-Paul II évoqua ses souvenirs dans un texte intitulé « A la mémoire de Jan », qui figure dans Boniecki, *Kalendarium.*
51 « Se noyer... » : Wojtyla, *Opere Letterarie.*
52-54 Wojtyla chez Solvay : Wojciech Zukrowski, Franciszek Konieczny, Jozef Krasuski et Franciszek Koscielniak, entretiens avec les auteurs.
54-55 Épisode avec Dabrowska : Jozef Krasuski, entretien avec les auteurs.
55 Sur la mort du père de Wojtyla : Kydrynski, *Quando Karol aveva diciott'anni.*
55 Wojtyla sur la mort de son père : Szczypka, *Jan Pawel II.*
55 « Je sais que je suis petit... » : Wojtyla, *Opere Letterarie.*
55 « Il m'arrive souvent... » : Boniecki, *Kalendarium.*
55 « A vingt ans... » : Frossard, *N'ayez pas peur.*
56-57 Résistance armée : Wojciech Zukrowski, entretien avec les auteurs.
55-59 Wojtyla pendant la Deuxième Guerre mondiale : Halina Krolikiewicz Kwiatkowska, Danuta Michalowska, Wojciech Zukrowski, entretien avec les auteurs. Boniecki, *Kalendarium.* Malinski, *Pope John Paul II.*
57 Jean-Paul II sur l'aide aux juifs en danger : Marek Halter, entretien avec les auteurs.
57 Wojtyla sur le communisme :Wojciech Zukrowski, entretien avec les auteurs.
58 « Les mercredis et samedis... » : Blazynski, *Pope John Paul II.*
58 « Paradoxe » : Halina Krolikiewicz Kwiatkowska, entretien avec les auteurs.
59 « Un grand acteur » : Danuta Michalowska, et Juliusz Osterwa, cités dans Boniecki, *Kalendarium.*
59 La vocation de Wojtyla : Szczypka, *Jan Pawel II.*
59 Norwid sur la parabole de Matthieu : Kydrynski, *Quando Karol aveva diciott'anni.*
61 Souvenirs de Pokuta et de Cieluch : Boniecki, *Kalendarium.*
61 Études théologiques : Mieczyslaw Malinski, entretien avec les auteurs.
62 Wojtyla à l'hôpital : Franciszek Konieczny, entretien avec les auteurs.
62 Le « dimanche noir » : Szczypka, *Jan Pawel II.*

62-64 Séminaires clandestins : Mieczyslaw Malinski, Franciszek Konieczny et S. Suder, entretiens avec les auteurs.
64-65 Officiers soviétiques : Franciszek Konieczny, entretien avec les auteurs.
64-65 « Le soldat frappa... » : Boniecki, *Kalendarium.*
65 Sur l'avenir de la Pologne : Mieczyslaw Malinski, entretien avec les auteurs.
65 « La guerre terminée... » : Wladyslaw Kluz, entretien avec les auteurs.

DEUXIÈME PARTIE : LE PÈRE KAROL

69 Église catholique en Europe de l'Est : Daim, *Il Vaticano.*
70 Wojtyla à Niegowic : Stanislaw Wyporek et Maria Trzaska, entretiens avec les auteurs. Boniecki, *Kalendarium.*
70 Wojtyla et sa paroisse : Stanislaw Wiporek, entretien avec les auteurs.
72 Wojtyla confesseur : Karol Tarnowski, entretien avec les auteurs.
72 Sur la confession : Szulc, *Pope John Paul II.*
72-73 Wojtyla et les jeunes : Mieczyslaw Malecki, Teresa Miesowicz et Karol Tarnowski, entretiens avec les auteurs.
73-74 Sur les relations hommes-femmes : Karol Tarnowski, Maria Bozek et Teresa Miesowicz, entretiens avec les auteurs.
74 « L'apparence de l'amour... » : Wojtyla, *La Bijouterie.*
74-76 Sur les relations sexuelles : Wojtyla, *Amour et Responsabilité.*
75 Souvenirs de Zdybicka : Zofia Zdybicka, entretien avec les auteurs.
76 Sur la contraception : Karol Tarnowski, entretien avec les auteurs.
76-77 Wojtyla à Lublin : Zofia Zdybicka, entretien avec les auteurs.
77 Sur l'université catholique et le communisme : Stefan Swiezawski, entretien avec les auteurs.
78 Sur Mindszenty : Andrzej Deskur et Stefan Swiezawski, entretien avec les auteurs.
78-79 Entrevue avec Wyszynski : Wladyslaw Kluz, entretien avec les auteurs.
80 Couvent des Ursulines : Ancienne mère supérieure Andrea Gorska, entretien avec les auteurs.
81-83 Préparatifs de Vatican II : Guasco *et al.*, *La Chiesa del Vaticano II.* Poupard, *Le Concile Vatican II.*
81 Questionnaire : Hebblethwaite, *Synod Extraordinary.*
81-90 Wojtyla et Vatican II : Stefan Swiezawski et Jerzy Turowicz, entretiens avec les auteurs. Malinski, *Pope John Paul II.*
82 Début du concile : *Il Corriere Della Sera* et *Il Tempo*, 11 octobre 1962.
83 « Nous serons pauvres et nus... » : Wojtyla, *Opere Letterarie.*
84 Sur les critiques contre l'Église : Karol Tarnowski, entretien avec les auteurs.
86 Sur le IIe concile du Vatican : André Frossard, *N'ayez pas peur.*
87-89 Déclarations de Wojtyla au concile : Caprile, *Il Concilio Vaticano II.*
88 Wojtyla marquant les pages : Williams, *Mind of John Paul II.*
88 Wojtyla et les évêques d'autres pays : Andrzej Deskur, entretien avec les auteurs. Malinski, *Pope John Paul II.*
89 Sur les déclarations de Wojtyla : Boniecki, *Kalendarium.* Szczypka, *Jan Pawel II.*
90 Wyszynski et Wojtyla : Andrzej Bardecki, Kazimierz Kakol et Jerzy Turowicz, entretiens avec les auteurs.
90 Commentaires communistes : Andrzej Bardecki, entretien avec les auteurs.
90 Messe inaugurale : Szczypka, *Jan Pawel II.*
91 Sur *Dignitatis Humanae* : L'observation est de Hebblethwaite, *Extraordinary Synod.*
92 « Éviter un dialogue... » : Stefan Swiezawski, entretien avec les auteurs.
93 « Les joies et les espoirs... » : Documents du concile.

95 Rencontre Wyszynski-Jean-Paul II : Hebblethwaite, *Extraordinary Synod.*
95 Relations Paul-VI-Wojtyla : Andrzej Deskur et Tadeusz Pieronek, entretiens avec les auteurs.
96 Commentaire de Bortnowska : Halina Bortnowska, citée dans Hebblethwaite, *Extraordinary Synod*, p. 22.
96 « On ne peut pas restructurer » : Andrzej Bardecki, entretien avec les auteurs.
96-97 Vierge noire : Marian Banaszak, *Historia kosciola katolickiego.*
97 Rencontre Kliszko-Wojtyla : Szczypka, *Jan Pawel II.*
98 Rapport de la police secrète : Cité dans Szulc, *Pope John Paul II.*
99 Loyauté de Wojtyla à l'égard de Wyszynski : Andrzej Bardecki, entretien avec les auteurs.
98-99 Les papes désignant leurs successeurs : Andrzej Deskur, entretien avec les auteurs.
99 Wojtyla devant faire ses preuves : Boniecki, *Kalendarium.*
99-100 Commission de Paul VI sur le contrôle des naissances : Kaiser, *Politics of Sex and Religion.*
100 Influence de Wojtyla sur *Humanae Vitae* : Andrzej Bardecki, entretien avec les auteurs.
100-107 Sermons de carême de Wojtyla au Vatican : Wojtyla, *Segno di contraddizione.*
102 Wojtyla sur sa famille : F. Bednarski et Andrzej Deskur, entretien avec les auteurs.
102 Attitude de Wojtyla à l'égard des femmes : Krystyna Zbiejewska, Zofia Zdybicka, Maria Bozek et Maria Stadnicka, entretiens avec les auteurs.
103 Opinion du prêtre de Cracovie sur *The Acting Person* : Tadeusz Pieronek, entretien avec les auteurs.
105 « Il n'est pas de gauche... » : Jerzy Turowicz, entretien avec les auteurs.
105 « Il arrive souvent... » cité dans Boniecki, *Kalendarium.*
106 Impressions de Deskur sur les sermons de carême : Andrzej Deskur, entretien avec les auteurs.
107 « C'est par sa volonté... » : Wojtyla, *The Acting Person.*
107 Projets de Wyszynski pour Wojtyla : Romuald Kukolowicz, entretien avec les auteurs.
107 « De toute évidence, il... » : Jacek Wozniakowski, entretien avec les auteurs.
108 Événements de 1968 en Pologne : Davies, *God's Playground.*
108 « Lorsque des hommes sont blessés... » : cité dans Boniecki, *Kalendarium.*
109-110 Wojtyla et la politique : Jerzy Turowicz, entretien avec les auteurs.
111-112 Emploi du temps de Wojtyla : Jozef Mucha, entretien avec les auteurs.
111 Wojtyla et la presse polonaise : Andrzej Bardecki, entretien avec les auteurs.
112 « Saint Stanislas est devenu... » : Lettre pastorale, 8 mai 1977.
113 « Les droits de l'homme ne peuvent être accordés... » : Boniecki, *Kalendarium.*
114-128 Collaboration de Mme Tymieniecka avec Wojtyla : Anna-Teresa Tymieniecka, George Williams, Hendrik Houthakker et Rocco Buttiglione, entretiens avec les auteurs ; liste des acquisitions, Widener Library, Harvard University ; Wojtyla, *The Acting Person* ; annales de la Société internationale de phénoménologie.
116 Navarro-Valls sur l'attitude trop protectrice de la commission pontificale : Joaquín Navarro-Valls, entretien avec les auteurs.

TROISIÈME PARTIE : LE CONCLAVE

131 Découverte du corps de Jean-Paul Ier : John Magee, entretien paru dans *Trenta Giorni*, septembre 1988.

131-132 Sur les derniers moments de Jean-Paul Ier : *La Stampa*, 10 janvier 1984.

132 Déclarations de la famille de Jean-Paul Ier : *La Stampa*, 4 janvier 1991.

132 État psychologique de Jean-Paul Ier : Don Mario Senigaglia (secrétaire de Jean-Paul Ier), entretien accordé à *Gente Veneta*, cité dans *La Repubblica*, 26 juin 1984.

132 « J'ai pris toutes les dispositions... » : John Magee, entretien paru dans *Trenta Giorni*, septembre 1988.

132 Jean-Paul Ier sur son successeur : *Ibid.*

132-133 Réaction de Wojtyla à Cracovie : Mieczyslaw Malinski, Jozef Mucha, entretien avec les auteurs.

133 Votes pour Wojtyla au conclave d'août 1978 : Kazimierz Kakol, entretien avec les auteurs.

133 Commentaires de Wojtyla sur l'élection de Jean-Paul Ier : Andrea Gorska, entretien avec les auteurs.

133 Commentaires de Wojtyla lors de son départ pour Rome : *Ibid.*

134-136 Wojtyla et la campagne électorale du conclave : Andrzej Deskur, entretien avec les auteurs ; Malinski, *Pope John Paul II.*

135-136 Malinski sur le futur pape : Mieczyslaw Malinski, entretien avec les auteurs.

136 Clarizio sur Wojtyla : Ryszand Karpinski, entretien avec les auteurs.

137 Rencontre entre Thiandoum et Luciani : Hyacinthe Thiandoum, entretien avec les auteurs.

137 Déclaration de Nasalli Rocca : Andrzej Deskur, entretien avec les auteurs.

138 Commentaires de Siri sur Jean-Paul Ier : Zizola, *Il conclave.*

138 Réunion au séminaire français : *Ibid.*

138 Ratzinger sur le danger d'une influence de la gauche : Joseph Ratzinger, entretien paru dans la *Frankfurter Allgemeine Zeitung*, 8 octobre 1978.

139-141 Campagne de König : Franz König, entretien avec les auteurs.

141 Commentaire de Henriquez : Virgilio Levi, entretien avec les auteurs.

141 Lorscheiter sur le futur pape : Aloisio Lorscheiter, entretien avec Marco Politi, *Il Messaggero.*

141-142 Déjeuner de Wojtyla avec Cody : Virgilio Levi, entretien avec les auteurs.

142 Entretien de König avec Wyszynski : Franz König, entretien avec les auteurs.

142 Entretien de Deskur avec Wyszynski : Andrzej Deskur, entretien avec les auteurs.

143 Prophétie du cardinal Villot : *Ibid.*

143 Déclarations de Siri : Licheri, *Quel conclave.*

144 Rêve de Kakol : Kazimierz Kakol, entretien avec les auteurs.

144 Bagages de Wojtyla : Mariska Morda et Franciszek Konieczny, entretien avec les auteurs.

145 Revue sur le marxisme : sources confidentielles.

145 Wojtyla pendant le conclave : Donald Wuerl, entretien avec les auteurs.

146 Tours de scrutin au conclave : Giulio Andreotti, entretien avec les auteurs ; Zizola, *Il conclave.*

145-146 Ambiance du conclave : Franz König et Donald Wuerl, entretien avec les auteurs.

146 Wojtyla effondré dans les bras de Wyszynski : sources confidentielles.

146 « Si vous êtes élu... » : cité par Jean-Paul II lors d'une réunion avec des fidèles polonais au Vatican, le 16 octobre 1988 : *L'Attivita della Santa Sede.*

147 « Avec obédience... » : *Redemptor Hominis*, encyclique pontificale, mars 1979.

147 Anecdote de la « salle des pleurs ». MacDowell, *Inside the Vatican.*

148 Les larmes de Diwisz : sources confidentielles.

Autres sources concernant le conclave : Reportages de Marco Politi, *Il Messaggero* ; Malinski, *Pope John Paul II* ; Blazynski, *John Paul II* ; Frossard, *N'ayez pas peur* ; Murphy, *Papacy Today* ; Hebblethwaite, *Year of*

Three Popes; Andreotti, *A ogni morte di papa*; Lai, *Il papa non eletto*; Zizola, *Il conclave*.

QUATRIÈME PARTIE : IL PAPA

155 Jean-Paul II dans l'enceinte du conclave : Franz König, entretien avec les auteurs.

156 Messe inaugurale : Marco Politi, *Il Messaggero*, 23 octobre 1978.

158 Évêques canadiens : 17 novembre 1978.

158 Jean-Paul II s'adressant aux journalistes femmes, 21 octobre 1978 : Marco Politi, notes personnelles.

158 Jean-Paul II s'adressant aux jeunes : audience accordée à l'Azione Cattolica, 30 décembre 1978.

158-159 Audience avec des journalistes : Marco Politi, notes personnelles.

159-160 Voyage à Assise : Marco Politi, *Il Messaggero*, 6 novembre 1978.

160-161 Lettre aux évêques de Hongrie : *L'Attivita della Santa Sede*, 1979.

161 Passeport de Wojtyla : Ambroziewicz, *Znam was Wszystkich*.

161-162 Allocution aux pèlerins polonais : *L'Attivita della Santa Sede*, 1978.

163 Jean-Paul II et le communisme : sources confidentielles.

163 Jean-Paul II et la politique étrangère : Achille Silvestrini, entretien avec les auteurs.

163 Le Vatican et les pays socialistes : Kazimierz Kakol, entretien avec les auteurs.

164 Rapport de Bogolomov : Institut pour le système socialiste, *Rapport Bogomolov*.

165 Brejnev et Gierek : Rolicki, *Edward Gierek*.

165-167 Jean-Paul II et le cardinal Villot : Wenger, *Le Cardinal Jean Villot*.

168-169 Entrevue de Jean-Paul II avec Gromyko : Andrei Gromyko, *Pamjatnoe*.

169-170 Rêve de Benedetti : Marco Politi, notes personnelles.

170 Médiation du Vatican entre le Chili et l'Argentine : *L'Attivita della Santa Sede*, janvier 1979.

171-172 Jean-Paul II et l'Amérique latine : Mieczyslaw Malinski, entretien avec les auteurs.

171-182 Jean-Paul II, la théologie de la libération et la conférence de Puebla : Libanio Christo, *Diario de Puebla*.

173-174 Jean-Paul II aux journalistes : Marco Politi, notes personnelles.

174 Hôtesse de l'air : Marco Politi, notes personnelles.

174-179 Voyage au Mexique : Marco Politi, *Il Messaggero*, 25 janvier – 2 février 1979.

180 Groupes de pression de la CELAM : Libanio Christo, *Diario de Puebla*.

180-181 Conférence de Puebla et allocution de Lorscheiter : *Puebla documenti*.

182-183 Jean-Paul II parlant aux Indiens à Cuilapan : Marco Politi, notes personnelles.

184 Synodes sur l'Église néerlandaise et sur l'Église ukrainienne : *L'Attivita della Santa Sede*, 1980.

184-185 *Redemptor Hominis* : Styczen, *Le encicliche*.

187 Réactions tchécoslovaques : *Tribuna*, 30 mai 1979.

187 Les autorités polonaises et la fête de saint Stanislas : Marco Politi, notes personnelles.

189-190 Réactions communistes aux allocutions du pape : Stanislas Kania, Wojciech Jaruzelski et Kazimierz Barcikowski, entretien avec les auteurs ; Rolicki, *Edward Gierek*.

190 Message de Kania à Jean-Paul II : Stanislas Kania et Kazimierz Barcikowski, entretien avec les auteurs.

192 Réactions des dissidents à la visite pontificale : *Glos* (mensuel catholique polonais clandestin), cité par J. Vinocur, *The New York Times*, 6 juin 1979.

194-198 Jean-Paul II à Auschwitz : Marco Politi, notes personnelles et reportages dans *Il Messaggero*.

198 Sermon de Jean-Paul II : *L'Osservatore romano.*

198-200 Jean-Paul II à Cracovie : Marco Politi, notes personnelles et reportages dans *Il Messaggero*; Wojciech Jaruzelski, Kazimierz Barcikowski, Bronislaw Geremek et Viktor Kulerski, entretiens avec les auteurs.

Autres sources concernant le voyage en Pologne : S. Viola, L. Accattoli, articles dans *La Repubblica* et *The New York Times.*

Sur la IVe partie en général : Del Rio et Accattoli, *Il Nuovo Mosè*; Del Rio, *Un pontificato itinerante.*

Ve PARTIE : L'EMPIRE ÉBRANLÉ

203 Sur les soulèvements polonais : Ash, *Polish Revolution, Magic Lantern, Uses of Adversity*; Ascherson, *Struggles for Poland*; Davies, *God's Playground*; articles parus dans le *New York Times* et le *Washington Post.*

203-206 Jean Paul II à Castel Gandolfo : Zofia Zdybicka, entretien avec les auteurs.

208-209 Remarques de Jean-Paul II en public : *L'Osservatore romano* et d'autres sources publiques.

209 Lettre de Carter à Jean-Paul II : Zbigniew Brzezinski, entretien avec les auteurs.

210 Mesures de Wyszynski concernant la grève : Ash, *Polish Revolution, Magic Lantern, Uses of Adversity*; Szajkowski, *Next to God.*

210 « Oh ! ce vieillard » : cité dans Szulc, *Pope John Paul II,* p. 347.

210-211 Discours de Jean-Paul II devant les ouvriers brésiliens : Marco Politi, *Il Messaggero.*

211 Rencontre de Casaroli avec un diplomate soviétique : Robert Gates, entretien avec les auteurs; Gates, *From the Shadows.*

212-213 Réunion du Politburo, 29 octobre 1980 : documents du Politburo, obtenus par les auteurs à Moscou.

214 Réunion du pacte de Varsovie, 5 décembre 1980 : Stanislas Kania, Wojciech Jaruzelski et Egon Krenz, entretiens avec les auteurs.

215-216 Réunion du Politburo, 11 décembre 1980 : documents du Politburo, obtenus par les auteurs à Moscou.

216 Cérémonies à Gdansk : Ash, *Polish Revolution, Magic Lantern, Uses of Adversity*; Ascherson, *Struggles for Poland*; Szajkowski, *Next to God.*

217 Document du Comité Central, 31 janvier 1981 : Procès-verbaux du Politburo, 12 janvier 1981.

217-219 Visite de Walesa à Rome : Walesa, *Un chemin d'espoir, L'Osservatore romano*; Lech Walesa, entretien avec les auteurs; Lech Walesa, entretien avec Oriana Fallaci.

218-219 Voyage de Zimianian en Pologne : procès-verbaux du Politburo, 22 janvier 1981.

219-220 Traitement de la situation en Pologne par le Politburo : divers procès-verbaux du Politburo, décembre 1980 – mars 1981.

220 Relations de Brzezinski avec Wojtyla, compte rendu des événements de décembre 1980 : Zbigniew Brzezinski, entretien avec les auteurs.

220-235 Point de vue de Reagan sur le Vatican et le catholicisme : Ronald Reagan, William Clark, Richard Allen, Jeanne Kirkpatrick, Alexander Haig, Vernon Walters, Robert MacFarlane, John Poindexter, Richard Pipes, entretiens avec les auteurs.

220-235 Point de vue de Reagan sur Solidarité : William Clark, Richard Allen, Richard Pipes, Richard Perle, Robert Gates, John Poindexter, Robert MacFarlane, Caspar Weinberger, Jeanne Kirkpatrick et Martin Anderson, entretiens avec les auteurs.

220 Soutien clandestin à Solidarité : Zbigniew Brzezinski, entretien avec les auteurs.

222 Mission de Zagladine à Rome : Gates, *From the Shadows.*

224 « C'est là que nous décidions » : Caspar Weinberger, entretien avec les auteurs ; cité dans Schweizer, *Victory.*

223-225 Briefing quotidien du président : Richard Allen et William Clark, entretiens avec les auteurs.

225 Réunion à la Maison Blanche, 30 janvier 1981 : William Clark, Caspar Weinberger, Richard Allen, et Richard Pipes, entretiens avec les auteurs ; cité également dans Schweizer, *Victory.*

225 « Faire sortir la Pologne de l'orbite soviétique » : Ronald Reagan, entretien avec les auteurs, 1991 ; Richard Allen et William Clark, entretiens avec les auteurs.

226-227 Discussions sur l'aide clandestine à Solidarité : Henry Hyde, Lane Kirkland, William Clark, Bobby Inman, Richard Pipes, et Richard Perle, entretiens avec les auteurs.

227 Casey sur les *psy-ops* : Richard Perle, entretiens avec les auteurs.

227-228 Prééminence de Casey et Clark auprès de Reagan : William Clark, Alexander Haig, Jeanne Kirkpatrick, Richard Allen, des membres du Conseil national pour la sécurité, entretiens avec les auteurs ; Cannon, *President Reagan.*

228 Relations de Casey et Clark avec Laghi : William Clark, Pio Laghi, John Krol, Robert MacFarlane, John Poindexter, Richard Allen, entretiens avec les auteurs.

228-229 Rencontres avec Krol : Richard Allen, William Clark, Edward Derwinski, entretiens avec les auteurs.

229 Homélie de Wojtyla dans la paroisse du père de Krol, discours à propos de Krol : Boniecki, *Kalendarium.*

229-230 Relation Krol/Wojtyla : John Krol, Pio Laghi, évêques et monsignors américains ou de la Curie, entretiens avec les auteurs.

230-231 Relations entre la papauté de Wojtyla et l'administration Reagan : Richard Allen, Vernon Walters, Robert Gates, William Clark, Jeanne Kirkpatrick, Robert MacFarlane, John Poindexter, Alexander Haig, Herbert Meyer, William Wilson, Zbigniew Brzezinski, John Krol, Pio Laghi, Agostino Casaroli et Achille Silvestrini, entretiens ave les auteurs ; sources confidentielles (Membres des comités du renseignement à la Chambre et au Sénat et leurs assistants).

230 Rencontres de Walters avec Jean-Paul II et sujets discutés : Vernon Walters, entretiens avec les auteurs ; dépêches envoyées par Walters de Rome à Washington entre 1981 et 1988, obtenues par les auteurs dans le contexte de la loi sur la liberté de l'information et en partie retirées de la liste des documents confidentiels.

231 Annulation par l'administration Reagan de programmes de planning familial : William Wilson, entretien avec les auteurs ; confirmé par d'autres.

231 Conversations téléphoniques interceptées : source confidentielle.

231 Paiements par North à des prêtres d'Amérique centrale : source confidentielle, confirmée par John Poindexter et Robert Gates.

232-234 Opinions de Jaruzelski : Wojciech Jaruzelski et Stanislas Kania, entretiens avec les auteurs.

234-235 Reagan avant son discours devant la Confédération syndicale américaine AFL-CIO : William Clark, Richard Allen, entretiens avec les auteurs.

235 Lettre du pape à Brejnev : William Clark était au courant.

235 Discours de Reagan : documents présidentiels, 1981.

235-238 Réunion du Politburo, 2 avril 1981 : procès-verbaux du Politburo.

237 Margaret Thatcher : William Clark, entretien avec les auteurs ; Thatcher, *Dix, Downing Street.*

239-243 Voyage de Jaruzelski et Kania à Brest : Wojciech Jaruzelski et Stanislas Kania, entretiens avec les auteurs ; Jaruzelski, Mémoires ; procès-verbaux du Politburo, 9 avril 1981.

239 Arrivée de Souslov à Varsovie, rapport de la commission pour la Pologne du Politburo : documents du Politburo.

240 Casey en tant que ministre clandestin de l'État et de la Guerre : Persico, *Casey*.

244-252 Discussions de Casey avec Jean-Paul II : Robert Gates, Herbert Meyer, entretiens avec les auteurs; sources confidentielles de la CIA.

244 Lettres de Casey à Reagan : Robert Gates, entretien avec les auteurs.

244-246 Détails de la rencontre de Casey avec Jean-Paul II : source confidentielle de la CIA; certains détails sont confirmés par Robert Gates et William Clark.

247 Détails de la biographie de Casey : Persico, *Casey*.

248-249 Portrait de Dziwisz : Mieczyslaw Malinski, Rocco Buttiglione, Tadeusz Pieronek, Dominik Morowski, et Donald Wuerl, entretiens avec les auteurs; Boniecki, *Kalendarium*; source confidentielle dans la Curie du Vatican.

249-251 Compte rendu par Dziwisz de la tentative d'assassinat : André Frossard, *N'ayez pas Peur*.

250 Avertissement de Marenches au pape : C. Ockrent et de A. de Marenches, *Dans le secret des princes*.

251 Jean-Paul II et la Vierge de Fatima : André Frossard, *N'ayez pas Peur*; Andrzej Deskur et Mieczyslaw Malinski, entretiens avec les auteurs.

252 Enquêtes et conclusions de la CIA : Robert Gates, Herbert Meyer, entretiens avec les auteurs; comptes rendus dans les journaux des auditions de Gates en tant que directeur de la CIA devant les comités du Congrès américain.

251-254 Point de vue de Jean Paul II sur l'attentat : Andrzej Deskur, Giulio Andreotti, et Rocco Buttiglione, entretiens avec les auteurs; sources confidentielles à la Curie.

252-254 Enquête italienne : Articles dans le *New York Times, Time, Washington Post*; Claire Sterling, *Reader's Digest*.

252-254 Version de Deskur de toute l'affaire, Andrzej Deskur, entretiens avec les auteurs.

252-254 Diverses théories, y compris les scénarios « Bulgare » et « Becket » : discussions des auteurs avec les membres des services secrets américains et italiens.

253-254 Commentaires de Silvestrini et de Casaroli : Achille Silvestrini et Agostino Casaroli, entretiens avec les auteurs.

254 Groupe de travail non-officiel au Vatican : sources confidentielles au Vatican.

254-255 Point de vue de Jean-Paul II sur l'Islam : Carlo De Benedetti, entretien avec les auteurs; sources confidentielles.

255-259 Faits et gestes d'Agca avant et après l'attentat : comptes rendus du procès.

257-258 Déclarations de Scricciolo et de l'avocat : *New York Times*, 23 mars 1983.

257-258 Renseignements interceptés par le NSA : Szulc, *Pope Jean Paul II;* Source confidentielle.

259 Découvertes de Sterling : Claire Sterling, entretien avec les auteurs.

260 Source clandestine en Europe de l'Est : Robert Gates, entretiens avec les auteurs.

261 Défection de Mantarov : *New York Times*.

262 Texte de la « Décision » du Politburo : procès-verbaux du Politburo, 13 novembre 1979.

262-263 Reagan à Notre Dame : *New York Times;* documents présidentiels 1981.

263 Reagan et la raison pour laquelle lui et Jean-Paul II furent épargnés : William Clark et Pio Laghi, entretiens avec les auteurs.

263 Lettre d'Allen à Wilson : découverte dans les papiers de Wilson à l'université de Georgetown.

264 Remarques de Jean-Paul II devant des pèlerins polonais : *L'Osservatore romano*.

264-265 Remarques de Walesa devant le congrès de Solidarité : Walesa, *Un chemin d'espoir, Weschler*.

265 Rencontre de Glemp avec Kania et Jaruzelski : Wojciech Jaruzelski, Stanislas Kania, et Kazimierz Barcikowski, entretiens avec les auteurs.

265 Informations de Kuklinski : Zbigniew Brzezinski, entretiens avec les auteurs; *Washington Post.*

265-266 *Laborem Exercens* : Marco Politi, *Il Messaggero.*

266-267 Situation de la Pologne en octobre : Wojciech Jaruzelski, entretiens avec les auteurs; Ost, *Solidarity*; Ascherson, *Struggles for Poland*; Weschler, *Passion of Poland.*

267 Rencontre de Czyrek avec Gromyko : citée dans Spasowski, *Liberation of One.*

267-268 Conversation de Brejnev avec Jaruzelski : documents du Politburo communiqués au gouvernement post-communiste polonais et rendus publics par lui.

268 Rencontre de Jaruzelski, Walesa et Glemp : Wojciech Jaruzelski, entretiens avec les auteurs.

268 Rencontre de Jean-Paul II avec des intellectuels polonais : Bronislaw Geremek et Jerzy Turowicz, entretiens avec les auteurs.

269 Lettre de Brejnev à Jaruzelski : procès-verbaux du Politburo.

269-270 La Pologne en 1981 : Descriptions de cette période par Wojciech Jaruzelski, entretien avec les auteurs; Ash, *Polish Revolution, Magic Lantern, Use of Adversity,* Ost, *Solidarity*; Ascherson, *Struggle for Poland; Szajkowski, Next to God.*

270-271 Origines des visites de Walters au pape : Source confidentielle, ministère des Affaires étrangères américain; Vernon Walters, Michael Ledeen, Alexander Haig, William Clark, et Pio Laghi, entretiens avec les auteurs.

272 Profil de Walters : Vernon Walters, entretien avec les auteurs; matériel tiré de la documentation de *Time.*

272-279 Visites de Walters à Jean Paul II : Vernon Walters, entretiens avec les auteurs; Dépêches de Walters au ministère américain des Affaires étrangères, à la CIA et à la Maison Blanche, 30 novembre 1981, obtenues dans le cadre de la loi sur la liberté de l'information, et rayés en partie de la liste des documents secrets.

273 Évasion de Kuklinski : source confidentielle de la CIA.

280 La vie en Pologne durant l'hiver 1981 : Ost, *Solidarity;* Ascherson, *Struggles for Poland;* Weschler, *Passion of Poland;* Walendowski, « Polish Church », « Controversy », « Pope in Poland » ; *New York Times, Washington Post.*

280 Rencontre de Glemp et de Walesa : Wojciech Jaruzelski, entretien avec les auteurs; Walesa, *Un chemin d'espoir.*

281-282 Réunion du Politburo, 10 décembre 1981 : registres du Politburo.

282-283 Réunions du comité de Solidarité : Walesa, *Un chemin d'espoir*; Ost, *Solidarity;* Ascherson, *Struggles for Poland;* Ash, *Polish Revolution, Magic Lantern, Uses of Adversity, We the People.*

283-284 Jaruzelski attendu à Moscou : registres du Politburo.

283-284 Moment choisi par Jaruzelski : Zbigniew Bujak, Viktor Kulerski et Wojciech Jaruzelski, entretiens avec l'auteur; Jaruzelski, Mémoires.

283-284 Discours de Jaruzelski à la nation : Rosenberg, *Haunted Land; New York Times.*

285 Commentaires de Kania : Stanislas Kania, entretien avec les auteurs.

285 Objectifs de Jaruzelski vis-à-vis de l'Église : Wojciech Jaruzelski, entretien avec les auteurs.

285 Notification de Glemp et de Dabrowski : Kazimierz Barcikowski, entretien avec les auteurs.

287 Homélie de Glemp : Ash, *Polish Revolution;* Szajkowski, *Next to God.*

288 Commentaires de Bujak : Zbigniew Bujak, entretien avec les auteurs; Ost, *Solidarity.*

289-290 Premières réactions de Jean-Paul II : Mieczyslaw Malinski, Rocco Buttiglione, Andrzej Deskur, Adam Boniecki, entretiens avec les auteurs;

L'Osservatore romano; Source confidentielle au Vatican (un assistant du pape).

291 Conversations de Lewandowski avec Pipes et Jean-Paul II : Richard Pipes, entretien avec les auteurs; cité par Szulc, *Pope John Paul II.*

293-294 Violence à Katowice et ailleurs : *New York Times.*

292 Lettre de Jean-Paul II à Jaruzelski : copie obtenue par les auteurs.

295-296 Rencontres de Walesa avec Orszulik et analyse des objectifs de l'Église : Walesa, *Un chemin d'espoir.*

296-297 Jean-Paul II à Noël : Andrzej Deskur, entretien avec les auteurs; source confidentielle du Vatican; *L'Osservatore romano.*

297-298 Tractations entre Poggi, Glemp et Dabrowski : Andrzej Deskur, entretien avec les auteurs; source confidentielle du Vatican.

298 « *Salvare il salvabile* » : Wilton Wynn, entretien avec les auteurs.

298 L'analyse de Jaruzelski par Jean-Paul II : Mieczyslaw Malinski, Andrzej Deskur, Adam Boniecki et Moroski, entretiens avec les auteurs.

298 Foi de Jean-Paul II dans le pouvoir de la prière : Andrzej Deskur, Mieczyslaw Malinski et d'autres, entretiens avec les auteurs.

299 Lettre de Jaruzelski à Jean-Paul II obtenue par les auteurs.

300 Réponse de Jean-Paul II obtenue par les auteurs.

300-301 Tentatives de Bujak pour atteindre Glemp : Zbigniew Bujak, entretien avec les auteurs.

301 Envoi de fonds par Jean-Paul II au mouvement clandestin de Solidarité : confirmé par des sources des services secrets américains.

301-307 Rencontre de Reagan avec Jean-Paul II : William Clark, Alexander Haig, Ronald Reagan, Pio Laghi, Agostino Casaroli et Achille Silvestrini, entretiens avec les auteurs.

301-302 Reagan à Westminster : Cannon, *President Reagan.*

302 « *Je n'y suis pour rien* » : déclaré à Carlo De Benedetti; entretien avec les auteurs.

303 La CIA dépensant 50 millions de dollars pour maintenir Solidarité en vie : sources confidentielles – membres et personnel des commissions du Congrès chargées des services secrets et hauts responsables de la CIA; confirmé lors d'entretiens avec Robert Gates et William Clark ménagés par les auteurs.

303-307 Profil de Reagan : William Clark, Richard Allen, John Sears, Edmund Morris, Lou Cannon, Alexander Haig, Martin Anderson, George Shultz, Jeanne Kirkpatrick, Richard Pipes, Robert MacFarlane, Stuart Spencer et David Gergin, entretiens avec les auteurs; Carl Bernstein, article paru dans le *New Republic,* 20 janvier 1985.

304 Reagan à Yalta : Ronald Reagan, entretien avec les auteurs.

305 Reagan voyant le pape comme un personnage héroïque : Jeanne Kirkpatrick, entretien avec les auteurs.

305 Reagan assurant de ses bonnes intentions : William Wilson et Alexander Haig, entretiens avec les auteurs.

305 Haig à propos de Reagan : Alexander Haig, entretiens avec les auteurs.

305-306 Relations Haig-Reagan : William Clark, Richard Allen, Jeanne Kirkpatrick, Richard Pipes et Robert MacFarlane, entretiens avec les auteurs.

306 Reagan à Reykjavik : Cannon, *President Reagan.* On a souvent dit que Reagan n'était pas préparé à négocier avec Gorbatchev à Reykjavik. Le dernier jour, Gorbatchev fit une proposition audacieuse en faveur d'une importante réduction des armements à laquelle Reagan aurait donné son aval, au grand dam de ses conseillers, si le président russe avait accepté l'Initiative de défense stratégique. Cet élément improvisé du sommet et l'empressement de Reagan à cautionner de telles réductions de l'arsenal militaire en agacèrent beaucoup au sein de son gouvernement.

306 Opinion de Reagan sur l'économie soviétique : Ronald Reagan, entretien avec les auteurs.

306-307 Reagan donnant l'ordre à Casey de prendre en charge la coordination et le

financement du soutien à Solidarité : William Clark et Robert Gates, entretiens avec les auteurs.
307 « Nom de code de la CIA » : transactions du procès d'Alan Fiers, rapports de la procédure dans le *New York Times.*
308 Pour un historique de Casey et l'affaire Iran-Contra, *cf.* Woodward, *Veil.*
308 La CIA faisant transiter les fonds par l'Église : John Poindexter, entretien avec les auteurs.
308 Obando qualifié d'« atout » par la CIA : *ibid.*
308 Découverte des fonds de la CIA à l'archevêché d'Obando : Robert Gates, entretien avec les auteurs ; source confidentielle au sein du personnel de la commission chargée des services secrets.
308-309 A propos des tractations de Fiers : rapport de son procès paru dans le *New York Times ;* source confidentielle au sein du personnel de la commission chargée des services secrets au Congrès.
309 Casey et William Clark encourageant le pape à se rendre au Nicaragua : William Clark, Jeanne Kirkpatrick, Pio Laghi, entretiens avec les auteurs.
309 « Nous partagions le même objectif : décourager les têtes de pont communistes dans cet hémisphère » : Jeanne Kirkpatrick, entretiens avec les auteurs.
309-310 « Le pape était au Nicaragua pour fournir un autre point de ralliement catholique » : *ibid.*
310-313 Détails du voyage pontifical : Marco Politi, notes personnelles et articles parus dans *Il Messaggero.*
Horaire de Jean-Paul II : archives privées de *Time Magazine.*
314 « Il évolue comme une hirondelle » : Source confidentielle dans les milieux politiques italiens.
314 « Il a toujours été un peu lourd » : Jacek Wozniakowski, entretien avec les auteurs.
314 « C'est une... cage dorée » : source confidentielle (un monsignor du Vatican).
315-316 Jean-Paul II à l'heure des repas et lors de ses entretiens : Mariano Magrassi et Oddi, entretiens avec les auteurs.
317-318 Description des pièces des appartements pontificaux : d'après des clichés.
319-329 Visite de Jean-Paul II en Pologne en 1983 : Wojciech Jaruzelski, Lech Walesa, Adam Boniecki, Virgilio Levi, Andrzej Deskur, Rocco Buttiglione, Mieczyslaw Malinski et Zbigniew Bujak, entretiens avec les auteurs ; *Tygodnik Mazowsze ;* Weschler, *Passion of Poland ;* Ash, *Polish Revolution, Magic Lantern, Uses of Adversity :* Walesa, *Un chemin d'espoir* ; *L'Osservatore romano* ; Marco Politi, articles parus dans *Il Messagero* ; KOS.
322-325 La survie de Solidarité et ses activités clandestines : Robert Gates, Bobby Inman, Henry Hyde, Edward Derwinski, Viktor Kulerski, Zbigniew Bujak et Adam Boniecki, entretiens avec les auteurs ; Ash, *Polish Revolution ;* Ost, *Solidarity ;* Lopinski et *al.*, *Konspira.*
324 Casey et le dispositif clandestin transitant par la Suède : William Clark et Herbert Meyer, entretiens avec les auteurs.
329 Lettre d'Andropov à Jaruzelski : registres du Politburo.
330 Rencontre de Jaruzelski avec Gromyko et Ustinov : Wojciech Jaruzelski, entretien avec les auteurs. Registres du Politburo, 26 avril 1984.

SIXIÈME PARTIE
LE PASTEUR UNIVERSEL

333-341 Détails des voyages pontificaux : Marco Politi, articles parus dans *Il Messagero.* Les citations du pape proviennent des bulletins officiels du Vatican et des articles de Politi. Autres sources écrites : Del Rio, *Un pontificato itinerante ;* Del Rio et Accattoli, *Il nuovo Mosè,* Luigi Accattoli, articles parus dans *Corriere della Sera;* Alceste Santini, dans *L'Unita;* Marco Tosatti, dans *La Stampa.*

333 Canonisations : Woodward, *La fabbrica dei santi.*

338 Remarque de Gielgud : Ash, *Uses of Adversity.*

343 Commentaires de O'Connor : John O'Connor, entretien avec les auteurs.

343 Commentaires de Weakland : Rembert Weakland, entretien avec les auteurs.

344 Commentaires de Foley : John Patrick Foley, entretien avec les auteurs.

344 Commentaires de Wuerl : Donald Wuerl, entretien avec les auteurs.

345 Commentaires d'un monsignor de la Curie : source confidentielle.

345 Commentaires de Kane : Theresa Kane, entretien avec les auteurs.

347 Jean-Paul II à l'hospice de mère Teresa : Marco Politi, *Il Messagero;* Del Rio, *Un pontificato itinerante.*

348-352 L'affaire Boff : Marco Politi, articles parus dans *Il Messagero.*

349-352 Rencontre de Boff avec Ratzinger : Articles de Domenico Del Rio, *La Repubblica;* Luigi Accattoli, *Corriere della Sera;* Gianni Favaroto : *La Repubblica;* Giovanni Gennari, *Paese Sera;* Giancarlo Zizola, *Panorama.*

353-354 L'affaire Schillebeeckx : articles de Gianfranco Svidercoschi, *Il Tempo,* Giancarlo Zizola, *Europeo,* Marco Tosatti, *La Stampa,* Henry Tanner, *New York Times.*

355-357 Affaire Arrupe : Lamet, *Pedro Arrupe.*

358-371 Synode : Marco Politi, dans *Il Messagero*; Caprile, *Il sinodo*; Hebblethwaite, *Synod Extraordinary*; Rhynne, *John Paul's Extraordinary Synod.*

359-360 Rencontre de Messori avec Ratzinger : Vittorio Messori, entretien avec les auteurs.

359-360 Citations de Ratzinger : Messori, *Entretien sur la foi.*

372 « Le fondamentalisme m'inquiète beaucoup » : Jean-Paul II, cité par Avi Pazner, entretien avec les auteurs.

372-373 Rencontre entre Jean-Paul II et les dirigeants islamiques : reportage de Marco Politi.

373 Conversation entre Carlo De Benedetti et Jean-Paul II : entretien entre Benedetti et les auteurs.

374 Jean-Paul II à la synagogue de Rome : reportage de Marco Politi.

375 Voyage de Jean-Paul II en Inde : couvert par Marco Politi.

375 Jean-Paul II et les Juifs à Wadowice : Jerzy Kluger et Regina Beer Reisenfeld, entretien avec les auteurs.

375-376 L'Assemblée de la Paix à Assise : reportage de Marco Politi.

VIIe PARTIE : L'EFFONDREMENT DU COMMUNISME

381 Visite de Gromyko au Vatican : d'après le rapport de Gromyko.

381-384 Rencontre entre Gorbatchev et Jaruzelski : entretien de Wojciech Jaruzelski avec les auteurs, Gorbatchev, *Avant-Mémoires.*

385 L'*Ostpolitik* du pape : la description est tirée de *Final Revolution*, de Weigel.

385 « La perestroïka est une avalanche » : Jean-Paul II, cité par Mieczyslaw Malinski, entretien avec les auteurs.

385 « L'avalanche était en train de déferler sur la Tchécoslovaquie » : remarque de Weigel.

385 « Nous sentions combien nous étions forts » : Frantisek Lobkowitcz, cité dans Weigel, *Final Revolution.*

386 « Une assemblée de personnes assises en rond » : Ost, *Solidarity.*

387 La Pologne n'était pas le socialisme à visage humain, Weigel, *Final Revolution.*

387 « Oui, bien sûr, tout le monde disait » : entretien de Wojciech Jaruzelski avec les auteurs ; sources confidentielles de l'entourage papal.

387 « J'ai expliqué au pape ce que je savais de Gorbatchev », Szulc, *Pope John Paul II.*

388 « Je m'étais rendu compte que le pape » : *Ibid.*
388 « Jean-Paul II savait que Jaruzelski » : Andrzej Deskur, entretien avec les auteurs.
389 « Il y avait alors une telle multiplicité de groupes » : Ost, *Solidarity.*
389 « Lech Walesa mériterait un second prix Nobel » : Ash, *Uses of Adversity.*
389 Assurances de Pio Laghi à la Maison Blanche : William Clark et Pio Laghi, entretien avec les auteurs.
390 Visite de Gorbatchev à Prague : *Washington Post.*
390 « A l'heure actuelle, plusieurs pays frères » : *Washington Post*, 13 avril 1987.
390 « J'ai confié en toute franchise à Jaruzelski » : Gorbatchev, *Avant-Mémoires.*
390-395 Voyage de Jean-Paul II au Chili et en Argentine : reportage de Marco Politi pour *Il Messagero.*
395-396 Voyage de Jean-Paul II en Pologne, en 1987 : reportage de Marco Politi pour le *Washington Post.*
398 « Au cas où aucun camp ne céderait » : entretien de Stanislaw Ciosek avec les auteurs.
396-398 Situation interne de la Pologne et négociations : Wojciech Jaruzelski et Stanislaw Ciosek, intretiens avec les auteurs ; Walesa, *Un chemin d'espoir* ; Ost, *Solidarity.*
399-404 Visite de Gorbatchev au Vatican : texte obtenu par les auteurs.
400 Opinion de Jean-Paul II sur Gorbatchev : Achille Silvestrini, Virgilio Levi, Mieczyslaw Malinski, Wojcieh Jaruzelski, Andrzej Deskur et Rocco Buttiglione, entretiens avec les auteurs.
400-401 Opinion de Jean-Paul II sur Reagan : Agostino Casaroli, Pio Laghi, Achille Silvestrini et Andrzej Deskur, entretiens avec les auteurs.
401 Absence de critiques de Reagan par le Vatican : fonctionnaires de l'administration Reagan, confirmé par des diplomates du Vatican.
401 Opinion de Jean-Paul II sur Bush : confirmé en privé par plusieurs fonctionnaires du Vatican.
402 « Le pape savait ce qu'ignoraient la plupart des Occidentaux » : un membre de l'entourage papal.
402 « Le Saint-Père espérait que les tentatives de Gorbatchev » : Rocco Buttiglione, entretien avec les auteurs.
404 Scène sur la place Rouge : reportage de Marco Politi.
405 Jean-Paul II et la Vierge de Fatima : Werenfried van Straaten, Andrzej Deskur et Mieczyslaw Malinski, entretiens avec les auteurs.
405-406 Jean-Paul II et l'éclatement de l'Union soviétique : Andrzej Deskur, Rocco Buttiglione et Miezyslaw Malinski, entretiens avec les auteurs.
406 Jean-Paul II et la chute de Gorbatchev : Werenfried van Straaten, Mieczyslaw Malinski, Wojciech Jaruzelski, Andrzej Deskur, entretiens avec les auteurs.

VIIIe PARTIE : UN PAPE EN COLÈRE

411-416 Voyage de Jean-Paul II en Pologne, en 1991 : reportages de *L'Osservatore romano, Corriere della Sera, La Repubblica, New York Times, International Herald Tribune, Time, Tablet, L'Attivita della Santa Sede ;* Del Rio, *Un pontificato itinerante.*
412 « la capacité de l'Église » : synode européen des évêques, Rome, 28 novembre-14 décembre 1991, *Bulletin du Saint-Siège.*
« les gens commencent à avoir peur » : Czeslaw Milosz, cité par le *Corriere della Sera*, 1er juin 1991.
444 « Ce serait une bonne idée » : Adam Michnik, cité dans *Il Messagero*, 4 juin 1991.
415 Réflexions de Jean-Paul II à Zdybicka : entretien avec les auteurs.

416 « *Ex oriente lux* » : *L'Attivita della Santa Sede.*

416 « Il voulait faire de la Pologne un pont » ; source confidentielle.

417 Turowicz à Rome : reportage des auteurs.

417 « L'Église polonaise est très divisée » : J. Turowicz, entretien avec les auteurs.

419 Lettre de Jean-Paul II à Kydrynski : Andrzej Bardecki, entretien avec les auteurs.

419 Jean-Paul II sur la Russie : sources confidentielles.

419 Jean-Paul II à Riga : reportage de Marco Politi pour *La Repubblica.*

419 « Les racines de la vérité » : Gawronski, *Il mondo di Giovanni Paolo II.*

419 Réflexions de Gorbatchev à un ami italien : Giulietto Chiesa, entretien avec les auteurs.

419 Jean-Paul II à Denver : reportage de Marco Politi pour *La Repubblica.*

419 « Le combat contre Dieu » : Messori, *Varcare la soglia.*

420 « Vise à convaincre l'homme » : André Frossard, *Portrait de Jean-Paul II.*

420 Annonce de Jean-Paul II : *L'Attivita della Santa Sede.*

420-421 Réservation d'une chambre à la clinique Gemelli, Giulio Andreotti, article dans *Aspenia* (Aspen Institute Review), N° 2, 1995.

421-422 Opération du côlon : *Bulletin du Saint-Siège.*

422 Fracture de l'épaule : reportage de Marco Politi pour *La Repubblica.*

422 Accident de ski : Stanislas Dziwisz, entretien avec les auteurs.

422 Chute dans la salle de bains : reportage de Marco Politi dans *La Repubblica.*

422-423 Hypothèses sur les maladies de Jean-Paul II : sources confidentielles.

423 « Je suis un *biedaczek* » : Marco Politi, *La Repubblica.*

423 Rhume de Pie X : Zizola, *Le Successeur.*

423 Communiqués de Navarro-Valls : *L'Avvenire*, 19-26 août 1994.

423 Jean-Paul II à Zagreb, reportage de Marco Politi pour *La Repubblica.*

423-424 Jean-Paul II sur ses souffrances : reportage des auteurs.

423 « Le pape a une conception théologique » : sources confidentielles.

424 Buttiglione sur *Veritatis Splendor* : Rocco Buttiglione, entretien avec les auteurs.

426 « Le pape est convaincu que sa doctrine » : Hans Küng, cité par Alessio Altichieri, *Corriere della Sera,* 6 octobre 1993.

426 « *Veritatis Splendor* renferme beaucoup de belles choses » : Bernhardt Häring, entretien avec Marco Politi, *La Repubblica*, 7 octobre 1993.

426 Danneels sur *Veritatis Splendor* : Marco Politi pour *La Repubblica.*

427 « Il a une équipe de confiance » : sources confidentielles.

428 Synode africain ; reportage de Marco Politi pour *La Repubblica.*

428-429 Martini, Lehmann et Hume sur *Veritatis Splendor* : Marco Politi pour *La Repubblica.*

429 « Fausses idées de la démocratie » : *Direttorio per il ministero e la vita dei presbiteri* (Manuel du clergé), avril 1994.

430 Mouvements réformateurs : Marco Politi, notes personnelles et reportages.

430 Commentaires de Weakland sur Jean-Paul II : entretien de Rembert Weakland avec les auteurs.

430-431 Jean-Paul II à la Rote : *L'Attivita della Santa Sede.*

431 Voyage de Jean-Paul II à Prague et en Belgique : reportages de M. Politi pour *La Repubblica.*

431 Attitude des fidèles en Italie : *« La religiosita » in Italia.*

433 Réflexions sur les femmes à Zofia Zdybicka : entretien de celle-ci par les auteurs.

433 « La gestation d'un enfant » : David Schindler ; entretien avec les auteurs.

434 Rencontre de Theresa Kane et de Jean-Paul II : Theresa Kane entretiens avec les auteurs ; Marco Politi, reportage du *Messagero.*

435 Critique de l'Église par les femmes allemandes, suisses, hollandaises et belges : Marco Politi pour *Il Messagero ; L'Attivita della Santa Sede.*

436-440 Rencontre de Sadik avec Jean-Paul II : entretien de Nafis Sadik avec les auteurs; Marco Politi, dans *La Repubblica.*

441-442 Préparatifs pour la conférence du Caire ; reportage de Marco Politi pour *La Repubblica*; autres reportages par les auteurs.

441-444 Andrzej Deskur, entretien avec les auteurs.

442 John O'Connor, entretien avec les auteurs.

442 D. Martin au synode africain : reportage de Marco Politi pour *La Repubblica.*

442-443 L'islam et la conférence du Caire : Marco Politi pour *La Repubblica.*

443 Annonce et brochure de Lopez Trujillo : articles de Marco Politi dans *La Repubblica.*

444 Attaque de Gore par Navarro-Valls : reportage de Marco Politi pour *La Repubblica.*

444-445 Conférence du Caire : reportage de *La Repubblica.*

445 Conférence de Pékin : reportage de Marco Politi pour *La Repubblica.*

445 Messe du 4 septembre 1994 : *Il Messagero*, *La Repubblica.*

445-446 Appels téléphoniques aux cardinaux : sources confidentielles.

446 Le pèlerinage d'Abraham : reportage de Marco Politi pour *La Repubblica.*

447 Rêve d'un voyage en Russie : Werenfried van Straaten, entretien avec les auteurs.

447 Jean-Paul II et les Églises chinoises : discours au corps diplomatique, Vatican, 13 janvier 1996.

447 Réflexions de Jean-Paul II sur Malinski : Mieczylaw Malinski, entretien avec les auteurs.

447-448 État de santé de Jean-Paul II : Zofia Zdybicla, entretien avec les auteurs.

448 État de santé de Jean-Paul II : sources confidentielles du Vatican ; notes personnelles de Marco Politi.

448 Commentaires de Zofia Zdybicka sur la santé de Jean-Paul II : entretien de celle-ci avec les auteurs.

450-451 Mémorandum sur le repentir public : Marco Politi pour *La Repubblica.*

452 Document sur les femmes : Libreria Editrice Vaticana, 29 juin 1995.

TABLE DES MATIÈRES

QUATRIÈME PARTIE
IL PAPA

CINQUIÈME PARTIE
L'EMPIRE ÉBRANLÉ

SIXIÈME PARTIE
LE PASTEUR UNIVERSEL

SEPTIÈME PARTIE
L'EFFONDREMENT DU COMMUNISME

HUITIÈME PARTIE
UN PAPE EN COLÈRE

Cet ouvrage a été composé et réalisé par la
SOCIÉTÉ NOUVELLE FIRMIN-DIDOT (Mesnil-sur-l'Estrée)
pour le compte de LA LIBRAIRIE PLON

Achevé d'imprimer en août 1996

Imprimé en France
Dépôt légal : août 1996
N° d'édition : 12670 – N° d'impression : 35581